简 体 横 排

前四史

史记

下 册

〔汉〕司马迁 撰
〔宋〕裴 骃 集解
〔唐〕司马贞 索隐
〔唐〕张守节 正义

中華書局

史记卷六十一

伯夷列传第一

【索隐】列传者,谓叙列人臣事迹,令可传于后世,故曰列传。 【正义】其人行迹可序列,故云列传。

夫学者载籍极博,犹考信于六蓺。《诗》《书》虽缺,①然虞夏之文可知也。②尧将逊位,让于虞舜,舜禹之间,岳牧咸荐,乃试之于位,典职数十年,③功用既兴,然后授政。示天下重器,④王者大统,传天下若斯之难也。而说者曰尧让天下于许由,⑤许由不受,耻之逃隐。及夏之时,有卞随、务光者。此何以称焉?⑥太史公曰:余登箕山,⑦其上盖有许由冢云。孔子序列古之仁圣贤人,如吴太伯、伯夷之伦详矣。余以所闻由、光⑧义至高,⑨其文辞不少概见,何哉?⑩

①【索隐】按:《孔子系家》称古诗三千馀篇,孔子删三百五篇为《诗》,今亡五篇。又《书纬》称孔子求得黄帝玄孙帝魁之书,迄秦穆公,凡三千三百三十篇,乃删以一百篇为《尚书》,十八篇为《中侯》。今百篇之内见亡四十二篇,是《诗》《书》又有缺亡者也。

②【索隐】按:《尚书》有《尧典》、《舜典》、《大禹谟》,备言虞夏禅让之事,故云"虞夏之文可知也"。

③【正义】舜禹皆典职事二十馀年,然后践帝位。

④【索隐】言天下者是王者之重器,故《庄子》云"天下大器"是也。则大器亦重器也。

⑤【正义】皇甫谧《高士传》云:"许由字武仲。尧闻致天下而让焉,乃退而遁于中岳颍水之阳,箕山之下隐。尧又召为九州长,由不欲闻之,洗耳于颍水滨。时有巢父牵犊欲饮之,见由洗耳,问其故。对曰:'尧欲召我为九州长,恶闻其声,是故洗耳。'巢父曰:'子若处高岸深谷,人道不通,谁能见子?子

故浮游，欲闻求其名誉。污吾犊口。'牵犊上流饮之。许由殁，葬此山，亦名
许由山。"在洛州阳城县南十三里。

⑥【索隐】按："说者"谓诸子杂记也。然尧让于许由，及夏时有卞随、务光等，
　殷汤让之天下，并不受而逃，事具庄周《让王》篇。　【正义】经史唯称伯夷、
　叔齐，不及许由、卞随、务光者，不少概见，何以哉？故言"何以称焉"，为不
　称说之也。

⑦【索隐】盖杨恽、东方朔见其文称"余"，而加"太史公曰"也。

⑧【索隐】谓太史公闻庄周所说许由、务光等。

⑨【索隐】谓尧让天下于许由，由遂逃箕山，洗耳于颍水；卞随自投于桐水；务
　光负石自沈于卢水：是义至高。

⑩【索隐】按：概是梗概，谓略也。盖以由、光义至高，而《诗》《书》之文辞遂不
　少梗概载见，何以如此哉？是太史公疑说者之言或非实也。　【正义】概，
　古代反。

孔子曰："伯夷、叔齐，不念旧恶，怨是用希。""求仁得仁，又何怨
乎？"余悲伯夷之意，睹轶诗可异焉。①其传曰：

　　　伯夷、叔齐，孤竹君之二子也。②父欲立叔齐，及父卒，叔齐让
伯夷。伯夷曰："父命也。"遂逃去。叔齐亦不肯立而逃之。国人立
其中子。于是伯夷、叔齐闻西伯昌善养老，盍往归焉。③及至，西伯
卒，武王载木主，号为文王，东伐纣。伯夷、叔齐叩马而谏曰："父死
不葬，爰及干戈，可谓孝乎？以臣弑君，可谓仁乎？"左右欲兵之。
太公曰："此义人也。"扶而去之。武王已平殷乱，天下宗周，而伯
夷、叔齐耻之，义不食周粟，隐于首阳山，④采薇而食之。⑤及饿且
死，作歌。其辞曰："登彼西山兮，⑥采其薇矣。以暴易暴兮，不知
其非矣。⑦神农、虞、夏忽焉没兮，我安适归矣？⑧于嗟徂兮，命之衰
矣！"⑨遂饿死于首阳山。

由此观之，怨邪非邪？⑩

①【索隐】谓悲其兄弟相让，又义不食周粟而饿死。睹音覩。轶音逸。谓见逸
　诗之文，即下《采薇》之诗是也。不编入三百篇，故云逸诗也。可异焉者，按
　《论语》云"求仁得仁，又何怨乎"。今其诗云"我安适归矣，于嗟徂兮，命之

衰矣"。是怨词也,故云可异焉。

②【索隐】按:"其传"盖《韩诗外传》及《吕氏春秋》也。其传云孤竹君,是殷汤三月丙寅日所封。相传至夷、齐之父,名初,字子朝。伯夷名允,字公信。叔齐名致,字公达。解者云夷,齐,谥也;伯,仲,又其长少之字。按:《地理志》孤竹城在辽西令支县。应劭云伯夷之国也。其君姓墨胎氏。【正义】本前注"丙寅"作"殷汤正月三日丙寅"。《括地志》云:"孤竹古城在卢龙县南十二里,殷时诸侯孤竹国也。"

③【索隐】刘氏云:"盍者,疑辞。盖谓其年老归就西伯也。"

④【集解】马融曰:"首阳山在河东蒲阪华山之北,河曲之中。"【正义】曹大家注《幽通赋》云:"夷齐饿于首阳山,在陇西首。"又戴延之《西征记》云:"洛阳东北首阳山有夷齐祠。"今在偃师县西北。又《孟子》云:"夷、齐避纣,居北海之滨。"首阳山,《说文》云首阳山在辽西。史传及诸书,夷、齐饿于首阳凡五所,各有案据,先后不详。《庄子》云:"伯夷、叔齐西至岐阳,见周武王伐殷,曰:'吾闻古之士,遭治世不避其任,遇乱世不为苟存。今天下暗,周德衰,其并乎周以涂吾身也,不若避之以絜吾行。'二子北至于首阳之山,遂饥饿而死。"又下诗"登彼西山",是今清源县首阳山,在岐阳西北,明即夷、齐饿死处也。

⑤【索隐】薇,蕨也。《尔雅》云:"蕨,鳖也。"【正义】陆玑《毛诗草木疏》云:"薇,山菜也。茎叶皆似小豆,蔓生,其味亦如小豆藿,可作羹,亦可生食也。"

⑥【索隐】按:西山即首阳山也。

⑦【索隐】谓以武王之暴臣易殷纣之暴主,而不自知其非矣。

⑧【索隐】言义、农、虞、夏敦朴禅让之道,超忽久矣,终没矣。今逢此君臣争夺,故我安适归矣。

⑨【索隐】于嗟,嗟叹之辞也。徂者,往也,死也。言己今日饿死,亦是运命衰薄,不遇大道之时,至幽忧而饿死。

⑩【索隐】太史公言己观此诗之情,夷、齐之行似是有所怨邪? 又疑其云非是怨邪?

或曰:"天道无亲,常与善人。"若伯夷、叔齐,可谓善人者非邪?①积仁絜行如此而饿死！且七十子之徒，仲尼独荐颜渊为好学。然回也屡空，糟糠不厌，②而卒蚤夭。天之报施善人，其何如哉？盗蹠日杀不辜，③肝人之肉，④暴戾恣睢，⑤聚党数千人横行天下，竟以寿终。⑥是遵何德哉？⑦此其尤大彰明较著者也。⑧若至近世，操行不轨，专犯忌讳，而终身逸乐，⑨富厚累世不绝。或择地而蹈之，⑩时然后出言，⑪行不由径，⑫非公正不发愤，而遇祸灾者，不可胜数也。⑬余甚惑焉，傥所谓天道，是邪非邪？⑭

①【索隐】又叙论云若夷、齐之行如此，可谓善人者邪，又非善人者邪，亦疑也。

②【索隐】厌者，饫也，不厌谓不饱也。糟糠，贫者之所餐也，故曰"糟糠之妻"是也。然颜生箪食瓢饮，亦未见"糟糠"之文也。

③【索隐】"蹠"及注作"跖"，并音之石反。按：盗蹠，柳下惠之弟，亦见《庄子》，为篇名。　【正义】按：蹠者，黄帝时大盗之名。以柳下惠弟为天下大盗，故世放古，号之盗蹠。

④【索隐】刘氏云"谓取人肉为生肝"，非也。按：《庄子》云"跖方休卒太山之阳，脍人肝而铺之"。

⑤【索隐】暴戾谓凶暴而恶戾也。邹诞生恣音资，睢音千馀反。刘氏恣音如字，睢音休季反。恣睢谓恣行为睢恶之貌也。　【正义】睢，仰白目，怒貌也。言盗蹠凶暴，恶戾，恣性，怒白目也。

⑥【集解】《皇览》曰："盗跖冢在河东大阳，临河曲，直弘农华阴县潼乡。"按：盗跖即柳下惠弟也。　【索隐】直音如字。直者，当也。或音值，非也。潼音同。按：潼，水名，因为乡，今之潼津关是，亦为县也。　【正义】《括地志》云："盗跖冢在陕州河北县西二十里。河北县本汉大阳县也。又今齐州平陵县有盗跖冢，未详也。"

⑦【索隐】言盗蹠无道，横行天下，竟以寿终，是其人遵行何德而致此哉？

⑧【索隐】按：较，明也。言伯夷有德而饿死，盗蹠暴戾而寿终，是贤不遇而恶道长，尤大著明之证也。

⑨【索隐】谓若鲁桓、楚灵、晋献、齐襄之比皆是。

⑩【索隐】谓不仕暗君，不饮盗泉，裹足高山之顶，窜迹沧海之滨是也。　【正义】谓北郭骆、鲍焦等是也。

⑪【索隐】按：《论语》"夫子时然后言"。

⑫【索隐】按：《论语》澹台灭明之行也。

⑬【索隐】谓人臣之节，非公正之事不感激发愤。或出忠言，或致身命，而卒遇祸灾者，不可胜数。谓龙逢、比干、屈平、伍胥之属是也。

⑭【索隐】太史公惑于不轨而逸乐，公正而遇灾害，为天道之非而又是邪？深惑之也。盖天道玄远，聪听暂遗，或穷通数会，不由行事，所以行善未必福，行恶未必祸，故先达皆犹昧之也。　【正义】傥音他荡反。傥，未定之词也。为天道不敢旳言是非，故云傥也。

子曰"道不同不相为谋"，亦各从其志也。①故曰"富贵如可求，虽执鞭之士，吾亦为之。②如不可求，从吾所好"。③"岁寒，然后知松柏之后凋"。④举世混浊，清士乃见。⑤岂以其重若彼，其轻若此哉？⑥

①【正义】太史公引孔子之言证前事也。言天道人道不同，一任其运遇，亦各从其志意也。

②【集解】郑玄曰："富贵不可求而得之，当修德以得之。若于道可求而得之者，虽执鞭贱职，我亦为之。"

③【集解】孔安国曰："所好者古人之道。"

④【集解】何晏曰："大寒之岁，众木皆死，然后松柏少凋伤；平岁众木亦有不死者，故须岁寒然后别之。喻凡人处治世，亦能自修整，与君子同，在浊世然后知君子之正不苟容也。"

⑤【索隐】《老子》曰"国家昏乱，始有忠臣"，是举代混浊，则士之清絜者乃彰见，故上文"岁寒然后知松柏之后凋"，先为此言张本也。　【正义】言天下泯乱，清絜之士不挠，不苟合于盗跖也。

⑥【索隐】按：谓伯夷让德之重若彼，而采薇饿死之轻若此。又一解云，操行不轨，富厚累代，是其重若彼；公正发愤而遇祸灾，是其轻若此也。　【正义】重谓盗跖等也。轻谓夷、齐、由、光等也。

"君子疾没世而名不称焉。"①贾子曰：②"贪夫徇财，③烈士徇名，夸者死权，④众庶冯生。"⑤"同明相照，⑥同类相求。"⑦"云从龙，风从虎，⑧圣人作而万物睹。"⑨伯夷、叔齐虽贤，得夫子而名益彰。⑩颜渊虽笃学，附骥尾而行益显。⑪岩穴之士，趣舍有时若此，类名堙灭而不称，悲夫！⑫闾巷之人，欲砥行立名者，⑬非附青云之士，恶能施于后世哉？

①【索隐】自此已下，虽论伯夷得夫子而名彰，颜回附骥尾而行著，盖亦欲微见己之著撰不已，亦是疾没世而名不称焉，故引贾子"贪夫徇财，烈士徇名"是也。又引"同明相照，同类相求"，"云从龙，风从虎"者，言物各以类相求。故太史公言己亦是操行廉直而不用于代，卒陷非罪，与伯夷相类，故寄此而发论也。　【正义】君子疾没世后惧名埋灭而不称，若夷、齐、颜回絜行立名，后代称述，亦太史公欲渐见己立名著述之美也。

②【索隐】贾子，贾谊也。谊作《鵩鸟赋》云然，故太史公引之而称"贾子"也。

③【正义】徇，才迅反。徇，求也。瓒云："以身从物曰徇。"

④【索隐】言贪权势以矜夸者，至死不休，故云"死权"也。

⑤【索隐】冯者，恃也，音凭。言众庶之情，盖恃矜其生也。邹诞本作"每生"。每者，冒也，即贪冒之义。　【正义】太史公引贾子譬作《史记》，若贪夫徇〔财，烈士徇〕名，夸者死权，众庶冯生，乃成其《史记》。

⑥【索隐】已下并《易·系辞》文也。

⑦【正义】天欲雨而柱础润，谓同德者相应。

⑧【集解】王肃曰："龙举而景云属，虎啸而谷风兴。"张璠曰："犹言龙从云，虎从风也。"

⑨【集解】马融曰："作，起也。"　【索隐】按：又引此句者，谓圣人起而居位，则万物之情皆得睹见，故己今日又得著书言世情之轻重也。　【正义】此有识也。圣人有养生之德，万物有长育之情，故相感应也。此以上至"同明相照"是《周易·乾·象辞》也。太史公引此等得感者，欲见述作之意，令万物有睹也。孔子殁后五百岁而己当之，故作《史记》，使万物见睹之也。《太史公序传》云："先人有言：'自周公卒五百岁而有孔子，孔子卒后至于今五百岁，有能绍名世，正《易传》，继《春秋》，本《诗》《书》《礼》《乐》之际，意在斯乎！'小子何敢让焉。"作述《六经》云："《易》著天地阴阳四时五行，故长于变。《礼》经纪人伦，故长于行。《书》记先王之事，故长于政。《诗》记山川溪谷禽兽草木牝牡雌雄，故长于风。《乐》乐所以立，故长于和。《春秋》辨是非，故长于治人。是故《礼》以节人，《乐》以发和，《书》以道事，《诗》以达意，《易》以道化，《春秋》以道义。拨乱世反之正，莫近于《春秋》。"按：述作而万物睹见。

⑩【正义】伯夷、叔齐虽有贤行，得夫子称扬而名益彰著。万物虽有生养之性，得太史公作述而世事益睹见。

⑪【索隐】按：苍蝇附骥尾而致千里，以譬颜回因孔子而名彰也。

⑫【正义】趣音趋。舍音捨。趣，向也。捨，废也。言隐处之士，时有附骥尾而名晓达；若埋灭不称数者，亦可悲痛。

⑬【正义】砥音旨。砺行修德在乡间者，若不托贵大之士，何得封侯爵赏而名留后代也？

【索隐述赞】天道平分，与善徒云。贤而饿死，盗且聚群。吉凶倚伏，报施纠纷。子罕言命，得自前闻。嗟彼素士，不附青云！

史记卷六十二

管晏列传第二

管仲夷吾者,颍上人也。① 少时常与鲍叔牙游,鲍叔知其贤。管仲贫困,常欺鲍叔,②鲍叔终善遇之,不以为言。已而鲍叔事齐公子小白,管仲事公子纠。及小白立,为桓公,公子纠死,管仲囚焉。鲍叔遂进管仲。③管仲既用,任政于齐,④齐桓公以霸,九合诸侯,一匡天下,管仲之谋也。

① 【索隐】颍,水名。《地理志》颍水出阳城。汉有颍阳、临颍二县,今亦有颍上县。 【正义】韦昭云:"夷吾,姬姓之后,管严之子敬仲也。"

② 【索隐】《吕氏春秋》:"管仲与鲍叔同贾南阳,及分财利,而管仲尝欺鲍叔,多自取。鲍叔知其有母而贫,不以为贪也。"

③ 【正义】《齐世家》云:"鲍叔牙曰:'君将治齐,则高傒与叔牙足矣。君且欲霸王,非管夷吾不可。夷吾所居国国重,不可失也。'于是桓公从之。"韦昭云:"鲍叔,齐大夫,姒姓之后,鲍叔之子叔牙也。"

④ 【正义】《管子》云:"相齐以九惠之教,一曰老,二曰慈,三曰孤,四曰疾,五曰独,六曰病,七曰通,八曰赈,九曰绝也。"

管仲曰:"吾始困时,尝与鲍叔贾,①分财利多自与,鲍叔不以我为贪,知我贫也。吾尝为鲍叔谋事而更穷困,鲍叔不以我为愚,知时有利不利也。吾尝三仕三见逐于君,鲍叔不以我为不肖,知我不遭时也。吾尝三战三走,鲍叔不以我为怯,知我有老母也。公子纠败,召忽死之,吾幽囚受辱,鲍叔不以我为无耻,知我不羞小节而耻功名不显于天下也。生我者父母,知我者鲍子也。"

① 【正义】音古。

鲍叔既进管仲，以身下之。子孙世禄于齐，有封邑者十馀世，①常为名大夫。天下不多管仲之贤而多鲍叔能知人也。

①【索隐】按：《系本》云"庄仲山产敬仲夷吾，夷吾产武子鸣，鸣产桓子启方，启方产成子孺，孺产庄子卢，卢产悼子其夷，其夷产襄子武，武产景子耐涉，耐涉产微，凡十代"。《系谱》同。

管仲既任政相齐，①以区区之齐在海滨，②通货积财，富国强兵，与俗同好恶。故其称曰：③"仓廪实而知礼节，衣食足而知荣辱，上服度则六亲固。④四维不张，国乃灭亡。⑤下令如流水之原，令顺民心。"故论卑而易行。⑥俗之所欲，因而予之；俗之所否，因而去之。

①【正义】《国语》云："齐桓公使鲍叔为相，辞曰：'臣之不若夷吾者五：宽和惠民，不若也；治国家不失其柄，不若也；忠惠可结于百姓，不若也；制礼义可法于四方，不若也；执枹鼓立于军门，使百姓皆加勇，不若也。'"

②【正义】齐国东滨海也。

③【索隐】是夷吾著书所称《管子》者，其书有此言，故略举其要。

④【正义】上之服御物有制度，则六亲坚固也。六亲谓外祖父母一，父母二，姊妹三，妻兄弟之子四，从母之子五，女之子六也。王弼云"父、母、兄、弟、妻、子也"。

⑤【集解】《管子》曰："四维，一曰礼，二曰义，三曰廉，四曰耻。"

⑥【正义】言为政令卑下鲜少，而百姓易作行也。

其为政也，善因祸而为福，转败而为功。贵轻重，①慎权衡。②桓公实怒少姬，③南袭蔡，管仲因而伐楚，责包茅不入贡于周室。桓公实北征山戎，而管仲因而令燕修召公之政。于柯之会，④桓公欲背曹沬之约，⑤管仲因而信之，⑥诸侯由是归齐。故曰："知与之为取，政之宝也。"⑦

①【索隐】轻重谓钱也。今《管子》有《轻重篇》。

②【正义】轻重谓耻辱也，权衡谓得失也。有耻辱甚贵重之，有得失甚戒慎之。

③【索隐】按：谓怒荡舟之姬，归而未绝，蔡人嫁之。

④【正义】今齐州东阿也。

⑤【索隐】沫音昧,亦音末。《左传》作"曹刿"。　【正义】沫,莫葛反。

⑥【正义】以劫许之,归鲁侵地。

⑦【索隐】《老子》曰"将欲取之,必固与之",是知此为政之所宝也。

管仲富拟于公室,有三归、反坫,①齐人不以为侈。管仲卒,②齐国遵其政,常强于诸侯。后百馀年而有晏子焉。

①【正义】三归,三姓女也。妇人谓嫁曰归。

②【正义】《括地志》云:"管仲冢在青州临淄县南二十一里牛山之阿。《说苑》云'齐桓公使管仲治国,管仲对曰:"贱不能临贵。"桓公以为上卿,而国不治,曰:"何故?"管仲对曰:"贫不能使富。"桓公赐之齐市租,而国不治。桓公曰:"何故?"对曰:"疏不能制近。"桓公立以为仲父,齐国大安,而遂霸天下'。孔子曰:'管仲之贤而不得此三权者,亦不能使其君南面而称伯。'"

晏平仲婴者,莱之夷维人也。①事齐灵公、庄公、景公,②以节俭力行重于齐。既相齐,食不重肉,妾不衣帛。其在朝,君语及之,即危言;③语不及之,即危行。④国有道,即顺命;无道,即衡命。⑤以此三世显名于诸侯。

①【集解】刘向《别录》曰:"莱者,今东莱地也。"　【索隐】名婴,平谥,仲字。父桓子名弱也。　【正义】晏氏《齐记》云齐城三百里有夷安,即晏平仲之邑。汉为夷安县,属高密国。应劭云故莱夷维邑。

②【索隐】按:系家及《系本》灵公名环,庄公名光,景公名杵臼也。

③【正义】谓己谦让,非云功能。

④【正义】行,下孟反。谓君不知己,增修业行,畏责及也。

⑤【正义】衡,秤也。谓国无道则制秤量之,可行即行。

越石父贤,在缧绁中。①晏子出,遭之涂,解左骖赎之,载归。弗谢,入闺。久之,越石父请绝。晏子惧然,②摄衣冠谢曰:"婴虽不仁,免子于厄,何子求绝之速也?"石父曰:"不然。吾闻君子诎于不知己而信于知己者。③方吾在缧绁中,彼不知我也。夫子既已感寤而赎我,是知己;知己而无礼,固不如在缧绁之中。"晏子于是延入为上客。

①【正义】缧音力追反。缧，黑索也。绁，系也。《晏子春秋》云："晏子之晋，至
中牟，睹弊冠反裘负薪，息于途侧。晏子问曰：'何者？'对曰：'我石父也。
苟免饥冻，为人臣仆。'晏子解左骖赎之，载与俱归。"按：与此文小异也。

②【正义】幱，床缚反。

③【索隐】信读曰申，古《周礼》皆然也。申于知己谓以彼知我而我志获申。

晏子为齐相，出，其御之妻从门间而窥其夫。其夫为相御，拥大盖，
策驷马，意气扬扬，甚自得也。既而归，其妻请去。夫问其故。妻曰：
"晏子长不满六尺，身相齐国，名显诸侯。今者妾观其出，志念深矣，常
有以自下者。今子长八尺，乃为人仆御，然子之意自以为足，妾是以求
去也。"其后夫自抑损。晏子怪而问之，御以实对。晏子荐以为大夫。①

①【集解】《皇览》曰："晏子冢在临菑城南淄水南桓公冢西北。"【正义】注《皇
览》云："晏子冢在临淄城南菑水南桓公冢西北。"《括地志》云："齐桓公墓在
青州临淄县东南二十三里鼎足上。"又云："齐晏婴冢在齐子城北门外。《晏
子》云'吾生近市，死岂易吾志'。乃葬故宅后，人名曰清节里。"按：恐《皇
览》误，乃管仲冢也。

太史公曰：吾读管氏《牧民》、《山高》、《乘马》、《轻重》、《九府》，①及
《晏子春秋》，②详哉其言之也。既见其著书，欲观其行事，故次其传。
至其书，世多有之，是以不论，论其轶事。③

①【集解】刘向《别录》曰："《九府》书民间无有。《山高》一名《形势》。"【索
隐】皆管氏所著书篇名也。按：九府，盖钱之府藏，其书论铸钱之轻重，故云
《轻重》《九府》。馀如《别录》之说。　　【正义】《七略》云《管子》十八篇，在
法家。

②【索隐】按：婴所著书名《晏子春秋》。今其书有七篇，故下云"其书世多有"
也。　　【正义】《七略》云《晏子春秋》七篇，在儒家。

③【正义】轶音逸。

管仲，世所谓贤臣，然孔子小之。岂以为周道衰微，桓公既贤，而不
勉之至王，乃称霸哉？①语曰"将顺其美，匡救其恶，故上下能相亲也"。②
岂管仲之谓乎？

①【正义】言管仲世所谓贤臣，孔子所以小之者，盖以为周道衰，桓公贤主，管仲何不劝勉辅弼至于帝王，乃自称霸主哉？故孔子小之云。盖为前疑夫子小管仲为此。

②【正义】言管仲相齐，顺百姓之美，匡救国家之恶，令君臣百姓相亲者，是管之能也。

　　方晏子伏庄公尸哭之，成礼然后去，①岂所谓"见义不为无勇"者邪？至其谏说，犯君之颜，此所谓"进思尽忠，退思补过"者哉！假令晏子而在，余虽为之执鞭，所忻慕焉。②

①【索隐】按：《左传》崔杼弑庄公，晏婴入，枕庄公尸股而哭之，成礼而出，崔杼欲杀之是也。

②【索隐】太史公之美慕仰企平仲之行，假令晏生在世，己虽与之为仆隶，为之执鞭，亦所忻慕。其好贤乐善如此。贤哉良史，可以示人臣之炯戒也。

【索隐述赞】夷吾成霸，平仲称贤。粟乃实廪，豆不掩肩。转祸为福，危言获全。孔赖左衽，史忻执鞭。成礼而去，人望存焉。

史记卷六十三

老子韩非列传第三

老子者,①楚苦县厉乡曲仁里人也,②姓李氏,③名耳,字聃,④周守藏室之史也。⑤

①【正义】《朱韬玉札》及《神仙传》云:"老子,楚国苦县濑乡曲仁里人。姓李,名耳,字伯阳,一名重耳,外字聃。身长八尺八寸,黄色美眉,长耳大目,广额疏齿,方口厚唇,额有三五达理,日角月悬,鼻有双柱,耳有三门,足蹈二五,手把十文。周时人,李母八十一年而生。"又《玄妙内篇》云:"李母怀胎八十一载,逍遥李树下,乃割左腋而生。"又云:"玄妙玉女梦流星入口而有娠,七十二年而生老子。"又《上元经》云:"李母昼夜见五色珠,大如弹丸,自天下,因吞之,即有娠。"张君相云:"老子者是号,非名。老,考也。子,孳也。考教众理,达成圣孳,乃孳生万物,善化济物无遗也。"

②【集解】《地理志》曰苦县属陈国。 【索隐】按:《地理志》苦县属陈国者,误也。苦县本属陈,春秋时楚灭陈,而苦又属楚,故云楚苦县。至高帝十一年,立淮阳国,陈县、苦县皆属焉。裴氏所引不明,见苦县在陈县下,因云苦属陈。今检《地理志》,苦实属淮阳郡。苦音怙。 【正义】按年表云淮阳国,景帝三年废。至天汉修史之时,楚节王纯都彭城,相近。疑苦此时属楚国,故太史公书之。《括地志》云:"苦县在亳州谷阳县界。有老子宅及庙,庙中有九井尚存,在今亳州真源县也。"厉音赖。《晋太康地记》云:"苦县城东有濑乡祠,老子所生地也。"

③【索隐】按:葛玄曰"李氏女所生,因母姓也"。又云"生而指李树,因以为姓"。

④【索隐】按:许慎云"聃,耳曼也"。故名耳,字聃。有本字伯阳,非正也。然老子号伯阳父,此传不称也。 【正义】聃,耳漫无轮也。《神仙传》云:"外

字曰聃。"按：字，号也。疑老子耳漫无轮，故世号曰聃。

⑤【索隐】按：藏室史，周藏书室之史也。又《张苍传》"老子为柱下史"，盖即藏
　　室之柱下，因以为官名。　　【正义】藏，在浪反。

　　孔子适周，将问礼于老子。①老子曰："子所言者，其人与骨皆已朽
矣，独其言在耳。且君子得其时则驾，不得其时则蓬累而行。②吾闻之，
良贾深藏若虚，君子盛德，容貌若愚。③去子之骄气与多欲，态色与淫
志，④是皆无益于子之身。吾所以告子，若是而已。"孔子去，谓弟子曰：
"鸟，吾知其能飞；鱼，吾知其能游；兽，吾知其能走。走者可以为罔，游
者可以为纶，飞者可以为矰。至于龙吾不能知，其乘风云而上天。吾今
日见老子，其犹龙邪！"

①【索隐】《大戴记》亦云然。

②【索隐】刘氏云："蓬累犹扶持也。累音六水反。说者云头戴物，两手扶之而
　　行，谓之蓬累也。"按：蓬者，盖也；累者，随也。以言若得明君则驾车服冕，
　　不遭时则自覆盖相携随而去耳。　　【正义】蓬，沙碛上转蓬也。累，转行貌
　　也。言君子得明主则驾车而事，不遭时则若蓬转流移而行，可止则止也。
　　蓬，其状若蟠蒿，细叶，蔓生于沙漠中，风吹则根断，随风转移也。蟠蒿，江
　　东呼为斜蒿云。

③【索隐】良贾谓善货卖之人。贾音古。深藏谓隐其宝货，不令人见，故云"若
　　虚"。而君子之人，身有盛德，其容貌谦退有若愚鲁之人然。嵇康《高士传》
　　亦载此语，文则小异，云"良贾深藏，外形若虚；君子盛德，容貌若不足"也。

④【正义】恣态之容色与淫欲之志皆无益于夫子，须去除也。

　　老子修道德，其学以自隐无名为务。居周久之，见周之衰，乃遂去。
至关，关令尹喜曰："子将隐矣，强为我著书。"于是老子乃著书上下
篇，①言道德之意五千馀言而去，莫知其所终。②

①【索隐】李尤《函谷关铭》云"尹喜要老子留作二篇"，而崔浩以尹喜又为散关
　　令是也。　　【正义】《抱朴子》云："老子西游，遇关令尹喜于散关，为喜著《道
　　德经》一卷，谓之《老子》。"或以为函谷关。《括地志》云："散关在岐州陈仓
　　县东南五十二里。函谷关在陕州桃林县西南十二里。"强，其两反。为，于
　　伪反。

②【集解】《列仙传》曰："关令尹喜者，周大夫也。善内学星宿，服精华，隐德行
　　仁，时人莫知。老子西游，喜先见其气，知真人当过，候物色而迹之，果得老
　　子。老子亦知其奇，为著书。与老子俱之流沙之西，服巨胜实，莫知其所
　　终。亦著书九篇，名《关令子》。"【索隐】《列仙传》是刘向所记。物色而迹
　　之，谓视其气物有异色而寻迹之。又按：《列仙传》"老子西游，关令尹喜望
　　见有紫气浮关，而老子果乘青牛而过也"。

或曰：老莱子亦楚人也，① 著书十五篇，言道家之用，与孔子同
时云。

①【正义】太史公疑老子或是老莱子，故书之。《列仙传》云："老莱子，楚人。
　　当时世乱，逃世耕于蒙山之阳，莞葭为墙，蓬蒿为室，枝木为床，著艾为席，
　　菹芰为食，垦山播种五谷。楚王至门迎之，遂去，至于江南而止。曰：'鸟兽
　　之解毛可绩而衣，其遗粒足食也。'"

盖老子百有六十馀岁，或言二百馀岁，① 以其修道而养寿也。

①【索隐】此前古好事者据《外传》，以老子生年至孔子时，故百六十岁。或言
　　二百馀岁者，即以周太史儋为老子，故二百馀岁也。　【正义】盖，或，皆疑
　　辞也。世不旳知，故言"盖"及"或"也。《玉清》云老子以周平王时见衰，于
　　是去。《孔子世家》云孔子问礼于老子在周景王时，孔子盖年三十也，去平
　　王十二王。此传云儋即老子也，秦献公与烈王同时，去平王二十一王。说
　　者不一，不可知也。故葛仙公序云"老子体于自然，生乎大始之先，起乎无
　　因，经历天地终始，不可称载"。

自孔子死之后百二十九年，① 而史记周太史儋见秦献公曰："始秦
与周合，合五百岁而离，离七十岁而霸王者出焉。"② 或曰儋即老子，或
曰非也，世莫知其然否。老子，隐君子也。

①【集解】徐广曰："实百一十九年。"

②【索隐】按：《周》《秦》二本纪并云"始周与秦国合而别，别五百载又合，合七
　　十岁而霸王者出"。然与此传离合正反，寻其意义，亦并不相违也。

老子之子名宗，宗为魏将，封于段干。① 宗子注，② 注子宫，宫玄孙
假，③ 假仕于汉孝文帝。而假之子解为胶西王卬太傅，因家于齐焉。

①【集解】此云封于段干,段干应是魏邑名也。而《魏世家》有段干木、段干子,《田完世家》有段干朋,疑此三人是姓段干也。本盖因邑为姓,《左传》所谓"邑亦如之"是也。《风俗通·氏姓注》云姓段,名干木,恐或失之矣。天下自别有段姓,何必段干木邪!

②【索隐】音铸。　【正义】之树反。

③【索隐】音古雅反。　【正义】作"瑕",音霞。

世之学老子者则绌儒学,①儒学亦绌老子。"道不同不相为谋",岂谓是邪? 李耳无为自化,清静自正。②

①【索隐】按:绌音黜。黜,退而后之也。

②【索隐】此太史公因其行事,于当篇之末结以此言,亦是赞也。按:老子曰"我无为而民自化,我好静而民自正",此是昔人所评老聃之德,故太史公于此引以记之。　【正义】此都结老子之教也。言无所造为而自化,清净不挠而民自归正也。

庄子者,蒙人也,①名周。周尝为蒙漆园吏,②与梁惠王、齐宣王同时。其学无所不窥,然其要本归于老子之言。故其著书十馀万言,大抵率寓言也。③作《渔父》、《盗跖》、《胠箧》,④以诋訿孔子之徒,⑤以明老子之术。《畏累虚》、《亢桑子》之属,皆空语无事实。⑥然善属书离辞,⑦指事类情,用剽剥儒、墨,⑧虽当世宿学不能自解免也。其言洸洋自恣以适己,⑨故自王公大人不能器之。

①【集解】《地理志》蒙县属梁国。　【索隐】《地理志》蒙县属梁国。刘向《别录》云宋之蒙人也。　【正义】郭缘生《述征记》云蒙县,庄周之本邑也。

②【正义】《括地志》云:"漆园故城在曹州冤句县北十七里。"此云庄周为漆园吏,即此。按:其城古属蒙县。

③【索隐】大抵犹言大略也。其书十馀万言,率皆立主客,使之相对语,故云"偶言"。又音寓,寓,寄也。故《别录》云"作人姓名,使相与语,是寄辞于其人,故《庄子》有《寓言篇》"。　【正义】率音律。寓音遇。率犹类也。寓,寄也。

④【索隐】胠箧犹言开箧也。胠音祛,亦音去。箧音去劫反。　【正义】胠音丘

鱼反。篚音苦颊反。胠，开也。篚，箱类也。此《庄子》三篇名，皆诬毁自古
圣君、贤臣、孔子之徒，营求名誉，咸以丧身，非抱素任真之道也。

⑤【索隐】诋，诃也。诋音邸。訿音紫。谓诋诃毁訿孔子也。

⑥【索隐】按：《庄子》"畏累虚"，篇名也，即老聃弟子畏累。邹氏畏音于鬼反，
累音垒。刘氏畏音乌罪反，累路罪反。郭象云"今东莱也"。亢音庚。亢桑
子，王劭本作"庚桑"。司马彪云"庚桑，楚人姓名也"。　【正义】《庄子》云：
"庚桑楚者，老子弟子，北居畏累之山。"成瑛云："山在鲁，亦云在深州。"此
篇寄庚桑楚以明至人之德，卫生之经，若槁木无情，死灰无心，祸福不至，恶
有人灾。言《庄子》杂篇《庚桑楚》已下，皆空设言语，无有实事也。

⑦【正义】属音烛。离辞犹分析其辞句也。

⑧【正义】剽，芳妙反。剽犹攻击也。

⑨【索隐】洸洋音汪羊二音，又音晃养。亦有本作"漭"字。　【正义】洋音翔。
己音纪。

楚威王闻庄周贤，①使使厚币迎之，许以为相。庄周笑谓楚使者
曰："千金，重利；卿相，尊位也。子独不见郊祭之牺牛乎？养食之数岁，
衣以文绣，以入大庙。当是之时，虽欲为孤豚，岂可得乎？②子亟去，③无
污我。④我宁游戏污渎⑤之中自快，无为有国者所羁，终身不仕，以快吾
志焉。"⑥

①【正义】威王当周显王三十年。

②【索隐】孤者，小也，特也。愿为小豚不可得也。　【正义】不群也。豚，小
　猪。临宰时，愿为孤小豚不可得也。

③【索隐】音棘。亟犹急也。

④【索隐】污音乌故反。

⑤【索隐】音乌读二音。污渎，潢污之小渠渎也。

⑥【正义】《庄子》云："庄子钓于濮水之上，楚王使大夫往，曰：'愿以境内累。'
　庄子持竿不顾，曰：'吾闻楚有神龟，死二千岁矣，巾笥藏之庙堂之上。此龟
　宁死为留骨而贵乎？宁生曳尾泥中乎？'大夫曰：'宁曳尾涂中。'庄子曰：
　'往矣，吾将曳尾于涂中。'"与此传不同也。

申不害者,京人也,①故郑之贱臣。学术以干韩昭侯,②昭侯用为相。内修政教,外应诸侯,十五年。终申子之身,国治兵强,无侵韩者。③

①【索隐】申子名不害。按:《别录》云"京,今河南京县是也"。 【正义】《括地志》云:"京县故城在郑州荥阳县东南二十里,郑之京邑也。"

②【索隐】按:术即刑名之法术也。

③【索隐】王劭按:《纪年》云"韩昭侯之世,兵寇屡交",异乎此言矣。

申子之学本于黄老而主刑名。著书二篇,号曰《申子》。①

①【集解】刘向《别录》曰:"今民间所有上下二篇,中书六篇,皆合二篇,已备,过太史公所记。"【索隐】今人间有上下二篇,又有中书六篇,其篇中之言,皆合上下二篇,是书已备,过于太史公所记也。 【正义】阮孝绪《七略》云《申子》三卷也。

韩非者,①韩之诸公子也。喜刑名法术之学,②而其归本于黄老。③非为人口吃,④不能道说,而善著书。与李斯俱事荀卿,⑤斯自以为不如非。

①【正义】阮孝绪《七略》云:"《韩子》二十卷。"《韩世家》云:"王安五年,非使秦。九年,虏王安,韩遂亡。"

②【集解】《新序》曰:"申子之书言人主当执术无刑,因循以督责臣下,其责深刻,故号曰'术'。商鞅所为书号曰'法'。皆曰'刑名',故号曰'刑名法术之书'。"【索隐】著书三十馀篇,号曰《韩子》。

③【索隐】按:刘氏云"黄老之法不尚繁华,清简无为,君臣自正。韩非之论诋驳浮淫,法制无私,而名实相称。故曰'归于黄老'。"斯未为得其本旨。今按:《韩子》书有《解老》、《喻老》二篇,是大抵亦崇黄老之学耳。

④【正义】音讫。

⑤【正义】《孙卿子》二十二卷。名况,赵人,楚兰陵令。避汉宣帝讳,改姓孙也。

非见韩之削弱,数以书谏韩王,①韩王不能用。于是韩非疾治国不务修明其法制,执势以御其臣下,富国强兵而以求人任贤,反举浮淫之蠹而加之于功实之上。以为儒者用文乱法,而侠者以武犯禁。宽则宠名誉之人,急则用介胄之士。② 今者所养非所用,③ 所用非所养。④ 悲廉直不容于邪枉之臣,⑤ 观往者得失之变,⑥ 故作《孤愤》、《五蠹》、内外《储》、《说林》、《说难》十馀万言。⑦

①【索隐】韩王安也。

②【正义】介,甲也。胄,兜鍪也。

③【索隐】言非疾时君以禄养其臣者,乃皆安禄养交之臣,非勇悍忠鲠及折冲御侮之人也。

④【索隐】又言人主今临事任用,并非常所禄养之士,故难可尽其死力也。

⑤【索隐】又悲奸邪谄谀之臣不容廉直之士。

⑥【正义】韩非见王安不用忠良,今国消弱,故观往古有国之君,则得失之变异,而作《韩子》二十卷。

⑦【索隐】此皆非所著书篇名也。《孤愤》,愤孤直不容于时也。《五蠹》,蠹政之事有五也。内外《储》,按《韩子》有《内储》、《外储篇》:《内储》言明君执术以制臣下,制之在己,故曰"内"也;《外储》言明君观听臣下之言行,以断其赏罚,赏罚在彼,故曰"外"也。储畜二事,所谓明君也。《说林》者,广说诸事,其多若林,故曰"说林"也。今《韩子》有《说林》上下二篇。《说难》者,说前人行事与己不同而诘难之,故其书有《说难篇》。

然韩非知说之难,为《说难》书甚具,终死于秦,不能自脱。

《说难》曰:①

①【索隐】说音税。难音奴干反。言游说之道为难,故曰《说难》。其书词甚高,故特载之。然此篇亦与《韩子》微异,烦省小大不同。刘伯庄亦申其意,粗释其微文幽旨,故有刘说也。

凡说之难,非吾知之有以说之难也;① 又非吾辩之难能明吾意之难也;② 又非吾敢横失能尽之难也。③ 凡说之难,在知所说之心,可以吾说当之。④

①【正义】凡说难识情理,不当人主之心,恐犯逆鳞。说之难知,故言非吾知之有以说之乃为难。

②【正义】能分明吾意以说之,亦又未为难也,尚非甚难。

③【索隐】按:《韩子》"横失"作"横佚"。刘氏云:"吾之所言,无横无失,陈辞发策,能尽说情,此虽是难,尚非难也。"　【正义】横,扩孟反。又非吾敢有横失,词理能尽说己之情,此虽是难,尚非极难。

④【索隐】刘氏云:"开说之难,正在于此也。"按:所说之心者,谓人君之心也。言以人臣疏末射尊重之意,贵贱隔绝,旨趣难知,自非高识,莫近几会,故曰"说之难"也。乃须审明人主之意,必以我说合其情,故云"吾说当之"也。　【正义】前者三说并未为难,凡说之难者,正在于此。言深辨知前人意,可以吾说当之,暗与前人心会,说则行,乃是难矣。

　　所说出于为名高者也,①而说之以厚利,则见下节而遇卑贱,必弃远矣。②所说出于厚利者也,而说之以名高,则见无心而远事情,必不收矣。③所说实为厚利而显为名高者也,④而说之以名高,则阳收其身而实疏之;若说之以厚利,则阴用其言而显弃其身。⑤此之不可不知也。

①【索隐】按:谓所说之主,中心本出欲立高名者也。故刘氏云"稽古羲黄,祖述尧舜"是也。

②【索隐】谓人主欲立高名,说臣乃陈厚利,是其见下节也。既不会高情,故遇卑贱必被远斥矣。

③【索隐】亦谓所说之君,出意本规厚利,而说臣乃陈名高之节,则是说者无心,远于我之事情,必不见收用也。故刘氏云"若秦孝公志于强国,而商鞅说以帝王,故怒而不用"。

④【索隐】按:《韩子》"实"字作"隐"。按:显者,阳也。谓其君实为厚利,而详作欲为名高之节也。　【正义】前人必欲厚利,诈慕名高,则阳收其说,实疏远之。

⑤【索隐】谓若下文云郑武公阴欲伐胡,而关其思极论深计,虽知说当,终遭显戮是也。　【正义】前人好利厚,诈慕名高,说之以厚利,则阴用说者之言而显不收其身。说士不可不察。

　　夫事以密成,语以泄败。未必其身泄之也,而语及其所匿之事,①如是者身危。贵人有过端,而说者明言善议以推其恶者,则身危。②周泽未渥也而语极知,说行而有功则德亡,③说不行而有败则见疑,如是者身危。④夫贵人得计而欲自以为功,说者与知焉,则身危。⑤彼显有所出事,乃自以为也故,说者与知焉,则身危。⑥强之以其所必不为,⑦止之以其所不能已者,身危。⑧故曰:与之论大人,则以为间己;⑨与之论细人,则以为粥权。⑩论其所爱,则以为借资;⑪论其所憎,则以为尝己。⑫径省其辞,则不知而屈之;⑬泛滥博文,则多而久之。⑭顺事陈意,则曰怯懦而不尽;⑮虑事广肆,则曰草野而倨侮。⑯此说之难,不可不知也。

①【正义】事多相类,语言或说其相类之事,前人觉悟,便成漏泄,故身危也。

②【正义】人主有过失之端绪,而引美善之议以推人主之恶,则身危。

③【索隐】按:谓人臣事上,其道未合,至周之恩未沾渥于下,而辄吐诚极言,其说有功则其德亦亡。亡,无也。《韩子》作“则见忘”,然“见忘”胜于“德亡”也。　【正义】渥,沾濡也。人臣事君未满周至之恩泽,而说事当理,事行有功,君不以为恩德,故德亡。

④【索隐】又若说不行而有败则见疑,如是者身危。是恩意未深,辄评时政,不为所信,更致嫌疑,若下文所云邻父以墙坏有盗,却为见疑,即其类也。　【正义】说事不行,或行有败坏,则必致危殆,若此者身危也。

⑤【正义】与音预。人主先得其计己功,说者知前发其踪迹,身必危亡。

⑥【索隐】谓人主明有所出事乃自以为功,而说者与知,是则以为间,故身危也。　【正义】人主明所出事,乃以有所营为,说者预知其计,而说者身亡危。

⑦【索隐】刘氏云:“若项羽必欲衣锦东归,而说者强述关中,违旨忤情,自招诛灭也。”　【正义】强,其两反。人主必不欲有为,而说者强令为之。

⑧【索隐】刘氏云:“若汉景帝决废栗太子,而周亚夫强欲止之,竟不从其言,后遂下狱是也。”　【正义】人主已营为,而说者强止之者,身危。

⑨【正义】间音纪苋反。说彼大人之短,以为窃己之事情,乃为刺讥间也。

⑩【索隐】按:《韩非子》“粥权”作“卖重”。谓荐彼细微之人,言堪大用,则疑其挟诈而卖我之权也。　【正义】粥音育。刘伯庄云:“论则疑其挟诈卖己之权。”

⑪【正义】说人主爱行,人主以为借己之资籍也。

⑫【正义】论说人主所憎恶，人主则以为尝试于己也。

⑬【索隐】按：谓人主意在文华，而说者但径捷省略其辞，则以说者为无知而见屈辱也。　【正义】省，山景反。

⑭【索隐】按：谓人主志在简要，而说者务于浮辞泛滥，博涉文华，则君上嫌其多迂诞，文而无当者也。　【正义】泛滥，浮辞也。博文，广言句也。言浮说广陈，必多词理，时乃永久，人主疲倦。

⑮【正义】懦音乃乱反。说者陈言顺人主之意，则或怯懦而不尽事情也。

⑯【正义】草野犹鄙陋也。广陈言词，多有鄙陋，乃成倨傲侮慢。

　　凡说之务，在知饰所说之所敬，①而灭其所丑。②彼自知其计，则毋以其失穷之；③自勇其断，则毋以其敌怒之；④自多其力，则毋以其难概之。⑤规异事与同计，誉异人与同行者，则以饰之无伤也。⑥有与同失者，则明饰其无失也。⑦大忠无所拂悟，⑧辞言无所击排，⑨乃后申其辩知焉。此所以亲近不疑，⑩知尽之难也。⑪得旷日弥久，⑫而周泽既渥，⑬深计而不疑，交争而不罪，乃明计利害以致其功，直指是非以饰其身，以此相持，此说之成也。⑭

①【索隐】按：所说谓所说之主也。饰其所敬者，说士当知人主之所敬，而时以言辞文饰之。

②【索隐】丑谓人主若有所避讳而丑之，游说者当灭其事端而不言也。

③【正义】前人自知其失误，说士无以失误穷极之，乃为讪上也。

④【索隐】按：谓人主自勇其断，说士无以己意而攻间之，是以卑下之谋自敌于上，以致谴怒也。　【正义】断音端乱反。刘伯庄云："贵人断甲为是，说者以乙破之，乙之理难同，怒以下敌上也。"

⑤【索隐】按：概犹格也。刘氏云："秦昭王决欲攻越，白起苦说其难，遂己之心，拒格君上，故致杜邮之僇也。"　【正义】概，古代反。

⑥【正义】刘伯庄云："贵人与甲同计，与乙同行者，说士陈言无伤甲乙也。"

⑦【索隐】按：上文言人主规事誉人，与某人同计同行，今说者之词不得伤于同计同行之人，仍可文饰其类也。又若人主与同失者，而说者则可以明饰其无失也。　【正义】人主与甲同失，说者文饰甲之无失。

⑧【索隐】拂音佛。言大忠之人，志在匡君于善，君初不从，则且退止，待君之说而又几谏，即不拂悟于君也。　【正义】拂悟当为"咈忤"，古字假借耳。

咈,违也。忤,逆也。

⑨【索隐】谓大忠说谏之辞,本欲归于安人兴化,而无别有所击射排摈。按:《韩子》作"击摩"也。

⑩【正义】言大忠之事,拟安民兴化,事在匡弼。君初亦不击排,乃后周泽沾濡,君臣道合,乃敢辩智说焉。此所以亲近而不见疑,是知尽之难。

⑪【集解】徐广曰:"知,一作'得'。难,一作'辞'。"　【索隐】谓人臣尽知事上之道难也。按:徐广曰"知,一作'得',难,一作'辞'"。今按《韩子》作"得尽之辞"也。　【正义】言说士知谈说之难也,为能尽此谈说之道,得当人主之心,君臣相合,乃是知尽之难也。

⑫【索隐】谓君臣道合,旷日已久,是诚著于君也。

⑬【索隐】谓君之渥泽周浃于臣,鱼水相须,盐梅相和也。

⑭【正义】夫知尽之难,则君臣道合,故得旷日弥久。而周泽既渥,深计而君不疑,与君交争而不罪,而得明计国之利害以致其功,直指是非,任爵禄于身,以此君臣相执持,此说之成也。

伊尹为庖,①百里奚为虏,②皆所由干其上也。故此二子者,皆圣人也,犹不能无役身而涉世如此其污也,③则非能仕之所设也。④

①【正义】《殷本纪》云"乃为有莘氏媵臣,负鼎俎,以滋味说汤致王道"是也。

②【正义】《晋世家》云袭灭虞公,及大夫百里以媵秦穆姬也。

③【正义】污音乌故反。庖虏是污。

④【索隐】按:《韩子》作"非能士之所耻也"。

宋有富人,天雨墙坏。其子曰"不筑且有盗",其邻人之父亦云,暮而果大亡其财,其家甚知其子而疑邻人之父。①昔者郑武公欲伐胡,②乃以其子妻之。因问群臣曰:"吾欲用兵,谁可伐者?"关其思曰:"胡可伐。"乃戮关其思,曰:"胡,兄弟之国也,子言伐之,何也?"胡君闻之,以郑为亲己而不备郑。郑人袭胡,取之。此二说者,其知皆当矣,③然而甚者为戮,薄者见疑。非知之难也,处知则难矣。

①【正义】其子邻父说皆当矣,而切见疑,非处知则难乎!

②【正义】《世本》云:"胡,归姓也。"《括地志》云:"胡城在豫州郾城县界。"

③【正义】当,当浪反。

　　昔者弥子瑕见爱于卫君。卫国之法,窃驾君车者罪至刖。既而弥子之母病,人闻,往夜告之,弥子矫驾君车而出。君闻之而贤之曰:"孝哉,为母之故而犯刖罪!"与君游果园,弥子食桃而甘,不尽而奉君。君曰:"爱我哉,忘其口而念我!"及弥子色衰而爱弛,得罪于君。君曰:"是尝矫驾吾车,又尝食我以其馀桃。"故弥子之行未变于初也,前见贤而后获罪者,爱憎之至变也。故有爱于主,则知当而加亲;见憎于主,则罪当而加疏。故谏说之士不可不察爱憎之主而后说之矣。

　　夫龙之为虫也,①可扰狎而骑也。然其喉下有逆鳞径尺,人有婴之,则必杀人。人主亦有逆鳞,说之者能无婴人主之逆鳞,则几矣。②

①【正义】龙,虫类也。故言"龙之为虫"。

②【索隐】按:几,庶也。谓庶几于善谏说也。　【正义】说者能不犯人主逆鳞,则庶几矣。

　　人或传其书至秦。秦王见《孤愤》、《五蠹》之书,曰:"嗟乎,寡人得见此人与之游,死不恨矣!"李斯曰:"此韩非之所著书也。"秦因急攻韩。韩王始不用非,及急,乃遣非使秦。秦王悦之,未信用。李斯、姚贾害之,毁之曰:"韩非,韩之诸公子也。今王欲并诸侯,非终为韩不为秦,此人之情也。今王不用,久留而归之,此自遗患也,不如以过法诛之。"秦王以为然,下吏治非。李斯使人遗非药,使自杀。韩非欲自陈,不得见。秦王后悔之,使人赦之,非已死矣。①

①【集解】《战国策》曰:"秦王封姚贾千户,以为上卿。韩非短之曰:'贾,梁监门子,盗于梁,臣于赵而逐。取世监门子梁大盗赵逐臣与同社稷之计,非所以励群臣也。'王召贾问之,贾答云云,乃诛韩非也。"

　　申子、韩子皆著书,传于后世,学者多有。余独悲韩子为《说难》而不能自脱耳。

　　太史公曰：老子所贵道，虚无，因应变化于无为，故著书辞称微妙难识。庄子散道德，放论，要亦归之自然。申子卑卑，①施之于名实。韩子引绳墨，切事情，明是非，其极惨礉②少恩。皆原于道德之意，而老子深远矣。

①【集解】自勉励之意也。　　【索隐】刘氏云："卑卑，自勉励之意也。"

②【集解】礉，胡革反。用法惨急而鞠礉深刻。　　【索隐】惨，七感反。礉，胡革反。按：谓用法惨急而鞠礉深刻也。

【索隐述赞】伯阳立教，清净无为。道尊东鲁，迹窜西垂。庄蒙栩栩，申害卑卑。刑名有术，说难极知。悲彼周防，终亡李斯。

史记卷六十四

司马穰苴列传第四

司马穰苴者，①田完之苗裔也。齐景公时，晋伐阿、甄，②而燕侵河上，③齐师败绩。景公患之。晏婴乃荐田穰苴曰："穰苴虽田氏庶孽，然其人文能附众，武能威敌，愿君试之。"景公召穰苴，与语兵事，大说之，以为将军，④将兵扞燕晋之师。穰苴曰："臣素卑贱，君擢之间伍之中，加之大夫之上，士卒未附，百姓不信，人微权轻，愿得君之宠臣，国之所尊，以监军，乃可。"于是景公许之，使庄贾往。穰苴既辞，与庄贾约曰："旦日日中会于军门。"⑤穰苴先驰至军，立表下漏⑥待贾。贾素骄贵，以为将己之军而己为监，不甚急；⑦亲戚左右送之，留饮。日中而贾不至。穰苴则仆表决漏，⑧入，行军勒兵，申明约束。约束既定，夕时，庄贾乃至。穰苴曰："何后期为？"贾谢曰："不佞大夫亲戚送之，故留。"穰苴曰："将受命之日则忘其家，临军约束则忘其亲，援枹⑨鼓之急则忘其身。今敌国深侵，邦内骚动，士卒暴露于境，君寝不安席，食不甘味，百姓之命皆悬于君，何谓相送乎！"召军正问曰："军法期而后至者云何？"对曰："当斩。"庄贾惧，使人驰报景公，请救。既往，未及反，于是遂斩庄贾以徇三军。三军之士皆振栗。久之，景公遣使者持节赦贾，驰入军中。穰苴曰："将在军，君令有所不受。"⑩问军正曰："驰三军法何？"正曰："当斩。"使者大惧。穰苴曰："君之使不可杀之。"乃斩其仆，车之左驸，马之左骖，⑪以徇三军。⑫遣使者还报，然后行。士卒次舍井灶饮食问疾医药，身自拊循之。悉取将军之资粮享士卒，身与士卒平分粮食，最比⑬其羸弱者。三日而后勒兵。病者皆求行，争奋出为之赴战。晋师闻之，为罢去。燕师闻之，度水而解。⑭于是追击之，遂取所亡封内故境而引兵归。未至国，释兵旅，解约束，誓盟而后入邑。景公与诸大夫郊迎，劳师成礼，然后反归寝。既见穰苴，尊为大司马。田氏日以益尊于齐。

①【索隐】按：穰苴，名，田氏之族，为大司马，故曰司马穰苴。　【正义】穰音若羊反。苴音子徐反。田穰苴为司马官，主兵。

②【索隐】按：阿、甄皆齐邑。《晋太康地记》曰"阿即东阿也"。《地理志》云甄城县属济阴也。

③【正义】河上，黄河南岸地，即沧德二州北界。

④【索隐】谓命之为将，以将军也。将音即匠反。遂以将军为官名。故《尸子》曰"十万之师，无将军则乱"。六国时有其官。

⑤【索隐】按：旦日谓明日。日中时期会于军门也。

⑥【索隐】按：立表谓立木为表以视日景，下漏谓下漏水以知刻数也。

⑦【正义】已音纪。监，甲暂反。

⑧【索隐】仆音赴。按：仆者，卧其表也。决漏谓决去壶中漏水。以贾失期，过日中故也。

⑨【索隐】上音袁，下音孚。　【正义】援，作"操"。枹音孚，谓鼓挺也。

⑩【集解】魏武帝曰："苟便于事，不拘君命。"

⑪【索隐】按：谓斩其使者之仆，及车之左驸。驸，当作"柎"，并音附，谓车循外立木，承重较之材。又斩其马之左骖，以御者在左故也。　【正义】柎音附。刘伯庄云："驸者，箱外之立木，承重校者。"

⑫【正义】徇，行示也。

⑬【正义】比音(卑)必耳反。

⑭【正义】度黄河水北去而解。

已而大夫鲍氏、高、国之属害之，谮于景公。景公退穰苴，苴发疾而死。田乞、田豹之徒①由此怨高、国等。其后及田常杀简公，尽灭高子、国子之族。至常曾孙和，因自立，为齐威王，②用兵行威，大放穰苴之法，③而诸侯朝齐。

①【索隐】田乞，田僖子也。豹亦僖子之族。

②【索隐】按：此文误也，当云田和自立，至其孙，因号为齐威王。故系家云田和自立，号太公，其孙因齐，号为威王。

③【正义】放，方往反。

齐威王使大夫追论古者《司马兵法》而附穰苴于其中,因号曰《司马
穰苴兵法》。

太史公曰:余读《司马兵法》,闳廓深远,虽三代征伐,未能竟其义,
如其文也,亦少褒矣。①若夫穰苴,区区为小国行师,何暇及《司马兵法》
之揖让乎? 世既多《司马兵法》,以故不论,著穰苴之列传焉。

①【索隐】按:谓《司马法》说行兵,揖让有三代之法,而齐区区小国,又当战国
　　之时,故云“亦少褒矣”。

【索隐述赞】燕侵河上,齐师败绩。婴荐穰苴,武能威敌。斩贾以徇,三军惊
惕。我卒既强,彼寇退壁。法行《司马》,实赖宗戚。

史记卷六十五

孙子吴起列传第五

孙子武者，齐人也。① 以兵法见于吴王阖庐。阖庐曰："子之十三篇，② 吾尽观之矣，可以小试勒兵乎？"对曰："可。"阖庐曰："可试以妇人乎？"曰："可。"于是许之，出宫中美女，得百八十人。孙子分为二队，以王之宠姬二人各为队长，③ 皆令持戟。令之曰："汝知而心与左右手背乎？"妇人曰："知之。"孙子曰："前，则视心；左，视左手；右，视右手；后，即视背。"妇人曰："诺。"约束既布，乃设铁钺，即三令五申之。于是鼓之右，妇人大笑。孙子曰："约束不明，申令不熟，将之罪也。"复三令五申而鼓之左，妇人复大笑。孙子曰："约束不明，申令不熟，将之罪也；既已明而不如法者，吏士之罪也。"乃欲斩左右队长。吴王从台上观，见且斩爱姬，大骇。趣使使④下令曰："寡人已知将军能用兵矣。寡人非此二姬，食不甘味，愿勿斩也。"孙子曰："臣既已受命为将，将在军，君命有所不受。"遂斩队长二人以徇。用其次为队长，于是复鼓之。妇人左右前后跪起皆中规矩绳墨，无敢出声。于是孙子使使报王曰："兵既整齐，王可试下观之，唯王所欲用之，虽赴水火犹可也。"吴王曰："将军罢休就舍，寡人不愿下观。"孙子曰："王徒好其言，不能用其实。"于是阖庐知孙子能用兵，卒以为将。西破强楚，入郢，北威齐晋，显名诸侯，孙子与有力焉。

①【正义】魏武帝云："孙子者，齐人。事于吴王阖闾，为吴将，作《兵法》十
　　三篇。"

②【正义】《七录》云《孙子兵法》三卷。案：十三篇为上卷。又有中下二卷。

③【索隐】上音徒对反。下音竹两反。

④【索隐】趣音促,谓急也。下"使"音色吏反。

　　孙武既死,①后百馀岁有孙膑。膑生阿鄄之间,膑亦孙武之后世子孙也。孙膑尝与庞涓②俱学兵法。庞涓既事魏,得为惠王将军,而自以为能不及孙膑,乃阴使召孙膑。膑至,庞涓恐其贤于己,疾之,则以法刑断其两足而黥之,欲隐勿见。

　　①【集解】《越绝书》曰:"吴县巫门外大冢,孙武冢也,去县十里。"【索隐】按:
　　　《越绝书》云是子贡所著,恐非也。其书多记吴越亡后土地,或后人所录。
　　【正义】《七录》云《越绝》十六卷,或云伍子胥撰。
　　②【索隐】膑,频忍反。庞,皮江反。涓,古玄反。

　　齐使者如梁,①孙膑以刑徒阴见,说齐使。齐使以为奇,窃载与之齐。齐将田忌善而客待之。忌数与齐诸公子驰逐重射。孙子见其马足不甚相远,马有上、中、下辈。于是孙子谓田忌曰:"君弟重射,②臣能令君胜。"田忌信然之,与王及诸公子逐射千金。③及临质,④孙子曰:"今以君之下驷与彼上驷,取君上驷与彼中驷,取君中驷与彼下驷。"既驰三辈毕,而田忌一不胜而再胜,卒得王千金。于是忌进孙子于威王。威王问兵法,遂以为师。

　　①【正义】今汴州。
　　②【索隐】弟,但也。重射谓好射也。
　　③【正义】射音石。随逐而射赌千金。
　　④【索隐】按:质犹对也。将欲对射之时也。一云质谓埒,非也。

　　其后魏伐赵,赵急,请救于齐。齐威王欲将孙膑,膑辞谢曰:"刑馀之人不可。"于是乃以田忌为将,而孙子为师,居辎车中,坐为计谋。田忌欲引兵之赵,孙子曰:"夫解杂乱纷纠者①不控卷,②救斗者不搏撠,③批亢捣虚,④形格势禁,则自为解耳。⑤今梁赵相攻,轻兵锐卒必竭于外,老弱罢于内。君不若引兵疾走大梁,据其街路,冲其方虚,彼必释赵而自救。是我一举解赵之围而收弊于魏也。"⑥田忌从之,魏果去邯郸,与齐战于桂陵,大破梁军。

①【索隐】按：谓事之杂乱纷纠击挈也。

②【索隐】按：谓解杂乱纷纠者，当善以手解之，不可控卷而击之。卷即拳也。刘氏云"控，综；卷，缩"，非也。

③【索隐】博戟二音。按：谓救斗者当善捣解之，无以手助相搏撠，则其怒益炽矣。按：撠，以手撠刺人。

④【索隐】批音白结反。亢音苦浪反。按：批者，相排批也。音白灭反。亢者，敌人相亢拒也。捣者，击也，冲也。虚者，空也。按：谓前人相亢，必须批之。彼兵若虚，则冲捣之。欲令击梁之虚也。此当是古语，故孙子以言之也。

⑤【索隐】谓若批其相亢，击捣彼虚，则是事形相格而其势自禁止，则彼自为解兵也。

⑥【索隐】谓齐今引兵据大梁之冲，是冲其方虚之时，梁必释赵而自救，是一举释赵而毙魏。

后十三岁，①魏与赵攻韩，韩告急于齐。齐使田忌将而往，直走大梁。魏将庞涓闻之，去韩而归，齐军既已过而西矣。孙子谓田忌曰："彼三晋之兵素悍勇而轻齐，齐号为怯，善战者因其势而利导之。兵法，百里而趣利者蹶上将，②五十里而趣利者军半至。使齐军入魏地为十万灶，明日为五万灶，又明日为三万灶。"庞涓行三日，大喜，曰："我固知齐军怯，入吾地三日，士卒亡者过半矣。"乃弃其步军，与其轻锐倍日并行逐之。孙子度其行，暮当至马陵。马陵道陕，而旁多阻隘，可伏兵，乃斫大树白而书之曰"庞涓死于此树之下"。于是令齐军善射者万弩，夹道而伏，期曰"暮见火举而俱发"。庞涓果夜至斫木下，见白书，乃钻火烛之。读其书未毕，齐军万弩俱发，魏军大乱相失。庞涓自知智穷兵败，乃自刭，曰："遂成竖子之名！"③齐因乘胜尽破其军，虏魏太子申以归。孙膑以此名显天下，世传其兵法。

①【索隐】王劭〔按〕：《纪年》云"梁惠王十七年，齐田忌败梁于桂陵，至二十七年十二月，齐田朌败梁于马陵"，计相去无十三岁。

②【集解】魏武帝曰："蹶犹挫也。"　【索隐】蹶音巨月反。刘氏云："蹶犹毙也。"

③【索隐】竖子谓孙膑。

　　吴起者，卫人也，好用兵。尝学于曾子，事鲁君。齐人攻鲁，鲁欲将吴起，吴起取齐女为妻，而鲁疑之。吴起于是欲就名，遂杀其妻，以明不与齐也。鲁卒以为将。将而攻齐，大破之。

　　鲁人或恶吴起曰："起之为人，猜忍人也。其少时，家累千金，游仕不遂，遂破其家。乡党笑之，吴起杀其谤己者三十馀人，而东出卫郭门。与其母诀，啮臂而盟曰：'起不为卿相，不复入卫。'遂事曾子。居顷之，其母死，起终不归。曾子薄之，而与起绝。起乃之鲁，学兵法以事鲁君。鲁君疑之，起杀妻以求将。夫鲁小国，而有战胜之名，则诸侯图鲁矣。且鲁卫兄弟之国也，而君用起，则是弃卫。"鲁君疑之，谢吴起。

　　吴起于是闻魏文侯贤，欲事之。文侯问李克曰："吴起何如人哉？"李克曰："起贪而好色，①然用兵司马穰苴不能过也。"于是魏文侯以为将，击秦，拔五城。

　　①【索隐】按：王劭云："此李克言吴起贪。下文云'魏文侯知起廉，尽能得士心'，又公叔之仆称起'为人节廉'，岂前贪而后廉，何言之相反也？"今按：李克言起贪者，起本家累千金，破产求仕，非实贪也；盖言贪者，是贪荣名耳，故母死不赴，杀妻将鲁是也。或者起未委质于魏，犹有贪迹，及其见用，则尽廉能，亦何异乎陈平之为人也。

　　起之为将，与士卒最下者同衣食。卧不设席，行不骑乘，亲裹赢粮，与士卒分劳苦。卒有病疽者，起为吮之。①卒母闻而哭之。人曰："子卒也，而将军自吮其疽，何哭为。"母曰："非然也。往年吴公吮其父，其父战不旋踵，遂死于敌。吴公今又吮其子，妾不知其死所矣。是以哭之。"

　　①【索隐】吮，邹氏音弋软反，又才软反。

　　文侯以吴起善用兵，廉平，尽能得士心，乃以为西河守，以拒秦、韩。

　　魏文侯既卒，起事其子武侯。武侯浮西河而下，中流，顾而谓吴起曰："美哉乎山河之固，此魏国之宝也！"起对曰："在德不在险。昔三苗氏左洞庭，右彭蠡，德义不修，禹灭之。夏桀之居，左河济，右泰华，伊阙在其南,羊肠在其北,①修政不仁,汤放之。殷纣之国,左孟门,②右太行,常山在其北,大河经其南,修政不德,武王杀之。由此观之,在德不在险。若君不修德,舟中之人尽为敌国也。"③武侯曰:"善。"

①【集解】瓒曰:"今河南城为直之。"皇甫谧曰:"壶关有羊肠阪,在太原晋阳西北九十里。"

②【索隐】刘氏按:纣都朝歌,今孟山在其西。今言左,则东边别有孟门也。

③【集解】《杨子法言》曰:"美哉言乎! 使起之用兵每若斯,则太公何以加诸!"

(即封)吴起为西河守,甚有声名。魏置相,相田文。①吴起不悦,谓田文曰:"请与子论功,可乎?"田文曰:"可。"起曰:"将三军,使士卒乐死,敌国不敢谋,子孰与起?"文曰:"不如子。"起曰:"治百官,亲万民,实府库,子孰与起?"文曰:"不如子。"起曰:"守西河而秦兵不敢东乡,韩赵宾从,子孰与起?"文曰:"不如子。"起曰:"此三者,子皆出吾下,而位加吾上,何也?"文曰:"主少国疑,大臣未附,百姓不信,方是之时,属之于子乎? 属之于我乎?"起默然良久,曰:"属之子矣。"文曰:"此乃吾所以居子之上也。"吴起乃自知弗如田文。

①【索隐】按:《吕氏春秋》作"商文"。

田文既死,公叔为相,①尚魏公主,而害吴起。公叔之仆曰:"起易去也。"公叔曰:"奈何?"其仆曰:"吴起为人节廉而自喜名也。君因先与武侯言曰:'夫吴起贤人也,而侯之国小,又与强秦壤界,臣窃恐起之无留心也。'武侯即曰:'奈何?'君因谓武侯曰:'试延以公主,起有留心则必受之,无留心则必辞矣。以此卜之。'君因召吴起而与归,即令公主怒而轻君。吴起见公主之贱君也,则必辞。"于是吴起见公主之贱魏相,果辞魏武侯。武侯疑之而弗信也。吴起惧得罪,遂去,即之楚。

①【索隐】韩之公族。

楚悼王素闻起贤,至则相楚。明法审令,捐不急之官,废公族疏远者,以抚养战斗之士。要在强兵,破驰说之言从横者。于是南平百越;北并陈蔡,却三晋;西伐秦。诸侯患楚之强。故楚之贵戚尽欲害吴起。

及悼王死,宗室大臣作乱而攻吴起,吴起走之王尸而伏之。击起之徒因射刺吴起,并中悼王。①悼王既葬,太子立,②乃使令尹尽诛射吴起而并中王尸者。坐射起而夷宗死者七十馀家。

①【索隐】《楚系家》悼王名疑也。

②【索隐】肃王臧也。

太史公曰:世俗所称师旅,皆道《孙子》十三篇,吴起《兵法》,世多有,故弗论,论其行事所施设者。语曰:"能行之者未必能言,能言之者未必能行。"孙子筹策庞涓明矣,然不能蚤救患于被刑。吴起说武侯以形势不如德,然行之于楚,以刻暴少恩亡其躯。悲夫!

【索隐述赞】《孙子兵法》,一十三篇。美人既斩,良将得焉。其孙膑脚,筹策庞涓。吴起相魏,西河称贤;惨礉事楚,死后留权。

史记卷六十六

伍子胥列传第六

伍子胥者,楚人也,名员。员父曰伍奢。员兄曰伍尚。其先曰伍举,以直谏事楚庄王,①有显,故其后世有名于楚。

①【索隐】按:举直谏,见《左氏》、《楚系家》。

楚平王有太子名曰建,使伍奢为太傅,费无忌①为少傅。无忌不忠于太子建。平王使无忌为太子取妇于秦,秦女好,无忌驰归报平王曰:"秦女绝美,王可自取,而更为太子取妇。"平王遂自取秦女而绝爱幸之,生子轸。更为太子取妇。

①【索隐】按:《左传》作"费无极"。

无忌既以秦女自媚于平王,因去太子而事平王。恐一旦平王卒而太子立,杀己,乃因谗太子建。建母,蔡女也,无宠于平王。平王稍益疏建,使建守城父,①备边兵。

①【集解】《地理志》颍川有城父县。 【索隐】本陈邑,楚伐陈而有之。《地理志》颍川有城父县。

顷之,无忌又日夜言太子短于王曰:"太子以秦女之故,不能无怨望,愿王少自备也。自太子居城父,将兵,外交诸侯,且欲入为乱矣。"平王乃召其太傅伍奢考问之。伍奢知无忌谗太子于平王,因曰:"王独奈何以谗贼小臣疏骨肉之亲乎?"无忌曰:"王今不制,其事成矣。王且见禽。"于是平王怒,囚伍奢,而使城父司马奋扬①往杀太子。行未至,奋扬使人先告太子:"太子急去,不然将诛。"太子建亡奔宋。

①【索隐】城父司马之姓名也。

无忌言于平王曰："伍奢有二子,皆贤,不诛且为楚忧。可以其父质而召之,不然且为楚患。"王使使谓伍奢曰："能致汝二子则生,不能则死。"伍奢曰："尚为人仁,呼必来。员为人刚戾忍询,①能成大事,彼见来之并禽,其势必不来。"王不听,使人召二子曰："来,吾生汝父;不来,今杀奢也。"伍尚欲往,员曰："楚之召我兄弟,非欲以生我父也,恐有脱者后生患,故以父为质,诈召二子。二子到,则父子俱死。何益父之死?往而令雠不得报耳。不如奔他国,借力以雪父之耻,俱灭,无为也。"伍尚曰："我知往终不能全父命。然恨父召我以求生而不往,后不能雪耻,终为天下笑耳。"谓员:"可去矣!汝能报杀父之雠,我将归死。"尚既就执,使者捕伍胥。伍胥贯弓②执矢向使者,使者不敢进,伍胥遂亡。闻太子建之在宋,往从之。奢闻子胥之亡也,曰:"楚国君臣且苦兵矣。"伍尚至楚,楚并杀奢与尚也。

①【集解】音火候反。　【索隐】邹氏云:"一作'诟',骂也,音逅。"刘氏音火候反。

②【集解】贯,乌还反。　【索隐】刘氏音贯为弯,又音古患反。贯谓满张弓。

伍胥既至宋,宋有华氏之乱,①乃与太子建俱奔于郑。郑人甚善之。太子建又适晋,晋顷公曰:"太子既善郑,郑信太子。太子能为我内应,而我攻其外,灭郑必矣。灭郑而封太子。"太子乃还郑。事未会,会自私欲杀其从者,从者知其谋,乃告之于郑。郑定公与子产诛杀太子建。建有子名胜。伍胥惧,乃与胜俱奔吴。到昭关,②昭关欲执之。伍胥遂与胜独身步走,几不得脱。追者在后。至江,江上有一渔父乘船,知伍胥之急,乃渡伍胥。伍胥既渡,解其剑曰:"此剑直百金,以与父。"父曰:"楚国之法,得伍胥者赐粟五万石,爵执珪,岂徒百金剑邪!"不受。伍胥未至吴而疾,止中道,乞食。③至于吴,吴王僚方用事,公子光为将。伍胥乃因公子光以求见吴王。

①【索隐】《春秋》昭二十年,宋华亥、向宁、华定与君争而出奔是也。

②【索隐】其关在江西、乃吴楚之境也。

③【集解】张勃曰："子胥乞食处在丹阳溧阳县。"　【索隐】按：张勃，晋人，吴鸿
　胪严之子也，作《吴录》，裴氏注引之是也。溧音栗，水名也。

　　久之，楚平王以其边邑锺离与吴边邑卑梁氏俱蚕，两女子争桑相
攻，乃大怒，至于两国举兵相伐。吴使公子光伐楚，拔其锺离、居巢而
归。①伍子胥说吴王僚曰："楚可破也。愿复遣公子光。"公子光谓吴王
曰："彼伍胥父兄为戮于楚，而劝王伐楚者，欲以自报其雠耳。伐楚未可
破也。"伍胥知公子光有内志，欲杀王而自立，未可说以外事，乃进专
诸②于公子光，退而与太子建之子胜耕于野。

　　①【索隐】二邑，楚县也。按：锺离县在六安，古锺离子之国，《系本》谓之"终
　　犁"，嬴姓之国。居巢亦国也。桀奔南巢，其国盖远。《尚书序》"巢伯来
　　朝"，盖因居之于淮南楚地也。

　　②【索隐】《左传》谓之"专设诸"。

　　五年而楚平王卒。初，平王所夺太子建秦女生子轸，及平王卒，轸
竟立为后，是为昭王。吴王僚因楚丧，使二公子将兵往袭楚。楚发兵绝
吴兵之后，不得归。吴国内空，而公子光乃令专诸袭刺吴王僚而自立，
是为吴王阖庐。阖庐既立，得志，乃召伍员以为行人，而与谋国事。

　　楚诛其大臣郤宛、伯州犁，伯州犁之孙伯嚭亡奔吴，①吴亦以嚭为
大夫。前王僚所遣二公子将兵②伐楚者，道绝不得归。后闻阖庐弑王
僚自立，遂以其兵降楚，楚封之于舒。阖庐立三年，乃兴师与伍胥、伯嚭
伐楚，拔舒，遂禽故吴反二将军。因欲至郢，将军孙武曰："民劳，未可，
且待之。"乃归。

　　①【集解】徐广曰："伯州犁者，晋伯宗之子也。伯州犁之子曰郤宛，郤宛之子
　　曰伯嚭。宛亦姓伯，又别氏郤。《楚世家》云杀郤宛，宛之宗姓伯氏子曰嚭。
　　《吴世家》云楚诛伯州犁，其孙伯嚭奔吴也。"　【索隐】按：州犁，伯宗子也。
　　郤宛，州犁子。伯嚭，郤宛子。嚭音喜。伯氏别姓郤。

　　②【索隐】公子烛庸及盖馀也。

　　四年，吴伐楚，取六与灊。①五年，伐越，败之。六年，楚昭王使公子

囊瓦②将兵伐吴。吴使伍员迎击,大破楚军于豫章,③取楚之居巢。

①【集解】六,古国,皋陶之后所封。灊县有天柱山。　【索隐】六,古国也,皋陶之后所封。灊县有天柱山。

②【集解】案:《左传》楚公子贞字子囊,其孙名瓦,字子常。此言公子,又兼称囊瓦,误也。　【索隐】按:《左氏》楚公子贞字子囊,其孙名瓦,字子常。此言公子,又兼称囊瓦,误也。

③【集解】豫章在江南。　【索隐】按:杜预云"昔豫章在江北,盖分后徙之于江南也"。

九年,吴王阖庐谓子胥、孙武曰:"始子言郢未可入,今果何如?"二子对曰:"楚将囊瓦贪,而唐、蔡皆怨之。王必欲大伐之,必先得唐、蔡乃可。"阖庐听之,悉兴师与唐、蔡伐楚,与楚夹汉水而陈。吴王之弟夫概①将兵请从,王不听,遂以其属五千人击楚将子常。②子常败走,奔郑。于是吴乘胜而前,五战,遂至郢。③己卯,楚昭王出奔。庚辰,吴王入郢。

①【索隐】古贵反。

②【集解】子常,公孙瓦。　【索隐】公孙瓦也。

③【集解】郢,楚都。　【索隐】郢,楚都也。音以正反,又一音以井反。

昭王出亡,入云梦;盗击王,王走郧。①郧公弟怀曰:"平王杀我父,我杀其子,不亦可乎!"郧公恐其弟杀王,与王奔随。②吴兵围随,谓随人曰:"周之子孙在汉川者,楚尽灭之。"随人欲杀王,王子綦匿王,已自为王以当之。随人卜与王于吴,不吉,乃谢吴不与王。

①【集解】音云,国名。　【索隐】奏云二音。走,向也。郧,国名。

②【正义】今有楚昭王故城,昭王奔随之处,宫之北城即是。

始伍员与申包胥为交,员之亡也,谓包胥曰:"我必覆楚。"包胥曰:"我必存之。"及吴兵入郢,伍子胥求昭王。既不得,乃掘楚平王墓,出其尸,鞭之三百,然后已。申包胥亡于山中,使人谓子胥曰:"子之报雠,其以甚乎! 吾闻之,人众者胜天,天定亦能破人。①今子故平王之臣,亲北面而事之,今至于僇死人,此岂其无天道之极乎!"伍子胥曰:"为我谢申

包胥曰,吾日莫途远,吾故倒行而逆施之。"②于是申包胥走秦告急,求
救于秦。秦不许。包胥立于秦廷,昼夜哭,七日七夜不绝其声。秦哀公
怜之,曰:"楚虽无道,有臣若是,可无存乎!"乃遣车五百乘救楚击吴。
六月,败吴兵于稷。③会吴王久留楚求昭王,而阖庐弟夫概乃亡归,自立
为王。阖庐闻之,乃释楚而归,击其弟夫概。夫概败走,遂奔楚。楚昭
王见吴有内乱,乃复入郢。封夫概于堂谿,④为堂谿氏。楚复与吴战,
败吴,吴王乃归。

①【正义】申包胥言闻人众者虽一时凶暴胜天,及天降其凶,亦破于强暴之人。

②【索隐】按:倒音丁老反。施音如字。子胥言志在复雠,常恐且死,不遂本
心,今幸而报,岂论理乎! 譬如人行,前途尚远,而日势已莫,其在颠倒疾
行,逆理施事,何得责吾顺理乎!

③【集解】稷丘,地名,在郊外。　【索隐】按:《左传》作"稷丘"。杜预云"稷丘,
地名,在郊外"。

④【集解】徐广曰:"在慎县。"骃案:《地理志》汝南有吴房县。应劭曰"夫概奔
楚,封于堂谿,本房子国,以封吴,故曰吴房",然则不得在慎县也。　【正
义】案:今豫州吴房县在州西北九十里。

后二岁,阖庐使太子夫差将兵伐楚,取番。①楚惧吴复大来,乃去
郢,徙于鄀。②当是时,吴以伍子胥、孙武之谋,西破强楚,北威齐晋,南
服越人。

①【集解】音普寒反,又音婆。　【索隐】音普寒反,又音婆。盖鄱阳也。

②【集解】楚地,音若。　【索隐】音若。鄀,楚地,今阙。

其后四年,孔子相鲁。

后五年,伐越。越王句践迎击,败吴于姑苏,伤阖庐指,①军却。阖
庐病创②将死,谓太子夫差曰:"尔忘句践杀尔父乎?"夫差对曰:"不敢
忘。"是夕,阖庐死。夫差既立为王,以伯嚭为太宰,习战射。二年后伐
越,败越于夫湫。③越王句践乃以馀兵五千人栖于会稽之上,④使大夫
种⑤厚币遗吴太宰嚭以请和,求委国为臣妾。吴王将许之。伍子胥谏
曰:"越王为人能辛苦。今王不灭,后必悔之。"吴王不听,用太宰嚭计,

与越平。

①【正义】姑苏当作"檇李",乃文误也。《左传》云"战檇李,伤将指,卒于陉"是
　也。解在《吴世家》。

②【集解】楚良反。　【索隐】音疮。

③【集解】音椒。　【索隐】音椒,又如字。　【正义】太湖中椒山也。解在《吴
　世家》。

④【正义】土地名,在越州会稽县东南十二里。

⑤【索隐】刘氏云"大夫姓,种名",非也。按:今吴南有文种堁,则种姓文,为大
　夫官也。　【正义】高诱云:"大夫种,姓文氏,字子禽,楚之郢人。"

　　其后五年,而吴王闻齐景公死而大臣争宠,新君弱,乃兴师北伐齐。
伍子胥谏曰:"句践食不重味,吊死问疾,且欲有所用之也。此人不死,
必为吴患。今吴之有越,犹人之有腹心疾也。而王不先越而乃务齐,不
亦谬乎!"吴王不听,伐齐,大败齐师于艾陵,①遂威邹鲁之君以归。②益
疏子胥之谋。

①【正义】《括地志》云:"艾山在兖州博城县南百六十里,本齐博邑。"

②【正义】邹君居兖州邹县。鲁,曲阜县。

　　其后四年,吴王将北伐齐,越王句践用子贡之谋,乃率其众以助吴,
而重宝以献遗太宰嚭。太宰嚭既数受越赂,其爱信越殊甚,日夜为言于
吴王。吴王信用嚭之计。伍子胥谏曰:"夫越,腹心之病,今信其浮辞诈
伪而贪齐。破齐,譬犹石田,无所用之。且《盘庚之诰》曰:'有颠越不
恭,劓殄灭之,俾无遗育,无使易种于兹邑。'此商之所以兴。愿王释齐
而先越;若不然,后将悔之无及。"而吴王不听,使子胥于齐。子胥临行,
谓其子曰:"吾数谏王,王不用,吾今见吴之亡矣。汝与吴俱亡,无益
也。"乃属其子于齐鲍牧,而还报吴。

　　吴太宰嚭既与子胥有隙,因谗曰:"子胥为人刚暴,少恩,猜贼,其怨
望恐为深祸也。前日王欲伐齐,子胥以为不可,王卒伐之而有大功。子
胥耻其计谋不用,乃反怨望。而今王又复伐齐,子胥专愎①强谏,沮②毁
用事,徒幸吴之败以自胜其计谋耳。今王自行,悉国中武力以伐齐,而

子胥谏不用，因辍谢，详病不行。王不可不备，此起祸不难。且嚭使人微伺之，其使于齐也，乃属其子于齐之鲍氏。夫为人臣，内不得意，外倚诸侯，自以为先王之谋臣，今不见用，常鞅鞅怨望。愿王早图之。"吴王曰："微子之言，吾亦疑之。"乃使使赐伍子胥属镂③之剑，曰："子以此死。"伍子胥仰天叹曰："嗟乎！ 谗臣嚭为乱矣，王乃反诛我。我令若父霸。自若未立时，诸公子争立，我以死争之于先王，几不得立。④若既得立，欲分吴国予我，我顾不敢望也。然今若听谀臣言以杀长者。"乃告其舍人曰："必树吾墓上以梓，令可以为器；⑤而抉⑥吾眼县吴东门之上，⑦以观越寇之入灭吴也。"乃自刭死。吴王闻之大怒，乃取子胥尸盛以鸱夷革，⑧浮之江中。⑨吴人怜之，为立祠于江上，⑩因命曰胥山。⑪

①【索隐】皮逼反。

②【集解】自吕反。

③【集解】录于反。

④【正义】几音祈。

⑤【正义】器谓棺也，以吴必亡也。《左传》云："树吾墓槚，槚可材也，吴其亡乎！"

⑥【索隐】乌穴反。抉亦决也。

⑦【正义】东门，鳝门，谓鲟门也，今名葑门。鳝音普姑反。鲟音覆浮反。越军开示浦，子胥涛荡罗城，开此门，有鳝鲟随涛入，故以名门。顾野王云"鳝鱼一名江豚，欲风则涌"也。

⑧【集解】应劭曰："取马革为鸱夷。鸱夷，榼形。"【正义】盛音成。榼，古曷反。

⑨【集解】徐广曰："鲁哀公十一年。"【正义】案：年表云吴王夫差十一年也。

⑩【正义】《吴地记》曰："越军于苏州东南三十里三江口，又向下三里，临江北岸立坛，杀白马祭子胥，杯动酒尽，后因立庙于此江上。今其侧有浦名上坛浦。至晋会稽太守糜豹，移庙吴郭东门内道南，今庙见在。"

⑪【集解】张晏曰："胥山在太湖边，去江不远百里，故云江上。"【正义】《吴地记》云："胥山，太湖边胥湖东岸山，西临胥湖，山有古丞胥二王庙。"按：其庙不干子胥事，太史误矣，张注又非。

　　吴王既诛伍子胥,遂伐齐。齐鲍氏杀其君悼公而立阳生。吴王欲
讨其贼,不胜而去。其后二年,吴王召鲁卫之君会之橐皋。①其明年,因
北大会诸侯于黄池,②以令周室。越王句践袭杀吴太子,③破吴兵。吴
王闻之,乃归,使使厚币与越平。后九年,越王句践遂灭吴,杀王夫差;
而诛太宰嚭,以不忠于其君,而外受重赂,与己比④周也。

　　①【索隐】音拓皋二音。杜预云:“地名,在淮南逡道县东南。”【正义】橐皋故
　　　县在庐州巢县西北五十六里。
　　②【正义】在汴州封丘县南七里。
　　③【索隐】《左传》太子名友。
　　④【正义】纪鼻二音。

　　伍子胥初所与俱亡故楚太子建之子胜者,在于吴。吴王夫差之时,
楚惠王欲召胜归楚。叶公①谏曰:“胜好勇而阴求死士,殆有私乎!”惠
王不听。遂召胜,使居楚之边邑鄢,②号为白公。③白公归楚三年而吴诛
子胥。

　　①【正义】上式涉反。杜预云:“子高,沈诸梁。”
　　②【集解】徐广曰:“颍川鄢陵是。”【正义】鄢音偃。《括地志》云:“故鄢城在
　　　豫州鄢城县南五里,与褒信白亭相近。”
　　③【集解】徐广曰:“汝南褒信县有白亭。”【正义】《括地志》云:“白亭在豫州
　　　褒信县南四十二里,又有白公故城。又许州扶沟县北四十五里北又有白
　　　亭也。”

　　白公胜既归楚,怨郑之杀其父,乃阴养死士求报郑。归楚五年,请
伐郑,楚令尹子西许之。兵未发而晋伐郑,郑请救于楚。楚使子西往
救,与盟而还。白公胜怒曰:“非郑之仇,乃子西也。”胜自砺剑,人问
曰:①“何以为?”胜曰:“欲以杀子西。”子西闻之,笑曰:“胜如卵耳,何能
为也。”

　　①【索隐】《左传》作“子期之子平见曰‘王孙何自砺也’”。

　　其后四岁,白公胜与石乞袭杀楚令尹子西、司马子綦①于朝。石乞

曰:"不杀王,不可。"乃劫(之)王如高府。②石乞从者屈固③负楚惠王亡走昭夫人之宫。④叶公闻白公为乱,率其国人攻白公。白公之徒败,亡走山中,自杀。⑤而虏石乞,而问白公尸处,不言将亨。石乞曰:"事成为卿,不成而亨,固其职也。"终不肯告其尸处。遂亨石乞,而求惠王复立之。

①【索隐】《左传》作"子期"也。

②【索隐】杜预云:"楚之别府也。"

③【集解】徐广曰:"一作'惠王从者屈固'。《楚世家》亦云'王从者'。"【索隐】按:徐广曰一作"惠王从者屈固",盖此本为得。而《左传》云"石乞尹门,圉公阳穴宫,负王以如昭夫人之宫",则公阳是楚之大夫,王之从者也。

④【索隐】昭王夫人即惠王母,越女也。

⑤【正义】《左传》云白公奔而缢。

太史公曰:怨毒之于人甚矣哉!王者尚不能行之于臣下,况同列乎!向令伍子胥从奢俱死,何异蝼蚁。弃小义,雪大耻,名垂于后世,悲夫!方子胥窘于江上,①道乞食,志岂尝须臾忘郢邪?故隐忍就功名,非烈丈夫孰能致此哉?白公如不自立为君者,其功谋亦不可胜道者哉!

①【索隐】窘音求殒反。

【索隐述赞】谗人罔极,交乱四国。嗟彼伍氏,被兹凶慝!员独忍诟,志复冤毒。霸吴起师,伐楚逐北。鞭尸雪耻,抉眼弃德。

史记卷六十七

仲尼弟子列传第七

孔子曰"受业身通者七十有七人",①皆异能之士也。德行：颜渊，闵子骞，冉伯牛，仲弓。政事：冉有，季路。言语：宰我，子贡。②文学：子游，子夏。师也辟，③参也鲁，④柴也愚，⑤由也喭，⑥回也屡空。赐不受命而货殖焉，亿则屡中。⑦

①【索隐】《孔子家语》亦有七十七人，唯文翁《孔庙图》作七十二人。

②【索隐】《论语》一曰德行，二曰言语，三曰政事，四曰文学。今此文政事在言语上，是其记有异也。

③【集解】马融曰："子张才过人，失于邪辟文过。"【正义】音癖。

④【集解】孔安国曰："鲁，钝也。曾子迟钝。"

⑤【集解】何晏曰："愚直之愚。"

⑥【集解】郑玄曰："子路之行，失于吸喭。"【索隐】《论语》先言柴，次参，次师，次由。今此传序之亦与《论语》不同，不得辄言其误也。【正义】吸音畔。喭音岸。

⑦【集解】何晏曰："言回庶几于圣道，虽数空匮而乐在其中。赐不受教命，唯财货是殖，亿度是非。盖美回所以励赐也。一曰屡犹每也，空犹虚中也。以圣人之善道，教数子之庶几，犹不至于知道者，各内有此害也。其于庶几每能虚中者唯回，怀道深远。不虚心不能知道。子贡无数子之病，然亦不知道者，虽不穷理而幸中，虽非天命而偶富，亦所以不虚心也。"

孔子之所严事：于周则老子；于卫，蘧伯玉；①于齐，晏平仲；②于楚，老莱子；③于郑，子产；于鲁，孟公绰。数称臧文仲、柳下惠、④铜鞮⑤伯华、介山子然，孔子皆后之，不并世。⑥

①【集解】外宽而内直，自设于隐括之中，直己而不直人，汲汲于仁，以善自终，盖蘧伯玉之行。　【索隐】按：《大戴礼》又云"外宽而内直，自娱于隐括之中，直己而不直人，汲汲于仁，以善存亡，盖蘧伯玉之行也"。

②【集解】君择臣而使之，臣择君而事之，有道顺命，无道衡命，盖晏平仲之行也。　【索隐】《大戴记》曰："君择臣而使之，臣择君而事之，有道顺命，无道衡命，盖晏平仲之行也。"

③【索隐】《大戴记》又云："德恭而行信，终日言不在悔尤之内，贫而乐也，盖老莱子之行也。"

④【集解】孝恭慈仁，允德图义，约货去怨，盖柳下惠之行。　【索隐】《大戴记》又云："孝恭慈仁，允德图义，约货亡怨，盖柳下惠之行也。"

⑤【索隐】《地理志》县名，属上党。　【正义】鞮，丁奚反。按：铜鞮，潞州县。

⑥【集解】《大戴礼》曰："孔子云'国家有道，其言足以兴，国家无道，其默足以容，盖铜鞮伯华之所行。观于四方，不忘其亲，苟思其亲，不尽其乐，盖介山子然之行也'。"《说苑》曰："孔子叹曰'铜鞮伯华无死，天下有定矣'。"《晋太康地记》云："铜鞮，晋大夫羊舌赤之邑，世号赤曰铜鞮伯华。"　【索隐】按：自臧文仲巳下，孔子皆后之，不并代。其所严事，自老子及公绰巳上，皆孔子同时人也。按：戴德撰《礼》，号曰《大戴礼》，合八十五篇，其四十七篇亡，见今存者有三十八篇。今裴氏所引在《卫将军篇》。孔子称祁奚对晋平公之辞，唯举铜鞮、介山二人行耳。《家语》又云："不克不忌，不念旧怨，盖伯夷、叔齐之行。思天而敬人，服义而行信，盖赵文子之行。事君不爱其死，谋身不遗其友，盖随武子之行。"

颜回者，鲁人也，字子渊。少孔子三十岁。①

①【正义】少，戍妙反。

颜渊问仁，孔子曰："克己复礼，天下归仁焉。"①

①【集解】马融曰："克己，约身也。"孔安国曰："复，反也。身能反礼，则为仁矣。"

孔子曰："贤哉回也！①一箪食，一瓢饮，②在陋巷，人不堪其忧，回也不改其乐。"③"回也如愚；④退而省其私，亦足以发，回也不愚。"⑤"用之则行，舍之则藏，唯我与尔有是夫！"⑥

　　①【集解】卫瓘曰："非大贤乐道，不能若此，故以称之。"　【索隐】卫瓘字伯玉，
　　晋太保，亦注《论语》，故裴引之。

　　②【集解】孔安国曰："箪，筥也。"

　　③【集解】孔安国曰："颜回乐道，虽箪食在陋巷，不改其所乐也。"

　　④【集解】孔安国曰："于孔子之言，默而识之，如愚也。"

　　⑤【集解】孔安国曰："察其退还与二三子说释道义，发明大体，知其不愚。"

　　⑥【集解】孔安国曰："言可行则行，可止则止，唯我与颜回同也。"栾肇曰："用
　　己而后行，不假隐以自高，不屈道以要名，时人无知其实者，唯我与尔有是
　　行。"　【正义】肇字永初，高平人，晋尚书郎，作《论语疑释》十卷，《论语驳》
　　二卷。

　　回年二十九，发尽白，蚤死。①孔子哭之恸，曰："自吾有回，门人益
亲。"②鲁哀公问："弟子孰为好学？"孔子对曰："有颜回者好学，不迁怒，
不贰过。不幸短命死矣，今也则亡。"③

　　①【索隐】按：《家语》亦云"年二十九而发白，三十二而死"。王肃云"此久远之
　　书，年数错误，未可详也。校其年，则颜回死时，孔子年六十一。然则伯鱼
　　年五十先孔子卒时，孔子且七十也。今此为颜回先伯鱼死，而《论语》曰颜
　　回死，颜路请子之车，孔子曰'鲤也死，有棺而无椁'，或为设事之辞"。按：
　　颜回死在伯鱼之前，故以《论语》为设词。

　　②【集解】王肃曰："颜回为孔子胥附之友，能使门人日亲孔子。"

　　③【集解】何晏曰："凡人任情，喜怒违理。颜回任道，怒不过分。迁者移也，怒
　　当其理，不移易也。不贰过者，有不善未尝复行。"

　　闵损字子骞。①少孔子十五岁。

　　①【集解】郑玄曰："《孔子弟子目录》云鲁人。"　【索隐】《家语》亦云"鲁人。少
　　孔子十五岁"。

　　孔子曰："孝哉闵子骞！人不间于其父母昆弟之言。"①不仕大夫，
不食污君之禄。②"如有复我者，③必在汶上矣。"④

　　①【集解】陈群曰："言子骞上事父母，下顺兄弟，动静尽善，故人不得有非间

之言。"

②【索隐】《论语》季氏使闵子骞为费宰,子骞曰"善为我辞焉",是不仕大夫,不食污君之禄也。

③【集解】孔安国曰:"复我者,重来召我。"

④【集解】孔安国曰:"去之汶水上,欲北如齐。"

冉耕字伯牛。①孔子以为有德行。

①【集解】郑玄曰鲁人。　【索隐】按:《家语》云鲁人。

伯牛有恶疾,孔子往问之,自牖执其手,①曰:"命也夫! 斯人也而有斯疾,命也夫!"②

①【集解】包氏曰:"牛有恶疾,不欲见人,孔子从牖执其手。"

②【集解】包氏曰:"再言之者,痛之甚也。"

冉雍字仲弓。①

①【集解】郑玄曰:"鲁人。"　【索隐】《家语》云:"伯牛之宗族,少孔子二十九岁。"

仲弓问政,孔子曰:"出门如见大宾,使民如承大祭。①在邦无怨,在家无怨。"②

①【集解】孔安国曰:"莫尚乎敬。"

②【集解】包氏曰:"在邦为诸侯,在家为卿大夫。"

孔子以仲弓为有德行,曰:"雍也可使南面。"①

①【集解】包氏曰:"可使南面,言任诸侯之治。"

仲弓父,贱人。孔子曰:"犁牛之子骍且角,虽欲勿用,山川其舍诸?"①

①【集解】何晏曰:"犁,杂文。骍,赤色也,角者,角周正,中牺牲,虽欲以其所生犁而不用,山川宁肯舍之乎? 言父虽不善,不害于子之美。"

冉求字子有,①少孔子二十九岁。为季氏宰。

①【集解】郑玄曰："鲁人。"

　　季康子问孔子曰："冉求仁乎?"曰："千室之邑,百乘之家,①求也可使治其赋。仁则吾不知也。"②复问："子路仁乎?"孔子对曰："如求。"

①【集解】孔安国曰："千室,卿大夫之邑。卿大夫称家。诸侯千乘,大夫故曰百乘。"

②【集解】孔安国曰："赋,兵赋也。仁道至大,不可全名也。"

　　求问曰："闻斯行诸?"①子曰："行之。"子路问："闻斯行诸?"子曰:"有父兄在,如之何其闻斯行之!"②子华怪之,"敢问问同而答异?"孔子曰："求也退,故进之。由也兼人,故退之。"③

①【集解】包氏曰："赈穷救乏之事也。"

②【集解】孔安国曰："当白父兄,不可自专。"

③【集解】郑玄曰："言冉有性谦退,子路务在胜尚人,各因其人之失而正之。"

　　仲由字子路,卞人也。①少孔子九岁。

①【集解】徐广曰："《尸子》曰子路,卞之野人。"　【索隐】《家语》一字季路,亦云是卞人也。

　　子路性鄙,好勇力,志伉直,冠雄鸡,佩豭豚,①陵暴孔子。孔子设礼稍诱子路,子路后儒服委质,②因门人请为弟子。

①【集解】冠以雄鸡,佩以豭豚。二物皆勇,子路好勇,故冠带之。

②【索隐】按:服虔注《左氏》云"古者始仕,必先书其名于策,委死之质于君,然后为臣,示必死节于其君也"。

　　子路问政,孔子曰："先之,劳之。"①请益。曰"无倦。"②

①【集解】孔安国曰："先导之以德,使民信之,然后劳之。《易》曰'悦以使民,民忘其劳'。"

②【集解】孔安国曰："子路嫌其少,故请益。曰'无倦'者,行此上事无倦则可。"

　　子路问："君子尚勇乎?"孔子曰："义之为上。君子好勇而无义则乱，①小人好勇而无义则盗。"

①【集解】李充曰："既称君子，不职为乱阶也。若君亲失道，国家昏乱，其于赴
　患致命而不知正顾义者，则亦陷乎为乱而受不义之责也。"　【索隐】按：充
　字弘度，晋中书侍郎，亦作《论语解》。

子路有闻，未之能行，唯恐有闻。①

①【集解】孔安国曰："前所闻未及行，故恐复有闻不得并行。"

孔子曰："片言可以折狱者，其由也与！"①"由也好勇过我，无所取
材。"②"若由也，不得其死然。"③"衣敝缊袍④与衣狐貉者立而不耻者，
其由也与！""由也升堂矣，未入于室也。"⑤

①【集解】孔安国曰："片犹偏也。听讼必须两辞以定是非，偏信一言折狱者，
　唯子路可也。"

②【集解】栾肇曰："适用曰材，好勇过我用，故云'无所取'。"　【索隐】按：肇字
　永初，晋尚书郎，作《论语义》也。

③【集解】孔安国曰："不得以寿终也。"

④【集解】孔安国曰："缊，枲著也。"

⑤【集解】马融曰："升我堂矣，未入于室耳。"

季康子问："仲由仁乎?"孔子曰："千乘之国可使治其赋，不知
其仁。"

子路喜从游，遇长沮、桀溺、荷蓧丈人。

子路为季氏宰，季孙问曰："子路可谓大臣与?"孔子曰："可谓具
臣矣。"①

①【集解】孔安国曰："言备臣数而已。"

子路为蒲大夫，①辞孔子。孔子曰："蒲多壮士，又难治。然吾语
汝：恭以敬，可以执勇；②宽以正，可以比众；③恭正以静，可以报上。"

①【索隐】蒲，卫邑，子路为之宰也。

②【集解】言恭谨谦敬，勇猛不能害，故曰"执"也。

③【集解】音鼻。言宽大清正，众必归近之。

　　初,卫灵公有宠姬曰南子。灵公太子蒉聩得过南子,惧诛出奔。及灵公卒而夫人欲立公子郢。郢不肯,曰:"亡人太子之子辄在。"于是卫立辄为君,是为出公。出公立十二年,其父蒉聩居外,不得入。子路为卫大夫孔悝之邑宰。①蒉聩乃与孔悝作乱,谋入孔悝家,遂与其徒袭攻出公。出公奔鲁,而蒉聩入立,是为庄公。方孔悝作乱,②子路在外,闻之而驰往。遇子羔出卫城门,谓子路曰:"出公去矣,而门已闭,子可还矣,毋空受其祸。"子路曰:"食其食者不避其难。"子羔卒去。有使者入城,城门开,子路随而入。造蒉聩,蒉聩与孔悝登台。子路曰:"君焉用孔悝?请得而杀之。"蒉聩弗听。于是子路欲燔台,蒉聩惧,乃下石乞、壶黡攻子路,击断子路之缨。子路曰:"君子死而冠不免。"遂结缨而死。

①【索隐】按:服虔云"为孔悝之邑宰"。

②【索隐】按:《左传》蒯聩入孔悝家,悝母伯姬劫悝于厕,强与之盟而立蒯聩,非悝本心自作乱也。

　　孔子闻卫乱,曰:"嗟乎,由死矣!"已而果死。故孔子曰:"自吾得由,恶言不闻于耳。"①是时子贡为鲁使于齐。②

①【集解】王肃曰:"子路为孔子侍卫,故侮慢之人不敢有恶言,是以恶言不闻于孔子耳。"

②【索隐】按:《左传》子贡为鲁使齐在哀十五年,盖此文误也。

　　宰予字子我。①利口辩辞。既受业,问:"三年之丧不已久乎?君子三年不为礼,礼必坏;三年不为乐,乐必崩。旧谷既没,新谷既升,钻燧改火,期可已矣。"②子曰:"于汝安乎?"曰:"安。""汝安则为之。君子居丧,食旨不甘,闻乐不乐,故弗为也。"③宰我出,子曰:"予之不仁也! 子生三年然后免于父母之怀。④夫三年之丧,天下之通义也。"⑤

①【集解】郑玄曰鲁人。　【索隐】《家语》亦云鲁人。

②【集解】马融曰:"《周书·月令》有更火之文。春取榆柳之火,夏取枣杏之火,季夏取桑柘之火,秋取柞楢之火,冬取槐檀之火。一年之中,钻火各异木,故曰'改火'。"

③【集解】孔安国曰："旨,美也。责其无仁于亲,故言'汝安则为之'。"

④【集解】马融曰："生未三岁,为父母所怀抱也。"

⑤【集解】孔安国曰："自天子达于庶人。"

宰予昼寝。子曰："朽木不可雕也,①粪土之墙不可圬也。"②

①【集解】包氏曰："朽,腐也。雕,雕琢刻画。"

②【集解】王肃曰："圬,墁也。二者喻虽施功犹不成也。"

宰我问五帝之德,子曰："予非其人也。"①

①【集解】王肃曰："言不足以明五帝之德也。"

宰我为临菑大夫,①与田常作乱,以夷其族,孔子耻之。②

①【索隐】按:谓仕齐。齐都临淄,故云"为临淄大夫"也。

②【索隐】按:《左氏传》无宰我与田常作乱之文,然有阚止字子我,而因争宠,
　遂为陈恒所杀。恐字与宰予相涉,因误云然。

端沐①赐,卫人,字子贡。少孔子三十一岁。

①【索隐】《家语》作"木"。

子贡利口巧辞,孔子常黜其辩。问曰："汝与回也孰愈?"①对曰:
"赐也何敢望回! 回也闻一以知十,赐也闻一以知二。"

　①【集解】孔安国曰："愈犹胜也。"

子贡既已受业,问曰："赐何人也?"孔子曰："汝器也。"①曰："何器
也?"曰："瑚琏也。"②

　①【集解】孔安国曰："言汝器用之人。"

　②【集解】包氏曰："瑚琏,黍稷器。夏曰瑚,殷曰琏,周曰簠簋,宗庙之贵器。"

陈子禽问子贡曰："仲尼焉学?"子贡曰："文武之道未坠于地,在人,
贤者识其大者,不贤者识其小者,莫不有文武之道。夫子焉不学,①而
亦何常师之有!"②又问曰："孔子适是国必闻其政。求之与? 抑与之
与?"③子贡曰："夫子温良恭俭让以得之。夫子之求之也,其诸异乎人
之求之也。"④

①【集解】孔安国曰:"文武之道未坠落于地,贤与不贤各有所识,夫子无所不
　　从学。"

②【集解】孔安国曰:"无所不从学,故无常师。"

③【集解】郑玄曰:"怪孔子所至之邦必与闻国政,求而得之邪? 抑人君自愿与
　　之为治者?"

④【集解】郑玄曰:"言夫子行此五德而得之,与人求之异,明人君自与之。"

　　子贡问曰:"富而无骄,贫而无谄,何如?"孔子曰:"可也;①不如贫
而乐道,富而好礼。"②

①【集解】孔安国曰:"未足多也。"

②【集解】郑玄曰:"乐谓志于道,不以贫为忧苦也。"

　　田常欲作乱于齐,惮高、国、鲍、晏,故移其兵欲以伐鲁。孔子闻之,
谓门弟子曰:"夫鲁,坟墓所处,父母之国,国危如此,二三子何为莫出?"
子路请出,孔子止之。子张、子石①请行,孔子弗许。子贡请行,孔子
许之。

①【索隐】公孙龙也。

　　遂行,至齐,说田常曰:"君之伐鲁过矣。夫鲁,难伐之国,其城薄以
卑,其地狭以泄,①其君愚而不仁,大臣伪而无用,其士民又恶甲兵之
事,此不可与战。君不如伐吴。夫吴,城高以厚,地广以深,甲坚以新,
士选以饱,重器精兵尽在其中,又使明大夫守之,此易伐也。"田常忿然
作色曰:"子之所难,人之所易;子之所易,人之所难。而以教常,何也?"
子贡曰:"臣闻之,忧在内者攻强,忧在外者攻弱。今君忧在内。吾闻君
三封而三不成者,大臣有不听者也。今君破鲁以广齐,战胜以骄主,破
国以尊臣,②而君之功不与焉,则交日疏于主。是君上骄主心,下恣群
臣,求以成大事,难矣。夫上骄则恣,臣骄则争,是君上与主有却,下与
大臣交争也。如此,则君之立于齐危矣。故曰不如伐吴。伐吴不胜,民
人外死,大臣内空,是君上无强臣之敌,下无民人之过,孤主制齐者唯君
也。"田常曰:"善。虽然,吾兵业已加鲁矣,去而之吴,大臣疑我,奈何?"

子贡曰："君按兵无伐,臣请往使吴王,令之救鲁而伐齐,君因以兵迎之。"田常许之,使子贡南见吴王。

①【索隐】按:《越绝书》其"泄"字作"浅"。

②【集解】王肃曰:"鲍、晏等帅师,若破国则臣尊矣。"

说曰:"臣闻之,王者不绝世,霸者无强敌,千钧之重加铢两而移。今以万乘之齐而私千乘之鲁,与吴争强,窃为王危之。且夫救鲁,显名也;伐齐,大利也。以抚泗上诸侯,诛暴齐以服强晋,利莫大焉。名存亡鲁,实困强齐,智者不疑也。"吴王曰:"善。虽然,吾尝与越战,栖之会稽。越王苦身养士,有报我心。子待我伐越而听子。"子贡曰:"越之劲不过鲁,吴之强不过齐,王置齐而伐越,则齐已平鲁矣。且王方以存亡继绝为名,夫伐小越而畏强齐,非勇也。夫勇者不辟难,仁者不穷约,智者不失时,王者不绝世,以立其义。今存越示诸侯以仁,救鲁伐齐,威加晋国,诸侯必相率而朝吴,霸业成矣。且王必恶越,①臣请东见越王,令出兵以从,此实空越,名从诸侯以伐也。"吴王大说,乃使子贡之越。

①【索隐】恶犹畏恶也。

越王除道郊迎,身御至舍而问曰:"此蛮夷之国,大夫何以俨然辱而临之?"子贡曰:"今者吾说吴王以救鲁伐齐,其志欲之而畏越,曰'待我伐越乃可'。如此,破越必矣。且夫无报人之志而令人疑之,拙也;有报人之志;使人知之,殆也;事未发而先闻,危也。三者举事之大患。"句践顿首再拜曰:"孤尝不料力,乃与吴战,困于会稽,痛入于骨髓,日夜焦唇干舌,徒欲与吴王接踵而死,孤之愿也。"遂问子贡。子贡曰:"吴王为人猛暴,群臣不堪;国家敝以数战,士卒弗忍;百姓怨上,大臣内变;子胥以谏死,①太宰嚭用事,顺君之过以安其私:是残国之治也。今王诚发士卒佐之以徼②其志,③重宝以说其心,卑辞以尊其礼,其伐齐必也。彼战不胜,王之福矣。战胜,必以兵临晋,臣请北见晋君,令共攻之,弱吴必矣。其锐兵尽于齐,重甲困于晋,而王制其敝,此灭吴必矣。"越王大说,许诺。送子贡金百镒,剑一,良矛二。子贡不受,遂行。

①【索隐】王劭按:《家语》、《越绝》并无此五字。是时子胥未死。

②【集解】结尧反。

③【集解】王肃曰:"激射其志。"

报吴王曰:"臣敬以大王之言告越王,越王大恐,曰:'孤不幸,少失先人,内不自量,抵罪于吴,军败身辱,栖于会稽,国为虚莽,①赖大王之赐,使得奉俎豆而修祭祀,死不敢忘,何谋之敢虑!'"后五日,越使大夫种顿首言于吴王曰:"东海役臣孤句践使者臣种,敢修下吏问于左右。今窃闻大王将兴大义,诛强救弱,困暴齐而抚周室,请悉起境内士卒三千人,孤请自被坚执锐,以先受矢石。因越贱臣种奉先人藏器,甲二十领,铁屈卢之矛,②步光之剑,以贺军吏。"吴王大说,以告子贡曰:"越王欲身从寡人伐齐,可乎?"子贡曰:"不可。夫空人之国,悉人之众,又从其君,不义。君受其币,许其师,而辞其君。"吴王许诺,乃谢越王。于是吴王乃遂发九郡兵伐齐。

①【集解】虚音墟。莽,莫朗反。　【索隐】有本作"棘",恐误也。

②【索隐】铁音肤,斧也。刘氏云一本无此字。屈卢,矛名。

子贡因去之晋,谓晋君曰:"臣闻之,虑不先定不可以应卒,①兵不先辨不可以胜敌。今夫齐与吴将战,彼战而不胜,越乱之必矣;与齐战而胜,必以其兵临晋。"晋君大恐,曰:"为之奈何?"子贡曰:"修兵休卒以待之。"晋君许诺。

①【索隐】按:卒谓急卒也。言计虑不先定,不可以应卒有非常之事。

子贡去而之鲁。吴王果与齐人战于艾陵,①大破齐师,获七将军之兵而不归,果以兵临晋,与晋人相遇黄池②之上。吴晋争强。晋人击之,大败吴师。越王闻之,涉江袭吴,去城七里而军。吴王闻之,去晋而归,与越战于五湖。三战不胜,城门不守,越遂围王宫,杀夫差而戮其相。③破吴三年,东向而霸。

①【索隐】按:《左传》在哀十一年。

②【索隐】《左传》黄池之会在哀十三年。越入吴,吴与越平也。

③【索隐】按：《左传》越灭吴在哀二十二年，则事并悬隔数年。盖此文欲终说其事，故其辞相连。

故子贡一出，存鲁，乱齐，破吴，强晋而霸越。子贡一使，使势相破，十年之中，五国各有变。①

①【索隐】按：《左传》谓鲁、齐、晋、吴、越也，故云"子贡出，存鲁，乱齐，破吴，强晋而霸越"。

子贡好废举，与时转货赀。①喜扬人之美，不能匿人之过。常相鲁卫，家累千金，卒终于齐。

①【集解】废举谓停贮也。与时谓逐时也。夫物贱则买而停贮，值贵即逐时转易，货卖取资利也。　【索隐】按：《家语》"货"作"化"。王肃云："废举谓买贱卖贵也，转化谓随时转货以殖其资也。"刘氏云："废谓物贵而卖之，举谓物贱而收买之，转货谓转贵收贱也。"

言偃，吴人，①字子游。少孔子四十五岁。

①【索隐】《家语》云鲁人。按：偃仕鲁为武城宰耳。今吴郡有言偃家，盖吴郡人为是也。

子游既已受业，为武城宰。①孔子过，闻弦歌之声。孔子莞尔而笑②曰："割鸡焉用牛刀？"③子游曰："昔者偃闻诸夫子曰，君子学道则爱人，小人学道则易使。"④孔子曰："二三子，⑤偃之言是也。前言戏之耳。"⑥孔子以为子游习于文学。

①【正义】《括地志》云："在兖州，即南城也。《舆地志》云南武城县，鲁武城邑，子游为宰者也，在泰山郡。"

②【集解】何晏曰："莞尔，小笑貌。"

③【集解】孔安国曰："言治小何须用大道。"

④【集解】孔安国曰："道谓礼乐也。乐以和人，人和则易使。"

⑤【集解】孔安国曰："从行者。"

⑥【集解】孔安国曰："戏以治小而用大。"

卜商①字子夏。少孔子四十四岁。

①【集解】《家语》云卫人。郑玄曰温国卜商。 【索隐】按:《家语》云卫人,郑玄
云温国人,不同者,温国今河内温县,元属卫故。

子夏问:"'巧笑倩兮,美目盼兮,素以为绚兮',何谓也?"①子曰:
"绘事后素。"②曰:"礼后乎?"③孔子曰:"商始可与言《诗》已矣。"④

①【集解】马融曰:"倩,笑貌。盼,动目貌。绚,文貌。此上二句在《卫风·硕
人》之二章,其下一句逸诗。"

②【集解】郑玄曰:"绘,画文也。凡画绘先布众色,然后以素分布其间以成其
文,喻美女虽有倩盼美质,亦须礼以成也。"

③【集解】何晏曰:"孔言绘事后素,子夏闻而解知以素喻礼,故曰'礼后乎'。"

④【集解】包氏曰:"能发明我意,可与言《诗》矣。"

子贡问:"师与商孰贤?"子曰:"师也过,商也不及。"①"然则师愈
与?"曰:"过犹不及。"

①【集解】孔安国曰:"言俱不得中。"

子谓子夏曰:"汝为君子儒,无为小人儒。"①

①【集解】何晏曰:"君子之儒将以明道,小人为儒则矜其名。"

孔子既没,子夏居西河①教授,为魏文侯师。②其子死,哭之失明。

①【索隐】在河东郡之西界,盖近龙门。刘氏云:"今同州河西县有子夏石室学
堂也。" 【正义】西河郡,今汾州也。《尔雅》云:"两河间曰冀州。"《礼记》云:
"自东河至于西河。"河东故号龙门河为西河,汉因为西河郡,汾州也,子夏所
教处。《括地志》云:"谒泉山一名隐泉山,在汾州隰城县北四十里。《注水
经》云'其山崖壁五,崖半有一石室,去地五十丈,顶上平地十许顷。《随国集
记》云此为子夏石室,退老西河居此'。有卜商神祠,今见在。"

②【索隐】按:子夏文学著于四科,序《诗》,传《易》。又孔子以《春秋》属商。又
传《礼》,著在《礼志》。而此史并不论,空记《论语》小事,亦其疏也。 【正
义】文侯都安邑。孔子卒后,子夏教于西河之上,文侯师事之,咨问国政焉。

颛孙师,陈人,①字子张。少孔子四十八岁。

①【索隐】郑玄《目录》阳城人。阳城,县名,属陈郡。

　　子张问干禄,①孔子曰:"多闻阙疑,慎言其馀,则寡尤;②多见阙殆,慎行其馀,则寡悔。③言寡尤,行寡悔,禄在其中矣。"④

①【集解】郑玄曰:"干,求也。禄,禄位也。"

②【集解】包氏曰:"尤,过也。疑则阙之;其馀不疑,犹慎言之,则少过。"

③【集解】包氏曰:"殆,危也。所见危者,阙而不行,则少悔。"

④【集解】郑玄曰:"言行如此,虽不得禄,得禄之道。"

　　他日从在陈蔡间,困,问行。孔子曰:"言忠信,行笃敬,虽蛮貊之国行也;言不忠信,行不笃敬,虽州里行乎哉!①立则见其参于前也,在舆则见其倚于衡,夫然后行。"②子张书诸绅。③

①【集解】郑玄曰:"二千五百家为州,五家为邻,五邻为里。行乎哉,言不可行。"

②【集解】包氏曰:"衡,轭也。言思念忠信,立则常想见,参然在前;在舆则若倚于车轭。"

③【集解】孔安国曰:"绅,大带也。"

　　子张问:"士何如斯可谓之达矣?"孔子曰:"何哉,尔所谓达者?"子张对曰:"在国必闻,在家必闻。"①孔子曰:"是闻也,非达也。夫达者,质直而好义,察言而观色,虑以下人,②在国及家必达。③夫闻也者,色取仁而行违,居之不疑,④在国及家必闻。"⑤

①【集解】郑玄曰:"言士之所在,皆能有名誉。"

②【集解】马融曰:"常有谦退之志,察言语,观颜色,知其所欲,其念虑常欲下于人。"

③【集解】马融曰:"谦尊而光,卑而不可逾。"

④【集解】马融曰:"此言佞人也。佞人假仁者之色,行之则违;安居其伪而不自疑。"

⑤【集解】马融曰:"佞人党多。"

　　曾参,南武城人,①字子舆。少孔子四十六岁。

①【索隐】按:武城属鲁。当时鲁更有北武城,故言南也。　【正义】《括地志》
云:"南武城在兖州,子游为宰者。《地理志》云定襄有武城,清河有武城,故
此云南武城也。"

孔子以为能通孝道,①故授之业。作《孝经》。死于鲁。

①【正义】《韩诗外传》云:"曾子曰:'吾尝仕为吏,禄不过钟釜,尚犹欣欣而喜
者,非以为多也,乐道养亲也。亲没之后,吾尝南游于越,得尊官,堂高九
仞,榱提三尺,躬毂百乘,然犹北向而泣者,非为贱也,悲不见吾亲也。'"

澹台灭明,①武城人,②字子羽。少孔子三十九岁。

①【集解】包氏曰:"澹台,姓;灭明,名。"　【正义】《括地志》云:"延津在滑州灵
昌县东七里。《注水经》云:'黄河水至此为之延津。昔澹台子羽赍千金之
璧渡河,阳侯波起,两蛟夹舟。子羽曰:"吾可以义求,不可以威劫。"操剑斩
蛟。蛟死,乃投璧于河,三投而辄跃出,乃毁璧而去,亦无怪意。'即此
津也。"

②【正义】《括地志》云亦在兖州。

状貌甚恶。欲事孔子,孔子以为材薄。既已受业,退而修行,行不
由径,非公事不见卿大夫。①

①【集解】包氏曰:"言其公且方。"

南游至江,①从弟子三百人,设取予去就,名施乎诸侯。孔子闻之,
曰:"吾以言取人,失之宰予;以貌取人,失之子羽。"②

①【索隐】按:今吴国东南有澹台湖,即其遗迹所在。

②【索隐】按:《家语》"子羽有君子之容,而行不胜其貌"。而上文云"灭明状貌
甚恶",则以子羽形陋也。今此孔子云"以貌取人,失之子羽",与《家语》正
相反。【正义】按:澹子羽墓在兖州邹城县。

宓不齐字子贱。①少孔子三十岁。②

①【集解】孔安国曰鲁人。　【正义】《颜氏家训》云:"兖州永昌郡城,旧单父县
地也。东门有子贱碑,汉世所立,乃云济南伏生即子贱之后,是'虙'之与

'伏'古来通,字误为'宓',较可明矣。虙字从'虍',音呼;宓从'宀'。音绵。
下俱为'必',世传写误也。"

②【索隐】《家语》云"鲁人,字子贱,少孔子四十九岁"。此云"三十",不同。

孔子谓"子贱君子哉! 鲁无君子,斯焉取斯?"①

①【集解】包氏曰:"如鲁无君子,子贱安得此行而学?"

子贱为单父宰,①反命于孔子,曰:"此国有贤不齐者五人,②教不齐
所以治者。"孔子曰:"惜哉不齐所治者小,所治者大则庶几矣。"

①【正义】宋州县也。《说苑》云:"宓子贱理单父,弹琴,身不下堂,单父理。巫
马期以星出,以星入,而单父亦理。巫马期问其故。宓子贱曰:'我之谓任
人,子之谓任力。任力者劳,任人者逸。'"

②【索隐】按:《家语》云"不齐所父事者三人,所兄事者五人,所友者十一人",
不同也。

原宪①字子思。

①【集解】郑玄曰鲁人。　【索隐】郑玄云鲁人。《家语》云:"宋人。少孔子三十
六岁。"

子思问耻。孔子曰:"国有道,谷。①国无道,谷,耻也。"②

①【集解】孔安国曰:"谷,禄也。邦有道,当食禄。"

②【集解】孔安国曰:"君无道而在其朝,食其禄,是耻辱也。"

子思曰:"克伐怨欲不行焉,可以为仁乎?"①孔子曰:"可以为难矣,
仁则吾弗知也。"②

①【集解】马融曰:"克,好胜人也。伐,自伐其功。怨,忌也。欲,贪欲也。"

②【集解】包氏曰:"四者行之难,未足以为仁。"

孔子卒,原宪遂亡在草泽中。①子贡相卫,而结驷连骑,排藜藿入穷
阎,过谢原宪。宪摄敝衣冠见子贡。子贡耻之,曰:"夫子岂病乎?"原宪
曰:"吾闻之,无财者谓之贫,学道而不能行者谓之病。若宪,贫也,非病
也。"子贡惭,不怿而去,终身耻其言之过也。

①【索隐】《家语》云："隐居卫。"

公冶长，齐人，字子长。①

①【索隐】《家语》云："鲁人，名苌，字子长。"范宁云："字子芝。"

孔子曰："长可妻也，虽在累绁之中，①非其罪也。"以其子妻之。②

①【集解】孔安国曰："累，黑索也。绁，挛也。所以拘罪人。"

②【集解】张华曰："公冶长墓在城阳姑幕城东南五里所，墓极高。"

南宫括字子容。①

①【集解】孔安国曰："容，鲁人"。　【索隐】《家语》作"南宫绦"。按：其人是孟
　僖子之子仲孙阅也，盖居南宫因姓焉。

问孔子曰："羿善射，奡荡舟，①俱不得其死然；禹稷躬稼而有天
下？"孔子弗答。②容出，孔子曰："君子哉若人！上德哉若人！"③"国有
道，不废；④国无道，免于刑戮。"三复"白珪之玷"，⑤以其兄之子妻之。

　①【集解】孔安国曰："羿，有穷之君，篡夏后位，其徒寒浞杀之，因其室而生奡。
　　奡多力，能陆地行舟，为夏后少康所杀。"　【正义】羿音诣。荡，大浪反。

　②【集解】马融曰："禹尽力于沟洫，稷播百谷，故曰'躬稼'也。禹及其身，稷及
　　后世，皆王。括意欲以禹稷比孔子，孔子谦，故不答。"

　③【集解】孔安国曰："贱不义而贵有德，故曰君子。"

　④【集解】孔安国曰："不废，言见用。"

　⑤【集解】孔安国曰："《诗》云'白珪之玷，尚可磨也；斯言之玷，不可为也'，南
　　容读《诗》至此，三反之，是其心敬慎于言。"

公皙哀字季次。①

①【集解】《孔子家语》云齐人。"　【索隐】《家语》作"公皙克"。

孔子曰："天下无行，多为家臣，仕于都；唯季次未尝仕。"①

①【索隐】《家语》云："未尝屈节为人臣，故子特赏叹之。"亦见《游侠传》也。

曾蒧①字皙。②

①【集解】音点。　【索隐】音点，又音其炎反。

②【集解】孔安国曰："皙，曾参父。"　【索隐】《家语》云："曾点字子皙，曾参之父。"

侍孔子，孔子曰："言尔志。"蒧曰："春服既成，冠者五六人，童子六七人，浴乎沂，风乎舞雩，咏而归。"①孔子喟尔叹曰："吾与蒧也！"②

①【集解】徐广曰："一作'馈'。"骃案：包氏曰"暮春者，季春三月也。春服既成，衣单袷之时，我欲得冠者五六人，童子六七人，浴于沂水之上，风凉于舞雩之下，歌咏先王之道，归于夫子之门"。

②【集解】周氏曰："善蒧之独知时也。"

颜无繇①字路。路者，颜回父，②父子尝各异时事孔子。

①【集解】音遥。　【正义】繇音由。

②【索隐】《家语》云"颜由字路，回之父也。孔子始教于阙里而受学焉。少孔子六岁"，故此传云"父子异时事孔子"，故《易》称"颜氏之子"者，是父子俱学孔门也。

颜回死，颜路贫，请孔子车以葬。①孔子曰："材不材，亦各言其子也。鲤也死，有棺而无椁，吾不徒行以为之椁，以吾从大夫之后，不可以徒行。"②

①【集解】孔安国曰："卖以作椁。"

②【集解】孔安国曰："鲤，孔子子伯鱼。孔子时为大夫，言从大夫之后，不可徒行，谦辞也。"

商瞿，①鲁人，字子木。②少孔子二十九岁。

①【正义】具俱反。

②【索隐】《家语》云："瞿年三十八无子，母欲更娶室。孔子曰'瞿过四十当有五丈夫子'，果然。瞿谓梁鳣勿娶，'吾恐子或晚生，非妻之过也'。"

孔子传《易》于瞿，瞿传楚人玕①臂子弘，②弘传江东人矫③子庸

疵，④疵传燕人周子家竖，⑤竖传淳于人光子乘羽，⑥羽传齐人田子庄
何，⑦何传东武人⑧王子中同，⑨同传菑川人杨何。⑩何元朔中以治《易》
为汉中大夫。

①【集解】徐广曰："音寒。"

②【索隐】馯，徐广音韩，邹诞生音汗。按：《儒林传》、《荀卿子》及《汉书》皆云
　　馯臂字子弓，今此独作"弘"，盖误耳。应劭云子弓是子夏门人。　【正义】
　　馯音汗。颜师古云："馯，姓也。"《汉书》及《荀卿子》皆云字子弓，此作"弘"，
　　盖误也。应劭云："子弓，子夏门人。"

③【集解】音桥。

④【集解】自移反。　【索隐】《儒林传》及《系本》皆作"蟜"。疵音自移反。疵
　　字或作"疵"。蟜是姓，疵，名也，字子肩。然蟜姓，鲁庄公族也，《礼记》"蟜
　　固见季武子"。盖鲁人，《史·儒林传》皆云鲁人，独此云江东人，盖亦误耳。
　　《儒林传》云馯臂，江东人；桥疵，楚人也。　【正义】《汉书》作"桥庇"，云鲁
　　人。颜师古云桥庇字子庸。

⑤【索隐】周竖字子家，有本作"林"。　【正义】竖音时与反。周竖字子家，《汉
　　书》作"周丑"也。

⑥【索隐】淳于，县名，在北海。光羽字子乘。　【正义】光乘字羽。《括地志》
　　云："淳于，国〔名〕，在密州安丘县东三十里，古之州国，周武王封淳于国。"

⑦【索隐】田何字子庄。　【正义】《儒林传》云："田何字子庄。"

⑧【集解】徐广曰："属琅邪。"

⑨【索隐】王同字子中。　【正义】《括地志》云："东武县今密州诸城县是也。"
　　《汉〔书〕》作"王同字子仲"。

⑩【索隐】自商瞿传《易》至杨何，凡八代相传。《儒林传》何字叔元。　【正义】
　　《汉书》云字叔元。按：商瞿至杨何凡八代。

高柴字子羔。①少孔子三十岁。

①【集解】郑玄曰卫人。　【索隐】郑玄云卫人。《家语》"齐人，高氏之别族。长
　　不盈六尺，状貌甚恶"。此传作"五尺"，误也。　【正义】《家语》云齐人。

子羔长不盈五尺，受业孔子，孔子以为愚。

子路使子羔为费郈宰，①孔子曰："贼夫人之子！"②子路曰："有民人
焉，有社稷焉，何必读书然后为学！"③孔子曰："是故恶夫佞者。"④

①【正义】《括地志》云："郓州宿县二十三里郈亭。"

②【集解】包氏曰："子羔学未孰习而使为政，所以贼害人。"

③【集解】孔安国曰："言治人事神，于是而习，亦学也。"

④【集解】孔安国曰："疾其以给应，遂己非而不知穷也。"

漆彫开字子开。①

①【集解】郑玄曰鲁人也。　【索隐】郑玄云鲁人。《家语》云："蔡人，字子若，少
　孔子十一岁。"又曰："习《尚书》，不乐仕。孔子曰：'可以仕矣。'对曰：'吾斯
　之未能信。'"王肃云："未得用斯书之意，故曰'未能信'也。"　【正义】《家语》
　云："蔡人，字子若，少孔子十一岁。习《尚书》，不乐仕。"

孔子使开仕，对曰："吾斯之未能信。"①孔子说。②

①【集解】孔安国曰："仕进之道。未能信者，未能究习。"

②【集解】郑玄曰："善其志道深。"

公伯缭字子周。①

①【集解】马融曰鲁人。　【索隐】马融云鲁人。《家语》无公伯缭而有申缭子
　周。而谯周云"疑公伯缭是谗愬之人，孔子不责，而云'其如命何'，非弟子之
　流也"。今亦列比在七十二贤之数，盖太史公误。且"缭"亦作"辽"也。
　【正义】《家语》有申缭子周。《古史考》云："疑公伯僚是谗愬之人，孔子不责，
　而云命。非弟子之流也。"

周愬子路于季孙，子服景伯以告孔子，曰："夫子固有惑志，①缭也
吾力犹能肆诸市朝。"②孔子曰："道之将行，命也；道之将废，命也。公
伯缭其如命何！"

①【集解】孔安国曰："季孙信谮，惑子路也。"

②【集解】郑玄曰："吾势犹能辨子路之无罪于季孙，使人诛僚而肆之也。有罪
　既刑，陈其尸曰肆。"

司马耕字子牛。①

①【集解】孔安国曰宋人。　【索隐】《家语》云"宋人,字子牛",孔安国亦云"宋
人,弟安子曰司马犁"也。牛是桓魋之弟,以魋为宋司马,故牛遂以司马为
氏也。

牛多言而躁。问仁于孔子,孔子曰:"仁者其言也切。"①曰:"其言
也切,斯可谓之仁乎?"子曰:"为之难,言之得无切乎!"②

①【集解】孔安国曰:"切,难也。"

②【集解】孔安国曰:"行仁难,言仁亦不得不切也。"

问君子,子曰:"君子不忧不惧。"①曰:"不忧不惧,斯可谓之君子
乎?"子曰:"内省不疚,夫何忧何惧!"②

①【集解】孔安国曰:"牛兄桓魋将为乱,牛自宋来学,常忧惧,故孔子解之也。"

②【集解】包氏曰:"疚,病。自省无罪恶,无可忧惧。"

樊须字子迟。①少孔子三十六岁。

①【集解】郑玄曰齐人。　【索隐】《家语》云鲁人也。　【正义】《家语》云鲁人。

樊迟请学稼,孔子曰:"吾不如老农。"请学圃,曰:"吾不如老圃。"①
樊迟出,孔子曰:"小人哉樊须也! 上好礼,则民莫敢不敬;上好义,则民
莫敢不服;上好信,则民莫敢不用情。②夫如是,则四方之民襁负其子而
至矣,焉用稼!"③

①【集解】马融曰:"树五谷曰稼,树菜蔬曰圃。"

②【集解】孔安国曰:"情,实也。言民化上各以实应。"

③【集解】包氏曰:"礼义与信足以成德,何用学稼以教民乎! 负子之器曰襁。"

樊迟问仁,子曰:"爱人。"问智,曰:"知人。"

有若①少孔子四十三岁。②有若曰:"礼之用,和为贵,先王之道斯为
美。小大由之,有所不行;知和而和,不以礼节之,亦不可行也。"③"信
近于义,言可复也;④恭近于礼,远耻辱也;⑤因不失其亲,亦可宗也。"⑥

①【集解】郑玄曰鲁人。

②【索隐】《家语》云："鲁人，字子有，少孔子三十三岁。"今此传云"四十二岁"，不知传误，又所见不同也？ 【正义】《家语》云"鲁人，字有，少孔子三十三岁"，不同。

③【集解】马融曰："人知礼贵和，而每事从和，不以礼为节，亦不可以行也。"

④【集解】何晏曰："复犹覆也。义不必信，信非义也。以其言可覆，故曰近义。"

⑤【集解】何晏曰："恭不合礼，非礼也。以其能远耻辱，故曰近礼。"

⑥【集解】孔安国曰："因，亲也。言所亲不失其亲，亦可宗敬。"

孔子既没，弟子思慕，有若状似孔子，弟子相与共立为师，师之如夫子时也。他日，弟子进问曰："昔夫子当行，使弟子持雨具，已而果雨。弟子问曰：'夫子何以知之？'夫子曰：'《诗》不云乎？"月离于毕，俾滂沱矣。"①昨暮月不宿毕乎？'他日，月宿毕，竟不雨。商瞿年长无子，其母为取室。②孔子使之齐，瞿母请之。孔子曰：'无忧，瞿年四十后当有五丈夫子。'③已而果然。敢问夫子何以知此？"有若默然无以应。弟子起曰："有子避之，此非子之座也！"

①【集解】《毛传》曰："毕，噣也。月离阴星则雨。"

②【正义】《家语》云："瞿年三十八无子，母欲更娶室。孔子曰：'瞿年过四十当有五丈夫子。'果然。"《中备》云："鲁人商瞿使向齐国，瞿年四十，令后使行远路，畏虑，恐绝无子。夫子正月与瞿母筮，告曰：'后有五丈夫子。'子贡曰：'何以知？'子曰：'卦遇《大畜》，《艮》之二世。九二甲寅木为世，六五景子水为应。世生外象生象来爻生互内象，艮别子，应有五子，一子短命。'颜回云：'何以知之？''内象是本子，一《艮》变为二丑三阳爻五，于是五子，一子短命。''何以知短命？''他以故也。'"

③【集解】五男也。 【索隐】谓五男也。

公西赤字子华。①少孔子四十二岁。

①【集解】郑玄曰鲁人。

子华使于齐，冉有为其母请粟。孔子曰："与之釜。"①请益，曰："与之庾。"②冉子与之粟五秉。③孔子曰："赤之适齐也，乘肥马，衣轻裘。吾闻君子周急不继富。"④

①【集解】马融曰:"六斗四升曰釜。"

②【集解】包氏曰:"十六斗曰庾。"

③【集解】马融曰:"十六斛曰秉,五秉合八十斛。"

④【集解】郑玄曰:"非冉有与之太多。"

巫马施字子旗。①少孔子三十岁。

①【集解】郑玄曰鲁人。　【索隐】郑玄云鲁人。《家语》云:"陈人,字子期。"
　【正义】音其。

陈司败①问孔子曰:"鲁昭公知礼乎?"孔子曰:"知礼。"退而揖巫马旗曰:"吾闻君子不党,君子亦党乎? 鲁君娶吴女为夫人,命之为孟子。孟子姓姬,讳称同姓,故谓之孟子。鲁君而知礼,孰不知礼!"②施以告孔子,孔子曰:"丘也幸,苟有过,人必知之。臣不可言君亲之恶,为讳者,礼也。"③

①【集解】孔安国曰:"司败,官名。陈大夫也。"

②【集解】孔安国曰:"相助匿非曰党。礼同姓不婚,而君娶之。当称'吴姬',
　讳曰'孟子'。"

③【集解】孔安国曰:"以司败之言告也。讳国恶,礼也。圣人之道弘,故受之
　为过也。"

梁鳣①字叔鱼。②少孔子二十九岁。

①【集解】一作"鲤"。

②【集解】《孔子家语》曰齐人。　【索隐】《家语》云齐人,字叔鱼也。

颜幸字子柳。①少孔子四十六岁。②

①【集解】郑玄曰鲁人。　【索隐】《家语》云:"颜幸,字柳。"按:《礼记》有颜柳,
　或此人。

②【索隐】《家语》云"少三十六岁",与郑玄同。

冉孺字子鲁,①少孔子五十岁。

①【集解】一作"曾"。　【索隐】《家语》字子鲁，鲁人。作"冉儒"。

曹恤字子循。少孔子五十岁。①

①【索隐】曹恤少孔子五十岁。《家语》同。

伯虔字子析，①少孔子五十岁。

①【索隐】伯虔字子折。《家语》作"伯处字子晳"，皆转写字误，未知适从。
　【正义】《家语》云"子晢"。

公孙龙字子石。①少孔子五十三岁。

①【集解】郑玄曰楚人。　【索隐】《家语》或作"宠"，又云"茗"，《七十子图》非
　"茗"也。按：字子石，则"茗"或非谬。郑玄云楚人，《家语》卫人。然《庄子》
　所云"坚白之谈"，则其人也。　【正义】《家语》云卫人，《孟子》云赵人，《庄
　子》云"坚白之谈"也。

自子石已右三十五人，显有年名及受业闻见于书传。其四十有二
人，无年及不见书传者纪于左：①

①【索隐】按：《家语》此例唯有三十七人。其公良孺、秦商、颜玄、叔仲会四人，
　《家语》有事迹，《史记》阙。然自公伯辽、秦冉、鄡单三人，《家语》不载，而别
　有琴牢、陈亢、县亶当此三人数，皆互有也。如文翁图所记，又有林放、蘧伯
　玉、申枨、申堂，俱是后人以所见增益，于今殆不可考。

冉季字子产。①

①【集解】郑玄曰鲁人。　【索隐】《家语》冉季字产。　【正义】《家语》云冉季字
　子产。

公祖句兹字子之。①

①【索隐】句音钩。　【正义】句音钩。

秦祖字子南。①

①【集解】郑玄曰秦人。　【索隐】《家语》字子南。

漆雕哆①字子敛。②

①【集解】音赤者反。　【索隐】赤者反。《家语》字子敛。

②【集解】郑玄曰鲁人。

颜高字子骄。①

①【索隐】《家语》名产。孔子在卫,南子招夫子为次过市,时产为御也。　【正义】孔子在卫,南子招夫子为次乘过市,颜高为御。

漆雕徒父。①

①【索隐】《家语》字固也。

壤驷赤字子徒。①

①【集解】郑玄曰秦人。　【索隐】《家语》字子徒者。

商泽。①

①【集解】《家语》曰字子季。　【索隐】《家语》字季。

石作蜀字子明。①

①【索隐】《家语》同。

任不齐字选。①

①【集解】郑玄曰楚人。　【索隐】《家语》字子选也。

公良孺字子正。①

①【集解】郑玄曰:“陈人,贤而有勇。”　【索隐】《家语》作“良儒”。陈人,字子正,贤而有勇。孔子周游,常以家车五乘从孔子游。《家语》在三十五人之中。亦见系家,在三十二人不见,盖传之数亦误也。邹诞本作“公裏儒”。【正义】孔子周游,常以家车五乘从孔子。《孔子世家》亦云语在三十五人中,今在四十二人数,恐太史公误也。

后处字子里。①

①【集解】郑玄曰齐人。　【索隐】《家语》同也。

秦冉字开。①

①【正义】《家语》无此人。王肃《家语》此等惟三十七人,其公良孺、秦商、颜亥、仲叔会四人,《家语》有事迹,而《史记》阙。公伯寮、秦冉、郰单,《家语》不载,而别有琴牢、陈亢、县亶三人。

公夏首字乘。①

①【集解】郑玄曰鲁人。　【索隐】《家语》同也。

奚容箴字子皙。①

①【索隐】《家语》同也。　【正义】卫人。

公肩定字子中。①

①【集解】郑玄曰鲁人。或曰晋人。　【索隐】《家语》同也。

颜祖字襄。①

①【索隐】《家语》无此人也。　【正义】鲁人。

鄡①单②字子家。③

①【集解】苦尧反。

②【集解】音善。

③【集解】徐广曰："一云'邬单'。钜鹿有鄡县，太原有邬县。"　【索隐】鄡音苦
　尧反，单音善，则单名。徐广云"一作'邬军'，钜鹿有鄡县，太原有邬县"。
　《家语》无此人也。

句井疆。①

①【集解】郑玄曰卫人。　【正义】句作"钩"。

罕父黑字子索。①

①【集解】《家语》曰："罕父黑字索。"　【索隐】《家语》作"罕父黑字索"。

秦商字子丕。①

①【集解】郑玄曰楚人。　【索隐】《家语》："鲁人，字丕慈。少孔子四岁。其父
　堇，与孔子父纥俱以力闻也。"　【正义】《家语》云："鲁人，字丕兹。"

申党字周。①

①【索隐】《家语》有申缭，字周。《论语》有申枨。郑玄云"申枨，鲁人，弟子
　也"。盖申堂是枨不疑，以枨堂声相近。上又有公伯缭，亦字周。《家语》则
　无伯缭，是《史记》述伯缭一人者也。　【正义】鲁人。

颜之仆字叔。①

①【集解】郑玄曰鲁人。　【索隐】《家语》并同。

荣旂字子祈。①

①【索隐】《家语》荣祈字子颜也。

县成字子祺。①

①【集解】郑玄曰鲁人。　【索隐】《家语》作"子谋"也。　【正义】县音玄。

左人郢字行。①

①【集解】郑玄曰鲁人。　【索隐】《家语》同也。

燕伋字思。①

①【索隐】《家语》同也。

郑国字子徒。①

①【索隐】《家语》薛邦字徒,《史记》作"国"而《家语》称"邦"者,盖避汉祖讳而改。"郑"与"薛",字误也。　【正义】《家语》云薛邦字徒,《史记》作"国"者,避高祖讳。"薛"字与"郑"字误耳。

秦非字子之。①

①【集解】郑玄曰鲁人。

施之常字子恒。

颜哙字子声。①

①【集解】郑玄曰鲁人。

步叔乘字子车。①

①【集解】郑玄曰齐人。

原亢籍。①

①【集解】《家语》曰:"名亢,字籍。"　【索隐】《家语》名亢字籍。　【正义】亢,作"亢",仁勇反。

乐欬字子声。①

①【索隐】《家语》同也。　【正义】鲁人。

廉絜字庸。①

①【集解】郑玄曰卫人。　　【索隐】《家语》同也。

叔仲会字子期。①

①【集解】郑玄曰晋人。　　【索隐】郑玄云晋人。《家语》"鲁人。少孔子五十四岁。与孔璇年相比,二孺子俱执笔迭侍于夫子,孟武伯见而放之"是也。

颜何字冉。①

①【集解】郑玄曰鲁人。　　【索隐】《家语》字称。

狄黑字皙。①

①【索隐】《家语》同。

邦巽字子敛。①

①【集解】郑玄曰鲁人。　　【索隐】《家语》"巽"作"选",字子敛。文翁图作"国选",盖亦避汉讳改之。刘氏作"邦巽",音圭,所见各异。

孔忠。①

①【集解】《家语》曰:"忠字子蔑,孔子兄之子。"　　【索隐】《家语》云"忠字子蔑,孔子兄之子"也。

公西舆如字子上。①

①【索隐】《家语》同。

公西葴字子上。①

①【集解】郑玄曰鲁人。　　【索隐】公西葴字子上,《家语》子上作"子尚"也。

太史公曰:学者多称七十子之徒,誉者或过其实,毁者或损其真,钧之未睹厥容貌,则论言弟子籍,出孔氏古文近是。余以弟子名姓文字悉取《论语》弟子问并次为篇,疑者阙焉。

【索隐述赞】教兴阙里,道在邹乡。异能就列,秀士升堂。依仁游艺,合志同方。将师宫尹,俎豆琳琅。惜哉不霸,空臣素王!

史记卷六十八

商君列传第八

商君者，①卫之诸庶孽公子也，名鞅，姓公孙氏，其祖本姬姓也。鞅少好刑名之学，事魏相公叔座②为中庶子。③公叔座知其贤，未及进。会座病，魏惠王亲往问病，④曰："公叔病有如不可讳，将奈社稷何？"公叔曰："座之中庶子⑤公孙鞅，年虽少，有奇才，愿王举国而听之。"王嘿然。王且去，座屏人言曰："王即不听用鞅，必杀之，无令出境。"王许诺而去。公叔座召鞅谢曰："今者王问可以为相者，我言若，王色不许我。我方先君后臣，因谓王即弗用鞅，当杀之。王许我。汝可疾去矣，且见禽。"鞅曰："彼王不能用君之言任臣，又安能用君之言杀臣乎？"卒不去。惠王既去，而谓左右曰："公叔病甚，悲乎，欲令寡人以国听公孙鞅也，岂不悖哉！"⑥

①【正义】秦封于商，故号商君。

②【索隐】公叔，氏；座，名也。座音在戈反。

③【索隐】官名也。魏已置之，非自秦也。《周礼·夏官》谓之"诸子"，《礼记·文王世子》谓之"庶子"，掌公族也。

④【索隐】即魏侯之子，名䓨，后徙大梁而称梁也。

⑤【索隐】《战国策》云卫庶子也。

⑥【索隐】疾重而悖乱也。　【正义】悖音背。

公叔既死，公孙鞅闻秦孝公下令国中求贤者，将修缪公之业，东复侵地，乃遂西入秦，因孝公宠臣景监①以求见孝公。孝公既见卫鞅，语事良久，孝公时时睡，弗听。罢而孝公怒景监曰："子之客妄人耳，安足用邪！"景监以让卫鞅。卫鞅曰："吾说公以帝道，其志不开悟矣。"后五日，复求见鞅。鞅复见孝公，益愈，然而未中旨。罢而孝公复让景监，景监亦让鞅。鞅曰："吾说公以王道而未入也。请复见鞅。"鞅复见孝公，孝公善之而未用也。罢而去。孝公谓景监曰："汝客善，可与语矣。"鞅曰："吾说公以霸道，其意欲用之矣。诚复见我，我知之矣。"卫鞅复见孝公。公与语，不自知膝之前于席也。语数日不厌。景监曰："子何以中吾君？吾君之欢甚也。"鞅曰："吾说君②以帝王之道比三代，③而君曰：'久远，吾不能待。且贤君者，各及其身显名天下，安能邑邑待数十百年以成帝王乎？'故吾以强国之术说君，君大说④之耳。然亦难以比德于殷周矣。"

①【索隐】景姓，楚之族也。监音去声平声并通。

②【索隐】音税，下同。

③【索隐】比三。比者，频也。谓频三见孝公，言帝王之道也。比音必耳反。

　【正义】比，必寐反。说者以五帝三王之事比至孝公，以三代帝王之道方兴。孝公曰"太久远，吾不能"。

④【索隐】音悦。

孝公既用卫鞅，鞅欲变法，恐天下议己。卫鞅曰："疑行无名，疑事无功。且夫有高人之行者，固见非于世；①有独知之虑者，必见敖于民。②愚者暗于成事，知者见于未萌。民不可与虑始而可与乐成。论至德者不和于俗，成大功者不谋于众。是以圣人苟可以强国，不法其故；③苟可以利民，不循其礼。"孝公曰："善。"甘龙曰：④"不然。圣人不易民而教，知者不变法而治。因民而教，不劳而成功；缘法而治者，吏习而民安之。"卫鞅曰："龙之所言，世俗之言也。常人安于故俗，学者溺于所闻。以此两者居官守法可也，非所与论于法之外也。三代不同礼而王，五伯不同法而霸。智者作法，愚者制焉；贤者更礼，不肖者拘焉。"⑤杜挚曰："利不百，不变法；功不十，不易器。法古无过，循礼无邪。"卫鞅曰："治世不一道，便国不法古。故汤武不循古而王，⑥夏殷不易礼而亡。⑦反古者不可非，而循礼者不足多。"孝公曰："善。"以卫鞅为左庶长,卒定变法之令。

①【索隐】《商君书》"非"作"负"。

②【索隐】《商君书》作"必见鹜于人"也。　【正义】敖,五到反。

③【索隐】言救弊为政之术,所为苟可以强国,则不必要须法于故事也。

④【索隐】孝公之臣,甘姓,龙名也。甘氏出春秋时甘昭公王子带后。

⑤【索隐】言贤智之人作法更礼,而愚不肖者不明变通,而辄拘制不使之行,斯亦信然矣。

⑥【索隐】《商君书》作"修古"。

⑦【索隐】指殷纣、夏桀也。

令民为什伍,①而相牧司连坐。②不告奸者腰斩,告奸者与斩敌首同赏,③匿奸者与降敌同罚。④民有二男以上不分异者,倍其赋。⑤有军功者,各以率⑥受上爵;为私斗者,各以轻重被刑大小。僇力本业,耕织致粟帛多者复其身。事末利及怠而贫者,举以为收孥。⑦宗室非有军功论,不得为属籍。⑧明尊卑爵秩等级,各以差次名田宅,臣妾衣服以家次。⑨有功者显荣,无功者虽富无所芬华。

①【索隐】刘氏云:"五家为保,十保相连。　【正义】或为十保,或为五保。

②【索隐】牧司谓相纠发也。一家有罪而九家连举发,若不纠举,则十家连坐。恐变令不行,故设重禁。

③【索隐】案:谓告奸一人则得爵一级,故云"与斩敌首同赏"也。

④【索隐】案律,降敌者诛其身,没其家,今匿奸者,言当与之同罚也。

⑤【正义】民有二男不别为活者,一人出两课。

⑥【集解】音律。

⑦【索隐】末谓工商也。盖农桑为本,故上云"本业耕织"也。怠者,懈也。《周礼》谓之"疲民"。以言懈怠不事事之人而贫者,则纠举而收录其妻子,没为官奴婢,盖其法特重于古也。

⑧【索隐】谓宗室若无军功,则不得入属籍。谓除其籍,则虽无功不及爵秩也。

⑨【索隐】谓各随其家爵秩之班次,亦不使僭侈逾等也。

令既具,未布,恐民之不信,已乃立三丈之木于国都市南门,募民有能徙置北门者予十金。民怪之,莫敢徙。复曰"能徙者予五十金"。有一人徙之,辄予五十金,以明不欺。卒下令。

令行于民期年,秦民之国都言初令①之不便者以千数。于是太子犯法。卫鞅曰:"法之不行,自上犯之。"将法太子。太子,君嗣也,不可施刑,刑其傅公子虔,黥其师公孙贾。明日,秦人皆趋令。②行之十年,秦民大说,道不拾遗,山无盗贼,家给人足。民勇于公战,怯于私斗,乡邑大治。秦民初言令不便者有来言令便者,卫鞅曰"此皆乱化之民也",尽迁之于边城。其后民莫敢议令。

①【索隐】谓鞅新变之法令为"初令"。

②【索隐】趋音七逾反。趋者,向也,附也。

于是以鞅为大良造。①将兵围魏安邑,降之。居三年,作为筑冀阙②宫庭于咸阳,秦自雍徙都之。而令民父子兄弟同室内息者为禁。而集小(都)乡邑聚为县,置令、丞,凡三十一县。为田开阡陌封疆,③而赋税平。平斗桶④权衡丈尺。行之四年,公子虔复犯约,劓之。居五年,秦人富强,天子致胙⑤于孝公,诸侯毕贺。

①【索隐】即大上造也,秦之第十六爵名也。今云"良造"者,或后变其名耳。

②【索隐】冀阙即魏阙也。冀,记也。出列教令,当记于此门阙。

③【正义】南北曰阡,东西曰陌。按:谓驿塍也。疆音疆。封,聚土也;疆,界也:谓界上封记也。

④【集解】郑玄曰:"音勇,今之斛也。"【索隐】音统,量器名。

⑤【正义】音左故反。

其明年,齐败魏兵于马陵,虏其太子申,杀将军庞涓。其明年,卫鞅说孝公曰:"秦之与魏,譬若人之有腹心疾,非魏并秦,秦即并魏。何者?魏居领阸之西,①都安邑,与秦界河而独擅山东之利。利则西侵秦,病则东收地。今以君之贤圣,国赖以盛。而魏往年大破于齐,诸侯畔之,可因此时伐魏。魏不支秦,必东徙。东徙,秦据河山之固,东乡以制诸侯,此帝王之业也。"孝公以为然,使卫鞅将而伐魏。魏使公子卬将而击之。军既相距,卫鞅遗魏将公子卬书曰:"吾始与公子欢,今俱为两国将,不忍相攻,可与公子面相见,盟,乐饮而罢兵,以安秦魏。"魏公子卬以为然。会盟已，饮，而卫鞅伏甲士而袭虏魏公子卬，因攻其军，尽破之以归秦。魏惠王兵数破于齐秦，国内空，日以削，恐，乃使使割河西之地献于秦以和。而魏遂去安邑，徙都大梁。②梁惠王曰："寡人恨不用公叔座之言也。"卫鞅既破魏还，秦封之於、商③十五邑，号为商君。

①【索隐】盖即安邑之东，山领险陀之地，即今蒲州之中条已东，连汾、晋之嶮嶝也。

②【索隐】《纪年》曰"梁惠王二十九年，秦卫鞅伐梁西鄙"，则徙大梁在惠王之二十九年也。　【正义】从蒲州安邑徙汴州浚仪也。

③【集解】徐广曰："弘农商县也。"　【索隐】於、商，二县名，在弘农。《纪年》云秦封商鞅在惠王三十年，与此文合。　【正义】於、商在邓州内乡县东七里，古於邑也。商洛县在商州东八十九里。本商邑，周之商国。案：十五邑近此（三）〔二〕邑。

商君相秦十年，①宗室贵戚多怨望者。赵良见商君。商君曰："鞅之得见也，从孟兰皋，②今鞅请得交，可乎？"赵良曰："仆弗敢愿也。孔丘有言曰：'推贤而戴者进，聚不肖而王者退。'仆不肖，故不敢受命。仆闻之曰：'非其位而居之曰贪位，非其名而有之曰贪名。'仆听君之义，则恐仆贪位贪名也。故不敢闻命。"商君曰："子不说吾治秦与？"③赵良曰："反听之谓聪，内视之谓明，自胜之谓强。④虞舜有言曰：'自卑也尚矣。'君不若道虞舜之道，无为问仆矣。"商君曰："始秦戎翟之教，父子无别，同室而居。今我更制其教，而为其男女之别，大筑冀阙，营如鲁卫矣。子观我治秦也，孰与五羖大夫贤？"赵良曰："千羊之皮，不如一狐之掖；千人之诺诺，不如一士之谔谔。武王谔谔以昌，殷纣墨墨以亡。⑤君若不非武王乎，则仆请终日正言而无诛，可乎？"商君曰："语有之矣，貌言华也，至言实也，苦言药也，甘言疾也。夫子果肯终日正言，鞅之药也。鞅将事子，子又何辞焉！"赵良曰："夫五羖大夫，荆之鄙人也。⑥闻秦缪公之贤而愿望见，行而无资，自粥于秦客，被褐食牛。期年，缪公知之，举之牛口之下，而加之百姓之上，秦国莫敢望焉。相秦六七年，而东伐郑，三置晋国之君，⑦一救荆国之祸。⑧发教封内，而巴人致贡；施德诸侯,而八戎来服。由余闻之,款关请见。⑨五羖大夫之相秦也,劳不坐乘,暑不张盖,行于国中,不从车乘,不操干戈,功名藏于府库,德行施于后世。五羖大夫死,秦国男女流涕,⑩童子不歌谣,舂者不相杵。⑪此五羖大夫之德也。今君之见秦王也,因嬖人景监以为主,非所以为名也。相秦不以百姓为事,而大筑冀阙,非所以为功也。刑黥太子之师傅,残伤民以骏刑,是积怨畜祸也。教之化民也深于命,⑫民之效上也捷于令。⑬今君又左建外易,非所以为教也。⑭君又南面而称寡人,日绳秦之贵公子。《诗》曰:'相鼠有体,人而无礼;人而无礼,何不遄死。'以《诗》观之,非所以为寿也。公子虔杜门不出已八年矣,君又杀祝懽而黥公孙贾。《诗》曰:'得人者兴,失人者崩。'此数事者,非所以得人也。君之出也,后车十数,从车载甲,多力而骈胁者为骖乘,持矛而操阖⑮戟者⑯旁车而趋。此一物不具,君固不出。《书》曰:'恃德者昌,恃力者亡。'⑰君之危若朝露,尚将欲延年益寿乎?则何不归十五都,⑱灌园于鄙,劝秦王显岩穴之士,养老存孤,敬父兄,序有功,尊有德,可以少安。君尚将贪商於之富,宠秦国之教,畜百姓之怨,秦王一旦捐宾客而不立朝,秦国之所以收君者,岂其微哉?⑲亡可翘足而待。"商君弗从。

①【索隐】《战国策》云孝公行商君法十八年而死,与此文不同者,案此直云相秦十年耳,而《战国策》乃云行商君法十八年,盖连其未作相之年耳。

②【索隐】孟兰皋,人姓名也。言鞅前因兰皋得与赵良相见也。

③【索隐】说音悦。与音予。

④【索隐】谓守谦敬之人是为自胜,若是者乃为强。若争名得胜,此非强之道。

⑤【正义】以殷纣比商君。

⑥【正义】百里奚,南阳宛人。属楚,故云荆。

⑦【索隐】谓立晋惠公、怀公、文公也。

⑧【索隐】案(六国)《〔十二诸侯〕年表》,穆公二十八年会晋,救楚,朝周是也。

⑨【集解】韦昭曰:"款,叩也。"

⑩【正义】音体。

⑪【集解】郑玄曰:"相谓送杵声,以声音自劝也。"

⑫【索隐】刘氏云:"教谓商鞅之令也,命谓秦君之命也。言人畏鞅甚于秦君。"

⑬【索隐】上谓鞅之处分。令谓秦君之令。

⑭【索隐】左建谓以左道建立威权也。外易谓在外革易君命也。

⑮【集解】所及反。

⑯【集解】徐广曰："一作'豂'。屈卢之劲矛，干将之雄戟。"【索隐】阇，亦作"钑"，同所及反。邹诞音吐臘反。豂音辽。屈音九勿反。按：屈卢、干将并古良匠造矛戟者名。【正义】顾野王云："铤也。"《方言》云："矛，吴、扬、江、淮、南楚、五湖之间谓之铤。其柄谓之矜。"《释名》云："戟，格也。旁有格。"

⑰【索隐】此是《周书》之言，孔子所删之馀。

⑱【索隐】卫鞅所封商於二县以为国，其中凡有十五都，故赵良劝令归之。【正义】公孙鞅封商於十五邑，故云"十五都"。

⑲【索隐】谓鞅于秦无仁恩，故秦国之所以将收录鞅者其效甚明，故云"岂其微哉"。

后五月而秦孝公卒，太子立。公子虔之徒告商君欲反，发吏捕商君。商君亡至关下，欲舍客舍。客人不知其是商君也，曰："商君之法，舍人无验者坐之。"商君喟然叹曰："嗟乎，为法之敝一至此哉！"去之魏。魏人怨其欺公子卬而破魏师，弗受。商君欲之他国。魏人曰："商君，秦之贼。秦强而贼入魏，弗归，不可。"遂内秦。商君既复入秦，走商邑，①与其徒属发邑兵北出击郑。②秦发兵攻商君，杀之于郑黾池。③秦惠王车裂商君以徇，曰："莫如商鞅反者！"遂灭商君之家。

①【索隐】走音奏。走，向也。

②【集解】徐广曰："京兆郑县也。"【索隐】《地理志》京兆有郑县。《秦本纪》云"初县杜、郑"，按其地是郑桓公友之所封。

③【集解】徐广曰："黾，或作'彭'。"【索隐】郑黾池者，时黾池属郑故也。而徐广云"黾或作彭"者，按《盐铁论》云"商君困于彭池"故也。黾音亡忍反。【正义】黾池去郑三百里，盖秦兵至郑破商邑兵，而商君东走至黾，乃擒杀之。

太史公曰：商君，其天资刻薄人也。①迹其欲干孝公以帝王术，挟持浮说，非其质矣。②且所因由嬖臣，及得用，刑公子虔，欺魏将卬，不师赵良之言,亦足发明商君之少恩矣。余尝读商君开塞耕战书,与其人行事相类。③卒受恶名于秦,有以也夫!④

①【索隐】谓天资其人为刻薄之行。刻谓用刑深刻;薄谓弃仁义,不恂诚也。

②【索隐】说音如字。浮说即虚说也。谓鞅得用,刑政深刻,又欺魏将,是其天资自有狙诈,则初为孝公论帝王之术,是浮说耳,非本性也。

③【索隐】按《商君书》,开谓刑严峻则政化开,塞谓布恩赏则政化塞,其意本于严刑少恩。又为田开阡陌,及言斩敌首赐爵,是耕战书也。

④【集解】《新序》论曰:"秦孝公保崤函之固,以广雍州之地,东并河西,北收上郡,国富兵强,长雄诸侯,周室归籍,四方来贺,为战国霸君,秦遂以强,六世而并诸侯,亦皆商君之谋也。夫商君极身无二虑,尽公不顾私,使民内急耕织之业以富国,外重战伐之赏以劝戎士,法令必行,内不阿贵宠,外不偏疏远,是以令行而禁止,法出而奸息。故虽《书》云'无偏无党',《诗》云'周道如砥,其直如矢',《司马法》之励戎士,周后稷之劝农业,无以易此。此所以并诸侯也。故孙卿曰:'四世有胜,非幸也,数也。'然无信,诸侯畏而不亲。夫霸君若齐桓、晋文者,桓不倍柯之盟,文不负原之期,而诸侯畏其强而亲信之,存亡继绝,四方归之,此管仲、舅犯之谋也。今商君倍公子卬之旧恩,弃交魏之明信,诈取三军之众,故诸侯畏其强而不亲信也。藉使孝公遇齐桓、晋文,得诸侯之统将,合诸侯之君,驱天下之兵以伐秦,秦则亡矣。天下无桓文之君,故秦得以兼诸侯。卫鞅始自以为知霸王之德,原其事不谕也。昔周召施善政,及其死也,后世思之,'蔽芾甘棠'之诗是也。尝舍于树下,后世思其德不忍伐其树,况害其身乎!管仲夺伯氏邑三百户,无怨言。今卫鞅内刻刀锯之刑,外深铁钺之诛,步过六尺者有罚,弃灰于道者被刑,一日临渭而论囚七百馀人,渭水尽赤,号哭之声动于天地,畜怨积仇比于丘山,所逃莫之隐,所归莫之容,身死车裂,灭族无姓,其去霸王之佐亦远矣。然惠王杀之亦非也,可辅而用也。使卫鞅施宽平之法,加之以恩,申之以信,庶几霸者之佐哉!"　【索隐】《新序》是刘歆所撰,其中论商君,故裴氏引之。借音胙,字合作"胙",误为"借"耳。按:本纪"周归文武胙于孝公者"是也。《说苑》云"秦法,弃灰于道者刑",是其事也。

【索隐述赞】卫鞅入秦,景监是因。王道不用,霸术见亲。政必改革,礼岂因循。既欺魏将,亦怨秦人。如何作法,逆旅不宾!

史记卷六十九

苏秦列传第九

苏秦者,东周雒阳人也。①东事师于齐,而习之于鬼谷先生。②

①【索隐】苏秦字季子,盖苏忿生之后,己姓也。谯周云:"秦兄弟五人,秦最少。兄代,代弟厉及辟、鹄,并为游说之士。"此下云"秦弟代,代弟厉"也。【正义】《战国策》云:"苏秦,雒阳乘轩里人也。"《艺文志》云《苏子》三十一篇,在纵横流。敬王以子朝之乱从王城东迁雒阳故城,乃号东周,以王城为西周。

②【集解】徐广曰:"颍川阳城有鬼谷,盖是其人所居,因为号。"骃案:《风俗通义》曰"鬼谷先生,六国时从横家"。【索隐】按:鬼谷,地名也。扶风池阳、颍川阳城并有鬼谷墟,盖是其人所居,因为号。又乐壹注《鬼谷子》书云"苏秦欲神秘其道,故假名鬼谷"。

出游数岁,大困而归。①兄弟嫂妹妻妾窃皆笑之,曰:"周人之俗,治产业,力工商,逐什二以为务。今子释本而事口舌,困,不亦宜乎!"苏秦闻之而惭,自伤,乃闭室不出,出其书遍观②之。曰:"夫士业已屈首受书,③而不能以取尊荣,虽多亦奚以为!"于是得周书《阴符》,伏而读之。期年,以出揣摩,④曰:"此可以说当世之君矣。"求说周显王。显王左右素习知苏秦,皆少之。⑤弗信。

①【索隐】按:《战国策》此语在说秦王之后。

②【索隐】音遍官二音。按:谓尽观览其书也。

③【索隐】按:谓士之立操。业者,素也,本也。言本已屈首低头,受书于师也。

④【集解】《战国策》曰:"乃发书,陈箧数十,得太公《阴符》之谋,伏而诵之,简练以为揣摩。读书欲睡,引锥自刺其股,血流至踵。曰:'安有说人主不能

出其金玉锦绣,取卿相之尊者乎?'期年,揣摩成。"《鬼谷子》有《揣摩篇》也。

【索隐】《战国策》云"得太公《阴符》之谋",则阴符是太公之兵符也。揣音初委反,摩音姥何反。邹诞本作"揣靡",靡读亦为摩。王劭云"《揣情》、摩意是《鬼谷》之二章名,非为一篇也"。高诱曰"揣,定也。摩,合也。定诸侯使雠其术,以成六国之从也"。江邃曰"揣人主之情,摩而近之",其意当矣。

⑤【索隐】谓王之左右素惯习知秦浮说,多不中当世,而以为苏秦智识浅,故云"少之"。刘氏云:"少谓轻之也。"

乃西至秦。秦孝公卒。说惠王曰:"秦四塞之国,被山带渭,东有关河,①西有汉中,南有巴蜀,北有代马,②此天府也。③以秦士民之众,兵法之教,可以吞天下,称帝而治。"秦王曰:"毛羽未成,不可以高蜚;文理未明,不可以并兼。"方诛商鞅,疾辩士,弗用。

①【正义】东有黄河,有函谷、蒲津、龙门、合河等关;南山及武关、峣关;西有大陇山及陇山关、大震、乌兰等关;北有黄河南塞:是四塞之国,被山带渭(又)〔以〕为界。地里。江(渭)〔谓〕岷江,〔西从〕渭州陇山之西南流入蜀,东至荆阳入海也。河谓黄河,从同州小积石山东北流,至胜州即南流,至华州又东北流,经魏、沧等州入海。各是万里已下。

②【索隐】按:谓代郡马邑也。《地理志》代郡又有马城县。一云代马,谓代郡兼有胡马之利。

③【索隐】按:《周礼·春官》有天府。郑玄曰:"府,物所藏。言天,尊此所藏若天府然。"

乃东之赵。赵肃侯令其弟成为相,号奉阳君。奉阳君弗说之。

去游燕,岁馀而后得见。说燕文侯①曰:"燕东有朝鲜、②辽东,北有林胡、楼烦,③西有云中、九原,④南有嘑沱、易水,⑤地方二千馀里,带甲数十万,车六百乘,骑六千匹,粟支数年。⑥南有碣石、⑦雁门之饶,⑧北有枣栗之利,民虽不佃作而足于枣栗矣。此所谓天府者也。

①【索隐】说音税,下并同。燕文侯,史失名。

②【索隐】潮仙二音,水名。

③【索隐】《地理志》楼烦属雁门郡。　【正义】二胡国名,朔、岚巳北。

④【索隐】按:《地理志》云中、九原二郡名。秦曰九原,汉武帝改曰五原郡。

⑤【集解】《周礼》曰："正北曰并州,其川嘑沱。"郑玄曰:"嘑沱出卤城。"　【索隐】按:滹沱,水名,并州之川也,音呼沱。又《地理志》卤城,县名,属代郡。滹沱河自县东至参合,又东至文安入海也。　【正义】嘑沱出代州繁畤县,东南流经五台山北,东南流过定州,流入海。易水出易州易县,东流过幽州归义县,东与呼沱河合也。

⑥【索隐】按:《战国策》"车七百乘,粟支十年"。

⑦【索隐】(战国策)碣石山在常山九门县。《地理志》大碣石山在右北平骊城县西南。

⑧【正义】雁门山在代,燕西门。

"夫安乐无事,不见覆军杀将,无过燕者。大王知其所以然乎?夫燕之所以不犯寇被甲兵者,以赵之为蔽其南也。秦赵五战,秦再胜而赵三胜。秦赵相毙,而王以全燕制其后,此燕之所以不犯寇也。且夫秦之攻燕也,逾云中、九原,过代、上谷,弥地数千里,虽得燕城,秦计固不能守也。秦之不能害燕亦明矣。今赵之攻燕也,发号出令,不至十日而数十万之军军于东垣矣。①渡嘑沱,涉易水,不至四五日而距国都矣。故曰秦之攻燕也,战于千里之外;赵之攻燕也,战于百里之内。夫不忧百里之患而重千里之外,计无过于此者。是故愿大王与赵从亲,天下为一,则燕国必无患矣。"

①【索隐】《地理志》高帝改曰真定也。　【正义】赵之东邑,在恒州真定县南八里,故常山城是也。

文侯曰:"子言则可,然吾国小,西迫强赵,①南近齐,②齐、赵强国也。子必欲合从以安燕,寡人请以国从。"

①【正义】贝、冀、深、赵四州,七国时属赵,即燕西界。

②【正义】河北博、沧、德三州,齐地北境,与燕相接,隔黄河。

于是资苏秦车马金帛以至赵。而奉阳君已死,即因说赵肃侯①曰:"天下卿相人臣及布衣之士,皆高贤君之行义,皆愿奉教陈忠于前之日久矣。②虽然,奉阳君妒而君不任事,是以宾客游士莫敢自尽于前者。今奉阳君捐馆舍,君乃今复与士民相亲也,臣故敢进其愚虑。

①【索隐】按:《世本》云肃侯名言。

②【正义】奉,符用反。

"窃为君计者,莫若安民无事,且无庸有事于民也。安民之本,在于择交,择交而得则民安,择交而不得则民终身不安。请言外患:齐秦为两敌而民不得安,倚秦攻齐而民不得安,倚齐攻秦而民不得安。故夫谋人之主,伐人之国,常苦出辞断绝人之交也。愿君慎勿出于口。请别白黑,所以异阴阳而已矣。①君诚能听臣,燕必致旃裘狗马之地,齐必致鱼盐之海,楚必致橘柚之园,韩、魏、中山皆可使致汤沐之奉,而贵戚父兄皆可以受封侯。夫割地包利,五伯之所以覆军禽将而求也;封侯贵戚,汤武之所以放弑而争也。今君高拱而两有之,此臣之所以为君愿也。

①【索隐】按:《战国策》云"请屏左右,白言所以异阴阳",其说异此。然言别白黑者,苏秦言己今论赵国之利,必使分明,有如白黑分别,阴阳殊异也。

"今大王与秦,则秦必弱韩、魏;与齐,则齐必弱楚、魏。①魏弱则割河外,韩弱则效宜阳,宜阳效则上郡绝,②河外割则道不通,③楚弱则无援。此三策者,不可不孰计也。

①【正义】楚东淮泗之上,与齐接境。

②【正义】宜阳即韩城也,在洛州西,韩大郡也。上郡在同州西北。言韩弱,与秦宜阳城,则上郡路绝矣。

③【正义】河外,同、华等地也。言魏弱,与秦河外地,则道路不通上郡矣。《华山记》云:"此山分秦晋之境,晋之西鄙则曰阴晋,秦之东邑则曰宁秦。"

"夫秦下轵道,①则南阳危;②劫韩包周,③则赵氏自操兵;④据卫取卷,⑤则齐必入朝秦。秦欲已得乎山东,则必举兵而响赵矣。秦甲渡河逾漳,据番吾,⑥则兵必战于邯郸之下矣。此臣之所为君患也。

①【正义】轵音止。故亭在雍州万年县东北十六里苑中。

②【正义】南阳,怀州河南也,七国时属韩。言秦兵下轵道,从东渭桥历北道过蒲津攻韩,即南阳危矣。

③【正义】周都洛阳,秦若劫取韩南阳,是包裹周都也。赵邯郸危,故须起兵
自守。

④【索隐】《战国策》作"自销铄"。

⑤【集解】丘权反。　【索隐】《地理志》卷县属河南。按:《战国策》云"取淇"。
【正义】卫地濮阳也。卷城在郑州武原县西北七里。言秦守卫得卷,则齐必
来朝秦。

⑥【集解】徐广曰:"常山有蒲吾县。"　【索隐】按:徐氏所引,据《地理志》云然
也。　【正义】番音婆,又音蒲,又音盘。疑古番吾公邑也。《括地志》云:
"蒲吾故城在镇州常山县东二十里。"漳水在潞州。言秦兵渡河,历南阳,入
羊肠,经泽、潞,渡漳水,守蒲吾城,则与赵战于都城下矣。

"当今之时,山东之建国莫强于赵。赵地方二千馀里,带甲数十万,
车千乘,骑万匹,粟支数年。西有常山,①南有河漳,②东有清河,③北有
燕国。④燕固弱国,不足畏也。秦之所害于天下者莫如赵,然而秦不敢
举兵伐赵者,何也? 畏韩、魏之议其后也。然则韩、魏,赵之南蔽也。秦
之攻韩、魏也,无有名山大川之限,稍蚕食之,傅⑤国都而止。韩、魏不
能支秦,必入臣于秦。秦无韩、魏之规,则祸必中于赵矣。此臣之所为
君患也。

①【正义】在镇州西。

②【正义】"河"字一作"清",即漳河也,在潞州。《地理志》浊漳出长子鹿谷山,
东至邺,入清漳。

③【正义】清河,今贝州也。

④【正义】然三家分晋,赵得晋阳,襄子又伐戎取代。既云"西有常山者",赵都
邯郸近北燕也。

⑤【集解】音附。

"臣闻尧无三夫之分,舜无咫尺之地,以有天下;禹无百人之聚,以
王诸侯;汤武之士不过三千,车不过三百乘,卒不过三万,立为天子:诚
得其道也。是故明主外料其敌之强弱,内度其士卒贤不肖,不待两军相
当而胜败存亡之机固已形于胸中矣,岂掩于众人之言而以冥冥决事哉!

"臣窃以天下之地图案之,诸侯之地五倍于秦,料度诸侯之卒十倍

于秦,六国为一,并力西乡而攻秦,秦必破矣。今西面而事之,见臣于秦。夫破人之与破于人也,①臣人之与臣于人也,②岂可同日而论哉!

①【正义】破人谓破前敌也。破于人,为被前敌破。

②【索隐】按:臣人谓己为彼臣也。臣于人者,谓我为主,使彼臣己也。　【正义】臣人谓己得人为臣。臣于人谓己事他人。

"夫衡人者,①皆欲割诸侯之地以予秦。秦成,则高台榭,美宫室,听竽瑟之音,前有楼阙轩辕,②后有长姣③美人,国被秦患而不与其忧。是故夫衡人日夜务以秦权恐愒诸侯④以求割地,故愿大王孰计之也。

①【索隐】按:衡人即游说从横之士也。东西为横,南北为从。秦地形东西横长,故张仪相秦,为秦连横。　【正义】衡音横。谓为秦人。

②【索隐】《战国策》云"前有轩辕"。又《史记》俗本亦有作"轩冕"者,非本文也。

③【索隐】音交。《说文》云:"姣,美也。"

④【集解】愒音呼曷反。　【索隐】恐,起拱反。愒,许曷反。谓相恐胁也。邹氏愒音憩,其意疏。

"臣闻明主绝疑去谗,屏流言之迹,塞朋党之门,故尊主广地强兵之计臣得陈忠于前矣。故窃为大王计,莫如一韩、魏、齐、楚、燕、赵以从亲,以畔秦。今天下之将相会于洹水之上,①通质,②刳白马而盟。要约曰:'秦攻楚,齐、魏各出锐师以佐之,韩绝其粮道,③赵涉河漳,④燕守常山之北。秦攻韩魏,⑤则楚绝其后,⑥齐出锐师而佐之,赵涉河漳,燕守云中。秦攻齐,则楚绝其后,韩守城皋,⑦魏塞其道,⑧赵涉河漳、博关,⑨燕出锐师以佐之。秦攻燕,则赵守常山,楚军武关,齐涉勃海,⑩韩、魏皆出锐师以佐之。秦攻赵,则韩军宜阳,楚军武关,魏军河外,⑪齐涉清河,⑫燕出锐师以佐之。诸侯有不如约者,以五国之兵共伐之。'六国从亲以宾秦,⑬则秦甲必不敢出于函谷以害山东矣。如此,则霸王之业成矣。"

①【集解】徐广曰:"洹水出汲郡林虑县。"

②【索隐】音如字,又音颛。以言通其交质之情。

③【索隐】谓拥兵于峣关之外,又守宜阳也。

④【索隐】谓赵亦涉河漳而西,欲与韩作援,以阻秦军。

⑤【正义】谓道蒲津之东攻之。

⑥【索隐】谓出兵武关,以绝秦兵之后。

⑦【正义】在洛州氾水县。

⑧【索隐】按:其道即河内之道。《战国策》"其"作"午"。

⑨【集解】徐广曰:"齐威王六年,晋伐齐到博陵。东郡有博平县。

⑩【正义】齐从沧州渡河至瀛州。

⑪【索隐】河外谓陕及曲沃等处也。　【正义】谓同、华州。

⑫【正义】齐从贝州过河而西。

⑬【索隐】谓六国之军共为合从相亲,独以秦为宾而共伐之。

赵王曰:"寡人年少,立国日浅,未尝得闻社稷之长计也。今上客有意存天下,安诸侯,寡人敬以国从。"乃饰车百乘,黄金千溢,①白璧百双,锦绣千纯,②以约诸侯。

①【索隐】《战国策》作"万溢"。一溢为一金,则二十两曰一溢,为米二升。郑玄以一溢为二十四分之一,其说异也。

②【集解】纯,匹端名。《周礼》曰:"纯帛不过五两。"【索隐】音淳。裴氏云"纯,端匹名"。高诱注《战国策》音屯。屯,束也。又《礼·乡射》云"某贤于某若干纯"。纯,数也,音旋。

是时周天子致文武之胙于秦惠王。惠王使犀首攻魏,禽将龙贾,取魏之雕阴,①且欲东兵。苏秦恐秦兵之至赵也,乃激怒张仪,入之于秦。

①【索隐】魏地也。刘氏曰"在龙门河之西北"。按:《地理志》雕阴属上郡。【正义】在鄜州洛交县北三十四里。

于是说韩宣王①曰:"韩北有巩、成皋②之固,西有宜阳、商阪之塞,③东有宛、穰、④洧水,⑤南有陉山,⑥地方九百馀里,带甲数十万,天下之强弓劲弩皆从韩出。谿子、⑦少府时力、距来者,⑧皆射六百步之外。韩卒超足而射,⑨百发不暇止,远者括蔽洞胸,近者镝弇心。韩卒之剑戟皆出于冥山、⑩棠谿、⑪墨阳、⑫合赙、⑬邓师、⑭宛冯、⑮龙渊、太阿，⑯皆陆断牛马，水截鹄雁，当敌则斩，坚甲铁幕，⑰革抉⑱㕹芮，⑲无不毕具。以韩卒之勇，被坚甲，蹠劲弩，带利剑，一人当百，不足言也。夫以韩之劲与大王之贤，乃西面事秦，交臂而服，羞社稷而为天下笑，无大于此者矣。是故愿大王孰计之。

①【索隐】按：《世本》韩宣王，昭侯之子也。

②【索隐】二邑本属东周，后为韩邑。《地理志》二县并属河南。

③【集解】徐广曰："商，一作'常'。" 【索隐】刘氏云"盖在商洛之间，适秦楚之险塞"是也。 【正义】宜阳在洛州福昌县东十四里。商阪即商山也，在商洛县南一里，亦曰楚山，武关在焉。

④【集解】宛，於袁反。 【索隐】《地理志》宛、穰二县名，并属南阳。

⑤【集解】洧，于鬼反。 【索隐】音于轨反，水名，出南方。 【正义】在新郑东南，流入颍。

⑥【集解】徐广曰："召陵有陉亭。密县有陉山。" 【正义】在新郑西南三十里。

⑦【集解】许慎云："南方谿子蛮夷柘弩，皆善材。" 【索隐】按：许慎注《淮南子》，以为南方谿子蛮出柘弩及竹弩。

⑧【集解】韩有谿子弩，又有少府所造二种之弩。案：时力者，谓作之得时，力倍于常，故名时力也。距来者，谓弩埶劲利，足以距来敌也。 【索隐】韩又有少府所造时力、距来二种之弩。按：时力者，谓作之得时则力倍于常，故有时力也。距来者，谓以弩埶劲利，足以距于来敌也。其名并见《淮南子》。

⑨【索隐】按：超足谓超腾用埶，盖起足蹋之而射也，故下云"蹠劲弩"是也。 【正义】超足，齐足也。夫欲放弩，皆坐，举足踏弩，两手引揍机，然始发之。

⑩【集解】徐广曰："《庄子》云南行至郢，北面而不见冥山。"骃案：司马彪曰"冥山在朔州北。" 【索隐】庄子云"南行至郢，北面而不见冥山"。司马彪云"冥山在朔州北"。郭象云"冥山在乎太极"。李轨云"在韩国"。

⑪【集解】徐广曰："汝南吴房有棠谿亭。" 【索隐】《地理志》棠谿亭在汝南吴房县。 【正义】故城在豫州偃城县西八十里。《盐铁论》云"有棠谿之剑"是。

⑫【集解】《淮南子》曰："墨阳之莫邪也。" 【索隐】《淮南子》云"服剑者贵于剡利，而不期于墨阳莫邪"，则墨阳匠名也。

⑬【集解】音附。徐广曰："一作'伯'。" 【索隐】按：《战国策》作"合伯"，《春秋

后语》作“合相”。

⑭【索隐】邓国有工铸剑,而师名焉。

⑮【集解】徐广曰:“荥阳有冯池。” 【索隐】徐广云“荥阳有冯池”,谓宛人于冯池铸剑,故号宛冯。

⑯【集解】《吴越春秋》曰:“楚王召风胡子而告之曰:‘寡人闻吴有干将,越有欧冶,寡人欲因子请此二人作剑,可乎?’风胡子曰:‘可。’乃往见二人,作剑,一曰龙渊,二曰太阿。” 【索隐】按:《吴越春秋》楚王令风胡子请吴干将、越欧冶作剑二,其一曰龙泉,二曰太阿。又《太康地记》曰“汝南西平有龙泉水,可以淬刀剑,特坚利,故有龙泉之剑,楚之宝剑也。以特坚利,故有坚白之论云:‘黄,所以为坚也;白,所以为利也。’齐辨之曰:‘白,所以为不坚;黄,所以为不利也。’故天下之宝剑韩为众,一曰棠谿,二曰墨阳,三曰合伯,四曰邓师,五曰宛冯,六曰龙泉,七曰太阿,八曰莫邪,九曰干将也”。然干将、莫邪匠名也,其剑皆出西平县,今有铁官令一,别领户,是古铸剑之地也。

⑰【集解】徐广曰:“阳城出铁。” 【索隐】按:《战国策》云“当敌则斩甲盾鞮鍪铁幕”也。邹诞幕一作“陌”。刘云:“谓以铁为臂胫之衣。言其剑利,能斩之也。”

⑱【集解】徐广曰:“一作‘决’。” 【索隐】音决。谓以革为射决。决,射韝也。

⑲【集解】哝音伐。 【索隐】哝与“瞂”同,音伐,谓植也。芮音如字,谓系楯之绶也。 【正义】《方言》云:“盾,自关东谓之瞂,关西谓之盾。”

“大王事秦,秦必求宜阳、成皋。今兹效之,①明年又复求割地。与则无地以给之,不与则弃前功而受后祸。且大王之地有尽而秦之求无已,以有尽之地而逆无已之求,此所谓市怨结祸者也,不战而地已削矣。臣闻鄙谚曰:‘宁为鸡口,无为牛后。’②今西面交臂而臣事秦,何异于牛后乎? 夫以大王之贤,挟强韩之兵,而有牛后之名,臣窃为大王羞之。”

①【索隐】按:郑玄注《礼》云“效犹呈也,见也”。

②【索隐】按:《战国策》云“宁为鸡尸,不为牛从”。延笃注云“尸,鸡中主也。从谓牛子也。言宁为鸡中之主,不为牛之从后也”。 【正义】鸡口虽小,犹进食;牛后虽大,乃出粪也。

于是韩王勃然作色，攘臂瞋目，按剑仰天太息①曰："寡人虽不肖，必不能事秦。今主君②诏以赵王之教，敬奉社稷以从。"

①【索隐】太息谓久蓄气而大吁也。

②【索隐】指苏秦也。礼，卿大夫称主。今嘉苏子合从诸侯，褒而美之，故称曰主。

又说魏襄王①曰："大王之地，南有鸿沟、②陈、汝南、许、郾、③昆阳、召陵、舞阳、新都、新郪，④东有淮、颍、⑤煮枣、⑥无胥，⑦西有长城之界，北有河外、⑧卷、衍、酸枣，⑨地方千里。地名虽小，然而田舍庐庑之数，曾无所刍牧。人民之众，车马之多，日夜行不绝，輷輷殷殷，⑩若有三军之众。臣窃量大王之国不下楚。然衡人怵王⑪交强虎狼之秦以侵天下，卒有秦患，⑫不顾其祸。夫挟强秦之势以内劫其主，罪无过此者。魏，天下之强国也；王，天下之贤王也。今乃有意西面而事秦，称东藩，筑帝宫，⑬受冠带，⑭祠春秋，⑮臣窃为大王耻之。

①【索隐】《世本》惠王子名嗣。

②【集解】徐广曰："在荥阳。"

③【集解】徐广曰："在颍川。於憾切。"　【索隐】音偃，又於建反。《战国策》作"鄢"。按：《地理志》颍川有许、郾二县，又有傿陵县，故所称惑也。傿音焉。

【正义】陈、汝南，今汝州、豫州县也。

④【集解】《地理志》颍川有昆阳、舞阳县，汝南有新郪县，南阳有新都县。

【索隐】《地理志》昆阳、舞阳属颍川，召陵、新郪属汝南。按：新郪即郪丘，章帝以封殷后于宋。新都属南阳。按：《战国策》直云新郪，无"新都"二字。

【正义】召陵在豫州，舞阳在许州。

⑤【正义】淮阳、颍川二郡。

⑥【集解】徐广曰："在宛句。"　【正义】在宛朐。按：宛朐，曹州县也。

⑦【索隐】按：其地阙。

⑧【正义】谓河南地。

⑨【集解】徐广曰："荥阳卷县有长城，经阳武到密。衍，地名。　【索隐】徐广云"荥阳卷县有长城"，盖据地险为说也。　【正义】卷在郑州原武县北七里。酸枣在滑州。衍，徐云地名。

⑩【正义】辋,麻宏反。殷音隐。

⑪【正义】衡音横。怵音恤。

⑫【正义】卒音匆忽反。

⑬【索隐】谓为秦筑宫,备其巡狩而舍之,故谓之"帝宫"。

⑭【索隐】谓冠带制度皆受秦法。

⑮【索隐】言春秋贡奉,以助秦祭祀。

"臣闻越王句践战敝卒三千人,禽夫差于干遂;①武王卒三千人,革车三百乘,制纣于牧野:②岂其士卒众哉,诚能奋其威也。今窃闻大王之卒,武士二十万,③苍头二十万,④奋击二十万,厮徒十万,⑤车六百乘,骑五千匹。此其过越王句践、武王远矣,今乃听于群臣之说而欲臣事秦。夫事秦必割地以效实,⑥故兵未用而国已亏矣。凡群臣之言事秦者,皆奸人,非忠臣也。夫为人臣,割其主之地以求外交,偷取一时之功而不顾其后,破公家而成私门,外挟强秦之势以内劫其主,以求割地,愿大王孰察之。

①【索隐】按:干遂,地名,不知所在。然按干是水旁之高地,故有"江干""河干"是也。又左思《吴都赋》云"长干延属",是干为江旁之地。遂者,道也。于干有道,因为地名。　【正义】在苏州吴县西北四十馀里万安山西南一里太湖。夫差败于姑苏,禽于干遂,相去四十馀里。

②【正义】今卫州城是也。周武王伐纣于牧野,筑之。

③【集解】《汉书·刑法志》曰:"魏氏武卒衣三属之甲,操十二石之弩,负矢五十,置戈其上,冠胄带剑,赢三日之粮,日中而趋百里,中试则复其户,利其田宅。"【索隐】衣音意。属音烛。按:三属谓甲衣也。覆膊,一也;甲裳,二也;胫衣,三也。甲之有裳,见《左传》也。赢音盈。谓赍糗粮。中音竹仲反。谓其筋力能负重,所以得中试也。复音福。谓中试之人,国家当优复,赐之上田宅,故云"利其田宅"也。

④【索隐】谓以青巾裹头,以异于众。荀卿"魏有苍头二十万"是也。

⑤【索隐】厮音斯。谓厮养之卒。斯,养马之贱者,今起为之卒。　【正义】厮音斯。谓炊烹供养杂役。

⑥【索隐】谓割地献秦,以效己之诚实。

"《周书》曰：'绵绵不绝，蔓蔓奈何？豪牦不伐，将用斧柯。'前虑不定，后有大患，将奈之何？大王诚能听臣，六国从亲，专心并力壹意，则必无强秦之患。故敝邑赵王使臣效愚计，①奉明约，在大王之诏诏之。"

①【索隐】此"效"犹呈也，见也。

魏王曰："寡人不肖，未尝得闻明教。今主君以赵王之诏诏之，敬以国从。"

因东说齐宣王①曰："齐南有泰山，东有琅邪，西有清河，②北有勃海，此所谓四塞之国也。齐地方二千馀里，带甲数十万，粟如丘山。三军之良，五家之兵，③进如锋矢，④战如雷霆，解如风雨。即有军役，未尝倍泰山，绝清河，涉勃海也。⑤临菑之中七万户，臣窃度之，不下户三男子，三七二十一万，不待发于远县，而临菑之卒固已二十一万矣。临菑甚富而实，其民无不吹竽鼓瑟，弹琴击筑，⑥斗鸡走狗，六博⑦蹋鞠⑧者。临菑之涂，车毂击，人肩摩，连衽成帷，举袂成幕，挥汗成雨，家殷人足，志高气扬。夫以大王之贤与齐之强，天下莫能当。今乃西面而事秦，臣窃为大王羞之。

①【索隐】《世本》名辟疆，威王之子也。

②【正义】即贝州。

③【索隐】按：高诱注《战国策》云"五家即五国也"。

④【索隐】按：《战国策》作'疾如锥矢'。高诱曰"锥矢，小矢，喻径疾也"。《吕氏春秋》曰"所贵锥矢者，为应声而至"。　【正义】齐军之进，若锋芒之刀，良弓之矢，用之有进而无退。

⑤【正义】言临淄自足也。绝，涉，皆度也。勃海，沧州也。齐有军役，不用度河取二部。

⑥【正义】筑似琴而大，头圆，五弦，击之不鼓。

⑦【索隐】按：王逸注《楚词》云"博，著也。行六棋，故曰六博"。

⑧【集解】刘向《别录》曰："蹴鞠者，传言黄帝所作，或曰起战国之时。蹋鞠，兵势也，所以练武士，知有材也，皆因嬉戏而讲练之。"蹋，徒猎反。鞠，求六反。　【索隐】上徒腊反，下居六反。《别录注》云："蹴踘，促六反。蹴亦蹋也。"崔豹云："起黄帝时，习兵之埶。"

"且夫韩、魏之所以重畏秦者,为与秦接境壤界也。兵出而相当,不出十日而战胜存亡之机决矣。韩、魏战而胜秦,则兵半折,四境不守;战而不胜,则国已危亡随其后。是故韩、魏之所以重与秦战,而轻为之臣也。今秦之攻齐则不然。倍韩、魏之地,过卫阳晋之道,①径乎亢父之险,②车不得方轨,③骑不得比行,百人守险,千人不敢过也。秦虽欲深入,则狼顾,④恐韩、魏之议其后也。是故恫疑⑤虚猲,⑥骄矜而不敢进,⑦则秦之不能害齐亦明矣。

①【集解】徐广曰:"魏哀王十六年,秦拔魏蒲阪、阳晋、封陵。"　【索隐】按:阳晋,魏邑也。《魏系家》"哀王十六年,秦拔魏蒲阪、阳晋、封陵"是也。刘氏云"阳晋,地名,盖适齐之道,卫国之西南也"。　【正义】言秦伐齐,背韩、魏地而与齐战。徐说阳晋非也,乃是晋阳耳。卫地曹、濮等州也。杜预云"曹,卫下邑也"。阳晋故城在曹州乘氏县西北三十七里。

②【索隐】亢音刚,又苦浪反。《地理志》县名,属梁国也。　【正义】故县在兖州任城县南五十一里。

③【正义】言不得两车并行。

④【正义】狼性怯,走常还顾。

⑤【索隐】上音通,一音洞。恐惧也。

⑥【集解】呼葛反。　【索隐】猲,本一作"喝",并呼葛反。高诱曰:"虚猲,喘息惧貌也。"刘氏云:"秦自疑惧,不敢进兵,虚作恐怯之词,以胁韩、魏也。"

⑦【正义】言秦虽至亢父,犹恐惧狼顾,虚作喝骂,骄溢矜夸,不敢进伐齐明矣。

"夫不深料秦之无奈齐何,而欲西面而事之,是群臣之计过也。今无臣事秦之名而有强国之实,臣是故愿大王少留意计之。"

齐王曰:"寡人不敏,僻远守海,穷道东境之国也,未尝得闻馀教。今足下以赵王诏诏之,敬以国从。"

乃西南说楚威王①曰:"楚,天下之强国也;王,天下之贤王也。西有黔中、②巫郡,③东有夏州、④海阳,⑤南有洞庭、⑥苍梧,⑦北有陉塞、郇阳,⑧地方五千馀里,带甲百万,车千乘,骑万匹,粟支十年。此霸王之资也。夫以楚之强与王之贤,天下莫能当也。今乃欲西面而事秦,则诸侯莫不西面而朝于章台之下矣。

①【索隐】威王名商，宣王之子。

②【集解】徐广曰："今之武陵也。" 【正义】今朗州，楚黔中郡，其故城在辰州
　　西二十里，皆盘瓠后也。

③【集解】徐广曰："巫郡者，南郡之西界。" 【正义】巫郡，夔州巫山县是。

④【集解】徐广曰："楚考烈王元年，秦取夏州。"骃案：《左传》"楚庄王伐陈，乡
　　取一人焉以归，谓之夏州"。而注者不说夏州所在。车胤撰《桓温集》云：
　　"夏口城上数里有洲，名夏州。""东有夏州"谓此也。 【索隐】裴骃据《左
　　氏》及车胤说夏州，其文甚明，而刘伯庄以为夏州侯之本国，亦未为得也。
　　【正义】大江中州也。夏水口在荆州江陵县东南二十五里。

⑤【索隐】按：《地理志》无海阳。刘氏云"楚之东境"。

⑥【索隐】今之青草湖是也，在岳州界也。

⑦【索隐】地名。《地理志》有苍梧郡。 【正义】苍梧山在道州南。

⑧【集解】徐广曰："《春秋》曰'遂伐楚，次于陉'。楚威王十一年，魏败楚陉山。
　　析县有钧水，或者郇阳今之顺阳乎？一本'北有汾、陉之塞'也。" 【索隐】
　　陉山在楚北境，威王十一年，魏败楚陉山是也。郇音荀。北有郇阳，其地当
　　在汝南、颍川之界。检《地理志》及《太康地记》，北境并无郇邑。郇邑在河
　　东，晋地。计郇阳当是新阳，声相近字变耳。汝南有新阳县，应劭云"在新
　　水之阳"，犹齮邑变为枸，亦当然也。徐氏云"郇阳当是慎阳"，盖其疏也。
　　【正义】陉山在郑州新郑县西南三十里。顺阳故城在郑州穰县西百四十里。

"秦之所害莫如楚，楚强则秦弱，秦强则楚弱，其势不两立。故为大
王计，莫如从亲以孤秦。大王不从〔亲〕，秦必起两军，一军出武关，一军
下黔中，则鄢郢动矣。①

①【集解】徐广曰："今南郡宜城。" 【正义】鄢乡故城在襄州率道县南九里。
　　安郢城在荆州江陵县东北六里。秦兵出武关，则临鄢矣；兵下黔中，则临
　　郢矣。

"臣闻治之其未乱也，为之其未有也。患至而后忧之，则无及已。
故愿大王蚤孰计之。

"大王诚能听臣，臣请令山东之国奉四时之献，以承大王之明诏，委
社稷，奉宗庙，练士厉兵，在大王之所用之。大王诚能用臣之愚计，则

韩、魏、齐、燕、赵、卫之妙音美人必充后宫,燕、代橐驼良马必实外厩。故从合则楚王,衡成则秦帝。今释霸王之业,而有事人之名,臣窃为大王不取也。

"夫秦,虎狼之国也,有吞天下之心。秦,天下之仇雠也。衡人皆欲割诸侯之地以事秦,此所谓养仇而奉雠者也。夫为人臣,割其主之地以外交强虎狼之秦,以侵天下,卒有秦患,不顾其祸。夫外挟强秦之威以内劫其主,以求割地,大逆不忠,无过此者。故从亲则诸侯割地以事楚,衡合则楚割地以事秦,此两策者相去远矣,二者大王何居焉? 故敝邑赵王使臣效愚计,奉明约,在大王诏之。"

楚王曰:"寡人之国西与秦接境,秦有举巴蜀并汉中之心。秦,虎狼之国,不可亲也。而韩、魏迫于秦患,不可与深谋,与深谋恐反人以入于秦,故谋未发而国已危矣。寡人自料以楚当秦,不见胜也;内与群臣谋,不足恃也。寡人卧不安席,食不甘味,心摇摇然如县旌而无所终薄。①今主君欲一天下,收诸侯,存危国,寡人谨奉社稷以从。"

①【集解】白洛反。

于是六国从合而并力焉。苏秦为从约长,并相六国。

北报赵王,乃行过雒阳,车骑辎重,诸侯各发使送之甚众,疑于王者。①周显王闻之恐惧,除道,使人郊劳。②苏秦之昆弟妻嫂侧目不敢仰视,俯伏侍取食。苏秦笑谓其嫂曰:"何前倨而后恭也?"嫂委蛇蒲服,③以面掩地而谢曰:"见季子位高金多也。"④苏秦喟然叹曰:"此一人之身,富贵则亲戚畏惧之,贫贱则轻易之,况众人乎! 且使我有雒阳负郭田二顷,⑤吾岂能佩六国相印乎!"于是散千金以赐宗族朋友。初,苏秦之燕,贷人百钱为资,及得富贵,以百金偿之。遍报诸所尝见德者。其从者有一人独未得报,乃前自言。苏秦曰:"我非忘子。子之与我至燕,再三欲去我易水之上,方是时,我困,故望子深,是以后子。子今亦得矣。"

①【索隐】疑作"拟"读。

②【集解】《仪礼》曰："宾至近郊,君使卿朝服用束帛劳。"

③【索隐】委蛇谓以面掩地而进,若蛇行也。蒲服即匍匐,并音蒲仆。

④【集解】谯周曰："苏秦字季子。"　【索隐】按:其嫂呼小叔为季子耳,未必即其
　字。允南即以为字,未之得也。

⑤【索隐】负者,背也,枕也。近城之地,沃润流泽,最为膏腴,故曰"负郭"也。

苏秦既约六国从亲,归赵,赵肃侯封为武安君,乃投从约书于秦。①
秦兵不敢窥函谷关十五年。

①【索隐】乃设从约书。案:诸本作"投"。言设者,谓宣布其从约六国之事以
　告于秦。若作"投",亦为易解。

其后秦使犀首欺齐、魏,与共伐赵,欲败从约。齐、魏伐赵,赵王让
苏秦。苏秦恐,请使燕,必报齐。苏秦去赵①而从约皆解。

①【集解】徐广曰："自初说燕至此三年。"

秦惠王以其女为燕太子妇。是岁,文侯卒,太子立,是为燕易王。
易王初立,齐宣王因燕丧伐燕,取十城。易王谓苏秦曰："往日先生至
燕,而先王资先生见赵,遂约六国从。今齐先伐赵,次至燕,以先生之故
为天下笑,先生能为燕得侵地乎?"苏秦大惭,曰："请为王取之。"

苏秦见齐王,再拜,俯而庆,仰而吊。①齐王曰："是何庆吊相随之速
也?"苏秦曰："臣闻饥人所以饥而不食乌喙者,②为其愈充腹而与饿死
同患也。③今燕虽弱小,即秦王之少婿也。大王利其十城而长与强秦为
仇。今使弱燕为雁行而强秦敝其后,以招天下之精兵,是食乌喙之类
也。"齐王愀然变色④曰："然则奈何?"苏秦曰："臣闻古之善制事者,转
祸为福,因败为功。大王诚能听臣计,即归燕之十城。燕无故而得十
城,必喜;秦王知以己之故而归燕之十城,亦必喜。此所谓弃仇雠而得
石交者也。夫燕、秦俱事齐,则大王号令天下,莫敢不听。是王以虚辞
附秦,以十城取天下。此霸王之业也。"王曰："善。"于是乃归燕之十城。

①【索隐】刘氏云："当时庆吊应有其词,但史家不录耳。"

②【集解】《本草经》曰："乌头,一名乌喙。"　【索隐】乌喙,音卓,又音许秽反。
　今之毒药乌头是。【正义】《广雅》云："蘜奚,毒附子也。一岁为乌喙,三岁

为附子，四岁为乌头，五岁为天雄。"

③【索隐】刘氏以愈犹暂，非也。谓食乌头为其暂愈饥而充腹，少时毒发而死，亦与饥死同患也。

④【索隐】愀音自酋反，又七小反。

人有毁苏秦者曰："左右卖国反覆之臣也，将作乱。"苏秦恐得罪，归，而燕王不复官也。苏秦见燕王曰："臣，东周之鄙人也，无有分寸之功，而王亲拜之于庙而礼之于廷。今臣为王却齐之兵而（攻）得十城，宜以益亲。今来而王不官臣者，人必有以不信伤臣于王者。臣之不信，王之福也。臣闻忠信者，所以自为也；进取者，所以为人也。且臣之说齐王，曾非欺之也。臣弃老母于东周，固去自为而行进取也。今有孝如曾参，廉如伯夷，信如尾生。得此三人者以事大王，何若？"王曰："足矣。"苏秦曰："孝如曾参，义不离其亲一宿于外，王又安能使之步行千里而事弱燕之危王哉？廉如伯夷，义不为孤竹君之嗣，不肯为武王臣，不受封侯而饿死首阳山下。有廉如此，王又安能使之步行千里而行进取于齐哉？信如尾生，与女子期于梁下，女子不来，水至不去，抱柱而死。有信如此，王又安能使之步行千里却齐之强兵哉？臣所谓以忠信得罪于上者也。"燕王曰："若不忠信耳，岂有以忠信而得罪者乎？"苏秦曰："不然。臣闻客有远为吏而其妻私于人者，其夫将来，其私者忧之，妻曰'勿忧，吾已作药酒待之矣'。居三日，其夫果至，妻使妾举药酒进之。妾欲言酒之有药，则恐其逐主母也；欲勿言乎，则恐其杀主父也。于是乎详僵而弃酒。①主父大怒，笞之五十。故妾一僵而覆酒，上存主父，下存主母。然而不免于笞，恶在乎忠信之无罪也夫？臣之过，不幸而类是乎？"燕王曰："先生复就故官。"益厚遇之。

①【索隐】详音羊。详，诈也。僵，仆也，音姜。

易王母，文侯夫人也，与苏秦私通。燕王知之，而事之加厚。苏秦恐诛，乃说燕王曰："臣居燕不能使燕重，而在齐则燕必重。"燕王曰："唯先生之所为。"于是苏秦详为得罪于燕而亡走齐，齐宣王以为客卿。①

①【集解】徐广曰："燕易王之十年时。"

　　齐宣王卒，湣王即位，说湣王厚葬以明孝，高宫室大苑囿以明得意，欲破敝齐而为燕。燕易王卒，①燕哙立为王。其后齐大夫多与苏秦争宠者，而使人刺苏秦，不死，殊而走。②齐王使人求贼，不得。苏秦且死，乃谓齐王曰："臣即死，车裂臣于徇于市，曰'苏秦为燕作乱于齐'，如此则臣之贼必得矣。"于是如其言，而杀苏秦者果自出，齐王因而诛之。燕闻之曰："甚矣，齐之为苏生③报仇也！"

①【集解】徐广曰："易王十二年卒。"

②【集解】《风俗通义》称汉令"蛮夷戎狄有罪当殊"。殊者，死也，与诛同指。而此云"不死，殊而走"者，苏秦时虽不即死，然是死创，故云"殊"。

③【集解】徐广曰："一作'先'。"

　　苏秦既死，其事大泄。齐后闻之，乃恨怒燕。燕甚恐。苏秦之弟曰代，代弟苏厉，见兄遂，亦皆学。及苏秦死，代乃求见燕王，欲袭故事。曰："臣，东周之鄙人也。窃闻大王义甚高，鄙人不敏，释锄耨而干大王。至于邯郸，所见者绌于所闻于东周，臣窃负其志。及至燕廷，观王之群臣下吏，王，天下之明王也。"燕王曰："子所谓明王者何如也？"对曰："臣闻明王务闻其过，不欲闻其善，臣请谒王之过。夫齐、赵者，燕之仇雠也；楚、魏者，燕之援国也。今王奉仇雠以伐援国，非所以利燕也。王自虑之，此则计过，无以闻者，非忠臣也。"王曰："夫齐者固寡人之雠，所欲伐也，直患国敝力不足也。子能以燕伐齐，则寡人举国委子。"对曰："凡天下战国七，燕处弱焉。独战则不能，有所附则无不重。南附楚，楚重；西附秦，秦重；中附韩、魏，韩、魏重。且苟所附之国重，此必使王重矣。①今夫齐，长主②而自用也。南攻楚五年，畜聚竭；西困秦三年，士卒罢敝；北与燕人战，覆三军，得二将。③然而以其馀兵南面举五千乘之大宋，④而包十二诸侯。此其君欲得，其民力竭，恶足取乎！且臣闻之，数战则民劳，久师则兵敝矣。"燕王曰："吾闻齐有清济、浊河⑤可以为固，长城、钜防⑥足以为塞，诚有之乎？"对曰："天时不与，虽有清济、浊河，恶足以为固！民力罢敝，虽有长城、钜防，恶足以为塞！且异日济西不师，⑦所以备赵也；河北不师，⑧所以备燕也。今济西河北尽已役矣，封内敝矣。夫骄君必好利，而亡国之臣必贪于财。王诚能无羞从子母弟⑨以为质，⑩宝珠玉帛以事左右，彼将有德燕而轻亡宋，则齐可亡已。"燕王曰："吾终以子受命于天矣。"燕乃使一子质于齐。而苏厉因燕质子而求见齐王。齐王怨苏秦，欲囚苏厉。燕质子为谢，已遂委质为齐臣。⑪

①【正义】言附诸国，诸国重燕而燕尊重。

②【索隐】按：谓齐王年长也。或作"齐强，故言长主"。

③【集解】徐广曰："齐覆三军而燕失二将。"　【索隐】按：徐广云"齐覆三军而燕失二将"。又《战国策》云"获二将"，亦谓燕之二将，是燕之失也。

④【正义】《齐表》云"齐湣王三十八年灭宋"，乃当赧王二十九年。此说乃燕哙之时，当周慎王之时，齐〔灭〕宋在前三十馀年，恐文误矣。

⑤【正义】济、漯二水上承黄河，并淄、青之北流入海。黄河又一源从洛、魏二州界北流入海，亦齐西北界。

⑥【集解】徐广曰："济北卢县有防门，又有长城东至海。　【正义】长城西头在济州平阴县界。《竹书纪年》云："梁惠王二十年，齐闵王筑防以为长城。"《太山记》云："太山西有长城，缘河经太山，馀一千里，至琅邪台入海。"

⑦【正义】济州巳西也。

⑧【正义】谓沧、博等州，在漯河之北。

⑨【索隐】《战国策》"从"作"宠"。

⑩【正义】音致。

⑪【正义】质，真栗反。

燕相子之与苏代婚，而欲得燕权，乃使苏代侍质子于齐。齐使代报燕，燕王哙问曰："齐王其霸乎？"曰："不能。"曰："何也？"曰："不信其臣。"于是燕王专任子之，已而让位，燕大乱。齐伐燕，杀王哙、子之。①燕立昭王，而苏代、苏厉遂不敢入燕，皆终归齐，齐善待之。

①【集解】徐广曰："是周赧王之元年时也。"

苏代过魏,魏为燕执代。齐使人谓魏王曰:"齐请以宋地封泾阳君,①秦必不受。秦非不利有齐而得宋地也,②不信齐王与苏子也。今齐魏不和如此其甚,则齐不欺秦。秦信齐,齐秦合,泾阳君有宋地,非魏之利也。故王不如东苏子,秦必疑齐而不信苏子矣。齐秦不合,天下无变,伐齐之形成矣。"于是出苏代。代之宋,宋善待之。

①【正义】泾阳君,秦王弟,名悝也。泾阳,雍州县也。齐苏子告秦共伐宋以封泾阳君,然齐假设此策以救苏代。

②【正义】齐言秦相亲共伐宋,秦得宋地,又得齐事秦,不信齐乃苏代,恐为不成也。

齐伐宋,宋急,苏代乃遗燕昭王书曰:①

①【正义】此书为宋说燕,令莫助齐、梁。

夫列在万乘而寄质于齐,①名卑而权轻;奉万乘助齐伐宋,民劳而实费;夫破宋,残楚淮北,肥大齐,雠强而国害:此三者皆国之大败也。然且王行之者,将以取信于齐也。齐加不信于王,而忌燕愈甚,是王之计过矣。夫以宋加之淮北,强万乘之国也,而齐并之,是益一齐也。②北夷方七百里,③加之以鲁、卫,强万乘之国也,而齐并之,是益二齐也。夫一齐之强,燕犹狼顾而不能支,今以三齐临燕,其祸必大矣。

①【正义】燕前有一子质于齐。

②【正义】更以淮北之地加于齐都,是强万乘之国而齐总并之,是益一齐。

③【索隐】谓山戎、北狄附齐者。　【正义】齐桓公伐山戎、令支,斩孤竹而南归海滨,诸侯莫不来服。

虽然,智者举事,因祸为福,转败为功。齐紫,败素也,①而贾十倍;②越王句践栖于会稽,复残强吴而霸天下:此皆因祸为福,转败为功者也。

①【集解】徐广曰:"取败素染以为紫。"　【正义】齐君好紫,故齐俗尚之。取恶素帛染为紫,其价十倍贵于馀。喻齐虽有大名,而国中以困弊也。《韩子》云:"齐桓公好服紫,一国尽服紫,当时十素不得一紫,公患之。管仲曰:'君

欲止之,何不试勿衣也?'公谓左右曰:'恶紫臭。'公语三日,境内莫有衣
紫者。”

②【索隐】按:谓紫色价贵于帛十倍,而本是败素。以喻齐虽有大名,而其国中
　　困毙也。

　　今王若欲因祸为福,转败为功,则莫若挑霸齐而尊之,①使使
盟于周室,焚秦符,曰②“其大上计,破秦;其次,必长宾之”。③秦挟
宾以待破,秦王必患之。秦五世伐诸侯,今为齐下,秦王之志苟得
穷齐,不惮以国为功。然则王何不使辩士以此言说秦王曰:“燕、赵
破宋肥齐,尊之为之下者,燕、赵非利之也。燕、赵不利而势为之
者,以不信秦王也。然则王何不使可信者接收燕、赵,令泾阳君、高
陵君④先于燕、赵?秦有变,因以为质,则燕、赵信秦。秦为西帝,
燕为北帝,赵为中帝,立三帝以令于天下。韩、魏不听则秦伐之,齐
不听则燕、赵伐之,天下孰敢不听?天下服听,因驱韩、魏以伐齐,
曰'必反宋地,归楚淮北'。反宋地,归楚淮北,燕、赵之所利也;并
立三帝,燕、赵之所愿也。夫实得所利,尊得所愿,燕、赵弃齐如脱
蹁矣。今不收燕、赵、齐霸必成。诸侯赞齐而王不从,是国伐也;诸
侯赞齐而王从之,是名卑也。今收燕、赵,国安而名尊;不收燕、赵,
国危而名卑。夫去尊安而取危卑,智者不为也。”秦王闻若说,必若
刺心然。则王何不使辩士以此若言说秦?秦必取,齐必伐矣。

①【正义】挑,田鸟反,执持也。

②【正义】符,征兆也。

③【索隐】长音如字。宾为“摈”。　　【正义】大好上计策,破秦;次计,长摈弃
　　关西。

④【集解】徐广曰冯翊高陵县。　　【索隐】二人,秦王母弟也。高陵君名显。泾
　　阳君名悝。

　　夫取秦,厚交也;代齐,正利也。尊厚交,务正利,圣王之事也。
燕昭王善其书,曰:“先人尝有德苏氏,子之之乱而苏氏去燕。燕欲
报仇于齐,非苏氏莫可。”乃召苏代,复善待之,与谋伐齐。竟破齐,湣王

出走。

久之，秦召燕王，燕王欲往，苏代约燕王曰："楚得枳①而国亡，②齐得宋而国亡，③齐、楚不得以有枳、宋而事秦者，何也？则有功者，秦之深仇也。秦取天下，非行义也，暴也。秦之行暴，正告天下。④

①【集解】徐广曰："巴郡有枳县。"【正义】枳，支是反，今涪州城。在秦，枳县在江南。

②【集解】徐广曰："燕昭王三十三年，秦拔楚鄢、西陵。"【正义】按：西陵在黄州。

③【正义】年表云齐湣王三十八年，灭宋。四十年，五国共击湣王，王走莒。

④【索隐】正告谓显然而告天下也。

"告楚曰：'蜀地之甲，乘船浮于汶，①乘夏水②而下江，五日而至郢。汉中之甲，乘船出于巴，③乘夏水而下汉，四日而至五渚。④寡人积甲宛东下随，⑤智者不及谋，勇士不及怒，寡人如射隼矣。⑥王乃欲待天下之攻函谷，不亦远乎！'楚王为是故，十七年事秦。

①【集解】眉贫反。【索隐】音旻。即江所出之岷山也。

②【索隐】夏音暇。谓夏潦之水盛长时也。

③【索隐】巴，水名，与汉水近。【正义】巴岭山在梁州南一百九十里。《周地志》云："南渡老子水，登巴岭山。南回（记）大江。此南是古巴国，因以名山。"

④【集解】《战国策》曰"秦与荆人战，大破荆，袭郢，取洞庭、五渚"。然则五渚在洞庭。【索隐】按：五渚，五处洲渚也。刘氏以为宛邓之间，临汉水，不得在洞庭。或说五渚即五湖，益与刘说不同也。

⑤【索隐】宛县之东而下随邑。

⑥【索隐】按：《易》曰"射隼于高墉之上，获之，无不利"。秦王言我今伐楚，必当捷获也。【正义】隼若今之鹘。

"秦正告韩曰：'我起乎少曲，①一日而断大行。②我起乎宜阳而触平阳，③二日而莫不尽繇。④我离两周而触郑，五日而国举。'⑤韩氏以为然，故事秦。

①【索隐】地名，近宜阳也。　【正义】在怀州河阳县西北，解在《范睢传》。

②【正义】太行山羊肠阪道，北过韩上党也。

③【正义】宜阳、平阳皆韩大都也，隔河也。

④【索隐】音摇。摇，动也。

⑤【索隐】离，如字。谓屯兵以雁二周也，而乃触击于郑，故五日国举。举犹拔
也。　【正义】离，历也。历二周而东触新郑州，韩国都拔矣。

"秦正告魏曰：'我举安邑，塞女戟，①韩氏太原卷。②我下轵，道南
阳，封冀，③包两周。④乘夏水，浮轻舟，强弩在前，锬⑤戈在后，决荥口，
魏无大梁；⑥决白马之口，魏无外黄、济阳；⑦决宿胥之口，⑧魏无虚、顿
丘。⑨陆攻则击河内，水攻则灭大梁。'魏氏以为然，故事秦。

①【索隐】女戟，地名，盖在太行山之西。

②【索隐】刘氏卷音轨免反也。按："举安邑，塞女戟，及至韩氏之韩国宜阳也。
太原者，魏地不至太原，亦无别名太原者，盖"太"衍字也。原当为"京"。京
及卷皆属荥阳，是魏境。又下轵道是河内轵县，言"道"者，亦衍字。徐广云
"霸陵有轵道亭"，非魏之境，其疏谬如此。　【正义】卷，轨免反。刘伯庄
云："太原当为太行。卷犹断绝。"

③【集解】徐广曰："霸陵有轵道亭，河东皮氏有冀亭也。"　【索隐】按：魏之南
阳即河内也。封，封陵也。冀，冀邑。皆在魏境，故徐广云"河东皮氏县有
冀亭"。

④【集解】徐广曰："张仪曰'下河东，取成皋'也。"　【正义】两周，王城及巩。

⑤【集解】徐广曰："由冉反。"　【正义】刘伯庄云："音四廉反，利也。"

⑥【索隐】荥泽之口与今汴河口通，其水深，可以灌大梁，故云"无大梁"也。

⑦【索隐】白马河津在东郡，决其流以灌外黄及济阳。　【正义】故黄城在曹州
考城县东二十四里。济阳故城在曹州冤朐县西南三十五里。

⑧【集解】徐广曰："《纪年》云魏救山塞集胥口。"　【索隐】按：《纪年》作"胥"，
盖亦津之名，今其地不知所在也。　【正义】淇水出卫州淇县界之淇口，东
至黎阳入河。《魏志》云："武帝于清淇口东因宿胥故渎开白沟，道清淇二水
入焉。"

⑨【集解】徐广曰："秦始皇五年，取魏酸枣、燕虚、长平。"　【索隐】虚，邑名，地
与酸枣相近。　【正义】虚谓殷墟，今相州所理是。顿丘故城在魏州顿丘县

东北二十里。《括地志》云："二国地时属魏。"

"秦欲攻安邑，恐齐救之，则以宋委于齐。曰：'宋王无道，为木人以（写）〔象〕寡人，射其面。寡人地绝兵远，不能攻也。王苟能破宋有之，寡人如自得之。'"已得安邑，塞女戟，因以破宋为齐罪。①

①【索隐】秦令齐灭宋，仍以破宋为齐之罪名。

"秦欲攻韩，恐天下救之，则以齐委于天下。曰：'齐王四与寡人约，四欺寡人，必率天下以攻寡人者三。有齐无秦，有秦无齐，必伐之，必亡之。'已得宜阳、少曲，致蔺、〔离〕石，因以破齐为天下罪。

"秦欲攻魏重楚，①则以南阳委于楚。曰：②'寡人固与韩且绝矣。残均陵，塞鄳阨，③苟利于楚，寡人如自有之。'魏弃与国而合于秦，因以塞鄳阨为楚罪。

①【索隐】重犹附也，尊也。　【正义】畏楚救魏。

②【正义】南阳邓州地，本韩地也。韩先事秦，今楚取南阳，故言"与韩且绝矣"。

③【集解】鄳音盲。徐广曰："鄳，江夏鄳县。均，一作'灼'。"【索隐】均陵在南阳，盖今之均州。鄳音盲，县名，在江夏。　【正义】均州故城在随州西南五十里，盖均陵也。又申州罗山县本汉鄳县。申州有平清关，盖古鄳县之阨塞。

"兵困于林中，①重燕、赵，以胶东委于燕，以济西委于赵。已得讲于魏，②至公子延，③因犀首属行④而攻赵。

①【集解】徐广曰："河南苑陵有林乡。"

②【索隐】讲，和也，解也。秦与魏和也。

③【索隐】至当为"质"，谓以公子延为质也。

④【索隐】犀首、公孙衍本魏将，因之以属军行。行音胡郎反，谓连兵相续也。

"兵伤于谯石，而遇败于阳马，①而重魏，则以叶、蔡委于魏。已得讲于赵，则劫魏，〔魏〕不为割。困则使太后弟穰侯为和，赢则兼欺舅与母。②

①【索隐】按：谯石、阳马并赵地名，非县邑也。

②【索隐】按：赢犹胜也。舅，穰侯魏冉也。母，太后也。

　　“適燕者①曰‘以胶东’，適赵者曰‘以济西’，適魏者曰‘以叶、蔡’，適楚者曰‘以塞郇阸’，適齐者曰‘以宋’。此必令言如循环，用兵如刺蜚，母不能制，舅不能约。

　　①【索隐】適音宅。適者，责也。下同。

　　“龙贾之战，①岸门之战，②封陵之战，③高商之战，④赵庄之战，⑤秦之所杀三晋之民数百万，今其生者皆死秦之孤也。西河之外，上雒之地，三川晋国之祸，三晋之半，秦祸如此其大也。⑥而燕、赵之秦者，⑦皆以争事秦说其主，此臣之所大患也。”

　　①【集解】魏襄王五年，秦败我龙贾军。
　　②【集解】韩宣惠王十九年，秦大破我岸门。
　　③【集解】魏哀王十六年，秦败我封陵。
　　④【集解】此战事不见。
　　⑤【集解】赵肃侯二十二年，赵庄与秦战败，秦杀赵庄河西。
　　⑥【索隐】以言西河之外，上雒之地及三川晋国，皆是秦与魏战之处，秦兵祸败我三晋之半，是秦祸如此其大者乎。
　　⑦【索隐】燕、赵之人往秦者，谓游说之士也。

　　燕昭王不行。苏代复重于燕。

　　燕使约诸侯从亲如苏秦时，或从或不，而天下由此宗苏氏之从约。代、厉皆以寿死，名显诸侯。

　　太史公曰：苏秦兄弟三人，①皆游说诸侯以显名，其术长于权变。而苏秦被反间以死，天下共笑之，讳学其术。然世言苏秦多异，异时事有类之者皆附之苏秦。夫苏秦起闾阎，连六国从亲，此其智有过人者。吾故列其行事，次其时序，母令独蒙恶声焉。

　　①【索隐】按：谯允南以为苏氏兄弟五人，更有苏辟、苏鹄，《典略》亦同其说。按：《苏氏谱》云然。

　　【索隐述赞】季子周人，师事鬼谷。揣摩既就，《阴符》伏读。合从离衡，佩印者六。天王除道，家人扶服。贤哉代、厉，继荣党族。

史记卷七十

张仪列传第十

张仪者，魏人也。① 始尝与苏秦俱事鬼谷先生，学术，苏秦自以不及张仪。

> ①【集解】《吕氏春秋》曰："仪，魏氏馀子。" 【索隐】按：晋有大夫张老，又河东有张城，张氏为魏人必也。而《吕览》以为魏氏馀子，则盖魏之支庶也。又《书略说》馀子谓庶子也。 【正义】《左传》晋有公族、馀子、公行。杜预云："皆官卿之嫡为公族大夫。馀子，嫡子之母弟也。公行，庶子掌公戎行也。"《艺文志》云《张子》十篇，在纵横流。

张仪已学而游说① 诸侯。尝从楚相饮，已而楚相亡璧，门下意张仪，曰："仪贫无行，必此盗相君之璧。"共执张仪，掠笞数百，不服，醳②之。其妻曰："嘻！③ 子毋读书游说，安得此辱乎？"张仪谓其妻曰："视吾舌尚在不？"其妻笑曰："舌在也。"仪曰："足矣。"

> ①【索隐】音税。
> ②【集解】音释。 【索隐】古释字。
> ③【索隐】音僖。郑玄曰："嘻，悲恨之声。"

苏秦已说赵王而得相约从亲，① 然恐秦之攻诸侯，败约后负，念莫可使用于秦者，乃使人微感张仪曰："子始与苏秦善，今秦已当路，子何不往游，以求通子之愿？"张仪于是之赵，上谒求见苏秦。苏秦乃诫门下人不为通，又使不得去者数日。已而见之，坐之堂下，赐仆妾之食。因而数让之②曰："以子之材能，乃自令困辱至此。吾宁不能言而富贵子，子不足收也。"谢去之。张仪之来也，自以为故人，求益，反见辱，怒，念诸侯莫可事，独秦能苦赵，乃遂入秦。

①【索隐】从音足容反。

②【索隐】按：谓数设词而让之。让亦责也。数音朔。

　　苏秦已而告其舍人曰："张仪，天下贤士，吾殆弗如也。今吾幸先用，而能用秦柄者，独张仪可耳。然贫，无因以进。吾恐其乐小利而不遂，故召辱之，以激其意。子为我阴奉之。"乃言赵王，发金币车马，使人微随张仪，与同宿舍，稍稍近就之，奉以车马金钱，所欲用，为取给，而弗告。张仪遂得以见秦惠王。惠王以为客卿，与谋伐诸侯。

　　苏秦之舍人乃辞去。张仪曰："赖子得显，方且报德，何故去也？"舍人曰："臣非知君，知君乃苏君。苏君忧秦伐赵败从约，以为非君莫能得秦柄，故感怒君，使臣阴奉给君资，尽苏君之计谋。今君已用，请归报。"张仪曰："嗟乎，此在吾术中而不悟，吾不及苏君明矣！吾又新用，安能谋赵乎？为吾谢苏君，苏君之时，仪何敢言。且苏君在，仪宁渠能乎！"①张仪既相秦，为文檄②告楚相曰："始吾从若饮，③我不盗而璧，若笞我。若善守汝国，我顾且盗而城！"

①【集解】渠音讵。　【索隐】渠音讵，古字少，假借耳。

②【集解】徐广曰："一作'尺一之檄'。"　【索隐】按：徐广云一作"丈二檄"。王劭按《春秋后语》云"丈二尺檄"。许慎云"檄，二尺书"。

③【索隐】若者，汝也。下文而亦训汝。

　　苴蜀相攻击，①各来告急于秦。秦惠王欲发兵以伐蜀，以为道险狭难至，而韩又来侵秦，秦惠王欲先伐韩，后伐蜀，恐不利，欲先伐蜀，恐韩袭秦之敝，犹豫未能决。司马错②与张仪争论于惠王之前，司马错欲伐蜀，张仪曰："不如伐韩。"王曰："请闻其说。"

①【集解】徐广曰："谯周曰益州'天苴'读为'包黎'之'包'，音与'巴'相近，以为今之巴郡。"　【索隐】苴音巴。谓巴、蜀之夷自相攻击也。今字作"苴"者，按巴苴是草名，今论巴，遂误作"苴"也。或巴人、巴郡本因芭苴得名，所以其字遂以"苴"为"巴"也。注"益州天苴读为芭黎"，天苴即巴苴也。谯周，蜀人也，知"天苴"之音读为"芭黎"之"芭"。按：芭黎即织木葺为苇篱也，今江南亦谓苇篱曰芭篱也。　【正义】《华阳国志》云："昔蜀王封其弟于

汉中,号曰苴侯,因命之邑曰葭萌。苴侯与巴王为好,巴与蜀为仇,故蜀王怒,伐苴。苴奔巴,求救于秦。秦遣张仪从子午道伐蜀。〔蜀〕王自葭萌御之,败绩,走至武阳,为秦军所害。秦遂灭蜀,因取苴与巴焉。"《括地志》云:"苴侯都葭萌,今利州益昌县五十里葭萌故城是。蜀侯都益州巴子城,在合州石镜县南五里,故垫江县也。巴子都江州,在都之北,又峡州界也。"

②【索隐】七各反,又七故反,二音。

仪曰:"亲魏善楚,下兵三川,塞什谷之口,①当屯留之道,②魏绝南阳,③楚临南郑,④秦攻新城、⑤宜阳,⑥以临二周之郊,诛周王之罪,侵楚、魏之地。周自知不能救,九鼎宝器必出。据九鼎,案图籍,挟天子以令于天下,天下莫敢不听,此王业也。今夫蜀,西僻之国而戎翟之伦也,敝兵劳众不足以成名,得其地不足以为利。臣闻争名者于朝,争利者于市。今三川、周室,天下之朝市也,而王不争焉,顾争于戎翟,去王业远矣。"⑦

①【集解】徐广曰:"一作'寻',成皋巩县有寻口。"【索隐】一本作"寻谷",寻什声相近,故其名惑也。《战国策》云"轘辕、缑氏之口",亦其地相近也。

【正义】《括地志》云:"温泉水即寻,源出洛州巩县西南四十里。《注水经》云郚城水出北山郚溪。又有故郚城,在巩县西南五十八里。"按:洛州缑氏县东南四十里,与郚溪相近之地。

②【正义】屯留,潞州县也。道即太行羊肠阪道也。

③【正义】南阳,怀州也。是当屯留之道,令魏绝断坏羊肠、韩上党之路也。

④【正义】是塞什谷之口也。令楚兵临郑南,塞轘辕郚口,断韩南阳之兵也。

⑤【索隐】此新城当在河南伊阙之左右。

⑥【正义】洛州福昌县也。

⑦【索隐】去王远矣。王音于放反。

司马错曰:"不然。臣闻之,欲富国者务广其地,欲强兵者务富其民,欲王者务博其德,三资者备而王随之矣。今王地小民贫,故臣愿先从事于易。夫蜀,西僻之国也,而戎翟之长也,有桀纣之乱。以秦攻之,譬如使豺狼逐群羊。得其地足以广国,取其财足以富民①缮兵,不伤众而彼已服焉。②拔一国而天下不以为暴,利尽西海③而天下不以为贪,是我一举而名实附也，④而又有禁暴止乱之名。今攻韩，劫天子，恶名也，而未必利也，又有不义之名，而攻天下所不欲，危矣。臣请谒其故：⑤周，天下之宗室也；齐，韩之与国也。周自知失九鼎，韩自知亡三川，⑥将二国并力合谋，以因乎齐、赵而求解乎楚、魏，以鼎与楚，以地与魏，王弗能止也。此臣之所谓危也。不如伐蜀完。"

①【索隐】遇其财。《战国策》"遇"作"得"。

②【正义】缮音膳，同"饍"，具食也。

③【索隐】西海谓蜀川也。海者珍藏所聚生，犹谓秦中为"陆海"然也。其实西亦有海也。　【正义】海之言晦也，西夷晦昧无知，故言海也。言利尽西方羌戎。

④【索隐】按：名谓传其德也，实谓土地财宝。

⑤【索隐】谒者，告也，陈也。故，谓陈不宜伐之端由也。

⑥【正义】韩自知亡三川，故与周并力合谋也。

惠王曰："善，寡人请听子。"卒起兵伐蜀，十月，取之，①遂定蜀，②贬蜀王更号为侯，而使陈庄相蜀。蜀既属秦，秦以益强，富厚，轻诸侯。

①【索隐】《六国年表》在惠王二十二年十月也。

②【正义】表云秦惠王后元年十月，击灭之。

秦惠王十年，使公子华①与张仪围蒲阳，②降之。仪因言秦复与魏，而使公子繇质于魏。仪因说魏王曰："秦王之遇魏甚厚，魏不可以无礼。"魏因入上郡、少梁，谢秦惠王。惠王乃以张仪为相，更名少梁曰夏阳。③

①【集解】徐广曰："一作'革'。"

②【索隐】魏邑名也。　【正义】在隰州隰川县，蒲邑故城是也。

③【集解】徐广曰："夏阳在梁山龙门。"【索隐】音下。夏，山名也，亦曰大夏，是蜀所都。　【正义】少梁城，同州韩城县南二十三里。夏阳城在县南二十里。梁山在县东南十九里。龙门山在县北五十里。

仪相秦四岁，立惠王为王。①居一岁，为秦将，取陕。筑上郡塞。

①【正义】表云惠王之十三年，周显王之三十四年也。

其后二年,使与齐、楚之相会啮桑。东还而免相,相魏以为秦,欲令魏先事秦而诸侯效之。魏王不肯听仪。秦王怒,伐取魏之曲沃、平周,复阴厚张仪益甚。张仪惭,无以归报。留魏四岁而魏襄王卒,哀王立。张仪复说哀王,哀王不听。于是张仪阴令秦伐魏。魏与秦战,败。

明年,齐又来败魏于观津。① 秦复欲攻魏,先败韩申差军,斩首八万,诸侯震恐。而张仪复说魏王曰:“魏地方不至千里,卒不过三十万。地四平,诸侯四通辐凑,无名山大川之限。从郑至梁二百馀里,车驰人走,不待力而至。梁南与楚境,西与韩境,北与赵境,东与齐境,卒戍四方,守亭鄣者不下十万。梁之地势,固战场也。梁南与楚而不与齐,则齐攻其东;东与齐而不与赵,则赵攻其北;不合于韩,则韩攻其西;不亲于楚,则楚攻其南:此所谓四分五裂之道也。

①【集解】观音贯。

“且夫诸侯之为从者,将以安社稷尊主强兵显名也。今从者一天下,约为昆弟,刑白马以盟洹水之上,① 以相坚也。而亲昆弟同父母,尚有争钱财,而欲恃诈伪反覆苏秦之馀谋,其不可成亦明矣。

①【集解】洹音桓。

“大王不事秦,秦下兵攻河外,① 据卷、衍、〔燕〕、酸枣,② 劫卫取阳晋,③ 则赵不南,赵不南而梁不北,梁不北则从道绝,从道绝则大王之国欲毋危不可得也。秦折韩而攻梁,④ 韩怯于秦,秦韩为一,梁之亡可立而须也。此臣之所为大王患也。

①【索隐】河之西,即曲沃、平周之邑等。　　【正义】河外即卷,衍、燕、酸枣。
②【集解】卷,丘权反。衍,以善反。　　【索隐】卷县在河南。衍,地名。　　【正义】卷、衍属郑州;燕,滑州胙城县;酸枣属滑州:皆黄河南岸地。
③【正义】故城在曹州乘氏县西北三十七里。
④【索隐】《战国策》“折”作“挟”也。

“为大王计,莫如事秦。事秦则楚、韩必不敢动;无楚、韩之患,则大王高枕而卧,① 国必无忧矣。

①【正义】枕,针鸩反。

"且夫秦之所欲弱者莫如楚,而能弱楚者莫如梁。楚虽有富大之名而实空虚;其卒虽多,然而轻走易北,不能坚战。悉梁之兵南面而伐楚,胜之必矣。割楚而益梁,亏楚而适秦,嫁祸安国,此善事也。大王不听臣,秦下甲士而东伐,虽欲事秦,不可得矣。

"且夫从人多奋辞而少可信,说一诸侯而成封侯,是故天下之游谈士莫不日夜扼腕瞋目切齿以言从之便,以说人主。人主贤其辩而牵其说,岂得无眩哉。

"臣闻之,积羽沈舟,群轻折轴,众口铄金,积毁销骨,故愿大王审定计议,且赐骸骨辟魏。"

哀王于是乃倍从约而因仪请成于秦。张仪归,复相秦。三岁而魏复背秦为从。秦攻魏,取曲沃。明年,魏复事秦。

秦欲伐齐,齐楚从亲,于是张仪往相楚。楚怀王闻张仪来,虚上舍而自馆之。曰:"此僻陋之国,子何以教之?"仪说楚王曰:"大王诚能听臣,闭关绝约于齐,臣请献商於之地六百里,①使秦女得为大王箕帚之妾,秦楚娶妇嫁女,长为兄弟之国。此北弱齐而西益秦也,计无便此者。"楚王大说而许之。群臣皆贺,陈轸独吊之。楚王怒曰:"寡人不兴师发兵得六百里地,群臣皆贺,子独吊,何也?"陈轸对曰:"不然,以臣观之,商於之地不可得而齐秦合,齐秦合则患必至矣。"楚王曰:"有说乎?"陈轸对曰:"夫秦之所以重楚者,以其有齐也。今闭关绝约于齐,则楚孤。秦奚贪夫孤国,而与之商於之地六百里? 张仪至秦,必负王,是北绝齐交,西生患于秦也,而两国之兵必俱至。善为王计者,不若阴合而阳绝于齐,使人随张仪。苟与吾地,绝齐未晚也;不与吾地,阴合谋计也。"楚王曰:"愿陈子闭口毋复言,以待寡人得地。"乃以相印授张仪,厚赂之。于是遂闭关绝约于齐,使一将军随张仪。

①【索隐】刘氏云:"商即今之商州,有古商城;其西二百馀里有古於城。"

张仪至秦,详失绥堕车,①不朝三月。楚王闻之,曰:"仪以寡人绝齐未甚邪?"乃使勇士至宋,借宋之符,北骂齐王。齐王大怒,折节而下秦。秦齐之交合,张仪乃朝,谓楚使者曰:"臣有奉邑六里,愿以献大王左右。"楚使者曰:"臣受令于王,以商於之地六百里,不闻六里。"还报楚王,楚王大怒,发兵而攻秦。陈轸曰:"轸可发口言乎？攻之不如割地反以赂秦,与之并兵而攻齐,是我出地于秦,取偿于齐也,王国尚可存。"楚王不听,卒发兵而使将军屈匄击秦。秦齐共攻楚,斩首八万,杀屈匄,遂取丹阳、②汉中之地。③楚又复益发兵而袭秦,至蓝田,大战,楚大败,于是楚割两城以与秦平。

①【正义】详音羊。

②【集解】徐广曰:"在枝江。"

③【正义】今梁州也,在汉水北。

秦要楚①欲得黔中地,欲以武关外②易之。楚王曰:"不愿易地,愿得张仪而献黔中地。"秦王欲遣之,口弗忍言。张仪乃请行。惠王曰:"彼楚王怒子之负以商於之地,是且甘心于子。"张仪曰:"秦强楚弱,臣善靳尚,尚得事楚夫人郑袖,袖所言皆从。且臣奉王之节使楚,楚何敢加诛。假令诛臣而为秦得黔中之地,臣之上愿。"遂使楚。楚怀王至则囚张仪,将杀之。靳尚谓郑袖曰:"子亦知子之贱于王乎？"郑袖曰:"何也？"靳尚曰:"秦王甚爱张仪而不欲出之,③今将以上庸之地六县④赂楚,以美人聘楚,以宫中善歌讴者为媵。楚王重地尊秦,秦女必贵而夫人斥矣。不若为言而出之。"于是郑袖日夜言怀王曰:"人臣各为其主用。今地未入秦,秦使张仪来,至重王。王未有礼而杀张仪,秦必大怒攻楚。妾请子母俱迁江南,毋为秦所鱼肉也。"怀王后悔,赦张仪,厚礼之如故。

①【正义】要音腰也。

②【正义】即商於之地。

③【索隐】按:"不"字当作"必"。时张仪为楚所囚,故必欲出之也。　【正义】秦王不欲出张仪使楚,若欲自行,今秦欲以上庸地及美人赎仪。

④【正义】今房州也。

张仪既出,未去,闻苏秦死,①乃说楚王曰:"秦地半天下,兵敌四国,被险带河,四塞以为固。虎贲之士百馀万,车千乘,骑万匹,积粟如丘山。法令既明,士卒安难乐死,主明以严,将智以武,虽无出甲,席卷常山之险,必折天下之脊,②天下有后服者先亡。且夫为从者,无以异于驱群羊而攻猛虎,虎之与羊不格明矣。今王不与猛虎而与群羊,臣窃以为大王之计过也。

①【索隐】按:此时当秦惠王之后元十四年。

②【索隐】按:常山于天下在北,有若人之背脊也。　【正义】古之帝王多都河北、河东故也。

"凡天下强国,非秦而楚,非楚而秦,两国交争,其势不两立。大王不与秦,秦下甲据宜阳,韩之上地不通。下河东,取成皋,韩必入臣,梁则从风而动。秦攻楚之西,韩、梁攻其北,社稷安得毋危?

"且夫从者聚群弱而攻至强,不料敌而轻战,国贫而数举兵,危亡之术也。臣闻之,兵不如者勿与挑战,①粟不如者勿与持久。夫从人饰辩虚辞,高主之节,言其利不言其害,卒有秦祸,②无及为已。是故愿大王之孰计之。

①【正义】挑,田鸟反。

②【正义】卒,勿勿反。

"秦西有巴蜀,大船积粟,起于汶山,①浮江已下,至楚三千馀里。舫船②载卒,一舫载五十人与三月之食,下水而浮,一日行三百馀里,里数虽多,然而不费牛马之力,不至十日而距扞关。③扞关惊,则从境以东尽城守矣,黔中、巫郡非王之有。秦举甲出武关,南面而伐,则北地绝。④秦兵之攻楚也,危难在三月之内,而楚待诸侯之救,在半岁之外,此其势不相及也。夫(待)〔恃〕弱国之救,忘强秦之祸,此臣所以为大王患也。

①【正义】汶音泯。

②【索隐】舫船。舫音方,谓并两船也。亦音舫。

③【集解】徐广曰:"巴郡鱼复县有扞水关。"　【索隐】扞关在楚之西界。复音伏。按:《地理志》巴郡有鱼复县。　【正义】在硖州巴山县界。

④【正义】楚之北境断绝。

"大王尝与吴人战，五战而三胜，阵卒尽矣；偏守新城，①存民苦矣。臣闻功大者易危，而民敝者怨上。夫守易危之功而逆强秦之心，臣窃为大王危之。

①【索隐】偏，匹连反。此云"新城"，当在吴楚之间。　【正义】新攻得之城，未详所在。

"且夫秦之所以不出兵函谷十五年以攻齐、赵者，阴谋有合①天下之心。楚尝与秦构难，战于汉中，②楚人不胜，列侯执珪死者七十馀人，遂亡汉中。楚王大怒，兴兵袭秦，战于蓝田。此所谓两虎相搏③者也。夫秦楚相敝而韩魏以全制其后，计无危于此者矣。愿大王孰计之。

①【集解】徐广曰："一作'吞'。"

②【索隐】其地在秦南山之南，楚之西北，汉水之北，名曰汉中。

③【集解】徐广曰："或音'载'。"

"秦下甲攻卫阳晋，必大关天下之匈。①大王悉起兵以攻宋，不至数月而宋可举，举宋而东指，则泗上十二诸侯②尽王之有也。

①【集解】徐广曰："关，一作'开'。"　【索隐】攻卫阳晋，大关天下胸。夫以常山为天下脊，则此卫及阳晋当天下胸，盖其地是秦、晋、齐、楚之交道也。以言秦兵据阳晋，是大关天下胸，则他国不得动也。

②【索隐】谓边近泗水之侧，当战国之时有十二诸侯，宋、鲁、邾、莒之比也。

"凡天下而以信约从亲相坚者苏秦，封武安君，相燕，即阴与燕王谋伐破齐而分其地；乃详有罪出走入齐，齐王因受而相之；居二年而觉，齐王大怒，车裂苏秦于市。夫以一诈伪之苏秦，而欲经营天下，混一诸侯，①其不可成亦明矣。

①【索隐】混，本作"棍"，同胡本反。

"今秦与楚接境壤界，固形亲之国也。大王诚能听臣，臣请使秦太子入质于楚，楚太子入质于秦，请以秦女为大王箕帚之妾，效万室之都以为汤沐之邑，长为昆弟之国，终身无相攻伐。臣以为计无便于此者。"

　　于是楚王已得张仪而重出黔中地与秦，欲许之。屈原曰："前大王见欺于张仪，张仪至，臣以为大王烹之；今纵弗忍杀之，又听其邪说，不可。"怀王曰："许仪而得黔中；美利也。后而倍之，不可。"故卒许张仪，与秦亲。

　　张仪去楚，因遂之韩，说韩王曰："韩地险恶山居，五谷所生，非菽而麦，民之食大抵(饭)菽〔饭〕藿羹。一岁不收，民不餍糟糠。地不过九百里，无二岁之食。料大王之卒，悉之不过三十万，而厮徒负养①在其中矣。除守徼亭鄣塞，见卒不过二十万而已矣。秦带甲百馀万，车千乘，骑万匹，虎贲之士跿跔科头②贯颐③奋戟者，④至不可胜计。秦马之良，戎兵之众，探前趹后⑤蹄间三寻⑥腾者，不可胜数。山东之士被甲蒙胄以会战，秦人捐甲徒裼⑦以趋敌，左挈人头，右挟生虏。夫秦卒与山东之卒，犹孟贲之与怯夫；以重力相压，犹乌获之与婴儿。夫战孟贲、乌获之士以攻不服之弱国，无异垂千钧之重于鸟卵之上，必无幸矣。

①【索隐】厮音斯，谓杂役之贱者。负养谓负檐以给养公家，亦贱人也。

②【集解】跿跔音徒俱，跳跃也。又云偏举一足曰跿跔。科头谓不著兜鍪入敌。　【索隐】跿跔音徒俱二音。跔又音劬。刘氏云"谓跳跃也"。又《韵集》云"偏举一足曰跿跔"。《战国策》曰"虎挚之士跿跔"。科头谓不著兜鍪。

③【索隐】谓两手捧颐而直入敌，言其勇也。

④【集解】言执戟奋怒而入阵也。　【索隐】谓又有执戟者奋怒而趋入阵。

⑤【索隐】谓马前足探向前，后足趹于后。趹音乌穴反。趹谓后足抉地，言马之走执疾也。

⑥【索隐】按：七尺曰寻。言马走之疾，前后蹄间一掷过三寻也。

⑦【索隐】徒者，徒跣也。裼，袒也，谓袒而见肉也。

　　"夫群臣诸侯不料地之寡，而听从人之甘言好辞，比周以相饰也，皆奋曰'听吾计可以强霸天下'。夫不顾社稷之长利而听须臾之说，诖误人主，无过此者。

　　"大王不事秦，秦下甲据宜阳，断韩之上地，东取成皋、荥阳，则鸿台之宫、桑林之苑①非王之有也。夫塞成皋，绝上地，则王之国分矣。先事秦则安,不事秦则危。夫造祸而求其福报,计浅而怨深,逆秦而顺楚,虽欲毋亡,不可得也。

①【集解】徐广曰:"桑,一作'栗'。"　【索隐】按:此皆韩之宫苑,亦见《战国策》。

"故为大王计,莫如为秦。①秦之所欲莫如弱楚,而能弱楚者莫如韩。非以韩能强于楚也,其地势然也。今王西面而事秦以攻楚,秦王必喜。夫攻楚以利其地,转祸而说秦,计无便于此者。"

①【集解】为,于伪反。

韩王听仪计。张仪归报,秦惠王封仪五邑,号曰武信君。使张仪东说齐湣王曰:"天下强国无过齐者,大臣父兄殷众富乐。然而为大王计者,皆为一时之说,不顾百世之利。从人说大王者,必曰'齐西有强赵,南有韩与梁。齐,负海之国也,地广民众,兵强士勇,虽有百秦,将无奈齐何'。大王贤其说而不计其实。夫从人朋党比周,莫不以从为可。臣闻之,齐与鲁三战而鲁三胜,国以危亡随其后,虽有战胜之名,而有亡国之实。是何也? 齐大而鲁小也。今秦之与齐也,犹齐之与鲁也。秦赵战于河漳之上,再战而赵再胜秦;战于番吾①之下,再战又胜秦。四战之后,赵之亡卒数十万,邯郸仅存,虽有战胜之名而国已破矣。是何也? 秦强而赵弱。

①【索隐】上音盘,又音婆,赵之邑也。

"今秦楚嫁女娶妇,为昆弟之国。韩献宜阳;梁效河外;①赵入朝渑②池,割河间③以事秦。大王不事秦,秦驱韩梁攻齐之南地,悉赵兵渡清河,指博关,④临菑、即墨非王之有也。国一日见攻,虽欲事秦,不可得也。是故愿大王孰计之也。"

①【索隐】按:河外,河之南邑,若曲沃、平周等也。　【正义】谓同、华州地也。

②【集解】绵善反。

③【索隐】谓河漳之间邑,暂割以事秦耳。　【正义】河间,瀛州县。

④【正义】博关在博州。赵兵从贝州度黄河,指博关,则漯河南临淄、即墨危矣。

齐王曰："齐僻陋,隐居东海之上,未尝闻社稷之长利也。"乃许张仪。

张仪去,西说赵王曰："敝邑秦王使使臣效愚计于大王。大王收率天下以宾秦,秦兵不敢出函谷关十五年。大王之威行于山东,敝邑恐惧慑伏,缮甲厉兵,饰车骑,①习驰射,力田积粟,守四封之内,愁居慑处,不敢动摇,唯大王有意督过之也。②

①【正义】饰音救。

②【索隐】督者,正其事而责之,督过,是深责其过也。

"今以大王之力,举巴蜀,并汉中,包两周,迁九鼎,守白马之津。秦虽僻远,然而心忿含怒之日久矣。今秦有敝甲凋兵,军于渑池,愿渡河逾漳,据番吾,会邯郸之下,愿以甲子合战,以正殷纣之事,敬使使臣先闻左右。

"凡大王之所信为从者恃苏秦。苏秦荧惑诸侯,以是为非,以非为是,欲反齐国,而自令车裂于市。夫天下之不可一亦明矣。今楚与秦为昆弟之国,而韩梁称为东藩之臣,齐献鱼盐之地,此断赵之右臂也。夫断右臂而与人斗,失其党而孤居,求欲毋危,岂可得乎?

"今秦发三将军:其一军塞午道,①告齐使兴师渡清河,军于邯郸之东;一军军成皋,驱韩梁军于河外;②一军军于渑池。约四国为一以攻赵,赵(服)〔破〕,必四分其地。是故不敢匿意隐情,先以闻于左右。臣窃为大王计,莫如与秦王遇于渑池,面相见而口相结,请案兵无攻。愿大王之定计。"

①【索隐】此午道当在赵之东,齐之西也。午道,地名也。郑玄云"一纵一横为午",谓交道也。

②【正义】河外谓郑、滑州,北临河。

赵王曰："先王之时,奉阳君专权擅势,蔽欺先王,独擅绾事,寡人居属师傅,不与国谋计。先王弃群臣,寡人年幼,奉祀之日新,心固窃疑焉,以为一从不事秦,非国之长利也。乃且愿变心易虑,割地谢前过以事秦。方将约车趋行,①适闻使者之明诏。"赵王许张仪,张仪乃去。

①【正义】趋音趣。

北之燕，说燕昭王曰："大王之所亲莫如赵。昔赵襄子尝以其姊为代王妻，欲并代，约与代王遇于句注之塞。①乃令工人作为金斗，长其尾，②令可以击人。与代王饮，阴告厨人曰：'即酒酣乐，进热啜，③反斗以击之。'④于是酒酣乐，进热啜，厨人进斟，因反斗以击代王，杀之，王脑涂地。其姊闻之，因摩笄以自刺，故至今有摩笄之山。⑤代王之亡，天下莫不闻。

①【正义】句注山在代州也。上音勾。

②【索隐】斗音主。凡方者为斗，若安长柄，则名为枓，音主。尾即斗之柄，其形若刀也。

③【索隐】音昌悦反。按：谓热而啜之，是羹也。于下云"厨人进斟"，斟谓羹勺，故因名羹曰斟。《左氏》"羊羹不斟"是也。

④【正义】反即倒斗柄击也。

⑤【集解】笄，妇人之首饰，如今象牙擿。　【正义】笄，今簪也。摩笄山在蔚州飞狐县东北百五十里。

"夫赵王之很戾无亲，大王之所明见，且以赵王为可亲乎？赵兴兵攻燕，再围燕都而劫大王，大王割十城以谢。今赵王已入朝渑池，效河间以事秦。今大王不事秦，秦下甲云中、九原，驱赵而攻燕，则易水、长城①非大王之有也。

①【正义】并在易州界。

"且今时赵之于秦犹郡县也，不敢妄举师以攻伐。今王事秦，秦王必喜，赵不敢妄动，是西有强秦之援，而南无齐赵之患，是故愿大王孰计之。"

燕王曰："寡人蛮夷僻处，虽大男子裁①如婴儿，言不足以采正计。今上客幸教之，请西面而事秦，献恒山之尾②五城。"燕王听仪。仪归报，未至咸阳而秦惠王卒，武王立。武王自为太子时不说张仪，及即位，群臣多谗张仪曰："无信，左右卖国以取容。秦必复用之，恐为天下笑。"诸侯闻张仪有却武王，皆畔衡，复合从。

①【集解】音在。

②【索隐】尾犹末也。谓献恒山城以与秦。

　　秦武王元年,群臣日夜恶张仪未已,而齐让又至。张仪惧诛,乃因谓秦武王曰:"仪有愚计,愿效之。"王曰:"奈何?"对曰:"为秦社稷计者,东方有大变,然后王可以多割得地也。今闻齐王甚憎仪,仪之所在,必兴师伐之。故仪愿乞其不肖之身之梁,齐必兴师而伐梁。梁齐之兵连于城下而不能相去,王以其间伐韩,入三川,出兵函谷而毋伐,以临周,祭器必出。①挟天子,按图籍,此王业也。"秦王以为然,乃具革车三十乘,入仪之梁。齐果兴师伐之。梁哀王恐。张仪曰:"王勿患也,请令罢齐兵。"乃使其舍人冯喜②之楚,借使之齐,谓齐王曰:"王甚憎张仪;虽然,亦厚矣王之托仪于秦也!"齐王曰:"寡人憎仪,仪之所在,必兴师伐之,何以托?"对曰:"是乃王之托仪也。夫仪之出也,固与秦王约曰:'为王计者,东方有大变,然后王可以多割得地。今齐王甚憎仪,仪之所在,必兴师伐之。故仪愿乞其不肖之身之梁,齐必兴师伐之。齐梁之兵连于城下而不能相去,王以其间伐韩,入三川,出兵函谷而无伐,以临周,祭器必出。挟天子,案图籍,此王业也。'秦王以为然,故具革车三十乘而入之梁也。今仪入梁,王果伐之,是王内罢国而外伐与国,③广邻敌以内自临,而信仪于秦王也。此臣之所谓'托仪'也。"齐王曰:"善。"乃使解兵。

①【索隐】凡王者大祭祀必陈设文物轩车彝器等,因谓此等为祭器也。

②【索隐】此与《战国策》同。旧本作"憙"者,误也。

③【索隐】谓齐之伐梁也。梁之与齐,先相许与约从为邻,故云与国也。

　　张仪相魏一岁,卒①于魏也。

①【索隐】年表张仪以安僖王十年卒。《纪年》云梁安僖王九年五月卒。

　　陈轸者,游说之士。与张仪俱事秦惠王,皆贵重,争宠。张仪恶陈轸于秦王曰:"轸重币轻使秦楚之间,将为国交也。今楚不加善于秦而善轸者,轸自为厚而为王薄也。且轸欲去秦而之楚,王胡不听乎?"王谓陈轸曰:"吾闻子欲去秦之楚,有之乎?"轸曰:"然。"王曰:"仪之言果信矣。"轸曰:"非独仪知之也,行道之士尽知之矣。昔子胥忠于其君而天下争以为臣,曾参孝于其亲而天下愿以为子。故卖仆妾不出闾巷而售者,良仆妾也;出妇嫁于乡曲者,良妇也。今轸不忠其君,楚亦何以轸为忠乎?忠且见弃,轸不之楚何归乎?"王以其言为然,遂善待之。

居秦期年,秦惠王终相张仪,而陈轸奔楚。楚未之重也,而使陈轸使于秦。过梁,欲见犀首。犀首谢弗见。轸曰:"吾为事来,①公不见轸,轸将行,不得待异日。"犀首见之。陈轸曰:"公何好饮也?"犀首曰:"无事也。"曰:"吾请令公厌事②可乎?"曰:"奈何?"曰:"田需③约诸侯从亲,楚王疑之,未信也。公谓于王曰:'臣与燕、赵之王有故,数使人来,曰"无事何不相见",愿谒行于王。'王虽许公,公请毋多车,以车三十乘,可陈之于庭,明言之燕、赵。"燕、赵客闻之,驰车告其王,使人迎犀首。楚王闻之大怒,曰:"田需与寡人约,而犀首之燕、赵,是欺我也。"怒而不听其事。齐闻犀首之北,使人以事委焉。犀首遂行,三国相事皆断于犀首。轸遂至秦。

①【索隐】轸语犀首,言我故来,欲有教汝之事,何不相见。

②【索隐】上一艳反。厌者,饱也,谓欲令其多事也。

③【索隐】需时为魏相也。

韩魏相攻,期年不解。秦惠王欲救之,问于左右。左右或曰救之便,或曰勿救便,惠王未能为之决。陈轸适至秦,惠王曰:"子去寡人之楚,亦思寡人不?"陈轸对曰:"王闻夫越人庄舄乎?"王曰:"不闻。"曰:"越人庄舄仕楚执珪,有顷而病。楚王曰:'舄故越之鄙细人也,今仕楚执珪,贵富矣,亦思越不?'中谢①对曰:'凡人之思故,在其病也。彼思越则越声,不思越则楚声。'使人往听之,犹尚越声也。今臣虽弃逐之楚,岂能无秦声哉!"惠王曰:"善。今韩魏相攻,期年不解,或谓寡人救之便,或曰勿救便,②寡人不能决,愿子为子主计③之馀,为寡人计之。"陈轸对曰:"亦尝有以夫卞庄子④刺虎闻于王者乎?庄子欲刺虎,馆竖子止之,曰:'两虎方且食牛,食甘必争,争则必斗,斗则大者伤,小者死,从伤而刺之,一举必有双虎之名。'卞庄子以为然,立须之。有顷,两虎果斗,大者伤,小者死。庄子从伤者而刺之,一举果有双虎之功。今韩魏相攻,期年不解,是必大国伤,小国亡,从伤而伐之,一举必有两实。此犹庄子刺虎之类也。臣主与王何异也。"⑤惠王曰:"善。"卒弗救。大国果伤,小国亡,秦兴兵而伐,大克之。此陈轸之计也。

①【索隐】盖谓侍御之官。

②【索隐】此盖张仪等之计策。

③【索隐】子指陈轸也。子主谓楚王。

④【索隐】馆庄子。谓逆旅舍其人字庄子者,或作"卞庄子"也。

⑤【索隐】臣主,为轸之主楚王也。王,秦惠王。以言我主与王俱宜待韩、魏之毙而击之,亦无异也。

犀首者,魏之阴晋人也,①名衍,姓公孙氏。与张仪不善。

①【集解】司马彪曰:"犀首,魏官名,若今虎牙将军。"

张仪为秦之魏,魏王相张仪。犀首弗利,故令人谓韩公叔曰:"张仪已合秦魏矣,其言曰①'魏攻南阳,秦攻三川'。魏王所以贵张子者,欲得韩地也。且韩之南阳已举矣,子何不少委焉以为衍功,则秦魏之交可错矣。②然则魏必图秦而弃仪,收韩而相衍。"公叔以为便,因委之犀首以为功。果相魏。张仪去。③

①【正义】此张仪合秦魏之辞也。

②【索隐】错音措。按:错,停止也。

③【集解】徐广曰:"复相秦。"

义渠君朝于魏。犀首闻张仪复相秦,害之。犀首乃谓义渠君曰:"道远不得复过,①请谒事情。"②曰:"中国无事,③秦得烧掇焚杅④君之国;有事,⑤秦将轻使重币事君之国。"⑥其后五国伐秦。⑦会陈轸谓秦王曰:"义渠君者,蛮夷之贤君也,不如赂之以抚其志。"秦王曰:"善。"乃以文绣千纯,⑧妇女百人遗义渠君。义渠君致群臣而谋曰:"此公孙衍所谓邪?"⑨乃起兵袭秦,大败秦人李伯之下。⑩

①【索隐】音戈。言义渠道远,今日已后,不复得更过相见。

②【索隐】谓欲以秦之缓急告语之也。

③【索隐】按:谓山东诸侯齐、魏之大国等。　【正义】中国谓关东六国。无事,
　　不共攻秦。

④【集解】徐广曰:"一孤切。"　【索隐】掇音都活反,谓焚烧而侵掠。焚杅音烦
　　乌二音。按:焚掇而牵制也。《战国策》云"秦且烧焫君之国",是说其事也。

⑤【索隐】谓山东诸国共伐秦也。

⑥【索隐】谓秦求亲义渠君也。　【正义】有事谓六国攻秦。秦若被攻伐,则必
　　轻使重币,事义渠之国,欲令相助。犀首此言,令义渠君勿援秦也。

⑦【索隐】按:表秦惠王后元七年,楚、魏、齐、韩、赵五国共攻秦,是其事也。

⑧【索隐】凡丝绵布帛等一段为一纯。纯音屯。

⑨【索隐】按:谓上文犀首云"(君之国)有事,秦将轻使重币事君之国",故云"衍
　　之所谓",因起兵袭秦以伤张仪也。

⑩【索隐】入李伯之下。谓义渠破秦而收军,而入于李伯之下,则李伯人名或
　　邑号。《战国策》"伯"作"帛"。

张仪已卒之后,犀首入相秦。尝佩五国之相印,为约长。①

①【索隐】佩五国之印,为约长。犀首后相五国,或从或横,常为约长。

太史公曰:三晋多权变之士,夫言从衡强秦者大抵皆三晋之人也。
夫张仪之行事甚于苏秦,然世恶苏秦者,以其先死,而仪振暴①其短以
扶其说,②成其衡道。③要之,此两人真倾危之士哉!

①【索隐】下音步卜反。振谓振扬而暴露其短。

②【索隐】按:扶谓说彼之非,成我之是,扶会己之说辞。

③【索隐】张仪说六国,使连衡而事秦,故云"成其衡道"。然山东地形从长,苏
　　秦相六国,令从亲而宾秦也。关西地形衡长,张仪相六国,令破其从而连秦
　　之衡,故谓张仪为连横矣。

【索隐述赞】仪未遭时,频被困辱。及相秦惠,先韩后蜀。连衡齐魏,倾危诳
惑。陈轸挟权,犀首骋欲。如何三晋,继有斯德。

史记卷七十一

樗里子甘茂列传第十一

樗里子者，名疾，秦惠王之弟也，①与惠王异母。母，韩女也。樗里子滑稽多智，②秦人号曰"智囊"。

① 【索隐】按：樗，木名也，音摅。高诱曰"其里有大樗树，故曰樗里"。然疾居渭南阴乡之樗里，故号曰樗里子。又按：《纪年》则谓之"楮里疾"也。

② 【索隐】滑音骨。稽音鸡。邹诞解云"滑，乱也。稽，同也。谓辨捷之人，言非若是，言是若非，谓能乱同异也"。一云滑稽，酒器，可转注吐酒不已。以言俳优之人出口成章，词不穷竭，如滑稽之吐酒不已也。　【正义】滑读为淈，水流自出。稽，计也。言其智计宣吐如泉，流出无尽，故杨雄《酒赋》云"鸱夷滑稽，腹大如壶"是也。颜师古云："滑稽，转利之称也。滑，乱也。稽，碍也。其变无留也。"一说稽，考也，言其滑乱不可考较。

秦惠王八年，爵樗里子右更，①使将而伐曲沃，②尽出其人，③取其城，地入秦。秦惠王二十五年，使樗里子为将伐赵，虏赵将军庄豹，拔蔺。④明年，助魏章攻楚，败楚将屈丐，取汉中地。秦封樗里子，号为严君。⑤

① 【索隐】按：右更，秦之第十四爵名也。

② 【正义】故城在陕州〔陕〕县西南三十二里也。

③ 【索隐】按：年表云十一年拔魏曲沃，归其人。又《秦本纪》惠文王后元八年，五国共围秦，使庶长疾与战脩鱼，斩首八万。十一年，樗里疾攻魏焦，降之。则焦与曲沃同在十一年明矣。而传云"八年拔之"，不同。王劭按：本纪、年表及此传，三处记秦伐国并不同，又与《纪年》不合，今亦殆不可考。

④ 【正义】蔺县在石州。

⑤ 【索隐】按：严君是爵邑之号，当是封之严道。

　　秦惠王卒，太子武王立，逐张仪、魏章，而以樗里子、甘茂为左右丞相。秦使甘茂攻韩，拔宜阳。使樗里子以车百乘入周。周以卒迎之，意甚敬。楚王怒，让周，以其重秦客。游腾①为周说楚王曰："知伯之伐仇犹，遗之广车，②因随之以兵，仇犹遂亡。何则？无备故也。齐桓公伐蔡，号曰诛楚，其实袭蔡。今秦，虎狼之国，使樗里子以车百乘入周，周以仇犹、蔡观焉，故使长戟居前，强弩在后，名曰卫疾，③而实囚之。且夫周岂能无忧其社稷哉？恐一旦亡国以忧大王。"楚王乃悦。

　　①【索隐】游，姓；腾，名也。

　　②【集解】许慎曰："仇犹，夷狄之国。"《战国策》曰："智伯欲伐仇犹，遗之大钟，载以广车。"《周礼》曰："广车之萃。"郑玄曰："广车，横陈之车。"　【索隐】《战国策》云"智伯欲伐仇犹，遗之大钟，载以广车"。以"仇犹"为"厹由"。《韩子》作"仇由"。《地理志》临淮有厹犹县也。　【正义】《括地志》云："并州盂县外城俗名原仇山，亦名仇犹，夷狄之国也。《韩子》云'智伯欲伐仇犹国，道险难不通，乃铸大钟遗之，载以广车。仇犹大悦，除涂内之。赤章曼支谏曰："不可，此小所以事大，而今大以遗小，卒必随，不可。"不听，遂内之。曼支因断毂而驰。至十九日而仇犹亡也'。"

　　③【正义】防卫樗里子。

　　秦武王卒，昭王立，樗里子又益尊重。

　　昭王元年，樗里子将伐蒲。①蒲守恐，请胡衍。②胡衍为蒲谓樗里子曰："公之攻蒲，为秦乎？为魏乎？为魏则善矣，为秦则不为赖矣。③夫卫之所以为卫者，以蒲也。④今伐蒲入于魏，卫必折而从之。⑤魏亡西河之外⑥而无以取者，兵弱也。今并卫于魏，魏必强。魏强之日，西河之外必危矣。且秦王将观公之事，害秦而利魏，王必罪公。"樗里子曰："奈何？"胡衍曰："公释蒲勿攻，臣试为公入言之，以德卫君。"樗里子曰："善。"胡衍入蒲，谓其守曰："樗里子知蒲之病矣，其言曰必拔蒲。衍能令释蒲勿攻。"蒲守恐，因再拜曰："愿以请。"因效金三百斤，曰："秦兵苟退，请必言子于卫君，使子为南面。"故胡衍受金于蒲以自贵于卫。于是遂解蒲而去。还击皮氏，⑦皮氏未降，又去。

①【索隐】按：《纪年》云"楮里疾围蒲不克，而秦惠王薨"，事与此合。　【正义】
　　蒲故城在滑州匡城县北十五里，即子路作宰地。

②【索隐】人姓名也。

③【集解】赖，利也。

④【正义】蒲是卫国之郭卫。

⑤【索隐】《战国策》云"今蒲入于秦，卫必折而入于魏"，与此文相反。

⑥【正义】谓同、华等州。

⑦【正义】故城在绛州龙门县西百四十步，魏邑。

昭王七年，樗里子卒，葬于渭南章台之东。①曰："后百岁，是当有天
子之宫夹我墓。"樗里子疾室在于昭王庙西渭南阴乡樗里，故俗谓之樗
里子。至汉兴，长乐宫在其东，未央宫在其西，②武库正直其墓。③秦人
谚曰："力则任鄙，智则樗里。"

①【索隐】按《黄图》，在汉长安故城西。

②【正义】汉长乐宫在长安县西北十五里，未央在县西北十四里，皆在长安故
　　城中也。

③【索隐】直如字读，直犹当也。

甘茂者，下蔡人也。①事下蔡史举先生，②学百家之术。因张仪、樗
里子而求见秦惠王。王见而说之，使将，而佐魏章略定汉中地。

①【索隐】《地理志》下蔡县属汝南也。　【正义】今颍州县，即州来国。

②【索隐】《战国策》及《韩子》皆云史举，上蔡监门。

惠王卒，武王立。张仪、魏章去，东之魏。蜀侯辉、相壮反，①秦使
甘茂定蜀。还，而以甘茂为左丞相，以樗里子为右丞相。

①【索隐】辉音晖，又音胡昆反。秦之公子，封蜀也。《华阳国志》作"晖"。壮
　　音侧状反。姓陈也。

秦武王三年，谓甘茂曰："寡人欲容车通三川，以窥周室，而寡人死
不朽矣。"甘茂曰："请之魏，约以伐韩，而令向寿①辅行。"甘茂至，谓向
寿曰："子归，言之于王曰'魏听臣矣，然愿王勿伐'。事成，尽以为子

功。”向寿归，以告王，王迎甘茂于息壤。②甘茂至，王问其故。对曰：“宜阳，大县也，上党、南阳积之久矣。③名曰县，其实郡也。今王倍数险，④行千里攻之，难。昔曾参之处费，⑤鲁人有与曾参同姓名者杀人，人告其母曰‘曾参杀人’，其母织自若也。顷之，一人又告之曰‘曾参杀人’，其母尚织自若也。顷又一人告之曰‘曾参杀人’，其母投杼下机，逾墙而走。夫以曾参之贤与其母信之也，三人疑之，其母惧焉。今臣之贤不若曾参，王之信臣又不如曾参之母信曾参也，疑臣者非特三人，臣恐大王之投杼也。始张仪西并巴蜀之地，北开西河之外，南取上庸，天下不以多张子而以贤先王。魏文侯令乐羊将而攻中山，三年而拔之。乐羊返而论功，文侯示之谤书一箧。乐羊再拜稽首曰：‘此非臣之功也，主君之力也。’今臣，羁旅之臣也。樗里子、公孙奭⑥二人者挟韩而议之，王必听之，是王欺魏王而臣受公仲侈⑦之怨也。”王曰：“寡人不听也，请与子盟。”卒使丞相甘茂将兵伐宜阳。五月而不拔，樗里子、公孙奭果争之。武王召甘茂，欲罢兵。甘茂曰：“息壤在彼。”⑧王曰：“有之。”因大悉起兵，使甘茂击之。斩首六万，遂拔宜阳。韩襄王使公仲侈入谢，与秦平。

①【正义】饷受二音，人姓名。

②【索隐】按：《山海经》、《启筮》云“昔伯鲧窃帝之息壤以堙洪水”，或是此也。
　　【正义】秦邑。

③【索隐】谓上党、南阳并积贮日久矣。　　【正义】韩之北三郡积贮在河南宜阳县之日久矣。

④【索隐】数音率腴反。　　【正义】谓函谷及三崤、五谷。

⑤【集解】音秘。

⑥【索隐】按：《战国策》作“公孙衍”。　　【正义】音释。

⑦【集解】徐广曰：“一作‘冯’。”

⑧【正义】甘茂归至息壤，与秦王盟，恐后樗里子、公孙奭伐韩，今二子果争之。武王召茂欲罢兵，故甘茂云息壤在彼邑也。

武王竟至周，而卒于周。其弟立，为昭王。①王母宣太后，楚女也。楚怀王怨前秦败楚于丹阳而韩不救，乃以兵围韩雍氏。②韩使公仲侈告

急于秦。秦昭王新立，太后楚人，不肯救。公仲因甘茂，茂为韩言于秦
昭王①曰："公仲方有得秦救，故敢扞楚也。今雍氏围，秦师不下殽，公仲
且仰首而不朝，公叔且以国南合于楚。楚、韩为一，魏氏不敢不听，然则
伐秦之形成矣。不识坐而待伐孰与伐人之利？"秦王曰："善。"乃下师于
殽以救韩②。楚兵去。

①【索隐】按：《赵系家》昭王名稷。《系本》云名侧也。

②【索隐】按：秦惠王二十六年，楚围雍氏，至昭王七年，又围雍氏，韩求救于
　　秦，是再围也。刘氏云"此是前围雍氏，当报王之三年"。《战国策》及《纪
　　年》与此并不同。　【正义】故城在洛州洛阳县东北二十里。

秦使向寿平宜阳，而使樗里子、甘茂伐魏皮氏。向寿者，宣太后外
族也，而与昭王少相长，故任用。向寿如楚，①楚闻秦之贵向寿，而厚事
向寿。向寿为秦守宜阳，将以伐韩。韩公仲使苏代谓向寿曰："禽困覆
车。②公破韩，辱公仲，公仲收国复事秦，自以为必可以封。③今公与楚解
口地，④封小令尹以杜阳。⑤秦楚合，复攻韩，韩必亡。韩亡，公仲且躬率
其私徒以阏⑥于秦。⑦愿公孰虑之也。"向寿曰："吾合秦楚非以当韩也，
子为寿谒之公仲，⑧曰秦韩之交可合也。"苏代对曰："愿有谒于公。⑨人
曰贵其所以贵者贵。王之爱习公也，不如公孙奭；其智能公也，不如甘
茂。今二人者皆不得亲于秦事，而公独与王主断于国者何？彼有以失
之也。⑩公孙奭党于韩，而甘茂党于魏，故王不信也。今秦楚争强而公
党于楚，是与公孙奭、甘茂同道也，公何以异之？⑪人皆言楚之善变也，
而公必亡之，是自为责也。⑫公不如与王谋其变也，善韩以备楚，⑬如此
则无患矣。韩氏必先以国从公孙奭而后委国于甘茂。韩，公之仇也。⑭
今公言善韩以备楚，是外举不僻仇也。"向寿曰："然，吾甚欲韩合。"对
曰："甘茂许公仲以武遂，⑮反宜阳之民，⑯今公徒收之，甚难。"⑰向寿
曰："然则奈何？武遂终不可得也？"对曰："公奚不以秦为韩求颍川于
楚？⑱此韩之寄地也。公求而得之，是令行于楚而以其地德韩也。公求
而不得，是韩楚之怨不解⑲而交走秦也。⑳秦楚争强，而公徐过楚㉑以收
韩，此利于秦。"㉒向寿曰："奈何？"对曰："此善事也。甘茂欲以魏取齐，

公孙奭欲以韩取齐。今公取宜阳以为功,收楚韩以安之,而诛齐魏之罪,㉓是以公孙奭、甘茂无事也。"

①【集解】徐广曰:"如,一作'和'。"

②【集解】譬禽兽得困急,犹能抵触倾覆人车。

③【正义】公仲自以为必可得秦封。

④【索隐】解口,秦地名,近韩,今将与楚也。　【正义】上纪买反。公,向寿也。解口犹开口得言。向寿于秦开口,则楚人必得封地也。

⑤【索隐】又封楚之小令尹以杜阳。杜阳亦秦地,今以封楚令尹,是秦楚合也。

⑥【集解】音乌曷反。

⑦【正义】公仲恐韩亡,欲将私徒往宜阳阙向寿也。

⑧【正义】子,苏代也。向寿恐,令苏代谒报公仲,云"秦韩交可合"。

⑨【正义】公,向寿也。言向寿亦党于楚,与公孙奭、甘茂党韩、魏同也。

⑩【索隐】彼,公孙奭及甘茂也。有以失之,谓不见委任,情有所失。　【正义】言秦王虽爱习公孙奭、甘茂,秦事不亲委者,为党韩、魏也。今国事独与向寿主断者,不知寿党于楚以事秦王者,以失之也。

⑪【正义】苏氏云:"向寿与公孙奭、甘茂皆有党,言无异也。"又一云改异党楚之意。

⑫【正义】楚善变改,不可信。若变改,向寿必亡败,是自为责。

⑬【正义】令秦亲韩而备楚之变改,则向寿无患矣。

⑭【正义】韩氏必先委二人,故韩为向寿之仇。

⑮【集解】徐广曰:"秦昭王元年予韩武遂。"

⑯【正义】武遂,宜阳,本韩邑也,秦伐取之。今欲还韩,令其民得反归居之。

⑰【正义】苏代言甘茂许公仲以武遂,又归宜阳之民,今向寿徒拟收之,甚难事也。

⑱【正义】颍川,许州也。楚侵韩颍川,苏代令向寿以秦威重为韩就楚求索颍川,是亲向寿。

⑲【集解】已买反。

⑳【索隐】韩楚怨不解,二国交走向秦也。

㉑【集解】徐广曰:"过,一作'适'。"

㉒【正义】若二国皆事秦,公则渐说楚之过失以收韩,此利于秦也。

㉓【正义】言公孙奭、甘茂皆欲以秦挟韩魏而取齐,今向寿取宜阳为功,收楚韩
　安以事秦,而责齐魏之罪,是公孙奭、甘茂不得同合韩魏于秦以伐齐也。

甘茂竟言秦昭王,以武遂复归之韩。①向寿、公孙奭争之,不能得。
向寿、公孙奭由此怨,谗甘茂,茂惧,辍伐魏蒲阪,亡去。②樗里子与魏
讲,罢兵。③

　①【正义】年表云秦昭王元年予韩武遂也。
　②【集解】徐广曰:"昭王元年,击魏皮氏,未拔,去。"
　③【索隐】邹氏云:"讲读曰媾。媾犹和也。"

甘茂之亡秦奔齐,逢苏代。代为齐使于秦。甘茂曰:"臣得罪于秦,
惧而遁逃,无所容迹。臣闻贫人女与富人女会绩,贫人女曰:'我无以买
烛,而子之烛光幸有馀,子可分我馀光,无损子明而得一斯便焉。'今臣
困而君方使秦而当路矣。茂之妻子在焉,愿君以馀光振之。"苏代许诺。
遂致使于秦。已,因说秦王曰:"甘茂,非常士也。其居于秦,累世重矣。
自殽塞①及至鬼谷,②其地形险易皆明知之。彼以齐约韩魏反以图秦,
非秦之利也。"秦王曰:"然则奈何?"苏代曰:"王不若重其贽,厚其禄以
迎之,使彼来则置之鬼谷,③终身勿出。"秦王曰:"善。"即赐之上卿,以
相印迎之于齐。甘茂不往。苏代谓齐湣王曰:"夫甘茂,贤人也。今秦
赐之上卿,以相印迎之。甘茂德王之赐,好为王臣,故辞而不往。今王
何以礼之?"齐王曰:"善。"即位之上卿而处之。④秦因复甘茂之家⑤以市
于齐。

　①【正义】三殽在洛州永宁县西北。
　②【集解】徐广曰:"在阳城。"
　③【索隐】案:徐广云在阳城。刘氏云此鬼谷在关内云阳,是矣。　【正义】刘
　　伯庄云:"此鬼谷,关内云阳,非阳城者也。"案:阳城鬼谷时属韩,秦不得言
　　置之。
　④【索隐】案:处犹留也。
　⑤【正义】复音福。

齐使甘茂于楚,楚怀王新与秦合婚而欢。①而秦闻甘茂在楚,使人

谓楚王曰："愿送甘茂于秦。"楚王问于范蜎②曰："寡人欲置相于秦,孰可?"对曰："臣不足以识之。"楚王曰："寡人欲相甘茂,可乎?"对曰："不可。夫史举,下蔡之监门也,大不为事君,小不为家室,以苟贱不廉闻于世,甘茂事之顺焉。故惠王之明,武王之察,张仪之辩,而甘茂事之,取十官而无罪。茂诚贤者也,然不可相于秦。夫秦之有贤相,非楚国之利也。且王前尝用召滑于越,③而内行章义之难,④越国乱,故楚南塞厉门⑤而郡江东。⑥计王之功所以能如此者,越国乱而楚治也。今王知用诸越而忘用诸秦,臣以王为钜过矣。然则王若欲置相于秦,则莫若向寿者可。夫向寿之于秦王,亲也,少与之同衣,长与之同车,以听事。王必相向寿于秦,则楚国之利也。"于是使使请秦相向寿于秦。秦卒相向寿。而甘茂竟不得复入秦,卒于魏。

①【集解】徐广曰:"昭王二年时迎妇于楚。"

②【集解】徐广曰:"一作'蠕'。"【索隐】音休缘反,又休软反。蠕,休缘反。《战国策》云作"蟀"也。【正义】许缘反。

③【集解】徐广曰:"滑,一作'涓'。"

④【集解】徐广曰:"一云'内句章、昧之难'。"【索隐】谓召滑内心猜诈,外则佯章恩义,而卒包藏祸心,构难于楚也。注"一云内句章、昧之难"。案:《战国策》云"纳章句之难"。

⑤【集解】徐广曰:"一作'濑湖'。"【正义】刘伯庄云:"厉门,度岭南之要路。"

⑥【正义】吴越之城皆为楚之都邑。

甘茂有孙曰甘罗。

甘罗者,甘茂孙也。茂既死后,甘罗年十二,事秦相文信侯吕不韦。①

①【索隐】《战国策》云甘罗事吕不韦为庶子。

秦始皇帝使刚成君蔡泽于燕,三年而燕王喜使太子丹入质于秦。秦使张唐往相燕,欲与燕共伐赵以广河间之地。张唐谓文信侯曰:"臣尝为秦昭王伐赵,赵怨臣,曰:'得唐者与百里之地。'今之燕必经赵,臣不可以行。”文信侯不快，未有以强也。甘罗曰：“君侯何不快之甚也？”
文信侯曰：“吾令刚成君蔡泽事燕三年，燕太子丹已入质矣，吾自请张
卿①相燕而不肯行。”甘罗曰：“臣请行之。”文信侯叱曰：“去！我身自请
之而不肯，女焉能行之？”②甘罗曰：“大项橐③生七岁为孔子师。今臣生
十二岁于兹矣，君其试臣，何遽叱乎？”于是甘罗见张卿曰：“卿之功孰与
武安君？”卿曰：“武安君南挫强楚，北威燕、赵，战胜攻取，破城堕邑，不
知其数，臣之功不如也。”甘罗曰：“应侯④之用于秦也，孰与文信侯专？”
张卿曰：“应侯不如文信侯专。”甘罗曰：“卿明知其不如文信侯专与？”
曰：“知之。”甘罗曰：“应侯欲攻赵，武安君难之，去咸阳七里而立死于杜
邮。今文信侯自请卿相燕而不肯行，臣不知卿所死处矣。”张唐曰：“请
因孺子行。”令装治行。

①【索隐】即张唐也。卿，字也。

②【正义】女音汝。焉，乙连反。

③【索隐】音托。尊其道德，故云“大项橐”。

④【索隐】范睢。

行有日，甘罗谓文信侯曰：“借臣车五乘，请为张唐先报赵。”文信侯
乃入言之于始皇曰：“昔甘茂之孙甘罗，年少耳，然名家之子孙，诸侯皆
闻之。今者张唐欲称疾不肯行，甘罗说而行之。今愿先报赵，请许遣
之。”始皇召见，使甘罗于赵。赵襄王郊迎甘罗。甘罗说赵王曰：“王闻
燕太子丹入质秦欤？”曰：“闻之。”曰：“闻张唐相燕欤？”曰：“闻之。”“燕
太子丹入秦者，燕不欺秦也。张唐相燕者，秦不欺燕也。燕、秦不相欺
者，伐赵，危矣。燕、秦不相欺无异故，欲攻赵而广河间。王不如赍臣五
城①以广河间，请归燕太子，与强赵攻弱燕。”赵王立自割五城以广河
间。秦归燕太子。赵攻燕，得上谷三十城，②令秦有十一。③

①【索隐】赍音侧奚反，一赍。并谓割五城与臣也。

②【索隐】《战国策》云得三十六县。　【正义】上谷，今妫州也，在幽州西北。

③【索隐】谓以十一城与秦也。

甘罗还报秦，乃封甘罗以为上卿，复以始甘茂田宅赐之。

太史公曰：樗里子以骨肉重，固其理，而秦人称其智，故颇采焉。甘茂起下蔡闾阎，显名诸侯，重强齐楚。① 甘罗年少，然出一奇计，声称后世。虽非笃行之君子，然亦战国之策士也。方秦之强时，天下尤趋谋诈哉。

① 【集解】徐广曰："恐或疑此当云'见重强齐'，误脱一字。" 【正义】甘茂为强齐楚所重。

【索隐述赞】严君名疾，厥号"智囊"。既亲且重，称兵外攘。甘茂并相，初佐魏章。始推向寿，乃攻宜阳。甘罗妙岁，卒起张唐。

史记卷七十二

穰侯列传第十二

穰侯魏冉者，秦昭王母宣太后弟也。①其先楚人，姓芈氏。②

①【索隐】宣太后之异父长弟也，姓魏，名冉，封之穰。《地理志》穰县在南阳。宣太后者，惠王之妃，姓芈氏，曰芈八子者是也。

②【正义】芈，亡尔反。

秦武王卒，无子，立其弟为昭王。昭王母故号为芈八子，及昭王即位，芈八子号为宣太后。宣太后非武王母。武王母号曰惠文后，先武王死。①宣太后二弟：其异父长弟曰穰侯，姓魏氏，名冉；同父弟曰芈戎，为华阳君。②而昭王同母弟曰高陵君、③泾阳君。④而魏冉最贤，自惠王、武王时任职用事。武王卒，诸弟争立，唯魏冉力为能立昭王。昭王即位，以冉为将军，卫咸阳。诛季君之乱，⑤而逐武王后出之魏，昭王诸兄弟不善者皆灭之，威振秦国。昭王少，宣太后自治，任魏冉为政。

①【索隐】《秦本纪》云："昭王二年，庶长壮与大臣公子为逆，皆诛，及惠文后皆不得良死。"又按：《纪年》云"秦内乱，杀其太后及公子雍、公子壮"是也。

②【索隐】华阳，韩地，后属秦。芈戎后又号新城君。 【正义】司马彪云："华阳，亭名，在洛州密县。"又故华城在郑州管城县南三十里，即此。

③【索隐】名显。

④【索隐】名悝。

⑤【集解】徐广曰："年表曰季君为乱，诛。本纪曰庶长壮与大臣公子谋反，伏诛。" 【索隐】按：季君即公子壮，僭立而号曰季君。穰侯力能立昭王，为将军，卫咸阳，诛季君及惠文后，故本纪言"伏诛"。又云"及惠文后皆不得良死"，盖谓惠文后时党公子壮，欲立之，及壮诛而太后忧死，故云"不得良

死”，亦史讳之也。又逐武王后出之魏，亦事势然也。

　　昭王七年，樗里子死，而使泾阳君质于齐。赵人楼缓来相秦，赵不利，乃使仇液①之秦，请以魏冉为秦相。仇液将行，其客宋公②谓液曰：“秦不听公，楼缓必怨公。公不若谓楼缓曰‘请为公毋急秦’。秦王见赵请相魏冉之不急，且不听公。公言而事不成，以德楼子；事成，魏冉故德公矣。”于是仇液从之。而秦果免楼缓而魏冉相秦。

　　①【索隐】《战国策》作“仇郝”，盖是一人而记别也。　【正义】音亦，姓名。
　　②【索隐】《战国策》作“宋交”。

　　欲诛吕礼，礼出奔齐。昭王十四年，魏冉举白起，使代向寿将而攻韩、魏，败之伊阙，斩首二十四万，虏魏将公孙喜。明年，又取楚之宛、叶。魏冉谢病免相，以客卿寿烛为相。其明年，烛免，复相冉，乃封魏冉于穰，复益封陶，①号曰穰侯。

　　①【集解】徐广曰：“一作‘阴’。”　【索隐】陶即定陶也。徐广云作“阴”，陶阴字
　　　本易惑也。王劭按：定陶见有魏冉冢，作“阴”，误也。

　　穰侯封四岁，为秦将攻魏。魏献河东方四百里。拔魏之河内，取城大小六十馀。昭王十九年，秦称西帝，齐称东帝。月馀，吕礼来，而齐、秦各复归帝为王。魏冉复相秦，六岁而免。免二岁，复相秦。四岁，而使白起拔楚之郢，秦置南郡。乃封白起为武安君。白起者，穰侯之所任举也，相善。于是穰侯之富，富于王室。

　　昭王三十二年，穰侯为相国，将兵攻魏，走芒卯，①入北宅，②遂围大梁。梁大夫须贾说穰侯曰：“臣闻魏之长吏谓魏王曰：‘昔梁惠王伐赵，战胜三梁，③拔邯郸；赵氏不割，而邯郸复归。齐人攻卫，拔故国，杀子良；④卫人不割，而故地复反。卫、赵之所以国全兵劲而地不并于诸侯者，以其能忍难而重出地也。宋、中山数伐割地，而国随以亡。臣以为卫、赵可法，而宋、中山可为戒也。秦，贪戾之国也，而毋亲。蚕食魏氏，又尽晋国，⑤战胜暴子，⑥割八县，地未毕入，兵复出矣。夫秦何厌之有

哉！今又走芒卯，入北宅，此非敢攻梁也，且劫王以求多割地。王必勿听也。今王背楚、赵而讲秦，⑦楚、赵怒而去王，与王争事秦，秦必受之。秦挟楚、赵之兵以复攻梁，则国求无亡不可得也。愿王之必无讲也。王若欲讲，少割而有质；不然，必见欺。'⑧此臣之所闻于魏也，⑨愿君（王）之以是虑事也。《周书》曰'惟命不于常'，此言幸之不可数也。夫战胜暴子，割八县，此非兵力之精也，又非计之工也，天幸为多矣。今又走芒卯，入北宅，以攻大梁，是以天幸自为常也，智者不然。臣闻魏氏悉其百县胜甲以上戍大梁，臣以为不下三十万。以三十万之众守梁七仞之城，⑩臣以为汤、武复生，不易攻也。夫轻背楚、赵之兵，陵七仞之城，战三十万之众，而志必举之，臣以为自天地始分以至于今，未尝有者也。攻而不拔，秦兵必罢，陶邑必亡，⑪则前功必弃矣。今魏氏方疑，可以少割收也。⑫愿君逮楚、赵之兵未至于梁，亟以少割收魏。魏方疑而得以少割为利，必欲之，则君得所欲矣。楚、赵怒于魏之先己也，必争事秦，从以此散，⑬而君后择焉。且君之得地岂必以兵哉！割晋国，秦兵不攻，而魏必效绛安邑。又为陶开两道，⑭几尽故宋，⑮卫必效单父。秦兵可全，而君制之，何索而不得，何为而不成！愿君熟虑之而无行危。"⑯穰侯曰："善。"乃罢梁围。⑰

①【集解】上莫卬反。下陌饱反。

②【集解】徐广曰："魏惠王五年，与韩会宅阳。"【正义】《竹书》云："宅阳，一名北宅。"《括地志》云："宅阳故城在郑州荥阳县西南十七里。"

③【集解】徐广曰："《田完世家》云魏伐赵，赵不利，战于南梁。"【索隐】三梁即南梁也。

④【索隐】卫之故国，盖楚丘也。下文"故地"，亦同谓楚丘也。《战国策》"卫"字皆作"燕"，"子良"作"子之"，恐非也。

⑤【索隐】河东、河西、河内并是魏地，即故晋国。今言秦蚕食魏氏，尽晋国之地也。

⑥【集解】徐广曰："韩将暴鸢。"

⑦【索隐】讲，和也。

⑧【索隐】谓与秦欲讲，少割地而求秦质子；恐不然必被秦欺也。

⑨【索隐】须贾说穰侯，言魏人谓梁王若少割地而求秦质，必是欺我，即闻魏见欺于秦也。

⑩【集解】《尔雅》曰："四尺谓之仞，倍仞谓之寻。"

⑪【索隐】"陶"一作"魏"。言秦前攻得魏之城邑，秦罢则亡而还于魏也。【正义】定陶近大梁，穰侯攻梁兵疲，定陶必为魏伐。

⑫【索隐】贾引魏人之说不许王讲于秦，是言魏氏方疑，可以少割地而收魏也。

⑬【索隐】楚、赵怒魏之与秦讲，皆争事秦，是东方从国于是解散也，故云"从以此散"。【正义】从，足松反。

⑭【索隐】穰侯封陶，魏效绛与安邑，是得河东地。言从秦适陶，开河西、河东之两道。【正义】穰故封定陶，故宋及单父是陶之南道也，魏之安邑及绛是陶北道。

⑮【索隐】上音祈。此时宋已灭，是秦将尽得宋地也。

⑯【索隐】言莫行围梁之危事。

⑰【正义】表云魏安釐王二年，秦军大梁城，韩来救，与秦温以和也。

明年，魏背秦，与齐从亲。秦使穰侯伐魏，斩首四万，走魏将暴鸢，得魏三县。穰侯益封。

明年，穰侯与白起客卿胡阳复攻赵、韩、魏，破芒卯于华阳下，斩首十万，取魏之卷、①蔡阳、长社，赵氏观津。且与赵观津，益赵以兵，伐齐。②齐襄王惧，使苏代为齐阴遗穰侯书曰："臣闻往来者言曰'秦将益赵甲四万以伐齐'，臣窃必之③敝邑之王曰④'秦王明而熟于计，穰侯智而习于事，必不益赵甲四万以伐齐'。是何也？夫三晋之相与也，秦之深仇也。百相背也，百相欺也，不为不信，不为无行。今破齐以肥赵。赵，秦之深仇，不利于秦。此一也。秦之谋者，必曰'破齐，獘晋、楚，⑤而后制晋、楚之胜'。夫齐，罢国也，以天下攻齐，如以千钧之弩决溃痈也，必死，安能獘晋、楚？此二也。秦少出兵，则晋、楚不信也；多出兵，则晋、楚为制于秦。齐恐，不走秦，必走晋、楚。此三也。秦割齐以啖晋、楚，晋、楚案之以兵，秦反受敌。此四也。是晋、楚以秦谋齐，以齐谋秦也，何晋、楚之智而秦、齐之愚？此五也。故得安邑以善事之，亦必无患矣。秦有安邑，韩氏必无上党矣。取天下之肠胃，与出兵而惧其不反也,孰利?臣故曰秦王明而熟于计,穰侯智而习于事,必不益赵甲四万以伐齐矣。"于是穰侯不行,引兵而归。

①【集解】丘权反。

②【索隐】既得观津,仍令赵伐齐,而秦又以兵益助赵也。

③【索隐】告齐王,言秦必定不益兵以助赵。　【正义】臣,苏代也。必知秦与赵甲四万以伐齐。

④【正义】谓齐王也。

⑤【正义】今晋、楚伐齐,晋、楚之国亦弊败。

　　昭王三十六年,相国穰侯言客卿灶,欲伐齐取刚、寿,①以广其陶邑。于是魏人范雎自谓张禄先生,讥穰侯之伐齐,乃越三晋以攻齐也,以此时奸说秦昭王。昭王于是用范雎。范雎言宣太后专制,穰侯擅权于诸侯,泾阳君、高陵君之属太侈,富于王室。于是秦昭王悟,乃免相国,令泾阳之属皆出关,就封邑。穰侯出关,辎车千乘有馀。

①【集解】徐广曰:"济北有刚县。"　【正义】故刚城在兖州龚丘县界。寿张,郓州县也。

　　穰侯卒于陶,而因葬焉。秦复收陶为郡。

　　太史公曰:穰侯,昭王亲舅也。而秦所以东益地,弱诸侯,尝称帝于天下,天下皆西向稽首者,穰侯之功也。及其贵极富溢,一夫开说,身折势夺而以忧死,况于羁旅之臣乎?

【索隐述赞】穰侯智识,应变无方。内倚太后,外辅昭王。四登相位,再列封疆。摧齐挠楚,破魏围梁。一夫开说,忧愤而亡。

史记卷七十三

白起王翦列传第十三

　　白起者,郿人也。① 善用兵,事秦昭王。昭王十三年,而白起为左庶长,将而击韩之新城。② 是岁,穰侯相秦,举任鄙以为汉中守。其明年,白起为左更,攻韩、魏于伊阙,③ 斩首二十四万,又虏其将公孙喜,拔五城。起迁为国尉。④ 涉河取韩安邑以东,到乾⑤ 河。⑥ 明年,白起为大良造。攻魏,拔之,取城小大六十一。明年,起与客卿错攻垣城,⑦ 拔之。后五年,白起攻赵,拔光狼城。⑧ 后七年,白起攻楚,拔鄢、邓五城。⑨ 其明年,攻楚,拔郢,烧夷陵,⑩ 遂东至竟陵。⑪ 楚王亡去郢,东走徙陈。秦以郢为南郡。白起迁为武安君。武安君因取楚,定巫、黔中郡。昭王三十四年,白起攻魏,拔华阳,走芒卯,而虏三晋将,斩首十三万。与赵将贾偃战,沈其卒二万人于河中。昭王四十三年,白起攻韩陉城,⑫ 拔五城,斩首五万。四十四年,白起攻南阳太行道,绝之。⑬

　　①【正义】郿音眉,岐州县。

　　②【索隐】在河南也。　【正义】今洛州伊阙。

　　③【正义】今洛州南十九里伊阙山,号曰龙门是也。

　　④【正义】言太尉。

　　⑤【集解】徐广曰:"音干。"

　　⑥【集解】郭璞曰:"今河东闻喜县东北有乾河口,因名乾河里,但有故沟处,无复水也。"　【索隐】魏以安邑入秦,然安邑以东至乾河皆韩故地,故云取韩安邑。

　　⑦【集解】徐广曰:"河东垣县。"

　　⑧【索隐】《地理志》不载光狼城,盖属赵国。　【正义】光狼故城在泽州高平县

西二十五里也。

⑨【集解】徐广曰:"昭王二十八年。"　【正义】鄢邓二邑在襄州。

⑩【正义】夷陵,今峡州郭下县。

⑪【正义】故城在郢州长寿县南百五十里,今复州亦是其地也。

⑫【正义】陉庭故城在曲沃县西北二十里,在绛州东北三十五里也。

⑬【集解】徐广曰:"此南阳,河内修武是也。"　【正义】案:南阳属韩,秦攻之,则韩太行羊肠道绝矣。

四十五年,伐韩之野王。①野王降秦,上党道绝。其守冯亭与民谋曰:"郑道已绝,②韩必不可得为民。秦兵日进,韩不能应,不如以上党归赵。赵若受我,秦怒,必攻赵。赵被兵,必亲韩。韩赵为一,则可以当秦。"因使人报赵。赵孝成王与平阳君、③平原君计之。平阳君曰:"不如勿受。受之,祸大于所得。"平原君曰:"无故得一郡,受之便。"赵受之,因封冯亭为华阳君。④

①【索隐】《地理志》野王县属河内,在太行东南。孟康曰"古邢国也"。

②【集解】徐广曰:"河南新郑,韩之国都是也。"　【索隐】郑国即韩之都,在河南。秦伐野王,是上党归韩之道绝也。

③【索隐】平阳君未详何人。

④【正义】常山一名华阳,解在《赵世家》。

四十六年,秦攻韩缑氏、蔺,①拔之。

①【集解】徐广曰:"属颍川。"　【索隐】今其地阙。西河别有蔺县也。　【正义】按:检诸地记,颍川无蔺。《括地志》云:"洛州嵩县本夏之纶国也,在缑氏东南六十里。"《地理志》云:"纶氏属颍川郡。"按:既攻缑氏、蔺,二邑合相近,恐纶蔺声相似,字随音而转作"蔺"。

四十七年,秦使左庶长王龁①攻韩,取上党。上党民走赵。赵军长平,②以按据上党民。③四月,龁因攻赵。赵使廉颇将。赵军士卒犯秦斥兵,④秦斥兵斩赵裨将茄。⑤六月,陷赵军,取二鄣四尉。⑥七月,赵军筑垒壁而守之。秦又攻其垒,取二尉,败其阵,⑦夺西垒壁。⑧廉颇坚壁以待秦,秦数挑战,⑨赵兵不出。赵王数以为让。而秦相应侯又使人行千金于赵为反间,⑩曰:"秦之所恶,独畏马服子赵括将耳,廉颇易与,且降矣。"赵王既怒廉颇军多失亡,军数败,又反坚壁不敢战,而又闻秦反间之言,因使赵括代廉颇将以击秦。秦闻马服子将,乃阴使武安君白起为上将军,而王龁为尉裨将,令军中有敢泄武安君将者斩。赵括至,则出兵击秦军。秦军详败而走,⑪张二奇兵以劫之。赵军逐胜,追造秦壁。⑫壁坚拒不得入,而秦奇兵二万五千人绝赵军后,又一军五千骑绝赵壁间,赵军分而为二,粮道绝。而秦出轻兵击之。赵战不利,因筑壁坚守,⑬以待救至。秦王闻赵食道绝,王自之河内,⑭赐民爵各一级,发年十五以上悉诣长平,⑮遮绝赵救及粮食。

①【集解】音纪。

②【集解】徐广曰:"在泫氏。"　【索隐】《地理志》泫氏今在上党郡也。　【正义】长平故城在泽州高平县西二十一里也。

③【索隐】谓屯兵长平,以据援上党。

④【索隐】谓犯秦之斥候兵也。

⑤【索隐】音加,裨将名也。

⑥【索隐】鄣,堡城。尉,官也。　【正义】《括地志》云:"赵鄣故城一名都尉城,今名赵东城,在泽州高平县西二十五里。又有故穀城。此二城即二鄣也。"

⑦【集解】徐广曰:"一作'乘'。"

⑧【正义】赵西垒在泽州高平县北六里是也。即廉颇坚壁以待秦,王龁夺赵西垒壁者。

⑨【正义】数音朔。挑,田鸟反。

⑩【正义】纪苋反。

⑪【正义】详音羊。

⑫【正义】秦壁一名秦垒,今亦名秦长垒。

⑬【正义】赵壁今名赵东垒,亦名赵东长垒,在泽州高平县北五里,即赵括筑壁败处。

⑭【正义】时已属秦,故发其兵。

⑮【索隐】时已属秦,故发其兵。

至九月,赵卒不得食四十六日,皆内阴相杀食。来攻秦垒,欲出。

为四队，四五复之，不能出。其将军赵括出锐卒自搏战，秦军射杀赵括。括军败，卒四十万人降武安君。武安君计曰：“前秦已拔上党，上党民不乐为秦而归赵。赵卒反覆，非尽杀之，恐为乱。”乃挟诈而尽坑杀之，遗其小者二百四十人归赵。前后斩首虏四十五万人。赵人大震。

四十八年十月，秦复定上党郡。①秦分军为二：王龁攻皮牢，②拔之；司马梗定太原。③韩、赵恐，使苏代厚币说秦相应侯曰：“武安君禽马服子乎？”曰：“然。”又曰：“即围邯郸乎？”曰：“然。”“赵亡则秦王王矣，武安君为三公。武安君所为秦战胜攻取者七十馀城，南定鄢、郢、汉中，④北禽赵括之军，虽周、召、吕望之功不益于此矣。今赵亡，秦王王，则武安君必为三公，君能为之下乎？虽无欲为之下，固不得已矣。秦尝攻韩，围邢丘，⑤困上党，上党之民皆反为赵，天下不乐为秦民之日久矣。今亡赵，北地入燕，东地入齐，南地入韩、魏，则君之所得民亡几何人。⑥故不如因而割之，⑦无以为武安君功也。”于是应侯言于秦王曰：“秦兵劳，请许韩、赵之割地以和，且休士卒。”王听之，割韩垣雍、⑧赵六城以和。正月，皆罢兵。武安君闻之，由是与应侯有隙。

①【索隐】秦前攻赵已破上党，今回兵复定其郡，其馀城犹属赵也。

②【正义】故城在绛州龙门县西一里。

③【正义】太原，赵地，秦定取也。

④【正义】鄢在襄州率道县南九里。郢在荆州江陵县东六里。汉中，今梁州之地。

⑤【集解】徐广曰：“平皋有邢丘。”【正义】邢丘，今怀州武德县东南二十里平皋县城是也。

⑥【集解】徐广曰：“亡音无也。”

⑦【正义】因白起之攻，割取韩、赵之地。

⑧【集解】徐广曰：“卷县有垣雍城。”【正义】《释地名》云：“卷县所理垣雍城。”按：今在郑州原武县西北七里也。

其九月，秦复发兵，使五大夫王陵攻赵邯郸。是时武安君病，不任行。①四十九年正月，陵攻邯郸，少利，秦益发兵佐陵。陵兵亡五校。武安君病愈,秦王欲使武安君代陵将。武安君言曰:"邯郸实未易攻也。且诸侯救日至,彼诸侯怨秦之日久矣。今秦虽破长平军,而秦卒死者过半,国内空。远绝河山而争人国都,赵应其内,诸侯攻其外,破秦军必矣。不可。"秦王自命,不行;乃使应侯请之,武安君终辞不肯行,遂称病。

①【正义】任,入针反,堪也。

秦王使王龁代陵将,八九月围邯郸,不能拔。楚使春申君及魏公子将兵数十万攻秦军,秦军多失亡。武安君言曰:"秦不听臣计,今如何矣!"秦王闻之,怒,强起武安君,①武安君遂称病笃。应侯请之,不起。于是免武安君为士伍,迁之阴密。②武安君病,未能行。居三月,诸侯攻秦军急,秦军数却,使者日至。秦王乃使人遣白起,不得留咸阳中。武安君既行,出咸阳西门十里,至杜邮。③秦昭王与应侯群臣议曰:"白起之迁,其意尚怏怏不服,有馀言。"秦王乃使使者赐之剑,自裁。武安君引剑将自刭,曰:"我何罪于天而至此哉?"良久,曰:"我固当死。长平之战,赵卒降者数十万人,我诈而尽坑之,是足以死。"遂自杀。武安君之死也,以秦昭王五十年十一月。死而非其罪,秦人怜之,乡邑皆祭祀焉。④

①【正义】强,其两反。

②【集解】徐广曰:"属安定。"　【正义】故城在泾州鹑觚县,城西即古阴密国,密康公国也。

③【索隐】按:故咸阳城在渭北。杜邮,今在咸阳城中。　【正义】《说文》云"邮,境上行舍",道路所经过。今咸阳县城,本秦之邮也,在雍州西北三十五里。

④【集解】何晏曰:"白起之降赵卒,诈而坑其四十万,岂徒酷暴之谓乎!后亦难以重得志矣。向使众人皆豫知降之必死,则张虚卷犹可畏也,况于四十万被坚执锐哉!天下见降秦之将头颅似山,归秦之众骸积成丘,则后日之战,死当死耳,何众肯服,何城肯下乎?是为虽能裁四十万之命而适足以强天下之战,欲以要一朝之功而乃更坚诸侯之守,故兵进而自伐其势,军胜而还丧其计。何者?设使赵众复合,马服更生,则后日之战必非前日之对也,况今皆使天下为后日乎!其所以终不敢复加兵于邯郸者,非但忧平原君之补袒,患诸侯之捄至也,徒讳之而不言耳。若不悟而不讳,则毋所以远智

也,可谓善战而拙胜。长平之事,秦民之十五以上者皆荷戟而向赵矣,秦王又亲自赐民爵于河内。夫以秦之强,而十五以上死伤过半者,此为破赵之功小,伤秦之败大,又何以称奇哉! 若后之役戍不豫其论者,则秦众多矣,降者可致也;必不可致者,本自当战杀,不当受降诈也。战杀虽难,降杀虽易,然降杀之为害,祸大于剧战也。”【索隐】卷音拳。袒音浊苋反,字亦作“绽”。捄音救。

　　王翦者,频阳东乡人也。①少而好兵,事秦始皇。始皇十一年,翦将攻赵阏与,②破之,拔九城。十八年,翦将攻赵。岁馀,遂拔赵,赵王降,尽定赵地为郡。明年,燕使荆轲为贼于秦,秦王使王翦攻燕。燕王喜走辽东,翦遂定燕蓟而还。③秦使翦子王贲击荆,④荆兵败。还击魏,魏王降,遂定魏地。

①【索隐】《地理志》频阳县属左冯翊,应劭曰“在频水之阳也”。 【正义】故城在雍州东同官县界也。

②【正义】音预。

③【正义】蓟音计。

④【集解】徐广曰:“秦讳‘楚’,故云荆也。” 【索隐】贲音奔。

　　秦始皇既灭三晋,走燕王,而数破荆师。秦将李信者,年少壮勇,尝以兵数千逐燕太子丹至于衍水中,卒破得丹,始皇以为贤勇。于是始皇问李信:“吾欲攻取荆,于将军度用几何人而足?”李信曰:“不过用二十万人。”始皇问王翦,王翦曰:“非六十万人不可。”始皇曰:“王将军老矣,何怯也! 李将军果势壮勇,①其言是也。”遂使李信及蒙恬将二十万南伐荆。王翦言不用,因谢病,归老于频阳。李信攻平与,②蒙恬攻寝,③大破荆军。信又攻鄢郢,破之,于是引兵而西,与蒙恬会城父。④荆人因随之,三日三夜不顿舍,大破李信军,入两壁,杀七都尉,秦军走。

①【集解】徐广曰:“势,一作(新)〔断〕’。”

②【集解】音余。 【正义】在预东北五十四里。

③【集解】徐广曰:“今固始寝丘。” 【索隐】徐广云固始寝丘。固始,县,属淮

阳。寝丘,地名也。

④【索隐】在汝南,即应乡。　【正义】言引兵而会城父,则是汝州郏城县东父
城者也。《括地志》云:"汝州郏城县东四十里有父城故城,即服虔云城父楚
北境者也。又许州华县东北四十五里亦有父城故城,即杜预云襄城城父县
者也。此二城,父城之名耳,服虔城父是误也。《左传》及《注水经》云'楚大
城城父,使太子建居之'。《十三州志》云'太子建所居城父,谓今亳州城父
是也'。此三家之说,是城父之名。《地理志》云颍川父城县,沛郡城父县。
据县属郡,其名自分。古先儒多惑,故使其名错乱。"

始皇闻之,大怒,自驰如频阳,见谢王翦曰:"寡人以不用将军计,李
信果辱秦军。今闻荆兵日进而西,将军虽病,独忍弃寡人乎!"王翦谢
曰:"老臣罢病悖乱,①唯大王更择贤将。"始皇谢曰:"已矣,将军勿复
言!"王翦曰:"大王必不得已用臣,非六十万人不可。"始皇曰:"为听将
军计耳。"于是王翦将兵六十万人,始皇自送至灞上。王翦行,请美田宅
园池甚众。始皇曰:"将军行矣,何忧贫乎?"王翦曰:"为大王将,有功终
不得封侯,故及大王之向臣,臣亦及时以请园池为子孙业耳。"始皇大
笑。王翦既至关,使使还请善田者五辈。②或曰:"将军之乞贷,亦已甚
矣。"王翦曰:"不然。夫秦王怚③而不信人。④今空秦国甲士而专委于
我,⑤我不多请田宅为子孙业以自坚,顾令秦王坐而疑我邪?"

①【正义】罢音皮。悖音背。
②【集解】徐广曰:"善,一作'菖'。"　【索隐】谓使者五度请也。
③【集解】音麄。
④【集解】徐广曰:"怚,一作'粗'。"
⑤【集解】徐广曰:"专亦作'抟',又作'刿'。"

王翦果代李信击荆。荆闻王翦益军而来,乃悉国中兵以拒秦。王
翦至,坚壁而守之,不肯战。荆兵数出挑战,终不出。王翦日休士洗沐,
而善饮食抚循之,亲与士卒同食。久之,王翦使人问军中戏乎?对曰:
"方投石超距。"①于是王翦曰:"士卒可用矣。"荆数挑战而秦不出,乃引
而东。翦因举兵追之,令壮士击,大破荆军。至蕲南,②杀其将军项燕,

荆兵遂败走。秦因乘胜略定荆地城邑。岁馀,虏荆王负刍,竟平荆地为郡县。因南征百越之君。而王翦子王贲,与李信破定燕、齐地。

①【集解】徐广曰:"超,一作'拔'。《汉书》云'甘延寿投石拔距,绝于等伦。'张晏曰'《范蠡兵法》飞石重十二斤,为机发行三百步。延寿有力,能以手投之。拔距,超距也'。"【索隐】超距犹跳跃也。

②【正义】徐州县也。

秦始皇二十六年,尽并天下,王氏、蒙氏功为多,名施于后世。

秦二世之时,王翦及其子贲皆已死,而又灭蒙氏。陈胜之反秦,秦使王翦之孙王离击赵,围赵王及张耳钜鹿城。①或曰:"王离,秦之名将也。今将强秦之兵,攻新造之赵,举之必矣。"客曰:"不然。夫为将三世者必败。必败者何也? 必其所杀伐多矣,其后受其不祥。今王离已三世将矣。"居无何,项羽救赵,击秦军,果虏王离,王离军遂降诸侯。

①【正义】今邢州平乡县城本秦钜鹿郡城也。

太史公曰:鄙语云"尺有所短,寸有所长"。白起料敌合变,出奇无穷,声震天下,然不能救患于应侯。王翦为秦将,夷六国,当是时,翦为宿将,始皇师之,然不能辅秦建德,固其根本,偷合取容,以至殁身。①及孙王离为项羽所虏,不亦宜乎! 彼各有所短也。

①【集解】徐广曰:"殁音没。"

【索隐述赞】白起、王翦,俱善用兵。递为秦将,拔齐破荆。赵任马服,长平遂坑。楚陷李信,霸上卒行。贲、离继出,三代无名。

史记卷七十四

孟子荀卿列传第十四

【索隐】按:《序传》,《孟尝君》第十四,而此传为第十五,盖后人差降之矣。

太史公曰:余读《孟子书》,至梁惠王问"何以利吾国",未尝不废书而叹也。曰:嗟乎,利诚乱之始也!夫子罕言利者,常防其原也。故曰"放于利而行,多怨"。自天子至于庶人,好利之弊何以异哉!

孟轲,驺人也。①受业子思之门人。②道既通,游事齐宣王,宣王不能用。适梁,梁惠王不果所言,则见以为迂远而阔于事情。当是之时,秦用商君,富国强兵;楚、魏用吴起,战胜弱敌;齐威王、宣王用孙子、田忌之徒,而诸侯东面朝齐。天下方务于合从连衡,以攻伐为贤,而孟轲乃述唐、虞、三代之德,是以所如者不合。退而与万章之徒③序《诗》《书》,述仲尼之意,作《孟子》七篇。其后有驺子之属。

①【索隐】轲音苦何反,又苦贺反。邹,鲁地名。又云"邾",邾人徙邹故也。

　【正义】轲字子舆,为齐卿。邹,兖州县。

②【索隐】王劭以"人"为衍字,则以轲亲受业孔伋之门也。今言"门人"者,乃受业于子思之弟子也。

③【索隐】《孟子》有万章、公明高等,盖并轲之门人也。万,姓;章,名。

齐有三驺子。其前驺忌,以鼓琴干威王,因及国政,封为成侯而受相印,先孟子。

其次驺衍,后孟子。驺衍睹有国者益淫侈,不能尚德,若《大雅》整之于身,施及黎庶矣。乃深观阴阳消息而作怪迂之变,《终始》、《大圣》之篇十馀万言。其语闳大不经,必先验小物,推而大之,至于无垠。先序今以上至黄帝，学者所共术，大并世盛衰，①因载其机祥度制，推而远之，至天地未生，窈冥不可考而原也。先列中国名山大川，通谷禽兽，水土所殖，物类所珍，因而推之，及海外人之所不能睹。称引天地剖判以来，五德转移，治各有宜，而符应若兹。以为儒者所谓中国者，于天下乃八十一分居其一分耳。②中国名曰赤县神州。赤县神州内自有九州，禹之序九州是也，不得为州数。中国外如赤县神州者九，乃所谓九州也。于是有裨海环之，③人民禽兽莫能相通者，如一区中者，乃为一州。如此者九，乃有大瀛海环其外，天地之际焉。其术皆此类也。然要其归，必止乎仁义节俭，君臣上下六亲之施始也滥耳。④王公大人初见其术，惧然顾化，⑤其后不能行之。

①【集解】并，蒲浪反。　　【索隐】言其大体随代盛衰，观时而说事。

②【索隐】桓宽、王充并以衍之所言迂怪虚妄，干惑六国之君，因纳其异说，所谓"匹夫而营惑诸侯"者是也。

③【索隐】裨音脾。裨海，小海也。九州之外，更有大瀛海，故知此裨是小海也。且将有裨将，裨是小义也。

④【索隐】滥即滥觞，是江源之初始，故此文意以滥为初也。谓衍之术言君臣上下六亲之际，行事之所施所始，皆可为后代之宗本，故云滥耳。

⑤【索隐】惧音劬。谓衍之术皆动人心，见者莫不惧然驻想，又内心留顾而已化之，谓欲从其术也。按：化者，是易常闻而贵异术也。

是以驺子重于齐。适梁，惠王郊迎，执宾主之礼。适赵，平原君侧行撇席。①如燕，昭王拥彗先驱，②请列弟子之座而受业，筑碣石宫，③身亲往师之。作《主运》。④其游诸侯见尊礼如此，岂与仲尼菜色陈蔡，孟轲困于齐梁同乎哉！⑤故武王以仁义伐纣而王，伯夷饿不食周粟；卫灵公问陈，而孔子不答；梁惠王谋欲攻赵，孟轲称大王去邠。⑥此岂有意阿世俗苟合而已哉！持方枘欲内圜凿，其能入乎？⑦或曰，伊尹负鼎而勉汤以王，百里奚饭牛车下而缪公用霸，作先合，然后引之大道。驺衍其言虽不轨，傥亦有牛鼎之意乎？⑧

①【索隐】按：《字林》曰"撇音匹结反"。韦昭曰"敷蔑反"。张揖《三苍训诂》云

“襒，拂也。谓侧而行，以衣襒席为敬，不敢正坐当宾主之礼也”。

②【索隐】按：彗，帚也。谓为之埽地，以衣袂拥帚而却行，恐尘埃之及长者，所以为敬也。

③【正义】碣石宫在幽州蓟县西三十里宁台之东。

④【索隐】按：刘向《别录》云邹子书有《主运篇》。

⑤【索隐】按：仲尼、孟子法先王之道，行仁义之化，且菜色困穷；而邹衍执诡怪营惑诸侯，其见礼重如此，可为长太息哉。

⑥【索隐】今按：《孟子》“太王去邠”是轲对滕文公语，今云梁惠王谋攻赵，与《孟子》不同。

⑦【索隐】按：方枘是笋也，圜凿是孔也。谓工人斫木，以方笋而内之圜孔，不可入也。故《楚词》云“以方枘而内圜凿，吾固知其龃龉而不入”是也。谓战国之时，仲尼、孟轲以仁义干世主，犹方枘圜凿然。

⑧【索隐】按：《吕氏春秋》云“函牛之鼎不可以烹鸡”，是牛鼎言衍之术迂大，傥若大用之，是有牛鼎之意。而谯周亦云“观太史公此论，是其爱奇之甚”。

自驺衍与齐之稷下先生，① 如淳于髡、慎到、环渊、② 接子、③ 田骈、④ 驺奭之徒，⑤ 各著书言治乱之事，以干世主，岂可胜道哉！

①【索隐】稷下，齐之城门也。或云稷下，山名。谓齐之学士集于稷门之下。

②【索隐】按：刘向《别录》“环”作姓也。

③【索隐】古著书人之称号。

④【索隐】步坚、步经反二音。

⑤【正义】《慎子》十卷，在法家，则战国时处士。《接子》二篇。《田子》二十五篇，齐人，游稷下，号“天口”。接、田二人，道家。《驺奭》十二篇，阴阳家。

淳于髡，齐人也。博闻强记，学无所主。其谏说，慕晏婴之为人也，然而承意观色为务。客有见髡于梁惠王，惠王屏左右，独坐而再见之，终无言也。惠王怪之，以让客曰：“子之称淳于先生，管、晏不及，及见寡人，寡人未有得也。岂寡人不足为言邪？何故哉？”客以谓髡。髡曰：“固也。吾前见王，王志在驱逐；后复见王，王志在音声：吾是以默然。”客具以报王，王大骇，曰：“嗟乎，淳于先生诚圣人也！前淳于先生之来，人有献善马者，寡人未及视，会先生至。后先生之来，人有献讴者，未及

试,亦会先生来。寡人虽屏人,然私心在彼,有之。"①后淳于髡见,壹语
连三日三夜无倦。惠王欲以卿相位待之,髡因谢去。于是送以安车驾
驷,束帛加璧,黄金百镒。终身不仕。

　　①【索隐】谓私心实在彼马与讴也。有之,谓我实有此二事也。

　　慎到,赵人。田骈、接子,齐人。环渊,楚人。皆学黄老道德之术,
因发明序其指意。故慎到著十二论,①环渊著上下篇,而田骈、接子皆
有所论焉。

　　①【集解】徐广曰:"今《慎子》,刘向所定,有四十一篇。"

　　驺奭者,齐诸驺子,亦颇采驺衍之术以纪文。

　　于是齐王嘉之,自如淳于髡以下,皆命曰列大夫,为开第康庄之
衢,①高门大屋,尊宠之。览天下诸侯宾客,言齐能致天下贤士也。

　　①【集解】《尔雅》曰:"四达谓之衢,五达谓之康,六达谓之庄。"

　　荀卿,赵人。①年五十始来游学于齐。驺衍之术迂大而闳辩;奭也
文具难施;淳于髡久与处,时有得善言。故齐人颂曰:"谈天衍,雕龙奭,
炙毂②过髡。"③田骈之属皆已死。齐襄王时,④而荀卿最为老师。齐尚
修列大夫之缺,而荀卿三为祭酒焉。⑤齐人或谗荀卿,荀卿乃适楚,而春
申君以为兰陵令。⑥春申君死而荀卿废,因家兰陵。李斯尝为弟子,已
而相秦。荀卿嫉浊世之政,亡国乱君相属,不遂大道而营于巫祝,信机
祥,鄙儒小拘,如庄周等又猾稽乱俗,于是推儒、墨、道德之行事兴坏,序
列著数万言而卒。因葬兰陵。

　　①【索隐】名况。卿者,时人相尊而号为卿也。仕齐为祭酒,仕楚为兰陵令。
　　　后亦谓之孙卿子者,避汉宣帝讳改也。

　　②【集解】徐广曰:"一作'乱调'。"

　　③【集解】刘向《别录》曰:"驺衍之所言五德终始,天地广大,尽言天事,故曰
　　　'谈天'。驺奭修衍之文,饰若雕镂龙文,故曰'雕龙'。"《别录》曰"过"字作
　　　"輠"。輠者,车之盛膏器也。炙之虽尽,犹有馀流者。言淳于髡智不尽如
　　　炙輠也。左思《齐都赋》注曰"言其多智难尽,如炙膏过之有润泽也"。

　　【索隐】按:刘向《别录》"过"字作"輠"。輠,车之盛膏器也。炙之虽尽,犹有

馀津,言髡智不尽如炙輠也。按:刘氏云"輠,衍字也"。今按:文称"炙輠过",则过是器名,音如字读,谓盛脂之器名过。"过"与"锅"字相近,盖即脂器也。輠即车輠,过为润輠之物,则"輠"非衍字矣。

④【索隐】按襄王名法章,湣王子,莒人所立者。

⑤【索隐】按:礼食必祭先,饮酒亦然,必以席中之尊者一人当祭耳,后因以为官名,故吴王濞为刘氏祭酒是也。而卿三为祭酒者,谓荀卿出入前后三度处列大夫康庄之位,而皆为其所尊,故云"三为祭酒"也。

⑥【正义】兰陵,县,属东海郡,今沂州承县有兰陵山。

而赵亦有公孙龙①为坚白同异之辩,②剧子之言;③魏有李悝,尽地力之教;④楚有尸子、长卢;⑤阿之吁子焉。⑥自如孟子至于吁子,世多有其书,故不论其传云。

①【索隐】按:即仲尼弟子名也。此云赵人,《弟子传》作卫人,郑玄云楚人,各不能知其真也。又下文云"并孔子同时,或曰在其后",所以知非别人也。

②【集解】《晋太康地记》云:"汝南西平县有龙渊水可用淬刀剑,特坚利,故有坚白之论,云'黄,所以为坚也;白,所以为利也'。或辩之曰'白,所以为不坚;黄,所以为不利'。"【正义】《艺文志》《公孙龙子》十四篇,颜师古云即为坚白之辩。按《平原君传》,骈衍同时。《括地志》云"西平县,豫州西北百四十里,有龙渊水"也。

③【集解】徐广曰:"按应劭《氏姓注》直云'处子'也。"【索隐】按:著书之人姓剧氏而称子也,前史不记其名也,故赵有剧孟及剧辛也。

④【正义】《艺文志》:"《李子》三十二篇。李悝相魏文侯,富国强兵。"

⑤【集解】刘向《别录》曰:"楚有尸子,疑谓其在蜀。今按《尸子》书,晋人也,名佼,秦相卫鞅客也。卫鞅商君谋事画计,立法理民,未尝不与佼规之也。商君被刑,佼恐并诛,乃亡逃入蜀。自为造此二十篇书,凡六万馀言。卒,因葬蜀。"【索隐】按:尸子名佼,音绞,晋人,事具《别录》。长卢,未详。【正义】《长卢》九篇,楚人。

⑥【集解】徐广曰:"阿者,今之东阿。"【索隐】阿,齐之东阿也。吁音芈。《别录》作"芈子",今"吁"亦如字也。　【正义】按:东齐州也。《艺文志》云"《吁子》十八篇,名婴,齐人,七十子之后"。颜师古云音弭。按:是齐人,阿又属齐,恐颜公误也。

盖墨翟,宋之大夫,善守御,为节用。① 或曰并孔子时,或曰在其后。②

① 【集解】《墨子》曰:"公输般为云梯之械成,将以攻宋。墨子闻之,至于郢,见公输般。墨子解带为城,以牒为械。公输般九设攻城之机变,墨子九距之。公输般之攻械尽,墨子之守固有馀。公输般诎,而言曰:'吾知所以距子矣,吾不言。'墨子亦曰:'吾知子之所以距我者,吾不言。'楚王问其故。墨子曰:'公输子之意不过欲杀臣,杀臣,宋莫能守,可攻也。然臣之弟子禽滑釐等三百人已持臣守国之器在宋城上而待楚寇矣,虽杀臣,不能绝也。'楚王曰:'善哉,吾请无攻宋城矣!'" 【索隐】注"为云梯之械"者,按梯者,构木瞰高也;云者,言其升高入云,故曰云梯。械者,器也。谓攻城之楼橹也。注"墨子解带为城"者,谓墨子为术,解身上革带以为城也。注"以牒为械"者,按牒者,小木札也;械者,楼橹等也。注"公输般之攻械尽"者,刘氏云"械谓飞梯、撞车、飞石车弩之具"。诎音丘勿反。谓般技已尽,墨守有馀。禽滑釐者,墨子弟子之姓字也。釐音里。

② 【索隐】按:《别录》云"今按《墨子》书有文子,文子即子夏之弟子,问于墨子"。如此,则墨子在七十子之后也。

【索隐述赞】六国之末,战胜相雄。轲游齐、魏,其说不通。退而著述,称吾道穷。兰陵事楚,驺衍谈空。康庄虽列,莫见收功。

史记卷七十五

孟尝君列传第十五

　　孟尝君名文,姓田氏。文之父曰靖郭君田婴。田婴者,齐威王少子而齐宣王庶弟也。①田婴自威王时任职用事,与成侯邹忌及田忌将而救韩伐魏。成侯与田忌争宠,成侯卖田忌。田忌惧,袭齐之边邑,不胜,亡走。会威王卒,宣王立,知成侯卖田忌,乃复召田忌以为将。宣王二年,田忌与孙膑、田婴俱伐魏,败之马陵,虏魏太子申而杀魏将庞涓。②宣王七年,田婴使于韩、魏,韩、魏服于齐。婴与韩昭侯、魏惠王会齐宣王东阿南,③盟而去。④明年,复与梁惠王会甄。⑤是岁,梁惠王卒。宣王九年,田婴相齐。齐宣王与魏襄王会徐州而相王也。⑥楚威王闻之,怒田婴。明年,楚伐败齐师于徐州,而使人逐田婴。田婴使张丑说楚威王,威王乃止。田婴相齐十一年,宣王卒,湣王即位。即位三年,而封田婴于薛。⑦

> ①【索隐】按:《战国策》及诸书并无此言,盖诸田之别子也,故《战国策》每称"婴子"、"朌子",高诱注云"田朌"、"田婴"也。王劭又按:《战国策》云"齐貌辩谓宣王曰:'王方为太子时,辩谓靖郭君,不若废太子,更立郊师。靖郭君不忍。'宣王太息曰:'寡人少,殊不知。'"以此言之,婴非宣王弟明也。

> ②【索隐】《纪年》当梁惠王二十八年,至三十六年改为后元也。

> ③【正义】东阿,济州县也。

> ④【索隐】《纪年》当惠王之后元十一年。彼文作"平阿"。又云"十三年会齐威王于甄",与此明年齐宣王与梁惠王会甄文同。但齐之威宣二王,文舛互并不同。

> ⑤【集解】音绢。

⑥【正义】《纪年》云梁惠王三十年,下邳迁于薛,改名徐州。

⑦【索隐】《纪年》以为梁惠王后元十三年四月,齐威王封田婴于薛。十月,齐城薛。十四年,薛子婴来朝。十五年,齐威王薨,婴初封彭城。皆与此文异也。　【正义】薛故城在今徐州滕县南四十四里也。

　　初,田婴有子四十馀人,其贱妾有子名文,文以五月五日生。婴告其母曰:"勿举也。"其母窃举生之。①及长,其母因兄弟而见其子文于田婴。田婴怒其母曰:"吾令若去此子,而敢生之,何也?"文顿首,因曰:"君所以不举五月子者,何故?"婴曰:"五月子者,长与户齐,将不利其父母。"②文曰:"人生受命于天乎? 将受命于户邪?"婴默然。文曰:"必受命于天,君何忧焉。必受命于户,则可高其户耳,谁能至者!"婴曰:"子休矣。"

①【索隐】按:上"举"谓初诞而举之,下"举"谓浴而乳之。生谓长养之也。

②【索隐】按:《风俗通》云"俗说五月五日生子,男害父,女害母"。

　　久之,文承间问其父婴曰:"子之子为何?"曰:"为孙。""孙之孙为何?"曰:"为玄孙。""玄孙之孙为何?"曰:"不能知也。"①文曰:"君用事相齐,至今三王矣,齐不加广而君私家富累万金,门下不见一贤者。文闻将门必有将,相门必有相。今君后宫蹈绮縠而士不得(短)〔裋〕褐,②仆妾馀粱肉而士不厌糟糠。今君又尚厚积馀藏,欲以遗所不知何人,③而忘公家之事日损,文窃怪之。"于是婴乃礼文,使主家待宾客。宾客日进,名声闻于诸侯。诸侯皆使人请薛公田婴以文为太子,婴许之。婴卒,谥为靖郭君。④而文果代立于薛,是为孟尝君。

①【索隐】按:《尔雅》云"玄孙之子为来孙,来孙之子为昆孙,昆孙之子为仍孙,仍孙之子为云孙"。又有耳孙,亦是玄孙之子,不同也。

②【索隐】(短)〔裋〕亦音竖。竖褐,谓褐衣而竖裁之,以其省而便事也。

③【索隐】遗音唯季反。犹言不知欲遗与何人也。

④【集解】《皇览》曰:"靖郭君冢在鲁国薛城中东南陬。"【索隐】按:谓死后别号之曰"靖郭"耳,则"靖郭"或封邑号,故汉齐王舅父驷钧封靖郭侯是也。陬音邹,亦音缀。陬者,城隅也。

　　孟尝君在薛，招致诸侯宾客及亡人有罪者，皆归孟尝君。孟尝君舍业厚遇之，①以故倾天下之士。食客数千人，无贵贱一与文等。孟尝君待客坐语，而屏风后常有侍史，主记君所与客语，问亲戚居处。客去，孟尝君已使使存问，献遗其亲戚。孟尝君曾待客夜食，有一人蔽火光。客怒，以饭不等，辍食辞去。孟尝君起，自持其饭比之。客惭，自刭。士以此多归孟尝君。孟尝君客无所择，皆善遇之。人人各自以为孟尝君亲己。

　　①【索隐】按：舍业者，舍弃其家产而厚事宾客也。刘氏云"舍音赦。谓为之筑舍立居业也"。

　　秦昭王闻其贤，乃先使泾阳君为质于齐，以求见孟尝君。孟尝君将入秦，宾客莫欲其行，谏，不听。苏代谓曰："今旦代从外来，见木禺人与土禺人相与语。①木禺人曰：'天雨，子将败矣。'土禺人曰：'我生于土，败则归土。今天雨，流子而行，未知所止息也。'今秦，虎狼之国也，而君欲往，如有不得还，君得无为土禺人所笑乎？"孟尝君乃止。

　　①【索隐】音偶，又音寓。谓以土木为之偶，类于人也。苏代以土偶比泾阳君，木偶比孟尝君也。

　　齐湣王二十五年，复卒使孟尝君入秦，昭王即以孟尝君为秦相。人或说秦昭王曰："孟尝君贤，而又齐族也，今相秦，必先齐而后秦，秦其危矣。"于是秦昭王乃止。囚孟尝君，谋欲杀之。孟尝君使人抵昭王幸姬求解。①幸姬曰："妾愿得君狐白裘。"②此时孟尝君有一狐白裘，直千金，天下无双，入秦献之昭王，更无他裘。孟尝君患之，遍问客，莫能对。最下坐有能为狗盗者，曰："臣能得狐白裘。"乃夜为狗，以入秦宫臧中，③取所献狐白裘至，以献秦王幸姬。幸姬为言昭王，昭王释孟尝君。孟尝君得出，即驰去，更封传，变名姓以出关。④夜半至函谷关。⑤秦昭王后悔出孟尝君，求之已去，即使人驰传逐之。孟尝君至关，关法鸡鸣而出客，孟尝君恐追至，客之居下坐者有能为鸡鸣，而鸡齐鸣，遂发传出。出如食顷，秦追果至关，已后孟尝君出，乃还。始孟尝君列此二人于宾客，宾客尽羞之，及孟尝君有秦难，卒此二人拔之。自是之后，客皆服。

①【索隐】抵音丁礼反。按：抵谓触冒而求之也。

②【集解】韦昭曰："以狐之白毛为裘。谓集狐腋之毛，言美而难得者。"

③【正义】臧，在浪反。

④【索隐】更者，改也。改前封传而易姓名，不言是孟尝之名。封传犹今之
　　驿券。

⑤【正义】关在陕州桃林县西南十三里。

　　孟尝君过赵，赵平原君客之。赵人闻孟尝君贤，出观之，皆笑曰：
"始以薛公为魁然也，今视之，乃眇小丈夫耳。"孟尝君闻之，怒。客与俱
者下，斫击杀数百人，遂灭一县以去。

　　齐湣王不自得，①以其遣孟尝君。孟尝君至，则以为齐相，任政。

①【索隐】不自德。是愍王遣孟尝君，自言己无德也。

　　孟尝君怨秦，将以齐为韩、魏攻楚，因与韩、魏攻秦，①而借兵食于
西周。苏代为西周谓曰：②"君以齐为韩、魏攻楚九年，取宛、叶以北以
强韩、魏，③今复攻秦以益之。韩、魏南无楚忧，西无秦患，则齐危矣。
韩、魏必轻齐畏秦，臣为君危之。君不如令敝邑深合于秦，而君无攻，又
无借兵食。君临函谷而无攻，令敝邑以君之情谓秦昭王曰'薛公必不破
秦以强韩、魏。其攻秦也，欲王之令楚王割东国以与齐，④而秦出楚怀
王以为和'。君令敝邑以此惠秦，秦得无破而以东国自免也，秦必欲之。
楚王得出，必德齐。齐得东国益强，而薛世世无患矣。秦不大弱，而处
三晋之西，三晋必重齐。"薛公曰："善。"因令韩、魏贺秦，使三国无攻，而
不借兵食于西周矣。是时，楚怀王入秦，秦留之，故欲必出之。秦不果
出楚怀王。

①【集解】徐广曰："年表曰韩、魏、齐共击秦军于函谷。"

②【索隐】《战国策》作"韩庆为西周谓薛公"。

③【正义】宛在邓州，叶在许州。二县以北旧属楚，二国共没以入韩、魏。

④【正义】东国，齐、徐夷。

　　孟尝君相齐,其舍人魏子①为孟尝君收邑人,②三反而不致一人。孟尝君问之,对曰:"有贤者,窃假与之,以故不致入。"孟尝君怒而退魏子。居数年,人或毁孟尝君于齐湣王曰:"孟尝君将为乱。"及田甲劫湣王,湣王意疑孟尝君,孟尝君乃奔。③魏子所与粟贤者闻之,乃上书言孟尝君不作乱,请以身为盟,遂自刭宫门以明孟尝君。湣王乃惊,而踪迹验问,孟尝君果无反谋,乃复召孟尝君。孟尝君因谢病,归老于薛。湣王许之。

　　①【索隐】舍人官微,记姓而略其名,故云魏子。

　　②【索隐】收其国之租税也。

　　③【集解】徐广曰:"湣王三十四年,田甲劫王,薛文走。

　　其后,秦亡将吕礼相齐,欲困苏代。代乃谓孟尝君曰:"周最于齐,至厚也,①而齐王逐之,而听亲弗②相吕礼者,欲取秦也。齐、秦合,则亲弗与吕礼重矣。有用,齐、秦必轻君。君不如急北兵,趋赵以和秦、魏,收周最以厚行,且反齐王之信,③又禁天下之变。④齐无秦,则天下集齐,亲弗必走,则齐王孰与为其国也!"于是孟尝君从其计,而吕礼嫉害于孟尝君。

　　①【正义】周最,周之公子。

　　②【集解】亲弗,人姓名。　　【索隐】亲,姓;弗,名也。《战国策》作"祝弗",盖"祝"为得之。

　　③【索隐】周最本厚于齐,今欲逐之而相秦之亡将。苏代谓孟尝君,令齐收周最以自厚其行,又且得反齐王之有信,以不逐周最也。

　　④【索隐】变谓齐、秦合则亲弗、吕礼用,用则秦、齐轻孟尝也。

　　孟尝君惧,乃遗秦相穰侯魏冉书曰:"吾闻秦欲以吕礼收齐,齐,天下之强国也,子必轻矣。齐秦相取以临三晋,吕礼必并相矣,是子通齐以重吕礼也。若齐免于天下之兵,其雠子必深矣。子不如劝秦王伐齐。齐破,吾请以所得封子。齐破,秦畏晋之强,秦必重子以取晋。晋国敝于齐而畏秦,晋必重子以取秦。是子破齐以为功,挟晋以为重;是子破齐定封，秦、晋交重子。若齐不破，吕礼复用，子必大穷。”于是穰侯言于秦昭王伐齐，而吕礼亡。

　　后齐湣王灭宋，益骄，欲去孟尝君。孟尝君恐，乃如魏。魏昭王以为相，西合于秦、赵，与燕共伐破齐。齐湣王亡在莒，遂死焉。齐襄王立，而孟尝君中立于诸侯，无所属。齐襄王新立，畏孟尝君，与连和，复亲薛公。文卒，谥为孟尝君。① 诸子争立，而齐魏共灭薛。孟尝绝嗣无后也。

　　①【集解】《皇览》曰：“孟尝君冢在鲁国薛城中向门东。向门，出北边门也。”《诗》云“居常与许”，郑玄曰“‘常’或作‘尝’，在薛之南”。孟尝邑于薛城也。【索隐】按：孟尝袭父封薛，而号曰孟尝君，此云谥，非也。孟，字也；尝，邑名。《诗》云“居常与许”，《郑笺》云“‘常’或作‘尝’，尝邑在薛之旁”是也。　【正义】《括地志》云：“孟尝君墓在徐州滕县五十二里。卒在齐襄王之时也。”

　　初，冯驩①闻孟尝君好客，蹑屩而见之。② 孟尝君曰：“先生远辱，何以教文也？”冯驩曰：“闻君好士，以贫身归于君。”孟尝君置传舍十日，③ 孟尝君问传舍长曰：“客何所为？”答曰：“冯先生甚贫，犹有一剑耳，又蒯缑。④ 弹其剑而歌曰‘长铗归来乎，食无鱼’。”孟尝君迁之幸舍，食有鱼矣。五日，又问传舍长。答曰：“客复弹剑而歌曰‘长铗归来乎，出无舆’。”孟尝君迁之代舍，出入乘舆车矣。五日，孟尝君复问传舍长。舍长答曰：“先生又尝弹剑而歌曰‘长铗归来乎，无以为家’。”孟尝君不悦。

　　①【集解】音欢。复作“媛”，音许袁反。　【索隐】音欢。字或作“谖”，音况远反。
　　②【索隐】屩音脚。字亦作“蹻”，又作“屩”，亦作“𫏋”。
　　③【索隐】传音逐缘反。按：传舍、幸舍及代舍，并当上、中、下三等之客所舍之名耳。
　　④【集解】蒯音苦怪反。茅之类，可为绳。言其剑把无物可装，以小绳缠之也。缑音侯，亦作“候”，谓把剑之处。　【索隐】蒯，草名，音“蒯聩”之“蒯”。缑音侯，字亦作“候”，谓把剑之物。言其剑无物可装，但以蒯绳缠之，故云“蒯缑”。

居期年，冯驩无所言。孟尝君时相齐，封万户于薛。其食客三千人，邑入不足以奉客，①使人出钱于薛。岁馀不入，贷钱者多不能与其息，②客奉将不给。孟尝君忧之，问左右："何人可使收债于薛者？"传舍长曰："代舍客冯公形容状貌甚辩，长者，无他伎③能，宜可令收债。"孟尝君乃进冯驩而请之曰："宾客不知文不肖，幸临文者三千馀人，邑人不足以奉宾客，故出息钱于薛。薛岁不入，民颇不与其息。今客食恐不给，愿先生责之。"冯驩曰："诺。"辞行，至薛，召取孟尝君钱者皆会，得息钱十万。乃多酿酒，买肥牛，召诸取钱者，能与息者皆来，不能与息者亦来，皆持取钱之券书合之。齐为会，日杀牛置酒。酒酣，乃持券如前合之，能与息者，与为期；贫不能与息者，取其券而烧之。曰："孟尝君所以贷钱者，为民之无者以为本业也；所以求息者，为无以奉客也。今富给者以要期，贫穷者燔券书以捐之。诸君强饮食。有君如此，岂可负哉！"坐者皆起，再拜。

①【正义】奉，符用反。

②【索隐】按：与犹还也。息犹利也。

③【集解】亦作"技"。

孟尝君闻冯驩烧券书，怒而使使召驩。驩至，孟尝君曰："文食客三千人，故贷钱于薛。文奉邑少，①而民尚多不以时与其息，客食恐不足，故请先生收责之。闻先生得钱，即以多具牛酒而烧券书，何？"冯驩曰："然。不多具牛酒即不能毕会，无以知其有余不足。有馀者，为要期。不足者，虽守而责之十年，息愈多，急，即以逃亡自捐之。若急，终无以偿，上则为君好利不爱士民，下则有离上抵负之名，非所以厉士民彰君声也。焚无用虚债之券，捐不可得之虚计，令薛民亲君而彰君之善声也，君有何疑焉！"孟尝君乃拊手而谢之。

①【索隐】言文之奉邑少，故令出息于薛。

齐王惑于秦、楚之毁，以为孟尝君名高其主而擅齐国之权，遂废孟尝君。诸客见孟尝君废，皆去。冯驩曰："借臣车一乘，可以入秦者，必令君重于国而奉邑益广，可乎？"孟尝君乃约车币而遣之。冯驩乃西说秦王曰："天下之游士冯轼结靷西入秦者,无不欲强秦而弱齐;冯轼结靷东入齐者,无不欲强齐而弱秦。此雄雌之国也,势不两立为雄,雄者得天下矣。"秦王跽而问之曰:"何以使秦无为雌而可?"冯驩曰:"王亦知齐之废孟尝君乎?"秦王曰:"闻之。"冯驩曰:"使齐重于天下者,孟尝君也。今齐王以毁废之,其心怨,必背齐;背齐入秦,则齐国之情,人事之诚,尽委之秦,齐地可得也,岂直为雄也!君急使使载币阴迎孟尝君,不可失时也。如有齐觉悟,复用孟尝君,则雌雄之所在未可知也。"秦王大悦,乃遣车十乘黄金百镒以迎孟尝君。冯驩辞以先行,至齐,说齐王曰:"天下之游士冯轼结靷东入齐者,无不欲强齐而弱秦者;冯轼结靷西入秦者,无不欲强秦而弱齐者。夫秦齐雄雌之国,秦强则齐弱矣,此势不两雄。今臣窃闻秦遣使车十乘载黄金百镒以迎孟尝君。孟尝君不西则已,西入相秦则天下归之,秦为雄而齐为雌,雌则临淄、即墨危矣。王何不先秦使之未到,复孟尝君,而益与之邑以谢之?孟尝君必喜而受之。秦虽强国,岂可以请人相而迎之哉!折秦之谋,而绝其霸强之略。"齐王曰:"善。"乃使人至境候秦使。秦使车适入齐境,使还驰告之,王召孟尝君而复其相位,而与其故邑之地,又益以千户。秦之使者闻孟尝君复相齐,还车而去矣。

　　自齐王毁废孟尝君,诸客皆去。后召而复之,冯驩迎之。未到,孟尝君太息叹曰:"文常好客,遇客无所敢失,食客三千有馀人,先生所知也。客见文一日废,皆背文而去,莫顾文者。今赖先生得复其位,客亦有何面目复见文乎?如复见文者,必唾其面而大辱之。"冯驩结辔下拜。孟尝君下车接之,曰:"先生为客谢乎?"冯驩曰:"非为客谢也,为君之言失。夫物有必至,事有固然,君知之乎?"孟尝君曰:"愚不知所谓也。"曰:"生者必有死,物之必至也;富贵多士,贫贱寡友,事之固然也。君独不见夫(朝)趣市〔朝〕者乎?①明旦,侧肩争门而入;日暮之后,过市朝者掉臂而不顾。②非好朝而恶暮,所期物忘其中。③今君失位,宾客皆去,不足以怨士而徒绝宾客之路。愿君遇客如故。"孟尝君再拜曰:"敬从命矣。闻先生之言,敢不奉教焉。"

①【索隐】趣音娶。趣,向也。

②【索隐】过音光卧反。朝音潮。谓市之行位有如朝列,因言市朝耳。

③【索隐】按:期物谓入市心中所期之物利,故平明侧肩争门而入,今日暮,所期忘其中。忘者,无也。其中,市朝之中。言日暮物尽,故掉臂不顾也。

太史公曰:吾尝过薛,其俗闾里率多暴桀子弟,与邹、鲁殊。问其故,曰:"孟尝君招致天下任侠,奸人入薛中盖六万余家矣。"世之传孟尝君好客自喜,名不虚矣。

【索隐述赞】靖郭之子,威王之孙。既强其国,实高其门。好客喜士,见重平原。鸡鸣狗盗,魏子、冯煖。如何承睫,薛县徒存!

史记卷七十六

平原君虞卿列传第十六

平原君赵胜者,①赵之诸公子也。②诸子中胜最贤,喜宾客,宾客盖至者数千人。平原君相赵惠文王及孝成王,三去相,三复位,封于东武城。③

①【正义】胜,式证反。

②【集解】徐广曰:"《魏公子传》曰赵惠文王弟。"

③【集解】徐广曰:"属清河。" 【正义】今贝州武城县也。

平原君家楼临民家。民家有躄者,槃散①行汲。平原君美人居楼上,临见,大笑之。明日,躄者至平原君门,请曰:"臣闻君之喜士,士不远千里而至者,以君能贵士而贱妾也。臣不幸有罢癃之病,②而君之后宫临而笑臣,臣愿得笑臣者头。"平原君笑应曰:"诺。"躄者去,平原君笑曰:"观此竖子,乃欲以一笑之故杀吾美人,不亦甚乎!"终不杀。居岁馀,宾客门下舍人稍稍引去者过半。平原君怪之,曰:"胜所以待诸君者未尝敢失礼,而去者何多也?"门下一人前对曰:"以君之不杀笑躄者,以君为爱色而贱士,士即去耳。"于是平原君乃斩笑躄者美人头,自造门进躄者,因谢焉。其后门下乃复稍稍来。是时齐有孟尝,魏有信陵,楚有春申,故争相倾以待士。③

①【集解】亦作"跚"。 【索隐】躄音壁。散音先寒反,亦作"跚",同音。 【正义】躄,跛也。

②【集解】徐广曰:"癃音隆。癃,病也。" 【索隐】罢音皮。癃音吕宫反。罢癃谓背疾,言腰曲而背隆高也。

③【集解】徐广曰:"待,一作'得'。"

　　秦之围邯郸，①赵使平原君求救，合从于楚，约与食客门下有勇力文武备具者二十人偕。平原君曰："使文能取胜，则善矣。文不能取胜，则歃血于华屋之下，必得定从而还。士不外索，取于食客门下足矣。"得十九人，馀无可取者，无以满二十人。门下有毛遂者，前，自赞于平原君曰："遂闻君将合从于楚，约与食客门下二十人偕，不外索。今少一人，愿君即以遂备员而行矣。"平原君曰："先生处胜之门下几年于此矣？"毛遂曰："三年于此矣。"平原君曰："夫贤士之处世也，譬若锥之处囊中，其末立见。今先生处胜之门下三年于此矣，左右未有所称诵，胜未有所闻，是先生无所有也。先生不能，先生留。"毛遂曰："臣乃今日请处囊中耳。使遂蚤得处囊中，乃颖脱而出，②非特其末见而已。"平原君竟与毛遂偕。十九人相与目笑之而未废也。③

　　①【正义】赵惠文王九年，秦昭王十五年。

　　②【索隐】按：郑玄曰"颖，环也"。脱音吐活反。

　　③【索隐】按：郑玄曰"皆目视而轻笑之，未能即废弃之也"。

　　毛遂比至楚，与十九人论议，十九人皆服。平原君与楚合从，言其利害，日出而言之，日中不决。十九人谓毛遂曰："先生上。"毛遂按剑历阶而上，谓平原君曰："从之利害，两言而决耳。今日出而言从，日中不决，何也？"楚王谓平原君曰："客何为者也？"平原君曰："是胜之舍人也。"楚王叱曰："胡不下！吾乃与而君言，汝何为者也！"毛遂按剑而前曰："王之所以叱遂者，以楚国之众也。今十步之内，王不得恃楚国之众也，王之命县于遂手。吾君在前，叱者何也？且遂闻汤以七十里之地王天下，文王以百里之壤而臣诸侯，岂其士卒众多哉，诚能据其势而奋其威。今楚地五千里，持戟百万，此霸王之资也。以楚之强，天下弗能当。白起，小竖子耳，率数万之众，兴师以与楚战，一战而举鄢郢，再战而烧夷陵，三战而辱王之先人。此百世之怨而赵之所羞，而王弗知恶焉。①合从者为楚，非为赵也。吾君在前，叱者何也？"楚王曰："唯唯，诚若先生之言，谨奉社稷而以从。"毛遂曰："从定乎？"楚王曰："定矣。"毛遂谓楚王之左右曰："取鸡狗马之血来。"②毛遂奉铜槃③而跪进之楚王

曰："王当歃血而定从，次者吾君，次者遂。"遂定从于殿上。毛遂左手持
槃血而右手招十九人曰："公相与歃此血于堂下。④公等录录，⑤所谓因
人成事者也。"

①【正义】恶，乌故反。

②【索隐】按：盟之所用牲贵贱不同，天子用牛及马，诸侯用犬及豭，大夫已下
　　用鸡。今此总言盟之用血，故云"取鸡狗马之血来"耳。

③【索隐】奉，敷奉反。若《周礼》则用珠盘也。

④【索隐】唼此血。音所甲反。

⑤【集解】音禄。　【索隐】音禄。按：王劭云"录，借字耳"。又《说文》云"录
　　录，随从之貌"。

平原君已定从而归，归至于赵，曰："胜不敢复相士。胜相士多者千
人，寡者百数，自以为不失天下之士，今乃于毛先生而失之也。毛先生
一至楚，而使赵重于九鼎大吕。①毛先生以三寸之舌，强于百万之师。
胜不敢复相士。"遂以为上客。

①【索隐】九鼎大吕，国之宝器。言毛遂至楚，使赵重于九鼎大吕，言为天下所
　　重也。　【正义】大吕，周庙大钟。

平原君既返赵，楚使春申君将兵赴救赵，魏信陵君亦矫夺晋鄙军往
救赵，皆未至。秦急围邯郸，邯郸急，且降，平原君甚患之。邯郸传舍吏
子李同①说平原君曰："君不忧赵亡邪？"平原君曰："赵亡则胜为虏，何
为不忧乎？"李同曰："邯郸之民，炊骨易子而食，可谓急矣，而君之后宫
以百数，婢妾被绮縠，馀粱肉，而民褐衣不完，糟糠不厌。民困兵尽，或
剡木为矛矢，而君器物钟磬自若。使秦破赵，君安得有此？使赵得全，
君何患无有？今君诚能令夫人以下编于士卒之间，分功而作，家之所有
尽散以飨士，士方其危苦之时，易德耳。"②于是平原君从之，得敢死之
士三千人。李同遂与三千人赴秦军，秦军为之却三十里。亦会楚、魏救
至，秦兵遂罢，邯郸复存。李同战死，封其父为李侯。③

①【正义】名谈，太史公讳改也。

②【正义】言士方危苦之时，易有恩德。

③【集解】徐广曰："河内成皋有李城。"　【正义】怀州温县，本李城也，李同父
　　所封。隋炀帝从故温城移县于此。

虞卿欲以信陵君之存邯郸为平原君请封。公孙龙闻之，夜驾见平
原君曰："龙闻虞卿欲以信陵君之存邯郸为君请封，有之乎？"平原君曰：
"然。"龙曰："此甚不可。且王举君而相赵者，非以君之智能为赵国无有
也。割东武城而封君者，非以君为有功也，而以国人无勋，乃以君为亲
戚故也。君受相印不辞无能，割地不言无功者，亦自以为亲戚故也。今
信陵君存邯郸而请封，是亲戚受城而国人计功也。①此甚不可。且虞卿
操其两权，事成，操右券以责；②事不成，以虚名德君。君必勿听也。"平
原君遂不听虞卿。

①【集解】徐广曰："一本'是亲戚受城而以国许人'。"

②【索隐】言虞卿论平原君取封事成，则操其右券以责其报德也。

平原君以赵孝成王十五年卒。①子孙代，后竟与赵俱亡。

①【索隐】按：《六国年表》及世家并云十四年卒，与此不同。

平原君厚待公孙龙。公孙龙善为坚白之辩，及邹衍过赵①言至道，
乃绌公孙龙。②

①【索隐】过音戈。

②【集解】刘向《别录》曰："齐使邹衍过赵，平原君见公孙龙及其徒綦毋子之
　　属，论'白马非马'之辩，以问邹子。邹子曰：'不可。彼天下之辩有五胜三
　　至，而辞正为下。辩者，别殊类使不相害，序异端使不相乱，抒意通指，明其
　　所谓，使人与知焉，不务相迷也。故胜者不失其所守，不胜者得其所求。若
　　是，故辩可为也。及至烦文以相假，饰辞以相惇，巧譬以相移，引人声使不
　　得及其意。如此，害大道。夫缴纷争言而竞后息，不能无害君子。'坐皆称
　　善。"　【索隐】抒音墅。抒者，舒也。缴音叫。谓缴绕纷乱，争言而竞后息，
　　不能无害也。

虞卿者，游说之士也。蹑蹻檐簦①说赵孝成王。一见，赐黄金百

镒，白璧一双；再见，为赵上卿，故号为虞卿。②

①【集解】徐广曰："蹻，草履也。簦，长柄笠，音登。笠有柄者谓之簦。"　【索隐】蹻，亦作"𫏋"，音脚。徐广云："𫏋，草履也。"

②【集解】谯周曰："食邑于虞。"　【索隐】赵之虞在河东大阳县，今之虞乡县是也。

秦赵战于长平，赵不胜，亡一都尉。赵王召楼昌与虞卿曰："军战不胜，尉复死，①寡人使束甲而趋之，何如？"楼昌曰："无益也，不如发重使为媾。"②虞卿曰："昌言媾者，以为不媾军必破也。而制媾者在秦。且王之论秦也，欲破赵之军乎，不邪？"王曰："秦不遗馀力矣，必且欲破赵军。"虞卿曰："王听臣，发使出重宝以附楚、魏，楚、魏欲得王之重宝，必内吾使。赵使入楚、魏，秦必疑天下之合从，且必恐。如此，则媾乃可为也。"赵王不听，与平阳君为媾，发郑朱入秦。秦内之。赵王召虞卿曰："寡人使平阳君为媾于秦，秦已内郑朱矣，卿以为奚如？"虞卿对曰："王不得媾，军必破矣。天下贺战胜者皆在秦矣。郑朱，贵人也，入秦，秦王与应侯必显重以示天下。楚、魏以赵为媾，必不救王。秦知天下不救王，则媾不可得成也。"应侯果显郑朱以示天下贺战胜者，终不肯媾。长平大败，遂围邯郸，为天下笑。

①【集解】徐广曰："复，一作'系'。"

②【集解】古后反。求和曰媾。　【索隐】古候反。按：求和曰媾。媾亦讲，讲亦和也。

秦既解邯郸围，而赵王入朝，使赵郝①约事于秦，割六县而媾。虞卿谓赵王曰："秦之攻王也，倦而归乎？王以其力尚能进，爱王而弗攻乎？"王曰："秦之攻我也，不遗馀力矣，必以倦而归也。"虞卿曰："秦以其力攻其所不能取，倦而归，王又以其力之所不能取以送之，是助秦自攻也。来年秦复攻王，王无救矣。"王以虞卿之言告赵郝。赵郝曰："虞卿诚能尽秦力之所至乎？诚知秦力之所不能进，此弹丸之地弗予，令秦来年复攻王，王得无割其内而媾乎？"王曰："请听子割矣，子能必使来年秦之不复攻我乎？"赵郝对曰："此非臣之所敢任也。他日三晋之交于秦，相善也。今秦善韩、魏而攻王，王之所以事秦必不如韩、魏也。今臣为足下解负亲之攻，②开关通币，齐交韩、魏，至来年而王独取攻于秦，此王之所以事秦必在韩、魏之后也。此非臣之所敢任也。”

①【集解】音释。徐广曰：“一作‘赦’。”【索隐】音释。

②【索隐】言为足下解其负檐，而亲自攻之也。

王以告虞卿。虞卿对曰：“郝言‘不媾，来年秦复攻王，王得无割其内而媾乎’。今媾，郝又以不能必秦之不复攻也。今虽割六城，何益！来年复攻，又割其力之所不能取而媾，此自尽之术也，不如无媾。秦虽善攻，不能取六县；赵虽不能守，终不失六城。秦倦而归，兵必罢。我以六城收天下以攻罢秦，是我失之于天下而取偿于秦也。吾国尚利，孰与坐而割地，自弱以强秦哉？今郝曰‘秦善韩、魏而攻赵者，必（以为韩魏不救赵也而王之军必孤有以）王之事秦不如韩、魏也’，是使王岁以六城事秦也，即坐而城尽。来年秦复求割地，王将与之乎？弗与，是弃前功而挑秦祸也；与之，则无地而给之。语曰‘强者善攻，弱者不能守’。今坐而听秦，秦兵不弊而多得地，是强秦而弱赵也。以益强之秦而割愈弱之赵，其计故不止矣。且王之地有尽而秦之求无已，以有尽之地而给无已之求，其势必无赵矣。”

赵王计未定，楼缓从秦来，赵王与楼缓计之，曰：“予秦地（何）如毋予，孰吉？”缓辞让曰：“此非臣之所能知也。”王曰：“虽然，试言公之私。”①楼缓对曰：“王亦闻夫公甫文伯母乎？②公甫文伯仕于鲁，病死，女子为自杀于房中者二人。其母闻之，弗哭也。其相室曰：③‘焉有子死而弗哭者乎？’其母曰：‘孔子，贤人也，逐于鲁，而是人不随也。今死而妇人为之自杀者二人，若是者必其于长者薄而于妇人厚也。’故从母言之，是为贤母；从妻言之，是必不免为妒妻。故其言一也，言者异则人心变矣。今臣新从秦来而言勿予，则非计也；言予之，恐王以臣为为秦也：故不敢对。使臣得为大王计，不如予之。”王曰：“诺。”

①【索隐】按：私谓私心也。

②【正义】季康子从祖母。文伯名歜，康子从父昆弟。

③【正义】谓傅姆之类也。

　　虞卿闻之，入见王曰："此饰说也，王眘①勿予！"楼缓闻之，往见王。王又以虞卿之言告楼缓。楼缓对曰："不然。虞卿得其一，不得其二。夫秦赵构难而天下皆说，何也？曰'吾且因强而乘弱矣'。今赵兵困于秦，天下之贺战胜者则必尽在于秦矣。故不如亟割地为和，以疑天下而慰秦之心。不然，天下将因秦之(强)怒，乘赵之獘，瓜分之。赵且亡，何秦之图乎？故曰虞卿得其一，不得其二。愿王以此决之，勿复计也。"

　　①【集解】徐广曰："音慎。"

　　虞卿闻之，往见王曰："危哉楼子之所以为秦者，是愈疑天下，而何慰秦之心哉？独不言其示天下弱乎？且臣言勿予者，非固勿予而已也。秦索六城于王，而王以六城赂齐。齐，秦之深仇也，得王之六城，并力西击秦，齐之听王，不待辞之毕也。则是王失之于齐而取偿于秦也。而齐、赵之深仇可以报矣，而示天下有能为也。王以此发声，兵未窥于境，臣见秦之重赂至赵而反媾于王也。从秦为媾，韩、魏闻之，必尽重王；重王，必出重宝以先于王。则是王一举而结三国之亲，而与秦易道也。"①赵王曰："善。"则使虞卿东见齐王，与之谋秦。虞卿未返，秦使者已在赵矣。楼缓闻之，亡去。赵于是封虞卿以一城。

　　①【正义】前取秦攻，今得赂，是易道也。易音亦。

　　居顷之，而魏请为从。赵孝成王召虞卿谋。过平原君，①平原君曰："愿卿之论从也。"虞卿入见王。王曰："魏请为从。"对曰："魏过。"②王曰："寡人固未之许。"对曰："王过。"王曰："魏请从，卿曰魏过，寡人未之许，又曰寡人过，然则从终不可乎？"对曰："臣闻小国之与大国从事也，有利则大国受其福，有败则小国受其祸。今魏以小国请其祸，而王以大国辞其福，臣故曰王过，魏亦过。窃以为从便。"王曰："善。"乃合魏为从。

　　①【索隐】过音戈。

　　②【集解】光卧反。

虞卿既以魏齐之故,不重万户侯卿相之印,与魏齐间行,卒去赵,困于梁。魏齐已死,不得意,乃著书,①上采《春秋》,下观近世,曰《节义》、《称号》、《揣摩》、《政谋》,凡八篇。以刺讥国家得失,世传之曰《虞氏春秋》。②

①【索隐】魏齐,魏相,与应侯有仇,秦求之急,乃抵虞卿。卿弃相印,乃与齐间行亡归梁,以托信陵君。信陵君疑未决,齐自杀。故虞卿失相,乃穷愁而著书也。

②【正义】《艺文志》云十五篇。

太史公曰:平原君,翩翩浊世之佳公子也,然未睹大体。鄙语曰"利令智昏",平原君贪冯亭邪说,使赵陷长平兵四十馀万众,邯郸几亡。①虞卿料事揣情,为赵画策,何其工也!及不忍魏齐,卒困于大梁,庸夫且知其不可,况贤人乎?然虞卿非穷愁,亦不能著书以自见于后世云。

①【集解】谯周曰:"长平之陷,乃赵王信间易将之咎,何怨平原受冯亭哉?"

【索隐述赞】翩翩公子,天下奇器。笑姬从戮,义士增气。兵解李同,盟定毛遂。虞卿蹉跌,受赏料事。及困魏齐,著书见意。

史记卷七十七

魏公子列传第十七

魏公子无忌者,魏昭王少子而魏安釐王异母弟也。昭王薨,安釐王即位,封公子为信陵君。① 是时范睢亡魏相秦,以怨魏齐故,秦兵围大梁,破魏华阳下军,走芒卯。魏王及公子患之。

①【索隐】按:《地理志》无信陵,或是乡邑名也。

公子为人仁而下士,士无贤不肖皆谦而礼交之,不敢以其富贵骄士。士以此方数千里争往归之,致食客三千人。当是时,诸侯以公子贤,多客,不敢加兵谋魏十馀年。

公子与魏王博,而北境传举烽,言"赵寇至,且入界"。① 魏王释博,欲召大臣谋。公子止王曰:"赵王田猎耳,非为寇也。"② 复博如故。王恐,心不在博。居顷,复从北方来传言曰:"赵王猎耳,非为寇也。"魏王大惊,曰:"公子何以知之?"公子曰:"臣之客有能深得赵王阴事③者,赵王所为,客辄以报臣,臣以此知之。"是后魏王畏公子之贤能,不敢任公子以国政。

①【集解】文颖曰:"作高木橹,橹上作桔槔,桔槔头兜零,以薪置其中,谓之烽。常低之,有寇即火然举之以相告。"

②【正义】为,于伪反。

③【索隐】按:谯周作"探得赵王阴事"。

魏有隐士曰侯嬴,① 年七十,家贫,为大梁夷门监者。公子闻之,往请,欲厚遗之。不肯受,曰:"臣修身洁行数十年,终不以监门困故而受公子财。"公子于是乃置酒大会宾客。坐定,公子从车骑,虚左,自迎夷门侯生。侯生摄敝衣冠，直上载公子上坐，不让，欲以观公子。公子执辔愈恭。侯生又谓公子曰："臣有客在市屠中，愿枉车骑过之。"公子引车入市，侯生下见其客朱亥，俾倪，②故久立与其客语，微察公子。公子颜色愈和。当是时，魏将相宗室宾客满堂，待公子举酒。市人皆观公子执辔。从骑皆窃骂侯生。侯生视公子色终不变，乃谢客就车。至家，公子引侯生坐上坐，遍赞宾客，③宾客皆惊。酒酣，公子起，为寿侯生前。侯生因谓公子曰："今日嬴之为公子亦足矣。④嬴乃夷门抱关者也，而公子亲枉车骑，自迎嬴于众人广坐之中，不宜有所过，今公子故过之。然嬴欲就公子之名，故久立公子车骑市中，过客以观公子，公子愈恭。市人皆以嬴为小人，而以公子为长者能下士也。"于是罢酒，侯生遂为上客。

①【索隐】音盈。又曹植音"嬴瘦"之"嬴"。

②【索隐】上音浦计反，下音五计反。邹诞云又上音匹未反，下音五弟反。【正义】不正视也。

③【索隐】遍音遍。赞者，告也。谓以侯生遍告宾客。

④【集解】徐广曰："为，一作'羞'。"

侯生谓公子曰："臣所过屠者朱亥，此子贤者，世莫能知，故隐屠间耳。"公子往数请之，朱亥故不复谢，公子怪之。

魏安釐王二十年，秦昭王已破赵长平军，又进兵围邯郸。公子姊为赵惠文王弟平原君夫人，数遗魏王及公子书，请救于魏。魏王使将军晋鄙①将十万众救赵。秦王使使者告魏王曰："吾攻赵旦暮且下，而诸侯敢救者，已拔赵，必移兵先击之。"魏王恐，使人止晋鄙，留军壁邺，名为救赵，实持两端以观望。平原君使者冠盖相属于魏，让魏公子曰："胜所以自附为婚姻者，以公子之高义，为能急人之困。今邯郸旦暮降秦而魏救不至，安在公子能急人之困也！且公子纵轻胜，弃之降秦，独不怜公子姊邪？"公子患之，数请魏王，及宾客辩士说王万端。魏王畏秦，终不听公子。公子自度终不能得之于王，计不独生而令赵亡，乃请宾客，约车骑百馀乘，欲以客往赴秦军，与赵俱死。

①【索隐】魏将姓名也。

　　行过夷门，见侯生，具告所以欲死秦军状。辞决而行，侯生曰："公子勉之矣，老臣不能从。"公子行数里，心不快，曰："吾所以待侯生者备矣，天下莫不闻，今吾且死而侯生曾无一言半辞送我，我岂有所失哉？"复引车还，问侯生。侯生笑曰："臣固知公子之还也。"曰："公子喜士，名闻天下。今有难，无他端而欲赴秦军，譬若以肉投馁虎，何功之有哉？尚安事客？然公子遇臣厚，公子往而臣不送，以是知公子恨之复返也。"公子再拜，因问。侯生乃屏人间语，①曰："嬴闻晋鄙之兵符常在王卧内，而如姬最幸，出入王卧内，力能窃之。嬴闻如姬父为人所杀，如姬资之三年，②自王以下欲求报其父仇，莫能得。如姬为公子泣，公子使客斩其仇头，敬进如姬。如姬之欲为公子死，无所辞，顾未有路耳。公子诚一开口请如姬，如姬必许诺，则得虎符夺晋鄙军，北救赵而西却秦，此五霸之伐也。"公子从其计，请如姬。如姬果盗晋鄙兵符与公子。

　　①【索隐】间音闲。〔间〕语谓静语也。

　　②【索隐】旧解资之三年谓服齐衰也。今案：资者，蓄也。谓欲为父复仇之资
　　　蓄于心已得三年矣。

　　公子行，侯生曰："将在外，主令有所不受，以便国家。公子即合符，而晋鄙不授公子兵而复请之，事必危矣。臣客屠者朱亥可与俱，此人力士。晋鄙听，大善；不听，可使击之。"于是公子泣。侯生曰："公子畏死邪？何泣也？"公子曰："晋鄙嚄唶①宿将，往恐不听，必当杀之，是以泣耳，岂畏死哉？"于是公子请朱亥。朱亥笑曰："臣乃市井鼓刀屠者，而公子亲数存之，所以不报谢者，以为小礼无所用。今公子有急，此乃臣效命之秋也。"遂与公子俱。公子过谢侯生。侯生曰："臣宜从，老不能。请数公子行日，以至晋鄙军之日，北乡自刭，以送公子。"公子遂行。

　　①【集解】上音乌百反，下音庄白反。　【索隐】上乌白反，下争格反。案：嚄唶
　　　谓多词句也。　【正义】《声类》云："嚄，大笑。唶，大呼。"

　　至邺，矫魏王令代晋鄙。晋鄙合符，疑之，举手视公子曰："今吾拥

十万之众，屯于境上，国之重任，今单车来代之，何如哉？"欲无听。朱亥袖四十斤铁椎，椎杀晋鄙，公子遂将晋鄙军。勒兵下令军中曰："父子俱在军中，父归；兄弟俱在军中，兄归；独子无兄弟，归养。"得选兵八万人，进兵击秦军。秦军解去，遂救邯郸，存赵。赵王及平原君自迎公子于界，平原君负韊矢①为公子先引。赵王再拜曰："自古贤人未有及公子者也。"当此之时，平原君不敢自比于人。公子与侯生决，至军，侯生果北乡自刭。

①【集解】吕忱曰："韊盛弩矢。"【索隐】韊音兰。谓以盛矢，如今之胡簏而短也。吕姓，忱名，作《字林》者。言韊盛弩矢之器。

魏王怒公子之盗其兵符，矫杀晋鄙，公子亦自知也。已却秦存赵，使将将其军归魏，而公子独与客留赵。赵孝成王德公子之矫夺晋鄙兵而存赵，乃与平原君计，以五城封公子。公子闻之，意骄矜而有自功之色。客有说公子曰："物有不可忘，或有不可不忘。夫人有德于公子，公子不可忘也；公子有德于人，愿公子忘之也。且矫魏王令，夺晋鄙兵以救赵，于赵则有功矣，于魏则未为忠臣也。公子乃自骄而功之，窃为公子不取也。"于是公子立自责，似若无所容者。赵王埽除自迎，执主人之礼，引公子就西阶。公子侧行辞让，从东阶上。①自言罪过，以负于魏，②无功于赵。赵王侍酒至暮，口不忍献五城，以公子退让也。公子竟留赵。赵王以鄗③为公子汤沐邑，魏亦复以信陵奉公子。公子留赵。

①【集解】《礼记》曰："主人就东阶，客就西阶。客若降等，则就主人之阶。"
②【索隐】负音佩。
③【索隐】音鄗，赵邑名，属常山。

公子闻赵有处士毛公藏于博徒，薛公藏于卖浆家，①公子欲见两人，两人自匿不肯见公子。公子闻所在，乃间步往从此两人游，甚欢。平原君闻之，谓其夫人曰："始吾闻夫人弟公子天下无双，今吾闻之，乃妄从博徒卖浆者游，公子妄人耳。"夫人以告公子。公子乃谢夫人去，曰："始吾闻平原君贤，故负魏王而救赵，以称平原君。平原君之游，徒豪举耳,②不求士也。无忌自在大梁时,常闻此两人贤,至赵,恐不得见。以无忌从之游,尚恐其不我欲也,今平原君乃以为羞,其不足从游。”乃装为去。夫人具以语平原君。平原君乃免冠谢,固留公子。平原君门下闻之,半去平原君归公子,天下士复往归公子,公子倾平原君客。

①【集解】徐广曰:“浆,一作‘醪’。”　【索隐】按:《别录》云“浆,或作‘醪’字”。

②【索隐】谓豪者举之。举亦音据也。

公子留赵十年不归。秦闻公子在赵,日夜出兵东伐魏。魏王患之,使使往请公子。公子恐其怒之,乃诫门下:“有敢为魏王使通者,死。”宾客皆背魏之赵,莫敢劝公子归。毛公、薛公①两人往见公子曰:“公子所以重于赵,名闻诸侯者,徒以有魏也。今秦攻魏,魏急而公子不恤,使秦破大梁而夷先王之宗庙,公子当何面目立天下乎?”语未及卒,公子立变色,告车趣驾归救魏。

①【索隐】史不记其名。

魏王见公子,相与泣,而以上将军印授公子,公子遂将。魏安釐王三十年,公子使使遍告诸侯。诸侯闻公子将,各遣将将兵救魏。公子率五国之兵破秦军于河外,走蒙骜。遂乘胜逐秦军至函谷关,抑秦兵,①秦兵不敢出。当是时,公子威振天下,诸侯之客进兵法,公子皆名之,②故世俗称《魏公子兵法》。③

①【索隐】抑音忆。按:抑谓以兵戹之。

②【索隐】言公子所得进兵法而必称其名,以言其恕也。

③【集解】刘歆《七略》有《魏公子兵法》二十一篇,《图》七卷。

秦王患之,乃行金万斤于魏,求晋鄙客,令毁公子于魏王曰:“公子亡在外十年矣,今为魏将,诸侯将皆属,诸侯徒闻魏公子,不闻魏王。公子亦欲因此时定南面而王,诸侯畏公子之威,方欲共立之。”秦数使反间,伪贺公子得立为魏王未也。魏王日闻其毁,不能不信,后果使人代公子将。公子自知再以毁废,乃谢病不朝,与宾客为长夜饮,饮醇酒,多近妇女。日夜为乐饮者四岁，竟病酒而卒。其岁，魏安釐王亦薨。

秦闻公子死，使蒙骜攻魏，拔二十城，初置东郡。其后秦稍蚕食魏，十八岁而虏魏王，①屠大梁。

①【索隐】魏王名假。

高祖始微少时，数闻公子贤。及即天子位，每过大梁，常祠公子。高祖十二年，从击黥布还，为公子置守冢五家，世世岁以四时奉祠公子。

太史公曰：吾过大梁之墟，求问其所谓夷门。夷门者，城之东门也。天下诸公子亦有喜士者矣，然信陵君之接岩穴隐者，不耻下交，有以也。名冠诸侯，不虚耳。高祖每过之而令民奉祠不绝也。

【索隐述赞】信陵下士，邻国相倾。以公子故，不敢加兵。颇知朱亥，尽礼侯嬴。遂却晋鄙，终辞赵城。毛、薛见重，万古希声。

史记卷七十八

春申君列传第十八

　　春申君者，楚人也，名歇，姓黄氏。游学博闻，事楚顷襄王。①顷襄王以歇为辩，使于秦。秦昭王使白起攻韩、魏，败之于华阳，禽魏将芒卯，韩、魏服而事秦。秦昭王方令白起与韩、魏共伐楚，未行，而楚使黄歇适至于秦，闻秦之计。当是之时，秦已前使白起攻楚，取巫、黔中之郡，拔鄢郢，东至竟陵，②楚顷襄王东徙治于陈县。③黄歇见楚怀王之为秦所诱而入朝，遂见欺，留死于秦。顷襄王，其子也，秦轻之，恐壹举兵而灭楚。歇乃上书说秦昭王曰：

　　①【索隐】名横，考烈王完之父。
　　②【正义】竟陵属江夏郡也。
　　③【正义】今陈州也。

　　天下莫强于秦、楚。今闻大王欲伐楚，此犹两虎相与斗。两虎相与斗而驽犬受其獘，①不如善楚。臣请言其说：臣闻物至则反，冬夏是也；②致至则危，③累棋是也。今大国之地，遍天下有其二垂，④此从生民已来，万乘之地未尝有也。先帝文王、庄王之身，三世不妄接地于齐，以绝从亲之要。⑤今王使盛桥守事于韩，⑥盛桥以其地入秦，是王不用甲，不信威，⑦而得百里之地。王可谓能矣。王又举甲而攻魏，杜大梁之门，举河内，拔燕、酸枣、虚、⑧桃，入邢，⑨魏之兵云翔而不敢救。王之功亦多矣。王休甲息众，二年而后复之；又并蒲、衍、首、垣，⑩以临仁、平丘，⑪黄、济阳婴城⑫而魏氏服；王又割濮磿之北，⑬注齐秦之要，绝楚赵之脊，⑭天下五合六聚而不敢救。王之威亦单矣。⑮

①【索隐】按:谓两虎斗乃受獘于驽犬也。刘氏云受犹承也。

②【正义】至,极也,极则反也。冬至,阴之极;夏至,阳之极。

③【集解】徐广曰:"致,或作'安'。"

④【正义】言极东西。

⑤【索隐】音腰。以言山东从,韩、魏是其腰。

⑥【索隐】按:秦使盛桥守事于韩,亦如楚使召滑相赵然也,并内行章义之难。

⑦【索隐】信音申。

⑧【集解】徐广曰:"秦始皇五年,取酸枣、燕、虚。苏代曰'决宿胥之口,魏无虚、顿丘'。"

⑨【集解】徐广曰:"燕县有桃城,平皋有邢丘。"　【正义】邢丘在怀州武德县东南二十里。

⑩【集解】徐广曰:"苏秦云'北有河外、卷、衍'。长垣县有蒲乡。"　【索隐】此蒲在卫之长垣蒲乡也。衍在河南,与卷相近。首盖牛首,垣即长垣,非河东之垣也。垣音圆。

⑪【集解】徐广曰:"属陈留。"　【索隐】仁及平丘二县名。谓以兵临此二县,则黄及济阳等自婴城而守也。按:《地理志》平丘属陈留,今不知所在。

⑫【集解】徐广曰:"苏代云'决白马之口,魏无黄、济阳'。"　【正义】故黄城在曹州考城县东。济阳故城在曹州宛句县西南。婴城,未详。

⑬【集解】徐广曰:"濮水北于钜野入济。"　【索隐】地名,盖地近濮也。

⑭【正义】刘伯庄云:"言秦得魏地,楚赵之(绝)从〔绝〕。"

⑮【集解】徐广曰:"单,亦作'殚'。"　【索隐】单音丹。单者,尽也。言王之威尽行矣。

　　王若能持功守威,绌攻取之心而肥仁义之地,使无后患,三王不足四,五伯不足六也。王若负人徒之众,仗兵革之强,乘毁魏之威,而欲以力臣天下之主,臣恐其有后患也。《诗》曰"靡不有初,鲜克有终"。《易》曰"狐涉水,濡其尾"。①此言始之易,终之难也。何以知其然也?昔智氏见伐赵之利而不知榆次之祸,②吴见伐齐之便而不知干隧之败。③此二国者,非无大功也,没利于前而易患于后也。④吴之信越也,从而伐齐,⑤既胜齐人于艾陵,⑥还为越王禽三渚之浦。⑦智氏之信韩、魏也，从而伐赵，攻晋阳城，⑧胜有日矣，韩、魏叛之，杀智伯瑶于凿台之下。⑨今王妒楚之不毁也，而忘毁楚之强韩、魏也，臣为王虑而不取也。

①【正义】言狐惜其尾，每涉水，举尾不令湿，比至极困，则濡之。譬不可力臣之。

②【索隐】智伯败于榆次也。《地理志》属太原，有梗阳乡。　【正义】榆次，并州县也。《注水经》云："榆次县南洞涡水侧有凿台。"

③【索隐】干隧，吴之败处，地名。干，水边也。隧，道路也。　【正义】干隧，吴地名也。出万安山西南一里太湖，即吴王夫差自到处，在苏州西北四十里。

④【索隐】谓智伯及吴王没伐赵及伐齐之利于前，而自易其患于后。后即榆次、干隧之难也。

⑤【索隐】从音绝用反。刘氏云："从犹领也。"

⑥【正义】艾山在兖州博县南六十里也。

⑦【集解】《战国策》曰"三江之浦"。　【正义】《吴俗传》云："越军得子胥梦，从东入伐吴，越王即从三江北岸立坛，杀白马祭子胥，杯动酒尽，乃开渠曰示浦，入破吴王于姑苏，败干隧也。"

⑧【正义】并州城。

⑨【集解】徐广曰："凿台在榆次。"

《诗》曰"大武远宅而不涉"。①从此观之，楚国，援也；邻国，敌也。《诗》云"趯趯毚兔，遇犬获之。②他人有心，余忖度之"。今王中道而信韩、魏之善王也，此正吴之信越也。臣闻之，敌不可假，时不可失。臣恐韩、魏卑辞除患而实欲欺大国也。③何则？王无重世之德④于韩、魏，而有累世之怨焉。夫韩、魏父子兄弟接踵而死于秦者将十世矣。本国残，社稷坏，宗庙毁。刳腹绝肠，折颈摺颐，⑤首身分离，暴骸骨于草泽，头颅僵仆，相望于境，父子老弱系脰束手为群虏者相及于路。鬼神孤伤，无所血食。人民不聊生，族类离散，流亡为仆妾者，盈满海内矣。故韩、魏之不亡，秦社稷之忧也，今王资之与攻楚，不亦过乎！

①【正义】言大军不远跋涉攻伐。

②【集解】韩婴《章句》曰:"趯趯,往来貌。获,得也。言趯趯之毚兔。谓狡兔数往来逃匿其迹,有时遇犬得之。"《毛传》曰:"毚兔,狡兔也。"郑玄曰:"遇犬,犬之驯者,谓田犬。"【索隐】"趯"作"跃"。跃,天历反。毚音谗。

③【索隐】大国谓秦也。

④【索隐】重世犹累世也。

⑤【集解】徐广曰:"一作'颠'。"【索隐】上音拉,下音夷。

　　且王攻楚将恶出兵?①王将借路于仇雠之韩、魏乎? 兵出之日而王忧其不返也,是王以兵资于仇雠之韩、魏也。王若不借路于仇雠之韩、魏,必攻随水右壤。随水右壤,此皆广川大水,山林溪谷,不食之地也,②王虽有之,不为得地。是王有毁楚之名而无得地之实也。

　　①【正义】恶音乌。

　　②【索隐】楚都陈,随水之右壤盖在随之西,即今邓州之西,其地多山林者矣。

　　且王攻楚之日,四国必悉起兵以应王。秦、楚之兵构而不离,魏氏将出而攻留、方与、铚、湖陵、砀、萧、相,故宋必尽。①齐人南面攻楚,泗上必举。②此皆平原四达,膏腴之地,而使独攻。③王破楚以肥韩、魏于中国而劲齐。韩、魏之强,足以校于秦。④齐南以泗水为境,东负海,北倚河,而无后患,天下之国莫强于齐、魏,齐、魏得地葆利而详事下吏,一年之后,为帝未能,其于禁王之为帝有馀矣。⑤

①【正义】徐州西,宋州东,兖州南,并故宋地。

②【正义】此时徐、泗属齐也。

③【索隐】若秦楚构兵不休,则魏尽故宋,齐取泗上,是使齐魏独攻伐而得其利也。

④【索隐】校音教。谓足以与秦为敌也。一云校者,报也,言力能报秦。

⑤【索隐】言齐一年之后,未即能为帝,而能禁秦为帝有馀力矣。然"禁"字作"楚"者,误也。

　　夫以王壤土之博,人徒之众,兵革之强,壹举事而树怨于楚,迟令①韩、魏归帝重于齐,是王失计也。②臣为王虑,莫若善楚。秦、楚合而为一以临韩,韩必敛手。王施以东山之险,带以曲河之利,韩必为关内之侯。若是而王以十万戍郑,梁氏寒心,许、鄢陵婴城,而上蔡、召陵不往来也,如此而魏亦关内侯矣。王壹善楚,而关内两万乘之主注地于齐,③齐右壤可拱手而取也。④王之地一经两海,⑤要约天下,是燕、赵无齐、楚,齐、楚无燕、赵也。然后危动燕、赵,直摇齐、楚,此四国者不待痛而服矣。

①【集解】徐广曰:"迟,一作'还'。"　【索隐】迟音值。值犹乃也。令音力呈反。

②【索隐】谓韩、魏重齐,令归帝号,此秦之计失。

③【索隐】注谓以兵裁之也。

④【正义】右壤谓济州之南北也。

⑤【索隐】谓西海至东海皆是秦地。　【正义】广言横度中国东西也。

昭王曰:"善。"于是乃止白起而谢韩、魏。发使赂楚,约为与国。

黄歇受约归楚,楚使歇与太子完入质于秦,秦留之数年。楚顷襄王病,太子不得归。而楚太子与秦相应侯善,于是黄歇乃说应侯曰:"相国诚善楚太子乎?"应侯曰:"然。"歇曰:"今楚王恐不起疾,秦不如归其太子。太子得立,其事秦必重而德相国无穷,是亲与国而得储万乘也。若不归,则咸阳一布衣耳;楚更立太子,必不事秦。夫失与国而绝万乘之和,非计也。愿相国孰虑之。"应侯以闻秦王。秦王曰:"令楚太子之傅先往问楚王之疾,返而后图之。"黄歇为楚太子计曰:"秦之留太子也,欲以求利也。今太子力未能有以利秦也,歇忧之甚。而阳文君子二人在中,王若卒大命,太子不在,阳文君子必立为后,太子不得奉宗庙矣。不如亡秦,与使者俱出;臣请止,以死当之。"楚太子因变衣服为楚使者御以出关,而黄歇守舍,常为谢病。度太子已远,秦不能追,歇乃自言秦昭王曰:"楚太子已归,出远矣。歇当死,愿赐死。"昭王大怒,欲听其自杀也。应侯曰:"歇为人臣,出身以徇其主,太子立,必用歇,故不如无罪而归之,以亲楚。"秦因遣黄歇。

　　歇至楚三月,楚顷襄王卒,①太子完立,是为考烈王。考烈王元年,以黄歇为相,封为春申君,②赐淮北地十二县。后十五岁,黄歇言之楚王曰:"淮北地边齐,其事急,请以为郡便。"因并献淮北十二县,请封于江东。考烈王许之。春申君因城故吴墟,③以自为都邑。

　　①【集解】徐广曰:"三十六年。"

　　②【正义】然四君封邑检皆不获,唯平原有地,又非赵境,并盖号谥,而孟尝是谥。

　　③【正义】墟音虚。(阖闾)今苏州也。〔阖闾〕于城内小城西北别筑城居之,今圮毁也。又大内北渎,四从五横,至今犹存。又改破楚门为昌门。

　　春申君既相楚,是时齐有孟尝君,赵有平原君,魏有信陵君,方争下士,招致宾客,以相倾夺,辅国持权。

　　春申君为楚相四年,秦破赵之长平军四十馀万。五年,围邯郸。邯郸告急于楚,楚使春申君将兵往救之,秦兵亦去,春申君归。春申君相楚八年,为楚北伐灭鲁,①以荀卿为兰陵令。当是时,楚复强。

　　①【索隐】按:年表云八年取鲁,封鲁君于莒,十四年而灭也。

　　赵平原君使人于春申君,春申君舍之于上舍。赵使欲夸楚,为玳瑁簪,刀剑室以珠玉饰之,请命春申君客。春申君客三千馀人,其上客皆蹑珠履以见赵使,赵使大惭。

　　春申君相十四年,秦庄襄王立,以吕不韦为相,封为文信侯。取东周。

　　春申君相二十二年,诸侯患秦攻伐无已时,乃相与合从,西伐秦,①而楚王为从长,春申君用事。至函谷关,秦出兵攻,诸侯兵皆败走。楚考烈王以咎春申君,春申君以此益疏。

　　①【集解】徐广曰:"始皇六年。"

　　客有观津人朱英,①谓春申君曰:"人皆以楚为强而君用之弱,其于英不然。先君时善秦二十年而不攻楚,何也?秦逾黾隘之塞而攻楚,②

不便；假道于两周，背韩、魏而攻楚，不可。今则不然，魏旦暮亡，不能爱许、鄢陵，其许魏割以与秦。秦兵去陈百六十里，③臣之所观者，见秦、楚之日斗也。”楚于是去陈徙寿春；而秦徙卫野王，作置东郡。④春申君由此就封于吴，行相事。

①【正义】观音馆。今魏州观城县也。

②【正义】黾隘之塞在申州。黾音盲也。

③【集解】徐广曰：“在许东南。”

④【正义】濮、滑州兼河北置东郡。濮州本卫都，而徙野王也。

楚考烈王无子，春申君患之，求妇人宜子者进之，甚众，卒无子。赵人李园持其女弟，欲进之楚王，闻其不宜子，恐久毋宠。李园求事春申君为舍人，已而谒归，故失期。还谒，春申君问之状，对曰：“齐王使使求臣之女弟，与其使者饮，故失期。”春申君曰：“娉入乎？”对曰：“未也。”春申君曰：“可得见乎？”曰：“可。”于是李园乃进其女弟，即幸于春申君。知其有身，李园乃与其女弟谋。园女弟承间以说春申君曰：“楚王之贵幸君，虽兄弟不如也。今君相楚二十馀年，而王无子，即百岁后将更立兄弟，则楚更立君后，亦各贵其故所亲，君又安得长有宠乎？非徒然也，君贵用事久，多失礼于王兄弟，兄弟诚立，祸且及身，何以保相印江东之封乎？今妾自知有身矣，而人莫知。妾幸君未久，诚以君之重而进妾于楚王，王必幸妾；妾赖天有子男，则是君之子为王也，楚国尽可得，孰与身临不测之罪乎？”春申君大然之，乃出李园女弟谨舍，而言之楚王。楚王召入幸之，遂生子男，立为太子，以李园女弟为王后。楚王贵李园，园用事。

李园既入其女弟，立为王后，子为太子，恐春申君语泄而益骄，阴养死士，欲杀春申君以灭口，而国人颇有知之者。

春申君相二十五年，楚考烈王病。朱英谓春申君曰：“世有毋望之福，①又有毋望之祸。②今君处毋望之世，③事毋望之主，④安可以无毋望之人乎？”⑤春申君曰：“何谓毋望之福？”曰：“君相楚二十馀年矣，虽名相国,实楚王也。今楚王病,且暮且卒,而君相少主,因而代立当国,如伊尹、周公,王长而反政,不即遂南面称孤而有楚国? 此所谓毋望之福也。"春申君曰:"何谓毋望之祸?"曰:"李园不治国而君之仇也,⑥不为兵而养死士之日久矣,楚王卒,李园必先入据权而杀君以灭口。此所谓毋望之祸也。"春申君曰:"何谓毋望之人?"对曰:"君置臣郎中,楚王卒,李园必先入,臣为君杀李园。此所谓毋望之人也。"春申君曰:"足下置之。李园,弱人也,仆又善之,且又何至此!"朱英⑦知言不用,恐祸及身,乃亡去。

①【正义】无望谓不望而忽至也。

②【索隐】《周易》有《无妄》卦,其义殊也。

③【正义】谓生死无常。

④【正义】谓喜怒不节也。

⑤【正义】谓吉凶忽(为)〔焉〕。

⑥【索隐】言园是春申之仇也。《战国策》作"君之舅也",谓为王之舅,意异也。

⑦【索隐】朱亥。即上之朱英也。作"亥"者,史因赵有朱亥误也。

后十七日,楚考烈王卒,李园果先入,伏死士于棘门之内。①春申君入棘门,园死士侠刺春申君,斩其头,投之棘门外。②于是遂使吏尽灭春申君之家。而李园女弟初幸春申君有身而入之王所生子者遂立,是为楚幽王。③

①【正义】寿州城门。

②【正义】楚考烈王二十五年,秦始皇九年。

③【索隐】按:楚捍有母弟犹,犹有庶兄负刍及昌平君,是楚君完非无子,而上文云考烈王无子,误也。

是岁也,秦始皇帝立九年矣。嫪毐亦为乱于秦,觉,夷其三族,而吕不韦废。

太史公曰:吾适楚,观春申君故城,宫室盛矣哉! 初,春申君之说秦昭王,及出身遣楚太子归,何其智之明也! 后制于李园,旄矣。①语曰:

"当断不断,反受其乱。"春申君失朱英之谓邪？

①【集解】徐广曰:"旎音耄。"

【索隐述赞】黄歇辩智,权略秦、楚。太子获归,身作宰辅。珠炫赵客,邑开吴士。烈王寡胤,李园献女。无妄成灾,朱英徒语。

史记卷七十九

范睢蔡泽列传第十九

范睢者,魏人也,字叔。游说诸侯,欲事魏王,家贫无以自资,乃先事魏中大夫①须贾。②

①【索隐】按:《汉书·百官表》中大夫,秦官。此魏有中大夫,盖古官也。

②【索隐】须,姓;贾,名也。须氏盖密须之后。

须贾为魏昭王①使于齐,范睢从。留数月,未得报。齐襄王②闻睢辩口,乃使人赐睢金十斤及牛酒,睢辞谢不敢受。须贾知之,大怒,以为睢持魏国阴事告齐,故得此馈,令睢受其牛酒,还其金。既归,心怒睢,以告魏相。魏相,魏之诸公子,曰魏齐。魏齐大怒,使舍人笞击睢,折胁摺齿。③睢详死,即卷以箦,④置厕中。宾客饮者醉,更溺睢,⑤故僇辱以惩后,令无妄言者。睢从箦中谓守者曰:"公能出我,我必厚谢公。"守者乃请出弃箦中死人。魏齐醉,曰:"可矣。"范睢得出。后魏齐悔,复召求之。魏人郑安平闻之,乃遂操范睢亡,伏匿,更名姓曰张禄。

①【索隐】按:《系本》昭王名遫,襄王之子也。

②【索隐】名法章。

③【索隐】摺音力答反。谓打折其胁而又拉折其齿也。

④【索隐】箦谓苇荻之薄也,用之以裹尸也。

⑤【索隐】更音羹。溺即溲也。溺音年吊反。溲音所留反。　【正义】溺,古"尿"字。

当此时,秦昭王使谒者王稽于魏。郑安平诈为卒,侍王稽。①王稽问:"魏有贤人可与俱西游者乎?"郑安平曰:"臣里中有张禄先生,欲见君,言天下事。其人有仇,不敢昼见。"王稽曰:"夜与俱来。"郑安平夜与张禄见王稽。语未究,王稽知范雎贤,谓曰:"先生待我于三亭之南。"②
与私约而去。

①【正义】卒,祖律反。

②【索隐】按:三亭,亭名,在魏境之边,道亭也,今无其处。一云魏之郊境,总
　　有三亭,皆祖饯之处。与期三亭之南,盖送饯已毕,无人处。　【正义】《括
　　地志》云:"三亭冈在汴州尉氏县西南三十七里。"按:三亭冈在山部中名也,
　　盖"冈"字误为"南"。

王稽辞魏去,过载范雎入秦。至湖,①望见车骑从西来。范雎曰:
"彼来者为谁?"王稽曰:"秦相穰侯东行县邑。"范雎曰:"吾闻穰侯专秦
权,恶内诸侯客,②此恐辱我,我宁且匿车中。"有顷,穰侯果至,劳王稽,
因立车而语曰:"关东有何变?"曰:"无有。"又谓王稽曰:"谒君得无与诸
侯客子俱来乎? 无益,徒乱人国耳。"王稽曰:"不敢。"即别去。范雎曰:
"吾闻穰侯智士也,其见事迟,乡者疑车中有人,忘索之。"③于是范雎下
车走,曰:"此必悔之。"行十馀里,果使骑还索车中,无客,乃已。王稽遂
与范雎入咸阳。

①【索隐】按:《地理志》京兆有湖县,本名胡,武帝更名湖,即今湖城县也。
　　【正义】今虢州湖城县也。

②【索隐】内音纳,亦如字。内者亦犹入也。

③【索隐】索犹搜也。音栅,又先格反。

已报使,因言曰:"魏有张禄先生,天下辩士也。曰'秦王之国危于
累卵,①得臣则安。然不可以书传也'。臣故载来。"秦王弗信,使舍食
草具。②待命岁馀。

①【正义】按:《说苑》云"晋灵公造九层之台,费用千金,谓左右曰:'敢有谏者
　　斩。'荀息闻之,上书求见。灵公张弩持矢见之。曰:'臣不敢谏也。臣能累
　　十二博棋,加九鸡子其上。'公曰:'子为寡人作之。'荀息正颜色,定志意,以
　　棋子置下,加九鸡子其上。左右惧慑息,灵公气息不续。公曰:'危哉,危
　　哉!'荀息曰:'此殆不危也,复有危于此者。'公曰:'愿见之。'荀息曰:'九层
　　之台三年不成,男不耕,女不织,国用空虚,邻国谋议将兴,社稷亡灭,君欲
　　何望?'灵公曰:'寡人之过也乃至于此!'即坏九层台也。"

②【索隐】谓亦舍之,而食以下客之具。然草具谓粗食草菜之馔具。

当是时,昭王已立三十六年。南拔楚之鄢郢,楚怀王幽死于秦。秦东破齐。湣王尝称帝,后去之。数困三晋。厌天下辩士,无所信。

穰侯,华阳君,①昭王母宣太后之弟也;而泾阳君、高陵君皆昭王同母弟也。穰侯相,三人者更将,有封邑,以太后故,私家富重于王室。及穰侯为秦将,且欲越韩、魏而伐齐纲寿,欲以广其陶封。范睢乃上书曰:

①【集解】徐广曰:"华,一作'叶'。"　【索隐】穰侯谓魏冉,宣太后之异父弟。穰,县,在南阳。华阳君,芈戎,宣太后之同父弟,亦号为新城君是也。

臣闻明主立政,①有功者不得不赏,有能者不得不官,劳大者其禄厚,功多者其爵尊,能治众者其官大。故无能者不敢当职焉,有能者亦不得蔽隐。使以臣之言为可,愿行而益利其道;以臣之言为不可,久留臣无为也。语曰:"庸主赏所爱而罚所恶;明主则不然,赏必加于有功,而刑必断于有罪。"今臣之胸不足以当椹质,②而要不足以待斧钺,岂敢以疑事尝试于王哉!虽以臣为贱人而轻辱,独不重任臣者之无反复于王邪?

①【索隐】按:《战国策》"立"作"莅"也。
②【索隐】椹音陟林反。按:椹者,莝椹也。质者,锉刃也。腰斩者当椹质也。

且臣闻周有砥砨,宋有结绿,梁有县藜,①楚有和朴,②此四宝者,土之所生,良工之所失也,而为天下名器。然则圣王之所弃者,独不足以厚国家乎?

①【集解】薛综曰:"县藜一曰美玉。"
②【正义】县音玄。刘伯庄云珍玉朴也。

臣闻善厚家者取之于国,善厚国者取之于诸侯。天下有明主则诸侯不得擅厚者,何也?为其割荣也。①良医知病人之死生,而圣主明于成败之事,利则行之,害则舍之,疑则少尝之,虽舜禹复生,弗能改已。语之至者,臣不敢载之于书,其浅者又不足听也。

意者臣愚而不概②于王心邪？亡其言③臣者贱而不可用乎？自非
然者，臣愿得少赐游观之间，望见颜色。一语无效，请伏斧质。

①【集隐】割荣即上之擅厚，谓擅权也。

②【集解】徐广曰："一作'溉'，音同。"　【索隐】按：《战国策》"概"作"关"，谓关
　涉于于王心也。徐注"音同"，非也。

③【索隐】亡犹轻蔑也。

于是秦昭王大说，乃谢王稽，使以传车①召范睢。

①【集解】徐广曰："一云'使持车'。"　【索隐】"使持车"，《战国策》之文也。

于是范睢乃得见于离宫，①详为不知永巷而入其中。②王来而宦者
怒，逐之，曰："王至！"范睢缪为曰："秦安得王？秦独有太后、穰侯耳。"
欲以感怒昭王。昭王至，闻其与宦者争言，遂延迎，谢曰："寡人宜以身
受命久矣，会义渠之事急，寡人旦暮自请太后；今义渠之事已，寡人乃得
受命。窃闵然不敏，③敬执宾主之礼。"范睢辞让。是日观范睢之见者，
群臣莫不洒然④变色易容者。

①【正义】长安故城本秦离宫，在雍州长安北十三里也。

②【正义】永巷，宫中狱也。

③【索隐】邹诞本作"愍然"，音昏。又云一作"闵"，音敏。闵犹昏暗也。

④【集解】徐广曰："洒，先典反。"　【索隐】郑玄曰"洒然，肃敬之貌"也。

秦王屏左右，宫中虚无人。秦王跽①而请曰："先生何以幸教寡
人？"范睢曰："唯唯。"有间，秦王复跽而请曰："先生何以幸教寡人？"范
睢曰："唯唯。"若是者三。秦王跽曰："先生卒不幸教寡人邪？"范睢曰：
"非敢然也。臣闻昔者吕尚之遇文王也，身为渔父而钓于渭滨耳。若是
者，交疏也。已说而立为太师，载与俱归者，其言深也。故文王遂收功
于吕尚而卒王天下。乡使文王疏吕尚而不与深言，是周无天子之德，而
文武无与成其王业也。今臣羁旅之臣也，交疏于王，而所愿陈者皆匡君
之事，处人骨肉之间，愿效愚忠而未知王之心也。此所以王三问而不敢
对者也。臣非有畏而不敢言也。臣知今日言之于前而明日伏诛于后，
然臣不敢避也。大王信行臣之言，死不足以为臣患，亡不足以为臣忧，

漆身为厉②被发为狂不足以为臣耻。且以五帝之圣焉而死,三王之仁
焉而死,五伯之贤焉而死,乌获、任鄙之力焉而死,成荆、③孟贲、④王庆
忌、⑤夏育之勇焉而死。⑥死者,人之所必不免也。处必然之势,可以少
有补于秦,此臣之所大愿也,臣又何患哉! 伍子胥橐载而出昭关,夜行
昼伏,至于陵水,⑦无以糊其口,膝行蒲伏,稽首肉袒,鼓腹吹篪,⑧乞食
于吴市,卒兴吴国,阖闾为伯。使臣得尽谋如伍子胥,加之以幽囚,终身
不复见,是臣之说行也,臣又何忧? 箕子、接舆漆身为厉,被发为狂,无
益于主。假使臣得同行于箕子,可以有补于所贤之主,是臣之大荣也,
臣有何耻? 臣之所恐者,独恐臣死之后,天下见臣之尽忠而身死,因以
是杜口裹足,莫肯乡秦耳。足下上畏太后之严,下惑于奸臣之态,⑨居
深宫之中,不离阿保之手,终身迷惑,无与昭奸。⑩大者宗庙灭覆,小者
身以孤危,此臣之所恐耳。若夫穷辱之事,死亡之患,臣不敢畏也。臣
死而秦治,是臣死贤于生。"秦王跽曰:"先生是何言也! 夫秦国辟远,寡
人愚不肖,先生乃幸辱至于此,是天以寡人愿先生⑪而存先王之宗庙
也。寡人得受命于先生,是天所以幸先王,而不弃其孤也。先生奈何而
言若是! 事无小大,上及太后,下至大臣,愿先生悉以教寡人,无疑寡人
也。"范雎拜,秦王亦拜。

①【索隐】音其纪反。跽者,长跪,两膝枝地。

②【索隐】音赖,癫病也。言漆涂身,生疮如病癫。

③【集解】徐广曰:"一作'羌'。"

④【集解】许慎曰:"成荆,古勇士。孟贲,卫人。"

⑤【集解】《吴越春秋》曰:"吴王僚子庆忌。"

⑥【集解】《汉书音义》曰:"或云夏育,卫人,力举千钧。"

⑦【索隐】刘氏云:"陵水即栗水也。"按:陵栗声相近,故惑也。

⑧【集解】徐广曰:"一作'箫'。"

⑨【索隐】按:态谓奸臣诡诈之志也。

⑩【正义】昭,明也。无与明其奸恶。

⑪【集解】徐广曰:"乱先生也。音涸。" 【索隐】愿及注"涸"字并胡困反。愿
犹汩乱之意。

　　范睢曰:"大王之国,四塞以为固,北有甘泉、谷口,①南带泾、渭,右陇、蜀,左关、阪,奋击百万,战车千乘,利则出攻,不利则入守,此王者之地也。民怯于私斗而勇于公战,此王者之民也。王并此二者而有之。夫以秦卒之勇,车骑之众,以治诸侯,譬若施韩卢而搏蹇兔也,②霸王之业可致也,而群臣莫当其位。至今闭关十五年,不敢窥兵于山东者,是穰侯为秦谋不忠,而大王之计有所失也。"秦王跽曰:"寡人愿闻失计。"

　　①【正义】《括地志》云:"甘泉山一名鼓原,俗名磨石岭,在雍州云阳县西北九十里。《关中记》云'甘泉宫在甘泉山上,年代永久,无复甘泉之名,失其实也。宫北云有连山,土人为磨石岭'。《郊祀志》公孙卿言黄帝得仙寒门,寒门者,谷口也。按:九嵕山西谓之谷口,即古寒门也。在雍州醴泉县东北四十里。"

　　②【索隐】《战国策》云:"韩卢者,天下之壮犬也。"是韩呼卢为犬,谓施韩卢而搏蹇兔,以喻秦强,言取诸侯之易。

　　然左右多窃听者,范睢恐,未敢言内,先言外事,以观秦王之俯仰。因进曰:"夫穰侯越韩、魏而攻齐纲、寿,非计也。少出师则不足以伤齐,多出师则害于秦。臣意王之计,欲少出师而悉韩、魏之兵也,则不义矣。今见与国之不亲也,越人之国而攻,可乎? 其于计疏矣。且昔齐湣王南攻楚,破军杀将,再辟地千里,①而齐尺寸之地无得焉者,岂不欲得地哉,形势不能有也。诸侯见齐之罢獘,君臣之不和也,兴兵而伐齐,大破之。士辱兵顿,皆咎其王,曰:'谁为此计者乎?'王曰:'文子为之。'②大臣作乱,文子出走。故齐所以大破者,以其伐楚而肥韩、魏也。此所谓借贼兵③而赍盗粮者也。④王不如远交而近攻,得寸则王之寸也,得尺亦王之尺也。今释此而远攻,不亦缪乎! 且昔者中山之国地方五百里,赵独吞之,功成名立而利附焉,天下莫之能害也。今夫韩、魏,中国之处而天下之枢也,王其欲霸,必亲中国以为天下枢,以威楚、赵。楚强则附赵,赵强则附楚,楚、赵皆附,齐必惧矣。齐惧,必卑辞重币以事秦。齐附而韩、魏因可虏也。"昭王曰:"吾欲亲魏久矣,而魏多变之国也,寡人不能亲。请问亲魏奈何?"对曰:"王卑词重币以事之;不可,则割地而赂之；不可，因举兵而伐之。"王曰："寡人敬闻命矣。"乃拜范睢为客卿，谋兵事。卒听范睢谋，使五大夫绾伐魏，拔怀。⑤后二岁，拔邢丘。

①【正义】辟，（尺）〔四〕亦反。

②【索隐】谓田文，即孟尝君也。犹《战国策》谓田盼、田婴为盼子、婴子然也。

③【索隐】借音子夜反。一作"籍"，音亦同。

④【索隐】赍音侧奚反。言为盗赍粮也。

⑤【集解】徐广曰："昭王三十九年。"

客卿范睢复说昭王曰："秦韩之地形，相错如绣。秦之有韩也，譬如木之有蠹也，①人之有心腹之病也。天下无变则已，天下有变，其为秦患者孰大于韩乎？王不如收韩。"昭王曰："吾固欲收韩，韩不听，为之奈何？"对曰："韩安得无听乎？王下兵而攻荥阳，则巩、成皋之道不通；②北断太行之道，则上党之师不下。③王一兴兵而攻荥阳，则其国断而为三。④夫韩见必亡，安得不听乎？若韩听，而霸事因可虑矣。"王曰："善。"且欲发使于韩。

①【正义】音妒，（石）〔蚀〕柱虫。

②【正义】言宜阳、陕、虢之师不得下相救。

③【正义】言泽、潞之师不得下太行相救。

④【正义】新郑已南一，宜阳二，泽、潞三。

范睢日益亲，复说用数年矣，因请间说曰："①臣居山东时，闻齐之有田文，不闻其有王也；闻秦之有太后、穰侯、华阳、高陵、泾阳，不闻其有王也。夫擅国之谓王，能利害之谓王，制杀生之威之谓王。今太后擅行不顾，穰侯出使不报，华阳、泾阳等击断无讳，②高陵进退不请。四贵备而国不危者，未之有也。为此四贵者下，乃所谓无王也。然则权安得不倾，令安得从王出乎？臣闻善治国者，乃内固其威而外重其权。穰侯使者操王之重，决制于诸侯，剖符于天下，政适③伐国，莫敢不听。战胜攻取则利归于陶，国弊御于诸侯；④战败则结怨于百姓，而祸归于社稷。诗曰'木实繁者披其枝，⑤披其枝者伤其心；大其都者危其国，尊其臣者卑其主'。崔杼、淖齿管齐,⑥射王股,擢王筋,⑦县之于庙梁,宿昔而死。李兑管赵,囚主父于沙丘,⑧百日而饿死。今臣闻秦太后、穰侯用事,高陵、华阳、泾阳佐之,卒无秦王,此亦淖齿、李兑之类也。且夫三代所以亡国者,君专授政,纵酒驰骋弋猎,不听政事。其所授者,妒贤嫉能,御下蔽上,以成其私,不为主计,而主不觉悟,故失其国。今自有秩以上至诸大吏,下及王左右,无非相国之人者。见王独立于朝,臣窃为王恐,万世之后,有秦国者非王子孙也。"昭王闻之大惧,曰:"善。"于是废太后,逐穰侯、高陵、华阳、泾阳君于关外。秦王乃拜范雎为相。收穰侯之印,使归陶,因使县官给车牛以徙,千乘有馀。到关,关阅其宝器,宝器珍怪多于王室。

①【正义】间音闲。

②【集解】讳,畏也。　【索隐】无讳犹无畏也。

③【集解】徐广曰:"音征敌。"

④【索隐】按:獒者,断也。御,制也。言穰侯执权,以制御主断于诸侯也。

⑤【正义】披音片被反。

⑥【索隐】淖,姓也,音泥教反,汉有淖姬是也。高诱曰"管,典也"。言二人典齐权而行弑逆也。　【正义】淖齿,楚人,齐湣王臣。

⑦【索隐】按:言"射王股",误也。崔杼射庄公之股,淖齿擢湣王之筋,是说二君事也。

⑧【正义】沙丘台在邢州平乡县东北三十里。

秦封范雎以应,①号为应侯。当是时,秦昭王四十一年也。

①【索隐】封范雎于应。案:刘氏云"河东临晋县有应亭",则秦地有应也。又案:本纪以应为太后养地,解者云"在颍川之应乡",未知孰是。　【正义】《括地志》云:"故应城,古应乡,在汝州鲁山县东四十里也。"

范雎既相秦,秦号曰张禄,而魏不知,以为范雎已死久矣。魏闻秦且东伐韩、魏,魏使须贾于秦。范雎闻之,为微行,敝衣间步之邸,①见须贾。须贾见之而惊曰:"范叔固无恙乎!"范雎曰:"然。"须贾笑曰:"范叔有说于秦邪?"曰:"不也。雎前日得过于魏相,故亡逃至此,安敢说乎!"须贾曰:"今叔何事?"范睢曰:"臣为人庸赁。"须贾意哀之,留与坐饮食,曰:"范叔一寒如此哉!"乃取其一绨袍以赐之。② 须贾因问曰:"秦相张君,公知之乎? 吾闻幸于王,天下之事皆决于相君。今吾事之去留在张君。孺子③岂有客习于相君者哉?"范睢曰:"主人翁习知之。唯睢亦得谒,睢请为见君于张君。"须贾曰:"吾马病,车轴折,非大车驷马,吾固不出。"范睢曰:"愿为君借大车驷马于主人翁。"

①【正义】刘云"诸国客馆"。

②【索隐】按:绨,厚缯也,音啼,盖今之绅也。　【正义】今之粗袍。

③【索隐】刘氏云:"盖谓睢为小子也。"

范睢归取大车驷马,为须贾御之,入秦相府。府中望见,有识者皆避匿。须贾怪之。至相舍门,谓须贾曰:"待我,我为君先入通于相君。"须贾待门下,持车良久,问门下曰:"范叔不出,何也?"门下曰:"无范叔。"须贾曰:"向者与我载而入者。"门下曰:"乃吾相张君也。"须贾大惊,自知见卖,乃肉袒膝行,因门下人谢罪。于是范睢盛帷帐,侍者甚众,见之。须贾顿首言死罪,曰:"贾不意君能自致于青云之上,贾不敢复读天下之书,不敢复与天下之事。贾有汤镬之罪,请自屏于胡貉之地,唯君死生之!"范睢曰:"汝罪有几?"曰:"擢贾之发以续贾之罪,尚未足。"范睢曰:"汝罪有三耳。昔者楚昭王时而申包胥为楚却吴军,楚王封之以荆五千户,包胥辞不受,为丘墓之寄于荆也。今睢之先人丘墓亦在魏,公前以睢为有外心于齐而恶睢于魏齐,公之罪一也。当魏齐辱我于厕中,公不止,罪二也。更醉而溺我,公其何忍乎? 罪三矣。然公之所以得无死者,以绨袍恋恋,有故人之意,故释公。"乃谢罢。入言之昭王,罢归须贾。

须贾辞于范睢,范睢大供具,尽请诸侯使,与坐堂上,食饮甚设。而坐须贾于堂下,置莝豆其前,令两黥徒夹而马食之。数曰:"为我告魏王,急持魏齐头来! 不然者,我且屠大梁。"须贾归,以告魏齐。魏齐恐,亡走赵,匿平原君所。

范睢既相,王稽谓范睢曰:"事有不可知者三,有不可奈何者亦三。

宫车一日晏驾，①是事之不可知者一也。君卒然捐馆舍，是事之不可知者二也。使臣卒然填沟壑，是事之不可知者三也。宫车一日晏驾，君虽恨于臣，无可奈何。君卒然捐馆舍，君虽恨于臣，亦无可奈何。使臣卒然填沟壑，君虽恨于臣，亦无可奈何。”范睢不怿，乃入言于王曰：“非王稽之忠，莫能内臣于函谷关；非大王之贤圣，莫能贵臣。今臣官至于相，爵在列侯，王稽之官尚止于谒者，非其内臣之意也。”昭王召王稽，拜为河东守，三岁不上计。②又任郑安平，昭王以为将军。范睢于是散家财物，尽以报所尝困厄者。一饭之德必偿，睚眦之怨必报。③

①【集解】应劭曰：“天子当晨起早作，如方崩殒，故称晏驾。”韦昭曰：“凡初崩为‘晏驾’者，臣子之心犹谓宫车当驾而晚出。”

②【集解】司马彪曰：“凡郡掌治民，进贤，劝功，决讼，检奸。常以春行所至县，劝民农桑，振救乏绝；秋冬遣无害吏案讯问诸囚，平其罪法，论课殿最；岁尽遣吏上计。”

③【索隐】睚音崖卖反，眦音士卖反。又音崖债二音。睚眦谓相嗔面怒目切齿。

范睢相秦二年，秦昭王之四十二年，东伐韩少曲、①高平，拔之。②

①【集解】徐广曰：“苏代曰‘起少曲，一日而断太行’。”【索隐】按：苏云“起少曲，一日而断太行”，故刘氏以为盖在太行西南。

②【正义】《括地志》云：“南韩王故城在怀州河阳县西北四十里。俗谓之韩王城，非也。春秋时周桓王以与郑。《纪年》云‘郑侯使辰归晋阳向，更名高平，拔之’。则少曲当与高平相近。”

秦昭王闻魏齐在平原君所，欲为范睢必报其仇，乃详为好书遗平原君曰：“寡人闻君之高义，愿与君为布衣之友，君幸过寡人，寡人愿与君为十日之饮。”平原君畏秦，且以为然，而入秦见昭王。昭王与平原君饮数日，昭王谓平原君曰：“昔周文王得吕尚以为太公，齐桓公得管夷吾以为仲父，今范君亦寡人之叔父也。范君之仇在君之家，愿使人归取其头来；不然，吾不出君于关。”平原君曰：“贵而为交者，为贱也；富而为交者，为贫也。①夫魏齐者，胜之友也，在，固不出也，今又不在臣所。”昭王乃遗赵王书曰："王之弟在秦,范君之仇魏齐在平原君之家。王使人疾持其头来;不然,吾举兵而伐赵,又不出王之弟于关。"赵孝成王乃发卒围平原君家,急,魏齐夜亡出,见赵相虞卿。虞卿度赵王终不可说,乃解其相印,与魏齐亡,间行,念诸侯莫可以急抵者,乃复走大梁,欲因信陵君以走楚。信陵君闻之,畏秦,犹豫未肯见,曰:"虞卿何如人也?"时侯嬴在旁,曰:"人固未易知,知人亦未易也。夫虞卿蹑屩檐簦,一见赵王,赐白璧一双,黄金百镒;再见,拜为上卿;三见,卒受相印,封万户侯。当此之时,天下争知之。夫魏齐穷困过虞卿,虞卿不敢重爵禄之尊,解相印,捐万户侯而间行。急士之穷而归公子,公子曰'何如人'。人固不易知,知人亦未易也!"信陵君大惭,驾如野迎之。魏齐闻信陵君之初难见之,怒而自刭。赵王闻之,卒取其头予秦。秦昭王乃出平原君归赵。

①【索隐】上"为"音如字,下"为"音于伪反。以言富贵而结交情深者,为有贫贱之时,不可忘之也。

昭王四十三年,秦攻韩汾陉,①拔之,因城河上②广武。

①【索隐】陉音刑。陉盖在韩之西界,与汾相近也。　【正义】按:陉庭故城在绛州曲沃县西北二十里汾水之阳。

②【索隐】刘氏云:"此河上盖近河之地,本属韩,今秦得而城。"

后五年,昭王用应侯谋,纵反间卖赵,赵以其故,令马服子①代廉颇②将。秦大破赵于长平,遂围邯郸。已而与武安君白起有隙,言而杀之。③任郑安平,使击赵。郑安平为赵所围,急,以兵二万人降赵。应侯席稿请罪。秦之法,任人而所任不善者,各以其罪罪之。于是应侯罪当收三族。秦昭王恐伤应侯之意,乃下令国中:"有敢言郑安平事者,以其罪罪之。"而加赐相国应侯食物日益厚,以顺适其意。后二岁,王稽为河东守,与诸侯通,坐法诛。④而应侯日益以不怿。

①【索隐】赵括之号也。故虞喜《志林》云"马,兵之首也。号曰'马服'者,言能服马也"。

②【索隐】邹氏音匹波反。

③【集解】徐广曰:“在五十年。” 【索隐】注徐云五十年,据《秦本纪》及年表而
　　知之也。

④【集解】徐广曰:“五十二年。”

昭王临朝叹息,应侯进曰:“臣闻‘主忧臣辱,主辱臣死’。今大王中
朝而忧,臣敢请其罪。”昭王曰:“吾闻楚之铁剑利而倡优拙。①夫铁剑利
则士勇,倡优拙则思虑远。夫以远思虑而御勇士,吾恐楚之图秦也。夫
物不素具,不可以应卒,今武安君既死,而郑安平等畔,内无良将而外多
敌国,吾是以忧。”欲以激励应侯。②应侯惧,不知所出,蔡泽闻之,往入
秦也。

①【正义】论士能善卒不战。

②【索隐】激音击。

蔡泽者,燕人也。游学干诸侯①小大甚众,不遇。而从唐举相,②
曰:“吾闻先生相李兑,曰‘百日之内持国秉’,有之乎?”③曰:“有之。”
曰:“若臣者何如?”唐举孰视而笑曰:“先生曷鼻,巨肩,④魋颜,蹙齃,⑤
膝挛。⑥吾闻圣人不相,殆先生乎?”蔡泽知唐举戏之,乃曰:“富贵吾所
自有,吾所不知者寿也,愿闻之。”唐举曰:“先生之寿,从今以往者四十
三岁。”蔡泽笑谢而去,谓其御者曰:“吾持粱刺齿肥,⑦跃马疾驱,怀黄
金之印,结紫绶于要,揖让人主之前,食肉富贵,四十三年足矣。”去之
赵,见逐。之⑧韩、魏,遇夺釜鬲⑨于涂。闻应侯任郑安平、王稽皆负重
罪于秦,应侯内惭,蔡泽乃西入秦。

①【正义】不待礼曰干。

②【集解】荀卿曰:“梁有唐举。” 【索隐】《荀卿书》作“唐莒”。

③【索隐】按:《左传》“国子实执齐秉”,服虔曰“秉,权柄也”。

④【集解】徐广曰:“曷,一作‘偈’。偈,一作‘仰’。巨,一作‘渠’。” 【索隐】曷
　　鼻谓鼻如蝎虫也;巨肩谓肩巨于项也:盖项低而肩竖。偈音其例反。

⑤【索隐】(上)魋音徒回反。魋颜谓颜貌魋回,若魋梧然也。齃音乌曷反。蹙
　　齃谓鼻蹙眉。

⑥【集解】窭，两膝曲也。徐广曰："一作'率'。"　【索隐】谓两膝又窭曲也。

⑦【集解】持梁，作饭也。刺齿二字当作"啮"，又作"龁"也。　【索隐】持梁谓作梁米饭而持其器以食也。按：刺齿二字字误，当为"啮"字也。啮肥谓食肥肉也。

⑧【集解】之，一作"入"。

⑨【集解】《尔雅》曰："款足者谓之鬲。"郭璞曰："鼎曲脚。"　【索隐】父历二音。款者，空也。空足是曲足，云见《尔雅》，郭氏云"鼎曲脚"也。按：以款训曲，故云"曲脚"也。

将见昭王，使人宣言以感怒应侯曰："燕客蔡泽，天下雄俊弘辩智士也。彼一见秦王，秦王必困君而夺君之位。"应侯闻，曰："五帝三代之事，百家之说，吾既知之，众口之辩，吾皆摧之，是恶能困我而夺我位乎？"使人召蔡泽。蔡泽入，则揖应侯。应侯固不快，及见之，又倨，应侯因让之曰："子尝宣言欲代我相秦，宁有之乎？"对曰："然。"应侯曰："请闻其说。"蔡泽曰："吁，君何见之晚也！夫四时之序，成功者去。夫人生百体坚强，手足便利，耳目聪明而心圣智，岂非士之愿与？"应侯曰："然。"蔡泽曰："质仁秉义，行道施德，得志于天下，天下怀乐敬爱而尊慕之，皆愿以为君王，岂不辩智之期与？"应侯曰："然。"蔡泽复曰："定贵显荣，成理万物，使各得其所；性命寿长，终其天年而不夭伤；天下继其统，守其业，传之无穷；名实纯粹，泽流千里，①世世称之而无绝，与天地终始：岂道德之符而圣人所谓吉祥善事者与？"应侯曰："然。"

①【集解】徐广曰："一本无此字。"

蔡泽曰："若夫秦之商君，楚之吴起，越之大夫种，其卒然亦可愿与？"应侯知蔡泽之欲困己以说，①复谬曰："何为不可？夫公孙鞅之事孝公也，极身无贰虑，尽公而不顾私；设刀锯以禁奸邪，信赏罚以致治；披腹心，示情素，蒙怨咎，欺旧友，夺魏公子卬，安秦社稷，利百姓，卒为秦禽将破敌，攘地千里。吴起之事悼王也，使私不得害公，谗不得蔽忠，言不取苟合，行不取苟容，不为危易行，行义不辟难，②然为霸主强国，不辞祸凶。大夫种之事越王也，主虽困辱，悉忠而不解，主虽绝亡，尽能而弗离，成功而弗矜，贵富而不骄怠。若此三子者，固义之至也，忠之节也。是故君子以义死难，视死如归；生而辱不如死而荣。士固有杀身以成名，唯义之所在，虽死无所恨。何为不可哉？”

①【集解】式绌反。

②【集解】徐广曰：“一云‘不困毁誉’。”

蔡泽曰：“主圣臣贤，天下之盛福也；君明臣直，国之福也；父慈子孝，夫信妻贞，家之福也。故比干忠而不能存殷，子胥智而不能完吴，申生孝而晋国乱。是皆有忠臣孝子，而国家灭乱者，何也？无明君贤父以听之，故天下以其君父为僇辱而怜其臣子。①今商君、吴起、大夫种之为人臣，是也；其君，非也。故世称三子致功而不见德，岂慕不遇世死乎？夫待死而后可以立忠成名，是微子不足仁，孔子不足圣，管仲不足大也。夫人之立功，岂不期于成全邪？身与名俱全者，上也。名可法而身死者，其次也。名在僇辱而身全者，下也。”于是应侯称善。

①【索隐】言以比干、子胥、申生皆以至忠孝而见诛放，故天下言为其君父之所僇而怜其臣子也。

蔡泽少得间，因曰：“夫商君、吴起、大夫种，其为人臣尽忠致功则可愿矣，闳夭事文王，周公辅成王也，岂不亦忠圣乎？以君臣论之，商君、吴起、大夫种其可愿孰与闳夭、周公哉？”应侯曰：“商君、吴起、大夫种弗若也。”蔡泽曰：“然则君之主慈仁任忠，惇厚旧故，其贤智与有道之士为胶漆，义不倍功臣，孰与秦孝公、楚悼王、越王乎？”应侯曰：“未知何如也。”蔡泽曰：“今主亲忠臣，不过秦孝公、楚悼王、越王，君之设智，能为主安危修政，治乱强兵，批患折难，①广地殖谷，富国足家，强主，尊社稷，显宗庙，天下莫敢欺犯其主，主之威盖震海内，功彰万里之外，声名光辉传于千世，君孰与商君、吴起、大夫种？”应侯曰：“不若。”蔡泽曰：“今主之亲忠臣不忘旧故不若孝公、悼王、句践，而君之功绩爱信亲幸又不若商君、吴起、大夫种，然而君之禄位贵盛，私家之富过于三子，而身不退者，恐患之甚于三子，窃为君危之。语曰‘日中则移，月满则亏’。物盛则衰，天地之常数也。进退盈缩，与时变化，圣人之常道也。故‘国有道则仕,国无道则隐'。圣人曰'飞龙在天,利见大人'。'不义而富且贵,于我如浮云'。今君之怨已仇而德已报,间欲至矣,而无变计,窃为君不取也。且夫翠、鹄、犀、象,其处势非不远死也,而所以死者,惑于饵也。苏秦、智伯之智,非不足以辟辱远死也,而所以死者,惑于贪利不止也。是以圣人制礼节欲,取于民有度,使之以时,用之有止,故志不溢,行不骄,常与道俱而不失,故天下承而不绝。昔者齐桓公九合诸侯,一匡天下,至于葵丘之会,有骄矜之志,畔者九国。吴王夫差兵无敌于天下,勇强以轻诸侯,陵齐晋,故遂以杀身亡国。夏育、太史嗷②叱呼③骇三军,然而身死于庸夫。④此皆乘至盛而不返道理,不居卑退处俭约之患也。夫商君为秦孝公明法令,禁奸本,尊爵必赏,有罪必罚,平权衡,正度量,调轻重,决裂阡陌,以静生民之业而一其俗,劝民耕农利土,一室无二事,力田稸积,习战陈之事,是以兵动而地广,兵休而国富,故秦无敌于天下,立威诸侯,成秦国之业。功已成矣,而遂以车裂。楚地方数千里,持戟百万,白起率数万之师以与楚战,一战举鄢郢以烧夷陵,再战南并蜀汉。又越韩、魏而攻强赵,北坑马服,诛屠四十馀万之众,尽之于长平之下,流血成川,沸声若雷,遂入围邯郸,使秦有帝业。楚、赵天下之强国而秦之仇敌也,自是之后,楚、赵皆慑伏不敢攻秦者,白起之势也。身所服者七十馀城,功已成矣,而遂赐剑死于杜邮。吴起为楚悼王立法,卑减大臣之威重,罢无能,废无用,损不急之官,塞私门之请,一楚国之俗,禁游客之民,精耕战之士,南收杨越,北并陈、蔡,破横散从,使驰说之士无所开其口,禁朋党以励百姓,定楚国之政,兵震天下,威服诸侯。功已成矣,而卒枝解。大夫种为越王深谋远计,免会稽之危,以亡为存,因辱为荣,垦草入邑,⑤辟地殖谷,率四方之士,专上下之力,辅句践之贤,报夫差之仇,卒擒劲吴,令越成霸。功已彰而信矣,句践终负而杀之。此四子者,功成不去,祸至于此。此所谓信而不能诎,⑥往而不能返者也。范蠡知之,超然辟世,长为陶朱公。君独不观夫博者乎? 或欲大投,或欲分功,⑦此皆君之所明知也。今君相秦,计不下席,谋不出廊庙,坐制诸侯,利施三川,以实宜阳,⑧决羊肠之险,塞太行之道,又斩范、中行之涂,六国不得合从,栈道千里,通于蜀汉,使天下皆畏秦,秦之欲得矣,君之功极矣,此亦秦之分功之时也。如是而不退,则商君、白公,⑨吴起、大夫种是也。吾闻之,'鉴于水者见面之容,鉴于人者知吉与凶'。《书》曰'成功之下,不可久处'。四子之祸,君何居焉?君何不以此时归相印,让贤者而授之,退而岩居川观,必有伯夷之廉,长为应侯,世世称孤,而有许由、延陵季子之让,乔松之寿,孰与以祸终哉?即君何居焉?忍不能自离,疑不能自决,必有四子之祸矣。《易》曰'亢龙有悔',此言上而不能下,信而不能诎,往而不能自返者也。愿君孰计之!"应侯曰:"善。吾闻'欲而不知(止)〔足〕,失其所以欲;有而不知(足)〔止〕,失其所以有'。先生幸教,睢敬受命。"于是乃延入坐,为上客。

①【索隐】批,白结反,又音丰鸡反。批患谓击而却之。折音之列反。

②【索隐】二人勇者,夏育、贲育也。噭音皎。

③【集解】徐广曰:"呼,一作'嗷'。"　【正义】呼,火故反。

④【索隐】按:高诱云"夏育为田搏所杀"。然太史噭未知为谁所杀,恐非齐襄王时太史也。

⑤【索隐】刘氏云:"入犹充也。谓招携离散,充满城邑也。"

⑥【索隐】信音申。诎音屈。谓志已展而不退。

⑦【集解】班固《弈指》曰:"博县于投,不必在行。"駉谓投,投琼也。　【索隐】言夫博弈,或欲大投其琼以致胜,或欲分功者,谓观其势弱,则投地而分功以远救也,事具《小尔雅》也。按:《方言》云"所以投博谓之枰"。音平,局也。

⑧【正义】施犹展也,言伐得三川之地。以实宜阳,言展开三川,实宜阳。

⑨【集解】徐广曰:"白起。"

后数日,入朝,言于秦昭王曰:"客新有从山东来者曰蔡泽,其人辩士,明于三王之事,五伯之业,世俗之变,足以寄秦国之政。臣之见人甚众,莫及,臣不如也。臣敢以闻。"秦昭王召见,与语,大说之,拜为客卿。应侯因谢病请归相印。昭王强起应侯,应侯遂称病笃。范睢免相,昭王新说蔡泽计画,遂拜为秦相,东收周室。

蔡泽相秦数月,人或恶之,惧诛,乃谢病归相印,号为纲成君。居秦十馀年,事昭王、孝文王、庄襄王。卒事始皇帝,为秦使于燕,三年而燕使太子丹入质于秦。

太史公曰:韩子称"长袖善舞,多钱善贾",信哉是言也！范雎、蔡泽世所谓一切辩士,然游说诸侯至白首无所遇者,非计策之拙,所为说力少也。及二人羁旅入秦,继踵取卿相,垂功于天下者,固强弱之势异也。然士亦有偶合,贤者多如此二子,不得尽意,岂可胜道哉！然二子不困厄,恶能激乎?①

①【索隐】二子,范雎、蔡泽也。雎厄于魏齐,折胁摺齿;泽困于赵,被逐弃鬲是也。恶音乌,激音击也。

【索隐述赞】应侯始困,托载而西。说行计立。贵平宠稽。倚秦市赵,卒报魏齐。纲成辩智,范雎招携。势利倾夺,一言成蹊。

史记卷八十

乐毅列传第二十

乐毅者，其先祖曰乐羊。乐羊为魏文侯将，伐取中山，①魏文侯封乐羊以灵寿。②乐羊死，葬于灵寿，其后子孙因家焉。中山复国，至赵武灵王时复灭中山，③而乐氏后有乐毅。

①【正义】今定州。

②【集解】徐广曰："属常山。"　【索隐】《地理志》常山有灵寿县，中山桓公所都也。　【正义】今镇州灵寿。

③【索隐】中山，魏虽灭之，尚不绝祀，故后更复国，至赵武灵王又灭之也。

乐毅贤，好兵，赵人举之。及武灵王有沙丘之乱，①乃去赵适魏。闻燕昭王以子之之乱而齐大败燕，燕昭王怨齐，未尝一日而忘报齐也。燕国小，辟远，力不能制，于是屈身下士，先礼郭隗②以招贤者。乐毅于是为魏昭王使于燕，燕王以客礼待之。乐毅辞让，遂委质为臣，燕昭王以为亚卿，久之。

①【集解】徐广曰："赵有沙丘宫，近钜鹿。"

②【正义】《说苑》云："燕昭王问于隗曰：'寡人地狭民寡，齐人取蓟八城，匈奴驱驰楼烦之下。以孤之不肖，得承宗庙，恐社稷危，存之有道乎？'隗曰：'帝者之臣，其名臣，其实师；王者之臣，其名臣，其实友；霸者之臣，其名臣，其实仆；危困国之臣，其名臣，其实虏。今王将自东面目指气使以求臣，则厮役之才至矣；南面听朝，不失揖让之理以求臣，则人臣之才至矣；北面等礼，不乘之以势以求臣，则朋友之才至矣；西面逡巡以求臣，则师傅之才至矣。诚欲与王霸同道，隗请为天下之士开路。'于是常置隗为上客。"

　　当是时，齐湣王强，南败楚相唐眛①于重丘，②西摧三晋于观津，③遂与三晋击秦，助赵灭中山，破宋，广地千馀里。与秦昭王争重为帝，已而复归之。诸侯皆欲背秦而服于齐。湣王自矜，百姓弗堪。于是燕昭王问伐齐之事。乐毅对曰：“齐，霸国之馀业也，地大人众，未易独攻也。王必欲伐之，莫如与赵及楚、魏。”于是使乐毅约赵惠文王，别使连楚、魏，令赵嚪说秦④以伐齐之利。诸侯害齐湣王之骄暴，皆争合从与燕伐齐。乐毅还报，燕昭王悉起兵，使乐毅为上将军，赵惠文王以相国印授乐毅。乐毅于是并护⑤赵、楚、韩、魏、燕之兵以伐齐，破之济西。诸侯兵罢归，而燕军乐毅独追，至于临菑。齐湣王之败济西，亡走，保于莒。乐毅独留徇齐，齐皆城守。乐毅攻入临菑，尽取齐宝财物祭器输之燕。燕昭王大说，亲至济上劳军，行赏飨士，封乐毅于昌国，⑥号为昌国君。于是燕昭王收齐卤获以归，而使乐毅复以兵平齐城之不下者。

　　①【索隐】莫葛反。

　　②【索隐】《地理志》县名，属平原。　　【正义】在冀州城武县界。

　　③【索隐】《地理志》观津，县名，属信都，汉初属清河也。　　【正义】在冀州武邑县东南二十五里。

　　④【集解】徐广曰：“嚪，进说之意。”　　【索隐】嚪音田滥反，字与“啖”字同也。

　　⑤【索隐】护谓总领之也。

　　⑥【集解】徐广曰：“属齐。”　　【索隐】《地理志》县名，属齐郡。　　【正义】故昌城在淄州淄川县东北四十里也。

　　乐毅留徇齐五岁，下齐七十馀城，皆为郡县以属燕，唯独莒、即墨未服。①会燕昭王死，子立为燕惠王。惠王自为太子时尝不快于乐毅，及即位，齐之田单闻之，乃纵反间于燕，曰：“齐城不下者两城耳。然所以不早拔者，闻乐毅与燕新王有隙，欲连兵且留齐，南面而王齐。齐之所患，唯恐他将之来。”于是燕惠王固已疑乐毅，得齐反间，乃使骑劫②代将，而召乐毅。乐毅知燕惠王之不善代之，畏诛，遂西降赵。赵封乐毅于观津，号曰望诸君。③尊宠乐毅以警动于燕、齐。

　　①【正义】即墨今莱州。

②【索隐】燕将姓名也。

③【索隐】望诸,泽名,在齐。盖赵有之,故号焉。《战国策》"望"作"蓝"也。

　　齐田单后与骑劫战,果设诈诳燕军,遂破骑劫于即墨下,而转战逐燕,北至河上,①尽复得齐城,而迎襄王于莒,入于临菑。

①【正义】沧德二州之北河。

　　燕惠王后悔使骑劫代乐毅,以故破军亡将失齐;又怨乐毅之降赵,恐赵用乐毅而乘燕之弊以伐燕。燕惠王乃使人让乐毅,且谢之曰:"先王举国而委将军,将军为燕破齐,报先王之仇,天下莫不震动,寡人岂敢一日而忘将军之功哉! 会先王弃群臣,寡人新即位,左右误寡人。寡人之使骑劫代将军,为将军久暴露于外,故召将军且休,计事。将军过听,以与寡人有隙,遂捐燕归赵。将军自为计则可矣,而亦何以报先王之所以遇将军之意乎?"乐毅报遗燕惠王书曰:

　　　　臣不佞,不能奉承王命,以顺左右之心,恐伤先王之明,有害足下之义,故遁逃走赵。今足下使人数之以罪,臣恐侍御者不察先王之所以畜幸臣之理,又不白臣之所以事先王之心,故敢以书对。

　　　　臣闻贤圣之君不以禄私亲,其功多者赏之,其能当者处之。故察能而授官者,成功之君也;论行而结交者,立名之士也。臣窃观先王之举也,见有高世主之心,①故假节于魏,以身得察于燕。先王过举,厕之宾客之中,立之群臣之上,不谋父兄,②以为亚卿。臣窃不自知,自以为奉令承教,可幸无罪,故受令而不辞。

①【正义】乐毅见燕昭王有自高尊世上人主之心,故假魏节使燕。

②【正义】杜预云:"父兄,同姓群臣也。"

　　　　先王命之曰:"我有积怨深怒于齐,不量轻弱,而欲以齐为事。"臣曰:"夫齐,霸国之馀业而最胜之遗事也。练于兵甲,习于战攻。王若欲伐之,必与天下图之。与天下图之,莫若结于赵。且又淮北、宋地,楚魏之所欲也,赵若许而约,四国攻之,齐可大破也。"先王以为然,具符节南使臣于赵。顾反命,起兵击齐。以天之道,先王之灵,河北之地随先王而举之济上。①济上之军受命击齐,大败齐人。轻卒锐兵,长驱至国。齐王遁而走莒,仅以身免;珠玉财宝车甲珍器尽收入于燕。齐器设于宁台,②大吕陈于元英,③故鼎反乎历室,④蓟丘之植植于汶篁,⑤自五伯已来,功未有及先王者也。先王以为慊于志,⑥故裂地而封之,使得比小国诸侯。臣窃不自知,自以为奉命承教,可幸无罪,是以受命不辞。

①【正义】济上在济水之上。

②【索隐】燕台也。　【正义】《括地志》云:"燕元英、历室二宫,皆燕宫,在幽州蓟县西四里宁台之下。"

③【索隐】大吕,齐钟名。元英,燕宫殿名也。

④【集解】徐广曰:"历,历也。"　【索隐】燕鼎前输于齐,今反入于历室。历室亦宫名,《战国策》作"历室"也。　【正义】《括地志》云:"历室,燕宫名也。"高诱云:"燕哙乱,齐伐燕,杀哙,得鼎,今反归燕故鼎。"

⑤【集解】徐广曰:"竹田曰篁。谓燕之疆界移于齐之汶水。"　【索隐】蓟丘,燕所都之地也。言燕之蓟丘所植,皆植齐王汶上之竹也。徐注非也。　【正义】幽州蓟地西北隅有蓟丘。又汶水源出兖州博城县东北原山,西南入泲。

⑥【索隐】按:慊音苦簟反。作"嗛",嗛者,常慊然而不惬其志也。

　　臣闻贤圣之君,功立而不废,故著于《春秋》;蚤知之士,名成而不毁,故称于后世。若先王之报怨雪耻,夷万乘之强国,收八百岁之蓄积,及至弃群臣之日,馀教未衰,执政任事之臣,修法令,慎庶孽,施及乎萌隶,皆可以教后世。

　　臣闻之,善作者不必善成,善始者不必善终。昔伍子胥说听于阖闾,而吴王远迹至郢;夫差弗是也,赐之鸱夷而浮之江。吴王不寤先论之可以立功,故沈子胥而不悔;子胥不蚤见主之不同量,是以至于入江而不化。①

①【索隐】言子胥怀恨,故虽投江而神不化,犹为波涛之神也。

　　夫免身立功,以明先王之迹,臣之上计也。离毁辱之诽谤,①堕先王之名,②臣之所大恐也。临不测之罪,以幸为利,义之所不敢出也。③

①【索隐】诽音方味反。

②【索隐】堕音许规反。

③【索隐】谓既临不测之罪,以幸免为利,今我仍义先王之恩,虽身托外国,而心亦不敢出也。

　　臣闻古之君子,交绝不出恶声;①忠臣去国,不洁其名。②臣虽不佞,③数奉教于君子矣。④恐侍御者之亲左右之说,不察疏远之行,故敢献书以闻,唯君王之留意焉。⑤

①【正义】言君子之人,交绝不说己长而谈彼短。

②【索隐】言忠臣去离本国,不自洁其名,云己无罪,故《礼》曰"大夫去其国,不说人以无罪"是也。　【正义】言不洁己名行而咎于君,若箕子不忍言殷恶是也。

③【索隐】不佞犹不才也。

④【索隐】上"数"音朔。言我已数经奉教令于君子。君子即识礼之人。谓己在外,犹云己罪,不说王之有非,故下云"不察疏远之行",斯亦忠臣之节也。

⑤【集解】夏侯玄曰:"观乐生遗燕惠王书,其殆庶乎知机合道,以礼始终者与!又其喻昭王曰:'伊尹放太甲而不疑,太甲受放而不怨,是存大业于至公而以天下为心者也。'夫欲极道德之量,务以天下为心者,必致其主于盛隆,合其趣于先王,苟君臣同符,则大业定矣。于斯时也,乐生之志,千载一遇。夫千载一遇之世,亦将行千载一隆之道,岂其局迹当时,止于兼并而已哉!夫兼并者,非乐生之所屑;强燕而废道,又非乐生之所求。不屑苟利,心无近事,不求小成,斯意兼天下者也。则举齐之事,所以运其机而动四海也。夫讨齐以明燕王之义,此兵不兴于为利矣。围城而害不加于百姓,此仁心著于遐迩矣。举国不谋其功,除暴不以威力,此至德全于天下矣。迈全德以率列国,则几于汤武之事矣。乐生方恢大纲以纵二城,收民明信以待其弊,将使即墨、莒人顾仇其上,愿释干戈赖我,犹亲善守之,智无所施之。然则求仁得仁,即墨大夫之义;仕穷则徙,微子适周之道。开弥广之路,以待田单之徒;长容善之风,以申齐士之志。使夫忠者遂节,勇者义著,昭之东海,属之华裔,我泽如春,民应如草,道光宇宙,贤智托心,邻国倾慕,四海延颈,思戴燕主,仰望风声,二城必从,则王业隆矣。虽淹留于两邑,乃致速于

天下也。不幸之变,世所不图,败于垂成,时运固然。若乃逼之以威,劫之以兵,攻取之事,求欲速之功,使燕齐之士流血于二城之下,参杀伤之残以示四海之人,是纵暴易乱以成其私,邻国望之,其犹豺虎。既大堕称兵之义,而丧济溺之仁,且亏齐士之节,废廉善之风,掩宏通之度,弃王德之隆,虽二城几于可拔,霸王之事逝其远矣。然则燕虽兼齐,其与世主何以殊哉?其与邻国何以相倾?乐生岂不知拔二城之速了哉,顾城拔而业乖也。岂不虑不速之致变哉,顾业乖与变同。繇是观之,乐生之不屠二城,未可量也。”

于是燕王复以乐毅子乐闲①为昌国君;而乐毅往来复通燕,燕、赵以为客卿。乐毅卒于赵。②

①【索隐】音纪闲反,乐毅之子也。

②【集解】张华曰:“望诸君冢在邯郸西数里。”

乐闲居燕三十餘年,燕王喜用其相栗腹之计,①欲攻赵,而问昌国君乐闲。乐闲曰:“赵,四战之国也,②其民习兵,伐之不可。”燕王不听,遂伐赵。赵使廉颇击之,大破栗腹之军于鄗,禽栗腹、乐乘。乐乘者,乐闲之宗也。于是乐闲奔赵,赵遂围燕。燕重割地以与赵和,赵乃解而去。

①【索隐】栗,姓;腹,名也。汉有栗姬。

②【索隐】言赵数距四方之敌,故云“四战之国”。　【正义】东邻燕、齐,西边秦、楼烦,南界韩、魏,北迫匈奴。

燕王恨不用乐闲,乐闲既在赵,乃遗乐闲书曰:“纣之时,箕子不用,犯谏不怠,以冀其听;商容不达,身只辱焉,以冀其变。及民志不入,狱囚自出,①然后二子退隐。故纣负桀暴之累,二子不失忠圣之名。何者?其忧患之尽矣。今寡人虽愚,不若纣之暴也;燕民虽乱,不若殷民之甚也。室有语,不相尽以告怜里。②二者,寡人不为君取也。”③

①【索隐】民志不入谓国乱而人离心向外,故云“不入”。又狱囚自出,是政乱而士师不为守法也。

②【正义】言家室有忿争不决,必告怜里,今故以书相告也。

③【正义】二者,谓燕君未如纣,燕民未如殷民。复相告子反燕以疑君民之恶,

是寡人不为君取之。

乐閒、乐乘怨燕不听其计，二人卒留赵。赵封乐乘为武襄君。[1]
①【索隐】乐乘，乐毅之宗人也。

其明年，乐乘、廉颇为赵围燕，燕重礼以和，乃解。后五岁，赵孝成王卒。襄王使乐乘代廉颇。廉颇攻乐乘，乐乘走，廉颇亡入魏。其后十六年而秦灭赵。

其后二十馀年，高帝过赵，问："乐毅有后世乎？"对曰："有乐叔。"高帝封之乐卿，[1]号曰华成君。华成君，乐毅之孙也。而乐氏之族有乐瑕公、乐臣公，[2]赵且为秦所灭，亡之齐高密。乐臣公善修黄帝、老子之言，显闻于齐，称贤师。
①【集解】徐广曰："在北新城。"　【正义】《地理志》云信都有乐卿县。
②【集解】一作"巨公"。

太史公曰：始齐之蒯通及主父偃读乐毅之报燕王书，未尝不废书而泣也。乐臣公学黄帝、老子，其本师号曰河上丈人，不知其所出。河上丈人教安期生，安期生教毛翕公，毛翕公教乐瑕公，乐瑕公教乐臣公，[1]乐臣公教盖公。[2]盖公教于齐高密、胶西，为曹相国师。
①【索隐】本亦作"巨公"也。
②【索隐】盖音古阖反。盖公，史不记名。

【索隐述赞】昌国忠谠，人臣所无。连兵五国，济西为墟。燕王受间，空闻报书。义士慷慨，明君轼闾。閒、乘继将，芳规不渝。

史记卷八十一

廉颇蔺相如列传第二十一

廉颇者，赵之良将也。赵惠文王十六年，廉颇为赵将伐齐，大破之，取阳晋，①拜为上卿，以勇气闻于诸侯。蔺相如者，赵人也，为赵宦者令缪贤舍人。

① 【索隐】按：阳晋，卫地，后属齐，今赵取之。司马彪《郡国志》曰今卫国阳晋城是也。有本作"晋阳"，非也。晋阳在太原，虽亦赵地，非齐所取。 【正义】故城在今曹州乘氏县西北四十七里也。

赵惠文王时，得楚和氏璧。秦昭王闻之，使人遗赵王书，愿以十五城请易璧。赵王与大将军廉颇诸大臣谋：欲予秦，秦城恐不可得，徒见欺；欲勿予，即患秦兵之来。计未定，求人可使报秦者，未得。宦者令缪贤曰："臣舍人蔺相如可使。"王问："何以知之？"对曰："臣尝有罪，窃计欲亡走燕，臣舍人相如止臣，曰：'君何以知燕王？'臣语曰：'臣尝从大王与燕王会境上，燕王私握臣手，曰"愿结友"。以此知之，故欲往。'相如谓臣曰：'夫赵强而燕弱，而君幸于赵王，故燕王欲结于君。今君乃亡赵走燕，燕畏赵，其势必不敢留君，而束君归赵矣。君不如肉袒伏斧质请罪，则幸得脱矣。'臣从其计，大王亦幸赦臣。臣窃以为其人勇士，有智谋，宜可使。"于是王召见，问蔺相如曰："秦王以十五城请易寡人之璧，可予不？"相如曰："秦强而赵弱，不可不许。"王曰："取吾璧，不予我城，奈何？"相如曰："秦以城求璧而赵不许，曲在赵。赵予璧而秦不予赵城，曲在秦。均之二策，宁许以负秦曲。"王曰："谁可使者？"相如曰："王必无人，臣愿奉璧往使。城入赵而璧留秦；城不入，臣请完璧归赵。"赵王于是遂遣相如奉璧西入秦。

　　秦王坐章台见相如，相如奉璧奏秦王。秦王大喜，传以示美人及左右，左右皆呼万岁。相如视秦王无意偿赵城，及前曰："璧有瑕，请指示王。"王授璧，相如因持璧却立，倚柱，怒发上冲冠，谓秦王曰："大王欲得璧，使人发书至赵王，赵王悉召群臣议，皆曰'秦贪，负其强，以空言求璧，偿城恐不可得'。议不欲予秦璧。臣以为布衣之交尚不相欺，况大国乎！且以一璧之故逆强秦之欢，不可。于是赵王乃斋戒五日，使臣奉璧，拜送书于庭。何者？严大国之威以修敬也。今臣至，大王见臣列观，礼节甚倨；得璧，传之美人，以戏弄臣。臣观大王无意偿赵王城邑，故臣复取璧。大王必欲急臣，臣头今与璧俱碎于柱矣！"相如持其璧睨柱，欲以击柱。秦王恐其破璧，乃辞谢固请，召有司案图，指从此以往十五都予赵。相如度秦王特以诈详为予赵城，实不可得，乃谓秦王曰："和氏璧，天下所共传宝也，赵王恐，不敢不献。赵王送璧时，斋戒五日，今大王亦宜斋戒五日，设九宾于廷，①臣乃敢上璧。"秦王度之，终不可强夺，遂许斋五日，舍相如广成传。②相如度秦王虽斋，决负约不偿城，乃使其从者衣褐，怀其璧，从径道亡，归璧于赵。

　　①【集解】韦昭曰："九宾则《周礼》九仪。"　【索隐】《周礼》大行人别九宾，谓九服之宾客也。《列士传》云设九牢也。　【正义】刘伯庄云："九宾者，周王备之礼，天子临轩，九服同会。秦、赵何得九宾？但亦陈设车辂文物耳。"

　　②【索隐】广成是传舍之名。传音张恋反。

　　秦王斋五日后，乃设九宾礼于廷，引赵使者蔺相如。相如至，谓秦王曰："秦自缪公以来二十馀君，未尝有坚明约束者也。臣诚恐见欺于王而负赵，故令人持璧归，间至赵矣。且秦强而赵弱，大王遣一介之使至赵，赵立奉璧来。今以秦之强而先割十五都予赵，赵岂敢留璧而得罪于大王乎？臣知欺大王之罪当诛，臣请就汤镬，唯大王与群臣孰计议之。"秦王与群臣相视而嘻。①左右或欲引相如去，秦王因曰：今杀相如，终不能得璧也，而绝秦赵之欢，不如因而厚遇之，使归赵，赵王岂以一璧之故欺秦邪！"卒廷见相如，毕礼而归之。

　　①【索隐】音希。乃惊而怒之辞也。

相如既归,赵王以为贤大夫使不辱于诸侯,拜相如为上大夫。秦亦不以城予赵,赵亦终不予秦璧。

其后秦伐赵,拔石城。①明年,复攻赵,杀二万人。

①【集解】徐广曰:"惠文王十八年。" 【索隐】刘氏云盖谓石邑。 【正义】故石城在相州林虑县南九十里也。

秦王使使者告赵王,欲与王为好会于西河外渑池。①赵王畏秦,欲毋行。廉颇、蔺相如计曰:"王不行,示赵弱且怯也。"赵王遂行,相如从。廉颇送至境,与王诀曰:"王行,度道里会遇之礼毕,还,不过三十日。三十日不还,则请立太子为王,以绝秦望。"王许之,遂与秦王会渑池。②秦王饮酒酣,曰:"寡人窃闻赵王好音,请奏瑟。"赵王鼓瑟。秦御史前书曰"某年月日,秦王与赵王会饮,令赵王鼓瑟"。蔺相如前曰:"赵王窃闻秦王善为秦声,请奏盆缻秦王,以相娱乐。"③秦王怒,不许。于是相如前进缻,因跪请秦王。秦王不肯击缻。相如曰:"五步之内,相如请得以颈血溅大王矣!"④左右欲刃相如,相如张目叱之,左右皆靡。于是秦王不怿,为一击缻。相如顾召赵御史书曰"某年月日,秦王为赵王击缻"。秦之群臣曰:"请以赵十五城为秦王寿。"蔺相如亦曰:"请以秦之咸阳为赵王寿。"秦王竟酒,终不能加胜于赵。赵亦盛设兵以待秦,秦不敢动。

①【索隐】在西河之南,故云"外"。案:表在赵惠文王二十年也。

②【集解】徐广曰:"二十年。"

③【集解】《风俗通义》曰:"缶者,瓦器,所以盛酒浆,秦人鼓之以节歌也。"

【索隐】缻音缶。 【正义】缻音缾。

④【正义】溅音赞。

既罢归国,以相如功大,拜为上卿,位在廉颇之右。①廉颇曰:"我为赵将,有攻城野战之大功,而蔺相如徒以口舌为劳,而位居我上,且相如素贱人,吾羞,不忍为之下。"宣言曰:"我见相如,必辱之。"相如闻,不肯与会。相如每朝时,常称病,不欲与廉颇争列。已而相如出,望见廉颇,相如引车避匿。于是舍人相与谏曰:"臣所以去亲戚而事君者,徒慕君之高义也。今君与廉颇同列，廉君宣恶言而君畏匿之，恐惧殊甚，且庸人尚羞之，况于将相乎！臣等不肖，请辞去。"蔺相如固止之，曰："公之视廉将军孰与秦王？"曰："不若也。"相如曰："夫以秦王之威，而相如廷叱之，辱其群臣，相如虽驽，独畏廉将军哉？顾吾念之，强秦之所以不敢加兵于赵者，徒以吾两人在也。今两虎共斗，其势不俱生。吾所以为此者，以先国家之急而后私仇也。"廉颇闻之，肉袒负荆，②因宾客至蔺相如门谢罪。曰："鄙贱之人，不知将军宽之至此也。"卒相与欢，为刎颈之交。③

①【索隐】王劭按：董勋《答礼》曰"职高者名录在上，于人为右；职卑者名录在下，于人为左，是以谓下迁为左。" 【正义】秦汉以前用右为上。

②【索隐】肉袒者，谓袒衣而露肉也。负荆者，荆，楚也，可以为鞭。

③【索隐】崔浩云："言要齐生死而刎颈无悔也。"

是岁，廉颇东攻齐，破其一军。居二年，廉颇复伐齐幾，拔之。①后三年，廉颇攻魏之防陵、②安阳，拔之。后四年，蔺相如将而攻齐，至平邑而罢。③其明年，赵奢破秦军阏与下。

①【集解】徐广曰："幾，邑名也。"案：《赵世家》惠文王二十三年，颇将攻魏之幾邑，取之，而《齐世家》及年表无"伐齐幾，拔之"事，疑幾是邑名，而或属齐或属魏耳。田单在齐，不得至于拔也。 【索隐】世家云惠文王二十三年，颇将攻魏之幾邑，取之，与此列传合。《战国策》云秦败阏与及攻魏幾。幾亦属魏。而裴骃引《齐世家》及年表无"伐齐拔幾"之事，疑其幾是故邑，或属齐、魏故耳。 【正义】幾音祈。在相潞之间。

②【集解】徐广曰："一作'房子'。" 【索隐】案：防陵在楚之西，属汉中郡。魏有房子，盖"陵"字误也。 【正义】城在相州安阳县南二十里，因防水为名。

③【正义】故城在魏州昌乐县东北三十里。

赵奢者，赵之田部吏也。收租税而平原君家不肯出租，奢以法治之，杀平原君用事者九人。平原君怒，将杀奢。奢因说曰："君于赵为贵公子，今纵君家而不奉公则法削，法削则国弱，国弱则诸侯加兵，诸侯加兵是无赵也，君安得有此富乎？以君之贵，奉公如法则上下平，上下平则国强,国强则赵固,而君为贵戚,岂轻于天下邪?"平原君以为贤,言之于王。王用之治国赋,国赋大平,民富而府库实。

秦伐韩,军于阏与。王召廉颇而问曰:"可救不?"对曰:"道远险狭,难救。"又召乐乘而问焉,乐乘对如廉颇言。又召问赵奢,奢对曰:"其道远险狭,譬之犹两鼠斗于穴中,将勇者胜。"王乃令赵奢将,救之。

兵去邯郸三十里,而令军中曰:"有以军事谏者死。"秦军军武安西,①秦军鼓噪勒兵,武安屋瓦尽振。军中侯有一人言急救武安,赵奢立斩之。坚壁,留二十八日不行,复益增垒。秦间来入,赵奢善食而遣之。间以报秦将,秦将大喜曰:"夫去国三十里②而军不行,乃增垒,阏与非赵地也。"赵奢既已遣秦间,乃卷甲而趋之,二日一夜至,令善射者去阏与五十里而军。军垒成,秦人闻之,悉甲而至。军士许历请以军事谏,赵奢曰:"内之。"许历曰:"秦人不意赵师至此,其来气盛,将军必厚集其阵以待之。不然,必败。"赵奢曰:"请受令。"许历曰:"请就鈇质之诛。"赵奢曰:"胥后令③邯郸。"许历复请谏,④曰:"先据北山上者胜,⑤后至者败。"赵奢许诺,即发万人趋之。秦兵后至,争山不得上,赵奢纵兵击之,大破秦军。秦军解而走,遂解阏与之围而归。

①【集解】徐广曰:"属魏郡,在邯郸西。"

②【正义】国谓邯郸,赵之都也。

③【索隐】案:"胥""须"古人通用。今者"胥后令",谓"胥"为"须",须者,待也,待后令。谓许历之言更不拟诛之,故更待后令也。　【正义】胥犹须也。军去城都三十里而不行,未有计过险狭,恐人谏令急救武安,乃出此令。今垂战须得谋策,不用前令,故云"须后令"也。

④【索隐】按:"邯郸"二字当为"欲战",谓临战之时,许历复谏也。王粲诗云"许历为完士,一言犹败秦",是言赵奢用其计,遂破秦军也。江遂曰"汉令称完而不髡曰耐,是完士未免从军也"。

⑤【正义】阏与山在洺州武安县西南五十里,赵奢拒秦军于阏与,即此山也。案:《括地志》云"言拒秦军在此山",疑其太近洺州。既去邯郸三十里而军,又云趋之二日一夜,至阏与五十里而军垒成,据今洺州去潞州三百里间而隔相州,恐潞州阏与聚城是所拒据处。

赵惠文王赐奢号为马服君，以许历为国尉。赵奢于是与廉颇、蔺相如同位。

后四年，赵惠文王卒，子孝成王立。七年，秦与赵兵相距长平，时赵奢已死，① 而蔺相如病笃，赵使廉颇将攻秦，秦数败赵军，赵军固壁不战。秦数挑战，廉颇不肯。赵王信秦之间。秦之间言曰："秦之所恶，独畏马服君赵奢之子赵括为将耳。"赵王因以括为将，代廉颇。蔺相如曰："王以名使括，若胶柱而鼓瑟耳。括徒能读其父书传，不知合变也。"赵王不听，遂将之。

①【集解】张华曰："赵奢冢在邯郸界西山上，谓之马服山。"

赵括自少时学兵法，言兵事，以天下莫能当。尝与其父奢言兵事，奢不能难，然不谓善。括母问奢其故，奢曰："兵，死地也，而括易言之。使赵不将括即已，若必将之，破赵军者必括也。"及括将行，其母上书言于王曰："括不可使将。"王曰："何以？"对曰："始妾事其父，时为将，身所奉饭饮而进食者以十数，① 所友者以百数，大王及宗室所赏赐者尽以予军吏士大夫，受命之日，不问家事。今括一旦为将，东向而朝，军吏无敢仰视之者，王所赐金帛，归藏于家，而日视便利田宅可买者买之。王以为何如其父？父子异心，愿王勿遣。"王曰："母置之，吾已决矣。"括母因曰："王终遣之，即有如不称，妾得无随坐乎？"王许诺。

①【正义】奉音捧。

赵括既代廉颇，悉更约束，易置军吏。秦将白起闻之，纵奇兵，详败走，而绝其粮道，分断其军为二，士卒离心。四十馀日，军饿，赵括出锐卒自博战，秦军射杀赵括。括军败，数十万之众遂降秦，秦悉坑之。赵前后所亡凡四十五万。明年，秦兵遂围邯郸，岁馀，几不得脱。赖楚、魏诸侯来救，乃得解邯郸之围。赵王亦以括母先言，竟不诛也。

自邯郸围解五年，而燕用栗腹之谋，曰"赵壮者尽于长平，其孤未壮"，举兵击赵。赵使廉颇将，击，大破燕军于鄗，杀栗腹，遂围燕。燕割五城请和，乃听之。赵以尉文①封廉颇为信平君，②为假相国。

　①【集解】徐广曰："邑名也。"

　②【索隐】信平，号也。徐广云："尉文，邑名。"按：《汉书》表有"尉文节侯"，云
　　在南郡。盖尉，官也；文，名也。谓取尉文所食之邑复以封颇，而后号为信
　　平君。

　　廉颇之免长平归也，失势之时，故客尽去。及复用为将，客又复至。廉颇曰："客退矣！"客曰："吁！君何见之晚也？夫天下以市道交，君有势，我则从君，君无势则去，此固其理也，有何怨乎？"居六年，赵使廉颇伐魏之繁阳，①拔之。

　①【集解】徐广曰："属魏郡。"　【正义】在相州内黄县东北也。

　　赵孝成王卒，子悼襄王立，使乐乘代廉颇。廉颇怒，攻乐乘，乐乘走。廉颇遂奔魏之大梁。其明年，赵乃以李牧为将而攻燕，拔武遂、方城。①

　①【索隐】按：《地理志》武遂属河间国，方城属广阳也。　【正义】武遂，易州遂
　　城也。方城，幽州固安县南十里。

　　廉颇居梁久之，魏不能信用。赵以数困于秦兵，赵王思复得廉颇，廉颇亦思复用于赵。赵王使使者视廉颇尚可用否。廉颇之仇郭开多与使者金，令毁之。赵使者既见廉颇，廉颇为之一饭斗米，肉十斤，被甲上马，以示尚可用。赵使还报王曰："廉将军虽老，尚善饭，然与臣坐，顷之三遗矢矣。"①赵王以为老，遂不召。

　①【索隐】谓数起便也。矢，一作"屎"。

　　楚闻廉颇在魏，阴使人迎之。廉颇一为楚将，无功，曰："我思用赵人。"廉颇卒死于寿春。①

　①【正义】廉颇墓在寿州寿春县北四里。蔺相如墓在邯郸西南六里。

　　李牧者，赵之北边良将也。常居代雁门，备匈奴。①以便宜置吏，市租皆输入莫府，②为士卒费。日击数牛飨士，习射骑，谨烽火，多间谍，③

厚遇战士。为约曰："匈奴即入盗,急入收保,有敢捕虏者斩。"匈奴每
入,烽火谨,辄入收保,不敢战。如是数岁,亦不亡失。然匈奴以李牧为
怯,虽赵边兵亦以为吾将怯。赵王让李牧,李牧如故。赵王怒,召之,使
他人代将。

①【正义】今雁门县在代地,故云代雁门也。

②【集解】如淳曰:"将军征行无常处,所在为治,故言'莫府'。莫,大也。"

　【索隐】按:注如淳解"莫,大也"云云。又崔浩云"古者出征为将帅,军还则
　　罢,理无常处,以幕帷为府署,故曰'莫府'"。则"莫"当作"幕",字之讹耳。

③【索隐】上纪苋反,下音牒。

岁馀,匈奴每来,出战。出战,数不利,失亡多,边不得田畜。①复请
李牧。牧杜门不出,固称疾。赵王乃复强起使将兵。牧曰:"王必用臣,
臣如前,乃敢奉令。"王许之。

①【正义】许六反。

李牧至,如故约。匈奴数岁无所得。终以为怯。边士日得赏赐而
不用,皆愿一战。于是乃具选车得千三百乘,选骑得万三千匹,百金之
士五万人,①彀者十万人,②悉勒习战。大纵畜牧,人民满野。匈奴小
入,详北不胜,以数千人委之。③单于闻之,大率众来入。李牧多为奇
陈,张左右翼击之,大破杀匈奴十馀万骑。灭襜褴,④破东胡,降林胡,
单于奔走。其后十馀岁,匈奴不敢近赵边城。

①【集解】《管子》曰:"能破敌擒将者赏百金。"

②【索隐】彀音古候反。彀谓能射也。

③【索隐】委谓弃之,恣其杀略也。

④【集解】襜,都甘反。褴,路谈反。徐广曰:"一作'临'。"骃又案:如淳曰"胡
　　名也,在代北"。　【索隐】上音都甘反,下音路郯反。如淳云"胡名也"。

赵悼襄王元年,廉颇既亡入魏,赵使李牧攻燕,拔武遂、方城。居二
年,庞煖破燕军,①杀剧辛。②后七年,秦破杀赵将扈辄③于武遂,④斩首
十万。赵乃以李牧为大将军,击秦军于宜安,⑤大破秦军,走秦将桓
齮。⑥封李牧为武安君。居三年,秦攻番吾,⑦李牧击破秦军,南距

韩、魏。

①【索隐】按：媛即冯媛也。庞音皮江反。媛音况远反，亦音喧。

②【索隐】本赵人，仕燕者。

③【索隐】扈，氏；辄，名。汉张耳时别有扈辄。

④【索隐】按：刘氏云"武遂本韩地，在赵西，恐非《地理志》河间武遂也"。

⑤【正义】在桓州藁城县西南二十里。

⑥【索隐】音蚁。

⑦【索隐】县名。《地理志》在常山。音婆，又音盘。　【正义】在相州房山县东
　　二十里也。

赵王迁七年，秦使王翦攻赵，赵使李牧、司马尚御之。秦多与赵王
宠臣郭开金，为反间，言李牧、司马尚欲反。赵王乃使赵葱及齐将颜聚
代李牧。李牧不受命，赵使人微捕得李牧，斩之。废司马尚。后三月，
王翦因急击赵，大破杀赵葱，虏赵王迁及其将颜聚，遂灭赵。

太史公曰：知死必勇，非死者难也，处死者难。方蔺相如引璧睨柱，
及叱秦王左右，势不过诛，然士或怯懦①而不敢发。相如一奋其气，威
信敌国，②退而让颇，名重太山，其处智勇，可谓兼之矣！

①【集解】徐广曰："一作'掘懦'。"

②【索隐】信音伸。

【索隐述赞】清飙凛凛，壮气熊熊。各竭诚义，递为雌雄。和璧聘返，渑池好
　　通。负荆知惧，屈节推工。安边定策，颇、牧之功。

史记卷八十二

田单列传第二十二

田单者，①齐诸田疏属也。湣王时，单为临菑市掾，不见知。及燕使乐毅伐破齐，齐湣王出奔，已而保莒城。燕师长驱平齐，而田单走安平，②令其宗人尽断其车轴末③而傅铁笼。④已而燕军攻安平，城坏，齐人走，争涂，以轊折车败，⑤为燕所虏，唯田单宗人以铁笼故得脱，东保即墨。燕既尽降齐城，唯独莒、即墨不下。燕军闻齐王在莒，并兵攻之。淖齿⑥既杀湣王于莒，因坚守，距燕军，数年不下。燕引兵东围即墨，即墨大夫出与战，败死。城中相与推田单，曰："安平之战，田单宗人以铁笼得全，习兵。"立以为将军，以即墨距燕。

①【索隐】单音丹。

②【集解】徐广曰："今之东安平也，在青州临菑县东十九里。古纪之酅邑，齐改为安平，秦灭齐，改为东安平县，属齐郡，以定州有安平，故加'东'字。"

【索隐】按：《地理志》东安平属淄川国也。

③【索隐】断音都缓反。断其轴，恐长相拨也。以铁裹轴头，坚而易进也。

④【集解】徐广曰："傅音附。"【索隐】傅音附。按：截其轴与毂齐，以铁鍱附轴末，施辖于铁中以制毂也。又《方言》曰"车轊，齐谓之笼"。郭璞云"车轴也"。

⑤【集解】徐广曰："轊，车轴头也。音卫。"

⑥【集解】徐广曰："多作'悼齿'也。"

顷之，燕昭王卒，惠王立，与乐毅有隙。田单闻之，乃纵反间于燕，宣言曰："齐王已死，城之不拔者二耳。乐毅畏诛而不敢归，以伐齐为名,实欲连兵南面而王齐。齐人未附,故且缓攻即墨以待其事。齐人所惧,唯恐他将之来,即墨残矣。"燕王以为然,使骑劫代乐毅。

乐毅因归赵,燕人士卒忿。而田单乃令城中人食必祭其先祖于庭,飞鸟悉翔舞城中下食。燕人怪之。田单因宣言曰:"神来下教我。"乃令城中人曰:"当有神人为我师。"有一卒曰:"臣可以为师乎?"因反走。田单乃起,引还,东向坐,师事之。卒曰:"臣欺君,诚无能也。"田单曰:"子勿言也!"因师之。每出约束,必称神师。乃宣言曰:"吾唯惧燕军之劓①所得齐卒,置之前行,①与我战,即墨败矣。"燕人闻之,如其言。城中人见齐诸降者尽劓,皆怒,坚守,唯恐见得。单又纵反间曰:"吾惧燕人掘吾城外冢墓,僇先人,可为寒心。"燕军尽掘垄墓,烧死人。即墨人从城上望见,皆涕泣,俱欲出战,怒自十倍。

①【正义】胡郎反。

田单知士卒之可用,乃身操版插,①与士卒分功,妻妾编于行伍之间,尽散饮食飨士。令甲卒皆伏,使老弱女子乘城,遣使约降于燕,燕军皆呼万岁。田单又收民金,得千溢,令即墨富豪遗燕将,曰:"即墨即降,愿无虏掠吾族家妻妾,令安堵。"燕将大喜,许之。燕军由此益懈。

①【索隐】操音七高反。插音初洽反。　【正义】古之军行,常负版插也。

田单乃收城中得千馀牛,为绛缯衣,画以五彩龙文,束兵刃于其角,而灌脂束苇于尾,烧其端。凿城数十穴,夜纵牛,壮士五千人随其后。牛尾热,怒而奔燕军,燕军夜大惊。牛尾炬火光明炫耀,燕军视之皆龙文,所触尽死伤。五千人因衔枚击之,而城中鼓噪从之,老弱皆击铜器为声,声动天地。燕军大骇,败走。齐人遂夷杀其将骑劫。燕军扰乱奔走,齐人追亡逐北,所过城邑皆畔燕而归田单,兵日益多,乘胜,燕日败亡,卒至河上,①而齐七十馀城皆复为齐。乃迎襄王于莒,入临菑而听政。

①【索隐】河上即齐之北界,近河东,齐之旧地。

襄王封田单,号曰安平君。①

①【索隐】以单初起安平，故以为号。

　　太史公曰：兵以正合，以奇胜。①善之者，②出奇无穷。③奇正还相生，④如环之无端。⑤夫始如处女，⑥适人开户；⑦后如脱兔，适不及距：⑧其田单之谓邪！

　①【集解】魏武帝曰："先出合战为正，后出为奇也。正者当敌，奇兵击不备。"
　　【集解】按：奇谓权诈也。注引魏武，盖亦军令也。
　②【索隐】兵不厌诈，故云"善之"。
　③【索隐】谓权变多也。
　④【正义】犹当合也。言正兵当阵，张左右翼掩其不备，则奇正合败敌也。
　⑤【索隐】言用兵之术，或用正法，或用奇计，使前敌不可测量，如寻环中不知
　　端际也。
　⑥【索隐】言兵之始，如处女之软弱也。
　⑦【集解】徐广曰："适音敌。"　【索隐】适音敌。若我如处女之弱，则敌人轻
　　侮，开户不为备也。　【正义】敌人谓燕军也。言燕军被田单反间，易将及
　　劓卒烧垄墓，而令齐卒甚怒，是敌人为单开门户也。
　⑧【集解】魏武帝曰："如女示弱，脱兔往疾也。"　【索隐】言克敌之后，卷甲而
　　趋，如兔之得脱而走疾也。敌不及距者，若脱兔忽过，而敌忘其所距也。

　　初，淖齿之杀湣王也，莒人求湣王子法章，得之太史嬓之家，①为人灌园。嬓女怜而善遇之。后法章私以情告女，女遂与通。及莒人共立法章为齐王，以莒距燕，而太史氏女遂为后，所谓"君王后"也。

　①【正义】嬓音皎。

　　燕之初入齐，闻画邑人王蠋贤，①令军中曰"环画邑三十里无人"，以王蠋之故。已而使人谓蠋曰："齐人多高子之义，吾以子为将，封子万家。"蠋固谢。燕人曰："子不听，吾引三军而屠画邑。"王蠋曰："忠臣不事二君，贞女不更二夫。齐王不听吾谏，故退而耕于野。国既破亡，吾不能存；今又劫之以兵为君将，是助桀为暴也。与其生而无义，固不如烹！"遂经其颈②于树枝，自奋绝脰而死。③齐亡大夫闻之，曰："王蠋，布

衣也，义不北面于燕，况在位食禄者乎!"乃相聚如莒，求诸子，立为襄王。

① 【集解】刘熙曰："齐西南近邑。画音获。"　【索隐】画，一音获，又音胡卦反。刘熙云："齐西南近邑。"蠋音触，又音歜。　【正义】《括地志》云："戟里城在临淄西北三十里，春秋时棘邑，又云画邑。"蠋所居即此邑，因画水为名也。

② 【索隐】按：经犹系也。

③ 【索隐】何休云："脰，颈，齐语也。音豆。"

【索隐述赞】军法以正，实尚奇兵。断轴自免，反间先行。群鸟或众，五牛扬旌。卒破骑劫，皆复齐城。襄王嗣位，乃封安平。

史记卷八十三

鲁仲连邹阳列传第二十三

鲁仲连者,齐人也。好奇伟俶傥之画策,① 而不肯仕宦任职,好持高节。游于赵。

①【索隐】按:《广雅》云"俶傥,卓异也"。 【正义】俶,天历反。《鲁仲连子》云:"齐辩士田巴,服狙丘,议稷下,毁五帝,罪三王,服五伯,离坚白,合同异,一日服千人。有徐劫者,其弟子曰鲁仲连,年十二,号'千里驹',往请田巴曰:'臣闻堂上不奋,郊草不芸,白刃交前,不救流矢,急不暇缓也。今楚军南阳,赵伐高唐,燕人十万,聊城不去,国亡在旦夕,先生奈之何? 若不能者,先生之言有似枭鸣,出城而人恶之。愿先生勿复言。'田巴曰:'谨闻命矣。'巴谓徐劫曰:'先生乃飞兔也,岂直千里驹!'巴终身不谈。"

赵孝成王时,而秦王使白起破赵长平之军前后四十馀万,秦兵遂东围邯郸。赵王恐,诸侯之救兵莫敢击秦军。魏安釐王使将军晋鄙救赵,畏秦,止于荡阴不进。①魏王使客将军新垣衍②间入邯郸,因平原君谓赵王曰:"秦所为急围赵者,前与齐湣王争强为帝,已而复归帝;今齐(湣王)已益弱,方今唯秦雄天下,此非必贪邯郸,其意欲复求为帝。赵诚发使尊秦昭王为帝,秦必喜,罢兵去。"平原君犹预未有所决。

①【集解】《地理志》河内有荡阴县。 【正义】荡,天郎反,相州县。

②【索隐】新垣,姓;衍,名也。为梁将。故汉有新垣平。

此时鲁仲连适游赵,会秦围赵,闻魏将欲令赵尊秦为帝,乃见平原君曰:"事将奈何?"平原君曰:"胜也何敢言事! 前亡四十万之众于外,今又内围邯郸而不能去。魏王使客将军新垣衍令赵帝秦,①今其人在是。胜也何敢言事!"鲁仲连曰:"吾始以君为天下之贤公子也,吾乃今然后知君非天下之贤公子也。梁客新垣衍安在？吾请为君责而归之。"平原君曰："胜请为绍介②而见之于先生。"平原君遂见新垣衍曰："东国有鲁仲连先生者，今其人在此，胜请为绍介，交之于将军。"新垣衍曰："吾闻鲁仲连先生，齐国之高士也。衍，人臣也，使事有职，吾不愿见鲁仲连先生。"平原君曰："胜既已泄之矣。"新垣衍许诺。

①【索隐】新垣衍欲令赵尊秦为帝也。

②【集解】郭璞曰："绍介，相佑助者。"　【索隐】按：绍介犹媒介也。且礼，宾至必因介以传辞。绍者，继也。介不一人，故《礼》云"介绍而传命"是也。

鲁连见新垣衍而无言。新垣衍曰："吾视居此围城之中者，皆有求于平原君者也；今吾观先生之玉貌，非有求于平原君者也，曷为久居此围城之中而不去？"鲁仲连曰："世以鲍焦为无从颂而死者，皆非也。①众人不知，则为一身。②彼秦者，弃礼义而上首功之国也，③权使其士，虏使其民。④彼即肆然而为帝，⑤过⑥而为政于天下，⑦则连有蹈东海而死耳，吾不忍为之民也。⑧所为见将军者，欲以助赵也。"

①【集解】鲍焦，周之介士也。见《庄子》。　【索隐】从颂者，从容也。世人见鲍焦之死，皆以为不能自宽容而取死，此言非也。　【正义】《韩诗外传》云："姓鲍，名焦，周时隐者也。饰行非世，廉洁而守，荷担采樵，拾橡充食，故无子胤，不臣天子，不友诸侯。子贡遇之，谓之曰：'吾闻非其政者不履其地，污其君者不受其利。今子履其地，食其利，其可乎？'鲍焦曰：'吾闻廉士重进而轻退，贤人易愧而轻死。'遂抱木立枯焉。"按：鲁仲连留赵不去者，非为一身。

②【索隐】言众人不识鲍焦之意，焦以耻居浊世而避之，非是自为一身而忧死。事见《庄子》也。

③【集解】谯周曰："秦用卫鞅计，制爵二十等，以战获首级者计而受爵。是以秦人每战胜，老弱妇人皆死，计功赏至万数。天下谓之'上首功之国'，皆以恶之也。"　【索隐】秦法，斩首多为上功。谓斩一人首赐爵一级，故谓秦为"首功之国"也。

④【索隐】言秦人以权诈使其战士，以怒虏使其人。言无恩以恤下。

⑤【索隐】肆然犹肆志也。

⑥【正义】至"过"字为绝句。肆然其志意也。言秦得肆志为帝,恐有烹醢纳
　　筐,遍行天子之礼。过,失也。

⑦【索隐】谓以过恶而为政也。

⑧【正义】若赵、魏帝秦,得行政教于天下,鲁连蹈东海而溺死,不忍为秦百姓。

　　新垣衍曰:"先生助之将奈何?"鲁连曰:"吾将使梁及燕助之,齐、楚
则固助之矣。"新垣衍曰:"燕则吾请以从矣;若乃梁者,则吾乃梁人也,
先生恶能使梁助之?"鲁连曰:"梁未睹秦称帝之害故耳。使梁睹秦称帝
之害,则必助赵矣。"

　　新垣衍曰:"秦称帝之害何如?"鲁连曰:"昔者齐威王尝为仁义矣,
率天下诸侯而朝周。周贫且微,诸侯莫朝,而齐独朝之。居岁馀,周烈
王崩,①齐后往,周怒,赴于齐②曰:'天崩地坼,天子下席。③东藩之臣因
齐后至,则斮。'④齐威王勃然怒曰:'叱嗟,而母婢也!'⑤卒为天下笑。
故生则朝周,死则叱之,诚不忍其求也。彼天子固然,其无足怪。"

①【集解】徐广曰:"烈王十年崩,威王之七年。"【正义】《周本纪》及年表云烈
　　王七年崩,齐威王十年也,与徐不同。

②【正义】郑玄云:"赴,告也。"今文"赴"作"讣"。

③【索隐】按:谓烈王太子安王骄也。下席,言其寝苫居庐。

④【集解】《公羊传》曰:"欺三军者其法斮。"何休曰:"斮,斩也。"

⑤【正义】骂烈王后也。

　　新垣衍曰:"先生独不见夫仆乎?十人而从一人者,宁力不胜而智
不若邪?畏之也。"①鲁仲连曰:"呜呼!梁之比于秦若仆邪?"新垣衍
曰:"然。"鲁仲连曰:"吾将使秦王烹醢梁王。"新垣衍怏然不悦,曰:②
"噫嘻,③亦太甚矣先生之言也!先生又恶能使秦王烹醢梁王?"鲁仲连
曰:"固也,吾将言之。昔者九侯、鄂侯、④文王,纣之三公也。九侯有子
而好,献之于纣,纣以为恶,醢九侯。鄂侯争之强,辩之疾,故脯鄂侯。
文王闻之,喟然而叹,故拘之牖里之库百日,⑤欲令之死。曷为与人俱
称王,卒就脯醢之地?齐潣王之鲁,夷维子⑥为执策而从,谓鲁人曰:
'子将何以待吾君?'鲁人曰:'吾将以十太牢待子之君。'夷维子曰:'子

安取礼而来〔待〕吾君？彼吾君者，天子也。天子巡狩，诸侯辟舍，⑦纳筦籥，⑧摄衽抱机，⑨视膳于堂下，天子已食，乃退而听朝也。'鲁人投其籥，不果纳。⑩不得入于鲁，将之薛，⑪假途于邹。当是时，邹君死，湣王欲入吊，夷维子谓邹之孤曰：'天子吊，主人必将倍殡棺，设北面于南方，然后天子南面吊也。'⑫邹之群臣曰：'必若此，吾将伏剑而死。'固不敢入于邹。邹、鲁之臣，生则不得事养，死则不得赙襚，⑬然且欲行天子之礼于邹、鲁，邹、鲁之臣不果纳。⑭今秦万乘之国也，梁亦万乘之国也。俱据万乘之国，各有称王之名，睹其一战而胜，欲从而帝之，是使三晋之大臣不如邹、鲁之仆妾也。且秦无已而帝，则且变易诸侯之大臣。彼将夺其所不肖而与其所贤，夺其所憎而与其所爱。彼又将使其子女谗妾为诸侯妃姬，处梁之宫。梁王安得晏然而已乎？而将军又何以得故宠乎？"

①【索隐】言仆夫十人而从一人者，宁是力不胜，亦非智不如，正是畏惧其主耳。

②【正义】怏，于尚反。

③【索隐】上音依。噫者，不平之声。下音僖。嘻者，惊恨之声。

④【集解】徐广曰："邺县有九侯城。九，一作'鬼'。鄂，一作'邢'。"【正义】九侯城在相州滏阳县西南五十里。

⑤【正义】相州荡阴县北九里有羑城。

⑥【索隐】按：维，东莱之邑，其居夷也，号夷维子。故晏子为莱之夷维人是也。【正义】密州高密县，古夷安城。应劭云"故莱夷维邑也"。盖因邑为姓。子者，男子之美号。又云子，爵也。

⑦【索隐】辟音避。避正寝。案：《礼》"天子适诸侯，必舍（于）〔其〕祖庙"。

⑧【索隐】音管药。

⑨【索隐】音纪。　【正义】衽音而甚反。

⑩【索隐】谓阖内门不入齐君。　【正义】籥即钥匙也。投钥匙于地。

⑪【正义】薛侯故城在徐州滕县界也。

⑫【索隐】倍音佩。谓主人不在殡东，将背其殡棺立西阶上，北面哭，是背也。天子乃于阼阶上，南面而吊之也。

⑬【正义】衣服曰襚，货财曰赗，皆助生送死之礼。

⑭【索隐】谓时君弱臣强，故邹、鲁君生时臣并不得尽事养，死亦不得行赗襚之
礼。然齐欲行天子礼于邹、鲁，邹、鲁之臣皆不果纳之，是犹秉礼而存大体。

于是新垣衍起，再拜谢曰："始以先生为庸人，吾乃今日知先生为天
下之士也。吾请出，不敢复言帝秦。"秦将闻之，为却军五十里。适会魏
公子无忌夺晋鄙军以救赵，击秦军，秦军遂引而去。

于是平原君欲封鲁连，鲁连辞让(使)者三，终不肯受。平原君乃置
酒，酒酣起前，以千金为鲁连寿。鲁连笑曰："所贵于天下之士者，为人
排患释难解纷乱而无取也。即有取者，是商贾之事也，而连不忍为也。"
遂辞平原君而去，终身不复见。

其后二十馀年，燕将攻下聊城，①聊城人或谗之燕，燕将惧诛，因保
守聊城，不敢归。齐田单攻聊城②岁馀，士卒多死而聊城不下。鲁连乃
为书，约之矢以射城中，遗燕将。书曰：

①【正义】今博州县也。

②【集解】徐广曰："案年表，田单攻聊城在长平后十馀年也。"【索隐】按：徐
广据年表，以为田单攻聊城在长平后十馀年耳，言"三十馀年"，误也。

吾闻之，智者不倍时而弃利，勇士不却死而灭名，①忠臣不先
身而后君。今公行一朝之忿，不顾燕王之无臣，非忠也；杀身亡聊
城，而威不信于齐，非勇也；功败名灭，后世无称焉，非智也。三者
世主不臣，说士不载，故智者不再计，勇士不怯死。今死生荣辱，贵
贱尊卑，此时不再至，愿公详计而无与俗同。

①【索隐】却死犹避死也。

且楚攻齐之南阳，①魏攻平陆，②而齐无南面之心，以为亡南阳
之害小，不如得济北之利大，③故定计审处之。今秦人下兵，魏不
敢东面；衡秦之势成，④楚国之形危；齐弃南阳，⑤断右壤，⑥定济
北，⑦计犹且为之也。且夫齐之必决于聊城，公勿再计。今楚魏交
退于齐，而燕救不至。⑧以全齐之兵，无天下之规，与聊城共据期年

之敝,则臣见公之不能得也。且燕国大乱,君臣失计,上下迷惑,栗腹以十万之众五折于外,⑨以万乘之国被围于赵,壤削主困,为天下僇笑。国敝而祸多,民无所归心。今公又以敝聊之民距全齐之兵,是墨翟之守也。⑩食人炊骨,士无反外之心,是孙膑之兵也。⑪能见于天下。虽然,为公计者,不如全车甲以报于燕。车甲全而归燕,燕王必喜;身全而归于国,士民如见父母,交游攘臂而议于世,功业可明。上辅孤主以制群臣,下养百姓以资说士,⑫矫国更俗,⑬功名可立也。亡意亦捐燕弃世,东游于齐乎?⑭裂地定封,富比乎陶、卫,⑮世世称孤,与齐久存,又一计也。此两计者,显名厚实也,愿公详计而审处一焉。

①【索隐】即齐之淮北、泗上之地也。

②【索隐】平陆,邑名,在西界。　【正义】兖州县也。

③【索隐】即聊城之地也。　【正义】言齐无南面攻楚、魏之心,以为南阳、平陆之害小,不如聊城之利大,言必攻之也。

④【索隐】此时秦与齐和,故云“衡秦之势成”也。

⑤【索隐】弃楚所攻之泗上也。

⑥【索隐】又断绝魏之所攻齐右壤之地平陆是也。言右壤断弃而不救也。

⑦【索隐】志在攻聊城而定济北也。

⑧【索隐】按:交者,俱也。前时楚攻南阳,魏攻平陆,今二国之兵俱退,而燕救又不至,是势危也。

⑨【集解】徐广曰:“此事去长平十年。”

⑩【正义】如墨翟守宋,却楚军。

⑪【正义】言孙膑能抚士卒,士卒无二心也。

⑫【索隐】言既养百姓,又资说士,终拟强国也。刘氏云读“说士”为“锐士”,意虽亦便,不如依字。

⑬【索隐】欲令燕将归燕,矫正国事,改更奖俗也。

⑭【索隐】亡音无。言若必无还燕意,则捐燕而东游于齐乎。

⑮【索隐】按:延笃注《战国策》云“陶,陶朱公也;卫,卫公子荆”,非也。王劭云“魏冉封陶,商君姓卫”。富比陶、卫,谓此也。

　　且吾闻之,规小节者不能成荣名,恶小耻者不能立大功。昔者
管夷吾射桓公中其钩,篡也;遗公子纠不能死,怯也;①束缚桎梏,
辱也。若此三行者,世主不臣而乡里不通。乡使管子幽囚而不出,
身死而不反于齐,则亦名不免为辱人贱行矣。臧获且羞与之同名
矣,②况世俗乎! 故管子不耻身在缧绁之中而耻天下之不治,不耻
不死公子纠而耻威之不信于诸侯,故兼三行之过而为五霸首,③名
高天下而光烛邻国。曹子④为鲁将,三战三北,而亡地五百里。乡
使曹子计不反顾,议不还踵,刎颈而死,则亦名不免为败军禽将矣。
曹子弃三北之耻,而退与鲁君计。桓公朝天下,会诸侯,曹子以一
剑之任,枝桓公之心⑤于坛坫之上,颜色不变,辞气不悖,三战之所
亡一朝而复之,天下震动,诸侯惊骇,威加吴、越。若此二士者,非
不能成小廉而行小节也,以为杀身亡躯,绝世灭后,功名不立,非智
也。故去感忿之怨,立终身之名;弃忿悁之节,⑥定累世之功。是
以业与三王争流,而名与天壤相獘也。愿公择一而行之。

①【索隐】遗,弃也。谓弃子纠而事小白也。　　【正义】管仲傅子纠而鲁杀之,
　　不能随子纠死,是怯懦畏死。

②【集解】《方言》曰:“荆、淮、海、岱、燕、齐之间骂奴曰臧,骂婢曰获。”

③【正义】按:齐桓最初得周襄王赐文武胙、彤弓矢、大辂,故为五伯首也。

④【索隐】鲁将曹昧是也。

⑤【索隐】按:枝犹拟也。

⑥【正义】忿,敷粉反。悁,於缘反。

　　燕将见鲁连书,泣三日,犹豫不能自决。欲归燕,已有隙,恐诛;欲
降齐,所杀虏于齐甚众,恐已降而后见辱。喟然叹曰:“与人刃我,宁自
刃。”乃自杀。聊城乱,田单遂屠聊城。归而言鲁连,欲爵之。鲁连逃隐
于海上,曰:“吾与富贵而诎于人,宁贫贱而轻世肆志焉。”①

①【索隐】肆犹放也。

　　邹阳者,齐人也。游于梁,与故吴人庄忌夫子、①淮阴枚生②之徒

交。上书而介于羊胜、公孙诡之间。③胜等嫉邹阳,恶之梁孝王。孝王
怒,下之吏,将欲杀之。邹阳客游,以谗见禽,恐死而负累,④乃从狱中
上书曰:

①【索隐】忌,会稽人,姓庄氏,字夫子。后避汉明帝讳,改姓曰严。

②【索隐】名乘,字叔,其子皋,《汉书》并有传。盖以衔枚氏而得姓也。

③【索隐】言邹阳上书自达,而游于二人之间,或往彼,或往此。介者,言有隔
于其间,故杜预曰"介犹间也"。

④【正义】诸不以罪为累。

　　臣闻忠无不报,信不见疑,臣常以为然,徒虚语耳。昔者荆轲
慕燕丹之义,白虹贯日,太子畏之;①卫先生为秦画长平之事,太白
蚀昴,而昭王疑之。②夫精变天地而信不喻两主,岂不哀哉! 今臣
尽忠竭诚,毕议愿知,③左右不明,④卒从吏讯,为世所疑,是使荆
轲、卫先生复起,而燕、秦不悟也。愿大王孰察之。

①【集解】应劭曰:"燕太子丹质于秦,始皇遇之无礼,丹亡去,故厚养荆轲,令
西刺秦王。精诚感天,白虹为之贯日也。"如淳曰:"白虹,兵象。日为君。"
《烈士传》曰:"荆轲发后,太子自相气,见虹贯日不彻,曰:'吾事不成矣。'后
闻轲死,事不立,曰:'吾知其然也。'"　【索隐】《烈士传》曰:"荆轲发后,太
子自相气,见虹贯日不彻,曰'吾事不成'。后闻轲死,事不就,曰'吾知其
然'。"是畏也。又王劭云"轲将入秦,待其客未发,太子丹疑其畏惧,故曰畏
之",其解不如见虹贯日不彻也。《战国策》又云聂政刺韩傀,亦曰"白虹贯
日"也。

②【集解】苏林曰:"白起为秦伐赵,破长平军,欲遂灭赵,遣卫先生说昭王益兵
粮,乃为应侯所害,事用不成。其精诚上达于天,故太白为之蚀昴。昴,赵
地分野。将有兵,故太白食昴。食,干历之也。"如淳曰:"太白乃天之将军
也。"　【索隐】服虔云:"卫先生,秦人。白起攻赵军于长平,遣卫先生说昭
王请益兵粮,为穰侯所害,事不成。精诚感天,故太白食昴。昴,赵分也。"
如淳云:"太白主西方,秦在西,败赵之兆也。食谓干历之也。"又王充云:
"夫言白虹贯日,太白食昴,实也。言荆轲之谋,卫先生之策,感动皇天而贯
日食昴,是虚也。"

③【集解】张晏曰:"尽其计议,愿王知之也。"

④【索隐】言左右之不明,不欲斥王。

　　昔卞和献宝,楚王刖之;①李斯竭忠,胡亥极刑。是以箕子详狂,②接舆辟世,③恐遭此患也。愿大王孰察卞和、李斯之意,而后楚王、胡亥之听,④无使臣为箕子、接舆所笑。臣闻比干剖心,子胥鸱夷,⑤臣始不信,乃今知之。愿大王孰察,少加怜焉。

①【集解】应劭曰:"卞和得玉璞,献之武王。武王示玉人,玉人曰'石也'。刖右足。武王没,复献文王,玉人复曰'石'也。刖其左足。至成王时,卞和抱璞哭于郊,乃使玉尹攻之,果得宝玉。"　【索隐】楚人卞和得玉璞事见《国语》及《吕氏春秋》。案世家,楚武王名熊通。文王名赀,武王子也。成王,文王子也,名恽。

②【索隐】详音阳。谓诈为狂也。司马彪曰"箕子名胥馀"是也。

③【集解】张晏曰:"楚贤人,详狂避世也。"　【索隐】张晏曰"楚贤人"。《高士传》曰"楚人陆通,字接舆"是也。

④【索隐】谓以楚王、胡亥之听为谬,故后之而不用。后犹下也。

⑤【索隐】按:韦昭云"以皮作鸱鸟形,名曰'鸱夷'。鸱夷,皮榼也"。服虔曰"用马革作囊也,以裹尸,投之于江"。

　　谚曰:"有白头如新,①倾盖如故。"②何则? 知与不知也。③故昔樊於期逃秦之燕,藉荆轲首以奉丹之事;④王奢去齐之魏,临城自刭以却齐而存魏。⑤夫王奢、樊於期非新于齐、秦而故于燕、魏也,所以去二国死两君者,行合于志而慕义无穷也。是以苏秦不信于天下,而为燕尾生;⑥白圭战亡六城,为魏取中山。⑦何则? 诚有以相知也。苏秦相燕,燕人恶之于王,王按剑而怒,食以𫘝𫘛;⑧白圭显于中山,中山人恶之魏文侯,文侯投之以夜光之璧。何则? 两主二臣,剖心坼肝相信,岂移于浮辞哉!

①【索隐】案:服虔云"人不相知,自初交至白头,犹如新也"。

②【索隐】服虔云:"如吴札、郑侨也。"按:《家语》"孔子遇程子于途,倾盖而语"。又《志林》云"倾盖者,道行相遇,軿车对语,两盖相切,小欹之,故曰倾也"。

③【集解】桓谭《新论》曰："言内有以相知与否,不在新故也。"

④【索隐】藉音子夜反。韦昭云："谓於期逃秦之燕,以头与轲,使入秦以示
　信也。"

⑤【集解】《汉书音义》曰："王奢,齐人也,亡至魏。其后齐伐魏,奢登城谓齐将
　曰:'今君之来,不过以奢之故也。夫义不苟生以为魏累。'遂自刭也。"

⑥【索隐】服虔云："苏秦于齐不出其信,于燕则出尾生之信。"韦昭云："尾生守
　信而死者。"案:言苏秦于燕独守信如尾生,故云"为燕之尾生"也。

⑦【集解】张晏曰："白圭为中山将,亡六城,君欲杀之,亡入魏,文侯厚遇之,还
　拔中山。"【索隐】案:事见《战国策》及《吕氏春秋》也。

⑧【集解】《汉书音义》曰："駃騠,骏马也,生七日而超其母。敬重苏秦,虽有谗
　谤,而更膳以珍奇之味。"【索隐】案:《字林》云"决啼二音,北狄之良马也,
　马父嬴母"。【正义】食音寺。駃騠音决蹄。北狄良马也。

　　故女无美恶,入宫见妒;士无贤不肖,入朝见嫉。昔者司马喜
髌脚于宋,卒相中山;①范睢摺胁折齿②于魏,卒为应侯。此二人
者,皆信必然之画,捐朋党之私,挟孤独之位,故不能自免于嫉妒之
人也。是以申徒狄自沈于河,③徐衍负石入海。④不容于世,义不苟
取,比周于朝,以移主上之心。故百里奚乞食于路,缪公委之以政;
宁戚饭牛车下,而桓公任之以国。⑤此二人者,岂借宦于朝,假誉于
左右,然后二主用之哉?感于心,合于行,亲于胶漆,昆弟不能离,
岂惑于众口哉?故偏听生奸,独任成乱。昔者鲁听季孙之说而逐
孔子,⑥宋信子罕之计而囚墨翟。⑦夫以孔、墨之辩,不能自免于谗
谀,而二国以危。何则?众口铄金,⑧积毁销骨也。⑨是以秦用戎人
由余而霸中国,齐用越人蒙而强威、宣。⑩此二国,岂拘于俗,牵于
世,系阿偏之辞哉?公听并观,垂名当世。⑪故意合则胡越为昆弟,
由余、越人蒙是矣;不合,则骨肉出逐不收,朱、象、管、蔡是矣。今
人主诚能用齐、秦之义,后宋、鲁之听,则五伯不足称,三王易为也。

①【集解】晋灼曰："司马喜三相中山。"苏林曰："六国时人,被此刑也。"
　【索隐】事见《战国策》及《吕氏春秋》。苏林云："六国时人,相中山也。"

②【索隐】案:《应侯传》作"折胁摺齿"是也。《说文》"拉,摧也",音力答反。

③【集解】《汉书音义》曰："殷之末世人。"　【索隐】申屠狄。按:《庄子》"申屠
狄谏而不用,负石自投河"。韦昭云"六国时人"。《汉书》云自沈于雍河,服
虔曰雍州之河,又《新序》作"抱瓮自沈于河",不同也。

④【集解】《列士传》曰："周之末世人。"　【索隐】亦见《庄子》。张晏曰"负石欲
沈"。

⑤【集解】应劭曰:"齐桓公夜出迎客,而宁戚疾击其牛角商歌曰:'南山矸,白
石烂,生不遭尧与舜禅。短布单衣适至骭,从昏饭牛薄夜半,长夜曼曼何时
旦?'公召与语,说之,以为大夫。"　【索隐】事见《吕氏春秋》。商歌谓为商
声而歌也,或云商旅人歌也,二说并通。矸音公弹反。矸者,白净貌也。顾
野王又作岸音也。禅音膳,如字读,协韵失之故也。《埤苍》云"骭,胫也"。
《字林》音下谏反。

⑥【索隐】《论语》"齐人归女乐,季桓子受之,三日不朝,孔子行"也。

⑦【索隐】案《左氏》,司城子罕姓乐名喜,乃宋之贤臣也。《汉书》作"子冉"。
不知子冉是何人。文颖曰"子冉,子罕也"。又按:《荀卿传》云"墨翟,孔子
时人,或云在孔子后"。又襄二十九年《左传》"宋饥,子罕请出粟"。按:时
孔子适八岁,则墨翟与子罕不得相辈,或以子冉为是也。

⑧【索隐】案:《国语》云"众心成城,众口铄金"。贾逵云"铄,消也。众口所恶,
虽金亦为之消亡"。又《风俗通》云"或说有美金于此,众人或共诋讪,言其
不纯金,卖者欲其必售,因取锻烧以见其真,是为众口铄金也"。

⑨【索隐】大颜云:"谗人积久谮毁,则父兄伯叔自相诛戮,骨肉为之消灭也。"

⑩【索隐】越人蒙未见所出。《汉书》作"子臧"。又张晏云"子臧,越人"。或蒙
之字也。

⑪【索隐】小颜云:"公听,言不私;并观,所见齐同也。"

　　是以圣王觉寤,捐子之之心,①而能不说于田常之贤;②封比干
之后,修孕妇之墓,③故功业复就于天下。何则? 欲善无厌也。夫
晋文公亲其仇,强霸诸侯;齐桓公用其仇,而一匡天下。④何则,慈
仁殷勤,诚加于心,不可以虚辞借也。

①【集解】徐广曰:"燕王让国于其大臣子之也。"

②【集解】应劭曰:"田常事齐简公,简公说之,而杀简公。使人君去此心,则国
家安全也。"

③【集解】应劭曰："纣刳妊者，观其胎产也。"【索隐】案：比干之后，后谓子
也，不见其文。《尚书》封比干之墓，又惟云刳剔孕妇，则武王虽反商政，亦
未必修孕妇之墓也。

④【集解】谓晋寺人勃鞮、齐管仲也。

　　至夫秦用商鞅之法，东弱韩、魏，兵强天下，而卒车裂之；越用
大夫种之谋，禽劲吴，霸中国，而卒诛其身。是以孙叔敖三去相而
不悔，①於陵子仲辞三公为人灌园。②今人主诚能去骄傲之心，怀可
报之意，披心腹，见情素，堕肝胆，施德厚，终与之穷达，无爱于士，
则桀之狗可使吠尧，③而跖之客可使刺由；④况因万乘之权，假圣王
之资乎？然则荆轲之湛七族，⑤要离之烧妻子，⑥岂足道哉！

①【索隐】案：三得相不喜，知其才之自得也；三去相不悔，知非己之罪也。

②【集解】《列士传》曰："楚於陵子仲，楚王欲以为相，而不许，为人灌园。"
　【索隐】案：《孟子》云陈仲子，齐陈氏之族。兄为齐卿，仲子以为不义，乃适
　　楚，居于於陵，自谓於陵子仲。楚王聘以为相，子仲遂夫妻相与逃，为人灌
　　园。《烈士传》云字子终。

③【集解】韦昭曰："言恩厚无不使也。"【索隐】及下"跖之客可使刺由"，此并
　　见《战国策》。服虔云仲由也。应劭云许由也。

④【集解】应劭曰："跖之客为其人使刺由。由，许由也。跖，盗跖也。"

⑤【集解】应劭曰："荆轲为燕刺秦始皇，不成而死，其族坐之湛没。吴王阖闾
　　欲杀王子庆忌，要离诈以罪亡，令吴王燔其妻子，要离走见庆忌，以剑刺
　　之。"张晏曰："七族，上至会祖，下至曾孙。"【索隐】湛音沈。张晏云"七
　　族，上至曾祖，下至元孙"。又一说云，父之族，一也；姑之子，二也；姊妹之
　　子，三也；女子之子，四也；母之族，五也；从子，六也；及妻父母凡七。

⑥【索隐】事见《吕氏春秋》。

　　臣闻明月之珠，夜光之璧，以暗投人于道路，人无不按剑相眄
者。何则？无因而至前也。蟠木根柢，轮囷①离诡，②而为万乘器
者。何则？以左右先为之容也。③故无因至前，虽出随侯之珠，夜
光之璧，犹结怨而不见德。故有人先谈，则以枯木朽株树功而不
忘。今夫天下布衣穷居之士，身在贫贱，虽蒙尧、舜之术，④挟伊、

管之辩,怀龙逢、比干之意,欲尽忠当世之君,而素无根柢之容,虽竭精思,欲开忠信,辅人主之治,则人主必有按剑相眄之迹,是使布衣不得为枯木朽株之资也。

①【索隐】孟康云:"蟠结之木也。"晋灼云:"槃柢,木根也。"

②【集解】张晏曰:"根柢,下本也。轮囷离诡,委曲槃戾也。"

③【索隐】谓左右先加雕刻,是为之容饰也。

④【索隐】案:言虽蒙被尧、舜之道。

是以圣王制世御俗,独化于陶钧之上,①而不牵于卑乱之语,不夺于众多之口。故秦皇帝任中庶子蒙嘉之言,以信荆轲之说,而匕首窃发;②周文王猎泾、渭,载吕尚而归,以王天下。故秦信左右而杀,周用乌集而王。③何则? 以其能越挛拘之语,驰域外之议,独观于昭旷之道也。

①【集解】《汉书音义》曰:"陶家名横下圆转者为钧,以其能制器为大小,比之于天。"　【索隐】张晏云:"陶,冶;钧,范也。作器,下所转者名钧。"韦昭曰:"陶,烧瓦之灶。钧,木长七尺,有弦,所以调为器具也。"崔浩云:"以钧制器万殊,故如造化也。"

②【索隐】案:《通俗文》云"其头类匕,故曰匕首,短而便用也"。

③【集解】《汉书音义》曰:"太公望涂觐卒遇,共成王功,若乌鸟之暴集也。"　【索隐】韦昭云:"吕尚适周,如乌之集。"

今人主沈于谄谀之辞,牵于帷裳之制,①使不羁之士与牛骥同皂,②此鲍焦所以忿于世而不留富贵之乐也。③

①【集解】《汉书音义》曰:"言为左右便辟侍帷裳臣妾所见牵制。"

②【集解】《汉书音义》曰:"食牛马器,以木作,如槽也。"　【索隐】案:言骏足不可羁绊,以比逸才之人。应劭云"皂,枥也"。韦昭云"皂,养马之官,下士也"。案:养马之官,其衣皂也。又郭璞云"皂,养马器也"。　【正义】颜云:"不羁,言才识高远,不可羁系。皂,在早反。《方言》云'梁、宋、齐、楚、燕之间谓枥曰皂'。"

③【集解】如淳曰:"《庄子》云鲍焦饰行非世,抱木而死。"　【索隐】晋灼云:"《列士传》鲍焦怨世不用己,采蔬于道。子贡难曰:'非其代而采其蔬,此焦

之有哉?'弃其蔬,乃立枯洛水之上。"案:此事见《庄子》及《说苑》、《韩诗外
传》,小有不同耳。

臣闻盛饰入朝者不以利污义,砥厉名号者不以欲伤行,故县名
胜母①而曾子不入,②邑号朝歌而墨子回车。③今欲使天下寥廓之
士,摄于威重之权,主于位势之贵,故回面④污行以事谄谀之人而
求亲近于左右,则士伏死堀穴岩(岩)〔薮〕之中耳,⑤安肯有尽忠信
而趋阙下者哉!

①【集解】《汉书》云里名胜母也。　　【正义】《盐铁论》皆云里名,《尸子》及此传
　　云县名,未详也。

②【索隐】按:《淮南子》及《盐铁论》并云里名胜母,曾子不入,盖以名不顺故
　　也。《尸子》以为孔子至胜母县,暮而不宿,则不同也。

③【集解】晋灼曰:"朝歌者,不时也。"　【正义】朝歌,今卫州县也。

④【索隐】杜预云:"回,邪也。"

⑤【集解】《诗》云:"节彼南山,维石岩岩。"

书奏梁孝王,孝王使人出之,卒为上客。

太史公曰:鲁连其指意虽不合大义,然余多其在布衣之位,荡然肆
志,不诎于诸侯,谈说于当世,折卿相之权。邹阳辞虽不逊,然其比物连
类,有足悲者,亦可谓抗直不桡矣,吾是以附之列传焉。

【索隐述赞】鲁连达士,高才远致。释难解纷,辞禄肆志。齐将挫辩,燕军沮
气。邹子遇谗,见诋狱吏。慷慨献说,时王所器。

史记卷八十四

屈原贾生列传第二十四

屈原者,名平,楚之同姓也。① 为楚怀王左徒。② 博闻强志,明于治乱,娴③ 于辞令。入则与王图议国事,以出号令;出则接遇宾客,应对诸侯。王甚任之。

①【正义】屈、景、昭皆楚之族。王逸云:"楚王始都是,生子瑕,受屈为卿,因以为氏。"

②【正义】盖今(在)左右拾遗之类。

③【集解】《史记音隐》曰:"音闲。"

上官大夫与之同列,争宠而心害其能。怀王使屈原造为宪令,屈平属草稿① 未定。上官大夫见而欲夺之,② 屈平不与,因谗之曰:"王使屈平为令,众莫不知,每一令出,平伐其功,(曰)以为'非我莫能为'也。"王怒而疏屈平。

①【索隐】属音烛。草稿谓创制宪令之本也。《汉书》作"草具",崔浩谓发始造端也。

②【正义】王逸云上官靳尚。

屈平疾王听之不聪也,谗谄之蔽明也,邪曲之害公也,方正之不容也,故忧愁幽思而作《离骚》。① 离骚者,犹离忧也。夫天者,人之始也;父母者,人之本也。人穷则反本,故劳苦倦极,未尝不呼天也;疾痛惨怛,② 未尝不呼父母也。屈平正道直行,③ 竭忠尽智以事其君,谗人间之,可谓穷矣。信而见疑,忠而被谤,能无怨乎? 屈平之作《离骚》,盖自怨生也。《国风》好色而不淫,《小雅》怨诽而不乱。④ 若《离骚》者,可谓兼之矣。上称帝喾,下道齐桓,中述汤武,以刺世事。明道德之广崇,治

乱之条贯,靡不毕见。其文约,其辞微,其志絜,其行廉,其称文小而其
指极大,举类迩而见义远。其志絜,故其称物芳。其行廉,故死而不容。
自疏濯淖⑤污泥⑥之中,蝉蜕于浊秽,⑦以浮游尘埃之外,不获世之滋
垢,皭然⑧泥而不滓者也。⑨推此志也,虽与日月争光可也。⑩

①【索隐】慅,亦作"骚"。按:《楚词》"慅"作"骚",音素刀反。应劭云"离,遭
　　也;骚,忧也"。又《离骚序》云"离,别也;骚,愁也"。

②【正义】上七感反,下丁达反。惨,毒也。怛,痛也。

③【正义】寒孟反。

④【正义】诽,方畏反。

⑤【索隐】上音浊,下音闹。

⑥【索隐】上音乌故反,下音奴计反。

⑦【正义】蜕音税,去皮也,又他卧反。

⑧【集解】徐广曰:"皭,疏净之貌。"　【索隐】皭音自若反。徐广云"疏净之
　　貌"。

⑨【索隐】泥亦音涅,滓亦音淄,又并如字。

⑩【正义】言屈平之仕浊世,去其污垢,在尘埃之外。推此志意,虽与日月争其
　　光明,斯亦可矣。

　　屈平既绌,其后秦欲伐齐,齐与楚从亲,①惠王患之,乃令张仪详去
秦,厚币委质事楚,曰:"秦甚憎齐,齐与楚从亲,楚诚能绝齐,秦愿献商、
於之地六百里。"楚怀王贪而信张仪,遂绝齐,使使如秦受地。张仪诈之
曰:"仪与王约六里,不闻六百里。"楚使怒去,归告怀王。怀王怒,大兴
师伐秦。秦发兵击之,大破楚师于丹、淅,②斩首八万,虏楚将屈匄,③遂
取楚之汉中地。④怀王乃悉发国中兵以深入击秦,战于蓝田。魏闻之,
袭楚至邓。⑤楚兵惧,自秦归。而齐竟怒不救楚,楚大困。

①【正义】上足松反。

②【索隐】二水名。谓于丹水之北,淅水之南。丹水、淅水皆县名,在弘农,所
　　谓丹阳、淅。　【正义】丹阳,今枝江故城。

③【索隐】屈,姓。匄,名,音盖也。

④【索隐】徐广曰:"楚怀王十六年,张仪来相;十七年,秦败屈匄。" 【正义】
梁州。

⑤【索隐】按:此邓在汉水之北,故邓侯城也。

明年,秦割汉中地与楚以和。楚王曰:"不愿得地,愿得张仪而甘心
焉。"张仪闻,乃曰:"以一仪而当汉中地,臣请往如楚。"如楚,又因厚币
用事者臣靳尚,而设诡辩于怀王之宠姬郑袖。怀王竟听郑袖,复释去张
仪。是时屈平既疏,不复在位,使于齐,顾反,谏怀王曰:"何不杀张仪?"
怀王悔,追张仪不及。①

①【索隐】按:《张仪传》无此语也。

其后诸侯共击楚,大破之,杀其将唐眛。①

①【集解】徐广曰:"二十八年败唐眛也。" 【正义】眛,莫葛反。

时秦昭王与楚婚,欲与怀王会。怀王欲行,屈平曰:"秦虎狼之国,
不可信,不如毋行。"①怀王稚子子兰劝王行:"奈何绝秦欢!"怀王卒行。
入武关,秦伏兵绝其后,因留怀王,②以求割地。怀王怒,不听。亡走
赵,赵不内。复之秦,竟死于秦而归葬。

①【索隐】按:《楚世家》昭睢有此言,盖二人同谏王,故彼此各随录之也。

②【集解】徐广曰:"三十年入秦。"

长子顷襄王立,①以其弟子兰为令尹。楚人既咎子兰以劝怀王入
秦而不反也。

①【索隐】名横。

屈平既嫉之,虽放流,眷顾楚国,系心怀王,不忘欲反,冀幸君之一
悟,俗之一改也。其存君兴国而欲反覆之,一篇之中三致志焉。然终无
可奈何,故不可以反,卒以此见怀王之终不悟也。人君无愚智贤不
肖,①莫不欲求忠以自为,举贤以自佐,然亡国破家相随属,而圣君治国
累世而不见者,其所谓忠者不忠,而所谓贤者不贤也。怀王以不知忠臣
之分,故内惑于郑袖,外欺于张仪,疏屈平而信上官大夫、令尹子兰。兵
挫地削,亡其六郡,身客死于秦,为天下笑。此不知人之祸也。《易》曰:

"井泄不食,②为我心恻,③可以汲。④王明,并受其福。"⑤王之不明,岂足福哉!⑥

①【索隐】此已下太史公伤怀王之不任贤,信谗而不能反国之论也。

②【集解】向秀曰:"泄者,浚治去泥浊也。"　【索隐】向秀字子期,晋人,注《易》。

③【集解】张璠曰:"可为恻然,伤道未行也。"　【索隐】张璠亦晋人,注《易》也。

④【索隐】按:京房《易章句》言"我道可汲而用也"。

⑤【集解】《易象》曰:"求王明受福也。"　【索隐】按:京房《章句》曰"上有明王,汲我道而用之,天下并受其福,故曰'王明并受其福'也。"

⑥【集解】徐广曰:"一云'不足福'。"　【正义】言楚王不明忠臣,岂足受福,故屈原怀沙自沈。

令尹子兰闻之大怒,卒使上官大夫短屈原于顷襄王,顷襄王怒而迁之。①

①【集解】《离骚序》曰:"迁于江南。"

屈原至于江滨,被发行吟泽畔。颜色憔悴,形容枯槁。渔父①见而问之曰:"子非三闾大夫欤?②何故而至此?"屈原曰:"举世混浊而我独清,众人皆醉而我独醒,是以见放。"渔父曰:"夫圣人者,不凝滞于物而能与世推移。举世混浊,何不随其流③而扬其波?众人皆醉,何不餔其糟而啜其醨?何故怀瑾握瑜④而自令见放为?"屈原曰:"吾闻之,新沐者必弹冠,新浴者必振衣,人又谁能以身之察察,⑤受物之汶汶者乎!⑥宁赴常流⑦而葬乎江鱼腹中耳,又安能以皓皓之白而蒙世俗之温蠖乎!"⑧

①【索隐】音甫。

②【集解】《离骚序》曰:"三闾之职,掌王族三姓,曰昭、屈、景,序其谱属,率其贤良,以厉国士。"

③【索隐】按:《楚词》作"淈其泥"。

④【索隐】按:《楚词》此"怀瑾握瑜"作"深思高举"也。

⑤【集解】王逸曰:"己静絜。"

⑥【集解】王逸曰："蒙垢污。"　【索隐】汶汶者,音闵。汶汶犹昏暗也。

⑦【索隐】常流犹长流也。

⑧【索隐】螠音乌廓反。温蟯犹悁愤。《楚词》作"蒙世之尘埃哉"。

乃作《怀沙》之赋。①其辞曰:

①【索隐】按:《楚词·九怀》曰"怀沙砾以自沈",此其义也。

　　陶陶孟夏兮,草木莽莽。①伤怀永哀兮,汩徂南土。②眴兮窈
窈,③孔静幽墨。④冤结纡轸兮,离愍之长鞠;⑤抚情效志兮,俛诎以
自抑。

①【集解】王逸曰:"陶陶,盛阳貌。莽莽,盛茂貌。"　【索隐】音姥。　【正义】
　　莫古反。

②【集解】王逸曰:"汩,行貌。"　【索隐】王师叔曰:"汩,行貌也。"《方言》曰:
　　"谓疾行也。"

③【集解】徐广曰:"眴,眩也。"　【索隐】眴音舜。徐氏云:"眴音眩。窈音乌
　　鸟反。"

④【集解】王逸曰:"孔,甚也。墨,无声也。"　【正义】孔,甚。墨,无声。言江
　　南山高泽深,视之眴;野甚清净,叹无人声。

⑤【集解】王逸曰:"鞠,穷。纡,屈也。轸,痛也。愍,病也。"　【索隐】离潘。
　　潘,病。鞠,穷。

　　刓方以为圜兮,常度未替,①易初本由兮,君子所鄙。②章画职
墨兮,前度未改;③内直质重兮,大人所盛。④巧匠不斲兮,孰察其揆
正?玄文幽处兮,矇谓之不章;⑤离娄微睇兮,瞽以为无明。⑥变白
而为黑兮,倒上以为下。⑦凤皇在笯兮,⑧鸡雉翔舞。⑨同糅玉石兮,
一概而相量。⑩夫党人之鄙妒兮,羌不知吾所臧。⑪

①【集解】王逸曰:"刓,削;度,法;替,废也。言人刓削方木,欲以为圜,其常法
　　度尚未废也。"　【索隐】刓音五官反。谓刻刓方木以为圜,其常法度尚
　　未废。

②【集解】王逸曰:"由,道也。"　【正义】本,常也。鄙,耻也。言人遭世不道,
　　变易初行,违离光道,君子所鄙。

③【集解】王逸曰:"章,明也。度,法也。言工明于所画,念其绳墨,修前人之

法,不易其道,则曲木直而恶木好。"【索隐】章,明也。画,计画也。《楚词》"职"作"志"。志,念也。馀如注所解。

④【集解】王逸曰:"言人质性敦厚,心志正直,行无过失,则大人君子所盛美也。"

⑤【集解】王逸曰:"玄,黑也。矇,盲者也。《诗》云'矇瞍奏公'。章,明也。"

⑥【集解】王逸曰:"离娄,古明视者也。瞽,盲也。"【正义】睇,田帝反,眄也。

⑦【索隐】音户。

⑧【集解】徐广曰:"筊,一作'郊'。"骃案:王逸曰"筊,笼落也"。【索隐】筊音奴,又女加反。徐云一作"郊"。按:笼落谓藤萝之相笼络。【正义】《应瑞图》云:"黄帝问天老曰:'凤鸟何如?'天老曰'鸿前而麟后,蛇颈而鱼尾,龙文而龟身,燕颔而鸡喙,首戴德,颈揭义,背负仁,心入信,翼侠顺,足履正,尾系武,小音金,大音鼓,延颈奋翼,五色备举。'"

⑨【索隐】《楚词》"雉"作"鹜"。

⑩【集解】王逸曰:"忠佞不异。"

⑪【集解】王逸曰:"莫昭我之善意。"【索隐】按:王师叔云"羌,楚人语辞"。言卿何为也。【正义】羌音疆。

任重载盛兮,陷滞而不济;①怀瑾握瑜兮,穷不得余所示。②邑犬群吠兮,吠所怪也;诽骏疑桀兮,固庸态也。③文质疏内兮,众不知吾之异采;④材朴委积兮,莫知余之所有。重仁袭义兮,谨厚以为丰;⑤重华不可牾兮,⑥孰知余之从容!古固有不并兮,岂知其故也?⑦汤禹久远兮,邈不可慕也。惩违改忿兮,抑心而自强;离潜而不迁兮,愿志之有象。⑧进路北次兮,⑨日昧昧其将暮;含忧虞哀兮,⑩限之以大故。⑪。

①【集解】王逸曰:"言己才力盛壮,可任用重载,而身陷没沈滞,不得成其本志也。"

②【集解】王逸曰:"示,语也。"

③【集解】王逸曰:"千人才为俊,一国高为桀也。庸,厮贱之人也。"【索隐】按:《尹文子》云"千人曰俊,万人曰桀"。今乃诽俊疑杰,固是庸人之态也。

④【集解】徐广曰:"异,一作'奥'。"骃案:王逸曰"采,文采也"。

⑤【集解】王逸曰:"重,累也。袭,及也。"

⑥【集解】王逸曰："牾,逢也。"　【索隐】《楚词》"牾"作"遌",并吴故反。王师
　　叔云"牾,逢也"。

⑦【索隐】《楚词》作"莫知其何故"。

⑧【集解】王逸曰："象,法也。"

⑨【正义】北次将就。

⑩【索隐】《楚词》作"舒忧娱哀"。娱音虞。娱者,乐也。

⑪【集解】王逸曰："娱,乐也。大故谓死亡也。"

　　乱曰：①浩浩沅、湘兮,②分流汩兮。③修路幽拂兮,④道远忽
兮。曾唫恒悲兮,永叹慨兮。世既莫吾知兮,人心不可谓兮。⑤怀
情抱质兮,独无匹兮。伯乐既殁兮,骥将焉程兮?⑥人生禀命兮,各
有所错兮。⑦定心广志,馀何畏惧兮?⑧曾伤爰哀,永叹喟兮。⑨世溷
不吾知,心不可谓兮。知死不可让兮,愿勿爱兮。明以告君子兮,
吾将以为类兮。⑩

①【索隐】王师叔曰："乱者,理也。所以发理辞指,撮总其要,而重理前意也。"

②【索隐】二水名。按:《地理志》湘水出零陵阳海山,北入江。沅即湘之后
　　流也。

　　【正义】《说文》云："沅水出牂柯,东北流入江。湘水出零陵县阳海山,北入
　　江。"按:二水皆经岳州而入大江也。

③【集解】王逸曰："汩,流也。"

④【索隐】《楚词》作"幽蔽"也。

⑤【集解】王逸曰："谓犹说也。"　【索隐】《楚词》无"曾唫"已下二十一字。

⑥【集解】王逸曰："程,量也。"

⑦【集解】王逸曰："错,安也。"

⑧【索隐】《楚词》"馀"并作"余"。

⑨【集解】王逸曰："喟,息也。"

⑩【集解】王逸曰："类,法也。"　【正义】按:类,例也。以为忠臣不事乱君
　　之例。

　　于是怀石遂自(投)〔沈〕汨罗以死。①

①【集解】应劭曰："汨水在罗,故曰汨罗也。"　【索隐】汨水在罗,故曰汨罗。

《地理志》长沙有罗县，罗子之所徙。《荆州记》"罗县北带汨水"。汨音觅
也。　【正义】故罗县城在岳州湘阴县东北六十里。春秋时罗子国，秦置长
沙郡而为县也。按：县北有汨水及屈原庙。《续齐谐记》云："屈原以五月五
日投汨罗而死，楚人哀之，每于此日以竹筒贮米投水祭之。汉建武中，长沙
区回白日忽见一人，自称三闾大夫。谓回曰：'闻君常见祭，甚善。但常年
所遗，并为蛟龙所窃，今若有惠，可以练树叶塞上，以五色丝转缚之，此物蛟
龙所惮。'回依其言。世人五月五日作粽，并带五色丝及练叶，皆汨罗之
遗风。"

屈原既死之后，楚有宋玉、唐勒、景差①之徒者，皆好辞而以赋见
称；然皆祖屈原之从容辞令，终莫敢直谏。其后楚日以削，数十年竟为
秦所灭。

①【集解】徐广曰："或作'庆'。"　【索隐】按：杨子《法言》及《汉书·古今人表》
皆作"景瑳"，今作"差"是字省耳。又按：徐、裴、邹三家皆无音，是读如
字也。

自屈原沈汨罗后百有馀年，汉有贾生，为长沙王太傅，过湘水，投书
以吊屈原。

贾生名谊，①雒阳人也。年十八，以能诵诗属书闻于郡中。吴廷尉
为河南守，闻其秀才，②召置门下，甚幸爱。孝文皇帝初立，闻河南守吴
公③治平为天下第一，故与李斯同邑而常学事焉，乃征为廷尉。廷尉乃
言贾生年少，颇通诸子百家之书。文帝召以为博士。

①【索隐】名义。《汉书》并作"谊"也。
②【正义】颜云："秀，美也。"应劭云："避光武讳改'茂才'也。"
③【索隐】按：吴，姓也。史失名，故称公。

是时贾生年二十馀，最为少。每诏令议下，诸老先生不能言，贾生
尽为之对，人人各如其意所欲出。诸生于是乃以为能不及也。孝文帝
说之，超迁，一岁中至太中大夫。

贾生以为汉兴至孝文二十馀年，天下和洽，而固当改正朔，易服色，

法制度,定官名,兴礼乐,乃悉草具其事仪法,色尚黄,数用五,① 为官名,悉更秦之法。孝文帝初即位,谦让未遑也。诸律令所更定,及列侯悉就国,其说皆自贾生发之。于是天子议以为贾生任公卿之位。绛、灌、东阳侯、冯敬之属尽害之,② 乃短贾生曰:“雒阳之人,年少初学,专欲擅权,纷乱诸事。”于是天子后亦疏之,不用其议,乃以贾生为长沙王太傅。

①【正义】汉文帝时黄龙见成纪,故改为土也。

②【正义】绛、灌,周勃、灌婴也。东阳侯,张相如。冯敬时为御史大夫。

贾生既辞往行,闻长沙卑湿,自以寿不得长,又以適去,① 意不自得。及渡湘水,为赋以吊屈原。其辞曰:

①【集解】徐广曰:“適,竹草反。”韦昭曰:“谪,谴也。” 【索隐】韦昭云:“適,谴也。”《字林》云:“丈厄反。”

　　共承嘉惠兮,① 俟罪长沙。侧闻屈原兮,自沈汨罗。造托② 湘流兮,敬吊先生。遭世罔极兮,乃陨厥身。呜呼哀哉,逢时不祥!鸾凤伏窜兮,③ 鸱枭翱翔。阘茸尊显兮,④ 谗谀得志;贤圣逆曳兮,方正倒植。⑤ 世谓伯夷贪兮,谓盗跖廉;⑥ 莫邪为钝兮,⑦ 铅刀为铦。⑧ 于嗟嚜嚜兮,生之无故!⑨ 斡弃周鼎兮宝康瓠,⑩ 腾驾罢牛兮骖蹇驴,⑪ 骥垂两耳兮服盐车。⑫ 章甫荐屦兮,⑬ 渐不可久;⑭ 嗟苦先生兮,独离此咎!⑮

①【集解】张晏曰:“恭,敬也。”

②【索隐】造音七到反。

③【索隐】窜音如字,又七外反。

④【索隐】阘音天腊反。茸音而陇反。案:应劭、胡广云“阘茸不才之人,无六翮翱翔之用而反尊贵”。《字林》曰“阘茸,不肖之人”。

⑤【索隐】胡广云:“逆曳,不得顺随道而行也。倒植,贤不肖颠倒易位也。”

⑥【索隐】案:《汉书》作“随、夷溷兮跖、跻廉”,一句皆兼两人。随,卞随也。夷,伯夷也。跖,盗跖也。跻,庄跻也。

⑦【集解】应劭曰:“莫邪,吴大夫也,作宝剑,因以冠名。”瓒曰:“许慎曰莫邪,

大戟也。"　【索隐】应劭曰："莫邪，吴大夫也，作宝剑，因名焉。"《吴越春秋》
曰："吴王使干将造剑二枚，一曰干将，二曰莫邪。"莫邪、干将，剑名也。顿，
钝也。

⑧【集解】徐广曰："思廉反。"骃案：《汉书音义》曰"铦谓利"。　【索隐】铅者，
锡也。铦，利也，音纤。言其暗惑也。

⑨【集解】应劭曰："嘤嘤，不自得意。"瓒曰："生谓屈原也。"

⑩【集解】如淳曰："斡，转也。《尔雅》曰'康瓠谓之甈'，大瓠也。"应劭曰："康，
容也。斡音筦。筦，转也。一曰康，空也。"　【索隐】斡，转也，乌活反。《尔
雅》云"康瓠谓之甈"。甈音丘列反。李巡云"康谓大瓠也"。康，空也。晋
灼云"斡，古'管'字也"。

⑪【正义】罢音皮。

⑫【索隐】《战国策》曰："夫骥服盐车上太山中阪，迁延负辕不能上，伯乐下车
哭之也。"

⑬【集解】应劭曰："章甫，殷冠也。"

⑭【集解】刘向《别录》曰："因以自谕自恨也。"

⑮【集解】应劭曰："嗟，咨嗟。苦，劳苦。言屈原遇此难也。"

　　讯曰：①已矣，国其莫我知，独堙郁兮②其谁语？凤漂漂其高
逝③兮，夫固自缩而远去。④袭九渊之神龙兮，⑤沕⑥深潜以自
珍。⑦弥融爚⑧以隐处兮，⑨夫岂从蟂与蛭螾？⑩所贵圣人之神德
兮，远浊世而自藏。使骐骥可得系羁兮，岂云异夫犬羊！⑪般纷纷
其离此尤兮，⑫亦夫子之辜也！⑬瞝九州⑭而相君兮，何必怀此都
也？凤皇翔于千仞之上兮，览德辉而下之；⑮见细德之险（微）〔征〕
兮，摇增翮⑯逝而去之。⑰彼寻常之污渎兮，⑱岂能容吞舟之鱼！横
江湖之鱣鲸兮，⑲固将制于蚁蝼。⑳

①【集解】李奇曰："讯，告也。"张晏曰："讯，《离骚》下章乱辞也。"　【索隐】誶
曰。李奇曰："誶，告也，音信。"张晏曰："讯，《离骚》下章誶乱也。"刘伯庄音
素对反。讯犹宣也，重宣其意。周成、师古音碎也。

②【索隐】《汉书》作"壹郁"，意亦通。

③【索隐】音逝也。

④【索隐】缩,《汉书》作"引"也。

⑤【集解】邓展曰:"袭,重也。"或曰袭,覆也,犹言察也。　【索隐】袭,复也。《庄子》曰"千金之珠必在九重之渊,而骊龙颔下",故云"九渊之神龙"也。

⑥【集解】徐广曰:"亡笔反。"

⑦【集解】徐广曰:"沕,潜藏也。"　【索隐】张晏曰:"沕,潜藏也。音密,又音勿也。"

⑧【集解】徐广曰:"一云'偭蝚獭'。"

⑨【集解】徐广曰:"一本云'弥蝎爝以隐处'也。"　【索隐】《汉书》作"偭蝚獭",徐广又一本作"弥蝎爝以隐处",盖总三本不同也。案:苏林云"偭音面"。应劭云"偭,背也。蝚獭,水虫,害鱼者。以言背恶从善也"。郭璞注《尔雅》云"似兔,江东谓之鱼鹉"。　【正义】顾野王云:"弥,远也。融,明也。爝,光也。"没深藏以自珍,弥远明光以隐处也。

⑩【集解】《汉书》"螳"字作"蝦"。韦昭曰:"蝦,蝦蟇也。蛭,水虫。螾,丘螾也。"　【索隐】螳音蚁。汉书作蝦。言偭然绝于蝚獭,况从蝦与蛭螾也。蛭音质。螾音引也。　【正义】言宁投水合神龙,岂陆葬从蚁与蛭蚓。

⑪【正义】使骐骥可得系缚羁绊,则与犬羊无异。责屈原不去浊世以藏隐。骐文如綦也。骥,千里马。

⑫【集解】苏林曰:"般音盘。"孟康曰:"般音班。"或曰盘桓不去,纷纷构谗意也。　【索隐】般音班,又音盘,槃桓也。纷纷犹藉藉,构谗之意也。尤谓怨咎也。

⑬【索隐】《汉书》"辜"作"故"。夫子谓屈原也。李奇曰:"亦夫子不如麟凤翔逝之故,罹此咎也。"

⑭【索隐】瞵,丑知反,谓历观也。《汉书》作"历九州"。

⑮【索隐】案:言凤皇翔,见人君有德乃下。故《礼》曰"德辉动乎内"是也。

⑯【集解】徐广曰:"一云'遥增去'也。"

⑰【正义】摇,动也。增,加也。言见细德之人,又有险难微起,则合加动羽翮,远逝而去之。

⑱【集解】应劭曰:"八尺曰寻,倍寻曰常。"　【索隐】音乌独二音。污,潢污;渎,小渠也。

⑲【集解】如淳曰:"大鱼也。"瓒曰:"鳣鱼无鳞,口近腹下。"

⑳【索隐】《庄子》云"庚桑楚谓弟子曰'吞舟之鱼,荡而失水,则蝼蚁能制之'"。

《战国策》齐人说靖郭君亦同。案：以此喻小国暗主不容忠臣，而为谗贼小臣之所见害。

　　贾生为长沙王太傅①三年，有鸮飞入贾生舍，止于坐隅。楚人命鸮曰"服"。②贾生既以谪居长沙，长沙卑湿，自以为寿不得长，伤悼之，乃为赋以自广。③其辞曰：

① 【索隐】为长沙傅。案：谊为傅是吴芮之玄孙产袭长沙王之时也，非景帝之子长沙王发也。《荆州记》"长沙城西北隅有贾谊宅及谊石床在矣"。 【正义】汉文帝年表云吴芮之玄孙差袭长沙王也。傅为长沙靖王差之二年也。《括地志》云："吴芮故城在潭州长沙县东南三百里。贾谊宅在县南三十步。《湘水记》云'谊宅中有一井，谊所穿，极小而深，上敛下大，其状如壶。傍有一局脚石床，容一人坐，形流古制，相承云谊所坐'。"

② 【集解】晋灼曰："《异物志》有山鸮，体有文色，土俗因形名之曰服。不能远飞，行不出域。" 【索隐】案：邓展云"似鹊而大"。晋灼云"《巴蜀异物志》有鸟〔如〕小鸡，体有文色，土俗因形名之曰服。不能远飞，行不出域"。《荆州记》云"巫县有鸟如雌鸡，其名为鸮，楚人谓之服"。《吴录》云"服，黑色，鸣自呼"。

③ 【索隐】案：姚氏云"广犹宽也"。

　　单阏之岁兮，①四月孟夏，庚子日施兮，服集予舍，②止于坐隅，貌甚闲暇。异物来集兮，私怪其故，发书占之兮，筴言其度。③曰"野鸟入处兮，主人将去"。请问于服兮：④"予去何之？ 吉乎告我，凶言其菑。⑤淹数之度兮，语予其期。"⑥服乃叹息，举首奋翼，口不能言，请对以意。⑦

① 【集解】徐广曰："岁在卯曰单阏。文帝六年岁在丁卯。" 【索隐】《尔雅》云"岁在卯曰单阏"。李巡云"单阏，起也，阳气推万物而起，故曰单阏"。孙炎本作"蝉焉"。蝉犹伸也。 【正义】阏，乌葛反。

② 【集解】徐广曰："施，一作'斜'。" 【索隐】施音移。施犹西斜也。《汉书》作"斜"也。

③ 【索隐】《汉书》作"讖"。案：《说文》云"讖，验言也"。今此"筴"盖杂筴辞云然。

【正义】发策数之书，占其度验。

④【索隐】于，於也。《汉书》本有作"子服"者，小颜云"子，加美辞也"。

⑤【正义】音灾。

⑥【集解】徐广曰："数，速也。"

⑦【索隐】协音臆也。　【正义】协韵音忆。

万物变化兮，固无休息。斡流而迁兮，①或推而还。形气转续兮，变化而嬗。②沕穆无穷兮，③胡可胜言！祸兮福所倚，④福兮祸所伏；⑤忧喜聚门兮，吉凶同域。⑥彼吴强大兮，夫差以败；越栖会稽兮，句践霸世。斯游遂成兮，卒被五刑；⑦傅说胥靡兮，⑧乃相武丁。夫祸之与福兮，何异纠缠。⑨命不可说兮，孰知其极？水激则旱兮，矢激则远。⑩万物回薄兮，振荡相转。云蒸雨降兮，错缪相纷。大专槃物兮，⑪块轧无垠。⑫天不可与虑兮，⑬道不可与谋。迟数有命兮，恶识其时？

①【索隐】斡音乌活反。斡，转也。

②【集解】服虔曰："嬗音如蝉，谓变蜕也。"或曰蝉蔓相连也。　【索隐】韦昭云："而，如也。如蝉之蜕化也。"苏林云："嬗音蝉，谓其相传与也。"

③【索隐】《汉书》"无穷"作"无闻"。沕音密，又音昧。沕穆，深微之貌。以言其理深微，不可尽言也。　【正义】沕音勿。

④【正义】于牺反，依也。

⑤【索隐】此《老子》之言。然"祸"字古作"毓"。案：倚者，立身也。伏，下身也。以言祸福递来，犹如倚伏也。

⑥【正义】言祸福相因，吉凶不定。

⑦【集解】韦昭曰："斯，李斯也。"

⑧【集解】徐广曰："腐刑也。"　【索隐】徐广云："胥靡，腐刑也。"晋灼云："胥，相也。靡，随也。古者相随坐轻刑之名。"《墨子》云"傅说衣褐带索，佣筑于傅岩"。傅岩在河东太阳县。又夏靖书云"猗氏六十里黄河西岸吴阪下，便得隐穴，是说所潜身处也"。

⑨【集解】应劭曰："福祸相为表里，如纠缠绳索相附会也。"瓒曰："纠，绞也。缠，索也。"　【索隐】韦昭云："缠，徽也。"又《通俗文》云："合绳曰纠。"《字

林》云："絙三合绳也，音墨。"纠音九。

⑩【索隐】此乃《淮南子》及《鹖冠子》文也。彼作"水激则悍"。而《吕氏春秋》作"疾"，以言水激疾则去疾，不能浸润；矢激疾则去远也。《说文》"旱"与"悍"同音，以言水矢流飞，本以无碍为通利，今遇物触之，则激怒，更劲疾而远悍，犹人或因祸致福，倚伏无常也。

⑪【集解】《汉书》"专"字作"钧"。如淳曰："陶者作器于钧上，此以造化为大钧。"【索隐】《汉书》云"大钧播物"，此"专"读曰"钧"。槃犹转也，与播义同。如淳云："陶者作器于钧上，以造化为大钧也。"虞喜《志林》云："大钧造化之神，钧陶万物，品授群形者也。"案：上《邹阳传》注云"陶家名模下圆转者为钧，言其能制器大小，以比之于天"。

⑫【集解】应劭曰："其气块轧，非有限齐也。"块音若。央轧音若乙。　【索隐】块轧无垠。应劭云："其气块轧，非有限齐也。"案：无垠谓无有际畔也。《说文》云"垠，圻也"。郭璞注《方言》云"块轧者，不测也"。王逸注《楚词》云"块轧，云雾气昧也"。　【正义】块，乌郎反。轧，於点反。

⑬【索隐】与音预也。

且夫天地为炉兮，造化为工；①阴阳为炭兮，万物为铜。②合散消息兮，安有常则；③千变万化兮，未始有极。④忽然为人兮，何足控抟；⑤化为异物兮，⑥又何足患！⑦小知自私兮，贱彼贵我；⑧通人大观兮，物无不可。⑨贪夫徇财兮，烈士徇名；⑩夸者死权兮，⑪品庶冯生。⑫怵迫之徒兮，或趋西东；⑬大人不曲兮，⑭亿变齐同。拘士系俗兮，攌如囚拘；⑮至人遗物兮，独与道俱。⑯众人或或兮，好恶积意；⑰真人淡漠兮，独与道息。⑱释知遗形兮，超然自丧；⑲寥廓忽荒兮，与道翱翔。乘流则逝兮，得坻则止；⑳纵躯委命兮，不私与己。其生若浮兮，其死若休；㉑澹乎若深渊之静，氾乎若不系之舟。㉒不以生故自宝兮，㉓养空而浮；㉔德人无累兮，㉕知命不忧。细故㦂葪兮，何足以疑！㉖

①【索隐】此《庄子》文。

②【索隐】既以陶冶喻造化，故以阴阳为炭，万物为铜也。

③【索隐】《庄子》云："人之生也，气之聚也，聚则为生，散则为死。"

④【索隐】《庄子》云："人之形千变万化,未始有极。"

⑤【集解】如淳曰："控,引也。控抟,玩弄爱生之意也。" 【索隐】按:控,引也。抟音徒端反。控抟谓引持而自玩弄,贵生之意也。又本作"控揣"。揣音初委反,又音丁果反。揣者,量也。故晋灼云"或然为人,言此生甚轻耳,何足引物量度己年命之长短而爱惜乎"!

⑥【索隐】谓死而形化为鬼,是为异物也。

⑦【索隐】协音环。

⑧【索隐】《庄子》云"以物观之,自贵而相贱"是也。

⑨【索隐】《庄子》云"物固有所然,物固有所可,无物不然,无物不可"也。

⑩【集解】应劭曰："徇,营也。"瓒曰："以身从物曰徇。" 【索隐】此语亦出《庄子》。臣瓒云"亡身从物谓之殉"也。

⑪【集解】应劭曰："夸,毗也。好营死于权利。"瓒曰："夸,泰也。《庄子》曰'权势不尤,则夸者不悲'也。" 【索隐】言好夸毗者死于权利,是言贪权势以自矜夸者,至死不休也。按:犍为舍人注《尔雅》云"夸毗,卑身屈己也"。曹大家云"体柔人之夸毗也"。尤,甚也。言势不甚用,则夸毗者可悲也。

⑫【集解】孟康曰："冯,贪也。" 【索隐】《汉书》作"每生",音谋在反。孟康云"每者,贪也"。服虔云"每,念生也"。邹诞本亦作"每",言唯念生而已。今此作"冯",冯亦持念之意也。然案《方言》"每"字合从手旁,每音莫改反也。　【正义】冯音凭。

⑬【集解】孟康曰："怵,为利所诱怵也。迫,迫贫贱,东西趋利也。" 【索隐】《汉书》亦有作"私东"。应劭云："仕诸侯为私。时天子居长安,诸王悉在关东,群小怵然,内迫私家,乐仕诸侯,故云'怵迫私东'也。"李奇曰："'私'多作'西'者,言东西趋利也。"怵音黜。又言怵者,诱也。

⑭【索隐】张机云："德无不包,灵府弘旷,故名'大人'也。"

⑮【集解】徐广曰："圂音华板反,又音睆。" 【索隐】圂音和板反。《说文》云"圂,大木栅也"。《汉书》作"僣",音去陨反。

⑯【索隐】《庄子》云："古之至人先存诸己,后存诸人。"张机云："体尽于圣,德美之极,谓之至人。"

⑰【集解】李奇曰："或或,东西也。所好所恶,积之万亿也。"瓒曰："言众怀抱好恶,积之心意。" 【正义】按:意,合韵音忆。

⑱【索隐】《庄子》云："古之真人,不知悦生,不知恶死,不以心捐道,不以人助

天。"《吕氏春秋》曰："精气日新,邪气尽去,反其天年,谓之真人也。"

⑲【集解】服虔曰："绝圣弃知而忘其身也。"　【索隐】按:释智谓绝圣弃智也。遗形者,"形故可使如槁木"是也。自丧者,谓"心若死灰"也。《庄周》云"今者吾丧我,汝知之乎"?

⑳【集解】徐广曰："坻,一作'坎'。"骃案:张晏曰"坻,水中小洲也"。　【索隐】《汉书》"坻"作"坎"。按:《周易·坎》"九二,有险",言君子见险则止。

㉑【索隐】《庄子》云"劳我以生,休我以死"也。

㉒【索隐】出《庄子》也。

㉓【索隐】邓展云："自宝,自贵也。"

㉔【集解】《汉书音义》曰："如舟之空也。"　【索隐】言体道之人,但养空性而心若浮舟也。

㉕【索隐】按:德人谓上德之人,心中无物累,是得道之士也。

㉖【集解】韦昭曰："蒂音士介反。"　【索隐】蒂音介。《汉书》作"介"。张楫云:"遰介,鲠刺也。以言细微事故不足遰介我心,故云'何足以疑'也。"　【正义】遰,忍迈反。蒂,加迈反。

后岁馀,贾生征见。孝文帝方受釐,①坐宣室。②上因感鬼神事,而问鬼神之本。贾生因具道所以然之状。至夜半,文帝前席。既罢,曰:"吾久不见贾生,自以为过之,今不及也。"居顷之,拜贾生为梁怀王太傅。③梁怀王,文帝之少子,爱,而好书,故令贾生傅之。

①【集解】徐广曰："祭祀福胙也。"骃案:如淳曰"汉唯祭天地五畤,皇帝不自行,祠还致福"。釐音僖。

②【集解】苏林曰："未央前正室。"　【索隐】《三辅故事》云:"宣室在未央殿北。"应劭云:"釐,祭馀肉也。音僖。"

③【索隐】梁怀王名楫,文帝子。

文帝复封淮南厉王子四人皆为列侯。贾生谏,以为患之兴自此起矣。贾生数上疏,言诸侯或连数郡,非古之制,可稍削之。文帝不听。

居数年,怀王骑,堕马而死,①无后。贾生自伤为傅无状,哭泣岁馀,亦死。贾生之死时年三十三矣。及孝文崩,孝武皇帝立,举贾生之孙二人至郡守,而贾嘉最好学,世其家,与余通书。至孝昭时,列为九卿。

　①【集解】徐广曰:"文帝十一年。"

　　太史公曰:余读《离骚》、《天问》、《招魂》、《哀郢》,悲其志。适长沙,观屈原所自沈渊,①未尝不垂涕,想见其为人。及见贾生吊之,又怪屈原以彼其材,游诸侯,何国不容,而自令若是。读《服鸟赋》,同死生,轻去就,又爽②然自失矣。

　①【索隐】按:《荆州记》云"长沙罗县,北带汨水。去县四十里是原自沈处,北岸有庙也"。

　②【集解】徐广曰:"一本作'爽'。"

　　【索隐述赞】屈平行正,以事怀王。瑾瑜比洁,日月争光。忠而见放,谗者益章。赋《骚》见志,怀沙自伤。百年之后,空悲吊湘。

史记卷八十五

吕不韦列传第二十五

吕不韦者,阳翟①大贾②人也。往来贩贱卖贵,③家累千金。

①【索隐】音狄,俗又音宅。《地理志》县名,属颍川。按:《战国策》以不韦为濮阳人,又记其事迹亦多,与此传不同。班固虽云太史公采《战国策》,然为此传当别有所闻见,故不全依彼说。或者刘向定《战国策》时,以己异闻改彼书,遂令不与《史记》合也。 【正义】阳翟,今河南府县。

②【索隐】音古。郑玄注《周礼》云"行曰商,处曰贾"。

③【集解】徐广曰:"一本云'阳翟大贾也,往来贱买贵卖'也。"【索隐】王劭卖音作育。案:育卖义同,今依义。

秦昭王四十年,太子死。其四十二年,以其次子安国君①为太子。安国君有子二十馀人。安国君有所甚爱姬,立以为正夫人,号曰华阳夫人。华阳夫人无子。安国君中男名子楚,②子楚母曰夏姬,毋爱。子楚为秦质③子于赵。秦数攻赵,赵不甚礼子楚。

①【索隐】名柱,后立,是为孝文王也。

②【索隐】即庄襄王也。《战国策》曰本名异人,后从赵还,不韦使以楚服见,王后悦之,曰"吾楚人也而子字之",乃变其名曰子楚也。

③【索隐】旧音致,今读依此。《穀梁传》曰"交质不及二伯"。《左传》曰"信不由中,质无益也"。

子楚,秦诸庶孽孙,①质于诸侯,车乘进用②不饶,居处困,不得意。吕不韦贾邯郸,见而怜之,曰"此奇货可居"。③乃往见子楚,说曰:"吾能大子之门。"子楚笑曰:"且自大君之门,而乃大吾门!"吕不韦曰:"子不知也,吾门待子门而大。"子楚心知所谓,乃引与坐,深语。④吕不韦曰:

"秦王老矣,安国君得为太子。窃闻安国君爱幸华阳夫人,华阳夫人无子,能立適嗣者⑤独华阳夫人耳。今子兄弟二十馀人,子又居中,不甚见幸,久质诸侯。即大王薨,安国君立为王,则子毋几得与长子⑥及诸子旦暮在前者争为太子矣。"子楚曰:"然。为之奈何?"吕不韦曰:"子贫,客于此,非有以奉献于亲及结宾客也。不韦虽贫,请以千金为子西游,事安国君及华阳夫人,立子为適嗣。"子楚乃顿首曰:"必如君策,请得分秦国与君共之。"

①【索隐】《韩王信传》亦曰"韩信,襄王孽孙"。张晏曰"孽子曰孽子"。何休注《公羊》"孽,贱子也。以非嫡正,故曰孽"。

②【索隐】按:下文云"以五百金为进用",宜依小颜读为"赆",音才刃反。进者,财也,古字假借之也。

③【集解】以子楚方财货也。　【正义】《战国策》云:"濮阳人吕不韦贾邯郸,见秦质子异人,谓其父曰:'耕田之利几倍?'曰:'十倍。''珠玉之赢几倍?'曰:'百倍。''立主定国之赢几倍?'曰:'无数。'不韦曰:'今力田疾作,不得煖衣饱食;今定国立君,泽可遗后世,愿往事之。'秦子异人质于赵,处于廓城,故往说之。乃说秦王后弟阳泉君曰:'君之罪至死,君知之乎? 君门下无不居高官尊位,太子门下无贵者,而骏马盈外厩,美女充后庭。王之春秋高矣,一日山陵崩,太子用事,君危于累卵,而不寿于朝生。今有计可以使君富千万,宁于太山,必无危亡之患矣。'阳泉曰:'请闻其说。'不韦曰:'王年高矣,王后无子。子傒有承国之业,士仓又辅之。王一日山陵崩,子傒立,士仓用事,王后之门必生蓬蒿。子楚异人,贤材也,弃在于赵,无母,引领西望,欲一得归。王后诚请而立之,是异人无国有国,王后无子有子。'阳泉曰:'诺。'入说王后,为请于赵而归之。"

④【索隐】谓既解不韦所言之意,遂与密谋深语也。

⑤【正义】適音嫡。

⑥【索隐】毋音无。几音冀。几,望也。《左传》曰"日月以几"。《战国策》曰"子傒承国之业"。高诱注云"子傒,秦太子异人之异母兄弟也"。　【正义】言子楚无望得为太子。

吕不韦乃以五百金与子楚,为进用,结宾客;而复以五百金买奇物玩好,自奉而西游秦,求见华阳夫人姊,而皆以其物献华阳夫人。因言子楚贤智,结诸侯宾客遍天下,常曰"楚也以夫人为天,日夜泣思太子及夫人"。夫人大喜。不韦因使其姊说夫人①曰:"吾闻之,以色事人者,色衰而爱弛。今夫人事太子,甚爱而无子,不以此时蚤自结于诸子中贤孝者,举立以为适而子之,②夫在则重尊,夫百岁之后,所子者为王,终不失势,此所谓一言而万世之利也。不以繁华时树本,即色衰爱弛后,虽欲开一语,尚可得乎? 今子楚贤,而自知中男也,次不得为适,其母又不得幸,自附夫人,夫人诚以此时拔以为适,夫人则竟世有宠于秦矣。"华阳夫人以为然,承太子间,从容③言子楚质于赵者绝贤,来往者皆称誉之。乃因涕泣曰:"妾幸得充后宫,不幸无子,愿得子楚立以为适嗣,以托妾身。"安国君许之,乃与夫人刻玉符,约以为适嗣。安国君及夫人因厚馈遗子楚,而请吕不韦傅之,子楚以此名誉益盛于诸侯。

①【索隐】《战国策》作"说秦王后弟阳泉君"也。

②【索隐】以此为一句。子谓养之为子也。然欲分"立以为适"作上句,而"子之夫在则尊重"作下句,意亦通。

③【索隐】间音闲。从音七恭反。

吕不韦取邯郸诸姬绝好善舞①者与居,知有身。子楚从不韦饮,见而说之,因起为寿,请之。吕不韦怒,念业已破家为子楚,欲以钓奇,②乃遂献其姬。姬自匿有身,至大期时,③生子政。子楚遂立姬为夫人。

①【索隐】言其姿容绝美而又善舞也。

②【索隐】钓者,以取鱼喻也。奇即上云"此奇货可居"也。

③【集解】徐广曰:"期,十二月也。"　【索隐】徐广云"十二月也"。谯周云"人十月生,此过二月,故云'大期'",盖当然也。既云自匿有娠,则生政固当逾常期也。

秦昭王五十年,使王齮围邯郸,急,赵欲杀子楚。子楚与吕不韦谋,行金六百斤予守者吏,得脱,亡赴秦军,遂以得归。赵欲杀子楚妻子,子楚夫人赵豪家女也,得匿,以故母子竟得活。秦昭王五十六年,薨,太子安国君立为王,华阳夫人为王后,子楚为太子。赵亦奉子楚夫人及子政归秦。

秦王立一年,薨,谥为孝文王。太子子楚代立,是为庄襄王。庄襄王所母①华阳后为华阳太后,真母夏姬尊以为夏太后。庄襄王元年,以吕不韦为丞相,②封为文信侯,食河南雒阳③十万户。

①【索隐】刘氏本作"所生母","生"衍字也。今检诸本并无"生"字。

②【索隐】下文"尊为相国"。案:《百官表》曰"皆秦官,金印紫绶,掌承天子助理万机。秦置左右,高帝置一,后又更名相国,哀帝时更名大司徒"。

③【索隐】《战国策》曰"食蓝田十二县"。而《秦本纪》庄襄王元年初置三川郡,《地理志》高祖更名河南。此秦代而曰"河南"者,《史记》后作,据汉郡而言之耳。

庄襄王即位三年,薨,太子政立为王,①尊吕不韦为相国,号称"仲父"。②秦王年少,太后时时窃私通吕不韦。不韦家僮万人。

①【集解】徐广曰:"时年十三。"

②【正义】仲,中也,次父也。盖效齐桓公以管仲为仲父。

当是时,魏有信陵君,①楚有春申君,赵有平原君,齐有孟尝君,②皆下士喜宾客以相倾。吕不韦以秦之强,羞不如,亦招致士,厚遇之,至食客三千人。是时诸侯多辩士,如荀卿之徒,著书布天下。吕不韦乃使其客人人著所闻,集论以为八览、六论、十二纪,二十馀万言。③以为备天地万物古今之事,号曰《吕氏春秋》。布咸阳④市门,悬千金其上,延诸侯游士宾客有能增损一字者予千金。

①【正义】年表云秦昭王五十六年,平原君卒;始皇四年,信陵君死;始皇九年,李园杀春申君。孟尝君当秦昭王二十四年巳后而卒,最早。

②【索隐】按:王劭云"孟尝、春申死已久"。据表及传,孟尝、平原死稍在前。信陵将五国兵攻秦河外,正当在庄襄王时,不韦已为相。又春申与不韦并时,各相向十馀年,不得言死之久矣。

③【索隐】八览者,《有始》、《孝行》、《慎大》、《先识》、《审分》、《审应》、《离俗》、《时君》也。六论者,《开春》、《慎行》、《贵直》、《不苟》、《以顺》、《士容》也。

十二纪者,记十二月也,其书有《孟春》等纪。二十馀万言,二十六卷也。

④【索隐】《地理志》右扶风渭城县,故咸阳,高帝更名新城,景帝更名渭城。
案:咸训皆,其地在渭水之北,北阪之南,水北曰阳,山南亦曰阳,皆在二者
之阳也。

　　始皇帝益壮,太后淫不止。吕不韦恐觉祸及己,乃私求大阴人嫪毐
以为舍人,时纵倡乐,使毐以其阴关桐轮而行,①令太后闻之,以啗太
后。太后闻,果欲私得之。吕不韦乃进嫪毐,诈令人以腐罪②告之。不
韦又阴谓太后曰:“可事诈腐,则得给事中。”太后乃阴厚赐主腐者吏,诈
论之,拔其须眉为宦者,遂得侍太后。太后私与通,绝爱之。有身,太后
恐人知之,诈卜当避时,徙宫居雍。③嫪毐常从,赏赐甚厚,事皆决于嫪
毐。嫪毐家僮数千人,诸客求宦为嫪毐舍人千馀人。

①【正义】以桐木为小车轮。

②【正义】腐音辅,谓宫刑腐靡也。

③【正义】雍故城在岐雍县南七里,有秦都大郑宫。

　　始皇七年,庄襄王母夏太后薨。孝文王后曰华阳太后,与孝文王会
葬寿陵。①夏太后子庄襄王葬芷阳,②故夏太后独别葬杜东,③曰“东望
吾子,西望吾夫。后百年,旁当有万家邑”。④

①【正义】秦孝文王陵在雍州万年县东北二十五里。

②【索隐】芷音止。《地理志》京兆霸陵县故芷阳。案:在长安东也。　【正义】
秦庄襄陵在雍州新丰县西南三十五里。始皇在北,故俗亦谓之“见子陵”。

③【索隐】杜原之东也。　【正义】夏太后陵在万年县东南二十五里。

④【索隐】按:宣帝元康元年起杜陵。《汉旧仪》武、昭、宣三陵皆三万户,计去
此一百六十馀年也。

　　始皇九年,有告嫪毐实非宦者,常与太后私乱,生子二人,皆匿之。
与太后谋曰“王即薨,以子为后”。①于是秦王下吏治,具得情实,事连相
国吕不韦。九月,夷嫪毐三族,杀太后所生两子,而遂迁太后于雍。②诸

嫪毐舍人皆没其家而迁之蜀。③王欲诛相国,为其奉先王功大,及宾客辩士为游说者众,王不忍致法。

①【集解】《说苑》曰:"毐与侍中左右贵臣博弈饮酒,醉,争言而斗,瞋目大叱曰:'吾乃皇帝假父也,窭人子何敢乃与我亢!'所与斗者走,行白始皇。"

【索隐】刘氏窭音其矩反。今俗本多作"屡"字,盖相承错耳,不近词义。今按:《说苑》作"窭子",言轻诸侍中,以为穷窭家之子也。

②【索隐】按:《说苑》云迁太后械阳宫。《地理志》雍县有械阳宫,秦昭王所起也。

③【索隐】家谓家产资物,并没入官,人口则迁之蜀也。

秦王十年十月,免相国吕不韦。及齐人茅焦说秦王,秦王乃迎太后于雍,归复咸阳,①而出文信侯就国河南。

①【集解】徐广曰:"入南宫。"

岁馀,诸侯宾客使者相望于道,请文信侯。秦王恐其为变,乃赐文信侯书曰:"君何功于秦?秦封君河南,食十万户。君何亲于秦?号称仲父。其与家属徙处蜀!"吕不韦自度稍侵,恐诛,乃饮酖而死。①秦王所加怒吕不韦、嫪毐皆已死,乃皆复归嫪毐舍人迁蜀者。

①【集解】徐广曰:"十二年。"骃案:《皇览》曰"吕不韦冢在河南洛阳北邙道西大冢是也。民传言吕母冢。不韦妻先葬,故其冢名'吕母'也"。

始皇十九年,太后薨,谥为帝太后,①与庄襄王会葬茝阳。②

①【索隐】王劭云"秦不用谥法,此盖号耳",其义亦当然也。始皇称皇帝之后,故其母号为帝太后,岂谓谥列生时之行乎!

②【集解】徐广曰:"一作'芷阳'。"

太史公曰:不韦及嫪毐贵,封号文信侯。①人之告嫪毐,毐闻之。秦王验左右,未发。上之雍郊,毐恐祸起,乃与党谋,矫太后玺发卒以反蕲年宫。②发吏攻毐,毐败亡走,追斩之好畤,③遂灭其宗。而吕不韦由此绌矣。孔子之所谓"闻"者,其吕子乎?④

①【索隐】按:文信侯,不韦封也。嫪毐封长信侯。上文已言不韦封,此赞中言

　　嫪毐得宠贵由不韦耳,今此合作"长信侯"也。

②【正义】蕲年宫在岐州城西故城内。

③【索隐】《地理志》扶风有好畤县也。

④【集解】《论语》曰:"夫闻也者,色取仁而行违,居之不疑,在邦必闻,在家必
　　闻。"马融曰:"此言佞人也。"

【索隐述赞】不韦钓奇,委质子楚。华阳立嗣,邯郸献女。及封河南,乃号仲
父。徙蜀惩谤,悬金作语。筹策既成,富贵斯取。

史记卷八十六

刺客列传第二十六

曹沫者,鲁人也,①以勇力事鲁庄公。庄公好力。曹沫为鲁将,与齐战,三败北。鲁庄公惧,乃献遂邑之地以和。②犹复以为将。

①【索隐】沫音亡葛反。《左传》、《穀梁》并作"曹刿",然则沫宜音刿,沫刿声相近而字异耳。此作"曹沫",事约《公羊》为说,然彼无其名,直云"曹子"而已。且《左传》鲁庄十年,战于长勺,用曹刿谋败齐,而无劫桓公之事。十三年盟于柯,《公羊》始论曹子。《穀梁》此年惟云"曹刿之盟,信齐侯也",又记不具行事之时。

②【索隐】《左传》"齐人灭遂",杜预云"遂国在济北蛇丘县东北也。"【正义】故城在兖州龚丘县西北七十六里也。

齐桓公许与鲁会于柯而盟。①桓公与庄公既盟于坛上,曹沫执匕首劫齐桓公,②桓公左右莫敢动,而问曰:"子将何欲?"③曹沫曰:"齐强鲁弱,而大国侵鲁亦甚矣。今鲁城坏即压齐境,④君其图之。"桓公乃许尽归鲁之侵地。既已言,曹沫投其匕首,下坛,北面就群臣之位,颜色不变,辞令如故。桓公怒,欲倍其约。⑤管仲曰:"不可。夫贪小利以自快,弃信于诸侯,失天下之援,不如与之。"于是桓公乃遂割鲁侵地,曹沫三战所亡地尽复予鲁。

①【索隐】杜预云:"济北东阿,齐之柯邑,犹祝柯今为祝阿也。"

②【索隐】匕音比。刘氏云"短剑也。"《盐铁论》以为长尺八寸,其头类匕,故云"匕首"也。

③【索隐】《公羊传》曰:"管子进曰:'君何求?'"何休注云:"桓公卒不能应,管仲进为言之也。"

④【索隐】齐鲁邻接，今齐数侵鲁，鲁之城坏，即压近齐之境也。

⑤【索隐】倍音佩也。

其后百六十有七年而吴有专诸之事。①

①【索隐】"专"字亦作"剸"，音同。《左传》作"鱄设诸"。

专诸者，吴堂邑人也。①伍子胥之亡楚而如吴也，知专诸之能。伍子胥既见吴王僚，说以伐楚之利。吴公子光曰："彼伍员父兄皆死于楚而员言伐楚，欲自为报私仇也，非能为吴。"吴王乃止。伍子胥知公子光之欲杀吴王僚，乃曰："彼光将有内志，未可说以外事。"②乃进专诸于公子光。

①【索隐】《地理志》临淮有堂邑县。

②【索隐】言其将有内难弑君之志，且对外事生文。《吴世家》曰"知光有他志"。

光之父曰吴王诸樊。诸樊弟三人：次曰馀祭，①次曰夷眜，②次曰季子札。诸樊知季子札贤而不立太子，以次传三弟，欲卒致国于季子札。诸樊既死，传馀祭。馀祭死，传夷眜。夷眜死，当传季子札；季子札逃不肯立，吴人乃立夷眜之子僚为王。公子光曰："使以兄弟次邪，季子当立；必以子乎，则光真適嗣，当立。"故尝阴养谋臣以求立。

①【索隐】祭音侧界反。

②【索隐】亡葛反。《公羊》作"馀末"。

光既得专诸，善客待之。九年而楚平王死。①春，吴王僚欲因楚丧，使其二弟公子盖馀、属庸②将兵围楚之灊；③使延陵季子于晋，以观诸侯之变。楚发兵绝吴将盖馀、属庸路，吴兵不得还。于是公子光谓专诸曰："此时不可失，不求何获！且光真王嗣，当立，季子虽来，不吾废也。"专诸曰："王僚可杀也。母老子弱，而两弟将兵伐楚，楚绝其后。方今吴外困于楚，而内空无骨鲠之臣，是无如我何。"④公子光顿首曰："光之身，子之身也。"

①【索隐】《春秋》昭二十六年"楚子居卒"是也。《吴世家》云"十二年"，此云

"九年",并误。据表及《左传》合在僚之十一年也。

②【索隐】属音烛。二子,僚之弟也。《左传》作掩馀、属庸。掩盖义同,属烛字相乱耳。

③【索隐】事在鲁昭二十七年。《地理志》庐江有灊县,天柱山在南。音潜,杜预《左传》注云"灊,楚邑,在庐江六县西南也"。　【正义】灊故城在寿州霍山县东二百步。

④【索隐】《左传》直云"王可杀也,母老子弱,是无若我何"。则是专设诸度僚可杀,言其少援救,故云"无奈我何"。太史公采其意,且据上文,因复加以两弟将兵外困之辞。而服虔、杜预见《左氏》下文云"我尔身也","以其子为卿",遂强解"是无如我何"犹言"我无若是,谓专诸欲以老弱托光",义非允惬。王肃之说,亦依《史记》也。

四月丙子,①光伏甲士②于窟室中,③而具酒请王僚。王僚使兵陈自宫至光之家,门户阶陛左右,皆王僚之亲戚也。夹立侍,皆持长铍。④酒既酣,公子光详为⑤足疾,入窟室中,使专诸置匕首鱼炙之腹中⑥而进之。既至王前,专诸擘鱼,因以匕首刺⑦王僚,王僚立死。左右亦杀专诸,王人扰乱,公子光出其伏甲以攻王僚之徒,尽灭之,遂自立为王,是为阖闾。阖闾乃封专诸之子以为上卿。

①【索隐】注僚之十二年夏也,《吴系家》以为十三年,非也。《左氏》经传唯言"夏四月",《公羊》、《穀梁》无传,经更与《左氏》、《吴系家》同。此传称"丙子",当有所据,不知出何书。

②【索隐】《左传》曰"伏甲",谓甲士也。下文云"出其伏甲以攻王"。

③【集解】徐广曰:"窟,一作'空'。"

④【集解】音披。　【索隐】音披,兵器也。刘逵《吴都赋》注"铍,两刃小刀"。

⑤【索隐】上音阳,下如字。《左传》曰"光伪足疾",此云"详",详即伪也。或读此"为"字音伪,非也。岂详伪重言耶?

⑥【集解】徐广曰:"炙,一作'炮'。"　【正义】炙,者夜反。

⑦【索隐】刺音七赐反。

其后七十馀年而晋有豫让之事。①

①【集解】徐广曰:"阖闾元年至三晋灭智伯六十二年。豫让一作'襄'。"

　　豫让者，晋人也，①故尝事范氏及中行氏，而无所知名。②去而事智伯，③智伯甚尊宠之。及智伯伐赵襄子，赵襄子与韩、魏合谋灭智伯，灭智伯之后而三分其地。赵襄子最怨智伯，④漆其头以为饮器。⑤豫让遁逃山中，曰："嗟乎！士为知己者死，女为说己者容。今智伯知我，我必为报仇而死，以报智伯，则吾魂魄不愧矣。"乃变名姓为刑人，入宫涂厕，中挟匕首，欲以刺襄子。襄子如厕，心动，执问涂厕之刑人，则豫让，内持刀兵，曰："欲为智伯报仇！"左右欲诛之。襄子曰："彼义人也，吾谨避之耳。且智伯亡无后，而其臣欲为报仇，此天下之贤人也。"卒醳去之。⑥

①【索隐】案：此传所说，皆约《战国策》文。

②【索隐】案：《左传》范氏谓昭子吉射也。自士会食邑于范，后因以邑为氏。中行氏，中行文子荀寅也。自荀林父将中行后，因以官为氏。

③【索隐】案：智伯，襄子荀瑶也。襄子，林父弟荀首之后，范、中行、智伯事已具《赵系家》。

④【索隐】谓初则醉以酒，后又率韩、魏水灌晋阳，城不没者三板，故怨深也。

⑤【索隐】案：《大宛传》曰"匈奴破月氏王，以其头为饮器"。裴氏注彼引韦昭云"饮器，椑榼也"。晋灼曰"饮器，虎子也"。皆非。椑榼所以盛酒耳，非用饮者。晋氏以为亵器者，以《韩子》、《吕氏春秋》并云襄子漆智伯头为溲杅，故云。　【正义】刘云："酒器也，每宾会设之，示恨深也。"按：诸先儒说恐非。

⑥【索隐】卒，足律反。醳音释，字亦作"释"。

　　居顷之，豫让又漆身为厉，①吞炭为哑，②使形状不可知，行乞于市。其妻不识也。行见其友，其友识之，曰："汝非豫让邪？"曰："我是也。"其友为泣曰："以子之才，委质而臣事襄子，襄子必近幸子。近幸子，乃为所欲，③顾不易邪？④何乃残身苦形，欲以求报襄子，不亦难乎！"豫让曰："既已委质臣事人，而求杀之，是怀二心以事其君也。且吾所为者⑤极难耳！然所以为此者，将以愧天下后世之为人臣怀二心以事其君者也。"⑥

①【集解】音赖。　【索隐】疠音赖。赖，恶疮病也。凡漆有毒，近之多患疮肿，

若赖病然,故豫让以漆涂身,令其若癞耳。然厉赖声相近,古多假"厉"为
"赖",今之"癞"字从"疒",故楚有赖乡,亦作"厉"字,《战国策》说此亦作
"厉"字。

②【索隐】哑音乌雅反。谓瘖病。《战国策》云:"漆身为厉,灭须去眉,以变其
　　容,为乞食人。其妻曰:'状貌不似吾夫,何其音之甚相类也?'让遂吞炭以
　　变其音也。"

③【索隐】谓因得杀襄子。

④【索隐】顾,反也。耶,不定之辞。反不易耶,言其易也。

⑤【索隐】刘氏云:"谓今为疕哑也。"

⑥【索隐】言宁为厉而自刑,不可求事襄子而行杀,则恐伤人臣之义而近贼,非
　　忠也。

　　既去,顷之,襄子当出,豫让伏于所当过之桥下。①襄子至桥,马惊,
襄子曰:"此必是豫让也。"使人问之,果豫让也。于是襄子乃数豫让曰:
"子不尝事范、中行氏乎?智伯尽灭之,而子不为报仇,而反委质臣于智
伯。智伯亦已死矣,而子独何以为之报仇之深也?"豫让曰:"臣事范、中
行氏,范、中行氏皆众人遇我,我故众人报之。至于智伯,国士遇我,我
故国士报之。"襄子喟然叹息而泣曰:"嗟乎豫子!子之为智伯,名既成
矣,而寡人赦子,亦已足矣。子其自为计,寡人不复释子!"使兵围之。
豫让曰:"臣闻明主不掩人之美,而忠臣有死名之义,前君已宽赦臣,天
下莫不称君之贤。今日之事,臣固伏诛,然愿请君之衣而击之,焉以致
报仇之意,则虽死不恨。非所敢望也,敢布腹心!"于是襄子大义之,乃
使使持衣与豫让。豫让拔剑三跃而击之,②曰:"吾可以下报智伯矣!"
遂伏剑自杀。死之日,赵国志士闻之,皆为涕泣。

①【正义】汾桥下架水,在并州晋阳县东一里。

②【索隐】《战国策》曰:"衣尽出血。襄子回车,车轮未周而亡。"此不言衣出血
　　者,太史公恐涉怪妄,故略之耳。

　　其后四十余年而轵有聂政之事。①

①【集解】自三晋灭智伯至杀侠累,五十七年。

聂政者，轵深井里人也。① 杀人避仇，与母、姊如齐，以屠为事。

①【索隐】《地理志》河内有轵县。深井，轵县之里名也。　【正义】在怀州济源
　　县南三十里。

　　久之，濮阳严仲子① 事韩哀侯，② 与韩相侠累③ 有郤。④ 严仲子恐
诛，亡去，游求人可以报侠累者。至齐，齐人或言聂政勇敢士也，避仇隐
于屠者之间。严仲子至门请，数反，然后具酒自畅⑤ 聂政母前。酒酣，
严仲子奉黄金百溢，前为聂政母寿。聂政惊怪其厚，固谢严仲子。严仲
子固进，而聂政谢曰：“臣幸有老母，家贫，客游以为狗屠，可以旦夕得甘
毳⑥ 以养亲。亲供养备，不敢当仲子之赐。”严仲子辟人，因为聂政言
曰：“臣有仇，而行游诸侯众矣；然至齐，窃闻足下义甚高，故进百金者，
将用为大人粗粝之费，⑦ 得以交足下之欢，岂敢以有求望邪！”聂政曰：
“臣所以降志辱身⑧ 居市井屠者，徒幸以养老母；老母在，政身未敢以许
人也。”⑨ 严仲子固让，聂政竟不肯受也。然严仲子卒备宾主之礼而去。

①【索隐】高诱曰：“严遂，字仲子。”

②【索隐】案：表聂政杀侠累在列侯三年。列侯生文侯，文侯生哀侯，凡更三
　　代，哀侯六年为韩严所杀。今言仲子事哀侯，恐非其实。且太史公闻疑传
　　疑，事难旳据，欲使两存，故表、传各异。

③【索隐】上古夹反，下力追反。案：《战国策》侠累名傀也。

④【索隐】《战国策》云：“韩傀相韩，严遂重于君，二人相害也。严遂举韩傀之
　　过，韩傀叱之于朝，严遂拔剑趋之，以救解。”是有郤之由也。

⑤【集解】徐广曰：“一作‘赐’。”　【索隐】徐氏云一作“赐”。案：《战国策》作
　　“觞”，近为得也。　【正义】数，色吏反。

⑥【集解】此芮反。　【索隐】邹氏音脆，二义相通也。

⑦【正义】粝犹粗米也，脱粟也。韦昭云：“古者名男子为丈夫，尊妇妪为大人。
　　《汉书·宣元六王传》‘王遇大人益解，为大人乞骸去’。按大人，宪王外祖
　　母。古诗云‘三日断五疋，大人故言迟’是也。”

⑧【索隐】言其心志与身本应高絜，今乃卑下其志，屈辱其身。《论语》孔子谓
　　“柳下惠降志辱身”是也。

⑨【索隐】《礼记》曰：“父母存，不许友以死。”

久之，聂政母死，既已葬，除服，聂政曰："嗟乎！政乃市井之人，①鼓刀以屠，而严仲子乃诸侯之卿相也，不远千里，枉车骑而交臣。臣之所以待之，至浅鲜矣，未有大功可以称者，而严仲子奉百金为亲寿，我虽不受，然是者徒深知政也。夫贤者以感忿睚眦之意而亲信穷僻之人，而政独安得嘿然而已乎！且前日要政，政徒以老母；老母今以天年终，政将为知己者用。"乃遂西至濮阳，见严仲子曰："前日所以不许仲子者，徒以亲在；今不幸而母以天年终。仲子所欲报仇者为谁？请得从事焉！"严仲子具告曰："臣之仇韩相侠累，侠累又韩君之季父也，宗族盛多，居处兵卫甚设，臣欲使人刺之，(众)终莫能就。今足下幸而不弃，请益其车骑壮士可为足下辅翼者。"聂政曰："韩之与卫，相去中间不甚远，②今杀人之相，相又国君之亲，此其势不可以多人，多人不能无生得失，③生得失则语泄，语泄是韩举国而与仲子为仇，④岂不殆哉！"遂谢车骑人徒，聂政乃辞独行。

①【正义】古者相聚汲水，有物便卖，因成市，故云"市井"。

②【索隐】高诱曰："韩都颍川阳翟，卫都东郡濮阳，故曰'间不远'也。"

③【索隐】无生得。《战国策》作"无生情"，言所将人多，或生异情，故语泄。此云"生得"，言将多人往杀侠累后，又被生擒而事泄，亦两俱通也。

④【集解】徐广曰："一作'难'。"　【索隐】徐注云一作"难"。《战国策》谯周亦同。

杖剑至韩，韩相侠累方坐府上，持兵戟而卫侍者甚众。聂政直入，上阶刺杀侠累，①左右大乱。聂政大呼，所击杀者数十人，因自皮面决眼，②自屠出肠，遂以死。

①【集解】徐广曰："韩烈侯三年三月，盗杀韩相侠累。侠累名傀。《战国策》曰'有东孟之会'，又云'聂政刺韩傀，兼中哀侯'。"　【索隐】《战国策》曰："政直入，上阶刺韩傀，傀走而抱哀侯，聂政刺之，兼中哀侯。"高诱曰："东孟，地名也。"

②【索隐】皮面谓以刀割其面皮，欲令人不识。决眼谓出其眼睛。《战国策》作"抉眼"，此"决"亦通，音乌穴反。

韩取聂政尸暴于市，①购问莫知谁子。于是韩（购）县〔购〕之，有能言杀相侠累者予千金。久之莫知也。

①【正义】暴，蒲酷反。

政姊荣①闻人有刺杀韩相者，贼不得，国不知其名姓，暴其尸而县之千金，乃于邑②曰："其是吾弟与？嗟乎，严仲子知吾弟！"立起，如韩，之市，而死者果政也，伏尸哭极哀，曰："是轵深井里所谓聂政者也。"市行者诸众人皆曰："此人暴虐吾国相，王县购其名姓千金，夫人不闻与？何敢来识之也？"荣应之曰："闻之。然政所以蒙污辱自弃于市贩之间者，为老母幸无恙，③妾未嫁也。亲既以天年下世，妾已嫁夫，严仲子乃察举吾弟困污之中④而交之，泽厚矣，可奈何！士固为知己者死，今乃以妾尚在之故，重自刑以绝从，⑤妾其奈何畏殁身之诛，终灭贤弟之名！"大惊韩市人。乃大呼天者三，卒于邑悲哀而死政之旁。

①【集解】一作"娄"。　【索隐】荣，其姊名也。《战国策》无"荣"字。

②【索隐】刘氏云："烦冤愁苦。"

③【索隐】《尔雅》云："恙，忧也"。《楚词》云"还及君之无恙"。《风俗通》云"恙，病也。凡人相见及通书，皆云'无恙'。"又《易传》云，上古之时，草居露宿。恙，啮虫也，善食人心，俗悉患之，故相劳云"无恙"。恙非病也。

④【索隐】案：察谓观察有志行乃举之。刘氏云察犹选也。

⑤【集解】徐广曰："恐其姊从坐而死。"　【索隐】重音持用反。重犹复也。为人报仇死，乃以妾故复自刑其身，令人不识也。从音踪，古字少，假借无旁"足"，而徐氏以为从坐，非也。刘氏亦音足松反。　【正义】重，直龙反。自刑作"刊"。《说文》云"刊，剟也"。按：重犹爱惜也。本为严仲子报仇讫，爱惜其事，不令漏泄，以绝其踪迹。其姊妄云为己隐，误矣。

晋、楚、齐、卫闻之，皆曰："非独政能也，乃其姊亦烈女也。乡使政诚知其姊无濡忍之志，①不重暴骸之难，②必绝险千里以列其名，姊弟俱僇于韩市者，亦未必敢以身许严仲子也。严仲子亦可谓知人能得士矣！"

①【索隐】濡，润也。人性湿润则能含忍，故云"濡忍"也。若勇躁则必轻死也。

②【索隐】重难并如字。重犹惜也，言不惜暴骸之为难也。

其后二百二十馀年秦有荆轲之事。①

①【集解】徐广曰："聂政至荆轲百七十年尔。"【索隐】徐氏据《六国年表》，聂
　　政去荆轲一百七十年，则谓此传率略而言二百馀年，亦当时为不能细也。
　　【正义】按：年表从始皇二十三年至韩景侯三百七十年，若至哀侯六年，六
　　百四十三年也。

荆轲者，卫人也。①其先乃齐人，徙于卫，卫人谓之庆卿。②而之燕，
燕人谓之荆卿。

①【索隐】按：赞论称"公孙季功、董生为余道之"，则此传虽约《战国策》而亦别
　　记异闻。

②【索隐】轲先齐人，齐有庆氏，则或本姓庆。春秋庆封，其后改姓贺。此下亦
　　至卫而改姓荆。荆庆声相近，故随在国而异其号耳。卿者，时人尊重之号，
　　犹如相尊美亦称"子"然也。

荆卿好读书击剑，①以术说卫元君，卫元君不用。其后秦伐魏，置
东郡，徙卫元君之支属于野王。②

①【集解】《吕氏剑技》曰："持短入长，倏忽从横。"

②【正义】怀州河内县。

荆轲尝游过榆次，①与盖聂论剑，②盖聂怒而目之。荆轲出，人或言
复召荆卿。盖聂曰："曩者吾与论剑有不称者，吾目之；试往，是宜去，不
敢留。"使使往之主人，荆卿则已驾而去榆次矣。使者还报，盖聂曰："固
去也，吾曩者目摄之！"③

①【正义】并州县也。

②【索隐】盖音古腊反。盖，姓；聂，名。

③【索隐】摄犹整也。谓不称己意，因怒视以摄整之也。【正义】摄犹视也。

荆轲游于邯郸，鲁句践与荆轲博，争道，①鲁句践怒而叱之，荆轲嘿
而逃去，遂不复会。

①【索隐】鲁，姓；句践，名也。与越王同，或有意义。俗本"践"作"贱"，非。

　　荆轲既至燕，爱燕之狗屠及善击筑者高渐离。①荆轲嗜酒，日与狗屠及高渐离饮于燕市，酒酣以往，高渐离击筑，荆轲和而歌于市中，相乐也，已而相泣，旁若无人者。荆轲虽游于酒人乎，②然其为人沈深好书；其所游诸侯，尽与其贤豪长者相结。其之燕，燕之处士田光先生亦善待之，知其非庸人也。

　　①【索隐】筑似琴，有弦，用竹击之，取以为名。渐音如字，王义（之）音哉廉反。
　　②【集解】徐广曰："饮酒之人。"

　　居顷之，会燕太子丹质秦亡归燕。燕太子丹者，故尝质于赵，而秦王政生于赵，其少时与丹欢。及政立为秦王，而丹质于秦。秦王之遇燕太子丹不善，故丹怨而亡归。归而求为报秦王者，国小，力不能。其后秦日出兵山东以伐齐、楚、三晋，稍蚕食诸侯，且至于燕，燕君臣皆恐祸之至。太子丹患之，问其傅鞠武。①武对曰："秦地遍天下，威胁韩、魏、赵氏，北有甘泉、谷口之固，南有泾、渭之沃，擅巴、汉之饶，右陇、蜀之山，左关、郁之险，民众而士厉，兵革有馀。意有所出，则长城之南，易水以北，②未有所定也。奈何以见陵之怨，欲批③其逆鳞哉！"丹曰："然则何由？"对曰："请入图之。"

　　①【索隐】上音鞠，又如字，人姓名也。
　　②【正义】以北谓燕国也。
　　③【集解】批音白结反。　　【索隐】白结反。批谓触击之。

　　居有间，秦将樊於期得罪于秦王，亡之燕，太子受而舍之。鞠武谏曰："不可。夫以秦王之暴而积怒于燕，足为寒心，①又况闻樊将军之所在乎？是谓'委肉当饿虎之蹊'也，祸必不振矣！②虽有管、晏，不能为之谋也。愿太子疾遣樊将军入匈奴以灭口。请西约三晋，南连齐、楚，北购于单于，③其后乃可图也。"太子曰："太傅之计，旷日弥久，心惛然，④恐不能须臾。且非独于此也，夫樊将军穷困于天下，归身于丹，丹终不以迫于强秦而弃所哀怜之交，置之匈奴，是固丹命卒之时也。愿太傅更虑之。"鞠武曰："夫行危欲求安，造祸而求福，计浅而怨深，连结一人之后交，不顾国家之大害，此所谓'资怨而助祸'矣。夫以鸿毛燎于炉炭之

上，必无事矣。且以雕鸷之秦，行怨暴之怒，岂足道哉！燕有田光先生，
其为人智深而勇沈，可与谋。"太子曰："愿因太傅而得交于田先生，可
乎？"鞫武曰："敬诺。"出见田先生，道"太子愿图国事于先生也"。田光
曰："敬奉教。"乃造焉。

①【索隐】凡人寒甚则心战，恐惧亦战。今以惧譬寒，言可为心战。

②【索隐】振，救也。言祸及天下，不可救之。

③【索隐】《战国策》"购"作"讲"。讲，和也。今读购与"为燕媾"同，媾亦合也。
　《汉》、《史》媾讲两字常杂，今欲北与连和。《陈轸传》亦曰"西购于秦"也。

④【正义】惛音昬。

太子逢迎，却行为导，跪而蔽席。①田光坐定，左右无人，太子避席
而请曰："燕秦不两立，愿先生留意也。"田光曰："臣闻骐骥盛壮之时，一
日而驰千里；至其衰老，驽马先之。今太子闻光盛壮之时，不知臣精已
消亡矣。虽然，光不敢以图国事，所善荆卿可使也。"②太子曰："愿因先
生得结交于荆卿，可乎？"田光曰："敬诺。"即起，趋出。太子送至门，戒
曰："丹所报，先生所言者，国之大事也，愿先生勿泄也！"田光俛而笑曰：
"诺。"③偻行见荆卿，曰："光与子相善，燕国莫不知。今太子闻光壮盛
之时，不知吾形已不逮也，幸而教之曰'燕秦不两立，愿先生留意也'。
光窃不自外，言足下于太子也，愿足下过太子于宫。"荆轲曰："谨奉教。"
田光曰："吾闻之，长者为行，不使人疑之。今太子告光曰'所言者，国之
大事也，愿先生勿泄'，是太子疑光也。夫为行而使人疑之，非节侠也。"
欲自杀以激荆卿，曰："愿足下急过太子，言光已死，明不言也。"因遂自
刭而死。

①【集解】徐广曰："蔽，一作'拔'，一作'拔'。"　【索隐】蔽音疋结反。蔽犹
　拂也。

②【正义】《燕丹子》云："田光答曰：'窃观太子客无可用者：夏扶血勇之人，怒
　而面赤，宋意脉勇之人，怒而面青；武阳骨勇之人，怒而面白，光所知荆轲，
　神勇之人，怒而色不变。'"

③【正义】俛音俯。

　　荆轲遂见太子，言田光已死，致光之言。太子再拜而跪，膝行流涕，有顷而后言曰：“丹所以诫田先生毋言者，欲以成大事之谋也。今田先生以死明不言，岂丹之心哉！”荆轲坐定，太子避席顿首曰：“田先生不知丹之不肖，使得至前，敢有所道，此天之所以哀燕而不弃其孤也。①今秦有贪利之心，而欲不可足也。非尽天下之地，臣海内之王者，其意不厌。今秦已虏韩王，尽纳其地。又举兵南伐楚，北临赵；王翦将数十万之众距漳、邺，而李信出太原、云中。赵不能支秦，必入臣，入臣则祸至燕。燕小弱，数困于兵，今计举国不足以当秦。诸侯服秦，莫敢合从。丹之私计愚，以为诚得天下之勇士使于秦，窥以重利；②秦王贪，③其势必得所愿矣。诚得劫秦王，使悉反诸侯侵地，若曹沫之与齐桓公，则大善矣；则不可，因而刺杀之。彼秦大将擅兵于外而内有乱，则君臣相疑，以其间诸侯得合从，其破秦必矣。此丹之上愿，而不知所委命，唯荆卿留意焉。”久之，荆轲曰：“此国之大事也，臣驽下，恐不足任使。”太子前顿首，固请毋让，然后许诺。于是尊荆卿为上卿，舍上舍。太子日造门下，供太牢具，异物间进，车骑美女恣荆轲所欲，以顺适其意。④

①【索隐】案：无父称孤。时燕王尚在，而丹称孤者，或记者失辞，或诸侯嫡子时亦僭称孤也。又刘向云“丹，燕王喜之太子”。

②【索隐】窥，示也。言以利诱之。

③【索隐】绝句。

④【索隐】《燕丹子》曰“轲与太子游东宫池，轲拾瓦投鼋，太子捧金丸进之。又共乘千里马，轲曰‘千里马肝美’，即杀马进肝。太子与樊将军置酒于华阳台，出美人能鼓琴，轲曰‘好手也’，断以玉盘盛之。轲曰‘太子遇轲甚厚’”是也。

　　久之，荆轲未有行意。秦将王翦破赵，虏赵王，尽收入其地，进兵北略地至燕南界，太子丹恐惧，乃请荆轲曰：“秦兵旦暮渡易水，则虽欲长侍足下，岂可得哉！”荆轲曰：“微太子言，臣愿谒之。今行而毋信，则秦未可亲也。夫樊将军，秦王购之金千斤，邑万家。诚得樊将军首与燕督亢之地图，①奉献秦王，秦王必说见臣，臣乃得有以报。”太子曰：“樊将军穷困来归丹，丹不忍以己之私而伤长者之意，愿足下更虑之！"

①【集解】徐广曰："方城县有督亢亭。"骃案：刘向《别录》曰"督亢，膏腴之地"。

【索隐】《地理志》广阳国有蓟县。司马彪《郡国志》曰"方城有督亢亭"。

【正义】督亢坡在幽州范阳县东南十里。今固安县南有督亢陌，幽州南界。

荆轲知太子不忍，乃遂私见樊於期曰："秦之遇将军可谓深矣，父母宗族皆为戮没。今闻购将军首金千斤，邑万家，将奈何？"於期仰天太息流涕曰："於期每念之，常痛于骨髓，顾计不知所出耳！"荆轲曰："今有一言可以解燕国之患，报将军之仇者，何如？"於期乃前曰："为之奈何？"荆轲曰："愿得将军之首以献秦王，秦王必喜而见臣，臣左手把其袖，右手揕其匈，①然则将军之仇报而燕见陵之愧除矣。将军岂有意乎？"樊於期偏袒扼捥②而进曰："此臣之日夜切齿腐心也，③乃今得闻教！"遂自刭。太子闻之，驰往，伏尸而哭，极哀。既已不可奈何，乃遂盛樊於期首函封之。

①【集解】徐广曰："揕音张鸩切。一作'抗'。"【索隐】徐氏音丁鸩反。揕谓以剑刺其胸也。又云一作"抗"。抗音苦浪反，言抗拒也，其义非。

②【集解】徐广曰："一作'捐'。"【索隐】扼音乌革反。捥音乌乱反。勇者奋厉，必先以左手扼右捥也。捥，古"腕"字。

③【索隐】切齿，齿相磨切也。《尔雅》曰"治骨曰切"。腐音辅，亦烂也。犹今人事不可忍云"腐烂"然，皆奋怒之意也。

于是太子豫求天下之利匕首，得赵人徐夫人匕首，①取之百金，使工以药焠之，②以试人，血濡缕，人无不立死者。③乃装为遣荆卿。燕国有勇士秦舞阳，年十三，杀人，人不敢忤视。④乃令秦舞阳为副。荆轲有所待，欲与俱；其人居远未来，而为治行。顷之，未发，太子迟之，疑其改悔，乃复请曰："日已尽矣，荆轲岂有意哉？丹请得先遣秦舞阳。"荆轲怒，叱太子曰："何太子之遣？往而不返者，竖子也！且提一匕首入不测之强秦，仆所以留者，待吾客与俱。今太子迟之，请辞决矣！"遂发。

①【集解】徐广曰："徐，一作'陈'。"【索隐】徐，姓；夫人，名。谓男子也。

②【索隐】焠，染也，音思溃反。谓以毒药染剑锷也。

③【集解】言以匕首试人，人血出，足以沾濡丝缕，便立死也。

④【索隐】忤者，逆也，五故反。不敢逆视，言人畏之甚也。

太子及宾客知其事者，皆白衣冠以送之。至易水之上，既祖，取道，①高渐离击筑，荆轲和而歌，为变徵之声，②士皆垂泪涕泣。又前而为歌曰："风萧萧兮易水寒，壮士一去兮不复还！"复为羽声慷慨，士皆瞋目，发尽上指冠。于是荆轲就车而去，终已不顾。

①【正义】易州在幽州归义县界。

②【正义】徵，知雉反。

遂至秦，持千金之资币物，厚遗秦王宠臣中庶子蒙嘉。嘉为先言于秦王曰："燕王诚振怖大王之威，不敢举兵以逆军吏，愿举国为内臣，比诸侯之列，给贡职如郡县，而得奉守先王之宗庙。恐惧不敢自陈，谨斩樊於期之头，及献燕督亢之地图，函封，燕王拜送于庭，使使以闻大王，唯大王命之。"秦王闻之，大喜，乃朝服，设九宾，①见燕使者咸阳宫。②荆轲奉樊於期头函，而秦舞阳奉地图柙，③以次进。至陛，秦舞阳色变振恐，群臣怪之。荆轲顾笑舞阳，前谢曰："北蕃蛮夷之鄙人，未尝见天子，故振慑。愿大王少假借之，使得毕使于前。"秦王谓轲曰："取舞阳所持地图。"轲既取图奏之，秦王发图，图穷而匕首见。因左手把秦王之袖，而右手持匕首揕之。未至身，秦王惊，自引而起，袖绝。拔剑，剑长，操其室。④时惶急，剑坚，故不可立拔。荆轲逐秦王，秦王环柱而走。群臣皆愕，卒起不意，尽失其度，而秦法，群臣侍殿上者不得持尺寸之兵；诸郎中⑤执兵皆陈殿下，非有诏召不得上。方急时，不及召下兵，以故荆轲乃逐秦王。而卒惶急，无以击轲，而以手共搏之。是时侍医夏无且⑥以其所奉药囊提荆轲也。⑦秦王方环柱走，卒惶急，不知所为，左右乃曰："王负剑！"⑧负剑，遂拔以击荆轲，断其左股。荆轲废，乃引其匕首以擿秦王，⑨不中，中桐柱。⑩秦王复击轲，轲被八创。轲自知事不就，倚柱而笑，箕踞以骂曰："事所以不成者，以欲生劫之，必得约契以报太子也。"⑪于是左右既前杀轲，秦王不怡者良久。已而论功，赏群臣及当坐者各有差，而赐夏无且黄金二百溢，曰："无且爱我，乃以药囊提荆轲也。"

①【正义】刘云："设文物大备,即谓九宾,不得以《周礼》九宾义为释。"

②【正义】《三辅黄图》云："秦始兼天下,都咸阳,因北陵营宫殿,则紫宫象帝宫,渭水贯都以象天汉,横桥南度以法牵牛也。

③【索隐】户甲反。柙亦函也。

④【索隐】室谓鞘也。　【正义】《燕丹子》云："左手搨其胸。秦王曰:'今日之事,从子计耳。乞听瑟而死。'召姬人鼓琴,琴声曰'罗縠单衣,可裂而绝;八尺屏风,可超而越;鹿卢之剑,可负而拔'。王于是奋袖超屏风走之。"

⑤【索隐】若今宿卫之官。

⑥【索隐】且音即馀反。

⑦【正义】提,侄帝反。

⑧【索隐】王劭曰:"古者带剑上长,拔之不出室,欲王推之于背,令前短易拔,故云'王负剑'。"又《燕丹子》称琴声曰"鹿卢之剑,可负而拔"是也。

⑨【索隐】擿与"掷"同,古字耳,音持益反。

⑩【正义】《燕丹子》云："荆轲拔匕首擿秦王,决耳入铜柱,火出。"

⑪【集解】汉《盐铁论》曰:"荆轲怀数年之谋而事不就者,尺八匕首不足恃也。秦王操于不意,列断贲、育者,介七尺之利也。"

于是秦王大怒,益发兵诣赵,诏王翦军以伐燕。十月而拔蓟城。燕王喜、太子丹等尽率其精兵东保于辽东。秦将李信追击燕王急,代王嘉乃遗燕王喜书曰:"秦所以尤追燕急者,以太子丹故也。今王诚杀丹献之秦王,秦王必解,而社稷幸得血食。"其后李信追丹,丹匿衍水中,①燕王乃使使斩太子丹,欲献之秦。秦复进兵攻之。后五年,秦卒灭燕,虏燕王喜。

①【索隐】水名,在辽东。

其明年,秦并天下,立号为皇帝。于是秦逐太子丹、荆轲之客,皆亡。高渐离变名姓为人庸保,①匿作于宋子。②久之,作苦,闻其家堂上客击筑,傍徨不能去。每出言曰:"彼有善有不善。"从者③以告其主,曰:"彼庸乃知音,窃言是非。"家丈人召使前击筑,④一坐称善,赐酒。而高渐离念久隐畏约无穷时,⑤乃退,出其装匣中筑与其善衣,更容貌而前。举坐客皆惊，下与抗礼，以为上客。使击筑而歌，客无不流涕而去者。宋子传客之，⑥闻于秦始皇。秦始皇召见，人有识者，乃曰："高渐离也。"秦皇帝惜其善击筑，重赦之，乃矐其目。⑦使击筑，未尝不称善。稍益近之，高渐离乃以铅置筑中，⑧复进得近，举筑朴⑨秦皇帝，不中。于是遂诛高渐离，终身不复近诸侯之人。

①【索隐】《栾布传》曰："卖庸于齐，为酒家人"，《汉书》作"酒家保"。案：谓庸作于酒家，言可保信，故云"庸保"。《鹖冠子》曰"伊尹保酒"。

②【集解】徐广曰："县名也，今属钜鹿。"　【索隐】徐注云"县名，属钜鹿"者，据《地理志》而知也。　【正义】宋子故城在赵州平棘县北三十里。

③【索隐】谓主人家之左右也。

④【索隐】刘氏云："谓主人翁也。"又韦昭云："古者名男子为丈夫，尊妇妪为丈人。故《汉书·宣元六王传》所云丈人，谓淮阳宪王外王母，即张博母也。故《古诗》曰'三日断五疋，丈人故言迟'是也。"

⑤【索隐】约谓贫贱俭约。既为庸保，常畏人，故云"畏约"。所以《论语》云"不可以久处约"。

⑥【集解】徐广曰："互以为客。"

⑦【集解】矐音海各反。　【索隐】海各反，一音角。说者云以马屎熏令失明。

⑧【索隐】案：刘氏云"铅为挺著筑中，令重，以击人"。

⑨【索隐】普十反。朴，击也。

鲁句践已闻荆轲之刺秦王，私曰："嗟乎，惜哉其不讲于刺剑之术也！①甚矣吾不知人也！曩者吾叱之，彼乃以我为非人也！"

①【索隐】案：不讲谓不论习之。

太史公曰："世言荆轲，其称太子丹之命，"天雨粟，马生角"也，①太过。又言荆轲伤秦王，皆非也。始公孙季功、董生与夏无且游，具知其事，为余道之如是。自曹沫至荆轲五人，此其义或成或不成，然其立意较然，②不欺其志，名垂后世，岂妄也哉！

①【索隐】《燕丹子》曰："丹求归，秦王曰'乌头白，马生角，乃许耳'。丹乃仰天叹，乌头即白，马亦生角。"《风俗通》及《论衡》皆有此说，仍云"厩门木乌生

肉足”。

②【索隐】较，明也。

【索隐述赞】曹沫盟柯，返鲁侵地。专诸进炙，定吴篡位。彰弟哭市，报主涂厕。刎颈申冤，操袖行事。暴秦夺魄，懦夫增气。

史记卷八十七

李斯列传第二十七

李斯者,楚上蔡人也。①年少时,为郡小吏,②见吏舍厕中鼠食不絜,近人犬,数惊恐之。斯入仓,观仓中鼠,食积粟,居大庑之下,不见人犬之忧。于是李斯乃叹曰:"人之贤不肖譬如鼠矣,在所自处耳!"

①【索隐】《地理志》汝南上蔡县,云"古蔡国,周武王弟叔度所封,至十八代平
　　侯徙新蔡"。二蔡皆属汝南。后二代至昭侯,徙下蔡,属沛,六国时为楚地,
　　故曰楚上蔡。

②【索隐】乡小史。刘氏云"掌乡文书"。

乃从荀卿学帝王之术。学已成,度楚王不足事,而六国皆弱,无可为建功者,欲西入秦。辞于荀卿曰:"斯闻得时无怠,今万乘方争时,游者主事。①今秦王欲吞天下,称帝而治,此布衣驰骛之时而游说者之秋也。②处卑贱之位而计不为者,此禽鹿视肉,人面而能强行者耳。③故诟④莫大于卑贱,而悲莫甚于穷困。久处卑贱之位,困苦之地,非世⑤而恶利,自托于无为,此非士之情也。⑥故斯将西说秦王矣。"

①【索隐】言万乘争雄之时,游说者可以立功成名,当得典主事务也。刘氏云
　　"游历诸侯,当觅强主以事之",于文纡回,非也。

②【正义】言秋时万物成熟,今争强时,亦说士成熟时。

③【索隐】禽鹿犹禽兽也,言禽兽但知视肉而食之。《庄子》及《苏子》曰:"人而
　　不学,譬之视肉而食。"杨子《法言》曰:"人而不学,如禽何异?"言不能游说
　　取荣贵,即如禽兽,徒有人面而能强行耳。

④【正义】呼后反,耻辱也。

⑤【索隐】非者,讥也。所谓处士横议也。

⑥【正义】言讥世富贵,恶其荣利,自托于无为者,非士人之情,实力不能致此也。

　　至秦,会庄襄王卒,李斯乃求为秦相文信侯吕不韦舍人;不韦贤之,任以为郎。李斯因以得说,说秦王曰:"胥人者,去其几也。①成大功者,在因瑕衅而遂忍之。②昔者秦穆公之霸,终不东并六国者,何也?诸侯尚众,周德未衰,故五伯迭兴,更尊周室。自秦孝公以来,周室卑微,诸侯相兼,关东为六国,秦之乘胜役诸侯,盖六世矣。③今诸侯服秦,譬若郡县。夫以秦之强,大王之贤,由灶上骚除,④足以灭诸侯,成帝业,为天下一统,此万世之一时也。今怠而不急就,诸侯复强,相聚约从,虽有黄帝之贤,不能并也。"秦王乃拜斯为长史,听其计,阴遣谋士赍持金玉以游说诸侯。诸侯名士可下以财者,厚遗结之;不肯者,利剑刺之。离其君臣之计,秦王乃使其良将随其后。秦王拜斯为客卿。

①【索隐】胥人犹胥吏,小人也。去犹失也。几者,动之微。以言君子见几而作,不俟终日;小人不识动微之会,故每失时也。刘氏解几为强,非也。

②【索隐】言因诸侯有瑕衅,则忍心而翦除,故我将说秦以并天下。　【正义】胥,相也。几谓察也。言关东六国与秦相敌者,君臣机密,并有瑕衅,可成大功,而遂忍之也。

③【正义】秦孝公,惠文王,武王,昭王,孝文王,庄襄王。

④【集解】徐广曰:"骚音埽。"　【索隐】骚音埽。言秦欲并天下,若炊妇埽除灶上之不净,不足为难。

　　会韩人郑国来间秦,以作注溉渠,①已而觉。秦宗室大臣皆言秦王曰:"诸侯人来事秦者,大抵为其主游间于秦耳,请一切逐客。"②李斯议亦在逐中。斯乃上书曰:③

①【正义】郑国渠首起雍州云阳县西南二十五里,自中山西邸瓠口为渠,傍北山,东注洛,三百馀里以溉田。又曰韩苦秦兵,而使水工郑国间秦作注溉渠,令费人工,不东伐也。

②【索隐】一切犹一例,言尽逐之也。言切者,譬若利刀之割,一运斤无不断者。解《汉书》者以一切为权时义,亦未为得也。

③【正义】在始皇十年。

　　臣闻吏议逐客，窃以为过矣。昔缪公求士，西取由余于戎，东得百里奚于宛，①迎蹇叔于宋，②来丕豹、公孙支于晋。③此五子者，不产于秦，而缪公用之，并国二十，遂霸西戎。④孝公用商鞅之法，移风易俗，民以殷盛，国以富强，百姓乐用，诸侯亲服，获楚、魏之师，举地千里，至今治强。惠王用张仪之计，拔三川之地，西并巴、蜀，⑤北收上郡，⑥南面取汉中，⑦包九夷，制鄢、郢，⑧东据成皋之险，⑨割膏腴之壤，遂散六国之从，使之西面事秦，功施到今。昭王得范睢，废穰侯，逐华阳，⑩强公室，杜私门，蚕食⑪诸侯，使秦成帝业。此四君者，皆以客之功。由此观之，客何负于秦哉！向使四君却客而不内，疏士而不用，是使国无富利之实而秦无强大之名也。

①【索隐】《秦本纪》云"晋献公以百里奚为秦穆公夫人媵于秦，奚亡走宛，楚鄙人执之"是也。　【正义】《新序》云："百里奚，楚宛人，仕于虞，虞亡入秦，号五羖大夫也。"

②【索隐】《秦纪》又云"百里奚谓穆公曰：'臣不如臣友蹇叔，蹇叔贤而代莫知。'穆公厚币迎之，以为上大夫"。今云"于宋"，未详所出。　【正义】《括地志》云："蹇叔，岐州人也。时游宋，故迎之于宋。"

③【索隐】丕豹自晋奔秦，《左氏传》有明文。公孙支，所谓子桑也，是秦大夫，而云自晋来，亦未见所出。　【正义】《括地志》云："公孙支，岐州人，游晋，后归秦。"

④【索隐】《秦本纪》穆公用由余谋，伐戎王，益国十二，开地千里，遂霸西戎。此都言五子之功，故云"并国二十"；或易为"十二"，误也。

⑤【索隐】案：惠王时张仪为相，请伐韩，下兵三川以临二周。司马错请伐蜀，惠王从之，果灭蜀。仪死后，武王欲通车三川，令甘茂拔宜阳。今并云张仪者，以仪为秦相，虽错灭蜀，茂通三川，皆归功于相，又三川是仪先请伐故也。

⑥【正义】惠王十年，魏纳上郡十五县。

⑦【正义】惠王十三年，攻楚汉中，取地六百里。

⑧【索隐】九夷即属楚之夷也。《地理志》南郡江陵县云"故楚郢都"，又宜城县

云"故鄢"也。　　【正义】夷谓并巴蜀,收上郡,取汉中,伐义渠、丹犁是也。
九夷本东夷九种,此言者,文体然也。

⑨【正义】河南府氾水县也。

⑩【集解】徐广曰:"华,一作'叶'。"

⑪【索隐】高诱注《淮南子》云:"蚕食,尽无馀也。"

　　今陛下致昆山之玉,①有随、和之宝,②垂明月之珠,服太阿之
剑,③乘纤离之马,④建翠凤之旗,树灵鼍之鼓。⑤此数宝者,秦不生
一焉,而陛下说之,何也? 必秦国之所生然后可,则是夜光之璧不
饰朝廷,犀象之器不为玩好,郑、卫之女不充后宫,而骏良駃騠⑥不
实外厩,江南金锡不为用,西蜀丹青不为采。所以饰后宫充下陈⑦
娱心意说耳目者,必出于秦然后可,则是宛珠之簪,傅玑之珥,⑧阿
缟之衣,锦绣之饰⑨不进于前,而随俗雅化⑩佳冶窈窕赵女不立于
侧也。夫击瓮叩缶⑪弹筝搏髀,而歌呼呜呜快耳(目)者,真秦之声
也;《郑》、《卫》、《桑间》、《昭》、《虞》、《武》、《象》者,⑫异国之乐也。
今弃击瓮叩缶而就《郑》《卫》,退弹筝而取《昭》《虞》,若是者何也?
快意当前,适观而已矣。今取人则不然。不问可否,不论曲直,非
秦者去,为客者逐。然则是所重者在乎色乐珠玉,而所轻者在乎人
民也。此非所以跨海内制诸侯之术也。

①【正义】昆冈在于阗国东北四百里,其冈出玉。

②【正义】《括地志》云:"濆山一名昆山,一名断蛇丘,在随州随县北二十五里。
　　《说苑》云'昔随侯行遇大蛇中断,疑其灵,使人以药封之,蛇乃能去,因号其
　　处为断蛇丘。岁馀,蛇衔明珠,径寸,绝白而有光,因号随珠'。"卞和璧,始
　　皇以为传国玺也。

③【集解】见《苏秦传》。　　【索隐】《越绝书》曰:"楚王召欧冶子、干将作铁剑
　　三,一曰干将,二曰莫邪,三曰太阿也。"

④【集解】徐广曰:"纤离,蒲梢,皆骏马名。"　　【索隐】皆马名。徐氏据《孙卿
　　子》而为说。

⑤【集解】郑玄注《月令》云:"鼍皮可以冒鼓。"

⑥【索隐】决提二音。《周书》曰"正北以駃騠为献"。《广雅》曰"马属也"。郭

景纯注《上林赋》云"生三日而超其母也"。

⑦【索隐】下陈犹后列也。晏子曰"有二女,愿得入身于下陈"是也。

⑧【索隐】宛音於阮反。傅音附。宛谓以珠宛转而装其簪。傅玑者,以玑傅著于
珥。珥者,瑱也。玑是珠之不圆者。或云宛珠,随珠也。随在汉水之南,宛亦
近汉,故云宛。傅玑者,女饰也,言女傅之珥,以玑为之,并非秦所有物也。

⑨【集解】徐广曰:"齐之东阿县,缯帛所出。"

⑩【集解】徐广曰:"随俗,一作'修使'。"　【索隐】谓闲雅变化而能通俗也。

⑪【索隐】《说文》云:"瓮,汲缾也。於贡反。缶,瓦器也,秦人鼓之以节乐。"缻
音甫有反。

⑫【集解】徐广曰:"昭,一作'韶'。"

　　臣闻地广者粟多,国大者人众,兵强则士勇。是以太山不让土
壤,故能成其大;河海不择细流,故能就其深;王者不却众庶,故能
明其德。①是以地无四方,民无异国,四时充美,鬼神降福,此五帝、
三王之所以无敌也。今乃弃黔首以资敌国,②却宾客以业诸侯,使
天下之士退而不敢西向,裹足不入秦,此所谓"藉寇兵而赍盗粮"
者也。③

①【索隐】《管子》云:"海不辞水,故能成其大;(泰)山不辞土石,故能成其高。"
《文子》曰:"圣人不让负薪之言,以广其名。"

②【索隐】资犹给也。

③【索隐】藉音积夜反。赍音子奚反。《说文》曰:"赍,持遗也。"赍或为"资",
义亦通。

　　夫物不产于秦,可宝者多;士不产于秦,而愿忠者众。今逐客
以资敌国,损民以益仇,内自虚而外树怨于诸侯,求国无危,不可
得也。

秦王乃除逐客之令,复李斯官,①卒用其计谋。官至廷尉。二十馀
年,竟并天下,尊主为皇帝,以斯为丞相。夷郡县城,销其兵刃,示不复
用。使秦无尺土之封,不立子弟为王、功臣为诸侯者,使后无战攻之患。

①【集解】《新序》曰:"斯在逐中,道上上谏书,达始皇,始皇使人逐至骊邑,
得还。"

　　始皇三十四年,置酒咸阳宫,博士仆射周青臣等颂称始皇威德。齐人淳于越进谏曰:"臣闻之,殷周之王千馀岁,封子弟功臣自为支辅。今陛下有海内,而子弟为匹夫,卒有田常、六卿之患,臣无辅弼,何以相救哉?事不师古而能长久者,非所闻也。今青臣等又面谀以重陛下过,①非忠臣也。"始皇下其议丞相。丞相谬其说,绌其辞,乃上书曰:"古者天下散乱,莫能相一,是以诸侯并作,语皆道古以害今,饰虚言以乱实,人善其所私学,以非上所建立。今陛下并有天下,别白黑②而定一尊;③而私学乃相与非法教之制,闻令下,即各以其私学议之,入则心非,出则巷议,非主以为名,异趣以为高,率群下以造谤。如此不禁,则主势降乎上,党与成乎下。禁之便。臣请诸有文学《诗》《书》百家语者,蠲除去之。令到满三十日弗去,黥为城旦。所不去者,医药卜筮种树之书。若有欲学者,以吏为师。"始皇可其议,收去《诗》《书》百家之语以愚百姓,使天下无以古非今。明法度,定律令,皆以始皇起。同文书。④治离宫别馆,周遍天下。明年,又巡狩,外攘四夷,斯皆有力焉。

　　①【索隐】重音逐用反。重者,再也。

　　②【索隐】刘氏云:"前时国异政,家殊俗,人造私语,莫辨其真,今乃分别白黑也。"

　　③【索隐】谓始皇并六国,定天下,海内共尊立一帝,故云。

　　④【正义】六国制令不同,今令同之。

　　斯长男由为三川守,诸男皆尚秦公主,女悉嫁秦诸公子。三川守李由告归咸阳,李斯置酒于家,百官长皆前为寿,门廷车骑以千数。李斯喟然而叹曰:"嗟乎!吾闻之荀卿曰'物禁大盛'。夫斯乃上蔡布衣,闾巷之黔首,上不知其驽下,遂擢至此。当今人臣之位无居臣上者,可谓富贵极矣。物极则衰,吾未知所税驾也!"①

　　①【索隐】税驾犹解驾,言休息也。李斯言己今日富贵已极,然未知向后吉凶止泊在何处也。

始皇三十七年十月，行出游会稽，并海上，北抵琅邪。① 丞相斯、中车府令赵高兼行符玺令事，皆从。始皇有二十馀子，长子扶苏以数直谏上，上使监兵上郡，② 蒙恬为将。少子胡亥爱，请从，上许之。馀子莫从。③

①【正义】今沂州。
②【正义】上郡故城在绥州上县东南五十里。
③【集解】辩士隐姓名，遗秦将章邯书曰“李斯为秦王死，废十七兄而立今王”也。然则二世是秦始皇第十八子。此书在《善文》中。

其年七月，始皇帝至沙丘，① 病甚，令赵高为书赐公子扶苏曰：“以兵属蒙恬，与丧会咸阳而葬。”书已封，未授使者，始皇崩。书及玺皆在赵高所，独子胡亥、丞相李斯、赵高及幸宦者五六人知始皇崩，馀群臣皆莫知也。李斯以为上在外崩，无真太子，故秘之。置始皇居辒辌车中，② 百官奏事上食如故，宦者辄从辒辌车中可诸奏事。③

①【正义】沙丘台在邢州。
②【集解】徐广曰：“一作‘辒车’。”
③【集解】文颖曰：“辒辌车如今丧辒车也。”孟康曰：“如衣车，有窗牖，闭之则温，开之则凉，故名之‘辒辌车’也。”如淳曰：“辒辌车，其形广大，有羽饰也。”

赵高因留所赐扶苏玺书，而谓公子胡亥曰：“上崩，无诏封王诸子而独赐长子书。长子至，即立为皇帝，而子无尺寸之地，为之奈何？”胡亥曰：“固也。吾闻之，明君知臣，明父知子。父捐命，不封诸子，何可言者！”赵高曰：“不然。方今天下之权，存亡在子与高及丞相耳，愿子图之。且夫臣人与见臣于人，制人与见制于人，岂可同日道哉！”胡亥曰：“废兄而立弟，是不义也；不奉父诏而畏死，是不孝也；能薄而材谫，① 强因人之功，是不能也。三者逆德，天下不服，身殆倾危，社稷不血食。”高曰：“臣闻汤、武杀其主，天下称义焉，不为不忠。卫君杀其父，而卫国载其德，孔子著之，不为不孝。夫大行不小谨，盛德不辞让，乡曲各有宜而百官不同功。故顾小而忘大，后必有害；狐疑犹豫，后必有悔。断而敢行,鬼神避之,后有成功。愿子遂之!"胡亥喟然叹曰:"今大行未发,丧礼未终,岂宜以此事干丞相哉!"赵高曰:"时乎时乎,间不及谋!赢粮跃马,唯恐后时!"

①【集解】《史记音隐》宰显反。 【索隐】《音义》云宰珍反。刘氏音将浅反,则谓亦浅义。古人语自有重轻,所以文字有异。

胡亥既然高之言,高曰:"不与丞相谋,恐事不能成,臣请为子与丞相谋之。"高乃谓丞相斯曰:"上崩,赐长子书,与丧会咸阳而立为嗣。书未行,今上崩,未有知者也。所赐长子书及符玺皆在胡亥所,定太子在君侯与高之口耳。事将何如?"斯曰:"安得亡国之言!此非人臣所当议也!"高曰:"君侯自料能孰与蒙恬?功高孰与蒙恬?谋远不失孰与蒙恬?无怨于天下孰与蒙恬?长子旧而信之孰与蒙恬?"斯曰:"此五者皆不及蒙恬,而君责之何深也?"高曰:"高固内官之厮役也,幸得以刀笔之文进入秦宫,管事二十馀年,未尝见秦免罢丞相功臣有封及二世者也,卒皆以诛亡。皇帝二十馀子,皆君之所知。长子刚毅而武勇,信人而奋士,即位必用蒙恬为丞相,君侯终不怀通侯之印归于乡里,明矣。高受诏教习胡亥,使学以法事数年矣,未尝见过失。慈仁笃厚,轻财重士,辩于心而讷于口,尽礼敬士,秦之诸子未有及此者,可以为嗣。君计而定之。"斯曰:"君其反位!斯奉主之诏,听天之命,何虑之可定也?"高曰:"安可危也,危可安也。安危不定,何以贵圣?"斯曰:"斯,上蔡闾巷布衣也,上幸擢为丞相,封为通侯,子孙皆至尊位重禄者,故将以存亡安危属臣也。岂可负哉!夫忠臣不避死而庶几,①孝子不勤劳而见危,人臣各守其职而已矣。君其勿复言,将令斯得罪。"高曰:"盖闻圣人迁徙无常,就变而从时,见末而知本,观指而睹归。物固有之,安得常法哉!方今天下之权命悬于胡亥,高能得志焉。且夫从外制中谓之惑,从下制上谓之贼。故秋霜降者草花落,水摇动者万物作,②此必然之效也。君何见之晚?"斯曰:"吾闻晋易太子,③三世不安;齐桓兄弟争位,④身死为戮;纣杀亲戚,⑤不听谏者,国为丘墟,遂危社稷:三者逆天,宗庙不血食。斯其犹人哉,⑥安足为谋!"高曰:"上下合同,可以长久;中外若一,事无表里。君听臣之计，即长有封侯，世世称孤，必有乔松之寿，孔、墨之智。今释此而不从，祸及子孙，足以为寒心。善者因祸为福，君何处焉？”斯乃仰天而叹，垂泪太息曰：“嗟乎！独遭乱世，既以不能死，安托命哉！”于是斯乃听高。高乃报胡亥曰：“臣请奉太子之明命以报丞相，丞相斯敢不奉令！”

①【索隐】斯言忠臣之节，本不避死。言己今日亦庶几尽忠不避死也。

②【索隐】水摇者，谓冰泮而水动也，是春时而万物皆生也。

③【正义】谓废申生，立奚齐也。

④【正义】谓小白与公子纠。

⑤【正义】谓杀比干，囚箕子。

⑥【索隐】言我今日犹是人，人道守顺，岂能为逆谋。故下云“安足与谋”。

于是乃相与谋，诈为受始皇诏丞相，立子胡亥为太子。更为书赐长子扶苏曰：“朕巡天下，祷祠名山诸神以延寿命。今扶苏与将军蒙恬将师数十万以屯边，十有余年矣，不能进而前，士卒多耗，无尺寸之功，乃反数上书直言诽谤我所为，以不得罢归为太子，日夜怨望。扶苏为人子不孝，其赐剑以自裁！将军恬与扶苏居外，不匡正，宜知其谋。为人臣不忠，其赐死，以兵属裨将王离。”封其书以皇帝玺，遣胡亥客奉书赐扶苏于上郡。

使者至，发书，扶苏泣，入内舍，欲自杀。蒙恬止扶苏曰：“陛下居外，未立太子，使臣将三十万众守边，公子为监，此天下重任也。今一使者来，即自杀，安知其非诈？请复请，复请而后死，未暮也。”使者数趣之。扶苏为人仁，谓蒙恬曰：“父而赐子死，尚安复请！”即自杀。蒙恬不肯死，使者即以属吏，系于阳周。①

①【集解】徐广曰：“属上郡。”【正义】阳周，宁州罗川县之邑也。

使者还报，胡亥、斯、高大喜。至咸阳，发丧，太子立为二世皇帝。以赵高为郎中令，常侍中用事。

二世燕居，乃召高与谋事，谓曰：“夫人生居世间也，譬犹骋六骥过决隙也。吾既已临天下矣，欲悉耳目之所好，穷心志之所乐，以安宗庙而乐万姓，长有天下，终吾年寿，其道可乎？"高曰："此贤主之所能行也，而昏乱主之所禁也。臣请言之，不敢避斧钺之诛，愿陛下少留意焉。夫沙丘之谋，诸公子及大臣皆疑焉，而诸公子尽帝兄，大臣又先帝之所置也。今陛下初立，此其属意怏怏皆不服，恐为变。且蒙恬已死，蒙毅将兵居外，臣战战栗栗，唯恐不终。且陛下安得为此乐乎？"二世曰："为之奈何？"赵高曰："严法而刻刑，令有罪者相坐诛，至收族，灭大臣而远骨肉；贫者富之，贱者贵之。盖除去先帝之故臣，更置陛下之所亲信者近之。此则阴德归陛下，害除而奸谋塞，群臣莫不被润泽，蒙厚德，陛下则高枕肆志宠乐矣。计莫出于此。"二世然高之言，乃更为法律。于是群臣诸公子有罪，辄下高，令鞫治之。杀大臣蒙毅等，公子十二人僇死咸阳市，十公主矺死于杜，①财物入于县官，相连坐者不可胜数。

①【集解】《史记音隐》曰："矺音贮格反。"　【索隐】矺音宅，与"磔"同，古今字异耳。磔谓裂其支体而杀之。

公子高欲奔，恐收族，乃上书曰："先帝无恙时，臣入则赐食，出则乘舆。御府之衣，臣得赐之；中厩之宝马，臣得赐之。臣当从死而不能，为人子不孝，为人臣不忠。不忠者无名以立于世，臣请从死，愿葬郦山之足。唯上幸哀怜之。"书上，胡亥大说，召赵高而示之，曰："此可谓急乎？"赵高曰："人臣当忧死而不暇，何变之得谋！"胡亥可其书，赐钱十万以葬。

法令诛罚日益刻深，群臣人人自危，欲畔者众。又作阿房之宫，治直〔道〕、驰道，赋敛愈重，戍徭无已。于是楚戍卒陈胜、吴广等乃作乱，起于山东，杰俊相立，自置为侯王，叛秦，兵至鸿门而却。李斯数欲请间谏，二世不许。而二世责问李斯曰："吾有私议而有所闻于韩子也，曰'尧之有天下也，堂高三尺，采椽不斲，①茅茨不翦，虽逆旅之宿不勤于此矣。冬日鹿裘，夏日葛衣，粢粝之食，②藜藿之羹，饭土塯，③啜土铏，④虽监门之养不觳于此矣。⑤禹凿龙门，通大夏，疏九河，曲九防，⑥决淳水致之海，⑦而股无胈，⑧胫无毛，手足胼胝，面目黎黑，遂以死于外，葬于会稽，臣虏之劳不烈于此矣'。然则夫所贵于有天下者，岂欲苦形劳神，身处逆旅之宿，口食监门之养，手持臣虏之作哉？此不肖人之所勉也，非贤者之所务也。彼贤人之有天下也，专用天下适己而已矣，此所以贵于有天下也。夫所谓贤人者，必能安天下而治万民，今身且不能利，将恶能治天下哉！故吾愿赐志广欲，长享天下而无害，为之奈何？"李斯子由为三川守，群盗吴广等西略地，过去弗能禁。章邯以破逐广等兵，使者覆案三川相属，诮让斯居三公位，如何令盗如此。李斯恐惧，重爵禄，不知所出，乃阿二世意，欲求容，以书对曰：

①【集解】徐广曰："采，一名栎。一作'柞'。"　【索隐】采，木名，即今之栎木。

②【索隐】粢音资。粝音郎葛反。粢者，稷也。粝者，麤粟饭也。

③【集解】徐广曰："一作'溜'。"

④【集解】音刑。

⑤【集解】徐广曰："觳音学。觳，一作'穀'，推也。"　【索隐】觳音学。《尔雅》云"觳，尽也"。言监门下人饭犹不尽此。若徐氏云"一作'穀'。穀，推也"，则字宜作"较"。邹氏音角。

⑥【正义】谓河之九曲，别为堤防。

⑦【集解】徐广曰："致，一作'放'。"

⑧【集解】胈，肤毳皮。

　　夫贤主者，必且能全道而行督责之术者也。①督责之，则臣不敢不竭能以徇其主矣。此臣主之分定，上下之义明，则天下贤不肖莫敢不尽力竭任以徇其君矣。是故主独制于天下而无所制也。能穷乐之极矣，贤明之主也，可不察焉！

①【索隐】督者，察也。察其罪，责之以刑罚也。

　　故申子曰"有天下而不恣睢，①命之曰以天下为桎梏"者，②无他焉，不能督责，而顾以其身劳于天下之民，若尧、禹然，故谓之"桎梏"也。夫不能修申、韩之明术，行督责之道，专以天下自适也，而徒务苦形劳神，以身徇百姓，则是黔首之役，非畜天下者也，何足贵哉！夫以人徇己，则己贵而人贱；以己徇人，则己贱而人贵。故徇人者贱，而人所徇者贵，自古及今，未有不然者也。凡古之所为尊贤者，为其贵也；而所为恶不肖者，为其贱也。而尧、禹以身徇天下者也，因随而尊之，则亦失所为尊贤之心矣夫！可谓大缪矣。谓之为“桎梏”，不亦宜乎？ 不能督责之过也。

①【索隐】上音资二反，下音呼季反。恣睢犹放纵也。谓肆情纵恣也。

②【正义】言有天下不能自纵恣督责，乃劳身于天下若尧、禹，即以天下为桎梏于身也。

　　故韩子曰“慈母有败子而严家无格虏”者，何也？① 则能罚之加焉必也。故商君之法，刑弃灰于道者。② 夫弃灰，薄罪也，而被刑，重罚也。彼唯明主为能深督轻罪。夫罪轻且督深，而况有重罪乎？ 故民不敢犯也。是故韩子曰“布帛寻常，庸人不释，③ 铄金百溢，盗跖不搏”者，④ 非庸人之心重，寻常之利深，而盗跖之欲浅也；又不以盗跖之行，为轻百镒之重也，搏必随手刑，则盗跖不搏百镒；而罚不必行也，则庸人不释寻常。是故城高五丈，而楼季不轻犯也；⑤ 泰山之高百仞，而跛牂牧其上。⑥ 夫楼季也而难五丈之限，岂跛牂也而易百仞之高哉？ 峭堑之势异也。⑦ 明主圣王之所以能久处尊位，长执重势，而独擅天下之利者，非有异道也，能独断而审督责，必深罚，故天下不敢犯也。今不务所以不犯，而事慈母之所以败子也，则亦不察于圣人之论矣。夫不能行圣人之术，则舍为天下役何事哉？ 可不哀邪！⑧

①【索隐】格，强扞也。虏，奴隶也。言严整之家本无格扞奴仆也。

②【正义】弃灰于道者黥也。《韩子》云：“殷之法，弃灰于衢者刑。子贡以为重，问之。仲尼曰：‘灰弃于衢必燔，人必怒，怒则斗，斗则三族，虽刑之可也。’”

③【索隐】八百曰寻，倍寻曰常，以言其少也。庸人弗释者，谓庸人见则取之而不释，以其罪轻，故下云“罚不必行，则庸人弗释寻常”是也。

④【索隐】《尔雅》“铄，美也”。言百溢之美金在于地，虽有盗跖之行亦不取者，为其财多而罪重也，故下云“搏必随手刑，盗跖不搏”也。搏犹攫也，取也。凡鸟翼击物曰搏，足取曰攫，故人取物亦谓之搏。

⑤【集解】许慎曰："楼季，魏文侯之弟。"王孙子曰："楼季之兄也。"

⑥【集解】《诗》云："牂羊坟首。"《毛传》曰："牝曰牂。"

⑦【索隐】峭，峻也，高也，七笑反。堑音渐。以言峭峻则难登，故楼季难五丈之限；平堑则易涉，故跛牂牧于泰山也。

⑧【索隐】舍犹废也，止也。言为人主不能行圣人督责之术，则已废止，何为勤身苦心，为天下所役，是何哉？"可不哀邪"，言其非也。

　　且夫俭节仁义之人立于朝，则荒肆之乐辍矣；谏说论理之臣间于侧，则流漫之志诎矣；烈士死节之行显于世，则淫康之虞废矣。故明主能外此三者，而独操主术以制听从之臣，而修其明法，故身尊而势重也。凡贤主者，必将能拂世磨俗，①而废其所恶，立其所欲，故生则有尊重之势，死则有贤明之谥也。是以明君独断，故权不在臣也。然后能灭仁义之涂，掩驰说之口，困烈士之行，塞聪掩明，内独视听，故外不可倾以仁义烈士之行，而内不可夺以谏说忿争之辩。故能荦然独行恣睢之心而莫之敢逆。若此然后可谓能明申、韩之术，而修商君之法。法修术明而天下乱者，未之闻也。故曰"王道约而易操"也。唯明主为能行之。若此则谓督责之诚，则臣无邪，臣无邪则天下安，天下安则主严尊，主严尊则督责必，督责必则所求得，所求得则国家富，国家富则君乐丰。故督责之术设，则所欲无不得矣。群臣百姓救过不给，何变之敢图？若此则帝道备，而可谓能明君臣之术矣。虽申、韩复生，不能加也。

①【索隐】拂音扶弗反。磨音莫何反。拂世，盖言与代情乖庆。磨俗，言磨砺于俗使从己。

　　书奏，二世悦。于是行督责益严，税民深者为明吏。二世曰："若此则可谓能督责矣。"刑者相半于道，而死人日成积于市。杀人众者为忠臣。二世曰："若此则可谓能督责矣。"

　　初，赵高为郎中令，所杀及报私怨众多，恐大臣入朝奏事毁恶之，乃说二世曰："天子所以贵者，但以闻声，群臣莫得见其面，故号曰'朕'。且陛下富于春秋，未必尽通诸事，①今坐朝廷，谴举有不当者，则见短于大臣,非所以示神明于天下也。且陛下深拱禁中,与臣及侍中习法者待事,事来有以揆之。② 如此则大臣不敢奏疑事,天下称圣主矣。”二世用其计,乃不坐朝廷见大臣,居禁中。赵高常侍中用事,事皆决于赵高。

①【集解】徐广曰:“通,或宜作‘照’。”

②【集解】徐广曰:“揆,一作‘拨’也。”

高闻李斯以为言,乃见丞相曰:“关东群盗多,今上急益发繇治阿房宫,① 聚狗马无用之物。臣欲谏,为位贱。此真君侯之事,君何不谏?”李斯曰:“固也,吾欲言之久矣。今时上不坐朝廷,上居深宫,吾有所言者,不可传也,欲见无间。”赵高谓曰:“君诚能谏,请为君候上间语君。”于是赵高待二世方燕乐,妇女居前,使人告丞相:“上方间,可奏事。”丞相至宫门上谒,如此者三。二世怒曰:“吾常多间日,丞相不来。吾方燕私,丞相辄来请事。丞相岂少我哉? 且固我哉?”② 赵高因曰:“如此殆矣! 夫沙丘之谋,丞相与焉。今陛下已立为帝,而丞相贵不益,此其意亦望裂地而王矣。且陛下不问臣,臣不敢言。丞相长男李由为三川守,楚盗陈胜等皆丞相傍县之子,以故楚盗公行,③ 过三川,城守不肯击。高闻其文书相往来,未得其审,故未敢以闻。且丞相居外,权重于陛下。”二世以为然。欲案丞相,恐其不审,乃使人案验三川守与盗通状。李斯闻之。

①【索隐】房音旁,一如字。

②【索隐】谓以我幼故轻我也。云“固我”者,一云以我为短少,且固陋于我也,于义为疏。

③【集解】徐广曰:“公,一作‘讼’,音松。”

是时二世在甘泉,方作觳抵优俳之观。① 李斯不得见,因上书言赵高之短曰:“臣闻之,臣疑其君,无不危国;妾疑其夫,无不危家。今有大臣于陛下擅利擅害,与陛下无异,此甚不便。昔者司城子罕相宋,身行刑罚,以威行之,期年遂劫其君。田常为简公臣,爵列无敌于国,私家之富与公家均,布惠施德,下得百姓,上得群臣,阴取齐国,杀宰予于庭,即弑简公于朝,遂有齐国。此天下所明知也。今高有邪佚之志,危反之行,如子罕相宋也;私家之富,若田氏之于齐也。兼行田常、子罕之逆道而劫陛下之威信,其志若韩玘为韩安相也。②陛下不图,臣恐其为变也。"二世曰:"何哉? 夫高,故宦人也,然不为安肆志,不以危易心,絜行修善,自使至此,以忠得进,以信守位,朕实贤之,而君疑之,何也? 且朕少失先人,无所识知,不习治民,而君又老,恐与天下绝矣。朕非属赵君,当谁任哉? 且赵君为人精廉强力,下知人情,上能适朕,君其勿疑。"李斯曰:"不然。夫高,故贱人也,无识于理,贪欲无厌,求利不止,列势次主,求欲无穷,臣故曰殆。"二世已前信赵高,恐李斯杀之,乃私告赵高。高曰:"丞相所患者独高,高已死,丞相即欲为田常所为。"于是二世曰:"其以李斯属郎中令!"

①【集解】应劭曰:"战国之时,稍增讲武之礼,以为戏乐,用相夸示,而秦更名曰角抵。角者,角材也。抵者,相抵触也。"文颖曰:"案:秦名此乐为角抵,两两相当,角力,角伎薮射御,故曰角抵也。"骃案:觳抵即角抵也。

②【索隐】玘,亦作"起",并音怡。韩大夫弑其君悼公者,然韩无悼公,或郑之嗣君。案表,韩玘事昭侯,昭侯巳下四代至王安,其说非也。

赵高案治李斯。李斯拘执束缚,居囹圄中,仰天而叹曰:"嗟乎,悲夫! 不道之君,何可为计哉! 昔者桀杀关龙逢,纣杀王子比干,吴王夫差杀伍子胥。此三臣者,岂不忠哉,然而不免于死,身死而所忠者非也。今吾智不及三子,而二世之无道过于桀、纣、夫差,吾以忠死,宜矣。且二世之治岂不乱哉! 日者夷其兄弟而自立也,杀忠臣而贵贱人,作为阿房之宫,赋敛天下。吾非不谏也,而不吾听也。凡古圣王,饮食有节,车器有数,宫室有度,出令造事,加费而无益于民利者禁,故能长久治安。今行逆于昆弟,不顾其咎;侵杀忠臣,不思其殃;大为宫室,厚赋天下,不爱其费:三者已行,天下不听。今反者已有天下之半矣,而心尚未寤也,而以赵高为佐,吾必见寇至咸阳,麋鹿游于朝也。"

于是二世乃使高案丞相狱,治罪,责斯与子由谋反状,皆收捕宗族宾客。赵高治斯,榜掠千馀,不胜痛,自诬服。斯所以不死者,自负其辩,有功,实无反心,幸得上书自陈,幸二世之寤而赦之。李斯乃从狱中上书曰：“臣为丞相，治民三十馀年矣。逮秦地之陕隘。先王之时秦地不过千里，兵数十万。臣尽薄材，谨奉令，阴行谋臣，资之金玉，使游说诸侯，阴修甲兵，饰政教，官斗士，尊功臣，盛其爵禄，故终以胁韩弱魏，破燕、赵，夷齐、楚，卒兼六国，虏其王，立秦为天子。罪一矣。地非不广，又北逐胡、貉，南定百越，以见秦之强。罪二矣。尊大臣，盛其爵位，以固其亲。罪三矣。立社稷，修宗庙，以明主之贤。罪四矣。更克画，平斗斛度量，文章布之天下，以树秦之名。罪五矣。治驰道，兴游观，以见主之得意。罪六矣。缓刑罚，薄赋敛，以遂主得众之心，万民戴主，死而不忘。罪七矣。若斯之为臣者，罪足以死固久矣。上幸尽其能力，乃得至今，愿陛下察之！”书上，赵高使吏弃去不奏，曰：“囚安得上书！”

赵高使其客十馀辈诈为御史、谒者、侍中，更往覆讯斯。斯更以其实对，辄使人复榜之。后二世使人验斯，斯以为如前，终不敢更言，辞服。奏当上，二世喜曰：“微赵君，几为丞相所卖。”及二世所使案三川之守至，则项梁已击杀之。使者来，会丞相下吏，赵高皆妄为反辞。

二世二年七月，具斯五刑，论腰斩咸阳市。斯出狱，与其中子俱执，顾谓其中子曰：“吾欲与若复牵黄犬俱出上蔡东门逐狡兔，岂可得乎？”遂父子相哭，而夷三族。

李斯已死，二世拜赵高为中丞相，事无大小辄决于高。高自知权重，乃献鹿，谓之马。二世问左右：“此乃鹿也？”左右皆曰“马也”。二世惊，自以为惑，乃召太卜，令卦之。太卜曰：“陛下春秋郊祀，奉宗庙鬼神，斋戒不明，故至于此。可依盛德而明斋戒。”于是乃入上林斋戒。日游弋猎，有行人入上林中，二世自射杀之。赵高教其女婿咸阳令阎乐劾不知何人贼杀人移上林。高乃谏二世曰：“天子无故贼杀不辜人，此上帝之禁也，鬼神不享，天且降殃，当远避宫以禳之。”二世乃出居望夷之宫。

留三日，赵高诈诏卫士，令士皆素服持兵内乡，入告二世曰：“山东群盗兵大至！”二世上观而见之，恐惧，高即因劫令自杀。引玺而佩之，左右百官莫从；上殿，殿欲坏者三。高自知天弗与，群臣弗许，乃召始皇弟，授之玺。①

> ①【集解】徐广曰："一本曰'召始皇弟子婴，授之玺'。《秦本纪》云'子婴者，二世之兄子也'。"　【索隐】刘氏云："'弟'字误，当为'孙'。子婴，二世兄子。"

子婴即位，患之，乃称疾不听事，与宦者韩谈及其子谋杀高。高上谒，请病，因召入，令韩谈刺杀之，夷其三族。

子婴立三月，沛公兵从武关入，至咸阳，群臣百官皆畔，不适。①子婴与妻子自系其颈以组，降轵道旁。②沛公因以属吏。项王至而斩之。遂以亡天下。

> ①【集解】徐广曰："適音敌。"
> ②【索隐】轵道在万年县东北十六里。

太史公曰：李斯以闾阎历诸侯，入事秦，因以瑕衅，以辅始皇，卒成帝业，斯为三公，可谓尊用矣。斯知六蓺之归，不务明政以补主上之缺，持爵禄之重，阿顺苟合，严威酷刑，听高邪说，废适立庶。诸侯已畔，斯乃欲谏争，不亦末乎！人皆以斯极忠而被五刑死，察其本，乃与俗议之异。不然，斯之功且与周、召列矣。

> 【索隐述赞】鼠在所居，人固择地。斯效智力，功立名遂。置酒咸阳，人臣极位。一夫诳惑，变易神器。国丧身诛，本同末异。

史记卷八十八

蒙恬列传第二十八

蒙恬者，其先齐人也。恬大父蒙骜，①自齐事秦昭王，官至上卿。秦庄襄王元年，蒙骜为秦将，伐韩，取成皋、荥阳，作置三川郡。二年，蒙骜攻赵，取三十七城。始皇三年，蒙骜攻韩，取十三城。五年，蒙骜攻魏，取二十城，作置东郡。始皇七年，蒙骜卒。骜子曰武，武子曰恬。恬尝书狱典文学。②始皇二十三年，蒙武为秦裨将军，与王翦攻楚，大破之，杀项燕。二十四年，蒙武攻楚，虏楚王。蒙恬弟毅。

①【索隐】音教。又邹氏音五到反。

②【索隐】谓恬尝学狱法，遂作狱官，典文学。

始皇二十六年，蒙恬因家世得为秦将，攻齐，大破之，拜为内史。秦已并天下，乃使蒙恬将三十万众北逐戎狄，收河南。①筑长城，因地形，用制险塞，起临洮，②至辽东，③延袤万馀里。于是渡河，据阳山，④逶蛇而北。暴师于外十馀年，居上郡。是时蒙恬威振匈奴。始皇甚尊宠蒙氏，信任贤之。而亲近蒙毅，位至上卿，出则参乘，入则御前。恬任外事而毅常为内谋，名为忠信，故虽诸将相莫敢与之争焉。

①【正义】谓灵、胜等州。

②【集解】徐广曰："属陇西。"

③【正义】辽东郡在辽水东，始皇筑长城东至辽水，西南至海(之上)。

④【集解】徐广曰："五原西安阳县北有阴山。阴山在河南，阳山在河北。"

赵高者，诸赵疏远属也。赵高昆弟数人，皆生隐宫，①其母被刑僇，

世世卑贱。秦王闻高强力，通于狱法，举以为中车府令。高即私事公子
胡亥，喻之决狱。高有大罪，秦王令蒙毅法治之。毅不敢阿法，当高罪
死，除其宦籍。①帝以高之敦于事也，②赦之，复其官爵。

> ①【集解】徐广曰："为宦者。"　【索隐】刘氏云："盖其父犯宫刑，妻子没为官奴
> 　　婢，妻后野合所生子皆承赵姓，并宫之，故云'兄弟生隐宫'。谓'隐宫'者，
> 　　宫之谓也。"
> ②【集解】徐广曰："敦，一作'敏'。"

始皇欲游天下，道九原，①直抵甘泉，②乃使蒙恬通道，自九原抵甘
泉，堑山堙谷，千八百里。道未就。

> ①【正义】九原郡，今胜州连谷县是。
> ②【正义】宫在雍州。

始皇三十七年冬，行出游会稽，并海上，①北走琅邪。②道病，使蒙毅
还祷山川，未反。

> ①【索隐】并音白浪反。
> ②【索隐】走音奏。走犹向也。邹氏音趋，趋亦向义，于字则乖。

始皇至沙丘崩，秘之，群臣莫知。是时丞相李斯、公子胡亥、中车府
令赵高常从。高雅得幸于胡亥，欲立之，又怨蒙毅法治之而不为己也，
因有贼心，乃与丞相李斯、公子胡亥阴谋，立胡亥为太子。太子已立，遣
使者以罪赐公子扶苏、蒙恬死。扶苏已死，蒙恬疑而复请之。使者以蒙
恬属吏，更置。胡亥以李斯舍人为护军。使者还报，胡亥已闻扶苏死，
即欲释蒙恬。赵高恐蒙氏复贵而用事，怨之。

毅还至，赵高因为胡亥忠计，欲以灭蒙氏，乃言曰："臣闻先帝欲举
贤立太子久矣，而毅谏曰'不可'。若知贤而俞弗立，则是不忠而惑主
也。①以臣愚意，不若诛之。"胡亥听而系蒙毅于代。②前已囚蒙恬于阳
周。丧至咸阳，已葬，太子立为二世皇帝，而赵高亲近，日夜毁恶蒙氏，
求其罪过，举劾之。

> ①【索隐】俞即逾也，音臾。谓知太子贤而逾久不立，是不忠也。

②【正义】今代州也。因祷山川至代而系之。

子婴进谏曰："臣闻故赵王迁杀其良臣李牧而用颜聚，燕王喜阴用荆轲之谋而倍秦之约，齐王建杀其故世忠臣而用后胜之议。此三君者，皆各以变古者失其国而殃及其身。今蒙氏，秦之大臣谋士也，而主欲一旦弃去之，臣窃以为不可。臣闻轻虑者不可以治国，独智者不可以存君。①诛杀忠臣而立无节行之人，是内使群臣不相信而外使斗士之意离也，臣窃以为不可。"

①【集解】徐广曰："一无此字。"

胡亥不听。而遣御史曲宫乘传之代，①令蒙毅曰："先主欲立太子而卿难之。今丞相以卿为不忠，罪及其宗。朕不忍，乃赐卿死，亦甚幸矣。卿其图之！"毅对曰："以臣不能得先主之意，则臣少宦，顺幸没世，可谓知意矣。②以臣不知太子之能，则太子独从，周旋天下，去诸公子绝远，臣无所疑矣。夫先主之举用太子，数年之积也，臣乃何言之敢谏，何虑之敢谋！非敢饰辞以避死也，为羞累先主之名，愿大夫为虑焉，使臣得死情实。且夫顺成全者，道之所贵也；刑杀者，道之所卒也。昔者秦穆公杀三良而死，罪百里奚而非其罪也，故立号曰'缪'。昭襄王杀武安君白起，楚平王杀伍奢，吴王夫差杀伍子胥，此四君者，皆为大失，而天下非之，以其君为不明，以是籍于诸侯。③故曰'用道治者不杀无罪，而罚不加于无辜'。唯大夫留心！"使者知胡亥之意，不听蒙毅之言，遂杀之。

①【索隐】曲，姓；宫，名。

②【索隐】蒙毅言己少事始皇，顺意因蒙幸，至始皇没世，可谓知上意。

③【索隐】言其恶声狼籍，布于诸国。而刘氏曰"诸侯皆记其恶于史籍"，非也。

二世又遣使者之阳周，令蒙恬曰："君之过多矣，而卿弟毅有大罪，法及内史。"恬曰："自吾先人，及至子孙，积功信于秦三世矣。今臣将兵三十馀万，身虽囚系，其势足以倍畔，然自知必死而守义者，不敢辱先人之教，以不忘先主也。昔周成王初立，未离襁褓，周公旦负王以朝，卒定天下。及成王有病甚殆,公旦自揃其爪以沈于河,曰:'王未有识,是旦执事。有罪殃,旦受其不祥。'乃书而藏之记府,可谓信矣。及王能治国,有贼臣言:'周公旦欲为乱久矣,王若不备,必有大事。'王乃大怒,周公旦走而奔于楚。成王观于记府,得周公旦沈书,乃流涕曰:'孰谓周公旦欲为乱乎!'杀言之者而反周公旦。故《周书》曰'必参而伍之'。① 今恬之宗,世无二心,而事卒如此,是必孽臣逆乱,② 内陵之道也。夫成王失而复振则卒昌;桀杀关龙逢,纣杀王子比干而不悔,身死则国亡。臣故曰过可振而谏可觉也。③ 察于参伍,上圣之法也。凡臣之言,非以求免于咎也,将以谏而死,愿陛下为万民思从道也。"使者曰:"臣受诏行法于将军,不敢以将军言闻于上也。"蒙恬喟然太息曰:"我何罪于天,无过而死乎?"良久,徐曰:"恬罪固当死矣。起临洮属之辽东,城堑万馀里,此其中不能无绝地脉哉? 此乃恬之罪也。"乃吞药自杀。

①【索隐】参谓三卿,伍即五大夫。欲参伍更议。

②【集解】徐广曰:"一作'辞'。"

③【索隐】此"故曰"者,必先志有此言,蒙恬引之以成说也,今不知出何书耳。振者,救也。然语亦倒,以言前人受谏可觉,则其过乃可救。

太史公曰:吾适北边,自直道归,行观蒙恬所为秦筑长城亭障,堑山堙谷,通直道,固轻百姓力矣。夫秦之初灭诸侯,天下之心未定,痍伤者未瘳,而恬为名将,不以此时强谏,振百姓之急,养老存孤,务修众庶之和,而阿意兴功,此其兄弟遇诛,不亦宜乎? 何乃罪地脉哉?

【索隐述赞】蒙氏秦将,内史忠贤。长城首筑,万里安边。赵高矫制,扶苏死焉。绝地何罪? 劳人是傆。呼天欲诉,三代良然。

史记卷八十九

张耳陈馀列传第二十九

张耳者,大梁人也。① 其少时,及魏公子毋忌为客。张耳尝亡命② 游外黄。③ 外黄富人女甚美,嫁庸奴,亡其夫,④ 去抵父客。⑤ 父客素知张耳,乃谓女曰:"必欲求贤夫,从张耳。"女听,乃卒为请决,嫁之张耳。⑥ 张耳是时脱身游,女家厚奉给张耳,张耳以故致千里客。乃宦魏为外黄令。名由此益贤。陈馀者,亦大梁人也,好儒术,数游赵苦陉。⑦ 富人公乘氏以其女妻之,亦知陈馀非庸人也。馀年少,父事张耳,两人相与为刎颈交。⑧

① 【索隐】臣瓒云:"今陈留大梁城是也。"

② 【索隐】晋灼曰:"命者,名也。谓脱名籍而逃。"崔浩曰:"亡,无也。命,名也。逃匿则削除名籍,故以逃为亡命。"

③ 【索隐】《地理志》属陈留。

④ 【集解】徐广曰:"一云'其夫亡'也。"

⑤ 【集解】如淳曰:"父时故宾客。"【索隐】如淳曰:"抵,归也,音丁礼反。"

⑥ 【索隐】谓女请父客为决绝其夫,而嫁之张耳。

⑦ 【集解】张晏曰:"苦陉,汉章帝改曰汉昌。"【索隐】《地理志》属中山。张晏曰:"章帝丑其名,改曰汉昌。"【正义】音邢。邢州唐昌县。

⑧ 【索隐】崔浩云:"言要齐生死,断颈无悔。"

秦之灭大梁也,张耳家外黄。高祖为布衣时,尝数从张耳游,客数月。秦灭魏数岁,已闻此两人魏之名士也,购求有得张耳千金,陈馀五百金。张耳、陈馀乃变名姓,俱之陈,为里监门① 以自食。两人相对。里吏尝有过笞陈馀,陈馀欲起,张耳蹑之,② 使受笞。吏去,张耳乃引陈馀之桑下而数之曰：“始吾与公言何如？今见小辱而欲死一吏乎？”陈馀然之。秦诏书购求两人，两人亦反用门者以令里中。③

①【集解】张晏曰：“监门，里正卫也。”

②【集解】徐广曰：“一作‘摄’。”

③【索隐】案：门者即馀、耳也。自以其名而号令里中，诈更别求也。

陈涉起蕲，至入陈，兵数万。张耳、陈馀上谒陈涉。涉及左右生平数闻张耳、陈馀贤，未尝见，见即大喜。

陈中豪杰父老乃说陈涉曰：“将军身被坚执锐，率士卒以诛暴秦，复立楚社稷，存亡继绝，功德宜为王。且夫监临天下诸将，不为王不可，愿将军立为楚王也。”陈涉问此两人，两人对曰：“夫秦为无道，破人国家，灭人社稷，绝人后世，罢百姓之力，尽百姓之财。将军瞋目张胆，出万死不顾一生之计，为天下除残也。今始至陈而王之，示天下私。愿将军毋王，急引兵而西，遣人立六国后，自为树党，为秦益敌也。敌多则力分，与众则兵强。如此野无交兵，县无守城，诛暴秦，据咸阳以令诸侯。诸侯亡而得立，以德服之，如此则帝业成矣。今独王陈，恐天下解也。”①陈涉不听，遂立为王。

①【正义】解，纪卖反。言天下诸侯见陈胜称王王陈，皆解堕不相从也。

陈馀乃复说陈王曰：“大王举梁、楚而西，务在入关，未及收河北也。臣尝游赵，知其豪杰及地形，愿请奇兵北略赵地。”于是陈王以故所善陈人武臣为将军，邵骚为护军，以张耳、陈馀为左右校尉，予卒三千人，北略赵地。

武臣等从白马渡河①至诸县，说其豪杰曰：②“秦为乱政虐刑以残贼天下，数十年矣。北有长城之役，南有五岭之戍，③外内骚动，百姓罢敝，头会箕敛，④以供军费，财匮力尽，民不聊生。重之以苛法峻刑，使天下父子不相安。陈王奋臂为天下倡始，王楚之地，方二千里，莫不响应，家自为怒，人自为斗，各报其怨而攻其仇，县杀其令丞，郡杀其守尉。今已张大楚，王陈，使吴广、周文将卒百万西击秦。于此时而不成封侯之业者,非人豪也。诸君试相与计之! 夫天下同心而苦秦久矣。因天下之力而攻无道之君,报父兄之怨而成割地有土之业,此士之一时也。”豪杰皆然其言。乃行收兵,得数万人,号武臣为武信君。下赵十城,馀皆城守,莫肯下。

①【索隐】案:郦食其云“白马之津”,白马是津渡,其地与黎阳对岸。

②【集解】邓展曰:“至河北县说之。”

③【集解】《汉书音义》曰:“岭有五,因以为名,在交址界中也。”　【索隐】裴氏《广州记》云大庾、始安、临贺、桂阳、揭阳,斯五岭。

④【集解】《汉书音义》曰:“家家人头数出谷,以箕敛之。”

乃引兵东北击范阳。范阳人蒯通说范阳令曰:①“窃闻公之将死,故吊。虽然,贺公得通而生。”范阳令曰:“何以吊之?”对曰:“秦法重,足下为范阳令十年矣,杀人之父,孤人之子,断人之足,黥人之首,不可胜数。然而慈父孝子莫敢倳刃②公之腹中者,畏秦法耳。今天下大乱,秦法不施,然则慈父孝子且倳刃公之腹中以成其名,此臣之所以吊公也。今诸侯畔秦矣,武信君兵且至,而君坚守范阳,少年皆争杀君,下武信君。君急遣臣见武信君,可转祸为福,在今矣。”

①【集解】《汉书》曰:“范阳令徐公。”

②【集解】徐广曰:“倳音戴。”李奇曰:“东方人以物插地皆为倳。”

范阳令乃使蒯通见武信君曰:“足下必将战胜然后略地,攻得然后下城,臣窃以为过矣。诚听臣之计,可不攻而降城,不战而略地,传檄而千里定,可乎?”武信君曰:“何谓也?”蒯通曰:“今范阳令宜整顿其士卒以守战者也,怯而畏死,贪而重富贵,故欲先天下降,畏君以为秦所置吏,诛杀如前十城也。然今范阳少年亦方杀其令,自以城距君。君何不赍臣侯印,拜范阳令,范阳令则以城下君,少年亦不敢杀其令。令范阳令乘朱轮华毂,使驱驰燕、赵郊。燕、赵郊见之,皆曰此范阳令,先下者也,即喜矣,燕、赵城可毋战而降也。此臣之所谓传檄而千里定者也。”武信君从其计,因使蒯通赐范阳令侯印。赵地闻之,不战以城下者三十馀城。

　　至邯郸,张耳、陈馀闻周章军入关,至戏却;① 又闻诸将为陈王徇地,多以谗毁得罪诛,怨陈王不用其筴不以为将而以为校尉。乃说武臣曰:“陈王起蕲,至陈而王,非必立六国后。将军今以三千人下赵数十城,独介居河北,② 不王无以填之。且陈王听谗,还报,恐不脱于祸。又不如立其兄弟;不,即立赵后。将军毋失时,时间不容息。”③ 武臣乃听之,遂立为赵王。以陈馀为大将军,张耳为右丞相,邵骚为左丞相。

　　①【集解】苏林曰:“戏,地名。却,兵退也。”【正义】戏音羲。出骊山。
　　②【集解】晋灼曰:“介音夏。”瓒曰:“《方言》云介,特也。”
　　③【索隐】以言举事不可失时,时几之迅速,其间不容一喘息顷也。

　　使人报陈王,陈王大怒,欲尽族武臣等家,而发兵击赵。陈王相国房君谏曰:“秦未亡而诛武臣等家,此又生一秦也。不如因而贺之,使急引兵西击秦。”陈王然之,从其计,徙击武臣等家宫中,封张耳子敖为成都君。

　　陈王使使者贺赵,令趣发兵西入关。张耳、陈馀说武臣曰:“王王赵,非楚意,特以计贺王。楚已灭秦,必加兵于赵。愿王毋西兵,北徇燕、代,南收河内以自广。赵南据大河,北有燕、代,楚虽胜秦,必不敢制赵。”赵王以为然,因不西兵,而使韩广略燕,李良略常山,张黡略上党。
　　韩广至燕,燕人因立广为燕王。① 赵王乃与张耳、陈馀北略地燕界。赵王间出,为燕军所得。燕将囚之,欲与分赵地半,乃归王。使者往,燕辄杀之以求地。张耳、陈馀患之。有厮养卒谢其舍中曰:② “吾为公说燕,与赵王载归。”舍中皆笑曰:“使者往十馀辈,辄死,若何以能得王?”乃走燕壁。燕将见之,问燕将曰:“知臣何欲?”燕将曰:“若欲得赵王耳。”曰:“君知张耳、陈馀何如人也?”燕将曰:“贤人也。”曰:“知其志何欲?”曰:“欲得其王耳。”赵养卒乃笑曰:“君未知此两人所欲也。夫武臣、张耳、陈馀杖马箠③ 下赵数十城,此亦各欲南面而王,岂欲为卿相终己邪? 夫臣与主岂可同日而道哉,顾其势初定,未敢参分而王,且以少长先立武臣为王,以持赵心。今赵地已服,此两人亦欲分赵而王,时未可耳。今君乃囚赵王。此两人名为求赵王,实欲燕杀之,此两人分赵自立。夫以一赵尚易燕,况以两贤王左提右挈,而责杀王之罪,④ 灭燕易矣。"燕将以为然,乃归赵王,养卒为御而归。

①【集解】徐广曰:"九月也。"

②【集解】如淳曰:"厮,贱者也。《公羊传》曰'厮役扈养'。"韦昭曰:"析薪为厮,炊烹为养。"晋灼曰:"以辞相告曰谢也。"　【索隐】谓其同舍中之人也。《汉书》作"舍人"。

③【集解】张晏曰:"言其不用兵革,驱策而已也。"　【索隐】杖音丈。箠音之委反。

④【集解】徐广曰:"《平原君传》曰'事成执右券以责'也,券契义同耳。"

李良已定常山,还报,赵王复使良略太原。至石邑,① 秦兵塞井陉,未能前。秦将诈称二世使人遗李良书,不封,② 曰:"良尝事我得显幸。良诚能反赵为秦,赦良罪,贵良。"良得书,疑不信。乃还之邯郸,益请兵。未至,道逢赵王姊出饮,从百馀骑。李良望见,以为王,伏谒道旁。王姊醉,不知其将,使骑谢李良。李良素贵,起,惭其从官。从官有一人曰:"天下畔秦,能者先立。且赵王素出将军下,今女儿乃不为将军下车,请追杀之。"李良已得秦书,固欲反赵,未决,因此怒,遣人追杀王姊道中,乃遂将其兵袭邯郸。邯郸不知,竟杀武臣、邵骚。赵人多为张耳、陈馀耳目者,以故得脱出。收其兵,得数万人。客有说张耳曰:"两君羁旅,而欲附赵,难;③ 独立赵后,④ 扶以义,可就功。"乃求得赵歇,⑤ 立为赵王,居信都。⑥ 李良进兵击陈馀,陈馀败李良,李良走归章邯。

①【索隐】《地理志》属常山。

②【集解】张晏曰:"欲其漏泄,君臣相疑。"

③【索隐】案:羁旅势弱,难以立功也。

④【索隐】谓独有立六国赵王之后。

⑤【集解】徐广曰:"正月也。音乌辖反。"骃案:张晏曰"赵之苗裔"。

⑥【集解】徐广曰:"后项羽改曰襄国。"

章邯引兵至邯郸,皆徙其民河内,夷其城郭。张耳与赵王歇走入巨鹿城,王离围之。陈馀北收常山兵,得数万人,军钜鹿北。章邯军钜鹿南棘原,筑甬道属河,饷王离。王离兵食多,急攻钜鹿。钜鹿城中食尽兵少,张耳数使人召前陈馀,陈馀自度兵少,不敌秦,不敢前。数月,张耳大怒,怨陈馀,使张黡、陈泽①往让陈馀曰:"始吾与公为刎颈交,今王与耳旦暮且死,而公拥兵数万,不肯相救,安在其相为死!苟必信,胡不赴秦军俱死?且有十一二相全。"②陈馀曰:"吾度前终不能救赵,徒尽亡军。且馀所以不俱死,欲为赵王、张君报秦。今必俱死,如以肉委饿虎,何益?"张黡、陈泽曰:"事已急,要以俱死立信,安知后虑!"陈馀曰:"吾死顾以为无益。必如公言。"乃使五千人令张黡、陈泽先尝秦军,③至皆没。

①【正义】音释。

②【正义】十中冀一两胜秦。

③【索隐】崔浩云:"尝犹试。"

当是时,燕、齐、楚闻赵急,皆来救。张敖亦北收代兵,得万馀人,来,皆壁馀旁,未敢击秦。项羽兵数绝章邯甬道,王离军乏食,项羽悉引兵渡河,遂破章邯。①章邯引兵解,诸侯军乃敢击围钜鹿秦军,遂虏王离。涉閒自杀。卒存钜鹿者,楚力也。

①【集解】徐广曰:"三年十二月也。"

于是赵王歇、张耳乃得出钜鹿,谢诸侯。张耳与陈馀相见,责让陈馀以不肯救赵,及问张黡、陈泽所在。陈馀怒曰:"张黡、陈泽以必死责臣,臣使将五千人先尝秦军,皆没不出。"张耳不信,以为杀之,数问陈馀。陈馀怒曰:"不意君之望臣深也!①岂以臣为重去将哉?"②乃脱解印绶,推予张耳。张耳亦愕不受。陈馀起如厕。客有说张耳曰:"臣闻'天与不取,反受其咎'。③今陈将军与君印,君不受,反天不祥。急取之!"张耳乃佩其印,收其麾下。而陈馀还,亦望张耳不让,④遂趋出。张耳遂收其兵。陈馀独与麾下所善数百人之河上泽中渔猎。由此陈馀、张耳遂有郤。

①【索隐】望，怨责也。

②【索隐】案：重训难也。或云重，惜也。

③【索隐】此辞出《国语》。

④【正义】言陈馀如厕还，亦怨望张耳不让其印。

赵王歇复居信都。张耳从项羽诸侯入关。汉元年二月，项羽立诸侯王，张耳雅游，①人多为之言，项羽亦素数闻张耳贤，乃分赵立张耳为常山王，治信都。信都更名襄国。

①【集解】韦昭曰："雅，素也。"　【索隐】郑氏云"雅，故也"。韦昭云"雅，素也"。然素亦故也。故游，言惯游从，故多为人所称誉。

陈馀客多说项羽曰："陈馀、张耳一体有功于赵。"项羽以陈馀不从入关，闻其在南皮，①即以南皮旁三县以封之，而徙赵王歇王代。②

①【索隐】《地理志》属勃海。　【正义】故城在沧州南皮县北四里也。

②【集解】徐广曰："都代县。"

张耳之国，陈馀愈益怒，曰："张耳与馀功等也，今张耳王，馀独侯，此项羽不平。"及齐王田荣畔楚，陈馀乃使夏说说①田荣曰："项羽为天下宰不平，尽王诸将善地，徙故王王恶地，今赵王乃居代！愿王假臣兵，请以南皮为扞蔽。"田荣欲树党于赵以反楚，乃遣兵从陈馀。陈馀因悉三县兵袭常山王张耳。张耳败走，念诸侯无可归者，曰："汉王与我有旧故，②而项羽又强，立我，我欲之楚。"③甘公曰：④"汉王之入关，五星聚东井。东井者，秦分也。先至必霸。楚虽强，后必属汉。"故耳走汉。⑤汉王亦还定三秦，方围章邯废丘。张耳谒汉王，汉王厚遇之。

①【正义】上"说"音悦，下式锐反。

②【集解】张晏曰："汉王为布衣时，尝从张耳游。"

③【集解】张晏曰："羽既强盛，又为所立，是以狐疑莫知所往也。"

④【集解】文颖曰："善说星者甘氏也。"　【索隐】《天官书》云齐甘公，《艺文志》云楚有甘公，齐楚不同。刘歆《七略》云"字逢，甘德"。《志林》云"甘公一名德"。

⑤【集解】徐广曰："二年十月也。"

　　陈馀已败张耳，皆复收赵地，迎赵王于代，复为赵王。赵王德陈馀，立以为代王。陈馀为赵王弱，国初定，不之国，留傅赵王，而使夏说以相国守代。

　　汉二年，东击楚，使使告赵，欲与俱。陈馀曰："汉杀张耳乃从。"于是汉王求人类张耳者斩之，持其头遗陈馀。陈馀乃遣兵助汉。汉之败于彭城西，陈馀亦复觉张耳不死，即背汉。

　　汉三年，韩信已定魏地，遣张耳与韩信击破赵井陉，①斩陈馀泜水上，②追杀赵王歇襄国。汉立张耳为赵王。③汉五年，张耳薨，谥为景王。子敖嗣立为赵王。高祖长女鲁元公主为赵王敖后。

　　①【集解】徐广曰："三年十月。"

　　②【集解】徐广曰："在常山。音迟，一音丁礼反。"　【索隐】徐广音迟，苏林音祇。晋灼音丁礼反，今俗呼此水则然。案：《地理志》音脂，则苏音为得。郭景纯注《山海经》云"泜水出常山中丘县"。　【正义】在赵州赞皇县界。

　　③【集解】徐广曰："四年十一月。"骃案：《汉书》"四年夏"。

　　汉七年，高祖从平城过赵，赵王朝夕袒韝蔽，①自上食，礼甚卑，有子婿礼。高祖箕踞②詈，甚慢易之。赵相贯高、赵午等年六十馀，③故张耳客也。生平为气，乃怒曰："吾王孱王也！"④说王曰："夫天下豪杰并起，能者先立。今王事高祖甚恭，而高祖无礼，请为王杀之！"张敖啮其指⑤出血，曰："君何言之误！且先人亡国，赖高祖得复国，德流子孙，秋豪皆高祖力也。愿君无复出口。"贯高、赵午等十馀人皆相谓曰："乃吾等非也。吾王长者，不倍德。且吾等义不辱，今怨高祖辱我王，故欲杀之，何乃污王⑥为乎？令事成归王，事败独身坐耳。"

　　①【集解】徐广曰："韝者，臂捍也。"

　　②【索隐】崔浩云："屈膝坐，其形如箕。"

　　③【集解】徐广曰："《田叔传》云'赵相赵午等数十人皆怒'，然则或宜言六十馀人。"

④【集解】孟康曰："音如'潺湲'之'潺'。冀州人谓懦弱为孱。"韦昭曰："仁谨
　　貌。"【索隐】案：服虔音俎闲反，弱小貌也。小颜音仕连反。

⑤【索隐】案：小颜曰："啮指以表至诚，为其约誓。"

⑥【索隐】萧该音一故反。《说文》云："污，秽也。"

汉八年，上从东垣还，过赵，贯高等乃壁人柏人，①要之置厕。②上过
欲宿，心动，问曰："县名为何？"曰："柏人。""柏人者，迫于人也！"不宿
而去。

①【索隐】谓于柏人县馆舍壁中著人，欲为变也。　【正义】柏人故城在邢州柏
　　人县西北十二里，即高祖宿处也。

②【集解】韦昭曰："为供置也。"　【索隐】文颖云："置人厕壁中，以伺高祖也。"
　　张晏云："凿壁空之，令人止中也。"今按：云"置厕"者，置人于复壁中，谓之
　　置厕，厕者隐侧之处，因以为言也。亦音侧。

汉九年，贯高怨家知其谋，乃上变告之。于是上皆并逮捕赵王、贯
高等。十馀人皆争自刭，贯高独怒骂曰："谁令公为之？今王实无谋，而
并捕王；公等皆死，谁白王不反者！"乃槛车胶致，①与王诣长安。治张
敖之罪。上乃诏赵群臣宾客有敢从王皆族。贯高与客孟舒等十馀人，
皆自髡钳，为王家奴，从来。贯高至，对狱，曰："独吾属为之，王实不
知。"吏治榜笞数千，刺剟，②身无可击者，终不复言。吕后数言张王以
鲁元公主故，不宜有此。上怒曰："使张敖据天下，岂少而女乎！"不听。
廷尉以贯高事辞闻，上曰："壮士！谁知者，以私问之。"③中大夫泄公
曰：④"臣之邑子，素知之。此固赵国立名义不侵为然诺者也。"上使泄
公持节问之箯舆前。⑤仰视曰："泄公邪？"泄公劳苦如生平欢，与语，问
张王果有计谋不。高曰："人情宁不各爱其父母妻子乎？今吾三族皆以
论死，岂以王易吾亲哉！顾为王实不反，独吾等为之。"具道本指所以为
者王不知状。于是泄公入，具以报，上乃赦赵王。

①【正义】谓其车上著板，四周如槛形，胶密不得开，送致京师也。

②【集解】徐广曰："丁劣反。"　【索隐】徐广音丁劣反。案：剟亦刺也，《汉书》
　　作"刺爇"，张晏云"爇，灼也"。《说文》云"烧也"。应劭云"以铁刺之"。

③【集解】瓒曰："以私情相问。"

④【正义】泄，姓也。史有泄私。

⑤【集解】徐广曰："箯音鞭。"骃案：韦昭曰"舆如今舆床，人舆以行"。　【索隐】服虔云："音编，编竹木如今梜，可以粪除也。"何休注《公羊》："筍音峻。筍者，竹箯，一名编，齐、鲁已北名为筍。"郭璞《三仓》注云："箯舆，土器。"

上贤贯高为人能立然诺，使泄公具告之，曰："张王已出。"因赦贯高。贯高喜曰："吾王审出乎?"泄公曰："然。"泄公曰："上多足下，故赦足下。"贯高曰："所以不死一身无馀者，白张王不反也。今王已出，吾责已塞，死不恨矣。且人臣有篡杀之名，何面目复事上哉! 纵上不杀我，我不愧于心乎?"乃仰绝肮，遂死。①当此之时，名闻天下。

①【集解】韦昭曰："肮，咽也。"　【索隐】苏林云："肮，颈大脉也，俗所谓胡脉，下郎反。"萧该或音下浪反。

张敖已出，以尚鲁元公主故，封为宣平侯。①于是上贤张王诸客，以钳奴从张王入关，无不为诸侯相、郡守者。及孝惠、高后、文帝、孝景时，张王客子孙皆得为二千石。

①【索隐】韦昭曰："尚，奉也。不敢言取。"崔浩云："奉事公主。"小颜云："尚，配也。《易》曰'得尚于中行'，王弼亦以尚为配。恐非其义也。

张敖，高后六年薨。①子偃为鲁元王。以母吕后女故，吕后封为鲁元王。②元王弱，兄弟少，乃封张敖他姬子二人：寿为乐昌侯，③侈为信都侯。高后崩，诸吕无道，大臣诛之，而废鲁元王及乐昌侯、信都侯。孝文帝即位，复封故鲁元王偃为南宫侯，续张氏。④

①【集解】《关中记》曰："张敖冢在安陵东。"　【正义】鲁元公主墓在咸阳县西北二十五里，次东有张敖冢，与公主同域。又张耳墓在咸阳县东三十三里。

②【索隐】案：谓偃以其母号而封也。

③【集解】徐广曰："《汉纪·张酺传》曰张敖之子寿封乐昌侯，食细阳之池阳乡也。"

④【集解】张敖谥武侯。张偃之孙有罪绝。信都侯名侈，乐昌侯名寿。

太史公曰：张耳、陈馀，世传所称贤者，其宾客厮役，莫非天下俊杰，所居国无不取卿相者。然张耳、陈馀始居约时，①相然信以死，岂顾问哉。②及据国争权，卒相灭亡，何乡者相慕用之诚，后相倍之戾也！岂非以势利交哉？③名誉虽高，宾客虽盛，所由殆与太伯、延陵季子异矣。

①【集解】《汉书音义》曰："在贫贱时也。"

②【索隐】按：葛洪《要用字苑》云"然犹尔也"。谓相和同诺者何也。谓然诺相信，虽死不顾也。

③【索隐】有本作"私利交"，《汉书》作"势利"，故《廉颇传》云"天下以市道交，君有势则从君，无势则去，此固其理"是也。

【索隐述赞】张耳、陈馀，天下豪俊。忘年羁旅，刎颈相信。耳围钜鹿，馀兵不进。张既望深，陈乃去印。势利倾夺，隙末成衅。

史记卷九十

魏豹彭越列传第三十

魏豹者,故魏诸公子也。其兄魏咎,①故魏时封为宁陵君。②秦灭魏,迁咎为家人。陈胜之起王也,③咎往从之。陈王使魏人周市徇魏地,魏地已下,欲相与立周市为魏王。周市曰:"天下昏乱,忠臣乃见。④今天下共畔秦,其义必立魏王后乃可。"齐、赵使车各五十乘,立周市为魏王。市辞不受,迎魏咎于陈。五反,陈王乃遣立咎为魏王。⑤

①【索隐】案:《彭越传》云"魏豹,魏王咎从弟,真魏后也"。

②【索隐】案:晋灼云"宁陵,梁国县也,即今宁陵是"。

③【正义】王,干放反。

④【索隐】《老子》曰:"国家昏乱有忠臣",此取以为说也。

⑤【集解】徐广曰:"元年十二月也。"

章邯已破陈王,乃进兵击魏王于临济。①魏王乃使周市出请救于齐、楚。齐、楚遣项它、田巴②将兵随市救魏。章邯遂击破杀周市等军,围临济。咎为其民约降。约定,咎自烧杀。

①【正义】故城在淄州高苑县北二里,本汉县。

②【索隐】案:项它,楚将;田巴,齐将也。 【正义】它,徒多反。

魏豹亡走楚。①楚怀王予魏豹数千人,复徇魏地。项羽已破秦,降章邯。豹下魏二十馀城。立豹为魏王。豹引精兵从项羽入关。汉元年,项羽封诸侯,欲有梁地,乃徙魏王豹于河东,都平阳,②为西魏王。

①【集解】徐广曰:"二年六月。"

②【正义】今晋州。

汉王还定三秦,渡临晋,①魏王豹以国属焉,遂从击楚于彭城。汉败,还至荥阳,豹请归视亲病,至国,即绝河津畔汉。汉王闻魏豹反,方东忧楚,未及击,谓郦生曰:"缓颊往说魏豹,能下之,吾以万户封若。"郦生说豹。豹谢曰:"人生一世间,如白驹过隙耳。②今汉王慢而侮人,骂詈诸侯群臣如骂奴耳,非有上下礼节也,吾不忍复见也。"于是汉王遣韩信击虏豹于河东,③传诣荥阳,以豹国为郡。④汉王令豹守荥阳。楚围之急,周苛遂杀魏豹。

①【正义】临晋在同州朝邑县界。

②【索隐】《庄子》云"无异骐骥之驰过隙",则谓马也。小颜云"白驹谓日影也。隙,壁隙也"。以言速疾,若日影过壁隙也。

③【集解】徐广曰:"二年九月也。"

④【集解】《高祖本纪》曰:"置三郡,河东、太原、上党。"

彭越者,昌邑人也,①字仲。常渔钜野泽中,为群盗。陈胜、项梁之起,少年或谓越曰:"诸豪杰相立畔秦,仲可以来,亦效之。"彭越曰:"两龙方斗,且待之。"

①【正义】汉武更山阳为昌邑国,有梁丘乡。梁丘故城在曹州城武县东北三十三里。

居岁馀,泽间少年相聚百馀人,往从彭越,曰:"请仲为长。"越谢曰:"臣不愿与诸君。"少年强请,乃许。与期旦日日出①会,后期者斩。旦日日出,十馀人后,后者至日中,于是越谢曰:"臣老,诸君强以为长。今期而多后,不可尽诛,诛最后者一人。"令校长斩之。皆笑曰:"何至是?请后不敢。"于是越乃引一人斩之,设坛祭,乃令徒属。徒属皆大惊,畏越,莫敢仰视。乃行略地,收诸侯散卒,得千馀人。

①【索隐】旦日谓明日之朝日出时也。

沛公之从砀北①击昌邑,彭越助之。昌邑未下,沛公引兵西。彭越亦将其众居钜野中,收魏散卒。项籍入关,王诸侯,还归,彭越众万馀人

毋所属。汉元年秋，齐王田荣畔项王，(汉)乃使人赐彭越将军印，使下济
阴以击楚。楚命萧公角②将兵击越，越大破楚军。汉王二年春，与魏王
豹及诸侯东击楚，彭越将其兵三万馀人归汉于外黄。汉王曰："彭将军
收魏地得十馀城，欲急立魏后。今西魏王豹亦魏王咎从弟也，真魏后。"
乃拜彭越为魏相国，擅将其兵，③略定梁地。

①【正义】砀音徒郎反。宋州砀山县。

②【正义】萧县令。楚县令称公；角，名。

③【索隐】擅犹专也。

　　汉王之败彭城解而西也，彭越皆复亡其所下城，独将其兵北居河
上。①汉王三年，彭越常往来为汉游兵，击楚，绝其后粮于梁地。汉四年
冬，项王与汉王相距荥阳，彭越攻下睢阳、外黄十七城。②项王闻之，乃
使曹咎守成皋，③自东收彭越所下城邑，皆复为楚。④越将其兵北走穀
城。⑤汉五年秋，项王之南走阳夏，⑥彭越复下昌邑旁二十馀城，得谷十
馀万斛，以给汉王食。

①【正义】滑州河上。

②【正义】睢阳，宋州宋城也。外黄在汴州雍丘县东。

③【正义】河南府 氾水是。

④【正义】为，于伪反。

⑤【正义】在齐州东阿县东二十六里是。

⑥【正义】夏，古雅反。陈州太康县也。

　　汉王败，使使召彭越并力击楚。越曰："魏地初定，尚畏楚，未可
去。"汉王追楚，为项籍所败固陵。①乃谓留侯曰："诸侯兵不从，为之奈
何？"留侯曰："齐王信之立，非君王之意，信亦不自坚。彭越本定梁地，
功多，始君王以魏豹故，拜彭越为魏相国。今豹死毋后，且越亦欲王，而
君王不蚤定。与此两国约：即胜楚，睢阳以北至穀城，②皆以王彭相国；
从陈以东傅海，③与齐王信。齐王信家在楚，此其意欲复得故邑。君王
能出捐此地许二人，二人今可致；即不能，事未可知也。"于是汉王乃发
使使彭越，如留侯策。使者至，彭越乃悉引兵会垓下，④遂破楚。(五年)

项籍已死。春,立彭越为梁王,都定陶。⑤

①【正义】固陵,地名,在陈州宛丘县西北三十二里。

②【正义】从宋州已北至郓州以西,曹、濮、汴、滑并与彭越。

③【集解】傅音附。　【索隐】傅音附。　　【正义】从陈、颍州北以东,亳、泗、徐、
　淮北之地,东至海,并淮南、淮阴之邑,尽与韩信。韩信又先有故齐旧地。

④【正义】在亳州也。

⑤【正义】曹州。

六年,朝陈。九年,十年,皆来朝长安。

十年秋,陈豨反代地,高帝自往击,至邯郸,征兵梁王。梁王称病,
使将将兵诣邯郸。高帝怒,使人让梁王。梁王恐,欲自往谢。其将扈辄
曰:“王始不往,见让而往,往则为禽矣。不如遂发兵反。”梁王不听,称
病。梁王怒其太仆,欲斩之。太仆亡走汉,告梁王与扈辄谋反。于是上
使使掩梁王,梁王不觉,捕梁王,囚之雒阳。有司治反形已具,①请论如
法。上赦以为庶人,传处蜀青衣。②西至郑,③逢吕后从长安来,欲之雒
阳,道见彭王。彭王为吕后泣涕,自言无罪,愿处故昌邑。吕后许诺,与
俱东至雒阳。吕后白上曰:“彭王壮士,今徙之蜀,此自遗患,④不如遂
诛之。妾谨与俱来。”于是吕后乃令其舍人告彭越复谋反。廷尉王恬开
奏请族之。上乃可,遂夷越宗族,国除。

①【集解】张晏曰:“扈辄劝越反,不听,而云‘反形已见’,有司非也。”瓒曰:“扈
　辄劝越反,而越不诛辄,是反形已具。”

②【集解】文颖曰:“青衣,县名,在蜀。”瓒曰:“今汉嘉是也。”　【索隐】苏林曰:
　“县名,今为临邛。”瓒曰:“今汉嘉是也。”

③【索隐】《地理志》郑属京兆。　【正义】华州。

④【正义】上唯季反。

太史公曰:“魏豹、彭越虽故贱,然已席卷千里,①南面称孤,喋血②
乘胜日有闻矣。怀畔逆之意,及败,不死而虏囚,身被刑戮,何哉?”中材
已上且羞其行,况王者乎! 彼无异故,智略绝人,独患无身耳。得摄尺

寸之柄，其云蒸龙变，欲有所会其度，以故幽囚而不辞云。

①【正义】言魏地阔千里，如席卷舒。

②【集解】徐广曰："喋，一作'唼'。《韩传》亦有'喋血'语也。"　【索隐】音牒。
　　喋犹践也。杀敌践血而行，《孝文纪》"喋血京师"是也。

【索隐述赞】魏咎兄弟，因时而王。豹后属楚，其国遂亡。仲起昌邑，归汉外
黄。往来声援，再续军粮。征兵不往，菹醢何伤。

史记卷九十一

黥布列传第三十一

黥布者，六人也，①姓英氏。②秦时为布衣。少年，有客相之曰："当刑而王。"及壮，坐法黥。布欣然笑曰："人相我当刑而王，几是乎？"③人有闻者，共俳笑之。④布已论输丽山，⑤丽山之徒数十万人，布皆与其徒长豪杰交通，乃率其曹偶，⑥亡之江中为群盗。

①【索隐】《地理志》庐江有六县。苏林曰："今为六安也。"

②【索隐】按：布本姓英。英，国名也，咎繇之后。布以少时有人相云"当刑而王"，故《汉杂事》云"布改姓黥，以厌当之"也。　【正义】故六城在寿州安丰县西南百三十三里。按：黥布封淮南王，都六，即此城。又《春秋传》六与蓼，咎繇之后，或封于英、六，盖英后改为蓼也。

③【集解】徐广曰："几，一作'岂'。"骃谓几，近也。　【索隐】裴骃曰"臣瓒音机。几，近也"。《楚汉春秋》作"岂是乎"，故徐广云一作"岂"。刘氏作"祈"，祈者语辞也，亦通。

④【索隐】谓众共以俳优辈笑之。

⑤【正义】言布论决受黥竟，丽山作陵也。时会稽郡输身徒。

⑥【索隐】曹，辈也。偶，类也。谓徒辈之类。

陈胜之起也，布乃见番君，与其众叛秦，聚兵数千人。番君以其女妻之。章邯之灭陈胜，破吕臣军，布乃引兵北击秦左右校，破之清波，引兵而东。闻项梁定江东会稽，①涉江而西。陈婴以项氏世为楚将，乃以兵属项梁，渡淮南，英布、蒲将军亦以兵属项梁。

①【正义】时会稽郡所理在吴阖闾城中。

项梁涉淮而西,击景驹、秦嘉等,布常冠军。项梁至薛,①闻陈王定死,乃立楚怀王。项梁号为武信君,英布为当阳君。②项梁败死定陶,怀王徙都彭城,诸将英布亦皆保聚彭城。当是时,秦急围赵,赵数使人请救。怀王使宋义为上将,范曾为末将,项籍为次将,英布、蒲将军皆为将军,悉属宋义,北救赵。及项籍杀宋义于河上,怀王因立籍为上将军,诸将皆属项籍。项籍使布先渡河击秦,布数有利,籍乃悉引兵涉河从之,遂破秦军,降章邯等。楚兵常胜,功冠诸侯。诸侯兵皆以服属楚者,以布数以少败众也。

①【正义】薛古城在徐州滕县界也。

②【正义】南郡当阳县也。

项籍之引兵西至新安,①又使布等夜击坑章邯秦卒二十馀万人。至关,不得入,又使布等先从间道②破关下军,遂得入,至咸阳。布常为军锋。③项王封诸将,立布为九江王,都六。

①【正义】新安故城在河南府渑池县东二十二里。

②【索隐】邹氏云"间犹闲也,谓私也"。今以间音纪觅反。间道即他道,犹若反间之义。

③【索隐】案:《汉书》作"楚军前簿",簿者卤簿。

汉元年四月,诸侯皆罢戏下,各就国。项氏立怀王为义帝,徙都长沙,乃阴令九江王布等行击之。其八月,布使将击义帝,追杀之郴县。①

①【正义】郴,丑林反。今郴州有义帝冢及祠。

汉二年,齐王田荣畔楚,项王往击齐,征兵九江,九江王布称病不往,遣将将数千人行。汉之败楚彭城,布又称病不佐楚。项王由此怨布,数使使者诮让①召布,布愈恐,不敢往。项王方北忧齐、赵,西患汉,所与者独九江王,又多布材,欲亲用之,以故未击。

①【集解】《汉书音义》曰:"诮,责也。"

汉三年,汉王击楚,大战彭城,不利,出梁地,至虞,①谓左右曰:②

"如彼等者,无足与计天下事。"谒者随何进曰:"不审陛下所谓。"汉王曰:"孰能为我使淮南,令之发兵倍楚,留项王于齐数月,我之取天下可以百全。"随何曰:"臣请使之。"乃与二十人俱,使淮南。至,因太宰主之,③三日不得见。随何因说太宰曰:"王之不见何,必以楚为强,以汉为弱,此臣之所以为使。使何得见,言之而是邪,是大王所欲闻也;言之而非邪,使何等二十人伏斧质淮南市,以明王倍汉而与楚也。"太宰乃言之王,王见之。随何曰:"汉王使臣敬进书大王御者,窃怪大王与楚何亲也。"淮南王曰:"寡人北乡而臣事之。"随何曰:"大王与项王俱列为诸侯,北乡而臣事之,必以楚为强,可以托国也。项王伐齐,身负板筑,④以为士卒先,大王宜悉淮南之众,身自将之,为楚军前锋,今乃发四千人以助楚。夫北面而臣事人者,固若是乎?夫汉王战于彭城,项王未出齐也,大王宜骚⑤淮南之兵渡淮,日夜会战彭城下,大王抚万人之众,无一人渡淮者,垂拱而观其孰胜。夫托国于人者,固若是乎?大王提空名以乡楚,而欲厚自托,臣窃为大王不取也。然而大王不背楚者,以汉为弱也。夫楚兵虽强,天下负之以不义之名,⑥以其背盟约而杀义帝也。然而楚王恃战胜自强,汉王收诸侯,还守成皋、荥阳,下蜀、汉之粟,深沟壁垒,分卒守徼乘塞,⑦楚人还兵,间以梁地,深入敌国八九百里,⑧欲战则不得,攻城则力不能,老弱转粮千里之外;楚兵至荥阳、成皋,汉坚守而不动,进则不得攻,退则不得解。故曰楚兵不足恃也。⑨使楚胜汉,则诸侯自危惧而相救。夫楚之强,适足以致天下之兵耳。故楚不如汉,其势易见也。今大王不与万全之汉而自托于危亡之楚,臣窃为大王惑之。臣非以淮南之兵足以亡楚也。夫大王发兵而倍楚,项王必留;留数月,汉之取天下可以万全。臣请与大王提剑而归汉,汉王必裂地而封大王,又况淮南,淮南必大王有也。故汉王敬使使臣进愚计,愿大王之留意也。"淮南王曰:"请奉命。"阴许畔楚与汉,未敢泄也。

①【正义】今宋州虞城也。

②【索隐】案:谓随何。

③【集解】《汉书音义》曰:"淮南太宰作内主也。"韦昭曰:"主,舍也。"【索隐】

太宰，掌膳食之官。韦昭曰"主，舍"。

④【集解】李奇曰："板，墙板也。筑，杵也。"

⑤【集解】音埤。

⑥【集解】负犹被也。以不义被其身。

⑦【索隐】徼谓边境亭郵。以徼绕边陲，常守之也。乘者，登也，登塞垣而
　　守之。

⑧【集解】张晏曰："羽从齐还，当经梁地八九百里，乃得羽地。"【索隐】案：服
　　虔曰"梁在楚汉之中间"。

⑨【集解】徐广曰："恃，一作'罢'。言其已困，不足复苦也。"【索隐】案：《汉
　　书》作"罢"，音皮。

楚使者在，①方急责英布发兵，舍传舍。随何直入，坐楚使者上坐，
曰："九江王已归汉，楚何以得发兵？"布愕然。楚使者起。何因说布曰：
"事已搆，②可遂杀楚使者，无使归，而疾走汉③并力。"布曰："如使者教，
因起兵而击之耳。"于是杀使者，因起兵而攻楚。楚使项声、龙且攻淮
南，项王留而攻下邑。④数月，龙且击淮南，破布军。布欲引兵走汉，恐
楚王杀之，故间行与何俱归汉。

①【集解】文颖曰："在淮南王所。"

②【索隐】按：搆训成也。

③【索隐】走音奏，向也。

④【正义】宋州砀山县。

淮南王至，①上方踞床洗，召布入见，布（甚）大怒，悔来，欲自杀。出
就舍，帐御饮食从官如汉王居，布又大喜过望。②于是乃使人入九江。
楚已使项伯收九江兵，尽杀布妻子。布使者颇得故人幸臣，将众数千人
归汉。汉益分布兵而与俱北，收兵至成皋。四年七月，立布为淮南王，
与击项籍。

①【集解】徐广曰："三年十二月。"

②【正义】高祖以布先分为王，恐其自尊大，故峻礼令布折服；已而美其帷帐，
　　厚其饮食，多其从官，以悦其心：权道也。

汉五年,布使人入九江,得数县。六年,布与刘贾入九江,诱大司马周殷,周殷反楚,遂举九江兵与汉击楚,破之垓下。

项籍死,天下定,上置酒。上折随何之功,谓何为腐儒,为天下安用腐儒。①随何跪曰:“夫陛下引兵攻彭城,楚王未去齐也,陛下发步卒五万人,骑五千,能以取淮南乎?”上曰:“不能。”随何曰:“陛下使何与二十人使淮南,至,如陛下之意,是何之功贤于步卒五万人骑五千也。然而陛下谓何腐儒,为天下安用腐儒,何也?”上曰:“吾方图子之功。”乃以随何为护军中尉。布遂剖符为淮南王,都六,九江、庐江、衡山、豫章郡皆属布。

①【索隐】腐音辅。谓之腐儒者,言如腐败之物不任用。

七年,朝陈。八年,朝雒阳。九年,朝长安。

十一年,高后诛淮阴侯,布因心恐,夏,汉诛梁王彭越,醢之,盛其醢遍赐诸侯。至淮南,淮南王方猎,见醢,因大恐,阴令人部聚兵,候伺旁郡警急。①

①【集解】张晏曰:“欲有所会。”

布所幸姬疾,请就医,医家与中大夫贲赫①对门,姬数如医家,贲赫自以为侍中,乃厚馈遗,从姬饮医家。姬侍王,从容语次,誉赫长者也。王怒曰:“汝安从知之?”具说状。王疑其与乱。赫恐。称病。王愈怒,欲捕赫。赫言变事,乘传诣长安。布使人追,不及。赫至,上变,言布谋反有端,可先未发诛也。上读其书,语萧相国。相国曰:“布不宜有此,恐仇怨妄诬之。请系赫,使人微②验淮南王。”淮南王布见赫以罪亡,上变,固已疑其言国阴事;汉使又来,颇有所验,遂族赫家,发兵反。反书闻,上乃赦贲赫,以为将军。

①【集解】徐广曰:“贲音肥。”　【索隐】贲音肥,人姓也。赫音虚格反。
②【集解】一作“微”。

上召诸将问曰:“布反,为之奈何?”皆曰:“发兵击之,坑竖子耳,何

能为乎!"汝阴侯滕公召故楚令尹问之。令尹曰:"是故当反。"滕公曰:
"上裂地而王之,疏爵而贵之,①南面而立万乘之主,其反何也?"令尹
曰:"往年杀彭越,前年杀韩信,②此三人者,同功一体之人也。自疑祸
及身,故反耳。"滕公言之上曰:"臣客故楚令尹薛公者,其人有筹策之
计,可问。"上乃召见问薛公。薛公对曰:"布反不足怪也。使布出于上
计,山东非汉之有也;出于中计,胜败之数未可知也;出于下计,陛下安
枕而卧矣。"上曰:"何谓上计?"令尹对曰:"东取吴,③西取楚,④并齐取
鲁,传檄燕、赵,固守其所,山东非汉之有也。""何谓中计?""东取吴,西
取楚,并韩取魏,据敖庾之粟,⑤塞成皋之口,胜败之数未可知也。""何
谓下计?""东取吴,西取下蔡,⑥归重于越,身归长沙,⑦陛下安枕而卧,
汉无事矣。"⑧上曰:"是计将安出?"令尹对曰:"出下计。"上曰:"何谓废
上中计而出下计?"令尹曰:"布故丽山之徒也,自致万乘之主,此皆为
身,不顾后为百姓万世虑者也,故曰出下计。"上曰:"善。"封薛公千
户。⑨乃立皇子长为淮南王。上遂发兵自将东击布。

①【集解】《汉书音义》曰:"疏,分也。'禹决江疏河'是也。"【索隐】疏,分也。
《汉书》曰:"禹决江疏河。"《尚书》曰"列爵惟五,分土惟三"。按:裂地是对
文,故知疏即分也。

②【集解】张晏曰:"往年、前年同耳,使文相避也。"

③【正义】荆王刘贾都吴,苏州阖庐城也。

④【正义】楚王刘交都徐州下邳。

⑤【索隐】案:《太康地记》云"秦建敖仓于成皋"。又云"庾",故云"敖庾"也。

⑥【正义】古州来国。

⑦【正义】今潭州。

⑧【集解】桓谭《新论》曰:"世有围棋之戏,或言是兵法之类也。及为之上者,
远棋疏张,置以会围,因而成多,得道之胜。中者,则务相绝遮要,以争便求
利,故胜负狐疑,须计数而定。下者,则守边隅,趋作罫,以自生于小地,然
亦必不如。"察薛公之言上计,云取吴、楚,并齐、鲁及燕、赵者,此广道地之
谓。中计云取吴、楚,并韩、魏,塞成皋,据敖仓,此趋遮要争利者也。下计
云取吴、下蔡,据长沙以临越,此守边隅,趋作罫者也。　【索隐】罫音乌

卦反。

⑨【索隐】刘氏云："薛公得封千户,盖关内侯也。"

　　布之初反,谓其将曰："上老矣,厌兵,必不能来。使诸将,诸将独患淮阴、彭越,今皆已死,馀不足畏也。"故遂反。果如薛公筹之,东击荆,荆王刘贾走死富陵。①尽劫其兵,渡淮击楚。楚发兵与战徐、僮间,②为三军,欲以相救为奇。或说楚将曰："布善用兵,民素畏之。且兵法,诸侯战其地为散地。③今别为三,彼败吾一军,馀皆走,安能相救!"不听。布果破其一军,其二军散走。

①【正义】故城在楚州盱眙县东北六十里。

②【集解】如淳曰："地名也。"　【索隐】案:《地理志》临淮有徐县、僮县。　【正义】杜预云："徐在下邳僮县东。"《括地志》云："大徐城在泗州徐城县北四十里,古徐国也。"

③【集解】《汉书音义》曰："谓散灭之地。"　【正义】魏武帝注《孙子》曰："卒恋土地,道近而易败散。"

　　遂西,与上兵遇蕲西会甀。①布兵精甚,上乃壁庸城,②望布军置陈如项籍军,上恶之。与布相望见,遥谓布曰："何苦而反?"布曰："欲为帝耳。"上怒骂之,遂大战。布军败走,渡淮,数止战,不利,与百馀人走江南。布故与番君婚,以故长沙哀王③使人绐布,伪与亡,诱走越,故信而随之番阳。番阳人杀布兹乡④民田舍,遂灭黥布。⑤

①【索隐】上古外反,下持瑞反。韦昭云"蕲之乡名"。《汉书》作"鲞",应劭音保,(钲)〔铚〕下亭名。　【正义】蕲音机。沛郡蕲城也。甀,逐瑞反。

②【集解】邓展曰："地名也。"

③【集解】徐广曰："表云成王臣,吴芮之子也。"骃案:晋灼曰"芮之孙固"。或曰是成王,非哀王也,传误也。　【索隐】"哀"字误也。是成王臣,吴芮之子也。

④【索隐】番阳鄡县之乡。

⑤【正义】英布冢在饶州鄱阳县北百五十二里十三步。

　　立皇子长为淮南王,封贲赫为期思侯,①诸将率多以功封者。②

①【正义】期思故城在光州固始县界。

②【集解】《汉书》曰:"将率封者六人。"

太史公曰:"英布者,其先岂《春秋》所见楚灭英、六,皋陶之后哉?身被刑法,何其拔兴①之暴也!项氏之所坑杀人以千万数,而布常为首虐。功冠诸侯,用此得王,亦不免于身为世大僇。祸之兴自爱姬殖,妒媢②生患,竟以灭国!

①【索隐】拔,白曷反,疾也。

②【集解】音冒。媢亦妒也。　　【索隐】案:王劭音冒,媢亦妒也。《汉书·外戚传》亦云"或结宠妾妒媢之诛"。又《论衡》云"妒夫媢妇",则媢是妒之别名。今原英布之诛为疑贲赫与其妃有乱,故至灭国,所以不得言妒媢是媢也。一云男妒曰媢。

【索隐述赞】九江初筮,当刑而王。既免徒中,聚盗江上。再雄楚卒,频破秦将。病为羽疑,归受汉杖。贲赫见毁,卒致无妄。

史记卷九十二

淮阴侯列传第三十二

淮阴侯韩信者,淮阴人也。①始为布衣时,贫无行,不得推择为吏,②又不能治生商贾,常从人寄食饮,人多厌之者。常数从其下乡③南昌亭长④寄食,数月,亭长妻患之,乃晨炊蓐食。⑤食时信往,不为具食。信亦知其意,怒,竟绝去。

①【正义】楚州淮阴县也。

②【集解】李奇曰:"无善行可推举选择。"

③【集解】张晏曰:"下乡,县,属淮阴也。" 【索隐】案:下乡,乡名,属淮阴郡。

④【索隐】案:《楚汉春秋》作"新昌亭长"。

⑤【集解】张晏曰:"未起而床蓐中食。"

信钓于城下,①诸母漂,②有一母见信饥,饭信,竟漂数十日。信喜,谓漂母曰:"吾必有以重报母。"母怒曰:"大丈夫不能自食,③吾哀王孙而进食,④岂望报乎!"

①【正义】淮阴城北临淮水,昔信去下乡而钓于此。

②【集解】韦昭曰:"以水击絮为漂,故曰漂母。"

③【正义】音寺。

④【集解】苏林曰:"如言公子也。" 【索隐】刘德曰:"秦末多失国,言王孙、公子,尊之也。"苏林亦同。张晏云"字王孙",非也。

淮阴屠中少年有侮信者,曰:"若虽长大,好带刀剑,中情怯耳。"众辱之曰:"信能死,刺我;不能死,出我袴下。"① 于是信孰视之,俛出袴下,蒲伏。②一市人皆笑信,以为怯。

①【集解】徐广曰:"袴,一作'胯'。胯,股也,音同。"又云《汉书》作"跨",同耳。

【索隐】袴，《汉书》作"胯"。胯，股也，音枯化反。然寻此文作"袴"，欲依字读，何为不通？袴下即胯下也，亦何必须作"胯"。

②【正义】俛音俯。伏，蒲北反。

及项梁渡淮，信杖剑从之，居戏下，①无所知名。项梁败，又属项羽，羽以为郎中。数以策干项羽，羽不用。汉王之入蜀，信亡楚归汉，未得知名，为连敖。②坐法当斩，其辈十三人皆已斩，次至信，信乃仰视，适见滕公，曰："上不欲就天下乎？何为斩壮士！"滕公奇其言，壮其貌，释而不斩。与语，大说之。言于上，上拜以为治粟都尉，上未之奇也。

①【集解】徐广曰："戏，一作'麾'。"

②【集解】徐广曰："典客也。"【索隐】李奇云："楚官名。"张晏云："司马也。"

信数与萧何语，何奇之。至南郑，诸将行道亡者数十人，信度何等已数言上，上不我用，即亡。何闻信亡，不及以闻，自追之。人有言上曰："丞相何亡。"上大怒，如失左右手。居一二日，何来谒上，上且怒且喜，骂何曰："若亡，何也？"何曰："臣不敢亡也，臣追亡者。"上曰："若所追者谁何？"曰："韩信也。"上复骂曰："诸将亡者以十数，公无所追；追信，诈也。"何曰："诸将易得耳。至如信者，国士无双。王必欲长王汉中，无所事信；①必欲争天下，非信无所与计事者。顾王策安所决耳。"王曰："吾亦欲东耳，安能郁郁久居此乎？"何曰："王计必欲东，能用信，信即留；不能用，信终亡耳。"王曰："吾为公以为将。"何曰："虽为将，信必不留。"王曰："以为大将。"何曰："幸甚。"于是王欲召信拜之。何曰："王素慢无礼，今拜大将如呼小儿耳，此乃信所以去也。王必欲拜之，择良日，斋戒，设坛场，具礼，乃可耳。"王许之。诸将皆喜，人人各自以为得大将。至拜大将，乃韩信也，一军皆惊。

①【集解】文颖曰："事犹业也。"张晏曰："无事用信。"

信拜礼毕，上坐。王曰："丞相数言将军，将军何以教寡人计策？"信谢，因问王曰："今东乡争权天下，岂非项王邪？"汉王曰："然。"曰："大王自料勇悍仁强孰与项王？"汉王默然良久，曰："不如也。"信再拜贺曰：

"惟信亦为大王不如也。然臣尝事之,请言项王之为人也。项王暗噁①叱咤,②千人皆废,③然不能任属贤将,此特匹夫之勇耳。项王见人恭敬慈爱,言语呕呕,④人有疾病,涕泣分食饮,至使人有功当封爵者,印刓敝,忍不能予,⑤此所谓妇人之仁也。项王虽霸天下而臣诸侯,不居关中而都彭城。有背义帝之约,而以亲爱王,诸侯不平。诸侯之见项王迁逐义帝置江南,亦皆归逐其主而自王善地。项王所过无不残灭者,天下多怨,百姓不亲附,特劫于威强耳。名虽为霸,实失天下心。故曰其强易弱。今大王诚能反其道;任天下武勇,何所不诛!⑥以天下城邑封功臣,何所不服!以义兵从思东归之士,何所不散!⑦且三秦王为秦将,将秦子弟数岁矣,所杀亡不可胜计,又欺其众降诸侯,至新安,项王诈坑秦降卒二十馀万,唯独邯、欣、翳得脱,秦父兄怨此三人,痛入骨髓。今楚强以威王此三人,秦民莫爱也。大王之入武关,秋豪无所害,⑧除秦苛法,与秦民约,法三章耳,秦民无不欲得大王王秦者。于诸侯之约,大王当王关中,关中民咸知之。大王失职入汉中,秦民无不恨者。今大王举而东,三秦可传檄而定也。"⑨于是汉王大喜,自以为得信晚。遂听信计,部署诸将所击。

①【索隐】上於金反,下乌路反。喑哑,怀怒气。

②【索隐】"咤"字或作"吒"。上昌栗反,下卓嫁反。叱咤,发怒声。

③【集解】晋灼曰:"废,不收也。" 【索隐】孟康曰:"废,伏也。"张晏曰:"废,偃也。"

④【集解】音凶于反。 【索隐】音吁。呕呕犹区区也。《汉书》作"姁姁"。邓展曰"姁姁,好也"。张晏音吁。

⑤【集解】《汉书音义》曰:"不忍授。"

⑥【索隐】何不诛。按:刘氏云"言何所不诛也"。

⑦【索隐】何不散。刘氏云:"用东归之兵击东方之敌,此敌无不散败也。"

⑧【索隐】案:"豪秋乃成。又王逸注《楚词》云"锐毛为豪,夏落秋生也"。

⑨【索隐】案:"《说文》云"檄,二尺书也"。此云"传檄",谓为檄书以责所伐者。

八月,汉王举兵东出陈仓,①定三秦。汉二年,出关,②收魏、河南,韩、殷王皆降。合齐、赵共击楚。四月,至彭城,汉兵败散而还。信复收兵与汉王会荥阳,复击破楚京、索之间,以故楚兵卒不能西。

①【正义】汉王从关北出岐州陈仓县。

②【正义】出函谷关。

汉之败却彭城,①塞王欣、翟王翳亡汉降楚,齐、赵亦反汉与楚和。六月,魏王豹谒归视亲疾,至国,即绝河关②反汉,与楚约和。汉王使郦生说豹,不下。其八月,以信为左丞相,击魏。魏王盛兵蒲坂,塞临晋,③信乃益为疑兵,④陈船欲度临晋,⑤而伏兵从夏阳以木罂缻渡军,⑥袭安邑。⑦魏王豹惊,引兵迎信,信遂虏豹,⑧定魏为河东郡。⑨汉王遣张耳与信俱,引兵东,北击赵、代。后九月,破代兵,禽夏说阏与。⑩信之下魏破代,汉辄使人收其精兵,诣荥阳以距楚。

①【正义】兵败散彭城而却退。

②【索隐】按:谓今蒲津关。

③【索隐】塞音先得反。临晋,县名,在河东之东岸,对旧关也。

④【集解】《汉书音义》曰:"益张旌旗,以疑敌者。"

⑤【索隐】刘氏云:"陈船,地名,在旧关之西,今之朝邑是也。"案:京兆有船司空县,不名"陈船"。陈船者,陈列船艘欲渡河也。

⑥【集解】徐广曰:"缻,一作'缶'。"服虔曰:"以木押缚罂缻以渡。"韦昭曰:"以木为器如罂缻,以渡军。无船,且尚密也。"　【正义】按:韩信诈陈列船艘于临晋,欲渡河,即此从夏阳木押罂缻渡军,袭安邑。临晋,同州东朝邑界。夏阳在同州北渭城界。

⑦【正义】安邑故城在绛州夏县东北十五里。

⑧【索隐】按:刘氏云"夏阳旧无船,豹不备之,而防临晋耳。今安邑被袭,故豹遂降也"。

⑨【正义】今安邑县故城。

⑩【集解】徐广曰:"音余。"骃案:李奇曰"夏说,代相也"。　【索隐】司马彪《郡国志》上党沾县有阏与聚。阏音曷,又音嫣。与音余,又音预。沾音他廉反。　【正义】阏与聚城在潞州铜鞮县西北二十里。

　　信与张耳以兵数万,欲东下井陉击赵。①赵王、成安君陈馀闻汉且袭之也,聚兵井陉口,②号称二十万。广武君李左车说成安君曰:"闻汉将韩信涉西河,虏魏王,禽夏说,新喋血③阏与,今乃辅以张耳,议欲下赵,此乘胜而去国远斗,其锋不可当。臣闻千里馈粮,士有饥色,樵苏后爨,④师不宿饱。今井陉之道,车不得方轨,骑不得成列,行数百里,其势粮食必在其后。愿足下假臣奇兵三万人,从间道绝其辎重;足下深沟高垒,坚营勿与战。彼前不得斗,退不得还,吾奇兵绝其后,使野无所掠,不至十日,而两将之头可致于戏下。愿君留意臣之计。否,必为二子所禽矣。"成安君,儒者也,常称义兵不用诈谋奇计,曰:"吾闻兵法十则围之,倍则战。今韩信兵号数万,其实不过数千。能千里而袭我,亦已罢极。今如此避而不击,后有大者,何以加之!则诸侯谓吾怯,而轻来伐我。"不听广武君策,广武君策不用。

　　①【索隐】案:《地理志》常山石邑县,井陉山在西。又《穆天子传》云"至于陉山之隧,升于三道之磴"是也。

　　②【正义】井陉故关在并州石艾县东十八里,即井陉口。

　　③【索隐】喋,旧音歃,非也。案:《陈汤传》"喋血万里之外",如淳云"杀人血流滂沱也"。韦昭音徒协反。

　　④【集解】《汉书音义》曰:"樵,取薪也。苏,取草也。"

　　韩信使人间视,知其不用,还报,则大喜,乃敢引兵遂下。①未至井陉口三十里,止舍。夜半传发,②选轻骑二千人,人持一赤帜,从间道萆山而望赵军,③诫曰:"赵见我走,必空壁逐我,若疾入赵壁,拔赵帜,立汉赤帜。"令其裨将传飧,④曰:"今日破赵会食!"⑤诸将皆莫信,详应曰:"诺。"谓军吏曰:"赵已先据便地为壁,且彼未见吾大将旗鼓,未肯击前行,恐吾至阻险而还。"信乃使万人先行,出,背水陈。⑥赵军望见而大笑。平旦,信建大将之旗鼓,鼓行出井陉口,赵开壁击之,⑦大战良久。于是信、张耳详弃鼓旗,走水上军。水上军开入之,复疾战。赵果空壁争汉鼓旗,逐韩信、张耳。韩信、张耳已入水上军,军皆殊死战,不可败。信所出奇兵二千骑,共候赵空壁逐利,则驰入赵壁,皆拔赵旗,立汉赤帜二千。赵军已不胜，不能得信等，欲还归壁，壁皆汉赤帜，而大惊，以为汉皆已得赵王将矣，兵遂乱，遁走，赵将虽斩之，不能禁也。于是汉兵夹击，大破虏赵军，斩成安君泜水上，⑧禽赵王歇。

①【正义】引兵入井陉狭道，出赵。

②【集解】《汉书音义》曰："传令军中使发。"

③【集解】如淳曰："萆音蔽。依山自覆蔽。"　【索隐】案：谓令从间道小路向前，望见陈馀军营即住，仍须隐山自蔽，勿令赵军知也。萆音蔽。蔽者，盖覆也。《楚汉春秋》作"卑山"，《汉书》作"萆山"。《说文》云"萆，蔽也，从竹卑声"。

④【集解】徐广曰："音餐也。"

⑤【集解】服虔曰："立驻传餐食也。"如淳曰："小饭曰餐。言破赵后乃当共饱食也。"　【索隐】如淳曰："小饭曰餐。谓立驻传餐，待破赵乃大食也。"

⑥【正义】绵蔓水，一名阜将，一名回星，自并州流入井陉界，即信背水阵陷之死地，即此水也。

⑦【正义】恒州鹿泉县，即六国时赵壁也。

⑧【集解】徐广曰："泜音迟。"　【索隐】徐广音迟。刘氏音脂。

信乃令军中毋杀广武君，有能生得者购千金。于是有缚广武君而致戏下者，信乃解其缚，东乡坐，西乡对，师事之。

诸将效首虏，①（休）毕贺，因问信曰："兵法右倍山陵，前左水泽，今者将军令臣等反背水阵，曰破赵会食，臣等不服。然竟以胜，此何术也？"信曰："此在兵法，顾诸君不察耳。兵法不曰'陷之死地而后生，置之亡地而后存'？且信非得素拊循士大夫也，此所谓'驱市人而战之'，其势非置之死地，使人人自为战；今予之生地，皆走，宁尚可得而用之乎！"诸将皆服曰："善。非臣所及也。"

①【索隐】如淳曰："效，致也。"晋灼云："效，数也。"郑玄注《礼》"效犹呈见也"。

于是信问广武君曰："仆欲北攻燕，东伐齐，何若而有功？"广武君辞谢曰："臣闻败军之将，不可以言勇，亡国之大夫，不可以图存。今臣败亡之虏，何足以权大事乎！"信曰："仆闻之，百里奚居虞而虞亡，在秦而秦霸,非愚于虞而智于秦也,用与不用,听与不听也。诚令成安君听足下计,若信者亦已为禽矣。以不用足下,故信得侍耳。"因固问曰:"仆委心归计,愿足下勿辞。"广武君曰:"臣闻智者千虑,必有一失;愚者千虑,必有一得。故曰'狂夫之言,圣人择焉'。顾恐臣计未必足用,愿效愚忠。夫成安君有百战百胜之计,一旦而失之,军败鄗下,①身死泜上,今将军涉西河,②虏魏王,禽夏说阏与,一举而下井陉,不终朝破赵二十万众,诛成安君。名闻海内,威震天下,农夫莫不辍耕释耒,褕衣甘食,③倾耳以待命者。④若此,将军之所长也。然而众劳卒罢,其实难用。今将军欲举倦獘之兵,顿之燕坚城之下,欲战恐久力不能拔,情见势屈,旷日粮竭,而弱燕不服,齐必距境以自强也。燕齐相持而不下,则刘项之权未有所分也。若此者,将军所短也。臣愚,窃以为亦过矣。故善用兵者不以短击长,而以长击短。"韩信曰:"然则何由?"广武君对曰:"方今为将军计,莫如案甲休兵,镇赵抚其孤,百里之内,牛酒日至,以飨士大夫醳兵,⑤北首燕路,⑥而后遣辩士奉咫尺之书,⑦暴其所长于燕,⑧燕必不敢不听从。燕已从,使喧言者东告齐,齐必从风而服,虽有智者,亦不知为齐计矣。如是,则天下事皆可图也。兵固有先声而后实者,此之谓也。"韩信曰:"善。"从其策,发使使燕,燕从风而靡。乃遣使报汉,因请立张耳为赵王,以镇抚其国。汉王许之,乃立张耳为赵王。

① 【集解】李奇曰:"鄗音膲。今高邑是。"

② 【索隐】此之西河当冯翊也。　　【正义】即同州龙门河,从夏阳度者。

③ 【索隐】褕,邹氏音逾,美也。恐灭亡不久,故废止作业而事美衣甘食,日偷苟且也,虑不图久故也。《汉书》作"靡衣媮食"也。

④ 【集解】如淳曰:"恐灭亡不久故也。"

⑤ 【集解】《魏都赋》曰:"肴醳顺时。"刘逵曰:"醳酒也。"　　【索隐】刘氏依刘逵音。醳酒谓以酒食养兵士也。案:《史记》古"释"字皆如此作,岂亦谓以酒食醳兵士,故字从酉乎?

⑥ 【正义】首音狩,向也。

⑦ 【正义】咫尺,八寸。言其简牍或长尺也。

⑧ 【正义】暴音仆。

　　楚数使奇兵渡河击赵,赵王耳、韩信往来救赵,因行定赵城邑,发兵
诣汉。楚方急围汉王于荥阳,汉王南出,之宛、叶间,①得黥布,走入成
皋,楚又复急围之。六月,汉王出成皋,东渡河,独与滕公俱,从张耳军
修武。至,宿传舍。晨自称汉使,驰入赵壁。张耳、韩信未起,即其卧内
上夺其印符,以麾召诸将,易置之。信、耳起,乃知汉王来,大惊。汉王
夺两人军,即令张耳备守赵地,拜韩信为相国,收赵兵未发者击齐。②

　　①【正义】宛在邓州。叶在许州。
　　②【集解】文颖曰:"谓赵人未尝见发者。"

　　信引兵东,未渡平原,①闻汉王使郦食其已说下齐,韩信欲止。范
阳辩士蒯通说信曰:"将军受诏击齐,而汉独发间使下齐,宁有诏止将军
乎? 何以得毋行也! 且郦生一士,伏轼②掉三寸之舌,下齐七十馀城,
将军将数万众,岁馀乃下赵五十馀城,为将数岁,反不如一竖儒之功
乎?"于是信然之,从其计,遂渡河。齐已听郦生,即留纵酒,罢备汉守
御。信因袭齐历下军,③遂至临菑。齐王田广以郦生卖己,乃亨之,而
走高密,使使之楚请救。韩信已定临菑,遂东追广至高密西。楚亦使龙
且将,号称二十万,救齐。

　　①【正义】怀州有平原津。
　　②【集解】韦昭曰:"轼,今小车中隆起者。"
　　③【集解】徐广曰:"济南历城县。"

　　齐王广、龙且并军与信战,未合。人或说龙且曰:"汉兵远斗穷战,
其锋不可当。齐、楚自居其地战,兵易败散。①不如深壁,令齐王使其信
臣招所亡城,亡城闻其王在,楚来救,必反汉。汉兵二千里客居,齐城皆
反之,其势无所得食,可无战而降也。"龙且曰:"吾平生知韩信为人,易
与耳。且夫救齐不战而降之,吾何功? 今战而胜之,齐人半可得,何为
止!"遂战,与信夹潍水陈。②韩信乃夜令人为万馀囊,满盛沙,壅水上
流,引军半渡,击龙且,详不胜,还走。龙且果喜曰:"固知信怯也。"遂追
信渡水。信使人决壅囊,水大至。龙且军大半不得渡,即急击,杀龙且。

龙且水东军散走，齐王广亡去。信遂追北至城阳，③皆虏楚卒。

①【正义】近其室家，怀顾望也。

②【集解】徐广曰："出东莞而东北流，至北海都昌县入海。"【索隐】潍音维。《地理志》潍水出琅邪箕县东北，至都昌入海。徐广云"出东莞而东北流入海"，盖据《水经》而说，少不同耳。

③【正义】城阳雷泽县是也，在濮州东南九十一里。

汉四年，遂皆降平齐。使人言汉王曰："齐伪诈多变，反覆之国也，南边楚，不为假王以镇之，其势不定。愿为假王便。"当是时，楚方急围汉王于荥阳，韩信使者至，发书，①汉王大怒，骂曰："吾困于此，旦暮望若来佐我，乃欲自立为王！"张良、陈平蹑汉王足，因附耳语曰："汉方不利，宁能禁信之王乎？不如因而立，善遇之，使自为守。不然，变生。"汉王亦悟，因复骂曰："大丈夫定诸侯，即为真王耳，何以假为！"乃遣张良往立信为齐王，②征其兵击楚。

①【集解】张晏曰："发信使者所赍书。"

②【集解】徐广曰："四年二月。"

楚已亡龙且，项王恐，使盱眙人武涉①往说齐王信曰："天下共苦秦久矣，相与戮力击秦。秦已破，计功割地，分土而王之，以休士卒。今汉王复兴兵而东，侵人之分，夺人之地，已破三秦，引兵出关，收诸侯之兵以东击楚，其意非尽吞天下者不休，其不知厌足如是甚也。且汉王不可必，身居项王掌握中数矣，②项王怜而活之，然得脱，辄倍约，复击项王，其不可亲信如此。今足下虽自以与汉王为厚交，为之尽力用兵，终为之所禽矣。足下所以得须臾至今者，以项王尚存也。当今二王之事，权在足下。足下右投则汉王胜，左投则项王胜。项王今日亡，则次取足下。足下与项王有故，何不反汉与楚连和，参分天下王之？今释此时，而自必于汉以击楚，且为智者固若此乎！"韩信谢曰："臣事项王，官不过郎中，位不过执戟，③言不听，画不用，故倍楚而归汉。汉王授我上将军印，予我数万众，解衣衣我，推食食我，言听计用，故吾得以至于此。夫人深亲信我，我倍之不祥，虽死不易。幸为信谢项王！"

①【集解】张华曰："武涉墓在盱眙城东十五里。"

②【正义】数，色庚反。

③【集解】张晏曰："郎中，宿卫执戟之人也。"

武涉已去，齐人蒯通知天下权在韩信，欲为奇策而感动之，以相人说韩信曰："仆尝受相人之术。"韩信曰："先生相人何如？"对曰："贵贱在于骨法，忧喜在于容色，成败在于决断，以此参之，万不失一。"韩信曰："善。先生相寡人何如？"对曰："愿少间。"信曰："左右去矣。"通曰："相君之面，不过封侯，又危不安。相君之背，贵乃不可言。"①韩信曰："何谓也？"蒯通曰："天下初发难也，俊雄豪杰建号壹呼，天下之士云合雾集，鱼鳞杂遝，熛至风起。当此之时，忧在亡秦而已。今楚汉分争，使天下无罪之人肝胆涂地，父子暴骸骨于中野，不可胜数。楚人起彭城，转斗逐北，至于荥阳，乘利席卷，威震天下。然兵困于京、索之间，迫西山而不能进者，三年于此矣。汉王将数十万之众，距巩、雒，阻山河之险，一日数战，无尺寸之功，折北不救，②败荥阳，伤成皋，③遂走宛、叶之间，此所谓智勇俱困者也。夫锐气挫于险塞，而粮食竭于内府，百姓罢极怨望，容容无所倚。以臣料之，其势非天下之贤圣固不能息天下之祸。当今两主之命县于足下。足下为汉则汉胜，与楚则楚胜。臣愿披腹心，输肝胆，效愚计，恐足下不能用也。诚能听臣之计，莫若两利而俱存之，参分天下，鼎足而居，其势莫敢先动。夫以足下之贤圣，有甲兵之众，据强齐，从燕、赵，出空虚之地而制其后，因民之欲，西乡④为百姓请命，⑤则天下风走而响应矣，孰敢不听！割大弱强，以立诸侯，诸侯已立，天下服听而归德于齐。案齐之故，有胶、泗之地，怀诸侯以德，深拱揖让，则天下之君王相率而朝于齐矣。盖闻天与弗取，反受其咎；时至不行，反受其殃。愿足下孰虑之。"

①【集解】张晏曰："背畔则大贵。"

②【集解】张晏曰："折，剉败也。北，奔走。"

③【集解】张晏曰："于成皋伤胸也。"臣瓒曰："谓军折伤。"

④【正义】乡音向。齐国在东，故曰西向也。

⑤【正义】止楚汉之战斗，士卒不死亡，故云“请命”。

韩信曰：“汉王遇我甚厚，载我以其车，衣我以其衣，食我以其食。吾闻之，乘人之车者载人之患，衣人之衣者怀人之忧，食人之食者死人之事，吾岂可以乡利倍义乎！”蒯生曰：“足下自以为善汉王，欲建万世之业，臣窃以为误矣。始常山王、成安君为布衣时，相与为刎颈之交，后争张黡、陈泽之事，二人相怨。常山王背项王，奉项婴头而窜，逃归于汉王。汉王借兵而东下，杀成安君泜水之南，头足异处，卒为天下笑。此二人相与，天下至欢也。然而卒相禽者，何也？患生于多欲而人心难测也。今足下欲行忠信以交于汉王，必不能固于二君之相与也，而事多大于张黡、陈泽。故臣以为足下必汉王之不危己，亦误矣。大夫种、范蠡存亡越，霸句践，立功成名而身死亡。野兽已尽而猎狗亨。夫以交友言之，则不如张耳之与成安君者也；以忠信言之，则不过大夫种、范蠡之于句践也。此二人者，足以观矣。愿足下深虑之。且臣闻勇略震主者身危，而功盖天下者不赏。臣请言大王功略：足下涉西河，虏魏王，禽夏说，引兵下井陉，诛成安君，徇赵，胁燕，定齐，南摧楚人之兵二十万，东杀龙且，西乡以报，此所谓功无二于天下，而略不世出者也。今足下戴震主之威，挟不赏之功，归楚，楚人不信，归汉，汉人震恐；足下欲持是安归乎？夫势在人臣之位而有震主之威，名高天下，窃为足下危之。”韩信谢曰：“先生且休矣，吾将念之。”

后数日，蒯通复说曰：“夫听者事之候也，计者事之机也，听过计失而能久安者，鲜矣。听不失一二者，不可乱以言；计不失本末者，不可纷以辞。夫随厮养之役者，失万乘之权；守儋石之禄者，①阙卿相之位。故知者决之断也，疑者事之害也，审豪牦之小计，遗天下之大数，智诚知之，决弗敢行者，百事之祸也。故曰‘猛虎之犹豫，不若蜂虿之致螫；②骐骥之跼躅，③不如驽马之安步；孟贲之狐疑，不如庸夫之必至也；虽有舜禹之智，吟而不言，④不如喑聋之指麾也’。此言贵能行之。夫功者难成而易败，时者难得而易失也。时乎时，不再来。愿足下详察之。”韩信犹豫不忍倍汉，又自以为功多，汉终不夺我齐，遂谢蒯通。蒯通说不听，已详狂为巫。⑤

①【集解】晋灼曰："杨雄《方言》'海岱之间名罂为儋'。石，斗石也。"苏林曰："齐人名小罂为儋。石，如今受鲐鱼石罂，不过一二石耳。一说，一儋与一斛之餘。"【索隐】儋音都滥反。石，斗也。苏林解为近之。鲐音胎。

②【正义】音适。

③【集解】徐广曰："蹢，一作'蹹'也。"

④【索隐】吟，邹氏音拒荫反，又音琴。

⑤【集解】徐广曰："一本'遂不用蒯通，蒯通曰："夫迫于细苛者，不可与图大事；拘于臣虏者，固无君王之意。"说不听，因去详狂'也。"【索隐】案："《汉书》及《战国策》皆有此文。

汉王之困固陵，用张良计，召齐王信，遂将兵会垓下。项羽已破，高祖袭夺齐王军。①汉五年正月，徙齐王信为楚王，都下邳。

①【集解】徐广曰："以齐为平原、千乘、东莱、齐郡。"

信至国，召所从食漂母，赐千金。①及下乡南昌亭长，赐百钱，曰："公，小人也，为德不卒。"召辱己之少年令出胯下者以为楚中尉。告诸将相曰："此壮士也。方辱我时，我宁不能杀之邪？杀之无名，故忍而就于此。"

①【集解】张华曰漂母冢在泗口南岸。

项王亡将锺离眜家在伊庐，①素与信善。项王死后，亡归信。汉王怨眜，闻其在楚，诏楚捕眜。信初之国，行县邑，陈兵出入。汉六年，人有上书告楚王信反。高帝以陈平计，天子巡狩会诸侯，南方有云梦，发使告诸侯会陈："吾将游云梦。"实欲袭信，信弗知。高祖且至楚，信欲发兵反，自度无罪，欲谒上，恐见禽。人或说信曰："斩眜谒上，上必喜，无患。"信见眜计事。眜曰："汉所以不击取楚，以眜在公所。若欲捕我以自媚于汉，吾今日死，公亦随手亡矣。"乃骂信曰："公非长者！"卒自刭。信持其首，谒高祖于陈。上令武士缚信，载后车。信曰："果若人言，'狡兔死,良狗亨;② 高鸟尽,良弓藏;敌国破,谋臣亡'。天下已定,我固当亨!"上曰:"人告公反。"遂械系信。至雒阳,赦信罪,以为淮阴侯。

①【集解】徐广曰:"东海朐县有伊庐乡。"骃案:韦昭曰"今中庐县"。 【索隐】
徐注出司马彪《郡国志》。 【正义】《括地志》云:"中庐在义清县北二十里,
本春秋时庐戎之国也,秦谓之伊庐,汉为中庐县。项羽之将钟离眜冢在。"
韦昭及《括地志》云皆说之也。

②【集解】张晏曰:"狡犹猾。" 【索隐】郊兔死。郊音狡。狡,猾也。《吴越春
秋》作"郊兔",亦通。《汉书》作"狡兔"。《战国策》曰"东郭逡,海内狡兔
也"。

信知汉王畏恶其能,常称病不朝从。信由此日夜怨望,居常鞅鞅,
羞与绛、灌等列。信尝过樊将军哙,哙跪拜送迎,言称臣,曰:"大王乃肯
临臣!"信出门,笑曰:"生乃与哙等为伍!"上常从容与信言诸将能不,各
有差。上问曰:"如我能将几何?"信曰:"陛下不过能将十万。"上曰:"于
君何如?"曰:"臣多多而益善耳。"上笑曰:"多多益善,何为为我禽"? 信
曰:"陛下不能将兵,而善将将,此乃信之所以为陛下禽也。且陛下所谓
天授,非人力也。"

陈豨拜为钜鹿守,①辞于淮阴侯。淮阴侯挈其手,辟左右与之步于
庭,仰天叹曰:"子可与言乎? 欲与子有言也。"豨曰:"唯将军令之。"淮
阴侯曰:"公之所居,天下精兵处也;而公,陛下之信幸臣也。人言公之
畔,陛下必不信;再至,陛下乃疑矣;三至,必怒而自将。吾为公从中起,
天下可图也。"陈豨素知其能也,信之,曰:"谨奉教!"汉十年,陈豨果反。
上自将而往,信病不从。阴使人至豨所,曰:"弟举兵,吾从此助公。"信
乃谋与家臣夜诈诏赦诸官徒奴,欲发以袭吕后、太子。部署已定,待豨
报。其舍人②得罪于信,信囚,欲杀之。舍人弟上变,告信欲反状于吕
后。吕后欲召,恐其党不就,乃与萧相国谋,诈令人从上所来,言豨已得
死,列侯群臣皆贺。相国绐信曰:"虽疾,强入贺。"信入,吕后使武士缚
信,斩之长乐钟室。③信方斩,曰:"吾悔不用蒯通之计,乃为儿女子所
诈,岂非天哉!"遂夷信三族。

①【集解】徐广曰："表云为赵相国，将兵守代也。"

②【索隐】按：晋灼曰，《楚汉春秋》云谢公也。姚氏案《功臣表》云慎阳侯乐说，
　淮阴舍人，告信反。未知孰是。

③【正义】长乐宫悬钟之室。

高祖已从豨军来，至，见信死，且喜且怜之，问："信死亦何言？"吕后曰："信言恨不用蒯通计。"高祖曰："是齐辩士也。"乃诏齐捕蒯通。蒯通至，上曰："若教淮阴侯反乎？"对曰："然，臣固教之。竖子不用臣之策，故令自夷于此。如彼竖子用臣之计，陛下安得而夷之乎！"上怒曰："亨之。"通曰："嗟乎，冤哉亨也！"上曰："若教韩信反，何冤？"对曰："秦之纲绝而维弛，山东大扰，异姓并起，英俊乌集。秦失其鹿，天下共逐之，①于是高材疾足者先得焉。蹠之狗吠尧，尧非不仁，狗因吠非其主。当是时，臣唯独知韩信，非知陛下也。且天下锐精持锋欲为陛下所为者甚众，顾力不能耳。又可尽亨之邪？"高帝曰："置之。"乃释通之罪。

①【集解】张晏曰："以鹿喻帝位也。"

太史公曰：吾如淮阴，淮阴人为余言，韩信虽为布衣时，其志与众异。其母死，贫无以葬，然乃行营高敞地，令其旁可置万家。余视其母冢，良然。假令韩信学道谦让，不伐己功，不矜其能，则庶几哉，于汉家勋可以比周、召、太公之徒，后世血食矣。不务出此，而天下已集，乃谋畔逆，夷灭宗族，不亦宜乎！

【索隐述赞】君臣一体，自古所难。相国深荐，策拜登坛。沈沙决水，拔帜传餐。与汉汉重，归楚楚安。三分不议，伪游可叹。

史记卷九十三

韩信卢绾列传第三十三

韩王信者，①故韩襄王孽孙也，②长八尺五寸。及项梁之立楚后怀王也，燕、齐、赵、魏皆已前王，唯韩无有后，故立韩诸公子横阳君成③为韩王，④欲以抚定韩故地。项梁败死定陶，成奔怀王。沛公引兵击阳城，⑤使张良以韩司徒⑥降下韩故地，得信，以为韩将，将其兵从沛公入武关。

①【集解】徐广曰："一云'信都'。"　【索隐】《楚汉春秋》云韩王信都，恐谬也。诸书不言有韩信都。案：韩王信初为韩司徒，后讹云"申徒"，因误以为韩王名耳。

②【集解】张晏曰："孽子为孽。"　【索隐】张晏云"庶子为孽子"。何休注《公羊》以为"孽，贱子，犹之伐木有孽生也"。《汉书》晁错云"孽子悼惠王"是也。

③【正义】故横城在宋州宋城县西南三十里。

④【集解】徐广曰："二年六月也。都阳翟。"

⑤【正义】河南县也。

⑥【集解】徐广曰："他本多作'申徒'，申与司声相近，字由此错乱耳。今有申徒，云是司徒之后，言司声转为申。"

沛公立为汉王，韩信从入汉中，乃说汉王曰："项王王诸将近地，而王独远居此，此左迁也。士卒皆山东人，跂而望归，①及其锋东乡，②可以争天下。"汉王还定三秦，乃许信为韩王，先拜信为韩太尉，将兵略韩地。

①【索隐】跂音企，起踵也。　【正义】跂音岐。

②【集解】文颖曰："锋锐欲东向。"　【索隐】按:姚氏云"军中将士气锋"。韦昭曰"其气锋锐欲东也"。

项籍之封诸王皆就国,韩王成以不从无功,不遣就国,更以为列侯。①及闻汉遣韩信略韩地,乃令故项籍游吴时吴令郑昌②为韩王以距汉。汉二年,韩信略定韩十馀城。汉王至河南,韩信急击韩王昌阳城。昌降,汉王乃立韩信为韩王,③常将韩兵从。三年,汉王出荥阳,韩王信、周苛等守荥阳。及楚败荥阳,信降楚,已而得亡,复归汉,汉复立以为韩王,竟从击破项籍,天下定。五年春,遂与剖符为韩王,王颍川。

①【集解】徐广曰:"元年十一月,诛成。"骃案:《汉书》曰"封为穰侯"。　【索隐】《地理志》穰县属南阳。

②【正义】项籍在吴时,昌为吴县令。

③【集解】徐广曰:"二年十一月。"

明年春,①上以韩信材武,所王北近巩、洛,南迫宛、叶,东有淮阳,皆天下劲兵处,乃诏徙韩王信王太原以北,备御胡,都晋阳。信上书曰:"国被边,②匈奴数入,晋阳③去塞远,请治马邑。"④上许之,信乃徙治马邑。秋,匈奴冒顿⑤大围信,信数使使胡求和解。汉发兵救之,疑信数间使,有二心,使人责让信。信恐诛,因与匈奴约共攻汉,反,以马邑降胡,击太原。

①【集解】徐广曰:"即五年之二月。"骃案:《汉书》曰"六年春"。

②【集解】李奇曰:"被音'被马'〔之'被'〕也。"

③【正义】并州。

④【正义】朔州。

⑤【索隐】上音墨,又音莫报反。

七年冬,上自往击,破信军铜鞮,①斩其将王喜。信亡走匈奴。(与)其将白土人②曼丘臣、王黄等立赵苗裔赵利为王,复收信败散兵,而与信及冒顿谋攻汉。匈奴使左右贤王将万馀骑与王黄等屯广武以南,③至晋阳,与汉兵战,汉大破之,追至于离石,④复破之。匈奴复聚兵楼烦⑤西北,汉令车骑击破匈奴。匈奴常败走,汉乘胜追北,闻冒顿居代(上)谷,⑥高皇帝居晋阳,使人视冒顿,还报曰"可击"。上遂至平城。⑦上出白登,⑧匈奴骑围上,上乃使人厚遗阏氏。⑨阏氏乃说冒顿曰:"今得汉地,犹不能居;且两主不相厄。"居七日,胡骑稍引去。时天大雾,汉使人往来,胡不觉。护军中尉陈平言上曰:"胡者全兵,⑩请令强弩傅两矢外向,⑪徐行出围。"入平城,汉救兵亦到,胡骑遂解去。汉亦罢兵归。韩信为匈奴将兵往来击边。

①【正义】潞州县。

②【集解】张晏曰:"白土,县名,属上郡。"

③【正义】广武故城在代州雁门县界也。

④【正义】石州县。

⑤【正义】雁门郡楼烦县。

⑥【正义】今妫州。

⑦【正义】朔州定襄县是也。

⑧【集解】服虔曰:"白登,台名,去平城七里。"如淳曰:"平城旁之高地,若丘陵也。"　【索隐】姚氏案:《北疆记》"桑乾河北有白登山,冒顿围汉高之所,今犹有垒壁"。

⑨【正义】阏,于连反,又音燕。氏音支。单于嫡妻号,若皇后。

⑩【集解】《汉书音义》曰:"言唯弓矛,无杂仗也。"

⑪【索隐】傅音附。

汉十年,信令王黄等说误陈豨。十一年春,故韩王信复与胡骑入居参合,①距汉。汉使柴将军击之,②遗信书曰;"陛下宽仁,诸侯虽有畔亡,而复归,辄复故位号,不诛也。大王所知。今王以败亡走胡,非有大罪,急自归!"韩王信报曰:"陛下擢仆起闾巷,南面称孤,此仆之幸也。荥阳之事,仆不能死,因于项籍,此一罪也。及寇攻马邑,仆不能坚守,以城降之,此二罪也。今反为寇将兵,与将军争一旦之命,此三罪也。夫种、蠡无一罪,身死亡;③今仆有三罪于陛下,而欲求活于世,此伍子胥所以偾于吴也。④今仆亡匿山谷间,旦暮乞贷蛮夷,仆之思归,如痿人不忘起,⑤盲者不忘视也,势不可耳。"遂战。柴将军屠参合,斩韩王信。

①【集解】苏林曰:"代地也。"　【正义】故城在朔州定襄县北。

②【集解】邓展曰:"柴奇也。"　【索隐】应劭云柴武,邓展云柴奇;晋灼云奇,武之子。应劭说为得,此时奇未为将。

③【集解】文颖曰:"大夫种、范蠡也。"

④【索隐】苏林曰:"偾音奋。"张晏曰:"偾,僵仆也。"　【正义】信知归汉必死,故引子胥以为辞。

⑤【索隐】瘘,耳谁反。旧音耳睡反,于义为疏。张揖云"瘘不能起",《哀帝纪》云"帝即位瘘痹"是也。

信之入匈奴,与太子俱;及至颓当城,①生子,因名曰颓当。韩太子亦生子,命曰婴。至孝文十四年,颓当及婴率其众降汉。汉封颓当为弓高侯,②婴为襄城侯。③吴楚军时,弓高侯功冠诸将。④传子至孙,孙无子,失侯。婴孙以不敬失侯。⑤颓当孽孙韩嫣,⑥贵幸,名富显于当世。其弟说,再封,数称将军,卒为案道侯。子代,⑦岁馀坐法死。后岁馀,说孙曾⑧拜为龙额侯,续说后。⑨

①【集解】《汉书音义》曰:"县名。"韦昭曰:"在匈奴地。"

②【集解】《地理志》河间有弓高县也。　【索隐】《地理志》属河间,《汉书·功臣表》属营陵。　【正义】沧州县。

③【索隐】案:服虔云"县名。《功臣表》属魏郡"。

④【集解】徐广曰:"谥曰壮。"

⑤【集解】徐广曰:"表云婴子泽之,元朔四年不敬国除。"

⑥【集解】《汉书音义》曰:"音'鄢陵'之'鄢'。"　【索隐】音偃,又一言反,又休延反,并通。

⑦【集解】徐广曰:"名长君。"

⑧【集解】徐广曰:"长君之子也。"　【索隐】徐广曰"长君之子"。案《博物志》,字季君也。

⑨【索隐】额,五格反。又作"雒",音洛。龙额,县名。　【正义】《史记》表、《卫青传》及《汉书》表云韩说,元朔五年,从大将军有功,封龙额侯,以酎金坐免。元封元年,击东越有功,封按道侯。征和二年,孙子曾复封为龙额侯。《汉书·功臣表》云武后元年,说孙曾绍封龙额侯。《汉表》是也。

卢绾者,丰人也,与高祖同里。卢绾亲与高祖太上皇相爱,①及生男,高祖、卢绾同日生,里中持羊酒贺两家。及高祖、卢绾壮,俱学书,又相爱也。里中嘉两家亲相爱,生子同日,壮又相爱,复贺两家羊酒。高祖为布衣时,有吏事辟匿,卢绾常随出入上下。及高祖初起沛,卢绾以客从,入汉中为将军,常侍中。从东击项籍,以太尉常从,出入卧内,衣被饮食赏赐,群臣莫敢望,虽萧曹等,特以事见礼,至其亲幸,莫及卢绾。绾封为长安侯。长安,故咸阳也。②

①【集解】如淳曰:“亲谓父也。”

②【正义】秦咸阳在渭北,长安在渭南,萧何起未央宫处也。

汉五年冬,以破项籍,乃使卢绾别将,与刘贾击临江王共尉,①破之。七月还,从击燕王臧荼,臧荼降。高祖已定天下,诸侯非刘氏而王者七人。欲王卢绾,为群臣觖望。②及虏臧荼,乃下诏诸将相列侯,择群臣有功者以为燕王。群臣知上欲王卢绾,皆言曰:“太尉长安侯卢绾常从平定天下,功最多,可王燕。”诏许之。汉五年八月,乃立卢绾为燕王。诸侯王得幸莫如燕王。

①【集解】李奇曰:“共敖子。”

②【集解】如淳曰:“觖音‘决别’之‘决’。望犹怨也。”瓒曰:“觖谓相觖而怨望也。”韦昭曰:“觖犹冀也。”【索隐】服虔音决。觖望犹怨望也。又音企。韦昭音冀。

汉十一年秋,陈豨反代地,高祖如邯郸击豨兵,燕王绾亦击其东北。当是时,陈豨使王黄求救匈奴。燕王绾亦使其臣张胜于匈奴,言豨等军破。张胜至胡,故燕王臧荼子衍出亡在胡,见张胜曰:“公所以重于燕者,以习胡事也。燕所以久存者,以诸侯数反,兵连不决也。今公为燕欲急灭豨等,豨等已尽,次亦至燕,公等亦且为虏矣。公何不令燕且缓陈豨而与胡和?事宽,得长王燕;即有汉急,可以安国。”张胜以为然,乃私令匈奴助豨等击燕。燕王绾疑张胜与胡反,上书请族张胜。胜还,具道所以为者。燕王寤,乃诈论它人,脱胜家属,使得为匈奴间,而阴使范齐之陈豨所,欲令久亡,①连兵勿决。

①【集解】晋灼曰："使陈豨久亡畔。"

　　汉十二年，东击黥布，豨常将兵居代，汉使樊哙击斩豨。其裨将降，言燕王绾使范齐通计谋于豨所。高祖使使召卢绾，绾称病。上又使辟阳侯审食其、御史大夫赵尧往迎燕王，因验问左右。绾愈恐，闭匿，谓其幸臣曰："非刘氏而王，独我与长沙耳。往年春，汉族淮阴，夏，诛彭越，皆吕后计。今上病，属任吕后。吕后妇人，专欲以事诛异姓王者及大功臣。"乃遂称病不行。其左右皆亡匿。语颇泄，辟阳侯闻之，归具报上，上益怒。又得匈奴降者，降者言张胜亡在匈奴，为燕使。于是上曰："卢绾果反矣！"使樊哙击燕。燕王绾悉将其宫人家属骑数千居长城下，候伺，幸上病愈，自入谢。四月，高祖崩，卢绾遂将其众亡入匈奴，匈奴以为东胡卢王。绾为蛮夷所侵夺，常思复归。居岁馀，死胡中。

　　高后时，卢绾妻子亡降汉，会高后病，不能见，舍燕邸，为欲置酒见之。高后竟崩，不得见。卢绾妻亦病死。

　　孝景中六年，卢绾孙他之，①以东胡王降，②封为亚谷侯。③

　　①【正义】他，徒何反。
　　②【集解】如淳曰："为东胡王来降也。《汉纪》东胡，乌丸也。"
　　③【集解】徐广曰："亚，一作'恶'。"　【正义】《汉表》在河内。

　　陈豨者，宛朐人也，①不知始所以得从。及高祖七年冬，韩王信反，入匈奴，上至平城还，乃封豨为列侯，②以赵相国将监赵、代边兵，边兵皆属焉。

　　①【索隐】《地理志》属济阴。下又云"梁人"，是褚先生之说异也。　【正义】宛朐，曹州县也。太史公云"陈豨，梁人"。按：宛朐，六国时属梁。
　　②【集解】徐广曰："《功臣表》曰陈豨以特将将卒五百人，前元年从起宛朐，至霸上，为侯，以游击将军别定代，已破臧荼，封豨为阳夏侯。"

　　豨常告归过赵，赵相周昌见豨宾客随之者千馀乘，邯郸官舍皆满。豨所以待宾客布衣交，皆出客下。①豨还之代，周昌乃求入见。见上，具言豨宾客盛甚，擅兵于外数岁，恐有变。上乃令人覆案豨客居代者财物诸不法事，多连引豨。豨恐，阴令客通使王黄、曼丘臣所。② 及高祖十年七月，太上皇崩，使人召豨，豨称病甚。九月，遂与王黄等反，自立为代王，劫略赵、代。

①【正义】言屈己礼之，不用富贵自尊大。

②【正义】二人韩王信将。

上闻，乃赦赵、代吏人为豨所诖误劫略者，皆赦之。上自往，至邯郸，喜曰："豨不南据漳水，北守邯郸，知其无能为也。"赵相奏斩常山守、尉，曰："常山二十五城，豨反，亡其二十城。"上问曰："守、尉反乎？"对曰："不反。"上曰："是力不足也。"赦之，复以为常山守、尉。上问周昌曰："赵亦有壮士可令将者乎？"对曰："有四人。"四人谒，上谩骂曰："竖子能为将乎？"四人惭伏。上封之各千户，以为将。左右谏曰："从入蜀、汉，伐楚，功未遍行，今此何功而封？"上曰："非若所知！陈豨反，邯郸以北皆豨有，吾以羽檄征天下兵，① 未有至者，今唯独邯郸中兵耳。吾胡爱四千户封四人，不以慰赵子弟！"皆曰："善。"于是上曰："陈豨将谁？"曰："王黄、曼丘臣，皆故贾人。"上曰："吾知之矣。"乃各以千金购黄、臣等。

①【集解】魏武帝《奏事》曰："今边有小警，辄露檄插羽，飞羽檄之意也。"骃案：推其言，则以鸟羽插檄书，谓之羽檄，取其急速若飞鸟也。

十一年冬，汉兵击斩陈豨将侯敞、王黄于曲逆下，① 破豨将张春于聊城，② 斩首万馀。太尉勃入定太原、代地。十二月，上自击东垣，东垣不下，卒骂上；东垣降，卒骂者斩之，不骂者黥之。更命东垣为真定。王黄、曼丘臣其麾下受购赏之，皆生得，以故陈豨军遂败。

①【正义】定州北平县东南十五里蒲阴故城是也。

②【正义】博州县。

上还至洛阳。上曰："代居常山北，赵乃从山南有之，远。"乃立子恒为代王，① 都中都，② 代、雁门皆属代。

①【集解】徐广曰："十一年正月。"

②【正义】中都故城在汾州平遥县西南十二里。

高祖十二年冬，樊哙军卒追斩豨于灵丘。①

①【正义】蔚州是。

太史公曰：韩信、卢绾非素积德累善之世，徼一时权变，以诈力成功，遭汉初定，故得列地，南面称孤。内见疑强大，外倚蛮貊以为援，是以日疏自危，事穷智困，卒赴匈奴，岂不哀哉！陈豨，梁人，其少时数称慕魏公子；及将军守边，招致宾客而下士，名声过实。周昌疑之，疵瑕颇起，惧祸及身，邪人进说，遂陷无道。于戏悲夫！夫计之生孰成败于人也深矣！

【索隐述赞】韩襄遗孽，始从汉中。剖符南面，徙邑北通。颓当归国，龙雒有功。卢绾亲爱，群臣莫同。旧燕是王，东胡计穷。

史记卷九十四

田儋列传第三十四

田儋者,狄人也,①故齐王田氏族也。儋从弟田荣,荣弟田横,皆豪,宗强,能得人。②

①【集解】徐广曰:"今乐安临济县也。"【正义】淄州高苑县西北北狄故县城。

②【索隐】儋子市,从弟荣,荣子广,荣弟横,各递为王。荣并王三齐。

陈涉之初起王楚也,使周市略定魏地,北至狄,狄城守。田儋详为缚其奴,从少年之廷,欲谒杀奴。①见狄令,因击杀令,而召豪吏子弟曰:"诸侯皆反秦自立,齐,古之建国,儋,田氏,当王。"遂自立为齐王,②发兵以击周市。周市军还去,田儋因率兵东略定齐地。

①【集解】服虔曰:"古杀奴婢皆当告官。儋欲杀令,故诈缚奴而以谒也。"

②【集解】徐广曰:"二世元年九月也。"

秦将章邯围魏王咎于临济,急。魏王请救于齐,齐王田儋将兵救魏。①章邯夜衔枚击,大破齐、魏军,杀田儋于临济下。儋弟田荣收儋馀兵东走东阿。

①【集解】徐广曰:"二年六月。"

齐人闻王田儋死,乃立故齐王建之弟田假为齐王,田角为相,田间为将,以距诸侯。

田荣之走东阿,章邯追围之。项梁闻田荣之急,乃引兵击破章邯军东阿下。章邯走而西,项梁因追之。而田荣怒齐之立假,乃引兵归,击逐齐王假。假亡走楚。齐相角亡走赵;角弟田间前求救赵,因留不敢归。田荣乃立田儋子市为齐王，①荣相之，田横为将，平齐地。

①【集解】徐广曰："二年八月。"

项梁既追章邯，章邯兵益盛，项梁使使告赵、齐，发兵共击章邯。田荣曰："使楚杀田假，赵杀田角、田间，乃肯出兵。"楚怀王曰："田假与国之王，穷而归我，杀之不义。"赵亦不杀田角、田间以市于齐。齐曰："蝮螫手则斩手，螫足则斩足。何者？为害于身也。①今田假、田角、田间于楚、赵，非直手足戚也，②何故不杀？且秦复得志于天下，则龁龂用事者坟墓矣。"③楚、赵不听，齐亦怒，终不肯出兵。章邯果败杀项梁，破楚兵，楚兵东走，而章邯渡河围赵于钜鹿。项羽往救赵，由此怨田荣。

①【集解】应劭曰："蝮一名虺，螫人手足，则割去其肉，不然则致死。"【索隐】蝮音芳伏反。螫音臆，又音释。【正义】按：蝮，毒蛇，长二三丈，岭南北有之。虺长一二尺，头腹皆一遍。《说文》云"虺博三寸，首大如擘"。擘，手大指也，音步历反。

②【集解】文颖曰："言将亡身，非手足忧也。"瓒曰："于楚、赵非手足之亲。"

③【集解】如淳曰："龁龂犹龃龉。"【索隐】龁音蚁。龂音纪。龁龂，侧齿咬也。【正义】按：秦重得志，非但辱身，坟墓亦发掘矣，若子胥鞭荆平王墓。一云坟墓，言死也。

项羽既存赵，降章邯等，西屠咸阳，灭秦而立侯王也，乃徙齐王田市更王胶东，治即墨。齐将田都从共救赵，因入关，故立都为齐王，治临淄。故齐王建孙田安，项羽方渡河救赵，田安下济北数城，引兵降项羽，项羽立田安为济北王，治博阳。田荣以负项梁不肯出兵助楚、赵攻秦，故不得王；赵将陈馀亦失职，不得王：二人俱怨项王。

项王既归，诸侯各就国，田荣使人将兵助陈馀，令反赵地，而荣亦发兵以距击田都，田都亡走楚。田荣留齐王市，无令之胶东。市之左右曰："项王强暴，而王当之胶东，不就国，必危。"市惧，乃亡就国。田荣怒，追击杀齐王市于即墨，还攻杀济北王安。于是田荣乃自立为齐王，尽并三齐之地。①

①【索隐】田市王胶东，田都王齐，田安王济北。

项王闻之,大怒,乃北伐齐。齐王田荣兵败,走平原,①平原人杀荣。项王遂烧夷齐城郭,所过者尽屠之。②齐人相聚畔之。荣弟横,收齐散兵,得数万人,反击项羽于城阳。③而汉王率诸侯败楚,入彭城。项羽闻之,乃醳齐④而归,击汉于彭城,因连与汉战,相距荥阳。以故田横复得收齐城邑,⑤立田荣子广为齐王,而横相之,专国政,政无巨细皆断于相。

①【集解】徐广曰:"三年正月。"【正义】平原,德州也。

②【集解】徐广曰:"立故王田假也。"

③【集解】徐广曰:"假走楚,楚杀之。"【正义】城阳,濮州雷泽是。

④【索隐】此岂亦以"醳酒"之义? 并古"释"字。

⑤【集解】徐广曰:"四月。"

横定齐三年,汉王使郦生往说下齐王广及其相国横。横以为然,解其历下军。汉将韩信引兵且东击齐。齐初使华无伤、田解军于历下以距汉,汉使至,乃罢守战备,纵酒,且遣使与汉平。汉将韩信已平赵、燕,用蒯通计,度平原,袭破齐历下军,因入临淄。齐王广、相横怒,以郦生卖己,而亨郦生。齐王广东走高密,①相横走博(阳),守相田光走城阳,将军田既军于胶东。楚使龙且救齐,齐王与合军高密。汉将韩信与曹参破杀龙且,②虏齐王广。汉将灌婴追得齐守相田光。至博(阳),而横闻齐王死,自立为齐王,还击婴,婴败横之军于嬴下。③田横亡走梁,归彭越。彭越是时居梁地,中立,且为汉,且为楚。韩信已杀龙且,因令曹参进兵破杀田既于胶东,使灌婴破杀齐将田吸于千乘。④韩信遂平齐,乞自立为齐假王,⑤汉因而立之。

①【集解】徐广曰:"高,一作'假'。"

②【集解】徐广曰:"四年十一月。"

③【集解】晋灼曰:"泰山嬴县也。"【正义】故嬴城在兖州博城县东北百里。

④【正义】千乘故城在淄州高苑县北二十五里。

⑤【集解】徐广曰:"二月也。"

　　后岁馀,汉灭项籍,汉王立为皇帝,以彭越为梁王。田横惧诛,而与其徒属五百馀人入海,居岛中。①高帝闻之,以为田横兄弟本定齐,齐人贤者多附焉,今在海中不收,后恐为乱,乃使使赦田横罪而召之。田横因谢曰:"臣亨陛下之使郦生,今闻其弟郦商为汉将而贤,臣恐惧,不敢奉诏,请为庶人,守海岛中。"使还报,高皇帝乃诏卫尉郦商曰:"齐王田横即至,人马从者敢动摇者致族夷!"乃复使使持节具告以诏商状,曰:"田横来,大者王,小者乃侯耳;不来,且举兵加诛焉。"田横乃与其客二人乘传诣雒阳。②

　　①【集解】韦昭曰:"海中山曰岛。"　【正义】按:海州东海县有岛山,去岸八十里。

　　②【集解】如淳曰:"四马下足为乘传。"

　　未至三十里,至尸乡厩置,①横谢使者曰:"人臣见天子当洗沐。"止留。谓其客曰:"横始与汉王俱南面称孤,今汉王为天子,而横乃为亡虏而北面事之,其耻固已甚矣。且吾亨人之兄,与其弟并肩而事其主,纵彼畏天子之诏,不敢动我,我独不愧于心乎?且陛下所以欲见我者,不过欲一见吾面貌耳。今陛下在洛阳,今斩吾头,驰三十里间,形容尚未能败,犹可观也。"遂自刭,令客奉其头,②从使者驰奏之高帝。高帝曰:"嗟乎,有以也夫!起自布衣,兄弟三人更王,岂不贤乎哉!"为之流涕,而拜其二客为都尉,发卒二千人,以王者礼葬田横。③

　　①【集解】应劭曰:"尸乡在偃师。"瓒曰:"厩置,置马以传驿也。"

　　②【正义】奉音捧。

　　③【正义】齐田横墓在偃师西十五里。崔豹《古今注》云:"《薤露》、《蒿里》,送哀歌也,出田横门人。横自杀,门人伤之而作悲歌,言人命如薤上露,易晞灭。至李延年乃分为二曲,《薤露》送王公贵人,《蒿里》送士大夫庶人,使挽逝者歌之,俗呼为挽歌。"

　　既葬,二客穿其冢旁孔,皆自刭,下从之。高帝闻之,乃大惊,以田横之客皆贤。吾闻其馀尚五百人在海中,使使召之。至则闻田横死,亦皆自杀。于是乃知田横兄弟能得士也。

太史公曰：甚矣蒯通之谋，乱齐骄淮阴，其卒亡此两人！①蒯通者，善为长短说，②论战国之权变，为八十一首。③通善齐人安期生，安期生尝干项羽，项羽不能用其策。已而项羽欲封此两人，两人终不肯受，亡去。田横之高节，宾客慕义而从横死，岂非至贤！余因而列焉。不无善画者，莫能图，何哉？④

①【集解】韩信、田横。

②【索隐】言欲令此事长，则长说之；欲令此事短，则短说之：故《战国策》亦名曰"短长书"是也。

③【集解】《汉书》曰："号为《隽永》。"永，一作"求"。　【索隐】《隽永》，书名也。隽音松兖反。

④【索隐】言天下非无善画之人，而不知图画田横及其党慕义死节之事，何故哉？叹画人不知画此也。

【索隐述赞】秦项之际，天下交兵。六国树党，自置豪英。田儋殒寇，立市相荣。楚封王假，齐破郦生。兄弟更王，海岛传声。

史记卷九十五

樊郦滕灌列传第三十五

舞阳侯①樊哙②者，沛人也。③以屠狗为事，④与高祖俱隐。

①【正义】舞阳在许州叶县东十里。

②【正义】音快，又吉外反。

③【正义】沛，徐州县。

④【正义】时人食狗亦与羊豕同，故哙专屠以卖之。

初从高祖起丰，攻下沛。高祖为沛公，以哙为舍人。从攻胡陵、方与，①还守丰，击泗水监丰下，②破之。复东定沛，破泗水守薛西。③与司马𡱕④战砀东，⑤却敌，斩首十五级，赐爵国大夫。⑥常从，沛公击章邯军濮阳，攻城先登，斩首二十三级，赐爵列大夫。⑦复常从，从攻城阳，⑧先登。下户牖，⑨破李由军，斩首十六级，赐上间爵。⑩从攻围东郡守尉于成武，⑪却敌，斩首十四级，捕虏十一人，赐爵五大夫。从击秦军，出亳南。⑫河间守军于杠里，⑬破之。击破赵贲军开封⑭北，以却敌先登，斩侯一人，首六十八级，捕虏二十七人，赐爵卿。从攻破杨熊军于曲遇。⑮攻宛陵，⑯先登，斩首八级，捕虏四十四人，赐爵封号贤成君。⑰从攻长社、辕辕，⑱绝河津，⑲东攻秦军于尸，⑳南攻秦军于犫。㉑破南阳守齮于阳城。东攻宛城，先登。西至郦，㉒以却敌，斩首二十四级，捕虏四十人，赐重封。㉓攻武关，至霸上，斩都尉一人，首十级，捕虏百四十六人，降卒二千九百人。

①【正义】房预二音。

②【索隐】案：监者，秦时御史监郡也。丰下，丰县之下也。 【正义】泗水，郡名。

③【索隐】谓破其守于薛县之西也。

④【集解】张晏曰："秦司马。"　【正义】秦将章邯司马尼。

⑤【正义】砀，宋州县也。

⑥【集解】文颖曰："即官大夫也。"　【正义】爵第六级也。

⑦【集解】文颖曰："即公大夫，爵第七。"

⑧【集解】徐广曰："年表二年七月，破秦军濮阳东，屠城阳也。"　【正义】按：城
　阳近濮阳，而《汉书》作"阳城"，大错误。

⑨【正义】户牖，汴州东陈留县东北九十一里东昏故城是。

⑩【集解】孟康曰："不在二十爵中，如执圭、执帛比也。"如淳曰："间，或作
　'闻'。《吕氏春秋》曰'魏文侯东胜齐于长城，天子赏文侯以上间爵'。"
　【索隐】赐上闻爵。张晏云："得径上闻。"晋灼曰："名通于天子也。"如淳曰
　"或作'上闻'"，又引《吕氏春秋》，当证"上间"。"间"音"中间"之"间"。

⑪【正义】曹州县。

⑫【索隐】案：亳，汤所都，今河南偃师有汤亳是也。　【正义】亳故城在宋州穀
　熟县西南四十里。

⑬【正义】地名，近城阳。

⑭【正义】汴州县。

⑮【索隐】音蝺颙二音，邑名也。　【正义】曲，丘雨反。遇，牛恭反。郑州中牟
　县有曲遇聚。

⑯【索隐】《地理志》属河南。　【正义】宛陵故城在郑州新郑县东北三十八里。

⑰【集解】徐广曰："时赐爵有执帛、执圭，又有赐爵封而加美名以为号也。又
　有功，则赐封列侯。"骃案：张晏曰"食禄比封君而无邑"。瓒曰"秦制，列侯
　乃有封爵也"。　【索隐】张晏曰："食禄比封君而无邑。"徐广曰："赐爵有执
　圭、执帛，又有爵封而加美号。"又小颜云："楚汉之际，权设宠荣，假其位号，
　或得邑地，或空受爵，此例多矣。约以秦制，于义不通。"

⑱【正义】许州理县也。辕辕关在缑氏县东南三十里。

⑲【正义】古平阴津在河南府东北五十里也。

⑳【正义】在偃师南。

㉑【正义】在汝州鲁山县东南。

㉒【正义】郦音掷。在邓州新城县西北四十里。

㉓【集解】张晏曰："益禄也。"如淳曰："正爵名也。"瓒曰"增封也"。　【索隐】张

晏云"益禄也"。臣瓒以为增封,义亦近是。而如淳曰正爵名,非也。小颜
以为重封者,兼二号,盖为得也。

项羽在戏下,欲攻沛公。沛公从百馀骑因项伯面见项羽,谢无有闭
关事。项羽既飨军士,中酒,①亚父谋欲杀沛公,令项庄拔剑舞坐中,欲
击沛公,项伯常(肩)〔屏〕蔽之。时独沛公与张良得入坐,樊哙在营外,闻
事急,乃持铁盾入到营。营卫止哙,哙直撞入,②立帐下。③项羽目之,问
为谁。张良曰:"沛公参乘樊哙。"项羽曰:"壮士。"赐之卮酒彘肩。哙既
饮酒,拔剑切肉食,尽之。项羽曰:"能复饮乎?"哙曰:"臣死且不辞,岂
特卮酒乎! 且沛公先入定咸阳,暴师霸上,以待大王。④大王今日至,听
小人之言,与沛公有隙,臣恐天下解,⑤心疑大王也。"项羽默然。沛公
如厕,麾樊哙去。既出,沛公留车骑,独骑一马,与樊哙等四人步从,从
间道山下归走霸上军,而使张良谢项羽。项羽亦因遂已,无诛沛公之心
矣。是日微樊哙奔入营谯让项羽,⑥沛公事几殆。⑦

①【集解】张晏曰:"酒酣也。"

②【集解】《汉书音义》曰:"撞音撞钟。"　【正义】撞,直江反。

③【集解】徐广曰:"一本作'立帷下,嗔目而视,眦皆血出'。"

④【正义】时羽未为王,史追书。

⑤【正义】纪买反。至此为绝句。

⑥【索隐】谯音诮,责也。或才笑反,或亦作"诮"。

⑦【正义】几音祈。

明日,项羽入屠咸阳,立沛公为汉王。汉王赐哙爵为列侯,号临武
侯。①迁为郎中,从入汉中。

①【正义】桂阳临武县。

还定三秦,别击西丞白水北,①雍轻车骑于雍南,破之。②从攻雍、
斄③城,先登。击章平军好畤,④攻城,先登陷阵,斩县令丞各一人,首十
一级,虏二十人,迁郎中骑将。从击秦车骑壤东,⑤却敌,迁为将军。攻

赵贲，下郿、⑥槐里、柳中、⑦咸阳；灌废丘，最。⑧至栎阳，⑨赐食邑杜之
樊乡。⑩从攻项籍，屠煮枣。⑪击破王武、程处军于外黄。攻邹、鲁、瑕丘、
薛。⑫项羽败汉王于彭城，尽复取鲁、梁地。哙还至荥阳，益食平阴二千
户，⑬以将军守广武。一岁，项羽引而东。从高祖击项籍，下阳夏，⑭虏
楚周将军卒四千人。围项籍于陈，⑮大破之。屠胡陵。⑯

①【集解】徐广曰："陇西有西县。白水在武都。"骃案：如淳曰"皆地名也"。晋
　灼曰"白水，今广平魏县也。《地理志》无'西丞'，似秦将名"。　【索隐】案：
　西谓陇西之西县。白水，水名，出武都，经西县东南流。言哙击西县之丞在
　白水之北耳，徐广等说皆非也。　【正义】《括地志》云："白马水源出文州曲
　水县西南，会经孙山下。"

②【正义】上"雍"于拱反。

③【集解】音胎。

④【索隐】案：雍即扶风雍县。鳌音台，即后稷所封，今之武功故鳌城是。章平
　即章邯子也。

⑤【索隐】小颜亦以为地名。　【正义】壤乡在武功县东南二十里。

⑥【正义】岐州县。

⑦【索隐】按：柳中即细柳，地在长安西也。

⑧【集解】李奇曰："以水灌废丘也。"张晏曰："最，功第一也。"晋灼曰："京辅治
　华阴，灌北也。"　【索隐】灌谓以水灌废丘，城陷，其功最上也。李奇曰"废
　丘即槐里也。上有槐里，此又言者，疑此是小槐里"，非也。按：文云"攻赵
　贲，下郿、槐里、柳中、咸阳"，总言所攻陷之邑。别言以水灌废丘，其功特最
　也。何者？初云槐里，称其新名，后言功最，是重举，不欲再见其文，故因旧
　称废丘也。

⑨【正义】雍州县。

⑩【索隐】案：杜陵有樊乡。《三秦记》曰"长安正南，山名秦岭，谷名子午，一名
　樊川，一名御宿"。樊乡即樊川也。

⑪【索隐】检《地理志》无"煮枣"，晋说是。《功臣表》有煮枣侯，云清河有煮枣
　城。小颜以为"攻项籍，屠煮枣，合在河南，非清河之城明矣"。今案《续汉
　书·郡国志》，在济阴宛朐也。　【正义】案：其时项羽未渡河北，冀州信都
　县东北五十里煮枣非矣。

⑫【正义】邹,兖州县,在州东南六十二里。鲁,兖州曲阜县。瑕丘,兖州县。薛在徐州滕县界。

⑬【正义】平阴故城在济阳东北五里。

⑭【正义】夏音假。陈州太康县。

⑮【正义】陈州。

⑯【正义】在兖州南。

项籍既死,汉王为帝,以哙坚守战有功,益食八百户。从高帝攻反燕王臧荼,虏荼,定燕地。楚王韩信反,哙从至陈,取信,定楚。①更赐爵列侯,与诸侯剖符,世世勿绝,食舞阳,号为舞阳侯,除前所食。以将军从高祖攻反韩王信于代。自霍人以往②至云中,③与绛侯等共定之,益食千五百户。因击陈豨与曼丘臣军,④战襄国,⑤破柏人,⑥先登,降定清河、常山凡二十七县,残东垣,⑦迁为左丞相。破得綦毋卬、尹潘军于无终、广昌。⑧破豨别将胡人王黄军于代南,因击韩信军于参合。⑨军所将卒斩韩信,破豨胡骑横谷,⑩斩将军赵既,虏代丞相冯梁、守孙奋、大将王黄、将军、(太卜)太仆解福⑪等十人。与诸将共定代乡邑七十三。其后燕王卢绾反,哙以相国击卢绾,破其丞相抵蓟南,⑫定燕地,凡县十八,乡邑五十一。益食邑千三百户,定食舞阳五千四百户。从,斩首百七十六级,虏二百八十八人。别,破军七,下城五,定郡六,县五十二,得丞相一人,将军十二人,二千石已下至三百石十一人。

①【正义】徐州。

②【正义】先累反,又苏果反,又山寡反。杜预云"霍人,晋邑也。'霍人'当作'葰',《地理志》云葰人县属太原郡"。《括地志》云:"葰人故城在代州繁畤县界也。"

③【正义】云中郡县,皆朔州善阳县北三百八十里定襄故城是也。

④【集解】徐广曰:"曼,一作'宵'字。"

⑤【正义】邢州城。

⑥【正义】邢州县。

⑦【集解】张晏曰:"残,有所毁也。"瓒曰:"残谓多所杀伤也。《孟子》曰'贼义谓之残'。"

⑧【正义】在蔚州飞狐县北七里。

⑨【正义】在朔州定襄县界。

⑩【正义】谷音欲。盖在代。

⑪【正义】人姓名。

⑫【索隐】抵音丁礼反。抵训至。一云抵者,丞相之名。

哙以吕后女弟吕须为妇,生子伉,故其比诸将最亲。

先黥布反时,高祖尝病甚,恶见人,卧禁中,诏户者无得入群臣。群臣绛、灌等莫敢入。十馀日,哙乃排闼直入,①大臣随之。上独枕一宦者卧。哙等见上流涕曰:"始陛下与臣等起丰沛,定天下,何其壮也!今天下已定,又何惫也!且陛下病甚,大臣震恐,不见臣等计事,顾独与一宦者绝乎?且陛下独不见赵高之事乎?"高帝笑而起。

①【正义】闼,宫中小门。

其后卢绾反,高帝使哙以相国击燕。是时高帝病甚,人有恶哙党于吕氏,即上一日宫车晏驾,则哙欲以兵尽诛灭戚氏、赵王如意之属。高帝闻之大怒,乃使陈平载绛侯代将,而即军中斩哙。陈平畏吕后,执哙诣长安。至则高祖已崩,吕后释哙,使复爵邑。

孝惠六年,樊哙卒,谥为武侯。子伉代侯。而伉母吕须亦为临光侯,高后时用事专权,大臣尽畏之。伉代侯九岁,高后崩。大臣诛诸吕、吕须婘①属,因诛伉。舞阳侯中绝数月。孝文帝既立,乃复封哙他庶子市人为舞阳侯,复故爵邑。市人立二十九岁卒,谥为荒侯。子他广代侯。六岁,侯家舍人得罪他广,怨之,乃上书曰:"荒侯市人病不能为人,②令其夫人与其弟乱而生他广,他广实非荒侯子,不当代后。"诏下吏。孝景中六年,他广夺侯为庶人,国除。③

①【索隐】音须眷二音。

②【正义】言不能行人道。

③【索隐】案:《汉书》平帝元始二年,封哙玄孙之子章为舞阳侯,邑千户。

　　曲周侯①郦商者，高阳人。②陈胜起时，商聚少年东西略人，得数千。沛公略地至陈留，六月馀，③商以将卒四千人属沛公于岐。④从攻长社，先登，赐爵封信成君。从沛公攻缑氏，绝河津，破秦军洛阳东。从攻下宛、穰，定十七县。别将攻旬关，⑤定汉中。

①【正义】故城在（洛）〔洺〕州曲周西南十五里。

②【索隐】郦音历。高阳，聚名，属陈留。　【正义】雍（州）〔丘〕西南聚邑人也。

③【集解】徐广曰："《月表》曰二世元年九月，沛公起兵；二世三年二月，袭陈留，用郦食其策。起兵至此十九月矣。《食其传》曰既说高帝已，乃言其弟商，使从沛公也。"　【索隐】事与《郦生传》及年表小不同，盖史官意异也。　【正义】徐注非也。言商先东西略得数千人，及沛公略地至陈留，商起兵，乃六月馀得四千人，以将军从高祖也。

④【索隐】此地名阙，盖在河南陈、郑之界。　【正义】《高纪》云"郦食其说沛公袭陈留，乃以食其为广野君，郦商为将，将陈留兵，与偕攻开封"。《郦生传》云"沛公引兵随之，乃下陈留，为广阳君。言其弟郦商，使将数千人从沛公西南略地"。此传云"属沛公于岐，从攻长社"。案纪传此说，岐当与陈留、高阳相近也。

⑤【集解】《汉书音义》曰："汉中旬阳县。音询。"　【索隐】案：在汉中旬阳县，旬水上之关。

　　项羽灭秦，立沛公为汉王。汉王赐商爵信成君，以将军为陇西都尉。别将定北地、①上郡。②破雍将军焉氏，③周类军枸邑，④苏驵军于泥阳。⑤赐食邑武成六千户。⑥以陇西都尉从击项籍军五月，出钜野，与锺离眜战，疾斗，受梁相国印，益食邑四千户。以梁相国将从击项羽二岁三月，攻胡陵。

①【正义】宁州。

②【正义】鄜州。

③【集解】音支。　【索隐】上音于然反，下音支。县名，属安定。《汉书》云破章邯别将。　【正义】县在泾州安定县东四十里。

④【索隐】枸邑在豳州。《地理志》属右扶风。枸音筍。

⑤【集解】徐广曰："驵，一作'騠'。"　【索隐】北地县名。驵者，龙马也。　【正

义】故城在宁州罗川县北三十一里。泥谷水源出罗川县东北泥阳。源侧有
泉,于泥中潜流二十馀步而流入泥谷。又有泥阳湫,在县东北四十里。
⑥【正义】县在华州郑县东十三里。

项羽既已死,汉王为帝。其秋,燕王臧荼反,商以将军从击荼,战龙
脱,①先登陷阵,破荼军易下,②却敌,迁为右丞相,赐爵列侯,与诸侯剖
符,世世勿绝,食邑涿五千户,③号曰涿侯。以右丞相别定上谷,④因攻
代,受赵相国印。以右丞相赵相国别与绛侯等定代、雁门,得代丞相程
纵、守相郭同、将军已下至六百石十九人。还,以将军为太上皇卫一岁
七月。以右丞相击陈豨,残东垣。又以右丞相从高帝击黥布,攻其前
拒,⑤陷两陈,得以破布军,更食曲周五千一百户,除前所食。凡别破军
三,降定郡六,县七十三,得丞相、守相、大将各一人,小将二人,二千石
已下至六百石十九人。

①【集解】徐广曰:“在燕赵之界。”骃案:《汉书音义》曰“地名”。　【索隐】孟康
　　曰“地名”,在燕赵之界,其地阙。
②【正义】易州易县。
③【正义】涿,幽州。
④【正义】妫州。
⑤【集解】徐广曰:“一作‘和’。”骃谓拒,方陈。拒音矩。　【索隐】音巨,又音
　　矩。裴骃云“拒,方阵”。邹氏引《左传》有“左拒右拒”。徐云“一作‘和’。
　　和,军门也”。《汉书》作“前垣”,小颜以为攻其壁垒之前垣也。李奇以为
　　“前锋坚蔽若垣墙”,非也。

商事孝惠、高后时,商病,不治。①其子寄,字况,②与吕禄善。及高
后崩,大臣欲诛诸吕,吕禄为将军,军于北军,太尉勃不得入北军,于是
乃使人劫郦商,令其子况绐吕禄,③吕禄信之,故与出游,而太尉勃乃得
入据北军,遂诛诸吕。是岁商卒,谥为景侯。子寄代侯。天下称郦况卖
交也。④

①【集解】文颖曰:“不能治官事。”
②【索隐】郦寄字也。邹氏本作“兄”,亦音况。

③【索隐】绐，欺也，诈也。音待。

④【集解】班固曰："夫卖交者，谓见利而忘义也。若寄父为功臣，而又执劫，虽
　摧吕禄以安社稷，谊存君亲可也。"

孝景前三年，吴、楚、齐、赵反，上以寄为将军，围赵城，十月不能下。
得俞侯①栾布自平齐来，乃下赵城，灭赵，王自杀，除国。孝景中二年，
寄欲取平原君为夫人，②景帝怒，下寄吏，有罪，夺侯。景帝乃以商他子
坚封为缪侯，③续郦氏后。缪靖侯卒，子康侯遂成立。遂成卒，子怀侯
世宗立。④世宗卒，子侯终根立，为太常，坐法，国除。

①【集解】俞音舒。　【索隐】俞音歈，县名，又音输，在河东。

②【集解】苏林曰："景帝王皇后母臧儿也。"

③【集解】徐广曰："缪者，更封邑名。谥曰靖。"　【索隐】缪音穆，邑也。谥曰
　靖侯。《汉书》无谥。

④【集解】徐广曰："世，一作'他'。"

汝阴侯①夏侯婴，沛人也。为沛厩司御。②每送使客还，过沛泗上
亭，与高祖语，未尝不移日也。婴已而试补县吏，与高祖相爱。高祖戏
而伤婴，人有告高祖。③高祖时为亭长，重坐伤人，④告故不伤婴，⑤婴证
之。后狱覆，⑥婴坐高祖系岁馀，掠笞数百，终以是脱高祖。

①【正义】汝阴即今阳城。

②【索隐】案：《楚汉春秋》云滕公为御也。

③【集解】韦昭曰："告，白也。白高祖伤人。"

④【集解】如淳曰："为吏伤人，其罪重也。"

⑤【集解】邓展曰："律有故乞鞫。高祖自告不伤人。"　【索隐】案：《晋令》云
　"狱结竟，呼囚鞫语罪状，囚若称枉欲乞鞫者，许之也"。

⑥【索隐】案：韦昭曰"高帝自言不伤婴，婴证之，是狱辞翻覆也"。

高祖之初与徒属欲攻沛也，婴时以县令史为高祖使。①上降沛一
日，②高祖为沛公，赐婴爵七大夫，以为太仆。从攻胡陵，婴与萧何降泗
水监平，③平以胡陵降，赐婴爵五大夫。从击秦军砀东，攻济阳，下户

牖,破李由军雍丘下,以兵车趣攻战疾,赐爵执帛。常以太仆奉车从击章邯军东阿、濮阳下,以兵车趣攻战疾,破之,赐爵执珪。复常奉车从击赵贲军开封,杨熊军曲遇。婴从捕虏六十八人,降卒八百五十人,得印一匮。④因复常奉车从击秦军雒阳东,以兵车趣攻战疾,赐爵封转为滕公。⑤因复奉车从攻南阳,战于蓝田、芷阳,⑥以兵车趣攻战疾,至霸上。项羽至,灭秦,立沛公为汉王。汉王赐婴爵列侯,号昭平侯,复为太仆,从入蜀、汉。

①【正义】为,于伪反。使,所吏反。

②【正义】谓父老开城门迎高祖。

③【集解】张晏曰:“胡陵,平所止县,何尝给之,故与降也。”

④【索隐】案:《说文》云“匮,匣也”。谓得其时自相部署之印。

⑤【集解】徐广曰:“令也。”骃案:邓展曰“今沛郡公丘”。《汉书》曰婴为滕令奉车,故号滕公。　【正义】滕即公丘故城是,在徐州滕县西南十五里。

⑥【索隐】芷音止,地名,今霸陵也,在京兆。

还定三秦,从击项籍。至彭城,项羽大破汉军。汉王败,不利,驰去。见孝惠、鲁元,载之。汉王急,马罢,虏在后,常蹶两儿①欲弃之,婴常收,竟载之,徐行面雍树乃驰。②汉王怒,行欲斩婴者十馀,卒得脱,而致孝惠、鲁元于丰。

①【索隐】蹶音厥,又音巨月反,一音居卫反。《汉书》作“跋”,音拨。

②【集解】服虔曰:“高祖欲斩之,故婴围树走也。面,向树也。”应劭曰:“古者皆立乘,婴恐小儿坠,各置一面雍持之。树,立也。”苏林曰:“南(阳)〔方〕人谓抱小儿为‘雍树’。面者,大人以面首向临之,小儿抱大人颈似悬树也。”【索隐】苏林与晋灼皆言南方及京师谓抱儿为“拥树”,今则无其言,或当时有此说。其应、服之说,盖疏也。

汉王既至荥阳,收散兵,复振,赐婴食祈阳。①复常奉车从击项籍,追至陈,卒定楚,至鲁,益食兹氏。②

①【集解】徐广曰:“祈,一作‘沂’。”　【索隐】盖乡名也。《汉书》作“沂”,楚无其县。

②【索隐】县名也。《地理志》属太原。

　　汉王立为帝。其秋,燕王臧荼反,婴以太仆从击荼。明年,从至陈,取楚王信。更食汝阴,剖符世世勿绝。以太仆从击代,至武泉、云中,①益食千户。因从击韩信军胡骑晋阳旁,大破之。追北至平城,为胡所围,七日不得通。高帝使使厚遗阏氏,冒顿开围一角。高帝出欲驰,婴固徐行,弩皆持满外向,卒得脱。益食婴细阳②千户。复以太仆从击胡骑句注北,大破之。以太仆击胡骑平城南,三陷陈,功为多,赐所夺邑五百户。③以太仆击陈豨、黥布军,陷陈却敌,益食千户,定食汝阴六千九百户,除前所食。

　　①【索隐】《地理志》武泉属云中。　【正义】二县,在朔州善阳县界。

　　②【索隐】《地理志》属汝南。

　　③【集解】《汉书音义》曰:"时有罪过夺邑者,以赐之。"

　　婴自上初起沛,常为太仆,竟高祖崩。以太仆事孝惠。孝惠帝及高后德婴之脱孝惠、鲁元于下邑之间也,①乃赐婴县北第第一,曰"近我",以尊异之。孝惠帝崩,以太仆事高后。高后崩,代王之来,婴以太仆与东牟侯入清宫,废少帝,以天子法驾迎代王代邸,与大臣共立为孝文皇帝,复为太仆。八岁卒,谥为文侯。②子夷侯灶立,七年卒。子共侯赐立,三十一年卒。子侯颇尚平阳公主。立十九岁,元鼎二年,坐与父御婢奸罪,自杀,国除。

　　①【正义】宋州砀山县。

　　②【索隐】案:姚氏云"《三辅故事》曰'滕文公墓在饮马桥东大道南,俗谓之马冢'。《博物志》曰'公卿送婴葬,至东都门外,马不行,踏地悲鸣,得石椁,有铭曰"佳城郁郁,三千年见白日,吁嗟滕公居此室"。乃葬之'"。

　　颍阴侯①灌婴者,睢阳贩缯者也。②高祖之为沛公,略地至雍丘下,章邯败杀项梁,而沛公还军于砀,婴初以中涓从击破东郡尉于成武及秦军于扛里,疾斗,赐爵七大夫。从攻秦军亳南、开封、曲遇,战疾力,③赐爵执帛,号宣陵君。从攻阳武以西至雒阳,破秦军尸北,北绝河津,南破南阳守齮阳城东,遂定南阳郡。西入武关,战于蓝田,疾力,至霸上,赐爵执珪,号昌文君。④

①【正义】今陈州南颍县西北十三里颍阴故城是。

②【正义】睢阳,宋州宋城县。

③【集解】服虔曰:"疾攻之。"

④【索隐】亦称宣陵君,皆非爵士,加美号耳。

沛公立为汉王,拜婴为郎中,从入汉中,十月,拜为中谒者。从还定三秦,下栎阳,降塞王。还围章邯于废丘,未拔。从东出临晋关,击降殷王,定其地。击项羽将龙且、魏相项他军定陶南,疾战,破之。赐婴爵列侯,号昌文侯,食杜平乡。①

①【索隐】谓食杜县之平乡。

复以中谒者从降下砀,以至彭城。项羽击,大破汉王。汉王遁而西,婴从还,军于雍丘。王武、魏公申徒反,①从击破之。攻下黄,②西收兵,军于荥阳。楚骑来众,汉王乃择军中可为(车)骑将者,皆推故秦骑士重泉人③李必、骆甲④习骑兵,今为校尉,可为骑将。汉王欲拜之,必、甲曰:"臣故秦民,恐军不信臣,臣愿得大王左右善骑者傅之。"⑤灌婴虽少,然数力战,乃拜灌婴为中大夫,令李必、骆甲为左右校尉,将郎中骑兵击楚骑于荥阳东,大破之。受诏别击楚军后,绝其饷道,起阳武至襄邑。击项羽之将项冠于鲁下,破之,所将卒斩右司马、骑将各一人。⑥击破柘公王武,⑦军于燕西,所将卒斩楼烦将五人,⑧连尹一人。⑨击王武别将桓婴白马下,破之,所将卒斩都尉一人。以骑渡河南,送汉王到雒阳,使北迎相国韩信军于邯郸。还至敖仓,婴迁为御史大夫。

①【集解】张晏曰:"秦将,降为公,今反。"

②【正义】故城在曹州考城县东二十四里。

③【集解】徐广曰:"重泉属冯翊。"　【正义】故城在同州蒲城县东南四十五里。

④【索隐】必、甲,二人名也。姚氏案:《汉纪》桓帝延熹三年,追录高祖功臣李必后黄门丞李遂为晋阳关内侯也。

⑤【集解】如淳曰:"傅音附。犹言随从者。"

⑥【集解】张晏曰："王右方之马，左亦如之。"

⑦【集解】徐广曰："柘属陈。"　【索隐】案：武，柘县令也。柘县属陈。　【正义】柘属淮阳国。案：滑州胙城，本南燕国也。

⑧【集解】李奇曰："楼烦，县名。其人善骑射，故以名射士为'楼烦'，取其美称，未必楼烦人也。"张晏曰："楼烦，胡国名也。"

⑨【集解】张晏曰："大夫，楚官。"　【索隐】苏林曰："楚官也。"案：《左传》"莫敖、连尹、宫厩尹"是。

三年，以列侯食邑杜平乡。以御史大夫受诏将郎中骑兵东属相国韩信，击破齐军于历下，所将卒虏车骑将军华毋伤及将吏四十六人。降下临菑，得齐守相田光。追齐相田横至嬴、博，破其骑，所将卒斩骑将一人，生得骑将四人。攻下嬴、博，破齐将军田吸于千乘，所将卒斩吸。东从韩信攻龙且、留公旋于高密，①卒斩龙且，②生得右司马、连尹各一人，楼烦将十人，身生得亚将周兰。

①【索隐】留，县。令称公，旋其名也。高密，县名，在北海。《汉书》作"假密"。假密，地名，不知所在，未知孰是。　【正义】留县在沛郡。公，其令。

②【集解】文颖曰："所将卒。"

齐地已定，韩信自立为齐王，使婴别将击楚将公杲于鲁北，破之。转南，破薛郡长，身虏骑将一人。攻(博)〔傅〕阳，前至下相以东南僮、取虑、徐。①度淮，尽降其城邑，至广陵。②项羽使项声、薛公、郯公复定淮北。婴度淮北，击破项声、郯公下邳，③斩薛公，下下邳，击破楚骑于平阳，④遂降彭城，虏柱国项佗，降留、薛、沛、酂、萧、相。攻苦、谯，⑤复得亚将周兰。与汉王会颐乡。⑥从击项籍军于陈下，破之，所将卒斩楼烦将二人，虏骑将八人。赐益食邑二千五百户。

①【索隐】取音秋。虑音闾。取又音趣。僮、徐是二县，取虑是一县名。

②【集解】《汉书音义》曰："住广陵以御敌。"　【正义】谓从下相以东南，尽降城邑，乃至广陵，皆平定也。

③【正义】郯音谈，东海县。

④【索隐】小颜云"此平阳在东郡"。《地理志》太山有东平阳县。　【正义】南平阳县城，今兖州邹县也，在兖州东南六十二里。案：邹县去徐州滕县界四

十餘里也。

⑤【正义】户焦二音。

⑥【集解】徐广曰："苦县有頤乡。"　【索隐】徐广云："苦县有頤乡。"音以之反。

项籍败垓下去也，婴以御史大夫受诏将车骑别追项籍至东城，①破之。所将卒五人共斩项籍，皆赐爵列侯。降左右司马各一人，卒万二千人，尽得其军将吏。下东城、历阳。②渡江，破吴郡长吴下，③得吴守，遂定吴、豫章、会稽郡。还定淮北，凡五十二县。

①【正义】县在濠州定远县东南五十五里。

②【正义】和州历阳县，即今州城是也。

③【集解】如淳曰："'雄长'之'长'也。"　【索隐】下有郡守，此长即令也。如淳以为雄长，非也。　【正义】今苏州也。案：如说非也。吴郡长即吴郡守也。一破吴郡长兵于吴城下而得吴郡守身也。

汉王立为皇帝，赐益婴邑三千户。其秋，以车骑将军从击破燕王臧荼。明年，从至陈，取楚王信。还，剖符，世世勿绝，食颍阴二千五百户，号曰颍阴侯。

以车骑将军从击反韩王信于代，至马邑，受诏别降楼烦以北六县，斩代左相，破胡骑于武泉北。①复从击韩信胡骑晋阳下，所将卒斩胡白题将一人。②受诏并将燕、赵、齐、梁、楚车骑，击破胡骑于硰石。③至平城，为胡所围，从还军东垣。

①【正义】县名，在朔州北二百二十里。

②【集解】服虔曰："胡名也。"

③【集解】服虔曰："硰音沙。"　【索隐】服虔音沙，刘氏音千卧反。

从击陈豨，受诏别攻豨丞相侯敞军曲逆下，破之，卒斩敞及特将五人。①降曲逆、卢奴、上曲阳、安国、安平。②攻下东垣。

①【集解】文颖曰："'特一'之'特'也。"

②【正义】卢奴，定州安喜县是。曲阳，定州曲阳县是。安平，定州安平县。

黥布反，以车骑将军先出，攻布别将于相，破之，斩亚将楼烦将三人。又进击破布上柱国军及大司马军。又进破布别将肥诛。①婴身生得左司马一人,所将卒斩其小将十人,追北至淮上。益食二千五百户。布已破,高帝归,定令婴食颍阴五千户,除前所食邑。凡从得二千石二人,别破军十六,降城四十六,定国一,郡二,县五十二,得将军二人,柱国、相国各一人,二千石十人。

①【集解】徐广曰:“一作‘铢’。” 【索隐】案:《汉书》作“肥铢”。

　　婴自破布归,高帝崩,婴以列侯事孝惠帝及吕太后。太后崩,吕禄等以赵王自置为将军,军长安,为乱。齐哀王闻之,举兵西,且入诛不当为王者。上将军吕禄等闻之,乃遣婴为大将,将军往击之。婴行至荥阳,乃与绛侯等谋,因屯兵荥阳,风齐王以诛吕氏事,①齐兵止不前。绛侯等既诛诸吕,齐王罢兵归,婴亦罢兵自荥阳归,与绛侯、陈平共立代王为孝文皇帝。孝文皇帝于是益封婴三千户,赐黄金千斤,拜为太尉。

①【正义】风,方凤反。

　　三岁,绛侯勃免相就国,婴为丞相,罢太尉官。是岁,匈奴大入北地、上郡,令丞相婴将骑八万五千往击匈奴。匈奴去,济北王反,诏乃罢婴之兵。后岁馀,婴以丞相卒,谥曰懿侯。子平侯阿代侯。二十八年卒,子彊代侯。十三年,彊有罪,绝二岁。元光三年,天子封灌婴孙贤为临汝侯,续灌氏后,八岁,坐行赇有罪,国除。

　　太史公曰:吾适丰沛,问其遗老,观故萧、曹、樊哙、滕公之家,及其素,异哉所闻! 方其鼓刀屠狗卖缯之时,岂自知附骥之尾,垂名汉廷,德流子孙哉? 余与他广通,为言高祖功臣之兴时若此云。①

①【索隐】案:他广,樊哙之孙,后失封。盖尝讶太史公序萧、曹、樊、滕之功悉　　具,则从他广而得其事,故备也。

【索隐述赞】圣贤影响,云蒸龙变。屠狗贩缯,攻城野战。扶义西上,受封南　　面。郦况卖交,舞阳内援。滕灌更王,奕叶繁衍。

史记卷九十六

张丞相列传第三十六

张丞相苍者,阳武人也。①好书律历。秦时为御史,主柱下方书。②有罪,亡归。及沛公略地过阳武,苍以客从攻南阳。苍坐法当斩,解衣伏质,③身长大,肥白如瓠,时王陵见而怪其美士,乃言沛公,赦勿斩。遂从西入武关,至咸阳。沛公立为汉王,入汉中,还定三秦。陈馀击走常山王张耳,耳归汉,汉乃以张苍为常山守。从淮阴侯击赵,苍得陈馀。赵地已平,汉王以苍为代相,备边寇。已而徙为赵相,相赵王耳。耳卒,相赵王敖。复徙相代王。燕王臧荼反,高祖往击之,苍以代相从攻臧荼有功,以六年中封为北平侯,食邑千二百户。

①【索隐】案:县名,属陈留。　【正义】郑州阳武县也。

②【集解】如淳曰:"方,版也,谓书事在版上者也。秦以上置柱下史,苍为御史,主其事。或曰四方文书。"　【索隐】周秦皆有柱下史,谓御史也。所掌及侍立恒在殿柱之下,故老子为周柱下史。今苍在秦代亦居斯职。方书者,如淳以为方板,谓小事书之于方也,或曰主四方文书也。姚氏以为下云"明习天下图书计籍,主郡上计",则方为四方文书是也。

③【索隐】小颜云:"质,椹也。"

迁为计相,①一月,更以列侯为主计四岁。②是时萧何为相国,而张苍乃自秦时为柱下史,明习天下图书计籍。苍又善用算律历,故令苍以列侯居相府,领主郡国上计者。黥布反亡,汉立皇子长为淮南王,而张苍相之。十四年,迁为御史大夫。

①【集解】文颖曰:"能计,故号曰计相。"

②【集解】张晏曰:"以列侯典校郡国簿书。"如淳曰:"以其所主,因以为官号,

与计相同。时所卒立,非久施也。"　【索隐】谓改计相之名,更名主计也。
此盖权时立号也。

　　周昌者,沛人也。其从兄曰周苛,秦时皆为泗水卒史。及高祖起
沛,击破泗水守监,于是周昌、周苛自卒史从沛公,沛公以周昌为职
志,①周苛为客。②从入关,破秦。沛公立为汉王,以周苛为御史大夫,周
昌为中尉。

　　①【集解】徐广曰:"主旗帜之属。"　【索隐】官名也。职,主也。志,旗帜也。
　　　谓掌旗帜之官也。音昌志反。

　　②【集解】张晏曰:"为帐下宾客,不掌官。"

　　汉王四年,楚围汉王荥阳急,汉王遁出去,而使周苛守荥阳城。楚
破荥阳城,欲令周苛将。苛骂曰:"若趣降汉王! 不然,今为虏矣!"项羽
怒,亨周苛。①于是乃拜周昌为御史大夫。常从击破项籍。以六年中与
萧、曹等俱封:封周昌为汾阴侯;周苛子周成以父死事,封为高景侯。②

　　①【集解】徐广曰:"四年三月也。"

　　②【集解】徐广曰:"九年封,封三十九年,文帝后元四年谋反死,国除。"

　　昌为人强力,敢直言,自萧、曹等皆卑下之。昌尝燕时入奏事,①高
帝方拥戚姬,昌还走,高帝逐得,骑周昌项,问曰:"我何如主也?"昌仰
曰:"陛下即桀纣之主也。"于是上笑之,然尤惮周昌。及帝欲废太子,而
立戚姬子如意为太子,大臣固争之,莫能得;上以留侯策即止。而周昌
廷争之强,上问其说,昌为人吃,又盛怒,曰:"臣口不能言,然臣期期知
其不可。②陛下虽欲废太子,臣期期不奉诏。"上欣然而笑。既罢,昌后
侧耳于东箱听,③见周昌,为跪谢曰:"微君,太子几废。"④

　　①【集解】《汉书音义》曰:"以上燕时入奏事。"

　　②【正义】昌以口吃,每语故重言期期也。

　　③【集解】韦昭曰:"殿东堂也。"　【索隐】韦昭曰:"殿东堂也。"小颜云:"正寝
　　　之东西室,皆号曰箱,言似箱箧之形。"

　　④【索隐】几,钜依反。

　　是后戚姬子如意为赵王,年十岁,高祖忧即万岁之后不全也。赵尧年少,为符玺御史。赵人方与公①谓御史大夫周昌曰:"君之史赵尧,年虽少,然奇才也,君必异之,是且代君之位。"周昌笑曰:"尧年少,刀笔吏耳,②何能至是乎!"居顷之,赵尧侍高祖。高祖独心不乐,悲歌,群臣不知上之所以然。赵尧进请问曰:"陛下所为不乐,非为赵王年少而戚夫人与吕后有郄邪?备万岁之后而赵王不能自全乎?"高祖曰:"然。吾私忧之,不知所出。"③尧曰:"陛下独宜为赵王置贵强相,及吕后、太子、群臣素所敬惮乃可。"高祖曰:"然。吾念之欲如是,而群臣谁可者?"尧曰:"御史大夫周昌,其人坚忍质直,且自吕后、太子及大臣皆素敬惮之。独昌可。"高祖曰:"善。"于是乃召周昌,谓曰:"吾欲固烦公,公强为我相赵王。"④周昌泣曰:"臣初起从陛下,陛下独奈何中道而弃之于诸侯乎?"高祖曰:"吾极知其左迁,⑤然吾私忧赵王,念非公无可者。公不得已强行!"于是徙御史大夫周昌为赵相。

　　①【集解】孟康曰:"方与,县名;公,其号。"瓒曰:"方与县令也。"

　　②【正义】古用简牍,书有错谬,以刀削之,故号曰"刀笔吏"。

　　③【索隐】谓不知其计所出也。

　　④【正义】桓谭《新论》云:"使周相赵,不如使取吕后家女为妃,令戚夫人善事吕后,则如意无毙也。"

　　⑤【索隐】按:《诸侯王表》有左官之律。韦昭以为"左犹下也,禁不得下仕于诸侯王也"。然地道尊右,右贵左贱,故谓贬秩为"左迁"。他皆类此。

　　既行久之,高祖持御史大夫印弄之,曰:"谁可以为御史大夫者?"孰视赵尧,曰:"无以易尧。"遂拜赵尧为御史大夫。①尧亦前有军功食邑,及以御史大夫从击陈豨有功,封为江邑侯。②

　　①【集解】徐广曰:"十年也。"

　　②【集解】徐广曰:"十一年〔封〕。"

　　高祖崩,吕太后使使召赵王,其相周昌令王称疾不行。使者三反,周昌固为不遣赵王。于是高后患之,乃使使召周昌。周昌至,谒高后,高后怒而骂周昌曰:"尔不知我之怨戚氏乎?而不遣赵王,何?"昌既征,高后使使召赵王,赵王果来。至长安月馀,饮药而死。周昌因谢病不朝见,三岁而死。①

①【集解】徐广曰:"谥悼也。"　【索隐】按:《汉书·列传》及表咸言周昌谥悼,韦昭云"或谥惠",非也。《汉书》又曰"传子至孙意,有罪,国除。景帝复封昌孙左车为安阳侯,有罪,国除"。

后五岁,①高后闻御史大夫江邑侯赵尧高祖时定赵王如意之画,乃抵尧罪,②以广阿侯任敖为御史大夫。

①【正义】高后之年。
②【集解】徐广曰:"吕后元年,国除。

任敖者,故沛狱吏。高祖尝辟吏,①吏系吕后,遇之不谨。任敖素善高祖,怒,击伤主吕后吏。及高祖初起,敖以客从为御史,守丰二岁。高祖立为汉王,东击项籍,敖迁为上党守。陈豨反时,敖坚守,封为广阿侯,食千八百户。高后时为御史大夫。三岁免,②以平阳侯曹窋为御史大夫。高后崩,(不)与大臣共诛吕禄等。免,以淮南相张苍为御史大夫。

①【正义】辟音避。
②【集解】徐广曰:"文帝二年,任敖卒,谥懿侯。曾孙越人,元鼎二年为太常,坐酒酸,国除。"骃案:《汉书》任敖孝文元年薨,徐误也。　【索隐】此徐氏据《汉书》为说,而误云"二年",裴骃又引《任安书》证,为得其实。　【正义】按:《史记》书表云孝文二年卒,《汉表》又云封十九年卒,计高祖十一年封,到文帝二年则十九年矣。而《汉书》误,裴氏不考,乃云徐误,何其贰过也!

苍与绛侯等尊立代王为孝文皇帝。四年,丞相灌婴卒,张苍为丞相。

自汉兴至孝文二十馀年,会天下初定,将相公卿皆军吏。张苍为计相时,绪正律历。①以高祖十月始至霸上,因故秦时本以十月为岁首,弗革。推五德之运,以为汉当水德之时,尚黑如故。②吹律调乐,入之音声,及以比定律令。③若百工,天下作程品。④至于为丞相,卒就之,故汉家言律历者,本之张苍。苍本好书,无所不观,无所不通,而尤善律历。⑤

①【集解】文颖曰:"绪,寻也。或曰绪,业也。"

②【正义】姚察云:"苍是秦人,犹用推五胜之法,以周赤乌为火,汉胜火以
　　水也。"

③【集解】如淳曰:"比谓五音清浊各有所比也。以定十二月律之法令于乐官,
　　使长行之。"瓒曰:"谓以比故取类,以定法律与条令也。"【正义】比音鼻,
　　或音必履反,谓比方也。

④【集解】如淳曰:"若,顺也。百工为器物皆有尺寸斤两,皆使得宜,此之谓
　　顺。"晋灼曰:"若,预及之辞。"【索隐】按:晋灼说以为"若预及之辞"为
　　得也。

⑤【集解】《汉书》曰:"著书十八篇,言阴阳律历事。"

张苍德王陵。王陵者,安国侯也。及苍贵,常父事王陵。陵死后,
苍为丞相,洗沐,常先朝陵夫人上食,然后敢归家。

苍为丞相十馀年,鲁人公孙臣上书言汉土德时,其符有黄龙当见。
诏下其议张苍,张苍以为非是,罢之。其后黄龙见成纪,于是文帝召公
孙臣以为博士,草土德之历制度,更元年。张丞相由此自绌,谢病称老。
苍任人为中候,①大为奸利,上以让苍,苍遂病免。苍为丞相十五岁而
免。孝景前五年,苍卒,谥为文侯。子康侯代,八年卒。子类②代为侯,
八年,坐临诸侯丧后就位不敬,国除。③

①【集解】张晏曰:"所选保任者也。"瓒曰:"中候,官名。"

②【集解】徐广曰:"一作'颣',音聩。"

③【索隐】案:《汉书》云传子至孙毅有罪,国除,今此云康侯代,八年卒,子类代
　　侯,则类即毅也,与《汉书》略同。

初,张苍父长不满五尺,及生苍,苍长八尺馀,为侯、丞相。苍子复
长。①及孙类,长六尺馀,坐法失侯。苍之免相后,老,口中无齿,食乳,
女子为乳母。妻妾以百数,尝孕者不复幸。苍年百有馀岁而卒。

①【集解】《汉书》云长八尺。

申屠丞相嘉者,梁人,以材官蹶张①从高帝击项籍,迁为队率。②从击黥布军,为都尉。孝惠时,为淮阳守。孝文帝元年,举故吏士二千石从高皇帝者,悉以为关内侯,食邑二十四人,而申屠嘉食邑五百户。张苍已为丞相,嘉迁为御史大夫。张苍免相,③孝文帝欲用皇后弟窦广国为丞相,曰:"恐天下以吾私广国。"广国贤有行,故欲相之,念久之不可,而高帝时大臣又皆多死,馀见无可者,乃以御史大夫嘉为丞相,因故邑封为故安侯。④

①【集解】徐广曰:"勇健有材力开张。"骃案:如淳曰"材官之多力,能脚蹋强弩张之,故曰蹶张。律有蹶张士"。　【索隐】孟康云:"主张强弩。"又如淳曰:"材官之多力,能蹋强弩张之,故曰蹶张。"蹶音其月反。《汉令》有蹶张士百人是也。

②【索隐】所类反。

③【集解】徐广曰:"后二年八月。"

④【正义】今易州界武阳城中东南隅故城是也。

嘉为人廉直,门不受私谒。是时太中大夫邓通方隆爱幸,赏赐累巨万。文帝尝燕饮通家,其宠如是。是时丞相入朝,而通居上傍,有怠慢之礼。丞相奏事毕,因言曰:"陛下爱幸臣,则富贵之;至于朝廷之礼,不可以不肃!"上曰:"君勿言,吾私之。"罢朝坐府中,嘉为檄召邓通诣丞相府,不来,且斩通。通恐,入言文帝。文帝曰:"汝第往,吾今使人召若。"通至丞相府,免冠,徒跣,顿首谢。嘉坐自如,故不为礼,责曰:"夫朝廷者,高皇帝之朝廷也。通小臣,戏殿上,大不敬,当斩。吏今行斩之!"①通顿首,首尽出血,不解。文帝度丞相已困通,使使者持节召通,而谢丞相曰:"此吾弄臣,君释之。"邓通既至,为文帝泣曰:"丞相几杀臣。"

①【集解】如淳曰:"嘉语其吏曰:'今便行斩之。'"

嘉为丞相五岁,孝文帝崩,孝景帝即位。二年,晁错为内史,贵幸用事,诸法令多所请变更,议以谪罚侵削诸侯。而丞相嘉自绌所言不用,疾错。错为内史,门东出,不便,更穿一门南出。南出者,太上皇庙堧垣。①嘉闻之,欲因此以法错擅穿宗庙垣为门,奏请诛错。错客有语错,

错恐,夜入宫上谒,自归景帝。② 至朝,丞相奏请诛内史错。景帝曰:"错
所穿非真庙垣,乃外堧垣,故他官居其中,③ 且又我使为之,错无罪。"罢
朝,嘉谓长史曰:"吾悔不先斩错,乃先请之,为错所卖。"至舍,因欧血而
死。谥为节侯。子共侯蔑代,三年卒。子侯去病代,三十一年卒。④ 子
侯臾代,六岁,坐为九江太守受故官送有罪,国除。

①【集解】服虔曰:"宫外垣也。"如淳曰:"堧音'畏愞'之'愞'。"【索隐】如淳
　　音"畏懦"之"懦",乃唤反。韦昭音而缘反。又音软。

②【正义】自归帝首露。

③【索隐】《汉书》作"宂官",谓散官也。

④【集解】徐广曰:"一本无侯去病,而云共侯蔑三十三年,子臾改封靖安侯。"

自申屠嘉死之后,景帝时开封侯陶青、桃侯刘舍为丞相。① 及今上
时,柏至侯许昌、② 平棘侯薛泽、③ 武彊侯庄青翟、④ 高陵侯赵周⑤ 等为
丞相。皆以列侯继嗣,娖娖⑥ 廉谨,为丞相备员而已,无所能发明功名
有著于当世者。

①【集解】徐广曰:"陶青,高祖功臣陶舍之子也,谥夷。刘舍,本项氏亲也,赐
　　姓刘氏。父襄佐高祖有功。舍谥哀侯。"

②【集解】徐广曰:"高祖功臣许温之孙,谥哀侯。"

③【集解】徐广曰:"高祖功臣广平侯薛欧之孙平棘节侯薛泽。"

④【集解】徐广曰:"高祖功臣庄不识之孙。"

⑤【集解】徐广曰:"周父夷吾为楚王戊太傅,谏争而死。"

⑥【集解】徐广曰:"娖音七角反。一作'断',一作'踸'。"【索隐】娖音侧角
　　反。小颜云"持整之貌"。《汉书》作"踸",踸音初角反。断音都乱反。义如
　　《尚书》"断断猗无他技"。

太史公曰:张苍文学律历,为汉名相,而绌贾生、公孙臣等言正朔服
色事而不遵,明用秦之《颛顼历》,何哉?① 周昌,木强人也。② 任敖以旧德
用。③ 申屠嘉可谓刚毅守节矣,然无术学,殆与萧、曹、陈平异矣。

①【集解】张晏曰:"不考经典,专用《颛顼历》,何哉?"

②【正义】言其质直掘强如木石焉。

③【集解】张晏曰："谓伤辱吕后吏。"

　　孝武时丞相多甚，不记，莫录其行起居状略，且纪征和以来。

　　有车丞相，长陵人也。①卒而有韦丞相代。②韦丞相贤者，鲁人也。以读书术为吏，至大鸿胪。有相工相之，当至丞相。有男四人，使相工相之，至第二子，其名玄成。相工曰："此子贵，当封。"韦丞相言曰："我即为丞相，有长子，是安从得之？"后竟为丞相，病死，而长子有罪论，不得嗣，而立玄成。玄成时伴狂，不肯立，竟立之，有让国之名。后坐骑至庙，不敬，有诏夺爵一级，为关内侯，失列侯，得食其故国邑。韦丞相卒，有魏丞相代。

①【集解】名千秋。

②【索隐】自车千秋已下，皆褚先生等所记。然《丞相传》都省略，《汉书》则备。

　　魏丞相相者，济阴人也。以文吏至丞相。其人好武，皆令诸吏带剑，带剑前奏事。或有不带剑者，当入奏事，至乃借剑而敢入奏事。其时京兆尹赵君，①丞相奏以免罪，使人执魏丞相，欲求脱罪而不听。复使人胁恐魏丞相，以夫人贼杀侍婢事而私独奏请验之，发吏卒至丞相舍，捕奴婢笞击问之，实不以兵刃杀也。而丞相司直繁君②奏京兆尹赵君迫胁丞相，诬以夫人贼杀婢，发吏卒围捕丞相舍，不道；又得擅屏骑士事，赵京兆坐要斩。又有使掾陈平等劾中尚书，疑以独擅劫事而坐之，大不敬，长史以下皆坐死，或下蚕室。而魏丞相竟以丞相病死。子嗣。后坐骑至庙，不敬，有诏夺爵一级，为关内侯，失列侯，得食其故国邑。魏丞相卒，以御史大夫邴吉代。

①【集解】名广汉。

②【索隐】繁，姓也，音婆。

　　邴丞相吉者，鲁国人也。以读书好法令至御史大夫。孝宣帝时，以有旧故，封为列侯，而因为丞相。明于事，有大智，后世称之。以丞相病死。子显嗣。后坐骑至庙，不敬，有诏夺爵一级，失列侯，得食故国邑。显为吏至太仆,坐官秏乱,身及子男有奸赃,免为庶人。

邴丞相卒,黄丞相代。长安中有善相工田文者,与韦丞相、魏丞相、邴丞相微贱时会于客家,田文言曰:"今此三君者,皆丞相也。"其后三人竞更相代为丞相,何见之明也。

黄丞相霸者,淮阳人也。以读书为吏,至颍川太守。治颍川,以礼义条教喻告化之。犯法者,风晓令自杀。化大行,名声闻。孝宣帝下制曰:"颍川太守霸,以宣布诏令治民,道不拾遗,男女异路,狱中无重囚。赐爵关内侯,黄金百斤。"徵为京兆尹而至丞相,复以礼义为治。以丞相病死。子嗣,后为列侯。黄丞相卒,以御史大夫于定国代。于丞相已有廷尉传,在《张廷尉》语中。于丞相去,御史大夫韦玄成代。

韦丞相玄成者,即前韦丞相子也。代父,后失列侯。其人少时好读书,明于《诗》、《论语》。为吏至卫尉,徙为太子太傅。御史大夫薛君免,[1]为御史大夫。于丞相乞骸骨免,而为丞相,因封故邑为扶阳侯。数年,病死。孝元帝亲临丧,赐赏甚厚。子嗣后。其治容容随世俗浮沈,而见谓谄巧。而相工本谓之当为侯代父,而后失之;复自游宦而起,至丞相。父子俱为丞相,世间美之,岂不命哉!相工其先知之。韦丞相卒,御史大夫匡衡代。

[1]【集解】名广德也。

丞相匡衡者,东海人也。好读书,从博士受《诗》。家贫,衡佣作以给食饮。才下,数射策不中,至九,乃中丙科。其经以不中科故明习。补平原文学卒史。数年,郡不尊敬。御史徵之,以补百石属荐为郎,而补博士,拜为太子少傅,而事孝元帝。孝元好《诗》,而迁为光禄勋,居殿中为师,授教左右,而县官坐其旁听,甚善之,日以尊贵。御史大夫郑弘坐事免,而匡君为御史大夫。岁馀,韦丞相死,匡君代为丞相,封乐安侯。以十年之间,不出长安城门而至丞相,岂非遇时而命也哉!

太史公曰：深惟①士之游宦所以至封侯者，微甚。②然多至御史大夫即去者。诸为大夫而丞相次也，其心冀幸丞相物故也。③或乃阴私相毁害，欲代之。然守之日久不得，或为之日少而得之，至于封侯，真命也夫！御史大夫郑君守之数年不得，匡君居之未满岁，而韦丞相死，即代之矣，岂可以智巧得哉！多有贤圣之才，困厄不得者众甚也。

①【索隐】案：此论匡衡已来事，则后人所述也，而亦称"太史公"，其序述浅陋，一何诬也！

②【集解】徐广曰："微，一作'徵'。"

③【集解】高堂隆答魏朝访曰："物，无也。故，事也。言无复所能于事。"

【索隐述赞】张苍主计，天下作程。孙臣始绌，秦历尚行。御史亚相，相国阿衡。申屠面折，周子廷争。其他媕娿，无所发明。

史记卷九十七

郦生陆贾列传第三十七

郦生食其者,①陈留高阳人也。②好读书,家贫落魄,③无以为衣食业,为里监门吏。④然县中贤豪不敢役,县中皆谓之狂生。

①【正义】历异几三音也。

②【集解】徐广曰:"今在圉县。"【索隐】案:高阳属陈留圉县。高阳,乡名也,故《耆旧传》云"食其,高阳乡人"。【正义】《陈留风俗传》云"高阳在雍丘西南"。《括地志》云"圉城在汴州雍丘县西南。食其墓在雍丘西南二十八里"。盖谓此也。

③【集解】应劭曰:"落魄,志行衰恶之貌也。"晋灼曰:"落薄,落托,义同也。"【索隐】案:郑氏云"魄音薄"。应劭云"志行衰恶之貌也"。

④【正义】监音甲衫反。《战国策》云齐宣谓颜斶曰:"夫监门闾里,士之贱也。"

及陈胜、项梁等起,诸将徇地过高阳者数十人,①郦生闻其将皆握龊②好苛礼③自用,不能听大度之言,郦生乃深自藏匿。后闻沛公将兵略地陈留郊,沛公麾下骑士适郦生里中子也,④沛公时时问邑中贤士豪俊。骑士归,郦生见谓之曰:"吾闻沛公慢而易人,多大略,此真吾所愿从游,莫为我先。⑤若见沛公,谓曰'臣里中有郦生,年六十馀,长八尺,人皆谓之狂生,生自谓我非狂生'。"骑士曰:"沛公不好儒,诸客冠儒冠来者,沛公辄解其冠,溲溺⑥其中。与人言,常大骂。未可以儒生说也。"郦生曰:"弟言之。"骑士从容言如郦生所诫者。

①【正义】徇,略也。

②【集解】应劭曰:"握龊,急促之貌。"【索隐】应劭曰龊音若"促"。邹氏音麓角反。韦昭云"握龊,小节也"。

③【索隐】案:苛亦作"荷"。贾逵云"苛,烦也"。小颜云"苛,细也"。

④【集解】服虔曰:"食其里中子适作沛公骑士。"【索隐】适食其里中子。适音释。服虔、苏林皆云沛公骑士适是食其里中人也。案:言适近作骑士。

⑤【索隐】案:先谓先容,言无人为我作绍介也。【正义】为,于伪反。

⑥【索隐】上所由反。下乃吊反,亦如字。溲即溺也。

沛公至高阳传舍,①使人召郦生。郦生至,入谒,沛公方倨床使两女子洗足,②而见郦生。郦生入,则长揖不拜,曰:"足下欲助秦攻诸侯乎？且欲率诸侯破秦也？"沛公骂曰:"竖儒!③夫天下同苦秦久矣,故诸侯相率而攻秦,何谓助秦攻诸侯乎？"郦生曰:"必聚徒合义兵诛无道秦,不宜倨见长者。"于是沛公辍洗,起摄衣,④延郦生上坐,谢之。郦生因言六国从横时。沛公喜,赐郦生食,问曰:"计将安出？"郦生曰:"足下起纠合之众,⑤收散乱之兵,不满万人,欲以径入强秦,此所谓探虎口者也。夫陈留,天下之衢,四通五达之郊也,⑥今其城又多积粟。臣善其令,⑦请得使之,令下足下。⑧即不听,足下举兵攻之,臣为内应。"于是遣郦生行,沛公引兵随之,遂下陈留。号郦食其为广野君。

①【集解】徐广曰:"二世三年二月。"

②【索隐】案:乐产云"边床曰倨"。

③【索隐】案:竖者,僮仆之称。沛公轻之,以比奴竖,故曰"竖儒"也。

④【正义】摄犹言敛著也。

⑤【集解】一作"乌合",一作"瓦合"。

⑥【集解】如淳曰:"四面中央,凡五达也。"瓒曰:"四通五达,言无险阻也。"

⑦【正义】言食其与陈留县令相善也。

⑧【正义】令力征反。下谓降之也。

郦生言其弟郦商,使将数千人从沛公西南略地。郦生常为说客,驰使诸侯。

汉三年秋,项羽击汉,拔荥阳,汉兵遁保巩、洛。楚人闻淮阴侯破赵,彭越数反梁地,①则分兵救之。淮阴方东击齐,汉王数因荥阳、成皋,计欲捐成皋以东,屯巩、洛以拒楚。郦生因曰:"臣闻知天之天者,王事可成;不知天之天者,王事不可成。王者以民人为天,②而民人以食为天。夫敖仓,天下转输久矣,臣闻其下乃有藏粟甚多。楚人拔荥阳,不坚守敖仓,乃引而东,令適卒③分守成皋,此乃天所以资汉也。方今楚易取而汉反却,自夺其便,④臣窃以为过矣。且两雄不俱立,楚汉久相持不决,百姓骚动,海内摇荡,农夫释耒,工女⑤下机,天下之心未有所定也。愿足下急复进兵,收取荥阳,据敖仓之粟,⑥塞成皋之险,⑦杜大行之道,⑧距蜚狐之口,⑨守白马之津,以示诸侯效实形制之势,则天下知所归矣。方今燕、赵已定,唯齐未下。今田广据千里之齐,田闲将二十万之众,军于历城,诸田宗强,负海阻河济,南近楚,人多变诈,足下虽遣数十万师,未可以岁月破也。臣请得奉明诏说齐王,使为汉而称东藩。"上曰:"善。"

①【索隐】数音朔。

②【索隐】王者以人为天。案:此语出《管子》。

③【索隐】上音直革反。案:《通俗文》云"罚罪云谪",即所谓谪戍。又音陟革反。卒,租忽反。

④【索隐】汉反却自夺便。以言不取敖仓,是汉却,自夺其便利。

⑤【索隐】谓女工工巧也。《汉书》作"红",音工。

⑥【正义】敖仓在今郑州荥阳县西十有五里,石门之东,北临汴水,南带三皇山。秦始皇时置仓于敖山上,故名之曰敖仓也。

⑦【正义】即氾水县山也。

⑧【集解】韦昭曰:"在河内野王北也。"

⑨【集解】如淳曰:"上党壶关也。"骃案:蜚狐在代郡西南。　【正义】案:蔚州飞狐县北百五十里有秦汉故郡城,西南有山,俗号为飞狐口也。

乃从其画,复守敖仓,而使郦生说齐王曰:"王知天下之所归乎?"王曰:"不知也。"曰:"王知天下之所归,则齐国可得而有也;若不知天下之所归,即齐国未可得保也。"齐王曰:"天下何所归?"曰:"归汉。"曰:"先生何以言之?"曰:"汉王与项王戮力西面击秦,约先入咸阳者王之。汉王先入咸阳,项王负约不与而王之汉中。项王迁杀义帝,汉王闻之,起蜀汉之兵击三秦,出关而责义帝之处,收天下之兵,立诸侯之后。降城即以侯其将,得赂即以分其士,与天下同其利,豪英贤才皆乐为之用。诸侯之兵四面而至,蜀汉之粟方船而下。[1]项王有倍约之名,杀义帝之负;于人之功无所记,于人之罪无所忘;战胜而不得其赏,拔城而不得其封;非项氏莫得用事;为人刻印,刓而不能授;[2]攻城得赂,积而不能赏:天下畔之,贤才怨之,而莫为之用。故天下之士归于汉王,可坐而策也。夫汉王发蜀汉,定三秦;涉西河之外,援上党之兵;[3]下井陉,诛成安君;破北魏,[4]举三十二城:此蚩尤之兵也,非人之力也,天之福也。今已据敖仓之粟,塞成皋之险,守白马之津,杜大行之阪,距蜚狐之口,天下后服者先亡矣。王疾先下汉王,齐国社稷可得而保也;不下汉王,危亡可立而待也。”田广以为然,乃听郦生,罢历下兵守战备,与郦生日纵酒。

[1]【索隐】案:方船谓并舟也。《战国策》“方船积粟,循江而下”也。

[2]【集解】孟康曰:“刓断无复廉锷也。”瓒曰:“项羽吝于爵赏,玩惜侯印,不能以封其人也。” 【索隐】刓音五官反。案:郭象注《庄子》云“杬团无圭角”。《汉书》作“玩”,言玩惜不忍授人也。

[3]【正义】援音爰。

[4]【索隐】谓魏豹也。豹在河北故也。亦谓“西魏”,以大梁在河南故也。

淮阴侯闻郦生伏轼下齐七十馀城,乃夜度兵平原袭齐。齐王田广闻汉兵至,以为郦生卖己,乃曰:“汝能止汉军,我活汝;不然,我将亨汝!”郦生曰:“举大事不细谨,盛德不辞让。而公不为若更言!”齐王遂亨郦生,引兵东走。

汉十二年,曲周侯郦商以丞相将兵击黥布有功。高祖举列侯功臣,思郦食其。郦食其子疥[1]数将兵,功未当侯,上以其父故,封疥为高梁侯。后更食武遂,嗣三世。元狩元年中,武遂侯平[2]坐诈诏衡山王取百斤金,当弃市,病死,国除也。

[1]【索隐】疥音界。后更封武遂三世。《地理志》武遂属河间。案:《汉书》作“武阳子遂”,衍文也。

[2]【正义】年表云“卒,子敹嗣。卒,子平嗣,元年有罪国除”。而《汉书》云“更

食武阳,子遂嗣",恐《汉书》误也。

　　陆贾者,楚人也。①以客从高祖定天下,名为有口辩士,居左右,常使诸侯。

　　①【索隐】案:《陈留风俗传》云"陆氏,春秋时陆浑国之后。晋侯伐之,故陆浑
　　　　子奔楚。贾其后"。又《陆氏谱》云"齐宣公支子达食菜于陆。达生发,发生
　　　　皋,适楚。贾其孙也"。

　　及高祖时,中国初定,尉他①平南越,因王之。高祖使陆贾赐尉他
印为南越王。陆生至,尉他魋结②箕倨见陆生。陆生因进说他曰:"足
下中国人,亲戚昆弟坟墓在真定。③今足下反天性,弃冠带,欲以区区之
越与天子抗衡④为敌国,祸且及身矣。且夫秦失其政,诸侯豪桀并起,
唯汉王先入关,据咸阳。项羽倍约,自立为西楚霸王,诸侯皆属,可谓至
强。然汉王起巴蜀,鞭笞天下,劫略诸侯,遂诛项羽灭之。五年之间,海
内平定,此非人力,天之所建也。天子闻君王王南越,不助天下诛暴逆,
将相欲移兵而诛王,天子怜百姓新劳苦,故且休之,遣臣授君王印,剖符
通使。君王宜郊迎,北面称臣,乃欲以新造未集之越,屈强于此。汉诚
闻之,掘烧王先人冢,夷灭宗族,使一偏将将十万众临越,则越杀王降
汉,如反覆手耳。"

　　①【索隐】赵他为南越尉,故曰"尉他"。他音驰。
　　②【集解】服虔曰:"魋音椎。今兵士椎头结。"　【索隐】魋,直追反。结音计。
　　　　谓为髻一撮似椎而结之,故字从结。且案其"魋结"二字,依字读之亦得。
　　　　谓夷人本被发左袵,今他同其风俗,但魋其发而结之。
　　③【索隐】赵地也。本名东垣,属常山。
　　④【索隐】案:崔浩云"抗,对也。衡,车扼上横木也。抗衡,言两衡相对拒,言
　　　　不相避下"。

　　于是尉他乃蹶然①起坐,谢陆生曰:"居蛮夷中久,殊失礼义。"因问
陆生曰:"我孰与萧何、曹参、韩信贤?"陆生曰:"王似贤。"复曰:"我孰与
皇帝贤?"陆生曰:"皇帝起丰沛,讨暴秦,诛强楚,为天下兴利除害,继五

帝三王之业,统理中国。中国之人以亿计,地方万里,居天下之膏腴,人
众车舆,万物殷富,政由一家,自天地剖泮未始有也。今王众不过数十
万,皆蛮夷,崎岖山海间,譬若汉一郡,王何乃比于汉!"尉他大笑曰:"吾
不起中国,故王此。使我居中国,何渠不若汉?"②乃大说陆生,留与饮
数月。曰:"越中无足与语,至生来,令我日闻所不闻。"赐陆生橐中装③
直千金,他送亦千金。④陆生卒拜尉他为南越王,令称臣奉汉约。归报,
高祖大悦,拜贾为太中大夫。

①【索隐】苏林音厥。《礼记》"子夏蹶然而起"。《埤苍》云"蹶,起也"。

②【集解】渠音讵。　【索隐】渠,刘氏音讵。《汉书》作"遽"字,小颜以为"有何
　　迫促不如汉也"。

③【集解】张晏曰:"珠玉之宝也。装,裹也。"　【索隐】橐音托。案:如淳云以
　　为明月珠之属也。又案:《诗传》曰"大曰橐,小曰囊"。《埤苍》云"有底曰
　　囊,无底曰橐"。谓以宝物(以)入囊橐也。

④【集解】苏林曰:"非橐中物,故曰'他送'也。"

陆生时时前说称《诗》《书》。高帝骂之曰:"乃公居马上而得之,安
事《诗》《书》!"陆生曰:"居马上得之,宁可以马上治之乎?且汤武逆取
而以顺守之,文武并用,长久之术也。昔者吴王夫差、智伯极武而亡;秦
任刑法不变,卒灭赵氏。①乡使秦已并天下,行仁义,法先圣,陛下安得
而有之?"高帝不怿而有惭色,乃谓陆生曰:"试为我著秦所以失天下,吾
所以得之者何,及古成败之国。"陆生乃粗述存亡之徵,凡著十二篇。每
奏一篇,高帝未尝不称善,左右呼万岁,号其书曰"新语"。②

①【集解】赵氏,秦姓也。　【索隐】案:韦昭云"秦伯益后,与赵同出非廉,至造
　　父,有功于穆王,封之赵城,由此一姓赵氏"。

②【正义】《七录》云"《新语》二卷,陆贾撰"也。

孝惠帝时,吕太后用事,欲王诸吕,畏大臣有口者,陆生自度不能争
之,乃病免家居。以好畤田地善,①可以家焉。有五男,乃出所使越得
橐中装卖千金,②分其子,子二百金,令为生产。陆生常安车驷马,从歌

舞鼓琴瑟侍者十人,宝剑直百金,谓其子曰:"与汝约:③过汝,汝给吾人
马酒食,极欲,十日而更。所死家,得宝剑车骑侍从者。一岁中往来过
他客,率不过④再三过,数见不鲜,⑤无久恩公为也。"⑥

①【正义】畤音止。雍州县也。

②【正义】汉制一金直千贯。

③【集解】徐广曰:"汝,一作'公'。"

④【索隐】率音律。过音戈。

⑤【索隐】数见音朔现。谓时时来见汝也。不鲜,言必令鲜美作食,莫令见不
　鲜之物也。《汉书》作"数击鲜",如淳云"新杀曰鲜"。

⑥【集解】韦昭曰:"恩,污辱。"【索隐】恩,患也。公,贾自谓也。言汝诸子无
　久厌患公也。

　　吕太后时,王诸吕,诸吕擅权,欲劫少主,危刘氏。右丞相陈平患
之,力不能争,恐祸及己,常燕居深念。陆生往请,①直入坐,而陈丞相
方深念,②不时见陆生。陆生曰:"何念之深也?"陈平曰:"生揣我何
念?"③陆生曰:"足下位为上相,食三万户④侯,可谓极富贵无欲矣。然
有忧念,不过患诸吕、少主耳。"陈平曰:"然。为之奈何?"陆生曰:"天下
安,注意相;天下危,注意将。将相和调,则士务附;士务附,⑤天下虽有
变,即权不分。为社稷计,在两君掌握耳。臣常欲谓太尉绛侯,绛侯与
我戏,易吾言。君何不交欢太尉,深相结?"为陈平画吕氏数事。陈平用
其计,乃以五百金为绛侯寿,厚具乐饮;太尉亦报如之。此两人深相结,
则吕氏谋益衰。陈平乃以奴婢百人,车马五十乘,钱五百万,遗陆生为
饮食费。陆生以此游汉廷公卿间,名声藉甚。⑥

①【集解】《汉书音义》曰:"请,若问起居。"

②【索隐】深念,深思之也。

③【集解】孟康曰:"揣,度也。"韦昭曰:"揣音初委反。"

④【索隐】案:《陈平传》食户五千,以曲逆秦时有三万户,恐复业至此,故称。

⑤【集解】徐广曰:"务,一作'豫'。"

⑥【集解】《汉书音义》曰:"言狼藉甚盛。"

及诛诸吕，立孝文帝，陆生颇有力焉。孝文帝即位，欲使人之南越。陈丞相等乃言陆生为太中大夫，往使尉他，令尉他去黄屋称制，令比诸侯，皆如意旨。语在《南越》语中。陆生竟以寿终。

平原君朱建者，楚人也。故尝为淮南王黥布相，有罪去，后复事黥布。布欲反时，问平原君，平原君非之，布不听而听梁父侯，遂反。①汉已诛布，闻平原君谏不与谋，②得不诛。语在《黥布》语中。③

①【索隐】梁父侯，史失名。如淳注《汉书》云“遂，布臣”，非也。臣瓒曰“布用梁父侯计遂反耳”，其说是也。

②【正义】与音预。

③【集解】《黥布列传》无此语。

平原君为人辩有口，刻廉刚直，家于长安。行不苟合，义不取容。辟阳侯行不正，得幸吕太后。时辟阳侯欲知平原君，平原君不肯见。及平原君母死，陆生素与平原君善，过之。平原君家贫，未有以发丧，①方假贷服具，陆生令平原君发丧。陆生往见辟阳侯，贺曰：“平原君母死。”辟阳侯曰：“平原君母死，何乃贺我乎？”陆贾曰：“前日君侯欲知平原君，平原君义不知君，以其母故。②今其母死，君诚厚送丧，则彼为君死矣。”辟阳侯乃奉百金往税。③列侯贵人以辟阳侯故，往税凡五百金。

①【索隐】案：刘氏云谓欲葬时，须启其殡宫，故云“发丧”也。

②【集解】张晏曰：“相知当同恤灾危，母在，故义不知君。”【索隐】案：崔浩云“建以母在，义不以身许人也”。

③【集解】韦昭曰：“衣服曰税。税当为‘襚’。”【索隐】案：《说文》“税，赠终服也”。襚音式芮反，亦音遂。

辟阳侯幸吕太后，人或毁辟阳侯于孝惠帝，孝惠帝大怒，下吏，欲诛之。吕太后惭，不可以言。大臣多害辟阳侯行，欲遂诛之。辟阳侯急，因使人欲见平原君。平原君辞曰：“狱急，不敢见君。”乃求见孝惠幸臣闳籍孺，①说之曰：“君所以得幸帝，天下莫不闻。今辟阳侯幸太后而下吏，道路皆言君谗，欲杀之。今日辟阳侯诛，旦日太后含怒，亦诛君。何不肉袒为辟阳侯言于帝？帝听君出辟阳侯，太后大欢。两主共幸君，君贵富益倍矣。"于是闳籍孺大恐，从其计，言帝，果出辟阳侯。辟阳侯之囚，欲见平原君，平原君不见辟阳侯，辟阳侯以为倍己，大怒，及其成功出之，乃大惊。

①【索隐】案：《佞幸传》云高祖时有籍孺，孝惠时有闳孺。今总言"闳籍孺"，误也。

吕太后崩，大臣诛诸吕，辟阳侯于诸吕至深，①而卒不诛。计画所以全者，皆陆生、平原君之力也。

①【集解】如淳曰："辟阳侯与诸吕相亲信也，为罪宜诛者至深。"【索隐】案：如淳说以为宜诛，非也。小颜云辟阳侯与诸吕相知至深重，得其理也。

孝文帝时，淮南厉王杀辟阳侯，以诸吕故。文帝闻其客平原君为计策，使吏捕欲治。闻吏至门，平原君欲自杀。诸子及吏皆曰："事未可知，何早自杀为？"平原君曰："我死祸绝，不及而身矣。"遂自刭。孝文帝闻而惜之，曰："吾无意杀之。"乃召其子，拜为中大夫。①使匈奴，单于无礼，乃骂单于，遂死匈奴中。

①【索隐】案：下文所谓与太史公善者。

初，沛公引兵过陈留，郦生踵军门上谒曰："高阳贱民郦食其，窃闻沛公暴露，将兵助楚讨不义，敬劳从者，愿得望见，口画天下便事。"使者入通，沛公方洗，问使者曰："何如人也？"使者对曰："状貌类大儒，衣儒衣，冠侧注。"①沛公曰："为我谢之，言我方以天下为事，未暇见儒人也。"使者出谢曰："沛公敬谢先生，方以天下为事，未暇见儒人也。"郦生瞋目案剑叱使者曰："走！复入言沛公，吾高阳酒徒也，②非儒人也。"使者惧而失谒，跪拾谒，还走，复入报曰："客，天下壮士也，叱臣，臣恐，至失谒。曰'走！复入言，而公高阳酒徒也'。"沛公遽雪足杖矛曰："延客入！"

①【集解】徐广曰："侧注冠一名高山冠，齐王所服，以赐谒者。"
②【集解】徐广曰："一本言'而公高阳酒徒'。"

郦生入，揖沛公曰："足下甚苦，暴衣露冠，将兵助楚讨不义，足下何不自喜也？臣愿以事见，而曰'吾方以天下为事，未暇见儒人也'。夫足下欲兴天下之大事而成天下之大功，而以目皮相，恐失天下之能士。且吾度足下之智不如吾，勇又不如吾。若欲就天下而不相见，窃为足下失之。"沛公谢曰："乡者闻先生之容，今见先生之意矣。"乃延而坐之，问所以取天下者。郦生曰："夫足下欲成大功，不如止陈留。陈留者，天下之据衝也，兵之会地也，积粟数千万石，城守甚坚。臣素善其令，愿为足下说之。不听臣，臣请为足下杀之，而下陈留。足下将陈留之众，据陈留之城，而食其积粟，招天下之从兵；从兵已成，足下横行天下，莫能有害足下者矣。"沛公曰："敬闻命矣。"

于是郦生乃夜见陈留令，说之曰："夫秦为无道而天下畔之，今足下与天下从则可以成大功。今独为亡秦婴城而坚守，臣窃为足下危之。"陈留令曰："秦法至重也，不可以妄言，妄言者无类，吾不可以应。先生所以教臣者，非臣之意也，愿勿复道。"郦生留宿卧，夜半时斩陈留令首，逾城而下报沛公。沛公引兵攻城，悬令首于长竿以示城上人，曰："趣下，而令头已断矣！今后下者必先斩之！"于是陈留人见令已死，遂相率而下沛公。沛公舍陈留南城门上，因其库兵，食积粟，留出入三月，从兵以万数，遂入破秦。

太史公曰：世之传郦生书，多曰汉王已拔三秦，东击项籍而引军于巩洛之间，郦生被儒衣往说汉王。乃非也。自沛公未入关，与项羽别而至高阳，得郦生兄弟。余读陆生《新语》书十二篇，固当世之辩士。至平原君子与余善，是以得具论之。

【索隐述赞】广野大度，始冠侧注。踵门长揖，深器重遇。说齐历下，趣鼎何惧。陆贾使越，尉佗慴怖。相说国安，书成主悟。

史记卷九十八

傅靳蒯成列传第三十八

　　阳陵侯①傅宽,以魏五大夫骑将从,为舍人,起横阳。②从攻安阳、③杠里,击赵贲军于开封,及击杨熊曲遇、④阳武,⑤斩首十二级,赐爵卿。从至霸上。沛公立为汉王,汉王赐宽封号共德君。⑥从入汉中,迁为右骑将。从定三秦,赐食邑雕阴。⑦从击项籍,待怀,⑧赐爵通德侯。从击项冠、周兰、龙且,所将卒斩骑将一人敖下,⑨益食邑。

　　①【集解】《地理志》云冯翊阳陵县。

　　②【索隐】按:横阳,邑名,在韩。韩公子成初封横阳君,张良立为韩王也。

　　　【正义】《括地志》云:"故横城在宋州宋城县西南三十里,按盖横阳也。"

　　③【正义】《后魏地形志》云:"己氏有安阳城,隋改己氏为楚丘。"今宋州楚丘县西十里安阳故城是也。

　　④【正义】曲,丘羽反。遇,牛恭反。司马彪《郡国志》云"中牟有曲遇聚"。按:郑州中牟县也。

　　⑤【正义】郑州县。

　　⑥【索隐】谓美号耳,非地邑。共音恭。

　　⑦【集解】徐广曰:"属上郡。"　【索隐】案:孟康、徐广云县名,属上郡。　【正义】鄜州洛交县三十里雕阴故城是也。

　　⑧【集解】服虔曰:"待高帝于怀。"　【索隐】按:服虔云"待高祖于怀县"。小颜案《地理志》,怀属河内,今怀州也。

　　⑨【集解】徐广曰:"敖仓之下。"

　　属淮阴,①击破齐历下军,击田解。属相国参,残博,②益食邑。因定齐地,剖符世世勿绝,封为阳陵侯,二千六百户,除前所食。为齐右丞相,备齐。③五岁为齐相国。④

①【索隐】张晏云:"信时为相国,云'淮阴'者,终言之也。"

②【索隐】博,太山县也。顾祕监云:"属曹参,以残破博县也。"

③【集解】张晏曰:"时田横未降,故设屯备。"【正义】按:为齐王韩信相。

④【正义】为齐悼惠王刘肥相五岁也。

四月,击陈豨,属太尉勃,以相国代丞相哙击豨。一月,徙为代相国,将屯。①二岁,为代丞相,将屯。

①【集解】如淳曰:"既为相国,有警则将卒而屯守也。"案:律谓勒兵而守曰屯。

【索隐】如淳云:"汉初诸王官属如汉朝,故代有丞相。"案:孔文祥云"边郡有屯兵,宽为代相国兼领屯兵,后因置将屯将军也"。

孝惠五年卒,谥为景侯。子顷侯精立,二十四年卒。子共侯则立,十二年卒。子侯偃立,三十一年,坐与淮南王谋反,死,国除。

信武侯靳歙,①以中涓从,起宛朐。②攻济阳。③破李由军。击秦军亳南、开封东北,斩骑千人将一人,④首五十七级,捕虏七十三人,赐爵封号临平君。又战蓝田北,斩车司马二人,⑤骑长一人,⑥首二十八级,捕虏五十七人。至霸上。沛公立为汉王,赐歙爵建武侯,迁为骑都尉。

①【索隐】歙音"翕然"之"翕"。

②【正义】上于元反,下求俱反。曹州县也。

③【正义】曹州宛朐县西南三十五里济阳故城。

④【集解】徐广曰:"将,一作'候'。"

⑤【集解】张晏曰:"主官车。"

⑥【集解】张晏曰:"骑之长。"

从定三秦。别西击章平军于陇西,破之,定陇西六县,所将卒斩车司马、候各四人,骑长十二人。从东击楚,至彭城。汉军败还,保雍丘,去击反者王武等。略梁地,别将击邢说军①菑南,②破之,身得说都尉二人,司马、候十二人,降吏卒四千一百八十人。破楚军荥阳东。三年,赐食邑四千二百户。

①【集解】张晏曰："特起兵者也。说音悦。"　【索隐】邢，姓。说，名，音悦。

②【集解】徐广曰："今曰考城。"　【索隐】上音哭。今为考城，属济阴也。

　　别之河内，击赵将贲郝军①朝歌，破之，所将卒得骑将二人，车马二百五十匹。从攻安阳以东，至棘蒲，下七县。别攻破赵军，得其将司马二人，候四人，降吏卒二千四百人。从攻下邯郸。别下平阳，②身斩守相，所将卒斩兵守、郡守各一人，③降邺。从攻朝歌、邯郸，及别击破赵军，降邯郸郡六县。④还军敖仓，破项籍军成皋南，击绝楚馕道，起荥阳至襄邑。破项冠军鲁下。⑤略地东至缯、郯、下邳，⑥南至蕲、竹邑。⑦击项悍济阳下。还击项籍陈下，破之。别定江陵，降江陵柱国、大司马以下八人，身得江陵王，⑧生致之雒阳，因定南郡。从至陈，取楚王信，剖符世世勿绝，定食四千六百户，号信武侯。

①【集解】上音肥，下音释。　　【索隐】《汉书》作"赵贲军"。案：此在河北，非曹参、樊哙之所击也。

②【集解】徐广曰："邺有平阳城。"　【正义】《括地志》云："平阳故城在相州临漳县西二十五里。"

③【集解】孟康曰："将兵郡守。"

④【集解】徐广曰："邯郸，高帝改曰赵国。"

⑤【正义】鲁城之下，今兖州曲阜县也。

⑥【索隐】案《地理志》，缯属东海。　　【正义】今缯城在沂州丞县。下邳，泗水县。郯县属海州。

⑦【索隐】蕲、竹，二邑名。上音机。竹即竹邑。

⑧【索隐】案：孔文祥云"共敿子共尉"。

　　以骑都尉从击代，攻韩信平城下，还军东垣。有功，迁为车骑将军，并将梁、赵、齐、燕、楚车骑，别击陈豨丞相敞，破之，①因降曲逆。从击黥布有功，益封定食五千三百户。凡斩首九十级，虏百三十二人；别破军十四，降城五十九，定郡、国各一，县二十三；得王、柱国各一人，二千石以下至五百石②三十九人。

①【索隐】小颜云侯敞。

②【集解】徐广曰："一本无此五字。"

高后五年，歙卒，谥为肃侯。子亭代侯。二十一年，坐事国人过律，①孝文后三年，夺侯，国除。

①【索隐】案：刘氏云"事，役使也。谓使人违律数多也"。

蒯成侯緤者，①沛人也，姓周氏。常为高祖参乘，以舍人从起沛。至霸上，西入蜀、汉，还定三秦，食邑池阳。②东绝甬道，从出度平阴，遇淮阴侯兵襄国，军乍利乍不利，终无离上心。③以緤为信武侯，食邑三千三百户。高祖十二年，以緤为蒯成侯，除前所食邑。

①【集解】服虔曰："蒯音'菅蒯'之'蒯'。"　【索隐】姓周；名緤，音薛。蒯者，乡名。案：三苍云"蒯乡在城父县，音裴"。《汉书》作"�"，从崩，从邑。今书本并作"蒯"，音"菅蒯"之"蒯"，非也。苏林音簿催反。晋灼案《功臣表》，属长沙。崔浩音簿坏反。《楚汉春秋》作"凭成侯"，则裴凭声相近，此得其实也。　【正义】《括地志》云："蒯亭在河南西十四里苑中。《舆地志》云蒯成县故陈仓县之故乡聚名也，周緤所封也。晋武帝咸宁四年，分陈仓立蒯成县，属始平郡也。"

②【正义】雍州泾阳县西北三里池阳故城是也。

③【集解】徐广曰："蒯成侯，表云遇淮阴侯军襄国，楚汉约分鸿沟，以緤为信武侯。战不利，不敢离上。"

上欲自击陈豨，蒯成侯泣曰："始秦攻破天下，未尝自行。今上常自行，是为无人可使者乎？"上以为"爱我"，赐入殿门不趋，杀人不死。

至孝文五年，緤以寿终，谥为贞侯。①子昌代侯，有罪，国除。至孝景中二年，封緤子居代侯。②至元鼎三年，居为太常，有罪，国除。

①【正义】谥为尊侯。一作"卓"。

②【集解】徐广曰："表云'孝景中元年，封緤子应为郸侯，谥康。中二年，侯居立'。沛郡有郸县。郸，一作'鄲'。"　【索隐】鄲，苏林音多，属陈国。《地理志》云沛郡有郸县。案：此文云"子居"，表云"子应"，不同也。

太史公曰：阳陵侯傅宽、信武侯靳歙皆高爵，①从高祖起山东，攻项籍,诛杀名将,破军降城以十数,未尝困辱,此亦天授也。蒯成侯周緤操心坚正,②身不见疑,上欲有所之,未尝不垂涕,此有伤心者③然,可谓笃厚君子矣。

①【集解】徐广曰:"一无'高'字。又一本'皆从高祖'。"

②【索隐】操音仓高反。

③【集解】徐广曰:"此,一作'比'。"

【索隐述赞】阳陵、信武,结发从汉。动叶人谋,功实天赞。定齐破项,我军常冠。蒯成委质,夷险不乱。主上称忠,人臣扼腕。

史记卷九十九

刘敬叔孙通列传第三十九

刘敬①者，齐人也。汉五年，戍陇西，过洛阳，高帝在焉。娄敬脱挽辂，②衣其羊裘，见齐人虞将军曰："臣愿见上言便事。"虞将军欲与之鲜衣，③娄敬曰："臣衣帛，衣帛见；衣褐，衣褐见：终不敢易衣。"于是虞将军入言上。上召入见，赐食。

①【索隐】敬本姓娄，《汉书》作"娄敬"。高祖曰"娄即刘也"，因姓刘耳。

②【集解】苏林曰："一木横鹿车前，一人推之。"孟康曰："辂音胡格反。挽音晚。"【索隐】挽者，牵也。音晚。辂者，鹿车前横木，二人前挽，一人后推之。音胡格反。

③【索隐】上音仙。鲜衣，美服也。

已而问娄敬，娄敬说曰："陛下都洛阳，岂欲与周室比隆哉？"上曰："然。"娄敬曰："陛下取天下与周室异。周之先自后稷，尧封之邰，①积德累善十有馀世。公刘避桀居豳。太王以狄伐故，去豳，杖马箠居岐，②国人争随之。及文王为西伯，断虞芮之讼，始受命，吕望、伯夷自海滨来归之。③武王伐纣，不期而会孟津之上八百诸侯，皆曰纣可伐矣，遂灭殷。成王即位，周公之属傅相焉，乃营成周洛邑，④以此为天下之中也，诸侯四方纳贡职，道里均矣，有德则易以王，无德则易以亡。凡居此者，欲令周务以德致人，不欲依阻险，令后世骄奢以虐民也。及周之盛时，天下和洽，四夷乡风，慕义怀德，附离⑤而并事天子，不屯一卒，不战一士，八夷大国之民莫不宾服，效其贡职。及周之衰也，分而为两，⑥天下莫朝，周不能制也。非其德薄也，而形势弱也。今陛下起丰沛，收卒三千人，以之径往而卷蜀汉，定三秦，与项羽战荥阳，争成皋之口，大战七十,小战四十,使天下之民肝脑涂地,父子暴骨中野,不可胜数,哭泣之声未绝,伤痍者未起,而欲比隆于成康之时,臣窃以为不侔也。且夫秦地被山带河,四塞以为固,卒然有急,百万之众可具也。因秦之故,资甚美膏腴之地,此所谓天府⑦者也。陛下入关而都之,山东虽乱,秦之故地可全而有也。夫与人斗,不扼其亢,⑧拊其背,未能全其胜也。今陛下入关而都,案秦之故地,此亦扼天下之亢而拊其背也。"

①【正义】邰音胎。雍州武功县西南二十三里故斄城是也。《说文》云:"邰,炎帝之后,姜姓所封国,弃外家也。"毛苌云:"邰,姜嫄国,尧见天因邰而生后稷,故因封于邰也。"

②【集解】张晏曰:"言马箠,示约。"

③【正义】吕望宅及庙在苏州海盐县西也。伯夷孤竹国在平州。皆滨东海也。

④【正义】《括地志》云:"故王城一名河南城,本郏鄏,周公所筑,在洛州河南县北九里苑中东北隅。《帝王纪》云武王伐纣,营洛邑而定鼎焉。"按此即营都城也。《书》云"乃营成周"。《括地志》云:"洛阳故城在洛州洛阳城东二十六里,周公所筑,即成周城也。《尚书〔序〕》曰'成周既成,迁殷顽民'。《帝王世纪》云'居邸郦之众'。"按:刘敬说周之美,岂言居顽民之所? 以此而论,(汉书)〔《书序》〕非也。

⑤【集解】《庄子》曰"附离不以胶漆"也。　【索隐】案:谓使离者相附也。义见《庄子》。

⑥【正义】《公羊传》云:"东周者何? 成周也。西周者何? 王城也。"按:周自平王东迁,以下十二王皆都王城,至敬王乃迁都成周,王赧又居王城也。

⑦【索隐】案:《战国策》苏秦说惠王曰"大王之国,地势形便,此所谓天府"。高诱注云"府,聚也"。

⑧【集解】张晏曰:"亢,喉咙也。"　【索隐】扼音厄。亢音胡朗反,一音胡刚反。苏林以为亢,颈大脉,俗所谓"胡脉"也。

高帝问群臣,群臣皆山东人,争言周王数百年,秦二世即亡,不如都周。上疑未能决。及留侯明言入关便,即日车驾西都关中。①

①【索隐】案:谓即日西都之计定也。

于是上曰:"本言都秦地者娄敬,'娄'者乃'刘'也。"赐姓刘氏,拜为郎中,号为奉春君。①

①【索隐】案:张晏云"春为岁之始,以其首谋都关中,故号奉春君"。

汉七年,韩王信反,高帝自往击之。至晋阳,闻信与匈奴欲共击汉,上大怒,使人使匈奴。匈奴匿其壮士肥牛马,但见老弱及羸畜。①使者十辈来,皆言匈奴可击。上使刘敬复往使匈奴,还报曰:"两国相击,此宜夸矜见所长。②今臣往,徒见羸瘠③老弱,此必欲见短,伏奇兵以争利。愚以为匈奴不可击也。"是时汉兵已逾句注,④二十馀万兵已业行。上怒,骂刘敬曰:"齐虏! 以口舌得官,今乃妄言沮吾军。"⑤械系敬广武。⑥遂往,至平城,匈奴果出奇兵围高帝白登,七日然后得解。高帝至广武,赦敬,曰:"吾不用公言,以困平城。吾皆已斩前使十辈言可击者矣。"乃封敬二千户,为关内侯,号为建信侯。

①【正义】上力为反,下许又反。

②【集解】韦昭曰:"夸,张;矜,大也。"

③【索隐】上力为反。瘠音稷。瘠,瘦也。《汉书》作"膌",音渍。膌,肉也,恐非。

④【正义】句注山在代州雁门县西北三十里。

⑤【索隐】沮音才叙反。《诗传》曰"沮,止也,坏也"。

⑥【索隐】《地理志》县名,属雁门。 【正义】广武故县在句注山南也。

高帝罢平城归,韩王信亡入胡。当是时,冒顿为单于,兵强,控弦三十万,①数苦北边。上患之,问刘敬。刘敬曰:"天下初定,士卒罢于兵,未可以武服也。冒顿杀父代立,妻群母,以力为威,未可以仁义说也。独可以计久远子孙为臣耳,然恐陛下不能为。"上曰:"诚可,何为不能! 顾为奈何?"刘敬对曰:"陛下诚能以適长公主妻之,厚奉遗之,彼知汉適女送厚,蛮夷必慕以为阏氏,生子必为太子,代单于。何者? 贪汉重币。陛下以岁时汉所馀彼所鲜数问遗,因使辩士风谕以礼节。冒顿在,固为子婿;死,则外孙为单于。岂尝闻外孙敢与大父抗礼者哉? 兵可无战以渐臣也。若陛下不能遣长公主,而令宗室及后宫诈称公主,彼亦知,不

肯贵近，无益也。"高帝曰："善。"欲遣长公主。吕后日夜泣，曰："妾唯太
子、一女，奈何弃之匈奴！"上竟不能遣长公主，而取家人子名为长公主，
妻单于。使刘敬往结和亲约。

　　①【集解】应劭曰："控，引也。"

　　刘敬从匈奴来，因言"匈奴河南白羊、楼烦王，①去长安近者七百
里，轻骑一日一夜可以至秦中。秦中新破，少民，地肥饶，可益实。夫诸
侯初起时，非齐诸田，楚昭、屈、景莫能兴。今陛下虽都关中，实少人。
北近胡寇，东有六国之族，宗强，一日有变，陛下亦未得高枕而卧也。臣
愿陛下徙齐诸田，楚昭、屈、景，燕、赵、韩、魏后，及豪桀名家居关中。无
事，可以备胡；诸侯有变，亦足率以东伐。此强本弱末之术也"。上曰：
"善。"乃使刘敬徙所言关中十馀万口。②

　　①【集解】张晏云："白羊，匈奴国名。"【索隐】案：张晏云白羊，国名。二者并
　　　在河南。河南者，案在朔方之河南，旧并匈奴地也，今亦谓之新秦中。

　　②【索隐】案：小颜云"今高陵、栎阳诸田，华阴、好畤诸景，及三辅诸屈诸怀尚
　　　多，皆此时所徙也"。

　　叔孙通者，①薛人也。②秦时以文学征，待诏博士。数岁，陈胜起山
东，使者以闻，二世召博士诸儒生问曰："楚戍卒攻蕲入陈，于公如何？"
博士诸生三十馀人前曰："人臣无将，将即反，罪死无赦。③愿陛下急发
兵击之。"二世怒，作色。叔孙通前曰："诸生言皆非也。夫天下合为一
家，毁郡县城，铄其兵，示天下不复用。且明主在其上，法令具于下，使
人人奉职，四方辐辏，安敢有反者！此特群盗鼠窃狗盗耳，何足置之齿
牙间。郡守尉今捕论，何足忧。"二世喜曰："善。"尽问诸生，诸生或言
反，或言盗。于是二世令御史案诸生言反者下吏，非所宜言。诸言盗者
皆罢之。乃赐叔孙通帛二十匹，衣一袭。④拜为博士。叔孙通已出宫，
反舍，诸生曰："先生何言之谀也？"通曰："公不知也，我几不脱于虎
口！"⑤乃亡去，之薛，薛已降楚矣。及项梁之薛，叔孙通从之。败于定

陶，从怀王。怀王为义帝，徙长沙，叔孙通留事项王。汉二年，汉王从五
诸侯入彭城，叔孙通降汉王。汉王败而西，因竟从汉。

①【集解】晋灼曰："《楚汉春秋》名何。"

②【索隐】按：《楚汉春秋》云名何。薛，县名，属鲁国。

③【集解】瓒曰："将谓逆乱也。《公羊传》曰'君亲无将，将而必诛'。"

④【索隐】案：《国语》谓之"一称"。贾逵案《礼记》"袍必有表不单，衣必有裳，
　　谓之一称"。杜预云"衣单复具云称也"。

⑤【正义】几音祈。

叔孙通儒服，汉王憎之；乃变其服，服短衣，楚制，①汉王喜。

①【索隐】案：孔文祥云"短衣便事，非儒者衣服。高祖楚人，故从其俗裁制"。

叔孙通之降汉，从儒生弟子百馀人，然通无所言进，专言诸故群盗
壮士进之。弟子皆窃骂曰："事先生数岁，幸得从降汉，今不能进臣等，
专言大猾，①何也？"叔孙通闻之，乃谓曰："汉王方蒙矢石争天下，②诸生
宁能斗乎？故先言斩将搴旗③之士。诸生且待我，我不忘矣。"汉王拜
叔孙通为博士，号稷嗣君。④

①【索隐】案：《类集》云"猾，狡也。音滑"。

②【集解】《汉书音义》曰："谓发石以投人。"

③【集解】张晏曰："搴，卷也。"瓒曰："拔取曰搴。《楚辞》曰'朝搴阰之木兰'。"
　　【索隐】搴音起焉反，又己勉反。案：《方言》云"南方取物云搴"。许慎云
　　"搴，取也"。王逸云"阰，山名"。又案：《埤苍》云"山在楚，音毗"。

④【集解】徐广曰："盖言其德业足以继踪齐稷下之风流也。"骃案：《汉书音义》
　　曰"稷嗣，邑名"。

汉五年，已并天下，诸侯共尊汉王为皇帝于定陶，叔孙通就其仪号。
高帝悉去秦苛仪法，为简易。群臣饮酒争功，醉或妄呼，拔剑击柱，高帝
患之。叔孙通知上益厌之也，说上曰："夫儒者难与进取，可与守成。臣
愿征鲁诸生，与臣弟子共起朝仪。"高帝曰："得无难乎？"叔孙通曰："五
帝异乐，三王不同礼。礼者，因时世人情为之节文者也。故夏、殷、周之

礼所因损益可知者,谓不相复也。臣愿颇采古礼与秦仪杂就之。"上曰:
"可试为之,令易知,度吾所能行为之。"

于是叔孙通使征鲁诸生三十馀人。鲁有两生不肯行,曰:"公所事
者且十主,皆面谀以得亲贵。今天下初定,死者未葬,伤者未起,又欲起
礼乐。礼乐所由起,积德百年而后可兴也。吾不忍为公所为。公所为
不合古,吾不行。公往矣,无污我!"叔孙通笑曰:"若真鄙儒也,不知
时变。"

遂与所征三十人西,及上左右为学者与其弟子百馀人为绵蕞①野
外。习之月馀,叔孙通曰:"上可试观。"上既观,使行礼,曰:"吾能为
此。"乃令群臣习肄,②会十月。

①【集解】徐广曰:"表位标准。音子外反。"骃案:如淳曰"置设绵索,为习肄
　处。蕞谓以茅翦树地为纂位。《春秋传》曰'置茅蕝'也"。　【索隐】徐音子
　外反。如淳云"翦茅树地,为纂位尊卑之次"。苏林音纂。韦昭云"引绳为
　绵,立表为蕞。音兹会反"。按:贾逵云"束茅以表位为蕝"。又《纂文》云
　"蕝,今之'纂'字。包恺音即悦反。又音纂"。

②【索隐】肄亦习也,音异。

汉七年,长乐宫成,诸侯群臣皆朝十月。①仪:先平明,谒者治礼,引
以次入殿门,廷中陈车骑步卒卫宫,设兵张旗志。②传言"趋"。③殿下郎
中侠陛,陛数百人。功臣列侯诸将军军吏以次陈西方,东乡;文官丞相
以下陈东方,西乡。大行设九宾,胪传。④于是皇帝辇出房,⑤百官执
职⑥传警,⑦引诸侯王以下至吏六百石以次奉贺。自诸侯王以下莫不振
恐肃敬。至礼毕,复置法酒。⑧诸侍坐殿上皆伏抑首,⑨以尊卑次起上
寿。觞九行,谒者言"罢酒"。御史执法举不如仪者辄引去。竟朝置酒,
无敢欢哗失礼者。于是高帝曰:"吾乃今日知为皇帝之贵也。"乃拜叔孙
通为太常,赐金五百斤。

①【索隐】小颜云"汉以十月为正,故行朝岁之礼,史家追书十月也"。案:诸书
　并云十月为岁首,不言以十月为正月。《古今注》示云"群臣始朝十月"也。

②【集解】徐广曰:"一作'帜'。"

③【索隐】案：小颜云"传声教入者皆令趋。趋，疾行致敬也"。

④【集解】《汉书音义》曰："传从上下为胪。"　【索隐】《汉书》云"设九宾胪句传"。苏林云"上传语告下为胪，下传语告上为句"。胪犹行者矣。韦昭云"大行人掌宾客之礼，今谓之鸿胪也。九宾，则《周礼》九仪也，谓公、侯、伯、子、男、孤、卿、大夫、士也"。汉依此以为胪传，依次传令上也。向秀注《庄子》云"从上语下为胪"，音同。句音九注反。

⑤【索隐】案：《舆服志》云"殷周以辇载军器，职载刍豢，至秦始去其轮而舆为尊"也。

⑥【集解】徐广曰："一作'帜'。"

⑦【索隐】职音帜，亦音试。传警者，《汉仪》云"帝辇动，则左右侍帷幄者称警"是也。

⑧【集解】文颖曰："作酒令法也。"苏林曰："常会，须天子中起更衣，然后入置酒矣。"　【索隐】按：文颖云"作酒法令也"。姚氏云"进酒有礼也。古人饮酒不过三爵，君臣百拜，终日宴不为之乱也"。

⑨【集解】如淳曰："抑屈。"

叔孙通因进曰："诸弟子儒生随臣久矣，与臣共为仪，愿陛下官之。"高帝悉以为郎。叔孙通出，皆以五百斤金赐诸生。诸生乃皆喜曰："叔孙生诚圣人也，知当世之要务。"

汉九年，高帝徙叔孙通为太子太傅。汉十二年，高祖欲以赵王如意易太子，叔孙通谏上曰："昔者晋献公以骊姬之故废太子，立奚齐，晋国乱者数十年，为天下笑。秦以不蚤定扶苏，令赵高得以诈立胡亥，自使灭祀，此陛下所亲见。今太子仁孝，天下皆闻之；吕后与陛下攻苦食啖，①其可背哉！陛下必欲废适而立少，臣愿先伏诛，以颈血污地。"②高帝曰："公罢矣，吾直戏耳。"叔孙通曰："太子天下本，本一摇天下振动，奈何以天下为戏！"高帝曰："吾听公言。"及上置酒，见留侯所招客从太子入见，上乃遂无易太子志矣。

①【集解】徐广曰："攻犹今人言击也。啖，一作'淡'。"骃案：如淳曰"食无菜茹为啖"。　【索隐】案：孔文祥云"与帝共攻冒苦难，俱食淡也"。案：《说文》

云"淡,薄味也"。音唐敢反。

②【索隐】《楚汉春秋》:"叔孙何云'臣三谏不从,请以身当之'。抚剑将自杀。
上离席云'吾听子计,不易太子'。"

高帝崩,孝惠即位,乃谓叔孙生曰:"先帝园陵寝庙,群臣莫(能)习。"
徙为太常,定宗庙仪法。及稍定汉诸仪法,皆叔孙生为太常所论箸也。

孝惠帝为东朝长乐宫,①及间往,数跸②烦人,乃作复道,方筑武库
南。③叔孙生奏事,因请间曰:"陛下何自筑复道高寝,衣冠月出游高庙?
高庙,汉太祖,奈何令后世子孙乘宗庙道上行哉?"④孝惠帝大惧,曰:
"急坏之。"叔孙生曰:"人主无过举。⑤今已作,百姓皆知之,今坏此,则
示有过举。愿陛下为原庙渭北,衣冠月出游之,益广多宗庙,大孝之本
也。"上乃诏有司立原庙。原庙起,以复道故。

①【集解】《关中记》曰:"长乐宫本秦之兴乐宫也,汉太后常居之。"

②【索隐】韦昭云:"跸,止人行也。"按:长乐、未央宫东西相去稍远。闲往谓非
时也。中间往来,清道烦人也。

③【集解】韦昭曰:"阁道也。"如淳曰:"作复道,方始筑武库南。"

④【集解】应劭曰:"月出高帝衣冠,备法驾,名曰游衣冠。"如淳曰:"《三辅黄
图》高寝在高庙西,高祖衣冠藏在高寝。"月出游于高庙,其道值所作复道
下,故言乘宗庙道上行。

⑤【索隐】案:谓举动有过也。《左传》云"君举必书"。

孝惠帝曾春出游离宫,叔孙生曰:"古者有春尝果,方今樱桃孰,可
献,①愿陛下出,因取樱桃献宗庙。"上乃许之。诸果献由此兴。

①【索隐】案:《吕氏春秋》"仲春羞以含桃先荐寝庙"。高诱云"进含桃也。鹦
鸟所含,故曰含桃"。今之朱樱即是也。

太史公曰:语曰"千金之裘,非一狐之腋也;台榭之榱,非一木之枝
也;三代之际,非一士之智也"。信哉!夫高祖起微细,定海内,谋计用
兵,可谓尽之矣。然而刘敬脱輓辂一说,建万世之安,智岂可专邪!叔
孙通希世度务制礼,进退与时变化,卒为汉家儒宗。"大直若诎,①道固

委蛇”，②盖谓是乎？

　　①【索隐】音屈。

　　②【索隐】音移。

【索隐述赞】厦藉众干，裘非一狐。委辂献说，绵蕝陈书。皇帝始贵，车驾西都。既安太子，又和匈奴。奉春、稷嗣，其功可图。

史记卷一百

季布栾布列传第四十

季布者,楚人也。为气任侠,① 有名于楚。项籍使将兵,数窘汉王。② 及项羽灭,高祖购求布千金,敢有舍匿,罪及三族。季布匿濮阳周氏。周氏曰:"汉购将军急,迹且至臣家,将军能听臣,臣敢献计;即不能,愿先自到。"季布许之。乃髡钳季布,衣褐衣,置广柳车中,③ 并与其家僮数十人,之鲁朱家所卖之。朱家心知是季布,乃买而置之田。诚其子曰:"田事听此奴,必与同食。"朱家乃乘轺车④ 之洛阳,见汝阴侯滕公。滕公留朱家饮数日。因谓滕公曰:"季布何大罪,而上求之急也?"滕公曰:"布数为项羽窘上,上怨之,故必欲得之。"朱家曰:"君视季布何如人也?"曰:"贤者也。"朱家曰:"臣各为其主用,季布为项籍用,职耳。项氏臣可尽诛邪? 今上始得天下,独以己之私怨求一人,何示天下之不广也! 且以季布之贤而汉求之急如此,此不北走胡即南走越耳。夫忌壮士以资敌国,此伍子胥所以鞭荆平王之墓也。君何不从容为上言邪?"汝阴侯滕公心知朱家大侠,意季布匿其所,乃许曰:"诺。"待间,果言如朱家指。上乃赦季布。当是时,诸公皆多季布能摧刚为柔,朱家亦以此名闻当世。季布召见,谢,上拜为郎中。

①【集解】孟康曰:"信交道曰任。"如淳曰:"相与信为任,同是非为侠。所谓'权行州里,力折公侯'者也。"或曰任,气力也;侠,佽也。 【索隐】任,而禁反。侠音协。如淳曰"相与为任,同是非为侠,权行州里,力折公侯者",其说为近。佽音普丁反,其义难喻。

②【集解】如淳曰:"窘,困也。"

③【集解】服虔曰:"东郡谓广辙车为'柳'。"邓展曰:"皆棺饰也。载以丧车,欲

人不知也。”李奇曰：“大牛车也。车上覆为柳。”瓚曰：“《茂陵书》中有广柳车，每县数百乘，是今运转大车是也。”【索隐】案：服虔、臣瓚所据，云东郡谓广辙车为广柳车，及《茂陵书》称每县广柳车数百乘，则凡大车任载运者，通名广柳车，然则柳为车通名。邓展所说“柳皆棺饰，载以丧车，欲人不知也”，事义相协，最为通允。故《礼》曰“设柳翣，为使人勿恶也”。郑玄注《周礼》云“柳，聚也，诸饰所聚也”。则是丧车称柳，后人通谓车为柳也。

④【集解】徐广曰：“马车也。”【索隐】案：谓轻车，一马车也。

孝惠时，为中郎将。单于尝为书嫚吕后，不逊，吕后大怒，召诸将议之。上将军樊哙曰：“臣愿得十万众，横行匈奴中。”诸将皆阿吕后意，曰“然”。季布曰：“樊哙可斩也！夫高帝将兵四十馀万众，困于平城，今哙奈何以十万众横行匈奴中，面欺！且秦以事于胡，陈胜等起。于今创痍未瘳，哙又面谀，欲摇动天下。”是时殿上皆恐，太后罢朝，遂不复议击匈奴事。

季布为河东守，孝文时，人有言其贤者，孝文召，欲以为御史大夫。复有言其勇，使酒难近。①至，留邸一月，见罢。季布因进曰：“臣无功窃宠，待罪河东。②陛下无故召臣，此人必有以臣欺陛下者；今臣至，无所受事，罢去，此人必有以毁臣者。夫陛下以一人之誉而召臣，一人之毁而去臣，臣恐天下有识闻之有以窥陛下也。”③上默然惭，良久曰：“河东吾股肱郡，故特召君耳。”布辞之官。

①【索隐】使音如字。近音其靳反。因酒纵性谓之使酒，即酗酒也。

②【索隐】季布言己无功能，窃承恩宠，得待罪河东。其词典省而文也。

③【集解】韦昭曰：“窥见陛下深浅也。”

楚人曹丘生，辩士，数招权顾金钱。①事贵人赵同等，②与窦长君善。季布闻之，寄书谏窦长君曰：“吾闻曹丘生非长者，勿与通。”及曹丘生归，欲得书请季布。③窦长君曰：“季将军不说足下，足下无往。”固请书，遂行。使人先发书，季布果大怒，待曹丘。曹丘至，即揖季布曰：“楚人谚曰'得黄金百〈斤〉，不如得季布一诺'，足下何以得此声于梁楚间哉？
且仆楚人，足下亦楚人也。仆游扬足下之名于天下，顾不重邪？何足下
距仆之深也！"季布乃大说，引入，留数月，为上客，厚送之。季布名所以
益闻者，曹丘扬之也。

①【集解】孟康曰："招，求也。以金钱事权贵，而求得其形势以自炫耀也。"文
颖曰："事权贵也。与通势，以其所有辜较，请托金钱以自顾。"【索隐】义
如孟康、文颖所说。辜较音姑角。　【正义】言曹丘生依倚贵人，用权势属
请，数求他人。顾钱，赏金钱也。

②【集解】徐广曰："《汉书》作'赵谈'，司马迁以其父名谈，故改之。"

③【集解】张晏曰："欲使窦长君为介于布，请见。"

季布弟季心，①气盖关中，遇人恭谨，为任侠，方数千里，士皆争为
之死。尝杀人，亡之吴，从袁丝②匿。长事袁丝，弟畜灌夫、籍福之属。
尝为中司马，③中尉郅都不敢不加礼。少年多时时窃籍其名④以行。当
是时，季心以勇，布以诺，著闻关中。

①【集解】徐广曰："一作'子'。"

②【索隐】盎字丝。

③【集解】如淳曰："中尉之司马。"【索隐】《汉书》作"中尉司马"。

④【索隐】籍音子亦反。

季布母弟丁公，①为楚将。丁公为项羽逐窘高祖彭城西，短兵接，
高祖急，顾丁公曰："两贤岂相厄哉！"于是丁公引兵而还，汉王遂解去。
及项王灭，丁公谒见高祖。高祖以丁公徇军中，曰："丁公为项王臣不
忠，使项王失天下者，乃丁公也。"遂斩丁公，曰："使后世为人臣者无效
丁公！"

①【集解】晋灼曰："《楚汉春秋》云薛人，名固。"【索隐】案：谓布之舅也。

栾布者，梁人也。始梁王彭越为家人时，①尝与布游。穷困，赁佣
于齐，为酒人保。②数岁，彭越去之巨野中为盗，而布为人所略卖，为奴

于燕。为其家主报仇,燕将臧荼举以为都尉。臧荼后为燕王,以布为将。及臧荼反,汉击燕,虏布。梁王彭越闻之,乃言上,请赎布以为梁大夫。

①【索隐】谓居家之人,无官职也。

②【集解】《汉书音义》曰:"酒家作保佣也。可保信,故谓之保。"

使于齐,未还,汉召彭越,责以谋反,夷三族。已而枭彭越头于雒阳下,诏曰:"有敢收视者,辄捕之。"布从齐还,奏事彭越头下,祠而哭之。吏捕布以闻。上召布,骂曰:"若与彭越反邪? 吾禁人勿收,若独祠而哭之,与越反明矣。趣亨①之。"方提趣②汤,布顾曰:"愿一言而死。"上曰:"何言?"布曰:"方上之困于彭城,败荥阳、成皋间,项王所以(遂)不能〔遂〕西,徒以彭王居梁地,与汉合从苦楚也。当是之时,彭王一顾,与楚则汉破,与汉而楚破。且垓下之会,微彭王,项氏不亡。天下已定,彭王剖符受封,亦欲传之万世。今陛下一征兵于梁,彭王病不行,而陛下疑以为反,反形未见,以苛小③案诛灭之,臣恐功臣人人自危也。今彭王已死,臣生不如死,请就亨。"于是上乃释布罪,拜为都尉。

①【索隐】上音促,下音普盲反。谓疾令赴镬也。

②【集解】徐广曰:"一作'走'。"　【索隐】上音啼,下音趋。徐广云一作"走",走亦趣向之也。

③【集解】徐广曰:"小,一作'峭'。"

孝文时,为燕相,至将军。布乃称曰:"穷困不能辱身下志,非人也;富贵不能快意,非贤也。"于是尝有德者厚报之,有怨者必以法灭之。吴(军)〔楚〕反时,以军功封俞侯,①复为燕相。燕齐之间皆为栾布立社,号曰栾公社。

①【集解】徐广曰:"击齐有功也。"

景帝中五年薨。子贲嗣,为太常,牺牲不如令,国除。

太史公曰:以项羽之气,而季布以勇显于楚,身屦(典)军①搴旗者数矣,可谓壮士。然至被刑戮,为人奴而不死,何其下也! 彼必自负其材,

故受辱而不羞,欲有所用其未足也,故终为汉名将。贤者诚重其死。夫
婢妾贱人感慨而自杀者,②非能勇也,其计画无复之耳。③栾布哭彭越,
趣汤如归者,彼诚知所处,④不自重其死。虽往古烈士,何以加哉!

①【集解】徐广曰:"屡,一作'屦',一曰'覆'。"骃案:孟康曰"屡,履蹈之也"。
　瓒曰"屡,数也"。　【索隐】身屡军。按:徐氏云一作"覆",按下云"搴旗",
　则"覆军"为是,胜于"屡"之与"履"。

②【集解】徐广曰:"或作'概'字,音义同。"

③【集解】徐广曰:"复,一作'冀'。"

④【集解】如淳曰:"非死者难,处死者难。"

【索隐述赞】季布、季心,有声梁、楚。百金然诺,十万致距。出守河东,股肱是
与。栾布哭越,犯禁见虏。赴鼎非冤,诚知所处。

史记卷一百一

袁盎晁错列传第四十一

袁盎①者,楚人也,字丝。父故为群盗,徙处安陵。高后时,盎尝为吕禄舍人。及孝文帝即位,盎兄哙任盎为中郎。②

①【索隐】音如《周礼》"盎齐",乌浪反。

②【集解】如淳曰:"盎为兄所保任,故得为中郎。"

绛侯为丞相,朝罢趋出,意得甚。上礼之恭,常自送之。①袁盎进曰:"陛下以丞相何如人?"上曰:"社稷臣。"盎曰:"绛侯所谓功臣,非社稷臣。社稷臣主在与在,②主亡与亡。③方吕后时,诸吕用事,擅相王,刘氏不绝如带。是时绛侯为太尉,主兵柄,弗能正。吕后崩,大臣相与共畔诸吕,太尉主兵,适会其成功,所谓功臣,非社稷臣。丞相如有骄主色。陛下谦让,臣主失礼,窃为陛下不取也。"后朝,上益庄,④丞相益畏。已而绛侯望袁盎曰:⑤"吾与而兄善,今儿廷毁我!"盎遂不谢。

①【集解】徐广曰:"自,一作'目'。"

②【集解】如淳曰:"人主在时,与共治在时之事。"【索隐】按:如淳云"人主在时,与共理在时之事"也。

③【集解】如淳曰:"不以主亡而不行其政令。"【索隐】如淳云"不以人主亡而不行其政令"。按:如说为得。

④【索隐】庄,严也。

⑤【正义】望,怨也。

及绛侯免相之国,国人上书告以为反,征系清室,①宗室诸公莫敢为言,唯袁盎明绛侯无罪。绛侯得释,盎颇有力。绛侯乃大与盎结交。

①【集解】《汉书》作"请室"。应劭曰:"请室,请罪之室,若今钟下也。"如淳曰:

"请室,狱也,若古刑于甸师氏也。"

　　淮南厉王朝,杀辟阳侯,居处骄甚。袁盎谏曰:"诸侯大骄必生患,可適削地。"上弗用。淮南王益横。及棘蒲侯柴武太子谋反事觉,治,连淮南王,淮南王征,上因迁之蜀,辒车传送。袁盎时为中郎将,乃谏曰:"陛下素骄淮南王,弗稍禁,以至此,今又暴摧折之。淮南王为人刚,如有遇雾露行道死,陛下竟为以天下之大弗能容,有杀弟之名,奈何?"上弗听,遂行之。

　　淮南王至雍,病死,闻,上辍食,哭甚哀。盎入,顿首请罪。上曰:"以不用公言至此。"盎曰:"上自宽,此往事,岂可悔哉!且陛下有高世之行者三,此不足以毁名。"上曰:"吾高世行三者何事?"盎曰:"陛下居代时,太后尝病,三年,陛下不交睫,不解衣,汤药非陛下口所尝弗进。夫曾参以布衣犹难之,今陛下亲以王者修之,过曾参孝远矣。夫诸吕用事,大臣专制,然陛下从代乘六乘传驰不测之渊,①虽贲育之勇②不及陛下。陛下至代邸,西向让天子位者再,南面让天子位者三。夫许由一让,而陛下五以天下让,过许由四矣。且陛下迁淮南王,欲以苦其志,使改过,有司卫不谨,故病死。"于是上乃解,曰:"将奈何?"盎曰:"淮南王有三子,唯在陛下耳。"于是文帝立其三子皆为王。盎由此名重朝廷。

　　①【集解】瓒曰:"大臣共诛诸吕,祸福尚未可知,故曰不测也。"

　　②【集解】孟康曰:"孟贲、夏育,皆古勇者也。"【索隐】贲,孟贲;育,夏育也。《尸子》云"孟贲水行不避蛟龙,陆行不避兕虎"。《战国策》曰"夏育叱呼骇三军,身死庸夫"。高诱曰"育为申繻所杀"。贲音奔也。

　　袁盎常引大体忼慨。宦者赵同①以数幸,常害袁盎,袁盎患之。盎兄子种为常侍骑,②持节夹乘,说盎曰:③"君与斗,廷辱之,使其毁不用。"孝文帝出,赵同参乘,袁盎伏车前曰:"臣闻天子所与共六尺舆者,皆天下豪英。今汉虽乏人,陛下独奈何与刀锯馀人载!"于是上笑,下赵同。赵同泣下车。

①【集解】徐广曰："《汉书》作'谈'字。"

②【索隐】案:《汉旧仪》云"持节夹乘舆车骑从者云常侍骑"。

③【集解】徐广曰："说,一作'谋'。"

文帝从霸陵上,欲西驰下峻阪。袁盎骑,并车揽辔。上曰："将军怯邪?"盎曰："臣闻千金之子坐不垂堂,①百金之子不骑衡,②圣主不乘危而徼幸。今陛下骋六騑,③驰下峻山,如有马惊车败,陛下纵自轻,奈高庙、太后何?"上乃止。

①【索隐】案:张揖云"恐檐瓦堕中人"。或云临堂边垂,恐堕坠也。

②【集解】徐广曰："一作'行'。"骃案:服虔曰"自惜身,不骑衡"。如淳曰"骑,倚也。衡,楼殿边栏楯也"。韦昭曰"衡,车衡"。　【索隐】张晏云"衡木行马也"。如淳云"骑音于岐反。衡,楼殿边栏楯也"。韦昭云"衡,车衡也。骑音倚,谓跨之"。按:如淳之说为长。案:《纂要》云"宫殿四面栏,纵者云槛,横者云楯"也。

③【集解】如淳曰："六马之疾若飞。"

上幸上林,皇后、慎夫人从。其在禁中,常同席坐。及坐,郎署长布席,①袁盎引却慎夫人坐。②慎夫人怒,不肯坐。上亦怒,起,入禁中。盎因前说曰："臣闻尊卑有序则上下和。今陛下既已立后,慎夫人乃妾,妾主岂可与同坐哉! 适所以失尊卑矣。且陛下幸之,即厚赐之。陛下所以为慎夫人,适所以祸之。陛下独不见'人彘'乎?"③于是上乃说,召语慎夫人。慎夫人赐盎金五十斤。

①【正义】苏林云："郎署,上林中直卫之署。"

②【集解】如淳曰："盎时为中郎将,天子幸署,豫设供帐待之,故得却慎夫人坐。"

③【集解】张晏曰："戚夫人。"

然袁盎亦以数直谏,不得久居中,调为陇西都尉。①仁爱士卒,士卒皆争为死。迁为齐相。徙为吴相,辞行,种谓盎曰："吴王骄日久,国多奸。今苟欲劾治,彼不上书告君,即利剑刺君矣。南方卑湿,君能日饮,毋何,时说王曰毋反而已。如此幸得脱。"盎用种之计,吴王厚遇盎。

①【集解】如淳曰:"调选。"

　　盎告归,道逢丞相申屠嘉,下车拜谒,丞相从车上谢袁盎。袁盎还,愧其吏,乃之丞相舍上谒,求见丞相。丞相良久而见之。盎因跪曰:"愿请间。"丞相曰:"使君所言公事,之曹与长史掾议,吾且奏之;即私邪,吾不受私语。"袁盎即跪说曰:"君为丞相,自度孰与陈平、绛侯?"丞相曰:"吾不如。"袁盎曰:"善,君即自谓不如。夫陈平、绛侯辅翼高帝,定天下,为将相,而诛诸吕,存刘氏;君乃为材官蹶张,迁为队率,积功至淮阳守,非有奇计攻城野战之功。且陛下从代来,每朝,郎官上书疏,未尝不止辇受其言,言不可用置之,言可受采之,未尝不称善。何也?则欲以致天下贤士大夫。上日闻所不闻,明所不知,日益圣智;君今自闭钳天下之口而日益愚。夫以圣主责愚相,君受祸不久矣。"丞相乃再拜曰:"嘉鄙野人,乃不知,将军幸教。"引入与坐,为上客。

　　盎素不好晁错,晁错所居坐,盎去;盎坐,错亦去:两人未尝同堂语。及孝文帝崩,孝景帝即位,晁错为御史大夫,使吏案袁盎受吴王财物,抵罪,诏赦以为庶人。

　　吴楚反,闻,晁错谓丞史曰:①"夫袁盎多受吴王金钱,专为蔽匿,言不反。今果反,欲请治盎宜知计谋。"丞史曰:"事未发,治之有绝。② 今兵西乡,治之何益!且袁盎不宜有谋。"③晁错犹与未决。人有告袁盎者,袁盎恐,夜见窦婴,为言吴所以反者,愿至上前口对状。窦婴入言上,上乃召袁盎入见。晁错在前,及盎请辟人赐间,错去,固恨甚。袁盎具言吴所以反状,以错故,独急斩错以谢吴,吴兵乃可罢。其语具在《吴事》中。使袁盎为太常,窦婴为大将军。两人素相与善。逮吴反,诸陵长者长安中贤大夫争附两人,车随者日数百乘。

①【集解】如淳曰:"《百官表》御史大夫有两丞。丞史,丞及史也。"

②【集解】如淳曰:"事未发之时治之,乃有所绝。"【索隐】案:谓有绝吴反心也。

③【集解】如淳曰:"盎大臣,不宜有奸谋。"

及晁错已诛,袁盎以太常使吴。吴王欲使将,不肯。欲杀之,使一都尉以五百人围守盎军中。袁盎自其为吴相时,(尝)有从史尝盗爱盎侍儿,①盎知之,弗泄,遇之如故。人有告从史,言"君知尔与侍者通",乃亡归。袁盎驱自追之,遂以侍者赐之,复为从史。及袁盎使吴见守,从史适为守盎校尉司马,乃悉以其装赍置二石醇醪,会天寒,士卒饥渴,饮酒醉,西南陬卒皆卧,司马夜引袁盎起,曰:"君可以去矣,吴王期旦日斩君。"盎弗信,曰:"公何为者?"司马曰:"臣故为从史盗君侍儿者。"盎乃惊谢曰:"公幸有亲,②吾不足以累公。"司马曰:"君弟去,臣亦且亡,辟吾亲,③君何患!"及以刀决张,④道⑤从醉卒(直)隧〔直〕出。司马与分背,袁盎解节毛怀之,⑥杖,步行七八里,明,见梁骑,骑驰去,⑦遂归报。

①【集解】文颖曰:"婢也。"

②【集解】文颖曰:"言汝有亲老。"

③【集解】如淳曰:"藏匿吾亲,不使遇害也。"　【索隐】案:张晏云"辟,隐也。言自隐辟亲,不使遇祸也"。

④【集解】音帐。　【索隐】案:帐,军幕也。决之以出也。

⑤【集解】如淳曰:"决开当所从亡者之道。"

⑥【集解】如淳曰:"不欲令人见也。"

⑦【集解】文颖曰:"梁骑击吴楚者也。或曰得梁马驰去也。"

吴楚已破,上更以元王子平陆侯礼为楚王,袁盎为楚相。尝上书有所言,不用。袁盎病免居家,与闾里浮沈,相随行,斗鸡走狗。雒阳剧孟尝过袁盎,盎善待之。安陵富人有谓盎曰:"吾闻剧孟博徒,①将军何自通之?"盎曰:"剧孟虽博徒,然母死,客送葬车千馀乘,此亦有过人者。且缓急人所有。夫一旦有急叩门,不以亲为解,②不以存亡为辞,天下所望者,独季心、剧孟耳。今公常从数骑,③一旦有缓急,宁足恃乎!"骂富人,弗与通。诸公闻之,皆多袁盎。

①【集解】如淳曰:"博荡之徒。"或曰博戏之徒。

②【集解】张晏曰:"不语云'亲不听'也。"瓒曰:"凡人之于赴难济危,多以有父
　　母为解,而孟兼行之。"　【索隐】案:谓不以亲为辞也。今此云解者,亦谓不
　　以亲在而自解。

③【集解】徐广曰:"常,一作'详'。"

袁盎虽家居,景帝时时使人问筹策。梁王欲求为嗣,袁盎进说,其
后语塞。①梁王以此怨盎,曾使人刺盎。刺者至关中,问袁盎,诸君誉之
皆不容口。乃见袁盎曰:"臣受梁王金来刺君,君长者,不忍刺君。然后
刺君者十馀曹,②备之!"袁盎心不乐,家又多怪,乃之棓生③所问占。
还,梁刺客后曹辈果遮刺杀盎安陵郭门外。

①【索隐】按邹氏云"塞"当作"露",非也。案:以盎言不宜立弟之义,其后立梁
　　王之语塞绝也。

②【集解】如淳曰:"曹,辈也。"

③【集解】徐广曰:"棓,一作'服'。"骃案:文颖曰"棓音陪。秦时贤士,善术
　　者"。　【索隐】文颖云棓音陪。韦昭云棓,姓也。

晁错①者,颍川人也。学申商刑名于轵张恢先所,②与雒阳宋孟及
刘礼同师。以文学为太常掌故。③

①【索隐】上音朝,下音厝,一如字读。案:朝氏出南阳,今西鄂晁氏,谓子朝之
　　后也。

②【集解】徐广曰:"先即先生。"　【索隐】轵张恢生所。轵县人张恢先生所学
　　申商之法。

③【集解】应劭曰:"掌故,百石吏,主故事。"　【索隐】服虔云"百石卒吏"。《汉
　　旧仪》云"太常博士弟子试射策,中甲科补郎,中乙科补掌故"也。

错为人陗直刻深。①孝文帝时,天下无治《尚书》者,独闻济南伏生
故秦博士,治《尚书》,年九十馀,老不可征,乃诏太常使人往受之。太常
遣错受《尚书》伏生所。②还,因上便宜事,以《书》称说。诏以为太子舍
人、门大夫、家令。③以其辩得幸太子,太子家号曰"智囊"。数上书孝文
时,言削诸侯事,及法令可更定者。书数十上,孝文不听,然奇其材,迁
为中大夫。当是时,太子善错计策,袁盎诸大功臣多不好错。

①【集解】韦昭曰："术岸高曰峭。"瓒曰："峭峻。"　【索隐】案：韦昭注本无"术"

字。或云术，道路也。峭，七笑反。峭，峻也。

②【正义】卫宏《诏定古文尚书序》云："征之，老不能行，遣太常掌故晁错往读

之。年九十馀，不能正言，言不可晓，使其女传言教错。齐人语多与颍川

异，错所不知者凡十二三，略以其意属读而已也。"

③【集解】服虔曰："太子称家。"瓒曰："《茂陵书》太子家令秩八百石。"

景帝即位，以错为内史。错常数请间言事，辄听，宠幸倾九卿，①法
令多所更定。丞相申屠嘉心弗便，力未有以伤。内史府居太上庙壖中，
门东出，不便，错乃穿两门南出，凿庙壖垣。②丞相嘉闻，大怒，欲因此过
为奏请诛错。错闻之，即夜请间，具为上言之。丞相奏事，因言错擅凿
庙垣为门，请下廷尉诛。上曰："此非庙垣，乃壖中垣，不致于法。"丞相
谢。罢朝，怒谓长史曰："吾当先斩以闻，乃先请，为儿所卖，固误。"丞相
遂发病死。错以此愈贵。

①【集解】徐广曰："九，一作'公'。"

②【索隐】上音乃恋反。谓墙外之短垣也。又音而缘反。　【正义】上，人缘

反。壖者，庙内垣外游地也。

迁为御史大夫，请诸侯之罪过，削其地，①收其枝郡。奏上，上令公
卿列侯宗室集议，莫敢难，独窦婴争之，由此与错有郤。错所更令三十
章，诸侯皆喧哗疾晁错。错父闻之，从颍川来，谓错曰："上初即位，公为
政用事，侵削诸侯，别疏人骨肉，人口议②多怨公者，何也？"晁错曰："固
也。不如此，天子不尊，宗庙不安。"错父曰："刘氏安矣，而晁氏危矣，吾
去公归矣！"遂饮药死，曰："吾不忍见祸及吾身。"死十馀日，吴楚七国果
反，以诛错为名。及窦婴、袁盎进说，上令晁错衣朝衣斩东市。

①【集解】徐广曰："一云言景帝曰'诸侯或连数郡，非古之制，非久长策，不便，

请削之'，上令公卿云云。"

②【集解】徐广曰："一作'谨'。"

晁错已死，谒者仆射邓公①为校尉，击吴楚军为将。还，上书言军

事,谒见上。上问曰:"道军所来,②闻晁错死,吴楚罢不?"邓公曰:"吴
王为反数十年矣,发怒削地,以诛错为名,其意非在错也。且臣恐天下
之士噤口,③不敢复言也!"上曰:"何哉?"邓公曰:"夫晁错患诸侯强大
不可制,故请削地以尊京师,万世之利也。计画始行,卒受大戮,内杜忠
臣之口,外为诸侯报仇,臣窃为陛下不取也。"于是景帝默然良久,曰:
"公言善,吾亦恨之。"乃拜邓公为城阳中尉。

①【正义】《汉书》作"邓先"。孔文祥云名先。

②【集解】如淳曰:"道路从吴军所来也。"瓒曰:"道,由也。"

③【索隐】上音其锦反,又音其禁反。

邓公,成固人也,①多奇计。建元中,上招贤良,公卿言邓公,时邓
公免,起家为九卿。一年,复谢病免归。其子章以修黄老言显于诸
公间。

①【正义】梁州成固县也。《括地志》云:"成固故城在梁州成固县东六里,汉城
固城也。"

太史公曰:袁盎虽不好学,亦善傅会,仁心为质,引义慷慨。遭孝文
初立,资适逢世。①时以变易,②及吴楚一说,说虽行哉,然复不遂。好声
矜贤,竟以名败。晁错为家令时,数言事不用;后擅权,多所变更。诸侯
发难,不急匡救,欲报私仇,反以亡躯。语曰"变古乱常,不死则亡",岂
错等谓邪!

①【集解】张晏曰:"资,才也。适值其世,得骋其才。"

②【集解】张晏曰:"谓景帝立。"

【索隐述赞】袁丝公直,亦多附会。揽辔见重,却席翳赖。朝错建策,屡陈利
害。尊主卑臣,家危国泰。悲彼二子,名立身败!

史记卷一百二

张释之冯唐列传第四十二

张廷尉释之者,堵阳人也,①字季。有兄仲同居。以訾为骑郎,②事孝文帝,十岁不得调,无所知名。释之曰:"久宦减仲之产,不遂。"欲自免归。中郎将袁盎知其贤,惜其去,乃请徙释之补谒者。③释之既朝毕,因前言便宜事。文帝曰:"卑之,毋甚高论,令今可施行也。"④于是释之言秦汉之间事,秦所以失而汉所以兴者久之。文帝称善,乃拜释之为谒者仆射。

①【索隐】韦昭堵音赭,又音如字,地名,属南阳。　【正义】应劭曰:"哀帝改为顺阳,水东南入蔡。"《括地志》云:"顺阳故城在邓州穰县西三十里,楚之邱邑也。及《苏秦传》云'楚北有邱阳',并谓此也。"

②【集解】苏林曰:"顾钱若出谷也。"如淳曰:"《汉仪注》訾五百万得为常侍郎。"　【索隐】訾音子移反。《字苑》云"赀,积财也"。

③【正义】《百官表》云"谒者,掌宾赞受事,员十七人,秩比六百石"也。

④【索隐】案:卑,下也。欲令且卑下其志,无甚高谈论,但令依时事,无说古远也。

释之从行,登虎圈。①上问上林尉②诸禽兽簿,十馀问,尉左右视,尽不能对。虎圈啬夫③从旁代尉对上所问禽兽簿甚悉,欲以观其能,口对响应无穷者。文帝曰:"吏不当若是邪?尉无赖!"④乃诏释之拜啬夫为上林令。释之久之前曰:"陛下以绛侯周勃何如人也?"上曰:"长者也。"又复问:"东阳侯张相如何如人也?"上复曰:"长者。"释之曰:"夫绛侯、东阳侯称为长者,此两人言事曾不能出口,岂斅此啬夫谍谍⑤利口捷给

哉！且秦以任刀笔之吏，吏争以呕疾苛察相高，然其敝徒文具耳，⑥无
恻隐之实。以故不闻其过，陵迟而至于二世，天下土崩。今陛下以啬夫
口辩而超迁之，臣恐天下随风靡靡，争为口辩而无其实。且下之化上疾
于景响，举错不可不审也。"文帝曰："善。"乃止不拜啬夫。

①【正义】求远反。

②【索隐】《汉书》表上林有八丞十二尉。《百官志》尉秩三百石。

③【正义】掌虎圈。《百官表》有乡啬夫，此其类也。

④【集解】张晏曰："才无可恃。"

⑤【集解】晋灼曰："音牒。"【索隐】音牒。《汉书》作"喋喋"，口多言。

⑥【索隐】案：谓空具其文而无其实也。

上就车，召释之参乘，徐行，问释之秦之敝。具以质言。①至宫，上
拜释之为公车令。

①【集解】如淳曰："质，诚也。"

顷之，太子与梁王共车入朝，不下司马门，①于是释之追止太子、梁
王无得入殿门。遂劾不下公门不敬，奏之。薄太后闻之，文帝免冠谢
曰："教儿子不谨。"薄太后乃使使承诏赦太子、梁王，然后得入。文帝由
是奇释之，拜为中大夫。

①【集解】如淳曰："宫卫令'诸出入殿门公车司马门，乘轺传者皆下，不如令，
　　罚金四两'。"

顷之，至中郎将。从行至霸陵，居北临厕。①是时慎夫人从，上指示
慎夫人新丰道，曰："此走邯郸道也。"②使慎夫人鼓瑟，上自倚瑟而歌，③
意惨凄悲怀，顾谓群臣曰："嗟乎！以北山石为椁，④用纻絮⑤斮陈，蔡漆
其间，⑥岂可动哉！"左右皆曰："善。"释之前进曰："使其中有可欲者，虽
锢南山犹有郄；⑦使其中无可欲者，虽无石椁，又何戚焉！"文帝称善。
其后拜释之为廷尉。

①【集解】李奇曰："霸陵北头厕近霸水，帝登其上，以远望也。"如淳曰："居高

临垂边曰厕也。"苏林曰:"厕,边侧也。"韦昭曰:"高岸夹水为厕也。"【索隐】刘氏厕音初吏反。按:李奇曰"霸陵北头厕近霸水"。苏林曰"厕,边侧也"。包恺音侧,义亦两通也。

②【集解】张晏曰:"慎夫人,邯郸人也。"如淳曰:"走音奏,趋也。"【索隐】音奏。案:走犹向也。

③【集解】《汉书音义》曰:"声气依倚瑟也。《书》曰'声依永'。"【索隐】倚,于绮反。案:谓歌声合于瑟声,相依倚也。

④【正义】颜师古云:"美石出京师北山,今宜州石是。"

⑤【索隐】上张吕反,下息虑反。

⑥【集解】徐广曰:"斩,一作'错'。"骃案:《汉书音义》曰"斩絮,以漆著其间也"。【索隐】斩陈絮漆其间。斩音侧略反。絮音女居反。案:斩陈絮以漆著其间也。

⑦【集解】张晏曰:"锢,铸也。帝北向,故云'北山';回顾南向,故云'南山'。"【索隐】案:张晏云"锢,铸也。帝北向,故云'北山';回顾向南,故云'南山'"。今案:大颜云"北山青石肌理密,堪为碑椁,至今犹然。故《秦本纪》作阿房或作郦山石椁是也"。故帝欲北山之石为椁,取其精牢。释之答言,但使薄葬,冢中无可贪,虽无石椁,有何忧焉。若使厚殉,冢中有物,虽并锢南山,犹为人所发掘也。言"南山"者,取其高厚之意,张晏殊失其旨也。

顷之,上行出中渭桥,①有一人从桥下走出,乘舆马惊。于是使骑捕,属之廷尉。释之治问。曰:"县人来,②闻跸,匿桥下。久之,以为行已过,即出,见乘舆车骑,即走耳。"廷尉奏当,一人犯跸,当罚金。③文帝怒曰:"此人亲惊吾马,吾马赖柔和,令他马,固不败伤我乎? 而廷尉乃当之罚金!"释之曰:"法者天子所与天下公共也。④今法如此而更重之,是法不信于民也。且方其时,上使立诛之则已。今既下廷尉,廷尉,天下之平也,一倾而天下用法皆为轻重,民安所措其手足? 唯陛下察之。"良久,上曰:"廷尉当是也。"

①【集解】张晏曰:"在渭桥中路。"瓒曰:"中渭桥两岸之中。"【索隐】张晏、臣瓒之说皆非也。案今渭桥有三所:一所在城西北咸阳路,曰西渭桥;一所在东北高陵道,曰东渭桥;其中渭桥在古城之北也。

②【集解】如淳曰："长安县人。"

③【集解】如淳曰："乙令'跸先至而犯者罚金四两'。跸,止行人。"【索隐】案:崔浩云"当谓处其罪也"。案:《百官志》云"廷尉平刑罚,奏当所应。郡国谳疑罪,皆处当以报之"也。

④【索隐】小颜云："公谓不私也。"

其后有人盗高庙坐前玉环,捕得,文帝怒,下廷尉治。释之案律盗宗庙服御物者为奏,奏当弃市。上大怒曰："人之无道,乃盗先帝庙器,吾属廷尉者,欲致之族;而君以法奏之,①非吾所以共承宗庙意也。"释之免冠顿首谢曰："法如是足也。②且罪等,③然以逆顺为差。今盗宗庙器而族之,有如万分之一,假令愚民取长陵一抔土,④陛下何以加其法乎?"久之,文帝与太后言之,乃许廷尉当。是时,中尉条侯周亚夫与梁相山都侯王恬开⑤见释之持议平,乃结为亲友。张廷尉由此天下称之。

①【索隐】案:法者,依律以断也。

②【集解】徐广曰："足,一作'止'也。"

③【集解】如淳曰："俱死罪也,盗玉环不若盗长陵土之逆也。"

④【集解】张晏曰："不欲指言,故以取土譬也。"【索隐】抔音步侯反。案:《礼运》云"污尊而抔饮",郑氏云"抔,手掬之,字从手"。字本或作"杯",言一勺一杯,两音并通。又音普回反。坯者,砖之未烧之名也。张晏云"不欲指言,故以取土譬"者,盖不欲言盗开长陵及说伤迫近先帝故也。

⑤【集解】徐广曰："一作'闲'。《汉书》作'启'。启者,景帝讳也,故或为'开'。"

后文帝崩,景帝立,释之恐,①称病。欲免去,惧大诛至;欲见谢,则未知何如。用王生计,卒见谢,景帝不过也。

①【索隐】谓帝为太子时,与梁王入朝,不下司马门,释之曾劾,故恐也。

王生者,善为黄老言,处士也。尝召居廷中,三公九卿尽会立,王生老人,曰"吾袜解",①顾谓张廷尉："为我结袜!"②释之跪而结之。既已,人或谓王生曰："独奈何廷辱张廷尉,使跪结袜?"王生曰："吾老且贱,自度终无益于张廷尉。张廷尉方今天下名臣,吾故聊辱廷尉,使跪结袜,欲以重之。"诸公闻之,贤王生而重张廷尉。

①【正义】上万越反,下闲买反。

②【索隐】结音如字,又音计。

张廷尉事景帝岁馀,为淮南王相,犹尚以前过也。久之,释之卒。其子曰张挚,字长公,官至大夫,免。以不能取容当世,故终身不仕。①

①【索隐】谓性公直,不能曲屈见容于当世,故至免官不仕也。

冯唐者,其大父赵人。父徙代。汉兴徙安陵。唐以孝著,为中郎署长,①事文帝。文帝辇过,②问唐曰:"父老何自为郎?③家安在?"唐具以实对。文帝曰:"吾居代时,吾尚食监高祛数为我言赵将李齐之贤,战于钜鹿下。今吾每饭,意未尝不在钜鹿也。④父知之乎?"唐对曰:"尚不如廉颇、李牧之为将也。"上曰:"何以?"唐曰:"臣大父在赵时,为官(卒)〔率〕将,⑤善李牧。臣父故为代相,善赵将李齐,知其为人也。"上既闻廉颇、李牧为人,良⑥说,而搏髀曰:"嗟乎!吾独不得廉颇、李牧时为吾将,吾岂忧匈奴哉!"唐曰:"主臣!⑦陛下虽得廉颇、李牧,弗能用也。"上怒,起入禁中。良久,召唐让曰:"公奈何众辱我,独无闲处乎?"唐谢曰:"鄙人不知忌讳。"

①【集解】应劭曰:"此云孝子郎也。"或曰以至孝闻。　【索隐】案:谓为郎署之长也。

②【索隐】过音戈。谓文帝乘辇,会过郎署。

③【索隐】案:崔浩云"自,从也。帝询唐何从为郎"。又小颜云"年老矣,乃自为郎,怪之也"。

④【集解】张晏曰:"每食念监所说李齐在钜鹿时。"

⑤【集解】徐广曰:"一云'官士将'。"骃案:晋灼曰"百人为彻行,亦皆帅将也"。【索隐】注"百人为彻行将帅",案《国语》"百人为彻行,行头皆官师"。贾逵云"百人为一队也。官师,队大夫也"。

⑥【集解】如淳曰:"良,善也。"

⑦【索隐】案:乐彦云"人臣进对前称'主臣',犹上书前云'昧死'"。案:《志林》云"冯唐面折万乘,何言不惧",主臣为惊怖,其言益著也。又魏武谓陈琳云

“卿为本初橄，何乃言及上祖”，琳谢云“主臣”，益明主臣是惊怖也。解已见前志也。

　　当是之时，匈奴新大入朝郍，①杀北地②都尉卬。③上以胡寇为意，乃卒复问唐曰：“公何以知吾不能用廉颇、李牧也？”唐对曰：“臣闻上古王者之遣将也，跪而推毂，曰阃以内者，④寡人制之；阃以外者，将军制之。军功爵赏皆决于外，归而奏之。此非虚言也。臣大父言，李牧为赵将居边，军市之租皆自用飨士，⑤赏赐决于外，不从中扰也。委任而责成功，故李牧乃得尽其智能，遣选车千三百乘，⑥彀骑万三千，⑦百金之士十万，⑧是以北逐单于，破东胡，⑨灭澹林，⑩西抑强秦，南支韩、魏。当是之时，赵几霸。⑪其后会赵王迁立，其母倡也。⑫王迁立，乃用郭开谗，卒诛李牧，⑬令颜聚代之。⑭是以兵破士北，为秦所禽灭。今臣窃闻魏尚为云中守，⑮其军市租尽以飨士卒，〔出〕私养钱，⑯五日一椎牛，⑰飨宾客军吏舍人，是以匈奴远避，不近云中之塞。虏曾一入，尚率车骑击之，所杀甚众。夫士卒尽家人子，⑱起田中从军，安知尺籍伍符。⑲终日力战，斩首捕虏，上功莫府，⑳一言不相应，㉑文吏以法绳之。其赏不行而吏奉法必用。臣愚，以为陛下法太明，赏太轻，罚太重。且云中守魏尚坐上功首虏差六级，陛下下之吏，削其爵，罚作之。由此言之，陛下虽得廉颇、李牧，弗能用也。㉒臣诚愚，触忌讳，死罪死罪！”文帝说。是日令冯唐持节赦魏尚，复以为云中守，而拜唐为车骑都尉，主中尉及郡国车士。㉓

①【索隐】上音朝，早也。下音乃何反，县名，属安定也。　【正义】在原州百泉县西北十里，汉朝郍县是也。

②【正义】北地郡，今宁州也。

③【索隐】案：都尉姓孙名卬。

④【集解】韦昭曰：“此郭门之阃也。门中橛曰阃。”　【索隐】橛音其月反。　【正义】阃音苦本反。谓门限也。

⑤【索隐】案：谓军中立市，市有税。税即租也。

⑥【索隐】案：《六韬》书有选车之法。

⑦【索隐】如淳云:"觳音构。觳骑,张弓之骑也。"

⑧【集解】服虔曰:"良士直百金也。"或曰直百金,言重。 【索隐】晋灼云:"百金取其贵重也。"服虔曰:"良士直百金也。"刘氏云:"其功可赏百金者。"事见《管子》及《小尔雅》。

⑨【索隐】案:崔浩云"乌丸之先也。国在匈奴之东,故云东胡也"。

⑩【集解】徐广曰:"澹,一作'襜'。" 【索隐】澹,丁甘反。一本作"襜褴"。

⑪【索隐】几音祈。

⑫【索隐】按:《列女传》云"邯郸之倡"。 【正义】赵幽王母,乐家之女也。

⑬【索隐】按:开是赵之宠臣。《战国策》云秦多与开金,使为反间。

⑭【索隐】聚音似喻反。《汉书》作"冣"。本齐将也。 【正义】绝庚反。

⑮【集解】《汉书》曰:"尚,槐里人也。" 【正义】云中郡故城在胜州榆林县东北三十里。

⑯【集解】服虔曰:"私廪假钱。" 【索隐】按:《汉书》"市肆租税之入为私奉养",服虔曰"私廪假钱"是也。或云官所别廪给也。

⑰【索隐】椎音直追反,击也。

⑱【索隐】按:谓庶人之家子也。

⑲【集解】如淳曰:"《汉军法》曰吏卒斩首,以尺籍书下县移郡,令人故行,不行夺劳二岁。五符亦什伍之符,约节度也。"或曰以尺简书,故曰尺籍也。 【索隐】按:尺籍者,谓书其斩首之功于一尺之板。伍符者,命军人伍伍相保,不容奸诈。注"故行不行",案谓故命人行而身不自行,夺劳二岁也。"故"与"雇"同。

⑳【索隐】按:莫训大也。又崔浩云"古者出征无常处,以幕为府舍,故云莫府"。"莫"当为"幕",古字少耳。

㉑【索隐】音乙陵反,谓数不同也。

㉒【集解】班固称"杨子曰孝文帝亲诎帝尊以信亚夫之军,曷为不能用颇、牧?彼将有激"。

㉓【集解】服虔曰:"车战之士。"

　　七年,景帝立,以唐为楚相,免。武帝立,求贤良,举冯唐。唐时年九十馀,不能复为官,乃以唐子冯遂为郎。遂字王孙,亦奇士,与余善。

太史公曰：张季之言长者，守法不阿意；冯公之论将率，有味哉！有味哉！语曰"不知其人，视其友"。二君之所称诵，可著廊庙。《书》曰"不偏不党，王道荡荡；不党不偏，王道便便"。①张季、冯公近之矣。

①【集解】徐广曰："一作'辨'。"

【索隐述赞】张季未偶，见识袁盎。太子惧法，啬夫无状。惊马罚金，盗环悟上。冯公白首，味哉论将。因对李齐，收功魏尚。

史记卷一百三

万石张叔列传第四十三

万石君①名奋，其父赵人也，②姓石氏。赵亡，徙居温。③高祖东击项籍，过河内，时奋年十五，为小吏，侍高祖。高祖与语，爱其恭敬，问曰："若何有？"对曰："奋独有母，不幸失明。家贫。有姊，能鼓琴。"高祖曰："若能从我乎？"曰："愿尽力。"于是高祖召其姊为美人，以奋为中涓，④受书谒，徙其家长安中戚里，⑤以姊为美人故也。其官至孝文时，积功劳至大中大夫。无文学，恭谨无与比。

①【正义】以父及四子皆二千石，故号奋为万石君。

②【正义】洺州邯郸本赵国都。

③【正义】故温城在怀州温县三十里，汉县在也。

④【正义】颜师古云："中涓，官名。居中而涓絜也。"如淳云："主通书谒出入命也。"

⑤【索隐】小颜云："于上有姻戚者皆居之，故名其里为戚里。"《长安记》戚里在城内。

文帝时，东阳侯张相如为太子太傅，免。选可为傅者，皆推奋，奋为太子太傅。及孝景即位，以为九卿；迫近，惮之，①徙奋为诸侯相。奋长子建，次子甲，次子乙，②次子庆，皆以驯行孝谨，③官皆至二千石。于是景帝曰："石君及四子皆二千石，人臣尊宠乃集其门。"号奋为万石君。

①【集解】张晏曰："以其恭敬履度，故难之。"

②【集解】徐广曰："一作'仁'。"【正义】颜师古云："史失其名，故云甲乙耳，非其名也。"

③【集解】徐广曰："驯，一作'训'。"【索隐】驯音巡。

　　孝景帝季年,万石君以上大夫禄归老于家,以岁时为朝臣。过宫门阙,万石君必下车趋,见路马必式焉。子孙为小吏,来归谒,万石君必朝服见之,不名。子孙有过失,不谯让,①为便坐,②对案不食。然后诸子相责,因长老肉袒固谢罪,改之,乃许。子孙胜冠者在侧,虽燕③居必冠,申申如也。僮仆䜣䜣如也,④唯谨。上时赐食于家,必稽首俯伏而食之,如在上前。其执丧,哀戚甚悼。子孙遵教,亦如之。万石君家以孝谨闻乎郡国,虽齐鲁诸儒质行,皆自以为不及也。

　①【索隐】上才笑反。谯让,责让。
　②【索隐】上于伪反,下“便”音婢绵反。盖谓为之不处正室,别坐他处,故曰便
　　坐。坐音如字。便坐,非正坐处也。故王者所居有便殿、便房,义亦然也。
　　音婢见反,亦通也。
　③【索隐】燕谓闲燕之时。燕,安也。
　④【集解】晋灼曰:“䜣,许慎曰古‘欣’字。”韦昭曰:“声和貌。”

　　建元二年,郎中令①王臧以文学获罪。皇太后以为儒者文多质少,今万石君家不言而躬行,乃以长子建为郎中令,少子庆为内史。②

　①【正义】《百官表》云郎中令秦官,掌居宫殿门户。武帝太初元年更名光禄
　　勋也。
　②【正义】《百官表》云内史,周官,秦因之,掌治京师。景帝分置左内史。武帝
　　太初元年,更名京兆尹,左内史名左冯翊也。

　　建老白首,万石君尚无恙。建为郎中令,每五日洗沐归谒亲,①入子舍,②窃问侍者,取亲中裙厕牏,身自浣涤,③复与侍者,不敢令万石君知,以为常。建为郎中令,事有可言,屏人恣言,极切;至廷见,如不能言者。是以上乃亲尊礼之。

　①【集解】文颖曰:“郎五日一下。”　【正义】孔文祥云:“建为郎中令,即光禄
　　勋,九卿之职也。直五日一下也。”按:五日一下直,洗沐。
　②【索隐】案:刘氏谓小房内,非正堂也。小颜以为诸子之舍,若今诸房也。
　③【集解】徐广曰:“牏,筑垣短板也,音住。厕牏谓厕溷垣墙,建隐于其侧浣涤
　　也。一读‘牏’为‘窦’,窦音豆。言建又自洗荡厕窦。厕窦,泻除秽恶之穴

也。"吕静曰："械窬,裹器也,音咸豆。"骃案:苏林曰"腧音投。贾逵解《周官》,械,虎子也。窬,行清也"。孟康曰"厕,行清;窬,行中受粪者也。东南人谓凿木空中如曹谓之窬"。晋灼曰"今世谓反闭小袖衫为'侯窬(厕)',此最厕近身之衣也"。　【索隐】案:亲谓父也。中裙,近身衣也。苏林曰"腧音投,又音豆"。孟康曰"厕,行清;腧,行清中受粪函也。言建又自洗荡厕窦。窦者,洗除秽污之穴也"。又晋灼云"今世谓反开小袖衫为'侯腧',此最厕近身之衣"。而徐广云"腧,短板,以筑厕墙",未知其义何从,恐非也。

万石君徙居陵里。① 内史庆醉归,入外门不下车。万石君闻之,不食。庆恐,肉袒请罪,不许 。举宗及兄建肉袒,万石君让曰:"内史贵人,入闾里,里中长老皆走匿,而内史坐车中自如,固当!"乃谢罢庆。庆及诸子弟入里门,趋至家。

①【集解】徐广曰:"陵,一作'邻'。"　【索隐】小颜云:"陵里,里名,在茂陵,非长安之咸里也。"　【正义】茂陵邑中里也。茂陵故城,汉茂陵县也,在雍州始平县东北二十里。

万石君以元朔五年中卒。长子郎中令建哭泣哀思,扶杖乃能行。岁馀,建亦死。诸子孙咸孝,然建最甚,甚于万石君。

建为郎中令,书奏事,事下,建读之,曰:"误书! '馬'者与尾当五,今乃四,不足一。① 上谴死矣!"甚惶恐。其为谨慎,虽他皆如是。

①【集解】服虔曰:"作'馬'字下曲而五,建时上事书误作四。"　【正义】颜师古云:"'馬'字下曲者尾,并四点为四足,凡五。"

万石君少子庆为太仆,御出,上问车中几马,庆以策数马毕,举手曰:"六马。"庆于诸子中最为简易矣,① 然犹如此。为齐相,举齐国皆慕其家行,不言而齐国大治,为立石相祠。

①【正义】《汉书》"庆为大仆,御出,上问车中几马,庆以策数马毕,举手曰'六马'"。按:庆于兄弟最为简易矣,然犹如此也。

元狩元年,上立太子,选群臣可为傅者,庆自沛守为太子太傅,七岁迁为御史大夫。

元鼎五年秋,丞相有罪,罢。①制诏御史:"万石君先帝尊之,子孙孝,其以御史大夫庆为丞相,封为牧丘侯。"是时汉方南诛两越,东击朝鲜,北逐匈奴,西伐大宛,中国多事。天子巡狩海内,修上古神祠,封禅,兴礼乐。公家用少,桑弘羊等致利,王温舒之属峻法,兒宽等推文学至九卿,更进用事,事不关决于丞相,丞相醇谨而已。在位九岁,无能有所匡言。尝欲请治上近臣所忠、九卿咸②宣罪,不能服,反受其过,赎罪。

①【集解】赵周坐酎金免。　【索隐】案《汉书》而知也。

②【集解】服虔曰:"音'减损'之'减'。"

元封四年中,关东流民二百万口,无名数者四十万,①公卿议欲请徙流民于边以适之。上以为丞相老谨,不能与其议,乃赐丞相告归,而案御史大夫以下议为请者。丞相惭不任职,乃上书曰:"庆幸得待罪丞相,罢驽无以辅治,城郭仓库空虚,民多流亡,罪当伏斧质,上不忍致法。愿归丞相侯印,乞骸骨归,避贤者路。"天子曰:"仓廪既空,民贫流亡,而君欲请徙之,摇荡不安,动危之,而辞位,君欲安归难乎?"②以书让庆,庆甚惭,遂复视事。

①【索隐】案:小颜云"无名数,若今之无户籍"。

②【索隐】难音乃弹反。言欲归于何人。

庆文深审谨,然无他大略,为百姓言。后三岁馀,太初二年中,丞相庆卒,谥为恬侯。庆中子德,庆爱用之,上以德为嗣,代侯。后为太常,坐法当死,赎免为庶人。庆方为丞相,诸子孙为吏更至二千石者十三人。及庆死后,稍以罪去,孝谨益衰矣。

建陵侯①卫绾者,代大陵人也。②绾以戏车为郎,③事文帝,功次迁为中郎将,醇谨无他。孝景为太子时,召上左右饮,而绾称病不行。④文帝且崩时,属孝景曰:"绾长者,善遇之。"及文帝崩,景帝立,岁馀不噍呵⑤绾,绾日以谨力。

①【正义】《括地志》云:"汉建陵县故城在沂州丞县界也。"

②【索隐】《地理志》县名,在代。　【正义】《括地志》云:"大陵县城在并州文水
　　县北十二里。"按:代王耳时都中都,大陵属焉,故言代大陵人也。
③【集解】应劭曰:"能左右超乘也。"如淳曰:"栎机辖之类。"　【索隐】按:应劭
　　云"能左右超乘"。案今亦有弄车之戏。栎音历,谓超逾之也。辖音卫,谓
　　车轴头也。
④【集解】张晏曰:"恐文帝谓豫有二心以事太子。"
⑤【索隐】谁何二音。谁何犹借访也。一作"谯呵"。谯,责让也,言不嗔责
　　绾也。

　　景帝幸上林,诏中郎将参乘,还而问曰:"君知所以得参乘乎?"绾
曰:"臣从车士幸得以功次迁为中郎将,不自知也。"上问曰:"吾为太子
时召君,君不肯来,何也?"对曰:"死罪,实病!"上赐之剑。绾曰:"先帝
赐臣剑凡六,剑不敢奉诏。"上曰:"剑,人之所施易,①独至今乎?"绾曰:
"具在。"上使取六剑,剑尚盛,未尝服也。郎官有谴,常蒙其罪,不与他
将争;有功,常让他将。上以为廉,忠实无他肠,②乃拜绾为河间王太
傅。吴楚反,诏绾为将,将河间兵击吴楚有功,拜为中尉。三岁,以军
功,孝景前六年中封绾为建陵侯。

①【集解】如淳曰:"施读曰移。言剑者人之所好,故多数移易贸换之也。"
　　【索隐】上音移,下音亦。
②【索隐】小颜云:"心肠之内无他恶也。"

　　其明年,上废太子,诛栗卿之属。①上以为绾长者,不忍,乃赐绾告
归,而使郅都治捕栗氏。既已,上立胶东王为太子,召绾,拜为太子太
傅。久之,迁为御史大夫。五岁,代桃侯舍②为丞相,朝奏事如职所
奏。③然自初官以至丞相,终无可言。天子以为敦厚,可相少主,尊宠
之,赏赐甚多。

①【集解】苏林曰:"栗太子舅也。"如淳曰:"栗氏亲属也,卿,其名也。"　【索
　　隐】栗姬之兄弟。苏林云栗太子之舅也。　【正义】颜师古云:"太子废为临
　　江王,故诛其外家亲属也。"
②【正义】故桃城在渭州胙城县东三十里,刘舍所封也。
③【索隐】以言但守职分而已,不别有所奏议也。

　　为丞相三岁,景帝崩,武帝立。建元年中,丞相以景帝疾时诸官囚多坐不辜者,而君不任职,免之。其后绾卒,子信代。坐酎金失侯。

　　塞侯①直不疑者,南阳人也。②为郎,事文帝。其同舍有告归,误持同舍郎金去,已而金主觉,妄意不疑,③不疑谢有之,买金偿。而告归者来而归金,而前郎亡金者大惭,以此称为长者。文帝称举,稍迁至太中大夫。④朝廷见,人或毁曰:"不疑状貌甚美,然独无奈其善盗嫂⑤何也!"不疑闻,曰:"我乃无兄。"然终不自明也。

　　①【正义】上音先代反。古塞国,今陕州桃林县以西至潼关,皆桃林塞地也。
　　②【索隐】案:塞,国名,今桃林之塞也。直,姓也;不疑,名也。与隽不疑同字。
　　③【索隐】谓妄疑其盗取将也。
　　④【集解】徐广曰:"《汉书》云称为长者,稍迁至太中大夫,无'文帝称举'四字。"
　　⑤【索隐】案:小颜云盗谓私之。

　　吴楚反时,不疑以二千石将兵击之。景帝后元年,拜为御史大夫。天子修吴楚时功,乃封不疑为塞侯。武帝建元年中,与丞相绾俱以过免。

　　不疑学《老子》言。其所临,为官如故,唯恐人知其为吏迹也。不好立名称,称为长者。不疑卒,子相如代。孙望,坐酎金失侯。①

　　①【索隐】《汉书》作彭祖,坐酎金,国除。

　　郎中令周文者,名仁,其先故任城人也。①以医见。景帝为太子时,拜为舍人,积功稍迁,孝文帝时至太中大夫。景帝初即位,拜仁为郎中令。

　　①【正义】任城,兖州县也。

　　仁为人阴重不泄,常衣敝补衣溺袴,①期为不絜清,②以是得幸。景帝入卧内,于后宫秘戏,③仁常在旁。至景帝崩,仁尚为郎中令,终无所言。上时问人，④仁曰："上自察之。"然亦无所毁。以此景帝再自幸其家。家徙阳陵。上所赐甚多，然常让，不敢受也。诸侯群臣赂遗，终无所受。

①【集解】服虔曰："质重不泄人之阴谋也。"张晏曰："阴重不泄，下湿，故溺袴，是以得比宦者，出入后宫。仁有子孙，先未得此病时所生。"韦昭曰："阴重，如今带下病泄利。"　【索隐】案：其解二，各有理。服虔云"周仁性质重，不泄人之阴谋也"。小颜云"阴，密也，为性密重，不泄人言也。霍去病少言不泄，亦其类也"。其人又常衣弊补衣及溺袴，故为不絜清之服，是以得幸入卧内也。又张晏云"阴重不泄，阴下湿，故溺袴，是以得比宦者，出入后宫也。仁有子孙者，先未得此疾病所生也"。二者未知谁得其实也。

②【索隐】谓心中常期不絜之服，则"期"是"故"之意也。小颜亦同。　【正义】清，清净；期犹常也。言为不絜净，下湿，故得入卧内后宫，比宦者。

③【索隐】谓后宫中戏剧所宜秘也。

④【正义】颜师古云："问以他人之善恶也。"

武帝立，以为先帝臣，重之。仁乃病免，以二千石禄归老，子孙咸至大官矣。

御史大夫张叔者，名欧，①安丘侯说之庶子也。②孝文时以治刑名言③事太子。然欧虽治刑名家，④其人长者。景帝时尊重，常为九卿。至武帝元朔四年，韩安国免，诏拜欧为御史大夫。自欧为吏，未尝言案人，专以诚长者处官。官属以为长者，亦不敢大欺。上具狱事，有可却，却之；不可者，不得已，为涕泣面对而封之。其爱人如此。

①【集解】《史记音隐》曰："欧，于友反。"　【索隐】欧音乌后反。《汉书》作"敺"，孟康音驱也。

②【集解】徐广曰："张说起于方与县，从高祖以入汉也。"　【索隐】说音悦。

③【集解】韦昭曰："有刑名之书，欲令名实相副也。"　【索隐】案：刘向《别录》云"申子学号曰'刑名家'者，循名以责实，其尊君卑臣，崇上抑下，合于《六经》也"。说者云刑名家即太史公所说六家之二也。

④【正义】刑，刑家也。名，名家也。在《太史公自(有)传》，言治刑法及名实也。

老病笃,请免。于是天子亦策罢,以上大夫禄归老于家。家于阳陵。子孙咸至大官矣。

太史公曰:仲尼有言曰"君子欲讷于言①而敏于行",其万石、建陵、张叔之谓邪?是以其教不肃而成,不严而治。塞侯微巧,②而周文处诌,③君子讥之,为其近于佞也。然斯可谓笃行君子矣!

①【集解】徐广曰:"'讷'字多作'诎',音同耳。古字假借。"

②【索隐】功微。案:直不疑以吴楚反时为二千石将,景帝封之,功微也。
　　【正义】不疑学《老子》,所临官,恐人知其为吏迹,不好立名称,称为长者,是微巧也。

③【索隐】周文处诌者,谓为郎中令,阴重,得幸出入卧内也。　【正义】上时问人,仁曰"上自察之";上所赐,常不受;又诸侯群臣赂遗,终无所受:此为处诌。故君子讥此二人,为其近于佞也。

【索隐述赞】万石孝谨,自家形国。郎中数马,内史佣匎。绾无他肠,塞有阴德。刑名张欧,垂涕恤狱。敏行讷言,俱嗣芳躅。

史记卷一百四

田叔列传第四十四

田叔①者,赵陉城人②也。其先,齐田氏苗裔也。叔喜剑,学黄老术于乐巨公③所。叔为人刻廉自喜,喜游诸公。④赵人举之赵相赵午,午言之赵王张敖所,赵王以为郎中。数岁,切直廉平,赵王贤之,未及迁。

①【索隐】案下文,字少卿。

②【索隐】陉音刑。按:县名也,属中山。

③【索隐】本燕人,乐毅之后。 【正义】乐,姓;巨公,名。

④【正义】喜音许记反。诸公谓丈人行也。

会陈豨反代,①汉七年,高祖往诛之,过赵,赵王张敖自持案进食,礼恭甚,高祖箕踞骂之。是时赵相赵午等数十人皆怒,谓张王曰:“王事上礼备矣,今遇王如是,臣等请为乱。”赵王啮指出血,曰:“先人失国,微陛下,臣等当虫出。②公等奈何言若是! 毋复出口矣!”于是贯高等曰:“王长者,不倍德。”卒私相与谋弑上。会事发觉,③汉下诏捕赵王及群臣反者。于是赵午等皆自杀,唯贯高就系。是时汉下诏书:“赵有敢随王者罪三族。”唯孟舒、田叔等十馀人赭衣自髡钳,称王家奴,随赵王敖至长安。贯高事明白,赵王敖得出,废为宣平侯,乃进言田叔等十馀人。上尽召见,与语,汉廷臣毋能出其右者,上说,尽拜为郡守、诸侯相。叔为汉中守十馀年,会高后崩,诸吕作乱,大臣诛之,立孝文帝。

①【集解】徐广曰:“七年,韩王信反,高帝征之。十年,代相陈豨反。”

②【索隐】案:谓死而虫出也。《左传》“齐桓公死,未葬,虫流于户外”是也。

③【集解】徐广曰:“九年十二月捕贯高等也。”

孝文帝既立,召田叔问之曰:“公知天下长者乎?”对曰:“臣何足以

知之!"上曰:"公,长者也,宜知之。"叔顿首曰:"故云中守孟舒,长者
也。"是时孟舒坐虏大入塞盗劫,云中尤甚,免。上曰:"先帝置孟舒云中
十馀年矣,虏曾一入,孟舒不能坚守,毋故士卒战死者数百人。长者固
杀人乎? 公何以言孟舒为长者也?"叔叩头对曰:"是乃孟舒所以为长者
也。夫贯高等谋反,上下明诏,赵有敢随张王,罪三族。然孟舒自髡钳,
随张王敖之所在,欲以身死之,岂自知为云中守哉! 汉与楚相距,士卒
罢敝。匈奴冒顿新服北夷,来为边害,孟舒知士卒罢敝,不忍出言,士争
临城死敌,如子为父,弟为兄,以故死者数百人。孟舒岂故驱战之哉!
是乃孟舒所以为长者也。"于是上曰:"贤哉孟舒!"复召孟舒以为云
中守。

　　后数岁,叔坐法失官。梁孝王使人杀故吴相袁盎,景帝召田叔案
梁,具得其事,还报。景帝曰:"梁有之乎?"叔对曰:"死罪! 有之。"上
曰:"其事安在?"田叔曰:"上毋以梁事为也。"上曰:"何也?"曰:"今梁王
不伏诛,是汉法不行也;如其伏法,而太后食不甘味,卧不安席,此忧在
陛下也。"景帝大贤之,以为鲁相。

　　鲁相初到,民自言相,讼王取其财物百馀人。田叔取其渠率二十
人,各笞五十,馀各搏二十,①怒之曰:"王非若主邪? 何自敢言若主!"
鲁王闻之大惭,发中府钱,②使相偿之。相曰:"王自夺之,使相偿之,是
王为恶而相为善也。"相毋与偿之。于是王乃尽偿之。

　　①【索隐】搏音博。
　　②【正义】王之财物所藏也。

　　鲁王好猎,①相常从入苑中,②王辄休相就馆舍,相出,常暴坐③待
王苑外。王数使人请相休,终不休,曰:"我王暴露苑中,我独何为就
舍!"鲁王以故不大出游。

　　①【正义】鲁共王,景帝子,都兖州曲阜县故鲁城中。
　　②【正义】《括地志》云:"矍相圃在兖州曲阜县南三十里。《礼记》云孔子射于
　　　矍相之圃,观者如堵墙也。"

③【索隐】上音步卜反。

数年，叔以官卒，鲁以百金祠，少子仁不受也，曰："不以百金伤先
人名。"

仁以壮健为卫将军①舍人，数从击匈奴。卫将军进言仁，仁为郎
中。数岁，为二千石丞相长史，失官。其后使刺举三河。②上东巡，仁奏
事有辞，上说，拜为京辅都尉。③月余，上迁拜为司直。④数岁，坐太子
事。⑤时左丞相自将兵，⑥令司直田仁主闭守城门，坐纵太子，下吏诛死。
仁发兵，长陵令车千秋上变仁，仁族死。陉城今在中山国。⑦

　①【集解】张晏曰："卫青也。"
　②【正义】《百官表》云："监御史，秦官，掌监郡，汉省，丞相遣御史分刺州，不常
　　　置也。"案：三河，河南、河东、河内也。
　③【正义】《百官表》云："右扶风、左冯翊、京兆尹是为三辅。元鼎四年，置三辅
　　　都尉。"服虔云："皆治长安城中也。"
　④【集解】《汉书·百官表》曰："武帝元狩五年，初置司直，秩比二千石，掌佐丞
　　　相举不法。"　【正义】《百官表》云："武帝元狩五年，初置司直，秩比二千石，
　　　掌佐丞相举不法也。"
　⑤【正义】谓戾太子。
　⑥【集解】徐广曰："刘屈氂时为丞相也。"
　⑦【集解】徐广曰："陉城，县名也。"　【正义】今定州也。

太史公曰：孔子称曰"居是国必闻其政"，田叔之谓乎！义不忘贤，
明主之美以救过。仁与余善，余故并论之。

褚先生曰：臣为郎时，闻之曰田仁故与任安相善。任安，荥阳
人也。少孤贫困，为人将车①之长安，留，求事为小吏，未有因缘
也，因占著名数。②武功，扶风西界小邑也，谷口蜀刬道近山。③安以
为武功小邑，无豪，易高也，④安留，代人为求盗亭父。⑤后为亭
长。⑥邑中人民俱出猎，任安常为人分麋鹿雉兔，部署老小当壮剧

易处,众人皆喜,曰:"无伤也,任少卿⑦分别平,有智略。"明日复合会,会者数百人。任少卿曰:"某子甲何为不来乎?"诸人皆怪其见之疾也。其后除为三老,⑧举为亲民,出为三百石长,⑨治民。坐上行出游共帐不办,斥免。

①【索隐】将车犹御车也。

②【索隐】言卜占而自占著家口名数,隶于武功,犹今附籍然也。占音之艳反。

③【正义】《括地志》云:"汉武功县在渭水南,今盩厔县西界也。骆谷间在雍州之盩厔县西南二十里,开骆谷道以通梁州也。"按:行谷有栈道也。

④【索隐】易音以豉反。言邑小无豪,易得高名也。

⑤【集解】郭璞曰:"亭卒也。" 【正义】安留武功,替人为求盗亭父也。应劭云:"旧时亭有两卒,其一为亭父,掌关闭扫除;一为求盗,掌逐捕盗贼也。"

⑥【正义】《百官表》云:"十里一亭,亭有长也。"

⑦【正义】少卿,安字。

⑧【正义】《百官表》云:"十亭一乡,乡有三老一人,掌教化也。"

⑨【正义】《百官表》云:"万户巳上为令,秩千石至六百石;减万户为长,秩五百石至三百石。皆有丞、尉也。"

乃为卫将军舍人,与田仁会,俱为舍人,居门下,同心相爱。此二人家贫,无钱用以事将军家监,家监使养恶啮马。两人同床卧,仁窃言曰:"不知人哉家监也!"任安曰:"将军尚不知人,何乃家监也!"卫将军①从此两人过平阳主,主家令两人与骑奴同席而食,此二子拔刀列断席别坐。主家皆怪而恶之,莫敢呵。

①【正义】卫青也。

其后有诏募择卫将军舍人以为郎,将军取舍人中富给者,令具鞍马绛衣玉具剑,欲入奏之。会贤大夫少府赵禹来过卫将军,将军呼所举舍人以示赵禹。赵禹以次问之,十馀人无一人习事有智略者。赵禹曰:"吾闻之,将门之下必有将类。传曰'不知其君视其所使,不知其子视其所友'。今有诏举将军舍人者,欲以观将军而能得贤者文武之士也。今徒取富人子上之,又无智略,如木偶人衣之绮绣耳，将奈之何？"于是赵禹悉召卫将军舍人百馀人，以次问之，得田仁、任安，曰："独此两人可耳，馀无可用者。"卫将军见此两人贫，意不平。赵禹去，谓两人曰："各自具鞍马新绛衣。"两人对曰："家贫无用具也。"将军怒曰："今两君家自为贫，何为出此言？鞅鞅如有移德于我者，何也？"①将军不得已，上籍以闻。有诏召见卫将军舍人，此二人前见，诏问能略，相推第也。田仁对曰："提枹鼓立军门，使士大夫乐死战斗，仁不及任安。"任安对曰："夫决嫌疑，定是非，辩治官，使百姓无怨心，安不及仁也。"武帝大笑曰："善。"使任安护北军，使田仁护边田谷于河上。此两人立名天下。

①【集解】徐广曰："移犹施。"

　　其后用任安为益州刺史，①以田仁为丞相长史。②

①【正义】《地理志》云武帝改曰梁州。《百官表》云："元封五年，初置部刺史，掌奉诏条察州，秩六百石，员十三。"按：若今采访按察六条也。

②【正义】《百官表》云："丞相有两长史，秩千石。"

　　田仁上书言："天下郡太守多为奸利，三河尤甚，臣请先刺举三河。三河太守皆内倚中贵人，与三公有亲属，无所畏惮，宜先正三河以警天下奸吏。"是时河南、河内太守皆御史大夫杜父兄子弟也，①河东太守石丞相子孙也。②是时石氏九人为二千石，方盛贵。田仁数上书言之。杜大夫及石氏使人谢，谓田少卿曰："吾非敢有语言也，愿少卿无相诬污也。"仁已刺三河，三河太守皆下吏诛死。仁还奏事，武帝说，以仁为能不畏强御，拜仁为丞相司直，威振天下。

①【集解】杜，杜周也。

②【正义】谓石庆。

　　其后逢太子有兵事，丞相自将兵，使司直主城门。司直以为太子骨肉之亲，父子之间不甚欲近，去之诸陵过。是时武帝在甘泉，使御史大夫暴君①下责丞相"何为纵太子"，丞相对言"使司直部守城门而开太子”。上书以闻，请捕系司直。司直下吏，诛死。①

①【集解】徐广曰：“暴胜之为御史大夫。”

是时任安为北军使者护军，太子立车北军南门外，召任安，与节令发兵。安拜受节，入，闭门不出。武帝闻之，以为任安为详邪，①不傅事，何也？②任安笞辱北军钱官小吏，小吏上书言之，以为受太子节，言“幸与我其鲜好者”。③书上闻，武帝曰：“是老吏也，见兵事起，欲坐观成败，见胜者欲合从之，有两心。安有当死之罪甚众，吾常活之，今怀诈，有不忠之心。”下安吏，诛死。

①【集解】徐广曰：“佯，或作‘详’也。”　【索隐】详音羊。谓诈受节不发兵，不傅会太子也。

②【索隐】不傅事可也。傅音附，谓不附会也。

③【索隐】鲜音仙。谓太子请其鲜好之兵甲也。

夫月满则亏，物盛则衰，天地之常也。知进而不知退，久乘富贵，祸积为祟。故范蠡之去越，辞不受官位，名传后世，万岁不忘，岂可及哉！后进者慎戒之。

【索隐述赞】田叔长者，重义轻生。张王既雪，汉中是荣。孟舒见废，抗说相明。按梁以礼，相鲁得情。子仁坐事，刺举有声。

史记卷一百五

扁鹊仓公列传第四十五

【索隐】王劭云："此医方,宜与《日者》、《龟策》相接,不合列于此,后人误也。"

【正义】此传是医方,合与《龟策》、《日者》相次。以淳于意孝文帝时医,奉诏问之,又为齐太仓令,故太史公以次述之。扁鹊乃春秋时良医,不可别序,故引为传首,太仓公次之也。

扁鹊者,①勃海郡郑人也,②姓秦氏,名越人。少时为人舍长。③舍客长桑君④过,⑤扁鹊独奇之,常谨遇之。长桑君亦知扁鹊非常人也。出入十馀年,乃呼扁鹊私坐,间与语曰:⑥"我有禁方,年老,欲传与公,公毋泄。"扁鹊曰:"敬诺。"乃出其怀中药予扁鹊:"饮是以上池之水,三十日当知物矣。"⑦乃悉取其禁方书尽与扁鹊。忽然不见,殆非人也。扁鹊以其言饮药三十日,视见垣一方人。⑧以此视病,尽见五藏症结,⑨特以诊脉⑩为名耳。为医或在齐,⑪或在赵。在赵者名扁鹊。

①【正义】《黄帝八十一难序》云:"秦越人与轩辕时扁鹊相类,仍号之为扁鹊。又家于卢国,因命之曰卢医也。"

②【集解】徐广曰:"'郑'当为'鄚'。鄚,县名,今属河间。"【索隐】案:勃海无郑县,当作鄚县,音莫,今属河间。

③【索隐】为舍长。刘氏云:"守客馆之帅。"【正义】长音丁丈反。

④【索隐】隐者,盖神人。

⑤【正义】过音戈。

⑥【正义】间音闲。

⑦【索隐】案:旧说云上池水谓水未至地,盖承取露及竹木上水,取之以和药,服之三十日,当见鬼物也。

⑧【索隐】方犹边也。言能隔墙见彼边之人,则眼通神也。

⑨【正义】五藏谓心、肺、脾、肝、肾也。六府谓大小肠、胃、胆、膀胱、三焦也。王叔和《脉经》云:"左手脉横,症在左;右手脉横,症在右。脉,头大者在上,头小者在下。两手脉,结上部者濡,结中部者缓,结三里者豆起。阳邪来见浮洪,阴邪来见沈细,水谷来见坚实。"

⑩【索隐】诊,邹氏音丈忍反,刘氏音陈忍反。司马彪云:"诊,占也。"

⑪【正义】号卢医。今济州卢县。

当晋昭公时,①诸大夫强而公族弱,赵简子为大夫,专国事。简子疾,五日不知人,②大夫皆惧,于是召扁鹊。扁鹊入视病,出,董安于问扁鹊,扁鹊曰:"血脉治也,而何怪! 昔秦穆公尝如此,七日而寤。寤之日,告公孙支与子舆③曰:'我之帝所甚乐。吾所以久者,适有所学也。④帝告我:"晋国且大乱,五世不安。其后将霸,未老而死。霸者之子且令而国男女无别。"'公孙支书而藏之,秦策于是出。夫献公之乱,文公之霸,而襄公败秦师于殽而归纵淫,此子之所闻。今主君之病与之同,不出三日必间,间必有言也。"

①【索隐】案《左氏》,简子专国在定、顷二公之时,非当昭公之世。且《赵系家》叙此事亦在定公之初。

②【索隐】案:《韩子》云"十日不知人",所记异也。

③【索隐】案:二子皆秦大夫。公孙支,子桑也。子舆未详。

④【索隐】适音释。言我适来有所受教命,故云学也。

居二日半,简子寤,语诸大夫曰:"我之帝所甚乐,与百神游于钧天,广乐九奏万舞,不类三代之乐,其声动心。有一熊欲援我,帝命我射之,中熊,熊死。有罴来,我又射之,中罴,罴死。帝甚喜,赐我二笥,皆有副。吾见儿在帝侧,帝属我一翟犬,曰:'及而子之壮也以赐之。'帝告我:'晋国且世衰,七世而亡。①嬴姓将大败周人于范魁之西,②而亦不能有也。'"董安于受言,书而藏之。以扁鹊言告简子,简子赐扁鹊田四万亩。

①【正义】晋定公、出公、哀公、幽公、烈公、孝公、静公为七世。静公二年,为三晋所灭。据此及《赵世家》,简子疾在定公之十一年也。

②【正义】嬴，赵氏本姓也。周人谓卫也。晋亡之后，赵成侯三年，伐卫，取乡邑七十三是也。贾逵云"小阜曰魁"也。

其后扁鹊过虢。① 虢太子② 死，③ 扁鹊至虢宫门下，问中庶子喜方者④曰："太子何病，国中治穰过于众事？"中庶子曰："太子病血气不时，交错而不得泄，暴发于外，则为中害。精神不能止邪气，邪气畜积而不得泄，是以阳缓而阴急，故暴蹶而死。"⑤扁鹊曰："其死何如时？"曰："鸡鸣至今。"曰："收乎？"⑥曰："未也，其死未能半日也。""言臣齐勃海秦越人也，家在于郑，未尝得望精光侍谒于前也。闻太子不幸而死，臣能生之。"中庶子曰："先生得无诞之乎？何以言太子可生也！臣闻上古之时，医有俞跗，⑦治病不以汤液醴洒，⑧镵石挢引，案扤毒熨，⑨一拨见病之应，因五藏之输，⑩乃割皮解肌，诀脉结筋，搦髓脑，揲荒⑪爪幕，⑫湔浣⑬肠胃，漱涤五藏，练精易形。先生之方能若是，则太子可生也；不能若是而欲生之，曾不可以告咳婴之儿。"终日，扁鹊仰天叹曰："夫子之为方也，若以管窥天，以郄视文。赵人之为方也，不待切脉⑭望色⑮听声⑯写形，⑰言病之所在。闻病之阳，论得其阴；闻病之阴，论得其阳。⑱病应见于大表，不出千里，决者至众，不可曲止也。⑲子以吾言为不诚，试入诊太子，当闻其耳鸣而鼻张，⑳循其两股以至于阴，当尚温也。"

①【正义】陕州城，古虢国。又陕州河北县东北下阳故城，古虢，即晋献公灭者。又洛州汜水县古东虢国。而未知扁鹊过何者，盖虢至此并灭也。

②【集解】傅玄曰："虢是晋献公时先是百二十馀年灭矣，是时焉得有虢？"

【索隐】案：傅玄云"虢是晋献所灭，先此百二十馀年，此时焉得有虢"，则此云"虢太子"，非也。然案虢后改称郭，春秋有郭公，盖郭之太子也。

③【正义】下云"色废脉乱"，故形静如死状也。

④【索隐】喜音许既反。喜，好也，爱也。方，方技之人也。　【正义】中庶子，古官号也。喜方，好方术，不书姓名也。

⑤【索隐】蹶音厥。　【正义】《释名》云："蹶，气从下蹶起上行，外及心胁也。"

⑥【集解】收谓棺敛。

⑦【索隐】音臾附。下又音跗。　【正义】臾附二音。应劭云："黄帝时将也。"

⑧【正义】上音礼,下山解反。

⑨【索隐】鑱音士咸反,谓石针也。挢音九兆反,谓为按摩之法,天挢引身,如熊顾鸟伸也。抚音玩,亦谓按摩而玩弄身体使调也。毒熨谓毒病之处以药物熨贴也。

⑩【索隐】音束注反。　【正义】《八十一难》云:"肺之原出于太渊,心之原出于太陵,肝之原出于太冲,脾之原出于太白,肾之原出于太谿,少阴之原出于兑骨,胆之原出于丘虚,胃之原出于冲阳,三焦之原出于阳池,膀胱之原出于京骨,大肠之原出于合谷,小肠之原出于腕骨。十二经皆以输为原也。"按:此五藏六府之输也。

⑪【集解】徐广曰:"揲音舌。"　【索隐】搦音女角反。揲音舌。荒,膏荒也。

⑫【索隐】幕音漠。漠,病也。谓以爪决之。　【正义】以爪决其阑幕也。

⑬【正义】上子钱反,下胡管反。

⑭【正义】《黄帝素问》云:"待切脉而知病。寸口六脉,三阴三阳,皆随春秋冬夏观其脉之变,则知病之逆顺也。"杨玄操云:"切,按也。"

⑮【正义】《素问》云:"面色青,脉当弦急;面色赤,脉当浮而短;面色黑,脉当沈浮而滑也。"

⑯【正义】《素问》云:"好哭者肺病,好歌者脾病,好妄言者心病,好呻吟者肾病,好叫呼者肝病也。"

⑰【正义】《素问》云:"欲得温而不欲见人者藏家病,欲得寒而见人者府家病也。"

⑱【正义】《八十一难》云:"阴病行阳,阳病行阴,故令幕在阴,俞在阳。"杨玄操云:"腹为阴,五藏幕皆在腹,故云幕皆在阴。背为阳,五藏俞皆在背,故云俞皆在阳。内藏有病则出行于阳,阳俞在背也。外体有病则入行于阴,阴幕在腹也。"《针法》云:"从阳引阴,从阴引阳也。"

⑲【索隐】止,语助也。不可委曲具言。　【正义】言皆有应见,不可曲言病之止住所在也。

⑳【正义】音涨。

中庶子闻扁鹊言,目眩然而不瞚,①舌挢然而不下,②乃以扁鹊言入报虢君。虢君闻之大惊,出见扁鹊于中阙,曰:"窃闻高义之日久矣,然未尝得拜谒于前也。先生过小国,幸而举之,偏国寡臣③幸甚。有先生则活，无先生则弃捐填沟壑，长终而不得反。"言未卒，因嘘唏服臆，④魂精泄横，流涕长潸，⑤忽忽承映，⑥悲不能自止，容貌变更。扁鹊曰："若太子病，所谓'尸蹶'者也。夫以阳入阴中，动胃⑦缠⑧缘，⑨中经维络，⑩别下于三焦、膀胱，⑪是以阳脉下遂，⑫阴脉上争，⑬会气闭而不通，⑭阴上而阳内行，下内鼓而不起，上外绝而不为使，上有绝阳之络，下有破阴之纽，⑮破阴绝阳，（之）色（已）废⑯脉乱，故形静如死状。太子未死也。夫以阳入阴支兰藏者生，⑰以阴入阳支兰藏者死。凡此数事，皆五藏蹙中之时暴作也。良工取之，⑱拙者疑殆。"

①【索隐】眩音县。瞳音舜。

②【索隐】挢音纪兆反。挢，举也。

③【索隐】谓虢君自谦，云己是偏远之国，寡小之臣也。

④【索隐】上音皮力皮，下音忆。

⑤【集解】徐广曰："一云'言未卒，因涕泣交流，嘘唏不能自止'也。"【索隐】潸音山。长潸谓长垂泪也。

⑥【索隐】音接。映即睫也。承映，言泪恒垂以承于睫也。

⑦【正义】《八十一难》云："脉居阴部反阳脉见者，为阳入阴中，是阳乘阴也，脉虽时沈涩而短，此谓阳中伏阴也。脉居阳部而阴脉见者，是阴乘阳也，脉虽时沈滑而长，此谓阴中伏阳也。胃，水谷之海也。"

⑧【索隐】音直延反。

⑨【正义】缠音直延反。缠缘谓脉缠绕胃也。《素问》云"延缘落，络脉也"，恐非此义也。

⑩【集解】徐广曰："维，一作'结'。"【正义】《八十一难》云："十二经脉，十五络脉，阳维阴维之脉也。"

⑪【正义】《八十一难》云："三焦者，水谷之道路，气之所终始也。上焦在心下，下鬲在胃上口也。中焦在胃中脘，不上不下也。下焦在脐下，当膀胱上口也。膀胱者，津液之府也，溺九升九合也。"言经络下于三焦及膀胱也。

⑫【集解】徐广曰："一作'队'。"

⑬【正义】遂音直类反。《素问》云："阳脉下遂难反，阴脉上争如弦也。"

⑭【正义】《八十一难》云："府会太仓，藏会季肋，筋会阳陵泉，髓会绝骨，血会鬲俞，骨会大杼，脉会大渊，气会三焦，此谓八会也。"

⑮【正义】女九反。《素问》云："纽,赤脉也。"

⑯【集解】徐广曰："一作'发'。"

⑰【正义】《素问》云："支者顺节,兰者横节,阴支兰胆藏也。"

⑱【正义】《八十一难》云："知一为下工,知二为中工,知三为上工。上工者十全九,中工者十全八,下工者十全六。"吕广云："五藏一病辄有五,解一藏为下工,解三藏为中工,解五藏为上工也。"

扁鹊乃使弟子子阳①厉针砥石,②以取外三阳五会。③有间,太子苏。乃使子豹为五分之熨,以八减之齐④和煮之,以更⑤熨两胁下。太子起坐。更适阴阳,但服汤二旬而复故。故天下尽以扁鹊为能生死人。扁鹊曰："越人非能生死人也,此自当生者,越人能使之起耳。"

①【索隐】阳,扁鹊之弟子也。

②【索隐】针音针。厉谓磨也。砥音脂。

③【正义】《素问》云："手足各有三阴三阳:太阴,少阴,厥阴;太阳,少阳,阳明也。五会谓百会、胸会、听会、气会、臑会也。"

④【索隐】五分之熨,八减之齐。案:言五分之熨者,谓熨之令温暖之气入五分也。八减之齐者,谓药之齐和所减有八。并越人当时有此方也。

⑤【正义】格彭反。

扁鹊过齐,齐桓侯客之。①入朝见,曰："君有疾在腠理,②不治将深。"桓侯曰："寡人无疾。"扁鹊出,桓侯谓左右曰："医之好利也,欲以不疾者为功。"后五日,扁鹊复见,曰："君有疾在血脉,不治恐深。"桓侯曰："寡人无疾。"扁鹊出,桓侯不悦。后五日,扁鹊复见,曰："君有疾在肠胃间,不治将深。"桓侯不应。扁鹊出,桓侯不悦。后五日,扁鹊复见,望见桓侯而退走。桓侯使人问其故。扁鹊曰："疾之居腠理也,汤熨之所及也;在血脉,针石之所及也;其在肠胃,酒醪之所及也;其在骨髓,虽司命无奈之何。今在骨髓,臣是以无请也。"后五日,桓侯体病,使人召扁鹊,扁鹊已逃去。桓侯遂死。

①【集解】傅玄曰："是时齐无桓侯。"骃谓是齐侯田和之子桓公午也。　【索隐】案:傅玄曰"是时齐无桓侯"。裴骃云"谓是齐侯田和之子桓公午也"。

盖与赵简子颇亦相当。

②【正义】上音凑,谓皮肤。

使圣人预知微,能使良医得蚤从事,则疾可已,身可活也。人之所病,病疾多;①而医之所病,病道少。②故病有六不治:骄恣不论于理,一不治也;轻身重财,二不治也;衣食不能适,三不治也;阴阳并,藏气不定,四不治也;形羸不能服药,五不治也;信巫不信医,六不治也。有此一者,则重难治也。

①【正义】病厌患多也,言人厌患疾病多甚也。

②【集解】徐广曰:"所病犹疗病也。"

扁鹊名闻天下。过邯郸,闻贵妇人,即为带下医;过雒阳,闻周人爱老人,即为耳目痹①医;来入咸阳,闻秦人爱小儿,即为小儿医:随俗为变。秦太医令李醯自知伎不如扁鹊也,使人刺杀之。至今天下言脉者,由扁鹊也。

①【索隐】音必二反。

太仓公者,齐太仓长,临菑人也,姓淳于氏,名意。①少而喜医方术。高后八年,更受师同郡元里公乘阳庆。②庆年七十馀,无子,使意尽去其故方,更悉以禁方予之,传黄帝、扁鹊之脉书,五色诊病,③知人死生,决嫌疑,定可治,及药论,甚精。受之三年,为人治病,决死生多验。然左右行游诸侯,不以家为家,或不为人治病,病家多怨之者。

①【正义】《括地志》云:"淳于国城在密州安丘县东北三十里,古之斟灌国也。《春秋》'州公如曹',《传》云'冬,淳于公如曹'。《注水经》云'淳于县,故夏后氏之斟灌国也,周武王以封淳于公,号淳于国也'。"

②【正义】《百官表》云公乘,第八爵也。颜师古云:"言其得乘公之车也。"

③【正义】《八十一难》云:"五藏有色,皆见于面,亦当与寸口尺内相应也。"其面色与相应,已见前也。

文帝四年中,人上书言意,以刑罪当传西之长安。①意有五女,随而

泣。意怒,骂曰:"生子不生男,缓急无可使者!"于是少女缇萦伤父之
言,②乃随父西。上书曰:"妾父为吏,齐中称其廉平,今坐法当刑。妾
切痛死者不可复生而刑者不可复续,③虽欲改过自新,其道莫由,终不
可得。妾愿入身为官婢,以赎父刑罪,使得改行自新也。"书闻,上悲其
意,此岁中亦除肉刑法。④

①【索隐】传音竹恋反。传,乘传送之。

②【索隐】缇音啼。萦音纡营反。

③【集解】徐广曰:"一作'赎'。"

④【集解】徐广曰:"案年表孝文十二年除肉刑。"　【正义】《汉书·刑法志》云
　　"孝文帝即位十三年,除肉刑三"。孟康云:"黥劓二,左右趾一,凡三也。"班
　　固诗曰:"三王德弥薄,惟后用肉刑。太仓令有罪,就递长安城。自恨身无
　　子,困急独茕茕。小女痛父言,死者不可生。上书诣阙下,思古歌《鸡鸣》。
　　忧心摧折裂,晨风扬激声。圣汉孝文帝,恻然感至情。百男何愦愦,不如一
　　缇萦!"

意家居,诏召问所为治病死生验者几何人也,主名为谁。

诏问故太仓长臣意:"方伎所长,及所能治病者?①有其书无有? 皆
安受学? 受学几何岁? 尝有所验,何县里人也? 何病? 医药已,其病之
状皆何如? 具悉而对。"臣意对曰:

①【集解】徐广曰:"一作'为',为亦治。"

自意少时,喜医药,医药方试之多不验者。至高后八年,①得
见师临菑元里公乘阳庆。庆年七十馀,意得见事之。谓意曰:"尽
去而方书,非是也。庆有古先道遗传黄帝、扁鹊之脉书,五色诊病,
知人生死,决嫌疑,定可治,及药论书,甚精。我家给富,心爱公,欲
尽以我禁方书悉教公。"臣意即曰:"幸甚,非意之所敢望也。"臣意
即避席再拜谒,受其脉书上下经、五色诊、奇咳②术、揆度阴阳外
变、药论、石神、接阴阳禁书,受读解验之,可一年所。明岁即验之,
有验,然尚未精也。要事之三年所,即尝已为人治,诊病决死生,有

验,精良。今庆已死十年所,臣意年尽三年,年三十九岁也。

①【集解】徐广曰:"意年三十六。"

②【集解】奇音羁。㗀音该。　【正义】《八十一难》云:"奇经八脉者,有阳维,有阴维,有阳跻,有阴跻,有冲,有督,有任,有带之脉。凡此八者,皆不拘于经,故云奇经八脉也。"顾野王云:"㗀当宾也。"又云:"㗀指毛皮也。"《艺文志》有《五音奇㗀用兵》二十六卷。许慎云:"㗀,军中约也。"

　　齐侍御史成自言病头痛,臣意诊其脉,告曰:"君之病恶,不可言也。"即出,独告成弟昌曰:"此病疽① 也,内发于肠胃之间,后五日当臃肿,②后八日呕脓③ 死。"成之病得之饮酒且内。成即如期死。所以知成之病者,臣意切其脉,得肝气。肝气浊④ 而静,⑤ 此内关之病也。⑥脉法曰"脉长而弦,不得代四时者,⑦ 其病主在于肝。和即经主病也,⑧ 代则络脉有过"。⑨经主病和者,其病得之筋髓里。其代绝而脉贲者,病得之酒且内。所以知其后五日而臃肿,八日呕脓死者,切其脉时,少阳初代。代者经病,病去过人,人则去。络脉主病,当其时,少阳初关一分,故中热而脓未发也,及五分,则至少阳之界,⑩ 及八日,则呕脓死,故上二分而脓发,至界而臃肿,尽泄而死。热上则熏阳明,烂流络,流络动则脉结发,脉结发则烂解,故络交。热气已上行,至头而动,故头痛。

①【集解】七如反。

②【正义】上于恭反,下之勇反。

③【正义】女东反。

④【集解】徐广曰:"一作'鼀'。"

⑤【集解】徐广曰:"一作'清'。"

⑥【正义】《八十一难》云:"关遂入尺为内关。"吕广云:"脉从关至尺泽,名内关也。"

⑦【正义】王叔和《脉经》云:"来数而中止,不能自还,因而复动者,名曰代。代者死。"《素问》曰:"病在心,愈在夏,甚于冬;病在脾,愈在秋,甚于春;病在肺,愈在冬,甚于夏;病在肾,愈在春,甚于夏;病在肝,愈在夏,甚于秋也。"

⑧【正义】王叔和《脉经》云:"脉长而弦,病于肝也。"《素问》云:"得病于筋,肝

之和也。"

⑨【正义】《素问》云："脉有不及,有太过,有经,有络。和即经主病,代则络有过也。"《八十一难》云："关之前者,阳之动也,脉当见九分而浮。过者法曰太过,减者法曰不及。遂上鱼际为溢,为外关内格,此阴乘之脉也。关以后者,阴之动也,脉当见一寸而沈。过者法曰太过,减者法曰不及。遂入尺为覆,为内关外格,此阳乘之脉也。故曰覆溢,是其真藏之脉,人不病而死也。"吕广云："过九分,出一寸,各名太过也。不及九分,至二分或四分五分,此太过。不满一寸,见八分或五分六分,此不及。"

⑩【集解】徐广曰："一作'分'。下章曰'肝与心相去五分,故曰五日尽'也。"
【正义】王叔和《脉经》云："分别三门(镜)〔境〕界脉候所主,云从鱼际至高骨,却行一寸,其中名曰寸口;共自高骨从寸至尺,名曰尺泽,故曰尺。寸后尺前,名曰关。阳出阴入,以关为界,阳出三分,故曰三阴三阳。阳生于尺,动于寸;阴生于寸,动于尺。寸主射上焦,出头及皮毛,竟手。关主射中焦,腹及于腰。尺主射下焦,少腹至足也。"

齐王中子诸婴儿小子病,召臣意诊切其脉,告曰："气鬲病。病使人烦懑,食不下,时呕沫。病得之(少)〔心〕忧,数忔食饮。"①臣意即为之作下气汤以饮之,一日气下,二日能食,三日即病愈。所以知小子之病者,诊其脉,心气也,浊②躁而经也,此络阳病也。脉法曰"脉来数疾去难而不一者,病主在心"。周身热,脉盛者,为重阳。③重阳者,逿心主。④故烦懑食不下则络脉有过,络脉有过则血上出,血上出者死。此悲心所生也,病得之忧也。

①【索隐】忔音疑乙反。忔者,风痹忔然不得动也。

②【集解】徐广曰："一作'黾',又作'猛'。"

③【索隐】上音直陇反。

④【集解】徐广曰："逿音唐。逿者,荡也。谓病荡心者,犹刺其心。"【索隐】逿,依字读。 【正义】《八十一难》云："手心主中宫,在中部。"杨玄操云："手心主胞络也。自脐已上至带鬲为中焦也。"

齐郎中令循病,众医皆以为蹷入中,而刺之。臣意诊之,曰:"涌疝也,①令人不得前后溲。"②循曰:"不得前后溲三日矣。"臣意

饮以火齐汤,③一饮得前〔后〕溲,再饮大溲,三饮而疾愈。病得之
内。所以知循病者,切其脉时,右口气急,④脉无五藏气,右口⑤脉
大而数。数者中下热而涌,左为下,右为上,皆无五藏应,故曰涌
疝。中热,故溺赤也。⑥

①【索隐】上音勇。下音讪,所谏反。邹诞生疝音山也。

②【索隐】溲音所留反。前溲谓小便。后溲,大便也。

③【正义】饮,于禁反。

④【集解】徐广曰:"右,一作'有'。"　【正义】王叔和《脉经》云:"右手寸口乃气
　口也。"

⑤【正义】谓右手寸口也。

⑥【正义】溺,徒吊反。

　　齐中御府长信病,臣意入诊其脉,告曰:"热病气也。然暑汗,
脉少衰,不死。"曰:"此病得之当浴流水而寒甚,已则热。"信曰:
"唯,然!①往冬时,为王使于楚,至莒县②阳周水,而莒桥梁颇坏,信
则揽③车辕未欲渡也,马惊,即堕,信身入水中,几死,吏即来救信,
出之水中,衣尽濡,有间而身寒,已热如火,至今不可以见寒。"臣意
即为之液汤火齐逐热,一饮汗尽,再饮热去,三饮病已。即使服药,
出入二十日,身无病者。所以知信之病者,切其脉时,并阴。脉法
曰"热病阴阳交者死"。切之不交,并阴。并阴者,脉顺清而愈,其
热虽未尽,犹活也。肾气有时间浊,④在太阴脉口而希,是水气也。
肾固主水,故以此知之。失治一时,即转为寒热。

①【正义】唯,惟癸反。

②【正义】莒,密州县。

③【正义】音牵。

④【集解】徐广曰:"一作'皂'。"

　　齐王太后病,召臣意入诊脉,曰:"风瘅客脬,①难于大小溲,溺
赤。"臣意饮以火齐汤,一饮即前后溲,再饮病已,溺如故。病得之
流汗出滫。②滫者,去衣而汗晞也。所以知齐王太后病者,臣意诊

其脉,切其太阴之口,湿然风气也。脉法曰"沈之而大坚,③浮之而大紧者,④病主在肾"。肾切之而相反也,脉大而躁。大者,膀胱气也;躁者,中有热而溺赤。

①【索隐】瘅,病也,音亶。脬音普交反,字或作"胞"。　【正义】瘅音单旱(也)〔反〕。脬亦作"胞",膀胱也。言风瘅之病客居在膀胱。

②【索隐】刘氏音巡。

③【正义】沈,一作"深"。王叔和《脉经》云:"脉大而坚,病出于肾也。"

④【正义】紧音吉忍反。《素问》云:"脉短实而数,有似切绳,名曰紧也。"

　　齐章武里曹山跗病,①臣意诊其脉,曰:"肺消瘅也,加以寒热。"即告其人曰:"死,不治。适其共养,此不当医②治。"法曰"后三日而当狂,妄起行,欲走;后五日死"。即如期死。山跗病得之盛怒而以接内。所以知山跗之病者,臣意切其脉,肺气热也。脉法曰"不平不鼓,形弊"。③此五藏高之远数以经病也,故切之时不平而代。④不平者,血不居其处;代者,时参击并至,乍躁乍大也。此两络脉绝,故死不治。所以加寒热者,言其人尸夺。尸夺者,形弊;形弊者,不当关灸馋石及饮毒药也。臣意未往诊时,齐太医先诊山跗病,灸其足少阳脉口,而饮之半夏丸,病者即泄注,腹中虚;又灸其少阴脉,是坏肝刚绝深,如是重损病者气,以故加寒热。所以后三日而当狂者,肝一络连属结绝乳下阳明,⑤故络绝,开阳明脉,阳明脉伤,即当狂走。后五日死者,肝与心相去五分,故曰五日尽,尽即死矣。

①【索隐】跗,方符反。

②【索隐】适音释。共音恭。案:谓山跗家适近所持财物共养我,我不敢当,以言其人不堪疗也。

③【集解】徐广曰:"一作'散'。"　【正义】王叔和《脉经》云:"平谓春肝木王,其脉细而长;夏心火王,其脉洪大而散;六月脾土王,其脉大阿阿而缓;秋肺金王,其脉浮濇而短;冬肾水王,其脉沈而滑:名平脉也。"

④【正义】《素问》云:"血气易处曰不平,脉候动不定曰代。"

⑤【正义】《素问》云:"乳下阳明,胃络也。"

　　齐中尉潘满如病少腹痛，①臣意诊其脉，曰："遗积瘕也。"②臣意即谓齐太仆臣饶、内史臣繇曰："中尉不复自止于内，则三十日死。"后二十馀日，溲血死。病得之酒且内。所以知潘满如病者，臣意切其脉深小弱，其卒然合③合也，是脾气也。④右脉口气至紧小，⑤见瘕气也。以次相乘，故三十日死。三阴俱抟者，⑥如法；不俱抟者，决在急期；一抟一代者，近也。故其三阴抟，溲血如前止。⑦

①【正义】少音式妙反。王叔和《脉经》云："脉急，疝瘕少腹痛也。"

②【索隐】刘氏音加雅反，旧音遐，邹氏音嫁。　【正义】《龙鱼河图》云："犬狗鱼鸟不熟食之，成瘕痛。"

③【集解】徐广曰："一云'来然合'。"

④【正义】辛音葱忽反。辛，一本作"来"。《素问》云："疾病之生，生于五藏。五藏之合，合于六府。肝合气于胆，心合气于小肠，脾合气于胃，肺合气于大肠，肾合气于膀胱。三焦内主劳。"

⑤【正义】上音结恶反。

⑥【正义】如淳云："音徒端反。"《素问》云："左脉口曰少阴，少阴之前名厥阴，右脉口曰太阴，此三阴之脉也。"

⑦【集解】徐广曰："前，一作'筋'也。"

　　阳虚侯相赵章病，召臣意。众医皆以为寒中，臣意诊其脉曰："迥风。"①迥风者，饮食下嗌②而辄出不留。法曰"五日死"，而后十日乃死。病得之酒。所以知赵章之病者，臣意切其脉，脉来滑，是内风气也。饮食下嗌而辄出不留者，法五日死，皆为前分界法。③后十日乃死，所以过期者，其人嗜粥，故中藏实，中藏实故过期。师言曰"安谷者过期，不安谷者不及期"。

①【集解】迥音洞。言洞彻入四支。　【索隐】下云"饮食下嗌辄出之"，是风疾洞彻五藏，故曰迥风。

②【集解】音益，谓喉下也。

③【正义】分，扶问反。

济北王病，召臣意诊其脉，曰："风蹶胸满。"即为药酒，尽三石，病已。得之汗出伏地。所以知济北王病者，臣意切其脉时，风气也，心脉浊。①病法"过入其阳，阳气尽而阴气入"。阴气入张，则寒气上而热气下，故胸满。汗出伏地者，切其脉，气阴。阴气者，病必入中，出及瀺水也。②

①【集解】徐广曰："一作'黾'。"

②【索隐】瀺音士咸反。　【正义】顾野王云："手足液，身体汋。音常灼反。"

　　齐北宫司空命妇①出於②病，众医皆以为风入中，病主在肺，③刺其足少阳脉。臣意诊其脉，曰："病气疝，客于膀胱，难于前后溲，而溺赤。病见寒气则遗溺，使人腹肿。"出於病得之欲溺不得，因以接内。所以知出於病者，切其脉大而实，其来难，是蹶阴之动也。④脉来难者，疝气之客于膀胱也。腹之所以肿者，言蹶阴之络结小腹也。蹶阴有过则脉结动，动则腹肿。臣意即灸其足蹶阴之脉，左右各一所，即不遗溺而溲清，小腹痛止。即更为火齐汤以饮之，三日而疝气散，即愈。

①【集解】徐广曰："一作'奴'。奴盖女奴。"

②【正义】命妇名也。

③【集解】徐广曰："一作'肝'。"

④【正义】邹〔云〕："厥阴之脉也。"

　　故济北王阿母①自言足热而懑，臣意告曰："热蹶也。"则刺其足心各三所，案之无出血，病旋已。②病得之饮酒大醉。

①【集解】徐广曰："济，一作'齐王'。"　【索隐】案：是王之奶母也。　【正义】服虔云："乳母也。"郑〔云〕："慈己者。"

②【索隐】言寻则已止也。　【正义】谓旋转之间，病则已止也。

　　济北王召臣意诊脉诸女子侍者，至女子竖，竖无病。臣意告永巷长曰："竖伤脾，不可劳，法当春呕血死。"臣意言王曰："才人女子竖何能？"王曰："是好为方，多伎能，为所是案法新，①往年市之民所，四百七十万，曹偶四人。"②王曰："得毋有病乎？"臣意对曰："竖病重，在死法中。"王召视之，其颜色不变，以为不然，不卖诸侯所。

至春,竖奉剑从王之厕,王去,竖后,王令人召之,即仆于厕,③呕血死。病得之流汗。流汗者,(同)法病内重,毛发而色泽,脉不衰,此亦(关)内〔关〕之病也。

①【集解】徐广曰:"所,一作'取'。"　【索隐】谓于旧方技能生新意也。

②【索隐】案:当今之四千七百贯也。曹偶犹等辈也。

③【索隐】仆音赴,又音步北反。

齐中大夫病龋齿,①臣意灸其左大阳明脉,即为苦参汤,日嗽三升,出入五六日,病已。得之风,及卧开口,食而不嗽。

①【正义】上丘羽反。《释名》云:"龋,朽也。虫啮之,缺朽也。"

菑川王美人怀子而不乳,①来召臣意。臣意往,饮以莨蓿②药一撮,以酒饮之,旋乳。③臣意复诊其脉,而脉躁。躁者有馀病,即饮以消石一齐,出血,血如豆比五六枚。④

①【索隐】乳音人喻反。乳,生也。

②【正义】浪宕二音。

③【索隐】旋乳者,言回旋即生也。

④【索隐】比音必利反。

齐丞相舍人奴从朝入宫,臣意见之食闺门外,望其色有病气。臣意即告宦者平。平好为脉,学臣意所,臣意即示之舍人奴病,告之曰:"此伤脾气也,当至春鬲塞不通,不能食饮,法至夏泄血死。"宦者平即往告相曰:"君之舍人奴有病,病重,死期有日。"相君曰:"卿何以知之?"曰:"君朝时入宫,君之舍人奴尽食闺门外,平与仓公立,即示平曰,病如是者死。"相即召舍人(奴)而谓之曰:"公奴有病不?"舍人曰:"奴无病,身无痛者。"至春果病,至四月,泄血死。所以知奴病者,脾气周乘五藏,伤部而交,故伤脾之色也,望之杀然黄,①察之如死青之兹。众医不知,以为大虫,②不知伤脾。所以至春死病者,胃气黄,黄者土气也,土不胜木,故至春死。所以至夏死者,脉法曰"病重而脉顺清者曰内关",内关之病,人不知其所痛,心急然无苦。若加以一病,死中春;一愈顺,及一时。其所以四月死

者,诊其人时愈顺。愈顺者,人尚肥也。奴之病得之流汗数出,(炙)
〔灸〕于火而以出见大风也。

①【集解】徐广曰:"杀音苏葛反。"　【正义】杀,苏亥反。

②【索隐】即蚘虫也。

　　菑川王病,召臣意诊脉,曰:"蹶上①为重,头痛身热,使人烦懑。"②
臣意即以寒水拊其头,③刺足阳明脉,左右各三所,病旋已。病得之沐
发未干而卧。诊如前,所以蹶,头热至肩。

①【正义】时掌反。蹶,逆气上也。

②【正义】亡本反。非但有烦也。

③【索隐】拊音附,又音抚。

　　齐王黄姬兄黄长卿家有酒召客,召臣意。诸客坐,未上食。臣
意望见王后弟宋建,告曰:"君有病,往四五日,君要胁痛不可俯
仰,①又不得小溲。不亟治,病即入濡肾。及其未舍五藏,急治之。
病方今客肾濡,②此所谓'肾痹'也。"宋建曰:"然,建故有要脊痛。
往四五日,天雨,黄氏诸倩③见建家京下方石,④即弄之,建亦欲效
之,效之不能起,即复置之。暮,要脊痛,不得溺,至今不愈。"建病
得之好持重。所以知建病者,臣意见其色,太阳色干,肾部上及界
要以下者枯四分所,故以往四五日知其发也。臣意即为柔汤使服
之,十八日所而病愈。

①【正义】上音免。

②【正义】濡,溺也。病方客在肾,欲溺,肾也。

③【集解】徐广曰:"倩者,女婿也。"骃案:《方言》曰"东齐之间,婿谓之倩"。郭
　璞曰"言可假倩也"。　【正义】倩音七姓反。

④【集解】徐广曰:"京者,仓廪之属也。"

　　济北王侍者韩女病要背痛,寒热,众医皆以为寒热也。臣意诊
脉,曰:"内寒,月事不下也。"即窜以药,①旋下,病已。病得之欲男
子而不可得也。所以知韩女之病者,诊其脉时,切之,肾脉也,啬而
不属。啬而不属者,其来难,坚,故曰月不下。肝脉弦,出左口,故

曰欲男子不可得也。

①【索隐】谓以熏熏之，故云。窜音七乱反。

　　临菑氾①里女子薄吾病甚，众医皆以为寒热笃，当死，不治。臣意诊其脉，曰："蛲瘕。"②蛲瘕为病，腹大，上肤黄粗，循之戚戚然。臣意饮以芫华一撮，即出蛲可数升，病已，三十日如故。病蛲得之于寒湿，寒湿气宛③笃不发，化为虫。臣意所以知薄吾病者，切其脉，循其尺，④其尺索刺粗，而毛美奉发，⑤是虫气也。其色泽者，中藏无邪气及重病。

①【索隐】氾音凡。

②【集解】徐广曰："蛲音饶。"　【索隐】音饶穨，旧音绕遐。　【正义】人腹中短虫。

③【集解】音郁。　【索隐】又如字。

④【正义】王叔和云："寸，关，尺。寸谓三分，尺谓八分。寸口在关上，尺在关下。寸、关、尺共有一寸九分也。"

⑤【集解】徐广曰："奉，一作'奏'，又作'秦'。"　【索隐】循音巡。案：谓手循其尺索也。刺音七赐反。粗音七胡反。言循其尺索，刺人手而粗，是妇人之病也。徐氏云奉一作"奏"，非其义也。又云一作"秦"，秦谓螓首，言发如蛴螬，事盖近也。

　　齐淳于司马病，臣意切其脉，告曰："当病迵风。迵风之状，饮食下嗌辄后之。①病得之饱食而疾走。"淳于司马曰："我之王家食马肝，食饱甚，见酒来，即走去，驱疾至舍，即泄数十出。"臣意告曰："为火齐米汁饮之，七八日而当愈。"时医秦信在旁，臣意去，信谓左右阁都尉②曰："意以淳于司马病为何？"曰："以为迵风，可治。"信即笑曰："是不知也。淳于司马病，法当后九日死。"即后九日不死，其家复召臣意。臣意往问之，尽如意诊。臣即为一火齐米汁，使服之，七八日病已。所以知之者，诊其脉时，切之，尽如法。其病顺，故不死。

①【集解】徐广曰："如厕。"

②【索隐】案：阁者，姓也，为都尉。一云阁即宫阁，都尉掌之，故曰阁都尉也。

　　齐中郎破石病，臣意诊其脉，告曰："肺伤，不治，当后十日丁亥溲血死。"即后十一日，溲血而死。破石之病，得之堕马僵石上。所以知破石之病者，切其脉，得肺阴气，其来散，数道至而不一也。色又乘之。所以知其堕马者，切之得番阴脉。①番阴脉入虚里，乘肺脉。肺脉散者，固色变也乘之。所以不中期死者，师言曰"病者安谷即过期，不安谷则不及期"。其人嗜黍，黍主肺，故过期。所以溲血者，诊脉法曰"病养喜阴处者顺死，养喜阳处者逆死"。其人喜自静，不躁，又久安坐，伏几而寐，故血下泄。

①【索隐】番音芳袁反。

　　齐王侍医遂病，自练五石服之。臣意往过之，遂谓意曰："不肖有病，幸诊遂也。"臣意即诊之，告曰："公病中热。论曰'中热不溲者，不可服五石'。石之为药精悍，公服之不得数溲，亟勿服。色将发臃。"遂曰："扁鹊曰'阴石以治阴病，阳石以治阳病'。夫药石者有阴阳水火之齐，故中热，即为阴石柔齐治之；中寒，即为阳石刚齐治之。"臣意曰："公所论远矣。扁鹊虽言若是，然必审诊，起度量，立规矩，称权衡，合色脉①表里有馀不足顺逆之法，参其人动静与息相应，乃可以论。论曰'阳疾处内，阴形应外者，不加悍药及镵石'。夫悍药入中，则邪气辟矣，②而宛气愈深。③诊法曰'二阴应外，一阳接内者，不可以刚药'。刚药入则动阳，阴病益衰，阳病益箸，邪气流行，为重困于俞，④忿发为疽。"意告之后百馀日，果为疽发乳上，入缺盆，死。⑤此谓论之大体也，必有经纪。拙工有一不习，文理阴阳失矣。

①【集解】徐广曰："合，一作'占'。"

②【索隐】辟音必亦反，犹聚也。

③【索隐】愈音庾。

④【集解】徐广曰："音始喻反。"

⑤【索隐】按：缺盆，人乳房上骨名也。

　　齐王故为阳虚侯时,病甚,①众医皆以为蹶。臣意诊脉,以为痹,根在右胁下,大如覆杯,令人喘,逆气不能食。臣意即以火齐粥且饮,六日气下;即令更服丸药,出入六日,病已。病得之内。诊之时不能识其经解,大识其病所在。

①【集解】徐广曰:"齐悼惠王子也,名将庐,以文帝十六年为齐王,即位十一年卒,谥孝王。"

　　臣意尝诊安阳武都里成开方,开方自言以为不病,臣意谓之病苦沓风,①三岁四支不能自用,使人喑,②喑即死。今闻其四支不能用,喑而未死也。病得之数饮酒以见大风气。所以知成开方病者,诊之,其脉法奇咳言曰"藏气相反者死"。③切之,得肾反肺,④法曰"三岁死"也。

①【索隐】沓音徒合反,风病之名也。

②【集解】徐广曰:"一作'脊',音才亦反。"　【索隐】喑者,失音也,读如音。又作"厝"。厝者,置也。言使人运置其手足也。

③【集解】徐广曰:"反,一作'及'。"

④【集解】徐广曰:"反,一作'及'。"

　　安陵阪里公乘项处病,①臣意诊脉,曰:"牡疝。"②牡疝在鬲下,上连肺。病得之内。臣意谓之:"慎毋为劳力事,为劳力事则必呕血死。"处后蹴③鞠,④要蹶寒,汗出多,即呕血。臣意复诊之,曰:"当旦日日夕死。"⑤即死。病得之内。所以知项处病者,切其脉得番阳。⑥番阳入虚里,处旦日死。一番一络者,⑦牡疝也。

①【索隐】案:公乘,官名也。项,姓;处,名。故上云仓公之师,元里公乘阳庆,亦然也。

②【索隐】上音母,下音色谏反。

③【集解】徐广曰:"一作'蹯'。"

④【正义】上千六反,下九六反,谓打球也。

⑤【索隐】案:旦日,明日也。言明日之夕死也。

⑥【索隐】脉病之名曰番阳者,以言阳脉之翻入虚里也。

⑦【集解】徐广曰:"络,一作'结'。"

臣意曰:他所诊期决死生及所治已病众多,久颇忘之,不能尽识,不敢以对。

问臣意:"所诊治病,病名多同而诊异,或死或不死,何也?"对曰:"病名多相类,不可知,故古圣人为之脉法,以起度量,立规矩,县权衡,案绳墨,调阴阳,别人之脉各名之,与天地相应,参合于人,故乃别百病以异之,有数者能异之,①无数者同之。然脉法不可胜验,诊疾人以度异之,乃可别同名,命病主在所居。今臣意所诊者,皆有诊籍。所以别之者,臣意所受师方适成,师死,以故表籍所诊,期决死生,观所失所得者合脉法,以故至今知之。"

①【索隐】数音色住反。谓术数之人乃可异其状也。

问臣意曰:"所期病决死生,或不应期,何故?"对曰:"此皆饮食喜怒不节,或不当饮药,或不当针灸,以故不中期死也。"

问臣意:"意方能知病死生,论药用所宜,诸侯王大臣有尝问意者不? 及文王病时,①不求意诊治,何故?"对曰:"赵王、胶西王、济南王、吴王皆使人来召臣意,臣意不敢往。文王病时,臣意家贫,欲为人治病,诚恐吏以除拘臣意也,②故移名数,左右③不修家生,出行游国中,问善为方数者事之久矣,④见事数师,⑤悉受其要事,尽其方书意,及解论之。身居阳虚侯国,因事侯。侯入朝,臣意从之长安,以故得诊安陵项处等病也。"

①【集解】徐广曰:"齐文王也,以文帝十五年卒。"
②【集解】徐广曰:"时诸侯得自拜除吏。"
③【正义】以名籍属左右之人。
④【索隐】数音"术数"之"数"。
⑤【正义】上色庚反。

问臣意:"知文王所以得病不起之状?"臣意对曰:"不见文王病,然窃闻文王病端,头痛,目不明。臣意心论之,以为非病也。以为肥而蓄精,身体不得摇,骨肉不相任,故喘,不当医治。脉法曰'年二十脉气当趋,年三十当疾步,年四十当安坐,年五十当安卧,年六十已上气当大董'。①文王年未满二十,方脉气之趋也而徐之,不应天道四时。后闻医灸之即笃,此论病之过也。臣意论之,以为神气争而邪气入,非年少所能复之也,以故死。所谓气者,当调饮食,择晏日,车步广志,以适筋骨肉血脉,以泻气。故年二十,是谓'易贺',②法不当砭灸,砭灸至气逐。"

①【集解】徐广曰:"董谓深藏之。一作'董'。"【索隐】董音谨。

②【集解】徐广曰:"一作'贺',又作'质'。"

问臣意:"师庆安受之? 闻于齐诸侯不?"对曰:"不知庆所师受。庆家富,善为医,不肯为人治病,当以此故不闻。庆又告臣意曰:'慎毋令我子孙知若学我方也。'"

问臣意:"师庆何见于意而爱意,欲悉教意方?"对曰:"臣意不闻师庆为方善也。意所以知庆者,意少时好诸方事,臣意试其方,皆多验,精良。臣意闻菑川唐里公孙光善为古传方,①臣意即往谒之。得见事之,受方化阴阳及传语法,②臣意悉受书之。臣意欲尽受他精方,公孙光曰:'吾方尽矣,不为爱公所。③吾身已衰,无所复事之。是吾年少所受妙方也,悉与公,毋以教人。'臣意曰:'得见事侍公前,悉得禁方,幸甚。意死不敢妄传人。'居有间,公孙光闲处,④臣意深论方,见言百世为之精也。师光喜曰:'公必为国工。吾有所善者皆疏,同产处临菑,善为方,吾不若,其方甚奇,非世之所闻也。吾年中时,⑤尝欲受其方,杨中倩⑥不肯,曰"若非其人也"。胥与公往见之,⑦当知公喜方也。其人亦老矣,其家给富。'时者未往,会庆子男殷来献马,因师光奏马王所,意以故得与殷善。光又属意于殷曰:'意好数,⑧公必谨遇之,其人圣儒。'⑨即为书以意属阳庆,以故知庆。臣意事庆谨,以故爱意也。"

①【索隐】谓好能传得古方也。 【正义】谓全传写得古人之方书。

②【集解】徐广曰:"法,一作'五'。"

③【索隐】言于意所,不爱惜方术也。

④【正义】上音闲,下昌汝反。

⑤【索隐】按:年中谓中年时也。中年亦壮年也,古人语自尔。

⑥【索隐】倩音七见反,人姓名也。

⑦【集解】徐广曰:"胥犹言须也。"

⑧【索隐】数,色句反。谓好术数也。

⑨【索隐】言意儒德,慕圣人之道,故云圣儒也。

问臣意曰:"吏民尝有事学意方,及毕尽得意方不? 何县里人?"对曰:"临菑人宋邑。①邑学,臣意教以五诊,②岁馀。济北王遣太医高期、王禹③学,臣意教以经脉高下及奇络结,④当论俞⑤所居,及气当上下出入邪〔正〕逆顺,以宜镵石,定砭灸处,岁馀。菑川王时遣太仓马长冯信正方,臣意教以案法逆顺,论药法,定五味及和齐汤法。高永侯家丞杜信,喜脉,来学,臣意教以上下经脉五诊,二岁馀。临菑召里唐安来学,臣意教以五诊上下经脉,奇咳,四时应阴阳重,未成,除为齐王侍医。"

①【集解】徐广曰:"一作'昆'。"

②【正义】谓诊五藏之脉。

③【集解】徐广曰:"一作'蝺'。"

④【正义】《素问》云:"奇经八脉,往来舒时,一止而复来,名之曰结也。"

⑤【正义】式喻反。

问臣意:"诊病决死生,能全无失乎?"臣意对曰:"意治病人,必先切其脉,乃治之。败逆者不可治,其顺者乃治之。心不精脉,所期死生视可治,时时失之,臣意不能全也。"

太史公曰:女无美恶,居宫见妒;士无贤不肖,入朝见疑。故扁鹊以其伎见殃,仓公乃匿迹自隐而当刑。缇萦通尺牍,父得以后宁。故老子曰"美好者不祥之器",岂谓扁鹊等邪? 若仓公者,可谓近之矣。

【索隐述赞】上池秘术,长桑所传。始候赵简,知梦钧天。言占虢嗣,尸蹷起焉。仓公赎罪,阳庆推贤。效验多状,式具于篇。

【正义】胃大一尺五寸,径五寸,长二尺六寸,横尺,受水谷三斗五升,其中常留谷二斗,水一斗五升。凡人食,入于口而聚于胃中,谷熟,传入小肠也。小肠大二寸半,径八分分之少半,长三丈二尺,受谷二斗四升,水六升三合合之大半。回肠(小)〔大〕

肠,谓受谷而传人于大肠也。大四寸,径一寸半,长二丈二尺,受谷一斗,水七升半。广肠大八寸,径二寸半,长二尺八寸,受谷九升三合八分合之一。故肠胃凡长五丈八尺四寸,合受水谷八斗七升六合八分合之一,此肠胃长短受水谷之数也。《甲乙经》"肠胃凡长丈六尺四寸四分",从口至肠而数之。此径从胃至肠而数之,故短也。肝重四斤四两,左三叶,右四叶,凡七叶,主藏魂。肝者,干也。于五行为木,其体状有枝干也。肝之神七人,老子名曰明堂宫,兰台府,从官三千六百人。又云肝神六:童子三,女子三。心重十二两,中有七孔,三毛,盛精汁三合,主藏神。心,纤也,所识纤微也。其神九,太尉公名曰绛宫,太始、南极老人、员光之身,其从官三千六百人。又为帝王,身之王也。脾重二斤三两,扁广三寸,长五寸,有散膏半斤,主(里)〔裹〕血温五藏,主藏意。脾,裨也。在助气,主化谷。其神云光玉女子母,其从官三千六百人也。肺重三斤三两,六叶两耳,凡八叶,主藏魂魄。肺,字也。言其气字,故短也,郁也。其神八人,太和君名曰玉堂宫,尚书府。其从官三千六百人。又云肺神十四:童子七,女子七也。肾有两枚,重一斤一两,主藏志。肾,引也。肾属水,主引水气,灌注诸脉也。其神六人,司徒、司空、司命、司录、司隶校尉、尉卿也。胆在肝之短叶间,重三两三铢,盛精汁三合。胆,敢也。言人有胆气而能果敢也。其神五人,太一道君居紫房宫中,其从官三千六百人也。胃重二斤十四两,纡曲屈申,长二尺六寸,大一尺五寸,径五寸,盛谷二斗,水一斗五升。胃,围也。言围受食物也。其神十二人,五元之气,谏议大夫也。小肠重二斤十四两,长三丈二尺,广二寸半,径八分分之少半,回积十六曲,盛谷二斗四升,水六升三合合之大半。肠,畅也。言通畅胃气,牵去秽也。其神二人,元梁使者也。大肠重三斤十二两,长二丈一尺,广四寸,径一寸半,当齐,右回十六曲,盛谷一斗水七升半。大肠即回肠也。其回曲,因以名之。其神二人,元梁使者也。膀胱重九两二铢,纵广九寸,盛溺九升九合。膀,横也。胱,广也。体短而又名胞。胞,虚空也,主以虚承水液。口广二寸半。唇至齿长九分。齿已后至会厌,深三寸半,大容五合也。舌重十两,长七寸,广二寸半。舌,泄也。言可舒泄言语也。咽门重十两,广二寸半,至胃长一尺六寸。咽,嚼也。言咽物也。又谓之咽,主地气。胃为土,故云主地气也。喉咙重十二两,广二寸,长一尺二寸九节。喉咙,空虚也。言其中空虚,可以通气息焉。心,肺之系也,呼吸之道路。喉咙与咽并行,其实两异,而人多惑也。肛门重十二两,大八寸,径二寸太半,长二尺八寸,受谷九升三合八分合之一。肛,钎也。言其处似车钎,故曰钎门。即广肠之门,又名(瞋)〔膪肠〕也。

　　手三阳之脉,从手至头长五尺,五六合三丈。一手有三阳,两手为六阳,故云五六三丈。手三阴之脉,从手至胸中长三尺五寸,三六一丈八尺,五六三尺,合二丈一尺。两手各有三阴,合为六阴,故云三六一丈八尺也。足三阳之脉,从足至头长八尺,六八合四丈八尺。两足各有三阳，故曰六八四丈八尺也。足三阴之脉，从足至胸长六尺五寸，六六三丈六尺，五六三尺，合三丈九尺。两足各有三阴，故云六六三丈六尺也。按：足太阴、少阴皆至舌下，厥阴至于项上。今言至胸中者，盖据其相接之次者也。人两足跻脉，从足至目长七尺五寸，二七一丈四尺，二五一尺，合一丈五尺。督任脉各长四尺五寸，二四八尺，二五一尺，合九尺。凡脉长一十六丈二尺也，此所谓十二经脉长短之数也。督脉起于胲头，上于面，至口齿缝，计此不止长四尺五寸，当取其上极于风府而言之也。手足各十二脉，为二十四，并督任两跻四脉，都合二十八脉，以应二十八宿。凡长十六丈二尺，营卫行周此数，则一度也。寸口，脉之大会，手太阴之动也。太阴者，脉之会也。肺，诸藏主，盖主通□阳，故十二经皆手太阴，所以决吉凶者。十二经有病，皆寸口，知其何经之动浮沈滑濇逆顺，知其死生之兆也。人一呼脉行三寸，一吸脉行三寸，呼吸定息，脉行六寸。十二经，十五络，二十七气，皆候于寸口，随呼吸上下。呼脉上行三寸，吸脉下行三寸，二十七气皆逐上下行，无有息时。人一日一夜凡一万三千五百息。脉行五十周于身，漏水下百刻。营卫行阳二十五度，行阴二十五度。度为一周也，故五十度复会于手太阴。寸口者，五藏六府之所终始，故法于寸口也。人一息行六寸，百息六丈，千息六十丈，一万三千五百息合为八百一十丈。阳脉出行二十五度，阴脉入行二十五度，阴阳出入行二十五度，阴阳呼吸覆行周毕度数也。脉行身毕，即水下百刻亦毕。谓一旦夜刻尽，天明，日出东方，脉还得寸口，当更始也。故寸口者，五藏六府之所终始也。

肺气通于鼻，鼻和则知臭香矣。肝气通于目，目和则知白黑矣。脾气通于口，口和则知谷味矣。心气通于舌，舌和则知五味矣。肾气通于耳，耳和则闻五音矣。五藏不和，则九窍不通；六府不和，则留为痈也。

史记卷一百六

吴王濞列传第四十六

吴王濞①者，高帝兄刘仲之子也。②高帝已定天下七年，立刘仲为代王。而匈奴攻代，刘仲不能坚守，弃国亡，间行③走雒阳，自归天子。天子为骨肉故，不忍致法，废以为郃阳侯。④高帝十一年秋，淮南王英布反，东并荆地，劫其国兵，西度淮，击楚，高帝自将往诛之。刘仲子沛侯濞年二十，有气力，以骑将从破布军蕲西会甀，⑤布走。荆王刘贾为布所杀，无后。上患吴、会稽轻悍，无壮王以填之，⑥诸子少，乃立濞于沛为吴王，⑦王三郡五十三城。已拜受印，高帝召濞相之，谓曰："若状有反相。"心独悔，业已拜，因拊其背，⑧告曰："汉后五十年东南有乱者，岂若邪？⑨然天下同姓为一家也，慎无反！"濞顿首曰："不敢。"

①【索隐】案：澎濞字也，音披位反。

②【集解】徐广曰："仲名喜。"

③【索隐】谓独行从他道逃走。间音纪闲反。

④【索隐】《地理志》冯翊县名，在郃水之阳。音合。　【正义】郃阳故城在同州河西县南三十里。

⑤【索隐】地名也。在蕲县之西。会音古兑反。甀音锤。

⑥【索隐】填音镇。

⑦【集解】徐广曰："十二年十月辛丑。"

⑧【索隐】拊音抚。

⑨【集解】徐广曰："汉元年至景帝三年反，五十有三年。"骃案：应劭曰"克期五十，占者所知。若秦始皇东巡以厌气，后刘项起东南，疑当如此耳"。如淳曰"度其贮积足用为难，又吴楚世不宾服"。　【索隐】案：应氏之意，以后五十年东南有乱，本是占气者所说，高祖素闻此说，自以前难未弭，恐后灾更

生,故说此言,更以戒濞。如淳之说,亦合事理。

　　会孝惠、高后时,天下初定,郡国诸侯各务自拊循其民。吴有豫章郡铜山,①濞则招致天下亡命者(益)〔盗〕铸钱,煮海水为盐,以故无赋,国用富饶。②

①【集解】韦昭曰:“今故鄣。”　【索隐】案:鄣郡后改曰故鄣。或称“豫章”为衍字也。　【正义】《括地志》云:“秦兼天下,以为鄣郡,今湖州长城县西南八十里故章城是也。”铜山,今宣州及润州句容县有,并属章也。

②【集解】如淳曰:“铸钱煮盐,收其利以足国用,故无赋于民。”　【正义】按:既盗铸钱,何以收其利足国之用?吴国之民又何得无赋?如说非也。言吴国山既出铜,民多盗铸钱,及煮海水为盐,以山海之利不赋之,故言无赋也。其民无赋,国用乃富饶也。

　　孝文时,吴太子入见,①得侍皇太子饮博。吴太子师傅皆楚人,轻悍,又素骄,博,争道,不恭,皇太子引博局提吴太子,杀之。②于是遣其丧归葬。至吴,吴王愠③曰:“天下同宗,死长安即葬长安,何必来葬为!”复遣丧之长安葬。吴王由此稍失藩臣之礼,称病不朝。京师知其以子故称病不朝,验问实不病,诸吴使来,辄系责治之。吴王恐,为谋滋甚。及后使人为秋请,④上复责问吴使者,使者对曰:“王实不病,汉系治使者数辈,以故遂称病。且夫‘察见渊中鱼,不祥’。⑤今王始诈病,及觉,见责急,愈益闭,恐上诛之,计乃无聊。唯上弃之而与更始。”于是天子乃赦吴使者归之,而赐吴王几杖,老,不朝。吴得释其罪,谋亦益解。然其居国以铜盐故,百姓无赋。⑥卒践更,辄与平贾。⑦岁时存问茂材,赏赐闾里。佗郡国吏欲来捕亡人者,讼共禁弗予。⑧如此者四十馀年,⑨以故能使其众。

①【索隐】姚氏案:《楚汉春秋》云“吴太子名贤,字德明”。

②【索隐】提音啼,又音底,又音弟。

③【正义】於问反,怨也。

④【集解】应劭曰:“冬当断狱,秋先请择其轻重也。”孟康曰:“律,春曰朝,秋曰请,如古诸侯朝聘也。”如淳曰:“濞不得行,使人代己致请礼也。”　【索隐】

音净。孟说是也。应劭所云断狱先请,不知何凭。如淳云代己致请,亦是
臆说。且文云"使人为秋请",谓使人为此秋请之礼也。

⑤【集解】张晏曰:"喻人君不当见尽下之私。" 【索隐】案:此语见《韩子》及
《文子》。韦昭曰"知臣下阴私,使忧患生变,为不祥。故当赦宥,使自新
也"。

⑥【索隐】按:吴国有铸钱煮盐之利,故百姓不别徭赋也。

⑦【集解】《汉书音义》曰:"以当为更卒,出钱三百文,谓之'过更'。自行为卒,
谓之'践更'。吴王欲得民心,为卒者顾其庸,随时月与平贾,如汉桓、灵时
有所兴作,以少府钱借民比也。" 【索隐】案:汉律,卒更有三,践更、居更、
过更也。此言践更辄与平贾者,谓为践更合自出钱,今王欲得人心,乃与平
贾,官雠之也。 【正义】践更,若今唱更、行更者也,言民自著卒。更有三
品:有卒更,有践更,有过更。古者正卒无常人,皆当迭为之,是为卒更。贫
者欲顾更钱者,次直者出钱顾之,月二千,是为践更。天下人皆直戍边三
月,亦各为更,律所谓繇戍也。虽丞相子亦在戍边之调,不可人人自行三月
戍,又行者出钱三百入官,官给戍者,是为过更。此汉初因秦法而行之,后
改为谪,乃戍边一岁。

⑧【集解】徐广曰:"讼音松。"骃案:如淳曰"讼,公也"。 【正义】讼音容。言
其相容禁止不与也。

⑨【正义】言四十馀年者,太史公尽言吴王一代行事也。《汉书》作"三十馀
年",而班固见其语在孝文之代,乃减十年,是班固不晓其理也。

晁错为太子家令,得幸太子,数从容言吴过可削。数上书说孝文
帝,文帝宽,不忍罚,以此吴日益横。及孝景帝即位,错为御史大夫,说
上曰:"昔高帝初定天下,昆弟少,诸子弱,大封同姓,故王孽子悼惠王王
齐七十馀城,庶弟元王王楚四十馀城,兄子濞王吴五十馀城:封三庶孽,
分天下半。今吴王前有太子之郤,诈称病不朝,于古法当诛,文帝弗忍,
因赐几杖。德至厚,当改过自新。乃益骄溢,即山①铸钱,煮海水为盐,
诱天下亡人,谋作乱。今削之亦反,不削之亦反。削之,其反亟,祸小;
不削,反迟,祸大。"三年冬,楚王朝,晁错因言楚王戊往年为薄太后服,
私奸服舍,②请诛之。诏赦,罚削东海郡。因削吴之豫章郡、会稽郡。

及前二年赵王有罪,削其河间郡。③胶西王卬以卖爵有奸,削其六县。

①【索隐】案:即山,山名。又即者,就也。

②【集解】服虔曰:"服舍,在丧次,而私奸宫中也。"

③【索隐】案:《汉书》作"常山郡"也。

汉廷臣方议削吴。吴王濞恐削地无已,因以此发谋,欲举事。念诸侯无足与计谋者,闻胶西王勇,好气,喜兵,诸齐①皆惮畏,于是乃使中大夫应高诪②胶西王。无文书,口报曰:"吴王不肖,有宿夕之忧,不敢自外,使喻其欢心。"王曰:"何以教之?"高曰:"今者主上兴于奸,饰于邪臣,好小善,听谗贼,擅变更律令,侵夺诸侯之地,征求滋多,诛罚良善,日以益甚。里语有之,'舐糠及米'。③吴与胶西,知名诸侯也,一时见察,恐不得安肆矣。吴王身有内病,不能朝请二十馀年,尝患见疑,无以自白,今胁肩累足,犹惧不见释。窃闻大王以爵事有适,④所闻诸侯削地,罪不至此,此恐不得削地而已。"王曰:"然,有之。子将奈何?"高曰:"同恶相助,同好相留,同情相成,同欲相趋,同利相死。今吴王自以为与大王同忧,愿因时循理,弃躯以除患害于天下,亿亦可乎?"王瞿然骇曰:⑤"寡人何敢如是?今主上虽急,固有死耳,安得不戴?"高曰:"御史大夫晁错,荧惑天子,侵夺诸侯,蔽忠塞贤,朝廷疾怨,诸侯皆有倍畔之意,人事极矣。彗星出,蝗虫数起,此万世一时,而愁劳圣人之所以起也。⑥故吴王欲内以晁错为讨,外随大王后车,彷徉天下,所向者降,所指者下,天下莫敢不服。大王诚幸而许之一言,则吴王率楚王略函谷关,守荥阳敖仓之粟,距汉兵。治次舍,须大王。大王有幸而临之,则天下可并,两主分割,不亦可乎?"王曰:"善。"高归报吴王,吴王犹恐其不与,乃身自为使,使于胶西,面结之。

①【集解】韦昭曰:"故为齐分为国者胶东、济北之属。"

②【索隐】音徒鸟反。

③【索隐】案:言舐糠尽则至米,谓削土尽则至灭国也。

④【正义】张革反。

⑤【索隐】刘氏瞿音九具反。又《说文》云"瞿,远视貌"。音九缚反。

⑥【索隐】案：所谓"殷忧以启明圣"也。

　　胶西群臣或闻王谋，谏曰："承一帝，至乐也。今大王与吴西乡，弟令事成，两主分争，患乃始结。诸侯之地不足为汉郡什二，而为畔逆以忧太后，非长策也。"①王弗听。遂发使约齐、菑川、胶东、济南、济北，皆许诺，而曰"城阳景王有义，攻诸吕，勿与，事定分之耳"。②

　　①【集解】文颖曰："王之太后也。"

　　②【集解】徐广曰："尔时城阳恭王喜，景王之子。"

　　诸侯既新削罚，振恐，多怨晁错。及削吴会稽、豫章郡书至，则吴王先起兵，胶西正月丙午诛汉吏二千石以下，胶东、菑川、济南、楚、赵亦然，遂发兵西。齐王后悔，饮药自杀，畔约。济北王城坏未完，其郎中令劫守其王，不得发兵。胶西为渠率，胶东、菑川、济南共攻围临菑。赵王遂亦反，阴使匈奴与连兵。

　　七国之发也，吴王悉其士卒，下令国中曰："寡人年六十二，①身自将。少子年十四，亦为士卒先。诸年上与寡人比，下与少子等者，皆发。"发二十馀万人。南使闽越、东越，东越亦发兵从。

　　①【集解】徐广曰："吴王封吴四十二年矣。"

　　孝景帝三年正月甲子，初起兵于广陵。①西涉淮，因并楚兵。发使遗诸侯书曰："吴王刘濞敬问胶西王、胶东王、菑川王、济南王、赵王、楚王、淮南王、衡山王、庐江王、故长沙王子：②幸教寡人！以汉有贼臣，无功天下，侵夺诸侯地，使吏劾系讯治，以僇辱之为故，③不以诸侯人君礼遇刘氏骨肉，绝先帝功臣，进任奸宄，诖乱天下，④欲危社稷。陛下多病志失，不能省察。欲举兵诛之，谨闻教。敝国虽狭，地方三千里；人虽少，精兵可具五十万。寡人素事南越三十馀年，其王君皆不辞分其卒以随寡人，又可得三十馀万。寡人虽不肖，愿以身从诸王。越直⑤长沙者，⑥因王子定长沙以北，⑦西走蜀、汉中。⑧告越、⑨楚王、淮南三王，与寡人西面；⑩齐诸王与赵王定河间、河内，或入临晋关，⑪或与寡人会雒阳；燕王、赵王固与胡王有约，燕王北定代、云中，抟胡众⑫入萧关，⑬走长安,匡正天子,以安高庙。愿王勉之。楚元王子、淮南三王或不沐洗十馀年,怨入骨髓,欲一有所出之久矣,寡人未得诸王之意,未敢听。今诸王苟能存亡继绝,振弱伐暴,以安刘氏,社稷之所愿也。敝国虽贫,寡人节衣食之用,积金钱,修兵革,聚谷食,夜以继日,三十馀年矣。凡为此,愿诸王勉用之。能斩捕大将者,赐金五千斤,封万户;列将,三千斤,封五千户;裨将,二千斤,封二千户;二千石,千斤,封千户;千石,五百斤,封五百户:皆为列侯。其以军若城邑降者,卒万人,邑万户,如得大将;人户五千,如得列将;人户三千,如得裨将;人户千,如得二千石;其小吏皆以差次受爵金。佗封赐皆倍军法。⑭其有故爵邑者,更益勿因。愿诸王明以令士大夫,弗敢欺也。寡人金钱在天下者往往而有,非必取于吴,诸王日夜用之弗能尽。有当赐者告寡人,寡人且往遗之。敬以闻。”

①【集解】徐广曰:“荆王刘贾都吴,吴王移广陵也。”

②【集解】徐广曰:“吴芮之玄孙靖王著,以文帝七年卒,无嗣,国除。”骃案:如淳曰“吴芮后四世无子,国除。庶子二人为列侯,不得嗣王,志将不满,故诱与之反也”。

③【集解】《汉书音义》曰:“故,事也。”【正义】按:专以僇辱诸侯为事。

④【正义】诖音挂。

⑤【集解】音值。

⑥【索隐】服虔云:“直音值。谓其境相接也。”

⑦【集解】如淳曰:“南越直长沙者,因王子定也。”【索隐】案:谓南越之地与长沙地相接。值者,因长沙王子以定长沙以北也。

⑧【正义】走音奏,向也。王子,长沙王子也。南越之地对长沙之南者,其民因王子卒而镇定长沙以北,西向蜀及汉中,咸委王子定矣。

⑨【集解】如淳曰:“告东越使定之。”

⑩【正义】越,东越也。又告东越、楚、淮南三王,与吴王共西面击之。三王谓淮南、衡山、庐江也。

⑪【正义】今蒲津关。

⑫【索隐】抟音专。专谓专统领胡兵也。

⑬【正义】今名陇山关,在原州平凉县界。

⑭【集解】服虔曰:"封赐倍汉之常法。"

七国反书闻天子,天子乃遣太尉条侯周亚夫将三十六将军,往击吴楚;遣曲周侯郦寄击赵;将军栾布击齐;大将军窦婴屯荥阳,监齐赵兵。

吴楚反书闻,兵未发,窦婴未行,言故吴相袁盎。盎时家居,诏召入见。上方与晁错调兵筭军食,上问袁盎曰:"君尝为吴相,知吴臣田禄伯为人乎? 今吴楚反,于公何如?"对曰:"不足忧也,今破矣。"上曰:"吴王即山铸钱,煮海水为盐,诱天下豪桀,白头举事。若此,其计不百全,岂发乎? 何以言其无能为也?"袁盎对曰:"吴有铜盐利则有之,安得豪桀而诱之! 诚令吴得豪桀,亦且辅王为义,不反矣。吴所诱皆无赖子弟,亡命铸钱奸人,故相率以反。"晁错曰:"袁盎策之善。"上问曰:"计安出?"盎对曰:"愿屏左右。"上屏人,独错在。盎曰:"臣所言,人臣不得知也。"乃屏错。错趋避东厢,恨甚。上卒问盎,盎对曰:"吴楚相遗书,曰'高帝王子弟各有分地,今贼臣晁错擅適过诸侯,①削夺之地'。故以反为名,西共诛晁错,复故地而罢。方今计独斩晁错,发使赦吴楚七国,复其故削地,则兵可无血刃而俱罢。"于是上嘿然良久,曰:"顾诚何如,吾不爱一人以谢天下。"盎曰:"臣愚计无出此,愿上孰计之。"乃拜盎为太常,②吴王弟子德侯为宗正。③盎装治行。后十馀日,上使中尉召错,绐载行东市。错衣朝衣斩东市。则遣袁盎奉宗庙,宗正辅亲戚,④使告吴如盎策。至吴,吴楚兵已攻梁壁矣。宗正以亲故,先入见,谕吴王使拜受诏。吴王闻袁盎来,亦知其欲说己,笑而应曰:"我已为东帝,尚何谁拜?"不肯见盎而留之军中,欲劫使将。盎不肯,使人围守,且杀之,盎得夜出,步亡去,走梁军,遂归报。

①【索隐】適音直革反,又音宅。

②【正义】令盎为太常,以示奉宗庙之指意。

③【集解】徐广曰:"名通,其父名广。"骃案:《汉书》曰"吴王弟子德侯广为宗正"也。

④【正义】以亲戚之意辅汉训谕。

条侯将乘六乘传,①会兵荥阳。至雒阳,见剧孟,喜曰:"七国反,吾乘传至此,不自意全。②又以为诸侯已得剧孟,剧孟今无动。吾据荥阳,以东无足忧者。"至淮阳,问父绛侯故客邓都尉曰:"策安出?"客曰:"吴兵锐甚,难与争锋。楚兵轻,③不能久。方今为将军计,莫若引兵东北壁昌邑,以梁委吴,吴必尽锐攻之。将军深沟高垒,使轻兵绝淮泗口,塞吴饷道。彼吴梁相敝而粮食竭,乃以全强制其罢极,破吴必矣。"条侯曰:"善。"从其策,遂坚壁昌邑南,④轻兵绝吴饷道。

①【正义】上音乘,下竹恋反。

②【正义】言不自意洛阳得全,及见剧孟。

③【正义】遣正反。

④【正义】在曹州城武县东北四十二里也。

吴王之初发也,吴臣田禄伯为大将军。田禄伯曰:"兵屯聚而西,无佗奇道,难以就功。臣愿得五万人,别循江淮而上,收淮南、长沙,入武关,与大王会,此亦一奇也。"吴王太子谏曰:"王以反为名,此兵难以藉人,藉人亦且反王,奈何?且擅兵而别,多佗利害,未可知也,①徒自损耳。"吴王即不许田禄伯。

①【集解】苏林曰:"禄伯倪将兵降汉,自为利己,于吴为生患也。"

吴少将桓将军说王曰:"吴多步兵,步兵利险;汉多车骑,车骑利平地。愿大王所过城邑不下,直弃去,疾西据雒阳武库,食敖仓粟,阻山河之险以令诸侯,虽毋入关,天下固已定矣。即大王徐行,留下城邑,汉军车骑至,驰入梁楚之郊,事败矣。"吴王问诸老将,老将曰:"此少年推锋之计可耳,安知大虑乎!"于是王不用桓将军计。

吴王专并将其兵,未度淮,诸宾客皆得为将、校尉、候、司马,独周丘不得用。周丘者,下邳人,亡命吴,酤酒无行,吴王薄薄之,弗任。周丘上谒,说王曰:"臣以无能,不得待罪行间。臣非敢求有所将,愿得王一汉节,必有以报王。"王乃予之。周丘得节,夜驰入下邳。下邳时闻吴反，皆城守。至传舍，召令。令入户，使从者以罪斩令。遂召昆弟所善豪吏告曰：“吴反兵且至，至，屠下邳不过食顷。今先下，家室必完，能者封侯矣。”出乃相告，下邳皆下。周丘一夜得三万人，使人报吴王，遂将其兵北略城邑。比至城阳，①兵十馀万，破城阳中尉军。闻吴王败走，自度无与共成功，即引兵归下邳。未至，疽发背死。

　　①【正义】《地理志》云城阳国，故齐，汉文帝二年别为国，属兖州。

　　二月中，吴王兵既破，败走，于是天子制诏将军曰：“盖闻为善者，天报之以福；为非者，天报之以殃。高皇帝亲表功德，建立诸侯，幽王、悼惠王绝无后，孝文皇帝哀怜加惠，王幽王子遂、悼惠王子卬等，令奉其先王宗庙，为汉藩国，德配天地，明并日月。吴王濞倍德反义，诱受天下亡命罪人，乱天下币，①称病不朝二十馀年，有司数请濞罪，孝文皇帝宽之，欲其改行为善。今乃与楚王戊、赵王遂、胶西王卬、济南王辟光、菑川王贤、胶东王雄渠约从反，为逆无道，起兵以危宗庙，贼杀大臣及汉使者，迫劫万民，夭杀无罪，烧残民家，掘其丘冢，甚为暴虐。今卬等又重逆无道，烧宗庙，卤御物，②朕甚痛之。朕素服避正殿，将军其劝士大夫击反虏。击反虏者，深入多杀为功，斩首捕虏比三百石以上者皆杀之，无有所置。③敢有议诏及不如诏者，皆要斩。”

　　①【集解】如淳曰：“币，钱也。以私钱淆乱天下钱也。”

　　②【集解】如淳曰：“卤，抄掠也。宗庙在郡县之物，皆为御物。”【正义】颜师古曰：“御物，宗庙之服器也。”

　　③【正义】置，放释也。

　　初，吴王之度淮，与楚王遂西败棘壁，①乘胜前，锐甚。梁孝王恐，遣六将军击吴，又败梁两将，士卒皆还走梁。梁数使使报条侯求救，条侯不许。又使使恶条侯于上，上使人告条侯救梁，复守便宜不行。梁使韩安国及楚死事相弟张羽为将军，②乃得颇败吴兵。吴兵欲西，梁城守坚，不敢西，即走条侯军，会下邑。③欲战，条侯壁，不肯战。吴粮绝，卒饥，数挑战，遂夜奔条侯壁，惊东南。条侯使备西北，果从西北入。吴大

败,士卒多饥死,乃畔散。于是吴王乃与其麾下壮士数千人夜亡去,度
江走丹徒,保东越。④东越兵可万馀人,乃使人收聚亡卒。汉使人以利
啖东越,⑤东越即绐吴王,吴王出劳军,即使人鈠杀吴王,⑥盛其头,⑦驰
传以闻。吴王子子华、子驹亡走闽越。吴王之弃其军亡也,军遂溃,往
往稍降太尉、梁军。楚王戊军败,自杀。

①【正义】在宋州宁陵县西南七十里。

②【集解】徐广曰:"楚相张尚谏王而死。"　【正义】按:羽,尚弟也。

③【集解】徐广曰:"属梁国。"　【正义】宋州砀山县,本汉下邑县。

④【正义】《东越传》云:"独东瓯受汉之购,杀吴王。"丹徒,润州也。东瓯即东
　越也。东越将兵从吴在丹徒也。

⑤【集解】韦昭曰:"啖音徒览反。"

⑥【集解】孟康曰:"《方言》'戟谓之鈠'。"　【索隐】鈠音七江反。谓以戈刺杀
　之。邹氏又音春。亦音"从容"之"从",谓撞杀之也。

⑦【集解】《吴地记》曰:"吴王濞葬武进县南,地名相唐。"　【索隐】张勃云"吴
　王濞葬丹徒县南,其地名相唐"。今注本云"武进县",恐错也。　【正义】
　《括地志》云:"汉吴王濞冢在润州丹徒县东练壁聚北,今入于江。《吴录》云
　丹徒有吴王冢,在县北,其处名为相唐。"

　　三王之围齐临菑也,三月不能下。汉兵至,胶西、胶东、菑川王各引
兵归。胶西王乃袒跣,席稿,饮水,谢太后。王太子德曰:"汉兵远,臣观
之已罢,可袭,愿收大王馀兵击之,击之不胜,乃逃入海,未晚也。"王曰:
"吾士卒皆已坏,不可发用。"弗听。汉将弓高侯颓当①遗王书曰:"奉诏
诛不义,降者赦其罪,复故;不降者灭之。王何处,须以从事。"王肉袒叩
头汉军壁,谒曰:"臣卬奉法不谨,惊骇百姓,乃苦将军远道至于穷国,敢
请菹醢之罪。"弓高侯执金鼓见之,曰:"王苦军事,愿闻王发兵状。"王顿
首膝行对曰:"今者,晁错天子用事臣,变更高皇帝法令,侵夺诸侯地。
卬等以为不义,恐其败乱天下,七国发兵,且以诛错。今闻错已诛,卬等
谨以罢兵归。"将军曰:"王苟以错不善,何不以闻?(及)〔乃〕未有诏虎
符,擅发兵击义国。以此观之,意非欲诛错也。"乃出诏书为王读之。读
之讫,曰:"王其自图。"王曰:"如卬等死有馀罪。"遂自杀。太后、太子皆

死。胶东、菑川、济南王皆死,② 国除,纳于汉。郦将军围赵十月而下之,赵王自杀。济北王以劫故,得不诛,徙王菑川。

①【集解】徐广曰:"姓韩。"

②【集解】徐广曰:"一云'自杀'。"

初,吴王首反,并将楚兵,连齐赵。正月起兵,三月皆破,独赵后下。复置元王少子平陆侯礼为楚王,续元王后。徙汝南王非王吴故地,为江都王。

太史公曰:吴王之王,由父省也。① 能薄赋敛,使其众,以擅山海利。逆乱之萌,自其子兴。争技发难,② 卒亡其本;亲越谋宗,竟以夷陨。晁错为国远虑,祸反近身。袁盎权说,初宠后辱。故古者诸侯地不过百里,山海不以封。"毋亲夷狄,以疏其属",盖谓吴邪?"毋为权首,反受其咎",岂盎、错邪?

①【集解】言濞之王吴,由父代王被省封郃阳侯。省音所幸反。　【索隐】省音
　　所景反。省者,减也。谓父仲从代王省封郃阳侯也。

②【索隐】谓与太子争博为争技也。

【索隐述赞】吴楚轻悍,王濞倍德。富因采山,衅成提局。憍矜贰志,连结七国。婴命始监,错诛未塞。天之悔祸,卒取奔北。

史记卷一百七

魏其武安侯列传第四十七

魏其侯窦婴者，孝文后从兄子也。父世观津人。① 喜宾客。孝文时，婴为吴相，病免。孝景初即位，为詹事。②

①【索隐】按：《地理志》观津县属信都。以言其累叶在观津，故云"父世"也。

【正义】观津城在冀州武邑县东南二十五里。

②【正义】《百官表》云"詹事，秦官，掌皇后、太子家"也。

梁孝王者，孝景弟也，其母窦太后爱之。梁孝王朝，因昆弟燕饮。是时上未立太子，酒酣，从容言曰："千秋之后传梁王。"太后欢。窦婴引卮酒进上，曰："天下者，高祖天下，父子相传，此汉之约也，上何以得擅传梁王！"太后由此憎窦婴。窦婴亦薄其官，因病免。太后除窦婴门籍，不得入朝请。①

①【集解】律，诸侯春朝天子曰朝，秋曰请。 【正义】才性反。

孝景三年，吴楚反，上察宗室诸窦①毋如窦婴贤，乃召婴。婴入见，固辞谢病不足任。太后亦惭。于是上曰："天下方有急，王孙宁可以让邪？"②乃拜婴为大将军，赐金千斤。婴乃言袁盎、栾布诸名将贤士在家者进之。所赐金，陈之廊庑下，军吏过，辄令财取为用，③金无入家者。窦婴守荥阳，监齐赵兵。④ 七国兵已尽破，封婴为魏其侯。诸游士宾客争归魏其侯。孝景时每朝议大事，条侯、魏其侯，诸列侯莫敢与亢礼。

①【索隐】按：谓宗室之中及诸窦之宗室也。又姚氏案：《酷吏传》"周阳由，其父赵兼，以淮南王舅侯周阳，故因改氏。由以宗室任为郎"。则似是与国有亲戚属籍者，亦得呼为宗室也。

②【集解】《汉书》曰："窦婴字王孙。"

③【集解】苏林曰："令自裁度取为用也。"

④【正义】监音甲衫反。《吴王濞传》云"窦婴屯荥阳，监齐赵兵"也。

孝景四年，立栗太子，①使魏其侯为太子傅。孝景七年，栗太子废，魏其数争不能得。魏其谢病，屏居蓝田南山之下数月，诸宾客辩士说之，莫能来。梁人高遂乃说魏其曰："能富贵将军者，上也；能亲将军者，太后也。今将军傅太子，太子废而不能争；争不能得，又弗能死。自引谢病，拥赵女，屏间处②而不朝。相提而论，③是自明扬主上之过。有如两宫螫将军，④则妻子毋类矣。"⑤魏其侯然之，乃遂起，朝请如故。

①【正义】栗姬之子，后废之，故书母姓也。

②【正义】上音闲，下昌汝反。

③【集解】徐广曰："提音徒抵反。"　【索隐】提音弟，又音啼。相提犹相抵也。论音路顿反。

④【集解】张晏曰："两宫，太后、景帝也。螫，怒也。毒虫怒必螫人。又火各反。"　【索隐】螫音释。谓怒也，毒虫怒必螫人。又音火各反。《汉书》作"奭"，奭即螫也。　【正义】两宫，太子、景帝也。

⑤【索隐】谓见诛灭无遗类。

桃侯免相，①窦太后数言魏其侯。孝景帝曰："太后岂以为臣有爱，②不相魏其？魏其者，沾沾③自喜耳，多易。④难以为相，持重。"遂不用，用建陵侯卫绾为丞相。

①【集解】服虔曰："刘舍也。"

②【索隐】爱犹惜也。

③【集解】徐广曰："沾，一作'怗'。又昌兼反，又当牒反。"

④【集解】张晏曰："沾沾，言自整顿也。多易，多轻易之行也。或曰沾音幨也。"　【索隐】沾音襜，又音当牒反。小颜音他兼反。幨音如字，又天牒反。幨音尺占反。

武安侯田蚡①者，孝景后同母弟也，生长陵。魏其已为大将军后，方盛，蚡为诸郎，②未贵，往来侍酒魏其，跪起如子姓。及孝景晚节，③蚡益贵幸，为太中大夫。蚡辩有口，学《槃盂》诸书，④王太后贤之。⑤孝景崩，即日太子立，称制，所镇抚多有田蚡宾客计策。蚡弟田胜，皆以太后弟，孝景后三年⑥封蚡为武安侯，胜为周阳侯。⑦

①【索隐】扶粉反。如"蚡鼠"之"蚡"，音坟。

②【集解】徐广曰："一云'诸卿'。时人相号长老老者为'诸公'，年少者为'诸卿'，如今人相号为'士大夫'也。"

③【索隐】按：谓晚年也。

④【集解】应劭曰："黄帝史孔甲所作铭也。凡二十九篇，书槃盂中，所为法戒。诸书，诸子文书也。"孟康曰："孔甲《槃盂》二十六篇，杂家书，兼儒、墨、名、法。"

⑤【集解】徐广曰："即蚡同母姊者。"

⑥【集解】徐广曰："孝景后三年即是孝武初嗣位之年也。"

⑦【正义】绛州闻喜县东二十里周阳故城也。

武安侯新欲用事为相，卑下宾客，进名士家居者贵之，欲以倾魏其诸将相。建元元年，丞相绾病免，上议置丞相、太尉。籍福说武安侯曰："魏其贵久矣，天下士素归之。今将军初兴，未如魏其，即上以将军为丞相，必让魏其。魏其为丞相，将军必为太尉。太尉、丞相尊等耳，又有让贤名。"武安侯乃微言太后风上，于是乃以魏其侯为丞相，武安侯为太尉。籍福贺魏其侯，因吊曰："君侯资性喜善疾恶，方今善人誉君侯，故至丞相；然君侯且疾恶，恶人众，亦且毁君侯。君侯能兼容，则幸久；不能，今以毁去矣。"魏其不听。

魏其、武安俱好儒术，推毂赵绾为御史大夫，①王臧为郎中令。迎鲁申公，欲设明堂，令列侯就国，除关，②以礼为服制，③以兴太平。举適诸窦④宗室毋节行者，除其属籍。时诸外家为列侯，列侯多尚公主，皆不欲就国，以故毁日至窦太后。太后好黄老之言，而魏其、武安、赵绾、王臧等务隆推儒术，贬道家言，是以窦太后滋不说魏其等。及建元二年，御史大夫赵绾请无奏事东宫。⑤窦太后大怒，乃罢逐赵绾、王臧等，而免丞相、太尉，以柏至侯许昌为丞相，武强侯庄青翟为御史大夫。魏其、武安由此以侯家居。

①【索隐】案：推毂谓自卑下之，如为之推车毂也。

②【索隐】谓除关门之税也。

③【索隐】案：其时礼度逾侈，多不依礼，今令吉凶服制皆法于礼也。

④【索隐】適音直革反。

⑤【集解】韦昭曰："欲夺其政也。"

武安侯虽不任职，以王太后故，亲幸，数言事多效，天下吏士趋势利者，皆去魏其归武安。武安日益横。建元六年，窦太后崩，丞相昌、御史大夫青翟坐丧事不办，免。以武安侯蚡为丞相，以大司农韩安国为御史大夫。天下士郡诸侯愈益附武安。①

①【索隐】按：谓仕诸郡及仕诸侯王国者，犹言仕郡国也。

武安者，貌侵，①生贵甚。②又以为诸侯王多长，③上初即位，富于春秋，蚡以肺腑为京师相，④非痛折节以礼诎之，天下不肃。⑤当是时，丞相入奏事，坐语移日，所言皆听。荐人或起家至二千石，权移主上。上乃曰："君除吏已尽未？吾亦欲除吏。"尝请考工地益宅，⑥上怒曰："君何不遂取武库！"是后乃退。尝召客饮，坐其兄盖侯⑦南乡，自坐东乡，以为汉相尊，不可以兄故私桡。武安由此滋骄，治宅甲诸第。⑧田园极膏腴，而市买郡县器物相属于道。前堂罗钟鼓，立曲旃；⑨后房妇女以百数。诸侯奉金玉狗马玩好，不可胜数。

①【集解】韦昭曰："侵音寝，短小也"。又云丑恶也，刻确也。音核。"【索隐】案：服虔云"侵，短小也"。韦昭云"刻确也"。按：确音刻。又孔文祥"侵，丑恶也。音寝"。

②【索隐】按：小颜云"生贵谓自尊高示贵宠"，其说疏也。按：生谓蚡自生尊贵之势特甚，故下云"又以诸侯王多长年，蚡以肺腑为相，非痛折节以礼屈之，则天下不肃"者也。

③【集解】张晏曰："多长年。"

④【索隐】腑音府。肺音废。言如肝肺之相附。又云柿，木札；附，木皮也。《诗》云"如涂涂附"，以言如皮之附木也。　【正义】颜师古曰："旧解云肺附，如肝肺之相附著也。一说柿，斫木札也，喻其轻薄附著大材。"按：颜此说并是疏谬。又改"腑"为"附"就其义，重谬矣。《八十一难》云："寸口者，脉之大

会，手太阴之动脉也。"吕广云："太阴者，肺之脉也。肺为诸藏之主，通阴阳，
故十二经脉皆会乎太阴，所以决吉凶者。十二经有病皆寸口，知其何经之动
浮沈濇滑，春秋逆顺，知其死生。"顾野王云："肺腑，腹心也。"案：说田蚡为
相，若人之肺，知阴阳逆顺，又为帝之腹心亲戚也。

⑤【索隐】案：痛，甚也。欲令士折节屈下于己；不然，天下不肃。或解以为蚡欲
　　折节下士，非也。案：下文不让其兄盖侯，知或说为非也。

⑥【集解】《汉书·百官表》曰少府有考工室。如淳曰："官名也。"

⑦【集解】徐广曰："王后兄王信也。泰山有盖县，乐安有益县也。"

⑧【集解】徐广曰："为诸第之上也。"

⑨【集解】如淳曰："旌旗之名。通帛曰旜。曲旃，僭也。"苏林曰："礼，大夫建
　　旃。曲旃，柄上曲也。"【索隐】按：曲旃，旌旗柄上曲，僭礼也。通帛曰旃。
　　《说文》云曲旃者，所以招士也。

　　魏其失窦太后，益疏不用，无势，诸客稍稍自引而怠傲，唯灌将军独
不失故。魏其日默默不得志，而独厚遇灌将军。

　　灌将军夫者，颍阴人也。夫父张孟，尝为颍阴侯婴舍人，得幸，因进
之至二千石，故蒙灌氏姓为灌孟。吴楚反时，颍阴侯灌何为将军，①属
太尉，请灌孟为校尉。夫以千人与父俱。②灌孟年老，颍阴侯强请之，郁
郁不得意，故战常陷坚，遂死吴军中。军法，父子俱从军，有死事，得与
丧归。灌夫不肯随丧归，奋曰：③"愿取吴王若将军头，以报父之仇。"于
是灌夫被甲持戟，募军中壮士所善愿从者数十人。及出壁门，莫敢前。
独二人及从奴十数骑驰入吴军，至吴将麾下，④所杀伤数十人。不得
前，复驰还，走入汉壁，皆亡其奴，独与一骑归。夫身中大创十馀，适有
万金良药，故得无死。夫创少瘳，又复请将军曰："吾益知吴壁中曲折，
请复往。"将军壮义之，恐亡夫，乃言太尉，太尉乃固止之。吴已破，灌夫
以此名闻天下。

①【索隐】案：何是婴子，《汉书》作"婴"，误也。

②【集解】《汉书音义》曰"官主千人，如候司马"。

③【集解】张晏曰："自奋励也。"

④【正义】谓大将之旗。

颍阴侯言之上，上以夫为中郎将。数月，坐法去。后家居长安，长安中诸公莫弗称之。孝景时，至代相。孝景崩，今上初即位，以为淮阳天下交，劲兵处，故徙夫为淮阳太守。建元元年，入为太仆。二年，夫与长乐卫尉窦甫饮，轻重不得，①夫醉，搏甫。②甫，窦太后昆弟也。上恐太后诛夫，徙为燕相。数岁，坐法去官，家居长安。

①【集解】晋灼曰："饮酒轻重不得其平也。"

②【索隐】搏音博，谓击也。

灌夫为人刚直使酒，不好面谀。贵戚诸有势在己之右，不欲加礼，必陵之；诸士在己之左，愈贫贱，尤益敬，与钧。稠人广众，荐宠下辈。士亦以此多之。

夫不喜文学，好任侠，已然诺。①诸所与交通，无非豪杰大猾。家累数千万，食客日数十百人。陂池田园，宗族宾客为权利，横于颍川。颍川儿乃歌之曰："颍水清，灌氏宁；颍水浊，灌氏族。"

①【索隐】已音以。谓已许诺，必使副其前言也。

灌夫家居虽富，然失势，卿相侍中宾客益衰。及魏其侯失势，亦欲倚灌夫引绳批根生平慕之后弃之者。①灌夫亦倚魏其而通列侯宗室为名高。两人相为引重，②其游如父子然。相得欢甚，无厌，恨相知晚也。

①【集解】苏林曰："二人相倚，引绳直之，意批根宾客也。弃之者，不与交通。"孟康曰："根，根括。引绳以持弹。"【索隐】案：刘氏云"二人相倚，事如合绳共相依引也"。批音步结反。批者，排也。《汉书》作"排"。排根者，苏林云"宾客去之者不与通也"。孟康云"音根格，谓引绳排弹其根格，平生慕婴交而弃者令不得通也"。小颜根音痕，格音下各反。骃谓引绳，排弹绳根括以退之者也"。持弹，案《汉书》本作"抨弹"，音普耕反。

②【集解】张晏曰："相荐达为声势。"

灌夫有服，过丞相。丞相从容曰："吾欲与仲孺过魏其侯，①会仲孺有服。"②灌夫曰："将军乃肯幸临况魏其侯，夫安敢以服为解！请语魏其侯帐具,将军旦日蚤临。"武安许诺。灌夫具语魏其侯如所谓武安侯。魏其与其夫人益市牛酒,夜洒埽,早帐具至旦。平明,令门下候伺。至日中,丞相不来。魏其谓灌夫曰:"丞相岂忘之哉?"灌夫不怿,曰:"夫以服请,宜往。"③乃驾,自往迎丞相。丞相特前戏许灌夫,殊无意往。及夫至门,丞相尚卧。于是夫入见,曰:"将军昨日幸许过魏其,魏其夫妻治具,自旦至今,未敢尝食。"武安鄂④谢曰:"吾昨日醉,忽忘与仲孺言。"乃驾往,又徐行,灌夫愈益怒。及饮酒酣,夫起舞属丞相,⑤丞相不起,夫从坐上语侵之。魏其乃扶灌夫去,谢丞相。丞相卒饮至夜,极欢而去。

①【集解】《汉书》曰:"灌夫字仲孺。"

②【索隐】案:服谓期功之服也。故应璩书曰"仲孺不辞同生之服"是也。

③【集解】徐广曰:"一云'以服请,不宜往'。"【索隐】案:徐广云"以服请,不宜往",其说非也。正言夫请不以服为解,蚡不宜忘,故驾自往迎也。

④【集解】徐广曰:"一作'悟'。"

⑤【索隐】属音之欲反。属犹委也,付也。小颜云"若今之舞讫相劝也"。

丞相尝使籍福请魏其城南田。魏其大望曰:"老仆虽弃,将军虽贵,宁可以势夺乎!"不许。灌夫闻,怒,骂籍福。籍福恶两人有郄,乃谩自好谢丞相曰:"魏其老且死,易忍,且待之。"已而武安闻魏其、灌夫实怒不予田,亦怒曰:"魏其子尝杀人,蚡活之。蚡事魏其无所不可,何爱数顷田?且灌夫何与也?吾不敢复求田。"武安由此大怨灌夫、魏其。

元光四年春,①丞相言灌夫家在颍川,横甚,民苦之。请案。上曰:"此丞相事,何请。"灌夫亦持丞相阴事,为奸利,受淮南王金与语言。宾客居间,遂止,俱解。

①【集解】徐广曰:"疑此当是三年也。其说在后。"

夏,丞相取燕王女为夫人,①有太后诏,召列侯宗室皆往贺。魏其侯过灌夫,欲与俱。夫谢曰:"夫数以酒失得过丞相,丞相今者又与夫有郄。"魏其曰:"事已解。"强与俱。饮酒酣,武安起为寿,②坐皆避席伏。已魏其侯为寿,独故人避席耳,馀半膝席。③灌夫不悦。起行酒,至武安,武安膝席曰:"不能满觞。"夫怒,因嘻笑曰:"将军贵人也,属之!"④
时武安不肯。行酒次至临汝侯,⑤临汝侯方与程不识耳语,又不避席。
夫无所发怒,乃骂临汝侯曰:"生平毁程不识不直一钱,今日长者为寿,
乃效女儿咕嗫耳语!"⑥武安谓灌夫曰:"程李俱东西宫卫尉,⑦今众辱程
将军,仲孺独不为李将军地乎?"⑧灌夫曰:"今日斩头陷匈,⑨何知程李
乎!"坐乃起更衣,稍稍去。魏其侯去,麾灌夫出。武安遂怒曰:"此吾骄
灌夫罪。"乃令骑留灌夫。灌夫欲出不得。籍福起为谢,案灌夫项令谢。
夫愈怒,不肯谢。武安乃麾骑缚夫置传舍,召长史曰:"今日召宗室,有
诏。"劾灌夫骂坐不敬,系居室。⑩遂按其前事,遣吏分曹逐捕诸灌氏支
属,皆得弃市罪。魏其侯大愧,为资使宾客请,莫能解。⑪武安吏皆为耳
目,诸灌氏皆亡匿,夫系,遂不得告言武安阴事。

①【索隐】案:蚡娶燕王刘泽子康王嘉之女也。

②【集解】如淳曰:"上酒为称寿,非大行酒。"

③【集解】苏林曰:"下席而膝半在席上。"如淳曰:"以膝跪席上也。"

④【集解】徐广曰:"属,一作'毕'。"【索隐】案:《汉书》作"毕"。毕,尽也。

⑤【集解】徐广曰:"灌婴孙,名贤也。"【索隐】案:《汉书》云临汝侯灌贤,则贤
　　是婴之孙,临汝是改封也。

⑥【集解】韦昭曰:"咕嗫,附耳小语声。"【索隐】女儿犹云儿女也。《汉书》作
　　"女曹儿"。曹,辈也,犹言儿女辈。咕,邹氏音蚩辄反。嗫音女辄反。《说
　　文》"附耳小语也"。

⑦【集解】《汉书音义》曰:"李广为东宫,程不识为西宫。"

⑧【集解】如淳曰:"李将军,李广也。犹今人言为除地也。"【索隐】案:小颜云
　　"言今既毁程,令李何地自安处也"。

⑨【索隐】韦昭云:"言不避死亡也。"《汉书》作"穴匈"。

⑩【集解】如淳曰:"《百官表》居室为保宫,今守宫也。"

⑪【集解】如淳曰:"为出资费,使人为夫言。"

魏其锐身为救灌夫。夫人谏魏其曰:"灌将军得罪丞相,与太后家
忤,宁可救邪?"魏其侯曰:"侯自我得之,自我捐之,无所恨。且终不令
灌仲孺独死,婴独生。"乃匿其家,①窃出上书。立召入,具言灌夫醉饱

事,不足诛。上然之,赐魏其食,曰:"东朝廷辩之。"②

①【集解】晋灼曰:"恐其夫人复谏止也。"

②【集解】如淳曰:"东朝,太后朝。"

　　魏其之东朝,盛推灌夫之善,言其醉饱得过,乃丞相以他事诬罪之。武安又盛毁灌夫所为横恣,罪逆不道。魏其度不可奈何,因言丞相短。武安曰:"天下幸而安乐无事,蚡得为肺腑,所好音乐狗马田宅。蚡所爱倡优巧匠之属,不如魏其、灌夫日夜招聚天下豪桀壮士与论议,腹诽而心谤,不仰视天而俯画地,①辟倪两宫间,②幸天下有变,而欲有大功。③臣乃不知魏其等所为。"于是上问朝臣:"两人孰是?"御史大夫韩安国曰:"魏其言灌夫父死事,身荷戟驰入不测之吴军,身被数十创,名冠三军,此天下壮士,非有大恶,争杯酒,不足引他过以诛也。魏其言是也。丞相亦言灌夫通奸猾,侵细民,家累巨万,横恣颍川,凌轹宗室,侵犯骨肉,此所谓'枝大于本,胫大于股,不折必披',④丞相言亦是。唯明主裁之。"主爵都尉汲黯是魏其。内史郑当时是魏其,后不敢坚对。馀皆莫敢对。上怒内史曰:"公平生数言魏其、武安长短,今日廷论,局趣效辕下驹,⑤吾并斩若属矣。"即罢起入,上食太后。太后亦已使人候伺,具以告太后。太后怒,不食,曰:"今我在也,而人皆藉吾弟,⑥令我百岁后,皆鱼肉之矣。且帝宁能为石人邪!⑦此特帝在,即录录,设百岁后,⑧是属宁有可信者乎?"上谢曰:"俱宗室外家,⑨故廷辩之。不然,此一狱吏所决耳。"是时郎中令石建为上分别言两人事。

①【集解】张晏曰:"视天,占三光也。画地,知分野所在也。画地谕欲作反事。"

②【集解】徐广曰:"辟音芳细反。倪音诣。"张晏曰:"占太后与帝吉凶之期。"
　【索隐】辟普系反。倪,五系反。《埤仓》云:"睥睨,邪视也。"

③【集解】张晏曰:"幸为反者,当得为大将立功也。"瓒曰:"天下有变谓天子崩,因变难之际得立大功。"

④【索隐】案:包恺音疋彼反。　【正义】铺被反。披,分析也。

⑤【集解】张晏曰:"倪头于车辕下,随母而已。"瓒曰:"小马在辕下。"　【正义】应劭云:"驹马加著辕。局趣,纤小之貌。"按:应说为长也。

⑥【索隐】案：晋灼云"藉，蹈也。以言蹂藉之"。

⑦【索隐】谓帝不如石人得长存也。　【正义】颜师古云："言徒有人形耳，不知好恶。"按：今俗云人不辨事，骂云机机若木人也。

⑧【索隐】案：设者，脱也。

⑨【正义】婴，景帝从舅。蚡，太后同母弟。

武安已罢朝，出止车门，召韩御史大夫载，怒曰："与长孺共一老秃翁，何为首鼠两端？"①韩御史良久谓丞相曰："君何不自喜？②夫魏其毁君，君当免冠解印绶归，曰'臣以肺腑幸得待罪，固非其任，魏其言皆是'。如此，上必多君有让，不废君。魏其必内愧，杜门齰舌自杀。③今人毁君，君亦毁人，譬如贾竖女子争言，何其无大体也！"武安谢罪曰："争时急，不知出此。"

①【集解】《汉书音义》曰："秃老翁，言婴无官位扳援也。首鼠，一前一却也。"【索隐】按：谓共治一老秃翁，指窦婴也。服虔云"首鼠，一前一却也"。

②【集解】苏林曰："何不自解释为喜乐邪？"【索隐】按：小颜云"何不自谦逊为可喜之事"。音许既反。

③【索隐】按：《说文》云"齰，啮也"。音侧革反。

于是上使御史簿责魏其所言灌夫，颇不雠，①欺谩。劾系都司空。②孝景时，魏其常受遗诏，曰"事有不便，以便宜论上"。及系，灌夫罪至族，事日急，诸公莫敢复明言于上。魏其乃使昆弟子上书言之，幸得复召见。书奏上，而案尚书大行无遗诏。③诏书独藏魏其家，家丞封。④乃劾魏其矫先帝诏，罪当弃市。五年十月，⑤悉论灌夫及家属。魏其良久乃闻，闻即恚，病痱，⑥不食欲死。或闻上无意杀魏其，魏其复食，治病，议定不死矣。乃有蜚语为恶言闻上，⑦故以十二月晦⑧论弃市渭城。⑨

①【正义】雠音市周反，对也。言簿责魏其所言灌夫实颍川事，故魏其不对为欺谩者也。

②【索隐】案：《百官表》云宗正属官，主诏狱也。【正义】如淳云："律，司空主水及罪人。"

③【集解】如淳曰："太行，主诸侯官也。"【索隐】案：尚书无此景帝崩时大行遗诏，乃魏其家臣印封之。如淳说非也。【正义】天子崩曰大行也。按：尚书

之中,景帝崩时无遗诏赐魏其也。《百官表》云诸受尚书事也。

④【集解】《汉书音义》曰:"以家臣印封遗诏。"

⑤【集解】徐广曰:"疑非五年,亦非十月。"　【索隐】徐氏云疑非者,案《武纪》四年三月蚡薨,窦婴死在前,今云五年,故疑非也。　【正义】《汉书》云元光四年冬,魏其侯婴有罪弃市。春三月乙卯,丞相蚡薨。按:五年者,误也。

⑥【索隐】痱音肥,又音扶味反,风病也。

⑦【集解】张晏曰:"蚡伪作飞扬诽谤之语。"

⑧【集解】徐广曰:"疑非十二月也。"骃案:张晏曰"月晦者,春垂至也"。　【索隐】著日月者,见春垂至,恐遇赦赎也。

⑨【正义】故咸阳也。

　　其春,武安侯病,①专呼服谢罪。②使巫视鬼者视之,见魏其、灌夫共守,欲杀之。竟死。子恬嗣。③元朔三年,武安侯坐衣襜褕④入宫,不敬。⑤

①【正义】其春,即四年春也。元光四年十月,灌夫弃市。十二月末,魏其弃市。至三月乙卯,田蚡薨。则三人死同在一年明矣。汉以十月为岁首故也。《秦楚之际表》云〔十月〕,十一月,十二月,端月,二月,三月,至九为终。周建子为正月,十一月为正月,十二月为二月,正月为三月,二月为四月,至十月为岁终。汉初至武帝太初以前,并依秦法,以后改用夏正月,至今不改。然夫子作《春秋》依夏正。

②【集解】《汉书音义》曰:"言蚡号呼谢服罪也。"

③【集解】徐广曰:"蚡疾,见魏其、灌夫鬼杀之,则其(春)〔死〕共在一春内邪?《武帝本纪》'四年三月乙卯,田蚡薨',婴死在蚡薨之前,何复云五年十二月邪?疑十二月当为二月也。"案《侯表》,蚡事武帝九年而卒,元光四年侯恬之元年,建元元年讫元光三年而九年。《大臣表》蚡以元光四年卒,亦云婴四年弃市,未详此正安在。然蚡薨在婴死后分明。

④【正义】《尔雅》云"衣蔽前谓之襜"。郭璞云"蔽膝也"。《说文》、《字林》并谓之短衣。

⑤【集解】徐广曰:"表云坐衣不敬,国除。"　【索隐】襜,尺占反。褕音逾。谓非正朝衣,若妇人服也。表云恬坐衣不敬,国除。

　　淮南王安谋反觉,治。王前朝,①武安侯为太尉,时迎王至霸上,谓
王曰:“上未有太子,大王最贤,高祖孙,即宫车晏驾,非大王立当谁哉!”
淮南王大喜,厚遗金财物。上自魏其时不直武安,特为太后故耳。②及
闻淮南王金事,上曰:“使武安侯在者,族矣。”

　　①【集解】徐广曰:“建元二年。”

　　②【索隐】案:武帝以魏其、灌夫事为枉,于武安侯为不直,特为太后故耳。

　　太史公曰:魏其、武安皆以外戚重,灌夫用一时决策而名显。魏其
之举以吴楚,武安之贵在日月之际。然魏其诚不知时变,灌夫无术而不
逊,两人相翼,乃成祸乱。武安负贵而好权,杯酒责望,陷彼两贤。呜呼
哀哉! 迁怒及人,命亦不延。众庶不载,竟被恶言。呜呼哀哉! 祸所从
来矣!

　　【索隐述赞】窦婴、田蚡,势利相雄。咸倚外戚,或恃军功。灌夫自喜,引重其
　　中。意气杯酒,瞋睨两宫。事竟不直,冤哉二公!

史记卷一百八

韩长孺列传第四十八

　　御史大夫韩安国者,梁成安人也,①后徙睢阳。②尝受《韩子》、杂家说于驺田生所。③事梁孝王为中大夫。吴楚反时,孝王使安国及张羽为将,扞④吴兵于东界。张羽力战,安国持重,以故吴不能过梁。吴楚已破,安国、张羽名由此显。

　　①【集解】徐广曰:"在汝颍之间也。"　【索隐】按:徐广云"在汝颍之间"。《汉书·地理志》县名,属陈留。　【正义】《括地志》云:"成安故城在汝州梁县东二十三里。"《地理志》云成安属颍川郡。陈留郡又有成安县,亦属梁,未知孰是也。

　　②【正义】今宋州宋城。

　　③【索隐】案:安国学《韩子》及杂家说于驺县田生之所。

　　④【索隐】上音酱,下音汗。

　　梁孝王,景帝母弟,窦太后爱之,令得自请置相、二千石,出入游戏,僭于天子。天子闻之,心弗善也。太后知帝不善,乃怒梁使者,弗见,案责王所为。韩安国为梁使,见大长公主①而泣曰:"何梁王为人子之孝,为人臣之忠,而太后曾弗省也?②夫前日吴、楚、齐、赵七国反时,自关以东皆合从西乡,惟梁最亲为艰难。梁王念太后、帝在中,③而诸侯扰乱,一言泣数行下,跪送臣等六人将兵击却吴楚,吴楚以故兵不敢西,而卒破亡,梁王之力也。今太后以小节苛礼④责望梁王。梁王父兄皆帝王,所见者大,故出称跸,入言警,车旗皆帝所赐也,即欲以侘鄙县,⑤驱驰国中,以夸诸侯,令天下尽知太后、帝爱之也。今梁使来,辄案责之。梁王恐,日夜涕泣思慕,不知所为。何梁王之为子孝,为臣忠,而太后弗恤也?"大长公主具以告太后,太后喜曰:"为言之帝。"言之,帝心乃解,而免冠谢太后曰:"兄弟不能相教,乃为太后遗忧。"悉见梁使,厚赐之。其后梁王益亲欢。太后、长公主更赐安国可直千馀金。名由此显,结于汉。

①【集解】徐广曰:"景帝姊。"【索隐】案:即馆陶公主。【正义】如淳云:"景帝妹也。"

②【索隐】省音仙井反。省者,察也。

③【正义】谓关中也。又云京师在天下之中。

④【索隐】案:谓苛细小礼以责之。

⑤【集解】徐广曰:"侘,一作'绤'也。"骃案:侘音丑亚反,夸也。【索隐】侘音丑亚反,字如"姹"。侘者,夸也。《汉书》作"嫭",音火亚反。绤音寒孟反。

其后安国坐法抵罪,蒙①狱吏田甲辱安国。安国曰:"死灰独不复然乎?"田甲曰:"然即溺之。"居无何,梁内史缺,汉使使者拜安国为梁内史,起徒中为二千石。田甲亡走。安国曰:"甲不就官,我灭而宗。"甲因肉袒谢。安国笑曰:"可溺矣!公等足与治乎?"②卒善遇之。

①【集解】蒙,县名。【索隐】抵音丁礼反。蒙,县名,属梁国也。

②【索隐】案:谓不足与绳(持)〔治〕之。治音持也。

梁内史之缺也,孝王新得齐人公孙诡,说之,欲请以为内史。窦太后闻,乃诏王以安国为内史。

公孙诡、羊胜说孝王求为帝太子及益地事,恐汉大臣不听,乃阴使人刺汉用事谋臣。及杀故吴相袁盎,景帝遂闻诡、胜等计画,乃遣使捕诡、胜,必得。汉使十辈至梁,相以下举国大索,月馀不得。内史安国闻诡、胜匿孝王所,安国入见王而泣曰:"主辱臣死。①大王无良臣,故事纷纷至此。今诡、胜不得,请辞赐死。"王曰:"何至此?"安国泣数行下,曰:"大王自度于皇帝,孰与太上皇之与高皇帝及皇帝之与临江王亲?"孝王曰:"弗如也。"安国曰:"夫太上、临江亲父子之间,然而高帝曰'提三尺剑取天下者朕也’，故太上皇终不得制事，居于栎阳。临江王，適长太子也，以一言过，废王临江；②用宫垣事，卒自杀中尉府。何者？治天下终不以私乱公。语曰：‘虽有亲父，安知其不为虎？虽有亲兄，安知其不为狼？’今大王列在诸侯，悦一邪臣③浮说，犯上禁，桡明法。天子以太后故，不忍致法于王。太后日夜涕泣，幸大王自改，而大王终不觉寤。有如太后宫车即晏驾，大王尚谁攀乎？”语未卒，孝王泣数行下，谢安国曰：“吾今出诡、胜。”诡、胜自杀。汉使还报，梁事皆得释，安国之力也。于是景帝、太后益重安国。孝王卒，共王即位，安国坐法失官，居家。

①【索隐】此语见《国语》。

②【集解】如淳曰：“景帝尝属诸姬，太子母栗姬言不逊，由是废太子，栗姬忧死。”

③【索隐】悦，《汉书》作“诪”。《说文》云“诪，诱也”。

建元中，武安侯田蚡为汉太尉，亲贵用事，安国以五百金物遗蚡。蚡言安国太后，天子亦素闻其贤，即召以为北地都尉，迁为大司农。闽越、东越相攻，安国及大行王恢将。未至越，越杀其王降，汉兵亦罢。建元六年，武安侯为丞相，安国为御史大夫。

匈奴来请和亲，天子下议。大行王恢，燕人也，数为边吏，习知胡事。议曰：“汉与匈奴和亲，率不过数岁即复倍约。不如勿许，兴兵击之。”安国曰：“千里而战，兵不获利。今匈奴负戎马之足，怀禽兽之心，迁徙鸟举，难得而制也。得其地不足以为广，有其众不足以为强，自上古不属为人。①汉数千里争利，则人马罢，虏以全制其敝。且强弩之极，矢不能穿鲁缟；②冲风之末，力不能漂鸿毛。非初不劲，末力衰也。击之不便，不如和亲。”群臣议者多附安国，于是上许和亲。

①【索隐】按：晋灼云“不内属于汉为人”。

②【集解】许慎曰：“鲁之缟尤薄。”

其明年，则元光元年，雁门马邑豪聂翁壹①因大行王恢言上曰：“匈奴初和亲，亲信边，可诱以利。"阴使聂翁壹为间，亡入匈奴，谓单于曰："吾能斩马邑令丞吏，以城降，财物可尽得。"单于爱信之，以为然，许聂翁壹。聂翁壹乃还，诈斩死罪囚，悬其头马邑城，示单于使者为信。曰："马邑长吏已死，可急来。"于是单于穿塞将十馀万骑，入武州塞。②

①【集解】张晏曰："豪犹帅也。"　【索隐】聂，姓也；翁壹，名也。《汉书》云"聂壹"。

②【集解】徐广曰："在雁门。"　【索隐】《地理志》县名，属雁门。又崔浩云"今平城直西百里有武州城"是也。

当是时，汉伏兵车骑材官三十馀万，匿马邑旁谷中。卫尉李广为骁骑将军，①太仆公孙贺为轻车将军，②大行王恢为将屯将军，③太中大夫李息为材官将军。④御史大夫韩安国为护军将军，诸将皆属护军。约单于入马邑而汉兵纵发。王恢、李息、李广别从代主击其辎重。⑤于是单于入汉长城武州塞。未至马邑百馀里，行掠卤，徒见畜牧于野，不见一人。单于怪之，攻烽燧，得武州尉史。欲刺问尉史。尉史曰："汉兵数十万伏马邑下。"单于顾谓左右曰："几为汉所卖！"⑥乃引兵还。出塞，曰："吾得尉史，乃天也。"命尉史为"天王"。塞下传言单于已引去。汉兵追至塞，度弗及，即罢。王恢等兵三万，闻单于不与汉合，度往击辎重，必与单于精兵战，汉兵势必败，则以便宜罢兵，皆无功。

①【集解】《汉书》曰："北貉燕人来致枭骑。"应劭曰："枭，健也。"张晏曰："枭，勇也，若六博之枭矣。"

②【正义】司马《续汉书》云："轻车，古之战车。"

③【正义】李奇云："监主诸屯。"

④【正义】臣瓒云："材官，骑射之官。"

⑤【正义】《释名》云："辎，厕也。所载衣服杂厕其中。"

⑥【正义】几音祈。

天子怒王恢不出击单于辎重，擅引兵罢也。恢曰："始约虏入马邑城，兵与单于接，而臣击其辎重，可得利。今单于闻，不至而还，臣以三万人众不敌，秖取辱耳。①臣固知还而斩，然得完陛下士三万人。"于是下恢廷尉。廷尉当恢逗桡,当斩。②恢私行千金丞相蚡。蚡不敢言上,而言于太后曰:"王恢首造马邑事,今不成而诛恢,是为匈奴报仇也。"上朝太后,太后以丞相言告上。上曰:"首为马邑事者,恢也,故发天下兵数十万,从其言,为此。且纵单于不可得,恢所部击其辎重,犹颇可得,以慰士大夫心。今不诛恢,无以谢天下。"于是恢闻之,乃自杀。

①【集解】徐广曰:"褆,一作'祇'也。"

②【集解】《汉书音义》曰:"逗,曲行避敌也;桡,顾望。军法语也。"【索隐】案:劭云"逗,曲行而避敌,音豆"。又音住,住谓留止也。桡,屈弱也,女孝反。一云桡,顾望也

　　安国为人多大略,智足以当世取合,而出于忠厚焉。①贪嗜于财。所推举皆廉士,贤于己者也。于梁举壶遂、臧固、郅他,②皆天下名士,士亦以此称慕之,唯天子以为国器。安国为御史大夫四岁馀,丞相田蚡死,安国行丞相事,奉引堕车蹇。③天子议置相,欲用安国,使使视之,蹇甚,乃更以平棘侯薛泽为丞相。安国病免数月,蹇愈,上复以安国为中尉。岁馀,徙为卫尉。

①【索隐】案:出者,去也。言安国为人无忠厚之行。

②【索隐】上音质,下徒河反。谓三人姓名也,壶遂也,臧固也,郅他也。若《汉书》则云"至他",言至于他处,亦举名士也。

③【集解】如淳曰:"为天子导引而堕车,跛足。"

　　车骑将军卫青击匈奴,①出上谷,破胡茏城。②将军李广为匈奴所得,复失之;公孙敖大亡卒:皆当斩,赎为庶人。明年,匈奴大入边,杀辽西太守,及入雁门,所杀略数千人。车骑将军卫青击之,出雁门。卫尉安国为材官将军,屯于渔阳。③安国捕生虏,言匈奴远去。即上书言方田作时,请且罢军屯。罢军屯月馀,匈奴大入上谷、渔阳。安国壁乃有七百馀人,出与战,不胜,复入壁。匈奴虏略千馀人及畜产而去。天子闻之,怒,使使责让安国。徙安国益东,屯右北平。④是时匈奴虏言当入东方。

①【集解】徐广曰:"元光六年也。"
②【集解】茏音龙。　【索隐】音龙。
③【正义】幽州县。
④【正义】幽州渔阳县东南七十七里北平城,即汉右北平也。

安国始为御史大夫及护军,后稍斥疏,下迁;而新幸壮将军卫青等有功,益贵。安国既疏远,默默也;将屯又为匈奴所欺,失亡多,甚自愧。幸得罢归,乃益东徙屯,意忽忽不乐。数月,病欧血死。安国以元朔二年中卒。

太史公曰:余与壶遂定律历,观韩长孺之义,壶遂之深中隐厚。①世之言梁多长者,不虚哉! 壶遂官至詹事,天子方倚以为汉相,会遂卒。不然,壶遂之内廉行修,斯鞠躬君子也。

①【集解】徐广曰:"一云'廉正忠厚'。"

【索隐述赞】安国忠厚,初为梁将。因事坐法,免徒起相。死灰更然,生虏失防。推贤见重,贿金贻谤。雪泣悟主,臣节可亮。

史记卷一百九

李将军列传第四十九

李将军广者,陇西成纪人也。① 其先曰李信,秦时为将,逐得燕太子丹者也。故槐里,徙成纪。广家世世受射。② 孝文帝十四年,匈奴大入萧关,而广以良家子③从军击胡,用善骑射,杀首虏多,为汉中郎。广从弟李蔡亦为郎,皆为武骑常侍,④ 秩八百石。尝从行,有所冲陷折关及格猛兽,而文帝曰:"惜乎,子不遇时! 如令子当高帝时,万户侯岂足道哉!"

① 【正义】成纪,秦州县。

② 【索隐】案:小颜云"世受射法"。

③ 【索隐】案:如淳云"非医、巫、商贾、百工也"。

④ 【索隐】案:谓为郎而补武骑常侍。

及孝景初立,广为陇西都尉,徙为骑郎将。① 吴楚军时,广为骁骑都尉,从太尉亚夫击吴楚军,取旗,显功名昌邑下。以梁王授广将军印,还,赏不行。② 徙为上谷太守,匈奴日以合战。典属国公孙昆邪③为上泣曰:"李广才气,天下无双,自负其能,数与虏敌战,恐亡之。"于是乃徙为上郡太守。后广转为边郡太守,徙上郡。尝为陇西、北地、雁门、代郡、云中太守,皆以力战为名。

① 【集解】张晏曰:"为武骑郎将。" 【索隐】小颜云:"为骑郎将谓主骑郎也。"

② 【集解】文颖曰:"广为汉将,私受梁印,故不以赏也。"

③ 【集解】昆音魂。 【索隐】按:典属国,官名。公孙,姓也;昆邪,名。服虔云"中国人"。包恺云"昆音魂"也。

匈奴大入上郡，天子使中贵人从广①勒习兵击匈奴。中贵人将骑数十纵，②见匈奴三人，与战。三人还射，③伤中贵人，杀其骑且尽。中贵人走广。广曰："是必射雕者也。"④广乃遂从百骑往驰三人。三人亡马步行，行数十里。广令其骑张左右翼，而广身自射彼三人者，杀其二人，生得一人，果匈奴射雕者也。已缚之上马，望匈奴有数千骑，见广，以为诱骑，皆惊，上山陈。广之百骑皆大恐，欲驰还走。广曰："吾去大军数十里，今如此以百骑走，匈奴追射我立尽。今我留，匈奴必以我为大军〔之〕诱〈之〉，必不敢击我。"广令诸骑曰："前！"前未到匈奴陈二里所，止，令曰："皆下马解鞍！"其骑曰："虏多且近，即有急，奈何？"广曰："彼虏以我为走，今皆解鞍以示不走，用坚其意。"于是胡骑遂不敢击。有白马将⑤出护其兵，李广上马与十馀骑奔射杀胡白马将，而复还至其骑中，解鞍，令士皆纵马卧。是时会暮，胡兵终怪之，不敢击。夜半时，胡兵亦以为汉有伏军于旁欲夜取之，胡皆引兵而去。平旦，李广乃归其大军。大军不知广所之，故弗从。

①【集解】《汉书音义》曰："内官之幸贵者。"　【索隐】案：董巴《舆服志》云"黄门丞至密近，使听察天下，谓之中贵人使者"。崔浩云"在中而贵幸，非德望，故名不见也"。

②【集解】徐广曰："放纵驰骋。"

③【正义】射音石。还谓转也。

④【集解】文颖曰："雕，鸟也，故使善射者射也。"　【索隐】案：服虔云"雕，鹫也"。《说文》云"似鹫，黑色，多子"。一名鹫，以其毛作矢羽。韦昭云"鹫，一名雕也"。

⑤【正义】其将乘白马，而出监护也。

居久之，孝景崩，武帝立，左右以为广名将也，于是广以上郡太守为未央卫尉，而程不识亦为长乐卫尉。程不识故与李广俱以边太守将军屯。及出击胡，而广行无部伍行陈，①就善水草屯，舍止，人人自便，②不击刁斗以自卫，③莫府④省约文书籍事，然亦远斥候，⑤未尝遇害。程不识正部曲行伍营陈,击刁斗,士吏治军簿至明,军不得休息,然亦未尝遇害。不识曰:"李广军极简易,然虏卒犯之,无以禁也;而其士卒亦佚乐,咸乐为之死。我军虽烦扰,然虏亦不得犯我。"是时汉边郡李广、程不识皆为名将,然匈奴畏李广之略,士卒亦多乐从李广而苦程不识。程不识孝景时以数直谏为太中大夫。为人廉,谨于文法。

①【索隐】案:《百官志》云"将军领军皆有部曲。大将军营五部,部校尉一人,部下有曲,曲有军候一人"也。

②【索隐】音去声。

③【集解】孟康曰:"以铜作鐎器,受一斗,昼炊饭食,夜击持行,名曰刁斗。"
　【索隐】刁音貂。案:荀悦云"刁斗,小铃,如宫中传夜铃也"。苏林云"形如铜,以铜作之,无缘,受一斗,故云刁斗"。铜即铃也。《埤仓》云"鐎,温器,有柄斗,似铫无缘。音焦"。

④【索隐】案:大颜云"凡将军谓之莫府者,盖兵行舍于帷帐,故称(莫)〔幕〕府。古字通用,遂作'莫'耳"。《小尔雅》训莫为大,非也。

⑤【索隐】案:许慎注《淮南子》云"斥,度也。候,视也,望也"。

后汉以马邑城诱单于,使大军伏马邑旁谷,而广为骁骑将军,领属护军将军。是时单于觉之,去,汉军皆无功。其后四岁,广以卫尉为将军,出雁门击匈奴。匈奴兵多,破败广军,生得广。单于素闻广贤,令曰:"得李广必生致之。"胡骑得广,广时伤病,置广两马间,络而盛卧广。行十馀里,广详死,睨其旁有一胡儿骑善马,广暂腾而上胡儿马,因推堕儿,①取其弓,鞭马南驰数十里,复得其馀军,因引而入塞。匈奴捕者骑数百追之,广行取胡儿弓,射杀追骑,以故得脱。于是至汉,汉下广吏。吏当广所失亡多,为虏所生得,当斩,赎为庶人。

①【集解】徐广曰:"一云'抱儿鞭马南驰'也。"

顷之,家居数岁。广家与故颍阴侯孙①屏野居蓝田南山中射猎。尝夜从一骑出,从人田间饮。还至霸陵亭,霸陵尉②醉,呵止广。广骑曰:"故李将军。"尉曰:"今将军尚不得夜行,何乃故也!"止广宿亭下。

居无何，匈奴入杀辽西太守，败韩将军，③后韩将军徙右北平。于是天子乃召拜广为右北平太守。广即请霸陵尉与俱，至军而斩之。

①【集解】(孙)灌婴之孙，名强。　【索隐】案：灌婴之孙，名强。

②【索隐】案：《百官志》云"尉，大县二人，主盗贼。凡有贼发，则推索寻案之"也。

③【集解】苏林曰韩安国。

广居右北平，匈奴闻之，号曰"汉之飞将军"，避之数岁，不敢入右北平。

广出猎，见草中石，以为虎而射之，中石没镞，①视之石也。因复更射之，终不能复入石矣。广所居郡闻有虎，尝自射之。及居右北平射虎，虎腾伤广，广亦竟射杀之。

①【集解】徐广曰："一作'没羽'。"

广廉，得赏赐辄分其麾下，饮食与士共之。终广之身，为二千石四十馀年，家无馀财，终不言家产事。广为人长，猿臂，①其善射亦天性也，虽其子孙他人学者，莫能及广。广讷口少言，与人居则画地为军陈，射阔狭以饮。②专以射为戏，竟死。③广之将兵，乏绝之处，见水，士卒不尽饮，广不近水，士卒不尽食，广不尝食。宽缓不苛，士以此爱乐为用。其射，见敌急，非在数十步之内，度不中不发，发即应弦而倒。用此，其将兵数困辱，其射猛兽亦为所伤云。

①【集解】如淳曰："臂如猿，通肩。"

②【集解】如淳曰："射戏求疏密，持酒以饮不胜者。"【正义】饮音于禁反。

③【索隐】谓终竟广身至死，以为恒也。

居顷之，石建卒，于是上召广代建为郎中令。元朔六年，广复为后将军，从大将军军出定襄，击匈奴。诸将多中首虏率，以功为侯者，①而广军无功。后二岁，广以郎中令将四千骑出右北平，博望侯张骞将万骑与广俱，异道。行可数百里，匈奴左贤王将四万骑围广，广军士皆恐，广乃使其子敢往驰之。敢独与数十骑驰，直贯胡骑，出其左右而还，告广

曰："胡虏易与耳。"军士乃安。广为圜陈外向,胡急击之,矢下如雨。汉
兵死者过半,汉矢且尽。广乃令士持满毋发,而广身自以大黄②射其裨
将,杀数人,胡虏益解。会日暮,吏士皆无人色,而广意气自如,益治军。
军中自是服其勇也。明日,复力战,而博望侯军亦至,匈奴军乃解去。
汉军罢,弗能追。是时广军几没,罢归。汉法,博望侯留迟后期,当死,
赎为庶人。广军功自如,无赏。

①【集解】如淳曰:"中犹充也。充本法得首若干封侯。"

②【集解】徐广曰:"《南都赋》曰'黄间机张,善弩之名'。"骃案:郑德曰"黄肩弩,
渊中黄朱之"。孟康曰"《太公六韬》曰'陷坚败强敌,用大黄连弩'"。韦昭曰
"角弩色黄而体大也"。　【索隐】案:大黄,黄间,弩名也。故韦昭曰"角弩
也,色黄体大"是也。

　　初,广之从弟李蔡与广俱事孝文帝。景帝时,蔡积功劳至二千石。
孝武帝时,至代相。以元朔五年为轻车将军,从大将军击右贤王,有功
中率,①封为乐安侯。元狩二年中,代公孙弘为丞相。蔡为人在下中,②
名声出广下甚远,然广不得爵邑,官不过九卿,而蔡为列侯,位至三公。
诸广之军吏及士卒或取封侯。广尝与望气王朔燕语,曰:"自汉击匈奴
而广未尝不在其中,而诸部校尉以下,才能不及中人,然以击胡军功取
侯者数十人,而广不为后人,③然无尺寸之功以得封邑者,何也? 岂吾
相不当侯邪? 且固命也?"朔曰:"将军自念,岂尝有所恨乎?"广曰:"吾
尝为陇西守,羌尝反,吾诱而降,降者八百馀人,吾诈而同日杀之。至今
大恨独此耳。"朔曰:"祸莫大于杀已降,此乃将军所以不得侯者也。"

①【索隐】中音丁仲反。率音律,亦音双笔反。小颜云:"率谓军功封赏之科,著
在法令,故云中率。"

②【索隐】按:以九品而论,在下之中,当第八。

③【索隐】按:谓不在人后。

　　后二岁,大将军、骠骑将军大出击匈奴,广数自请行。天子以为老,
弗许;良久乃许之,以为前将军。是岁,元狩四年也。

广既从大将军青击匈奴，既出塞，青捕虏知单于所居，乃自以精兵走之，而令广并于右将军军，①出东道。东道少回远，而大军行水草少，其势不屯行。②广自请曰："臣部为前将军，今大将军乃徙令臣出东道，且臣结发而与匈奴战，今乃一得当单于，③臣愿居前，先死单于。"大将军青亦阴受上诫，以为李广老，数奇，④毋令当单于，恐不得所欲。而是时公孙敖新失侯，为中将军从大将军，大将军亦欲使敖与俱当单于，故徙前将军广。广时知之，固自辞于大将军。大将军不听，令长史封书与广之莫府，曰："急诣部，如书。"⑤广不谢大将军而起行，意甚愠怒而就部，引兵与右将军食其⑥合军出东道。军亡导，或失道，⑦后大将军。大将军与单于接战，单于遁走，弗能得而还。南绝幕，⑧遇前将军、右将军。广已见大将军，还入军。大将军使长史持糒醪遗广，因问广、食其失道状，青欲上书报天子军曲折。⑨广未对，大将军使长史急责广之幕府对簿。广曰："诸校尉无罪，乃我自失道。吾今自上簿。"

①【集解】徐广曰："主爵赵食其为右将军。"

②【集解】张晏曰："以水草少，不可群辈。"

③【索隐】今得当单于。按：广言自少时结发而与匈奴战，唯今者得与单于相当遇也。

④【集解】如淳曰："数为匈奴所败，奇为不偶也。"【索隐】案：服虔云"作事数不偶也"。音朔。小颜音所具反。奇，萧该音居宜反。

⑤【正义】令广如其文牒，急引兵徙东道也。

⑥【索隐】音异基。案：赵将军名也。或亦依字读。

⑦【索隐】谓无人导引，军故失道也。

⑧【正义】绝，度也。南归度沙幕。

⑨【正义】言委曲而行回折，使军后大将军也。

至莫府，广谓其麾下曰："广结发与匈奴大小七十馀战，今幸从大将军出接单于兵，而大将军又徙广部行回远，而又迷失道，岂非天哉！且广年六十馀矣，终不能复对刀笔之吏。"遂引刀自刭。广军士大夫一军皆哭。百姓闻之，知与不知，无老壮皆为垂涕。而右将军独下吏，当死，赎为庶人。

广子三人,曰当户、椒、敢,为郎。天子与韩嫣①戏,嫣少不逊,当户击嫣,嫣走。于是天子以为勇。当户早死,拜椒为代郡太守,皆先广死。当户有遗腹子名陵。广死军时,敢从骠骑将军。广死明年,李蔡以丞相坐侵孝景园壖地,②当下吏治,蔡亦自杀,不对狱,国除。李敢以校尉从骠骑将军击胡左贤王,力战,夺左贤王鼓旗,斩首多,赐爵关内侯,食邑二百户,代广为郎中令。顷之,怨大将军青之恨其父,③乃击伤大将军,大将军匿讳之。居无何,敢从上雍,④至甘泉宫猎。骠骑将军去病与青有亲,射杀敢。去病时方贵幸,上讳云鹿触杀之。居岁馀,去病死。⑤而敢有女为太子中人,爱幸,敢男禹有宠于太子,然好利,李氏陵迟衰微矣。

①【索隐】或音偃,又音许乾反。
②【索隐】壖音人绢反,又音乃段反,又音而宣反。案:壖地,神道之地也。《黄图》云"阳陵阙门西出,神道四通。茂陵神道广四十三丈"也。　【正义】《汉书》云:"诏赐冢地阳陵,当得二十亩,蔡盗取三顷,颇卖得四十馀万,又盗取神道外壖地一亩,葬其中。当下狱,自杀。"
③【索隐】小颜云:"令其父恨而死。"
④【索隐】刘氏音尚。大颜云"雍地形高,故云上"。
⑤【集解】徐广曰:"元狩六年。"

　　李陵既壮,选为建章监,监诸骑。善射,爱士卒。天子以为李氏世将,而使将八百骑。尝深入匈奴二千馀里,过居延①视地形,无所见虏而还。拜为骑都尉,将丹阳楚人五千人,教射酒泉、张掖以屯卫胡。

①【集解】徐广曰:"属张掖。"　【正义】《括地志》云:"居延海在甘州张掖县东北六十四里。《地理志》云'居延泽古文以为流沙'。甘州在京西北二千四百六十里。"

　　数岁,天汉二年秋,贰师将军李广利将三万骑击匈奴右贤王于祁连天山,①而使陵将其射士步兵五千人出居延北可千馀里,欲以分匈奴兵,毋令专走贰师也。陵既至期还,而单于以兵八万围击陵军。陵军五千人，兵矢既尽，士死者过半，而所杀伤匈奴亦万馀人。且引且战，连斗八日，还未到居延百馀里，匈奴遮狭绝道，陵食乏而救兵不到，虏急击招降陵。陵曰："无面目报陛下。"遂降匈奴。其兵尽没，馀亡散得归汉者四百馀人。

①【集解】徐广曰："出燉煌至天山。"【索隐】按：晋灼云"在西域，近蒲类海"。又《西河旧事》云"白山冬夏有雪，匈奴谓之天山也"。　【正义】《括地志》云："祁连山在甘州张掖县西南二百里。天山一名白山，今名初罗漫山，在伊吾县北百二十里。伊州在京西北四千四百一十六里。"

单于既得陵，素闻其家声，及战又壮，乃以其女妻陵而贵之。汉闻，族陵母妻子。自是之后，李氏名败，而陇西之士居门下者皆用为耻焉。

太史公曰：《传》曰"其身正，不令而行；其身不正，虽令不从"。其李将军之谓也？余睹李将军悛悛①如鄙人，口不能道辞。及死之日，天下知与不知，皆为尽哀。彼其忠实心诚信于士大夫也？谚曰"桃李不言，下自成蹊"。②此言虽小，可以谕大也。

①【索隐】音七旬反。《汉书》作"恂恂"，音询。

②【索隐】案：姚氏云"桃李本不能言，但以华实感物，故人不期而往，其下自成蹊径也。以喻广虽不能出辞，能有所感，而忠心信物故也"。

【索隐述赞】猿臂善射，实负其能。解鞍却敌，圆阵摧锋。边郡屡守，大军再从。失道见斥，数奇不封。惜哉名将，天下无双！

史记卷一百十

匈奴列传第五十

【正义】此卷或有本次《平津侯》后，第五十二。今第五十者，先生旧本如此，刘伯庄《音》亦然。若先诸传而次四夷，则《司马》、《汲郑》不合在后也。

匈奴，其先祖夏后氏之苗裔也，曰淳维。①唐虞以上有山戎、②猃狁、荤粥，③居于北蛮，随畜牧而转移。其畜之所多则马、牛、羊，其奇畜则橐驼、④驴、骡、⑤䮫䮫、⑥駃騠、⑦騨騱。⑧逐水草迁徙，毋城郭常处耕田之业，然亦各有分地。⑨毋文书，以言语为约束。儿能骑羊，引弓射鸟鼠；少长⑩则射狐兔：用为食。士力能毋弓，⑪尽为甲骑。其俗，宽则随畜，因射猎禽兽为生业，急则人习战攻以侵伐，其天性也。其长兵则弓矢，短兵则刀铤。⑫利则进，不利则退，不羞遁走。苟利所在，不知礼义。自君王以下，咸食畜肉，衣其皮革，被旃裘。壮者食肥美，老者食其馀。贵壮健，贱老弱。父死，妻其后母；兄弟死，皆取其妻妻之。其俗有名不讳，而无姓字。⑬

①【集解】《汉书音义》曰："匈奴始祖名。"　【索隐】张晏曰"淳维以殷时奔北边"。又乐产《括地谱》云"夏桀无道，汤放之鸣条，三年而死。其子獯粥妻桀之众妾，避居北野，随畜移徙，中国谓之匈奴"。其言夏后苗裔，或当然也。故应劭《风俗通》云"殷时曰獯粥，改曰匈奴"。又服虔云"尧时曰荤粥，周曰猃狁，秦曰匈奴"。韦昭云"汉曰匈奴，荤粥其别名"。则淳维是其始祖，盖与獯粥是一也。

②【正义】《左传》庄三十年"齐人伐山戎"，杜预云"山戎、北戎、无终三名也"。《括地志》云"幽州渔阳县，本北戎无终子国"。

③【集解】晋灼云："尧时曰荤粥，周曰猃狁，秦曰匈奴。"

④【索隐】橐他。韦昭曰："背肉似橐,故云橐也。"包恺音托。他,或作"驼"。【正义】畜,许又反。

⑤【索隐】按:《古今注》云"驴牡马牝,生骡"。　【正义】骡音力戈反。

⑥【集解】徐广曰:"北狄骏马。"　【索隐】《说文》云"駃騠,马父骡子也"。《广异志》音决蹄也。《发蒙记》"刳其母腹而生"。《列女传》云"生七日超其母"。

⑦【集解】徐广曰:"似马而青。"　【索隐】按:郭璞注《尔雅》云"駒騟马,青色,音淘涂"。又《字林》云野马。《山海经》云"北海有兽,其状如马,其名駒騟"也。

⑧【集解】徐广曰:"音颠。巨虚之属。"　【索隐】騨騱。韦昭騨音颠。《说文》"野马属"。徐广云"巨虚之类"。一云青骊白鳞,文如鼍鱼。邹诞生本"騱"字作"騒"。

⑨【索隐】上音扶粪反。

⑩【索隐】上音式绍反,下音陟两反。少长谓年稍长。

⑪【索隐】上音弯,如字亦通也。

⑫【集解】韦昭曰:"铤形似予,铁柄。音时年反。"　【索隐】音蝉。《埤苍》云"铤,小矛铁矜"。《古今字诂》云"䥷,通作'矜'"。

⑬【集解】《汉书》曰:"单于姓挛鞮氏。"　【索隐】挛音六缘反。鞮音丁啼反。

夏道衰,而公刘失其稷官,①变于西戎,邑于豳。其后三百有馀岁,戎狄攻大王亶父,②亶父亡走岐下,而豳人悉从亶父而邑焉,作周。③其后百有馀岁,周西伯昌伐畎夷氏。④后十有馀年,武王伐纣而营雒邑,复居于酆鄗,放逐戎夷泾、洛之北,⑤以时入贡,命曰"荒服"。其后二百有馀年,周道衰,⑥而穆王伐犬戎,得四白狼四白鹿以归。自是之后,荒服不至。于是周遂作《甫刑》之辟。穆王之后二百有馀年,周幽王用宠姬褒姒之故,与申侯有郤。⑦申侯怒而与犬戎共攻杀周幽王于骊山之下,⑧遂取周之焦获,⑨而居于泾渭之间,侵暴中国。秦襄公救周,于是周平王去酆鄗而东徙雒邑。当是之时,秦襄公伐戎至岐,始列为诸侯。⑩是后六十有五年,而山戎⑪越燕而伐齐,齐釐公与战于齐郊。其后四十四年,而山戎伐燕。燕告急于齐,齐桓公北伐山戎,山戎走。其后二十有馀年,而戎狄至洛邑,伐周襄王,襄王奔于郑之氾邑。⑫初,周襄王欲伐

郑,故娶戎狄女为后,与戎狄兵共伐郑。已而黜狄后,狄后怨,而襄王后
母曰惠后,有子子带,欲立之,于是惠后与狄后、子带为内应,开戎狄,戎
狄以故得入,破逐周襄王,而立子带为天子。于是戎狄或居于陆浑,⑬
东至于卫,侵盗暴虐中国。中国疾之,故诗人歌之曰"戎狄是应","薄伐
猃狁,至于大原",⑭"出與彭彭,城彼朔方"。⑮周襄王既居外四年,乃使
使告急于晋。晋文公初立,欲修霸业,乃兴师伐逐戎翟,诛子带,迎内周
襄王,居于雒邑。

①【集解】徐广曰:"后稷之曾孙。"　【正义】《周本纪》云"不窋失其官"。此云公
　　刘,未详也。

②【集解】徐广曰:"公刘九世孙。"

③【索隐】按:谓始作周国也。

④【索隐】韦昭云:"《春秋》以为犬戎。"按:畎音犬。大颜云"即昆夷也"。《山海
　　经》云"黄帝生苗龙,苗龙生融吾,融吾生弄明,弄明生白犬。白犬有二牡,是
　　为犬戎"。《说文》云"赤狄本犬种,字从犬"。又《山海经》云"有人面兽身,名
　　曰犬夷"。贾逵云"犬夷,戎之别种也"。

⑤【索隐】晋灼曰:"洛水在冯翊怀德县,东南入渭。"又案:《水经》云出上郡雕阴
　　泰昌山,过华阴入渭,即漆沮水也。

⑥【索隐】按:《周纪》云"懿王时,王室衰,诗人作怨刺之诗",不能复雅也。

⑦【正义】故申城在邓州南阳县北三十里,周宣王舅所封。

⑧【集解】韦昭曰:"戎后来居此山,故号曰骊戎。"

⑨【正义】《括地志》云:"焦获亦名刬口,亦曰刬中,在雍州泾阳县城北十数里。
　　周有焦获也。"

⑩【正义】今岐州。高诱云"秦襄公救周有功,受周故地酆鄗,列为诸侯"也。

⑪【索隐】服虔云:"山戎盖今鲜卑。"按:胡广云"鲜卑,东胡别种"。又应奉云
　　"秦筑长城,徒役之士亡出塞外,依鲜卑山,因以为号"。

⑫【索隐】苏林汜音凡。今颍川襄城是。按:《春秋地名》云"汜邑,襄王所居,故
　　云襄城"也。

⑬【集解】徐广曰:"一为'陆邑'。"　【索隐】《春秋左氏》"秦晋迁陆浑之戎于伊
　　川"。杜预以为"允姓之戎居陆浑,在秦晋之间,二国诱而徙之伊川,遂从戎
　　号,今陆浑县"是也。

⑭【集解】《毛诗传》曰："言逐出之而已。"

⑮【集解】《毛诗传》曰："彭彭，四马貌。朔方，北方。"　【正义】猃狁既去，北方安静，乃筑城守之。

　　当是之时，秦晋为强国。晋文公攘戎翟，居于河西圁、洛之间，①号曰赤翟、②白翟。③秦穆公得由余，西戎八国服于秦，故自陇以西有绵诸、④绲戎、⑤翟、豲之戎，⑥岐、梁山、泾、漆之北有义渠、⑦大荔、⑧乌氏、⑨朐衍之戎。⑩而晋北有林胡、⑪楼烦之戎，⑫燕北有东胡、山戎。⑬各分散居谿谷，自有君长，往往而聚者百有馀戎，然莫能相一。

①【集解】徐广曰："圁在西河，音银。洛在上郡、冯翊间。"　【索隐】西河圁、洛。晋灼音罶。《三苍》作"圌"。《地理志》云圁水出上郡白土县西，东流入河。韦昭云"圌当为'圁'"。《续郡国志》及《太康地志》并作"圁"字也。　【正义】《括地志》云："白土故城在盐州白池东北三百九十里。"又云："近延州、绥州、银州，本春秋时白狄所居，七国属魏，后入秦，秦置三十六郡。"洛，漆沮也。

②【索隐】按：《左氏传》云"晋师灭赤狄潞氏"。杜氏以"潞，赤狄之别种也，今上党潞县"。又《春秋地名》云"今曰赤涉胡"。

③【索隐】《左氏》"晋师败狄于箕，郄缺获白狄子"。杜氏以为"白狄之别种，故西河郡有白部胡"。又《国语》云"桓公西征，攘白狄之地，遂至于西河"也。　【正义】《括地志》云："潞州本赤狄地。延、银、绥三州白翟地。"按：文言"圁、潞之间号赤狄"，未详。

④【索隐】《地理志》天水有绵诸道。　【正义】《括地志》云："绵诸城，秦州秦岭县北五十六里。汉绵诸道，属天水郡。"

⑤【正义】上音昆。字当作"混"。颜师古云："混夷也。"韦昭云："《春秋》以为犬戎。"

⑥【集解】徐广曰："在天水。豲音丸。"　【索隐】《地理志》天水豲道。应劭以"豲戎邑。音桓"。　【正义】《括地志》云："豲道故城在渭州襄武县东南三十七里。古之豲戎邑。汉豲道，属天水郡。"

⑦【索隐】韦昭云："义渠本西戎国，有王，秦灭之。今在北地郡。"　【正义】《括地志》云："宁州、庆州，西戎，即刘拘邑城，时为义渠戎国，秦为北地郡也。"

⑧【集解】徐广曰："后更名临晋，在冯翊。"　【索隐】按：《秦本纪》历共公伐大荔，取其王城，后更名临晋。故《地理志》云临晋故大荔国也。　【正义】《括

地志》云:"同州冯翊县及朝邑县,本汉临晋县地,古大荔戎国。今朝邑县东
　　三十步故王城,即大荔王城。"荔,力计反。

⑨【集解】徐广曰:"在安定。"　【正义】氏音支。《括地志》云:"乌氏故城在泾州
　　安定县东三十里。周之故地,后入戎,秦惠王取之,置乌氏县也。"

⑩【集解】徐广曰:"在北地。朐音诩。"　【索隐】按:《地理志》朐衍,县名,在北
　　地。徐广音诩。郑氏音吁。　【正义】《括地志》云:"盐州,古戎狄居之,即朐
　　衍戎之地,秦北地郡也。"

⑪【索隐】如淳云:"林胡即儋林,为李牧所灭也。"　【正义】《括地志》云:"朔州,
　　春秋时北地也。如淳云即澹林也,为李牧灭。"

⑫【索隐】《地理志》楼烦,县名,属雁门。应劭云"故楼烦胡地"。　【正义】《括
　　地志》云:"岚州,楼烦胡地也。《风俗通》云故楼烦胡地也。

⑬【集解】《汉书音义》曰:"乌丸,或云鲜卑。"　【索隐】服虔云:"东胡,乌丸之
　　先,后为鲜卑。在匈奴东,故曰东胡。"按:《续汉书》曰"汉初,匈奴冒顿灭其
　　国,馀类保乌桓山,以为号。俗随水草,居无常处。以父之名字为姓。父子
　　男女悉髡头为轻便也"。

　　自是之后百有馀年,晋悼公使魏绛和戎翟,戎翟朝晋。后百有馀
年,赵襄子逾句注①而破并代以临胡貉。②其后既与韩魏共灭智伯,分晋
地而有之,则赵有代、句注之北,魏有河西、上郡,以与戎界边。其后义
渠之戎筑城郭以自守,而秦稍蚕食,至于惠王,遂拔义渠二十五城。惠
王击魏,魏尽入西河及上郡于秦。秦昭王时,义渠戎王与宣太后③乱,
有二子。宣太后诈而杀义渠戎王于甘泉,遂起兵伐残义渠。于是秦有
陇西、北地、上郡,筑长城以拒胡。而赵武灵王亦变俗胡服,习骑射,北
破林胡、楼烦。筑长城,④自代并⑤阴山⑥下,至高阙为塞。⑦而置云中、
雁门、代郡。其后燕有贤将秦开,为质于胡,胡甚信之。归而袭破走东
胡,东胡却千馀里。与荆轲刺秦王秦舞阳者,开之孙也。燕亦筑长城,
自造阳⑧至襄平。⑨置上谷、渔阳、右北平、辽西、辽东郡以拒胡。当是之
时,冠带战国七,而三国边于匈奴。⑩其后赵将李牧时,匈奴不敢入赵
边。后秦灭六国,而始皇帝使蒙恬将十万之众北击胡,悉收河南地。因

河为塞,⑪筑四十四县城临河,徙適⑫戍以充之。而通直道,⑬自九原至云阳,⑭因边山险堑谿谷可缮者治之,起临洮至辽东万馀里。⑮又度河据阳山北假中。⑯

①【集解】音钩,山名,在雁门。　【索隐】服虔云:“句音拘。”韦昭云:“山名,在阴馆。”

②【索隐】按:貉即涉也。音亡格反。

③【集解】昭王母也。　【索隐】服虔云“昭王之母”也。

④【正义】《括地志》云:“赵武灵王长城在朔州善阳县北。案《水经》云白道长城北山上有长垣,若颓毁焉,沿谿亘岭,东西无极,盖赵武灵王所筑也。”

⑤【集解】音傍,白浪反。

⑥【索隐】徐广云:“五原西安阳县北有阴山。阴山在河南,阳山〔在河〕北。并音傍,白浪反。”　【正义】《括地志》云:“阴山在朔州北塞外突厥界。”

⑦【集解】徐广曰:“在朔方。”　【正义】《地理志》云朔方临戎县北有连山,险于长城,其山中断,两峰俱峻,土俗名为高阙也。

⑧【集解】韦昭曰:“地名,在上谷。”　【正义】按:上谷郡今妫州。

⑨【索隐】韦昭云:“今辽东所理也。”

⑩【索隐】按:三国,燕、赵、秦也。

⑪【索隐】按:《太康地记》“秦塞自五原北九百里,谓之造阳。东行终利贲山南,汉阳西也”。汉,一作“渔”。

⑫【集解】音丁革反。　【索隐】丁革反。

⑬【索隐】苏林云:“去长安八千里,正南北相直道也。”

⑭【索隐】韦昭云:“九原,县名,属五原也。”　【正义】《括地志》云:“胜州连谷县,本秦九原郡,汉武帝更名五原。云阳雍县,秦之林光宫,即汉之甘泉宫在焉。”又云:“秦故道在庆州华池县西四十五里子午山上。自九原至云阳,千八百里。”

⑮【索隐】韦昭云:“临洮,陇西县。”　【正义】《括地志》云:“秦陇西郡临洮县,即今岷州城。本秦长城首,起岷州西十二里,延袤万馀里,东入辽水。”

⑯【集解】北假,北方田官。主以田假与贫人,故云北假。　【索隐】应劭云:“北假在北地阳山北。”韦昭云:“北假,地名。”又按:《汉书·元纪》云“北假,田官”。苏林以为北方田官也。主以田假与贫人,故曰北假也。　【正义】《括

地志》云："汉五原郡河目县故城在北假中。北假，地名也，在河北，今属胜州
银城县。《汉书·王莽传》云'五原北假，膏壤殖谷'也。"

　　当是之时，东胡强而月氏盛。①匈奴单于②曰头曼，③头曼不胜秦，
北徙。十馀年而蒙恬死，诸侯畔秦，中国扰乱，诸秦所徙適戍边者皆复
去，于是匈奴得宽，复稍度河南与中国界于故塞。

　　①【正义】氏音支。《括地志》云："凉、甘、肃、延、沙等州地，本月氏国。"

　　②【集解】《汉书音义》曰："单于者，广大之貌，言其象天单于然。"　【索隐】按：
　　　《汉书》"单于姓挛鞮氏，其国称之曰'撑黎孤涂单于'。而匈奴谓天为'撑
　　　黎'，谓子为'孤涂'，单于者，广大之貌也。言其象天，故曰撑黎孤涂单于"。
　　　又《玄晏春秋》云"士安读《汉书》，不详此言，有胡奴在侧，言之曰：'此胡所谓
　　　天子。'与古书所说符会也"。

　　③【集解】韦昭曰："音瞒。"　【索隐】音莫官反。韦昭音瞒。

　　单于有太子名冒顿。①后有所爱阏氏，②生少子，而单于欲废冒顿而
立少子，乃使冒顿质于月氏。冒顿既质于月氏，而头曼急击月氏。月氏
欲杀冒顿，冒顿盗其善马，骑之亡归。头曼以为壮，令将万骑。冒顿乃
作为鸣镝，③习勒其骑射，令曰："鸣镝所射而不悉射者，斩之。"行猎鸟
兽，有不射鸣镝所射者，辄斩之。已而冒顿以鸣镝自射其善马，左右或
不敢射者，冒顿立斩不射善马者。居顷之，复以鸣镝自射其爱妻，左右
或颇恐，不敢射，冒顿又复斩之。居顷之，冒顿出猎，以鸣镝射单于善
马，左右皆射之。于是冒顿知其左右皆可用。从其父单于头曼猎，以鸣
镝射头曼，其左右亦皆随鸣镝而射杀单于头曼，遂尽诛其后母与弟及大
臣不听从者。冒顿自立为单于。

　　①【索隐】冒音墨，又如字。

　　②【索隐】旧音於连、於曷反二音。匈奴皇后号也。习凿齿与燕王书曰："山下
　　　有红蓝，足下先知不？北方人探取其花染绯黄，接取其上英鲜者作烟肢，妇
　　　人将用为颜色。吾少时再三过见烟肢，今日始视红蓝，后当为足下致其种。
　　　匈奴名妻作'阏支'，言其可爱如烟肢也。阏音烟。想足下先亦不作此读《汉
　　　书》也。"

③【集解】《汉书音义》曰："镝，箭也，如今鸣箭也。"韦昭曰："矢镝飞则鸣。"

【索隐】应劭云："髐箭也。"韦昭云："矢镝飞则鸣。"

冒顿既立，①是时东胡强盛，闻冒顿杀父自立，乃使使谓冒顿，欲得头曼时有千里马。冒顿问群臣，群臣皆曰："千里马，匈奴宝马也，勿与。"冒顿曰："奈何与人邻国而爱一马乎？"遂与之千里马。居顷之，东胡以为冒顿畏之，乃使使谓冒顿，欲得单于一阏氏。冒顿复问左右，左右皆怒曰："东胡无道，乃求阏氏！请击之。"冒顿曰："奈何与人邻国爱一女子乎？"遂取所爱阏氏予东胡。东胡王愈益骄，西侵。与匈奴间，中有弃地，莫居，千馀里，各居其边为瓯脱。②东胡使使谓冒顿曰："匈奴所与我界瓯脱外弃地，匈奴非能至也，吾欲有之。"冒顿问群臣，群臣或曰："此弃地，予之亦可，勿予亦可。"于是冒顿大怒曰："地者，国之本也，奈何予之！"诸言予之者，皆斩之。冒顿上马，令国中有后者斩，遂东袭击东胡。东胡初轻冒顿，不为备。及冒顿以兵至，击，大破灭东胡王，而虏其民人及畜产。既归，西击走月氏，南并楼烦、白羊河南王。③（侵燕代）悉复收秦所使蒙恬所夺匈奴地者，与汉关故河南塞，至朝邢、肤施，④遂侵燕、代。是时汉兵与项羽相距，中国罢于兵革，以故冒顿得自强，控弦之士三十馀万。

①【集解】徐广曰："秦二世元年壬辰岁立。"

②【集解】韦昭曰："界上屯守处。"　【索隐】服虔云"作土室以伺汉人"。又《纂文》曰"瓯脱，土穴也"。又云是地名，故下云"生得瓯脱王"。韦昭云"界上屯守处也"。瓯音一侯反。脱音徒活反。　【正义】按：境上斥候之室为瓯脱也。

③【索隐】如淳云："白羊王居河南。"

④【集解】徐广曰："在上郡。"　【正义】汉朝邢故城在原州百泉县西七十里，属安定郡。肤施，县，〔因〕秦（因）不改，今延州肤施县是。

自淳维以至头曼千有馀岁，时大时小，别散分离，尚矣，其世传不可得而次云。然至冒顿而匈奴最强大，尽服从北夷，而南与中国为敌国，其世传国官号乃可得而记云。

　　置左右贤王,左右谷蠡王,①左右大将,左右大都尉,左右大当户,左右骨都侯。②匈奴谓贤曰"屠耆",③故常以太子为左屠耆王。自如左右贤王以下至当户,大者万骑,小者数千,凡二十四长,立号曰"万骑"。诸大臣皆世官。呼衍氏,兰氏,④其后有须卜氏,⑤此三姓其贵种也。诸左方王将居东方,直上谷⑥以往者,东接秽貉、朝鲜;右方王将居西方,直上郡⑦以西,接月氏、氐、羌;⑧而单于之庭直代、云中:⑨各有分地,逐水草移徙。而左右贤王、左右谷蠡王最为大(国),左右骨都侯辅政。诸二十四长亦各自置千长、百长、什长、⑩裨小王、相封、⑪都、尉当户、且渠之属。⑫

①【集解】服虔曰:"谷音鹿。蠡音离。"　【索隐】服虔音鹿离。蠡,又音黎。

②【集解】骨都,异姓大臣。　【索隐】按:《后汉书》云"骨都侯,异姓大臣"。

③【集解】徐广曰:"屠,一作'诸'。"

④【正义】颜师古云:"呼衍,即今鲜卑姓呼延者也。兰姓今亦有之。"

⑤【集解】呼衍氏、须卜氏常与单于婚姻。须卜氏主狱讼。　【索隐】按:《后汉书》云"呼衍氏、须卜氏常与单于婚姻。须卜氏主狱讼"也。　【正义】《后汉书》云:"呼衍氏、须卜氏常与单于婚姻。"

⑥【索隐】按:姚氏云"古字例以'直'为'值'。值者,当也。"　【正义】上谷郡,今妫州也。言匈奴东方南出,直当妫州也。

⑦【正义】上郡故城在泾州上县东南五十里。言匈奴西方南直当绥州也。

⑧【索隐】西接氐、羌。按:《风俗通》云"二氐,本西南夷种。《地理志》武都有白马氐"。又鱼豢《魏略》云"汉置武都郡,排其种人,分窜山谷,或号青氐,或号白氐"。《纂文》云"氐亦羊称"。《说文》云"羌,西方牧羊人"。《续汉书》云"羌,三苗姜姓之别,舜徙于三危,今河关之西南羌是也"。

⑨【索隐】按:谓匈奴所都处为"庭"。乐产云"单于无城郭,不知何以国之。穹庐前地若庭,故云庭"。　【正义】代郡城,北狄代国,秦汉代县城也,在蔚州羌胡县北百五十里。云中故城,赵云中城,秦云中郡,在胜州榆林县东北四十里。言匈奴之南直当代、云中也。

⑩【索隐】按:《续汉书》(郡国)《〔百官〕志》云"里有魁,人有什伍。里魁主一里百家,什主十家,伍长五家,以相检察"。故贾谊《过秦论》以为"俯起什百之中"

是也。

⑪【集解】徐广曰："一作'将'。"

⑫【正义】且,子馀反。颜师古云："今之沮渠姓,盖本因此官。"

岁正月,诸长小会单于庭,祠。五月,大会茏城,①祭其先、天地、鬼神。秋,马肥,大会蹛林,②课校人畜③计。其法,拔刃尺者死,坐盗者没入其家;有罪小者轧,④大者死。狱久者不过十日,一国之囚不过数人。而单于朝出营,拜日之始生,夕拜月。其坐,长左而北向。⑤日上戊己。其送死,有棺椁金银衣裘,而无封树丧服;⑥近幸臣妾从死者,多至数千百人。⑦举事而候星月,月盛壮则攻战,月亏则退兵。其攻战,斩首虏赐一卮酒,而所得卤获因以予之,得人以为奴婢。故其战,人人自为趣利,善为诱兵以冒敌。故其见敌则逐利,如鸟之集;其困败,则瓦解云散矣。战而扶舆死者,尽得死者家财。

①【索隐】《汉书》作"龙城",亦作"茏"字。崔浩云"西方胡皆事龙神,故名大会处为龙城"。《后汉书》云"匈奴俗,岁有三龙祠,祭天神"。

②【集解】《汉书音义》曰:"匈奴秋社八月中皆会祭处。蹛音带。"【索隐】服虔云:"音带。匈奴秋社八月中皆会祭处。"郑氏云:"地名也。"晋灼云"李陵与苏武书云'相竟趋蹛林'",则服虔说是也。又韦昭音多蓝反。姚氏按:《李牧传》"大破匈奴,灭襜褴",此字与韦昭音颇同,然林襜声相近,或以"林"为"襜"也。【正义】颜师古云:"蹛者,遶林木而祭也。鲜卑之俗,自古相传,秋祭无林木者,尚竖柳枝,众骑驰绕三周乃止,此其遗法也。"

③【正义】许又反。

④【集解】《汉书音义》曰:"刃刻其面。"【索隐】服虔云:"刀割面也,音乌八反。"邓展云:"历也。"如淳云:"挝,挟也。"《三苍》云:"轧,辗也。"《说文》云:"辗,轹也。"【正义】颜师古云:"轧者谓辗轹其骨节,若今之厌踝者也。"

⑤【正义】其座北向,长者在左,以左为尊也。

⑥【集解】张华曰:"匈奴名冢曰逗落。"

⑦【正义】《汉书》作"数十百人"。颜师古云:"或数十人,或百人。"

后北服浑庾、屈射、①丁零、②鬲昆、薪犁之国。③于是匈奴贵人大臣皆服,以冒顿单于为贤。

①【索隐】国名。射音亦,又音石。

②【索隐】按:《魏略》云"丁零在康居北,去匈奴庭接习水七千里"。又云"匈奴北有浑窳国"。

③【正义】已上五国在匈奴北。

　　是时汉初定中国,徙韩王信于代,都马邑。匈奴大攻围马邑,韩王信降匈奴。匈奴得信,因引兵南逾句注,攻太原,至晋阳下。高帝自将兵往击之。会冬大寒雨雪,卒之堕指者十二三,于是冒顿详败走,诱汉兵。汉兵逐击冒顿,冒顿匿其精兵,见其羸弱,于是汉悉兵,多步兵,三十二万,北逐之。高帝先至平城,①步兵未尽到,冒顿纵精兵四十万骑围高帝于白登,②七日,汉兵中外不得相救饷。匈奴骑,其西方尽白马,东方尽青骓马,③北方尽乌骊马,④南方尽骍马。⑤高帝乃使使间厚遗阏氏,阏氏乃谓冒顿曰:"两主不相困。今得汉地,而单于终非能居之也。且汉王亦有神,单于察之。"冒顿与韩王信之将王黄、赵利期,而黄、利兵又不来,疑其与汉有谋,亦取阏氏之言,乃解围之一角。于是高帝令士皆持满傅⑥矢外乡,从解角直出,竟与大军合,而冒顿遂引兵而去。汉亦引兵而罢,使刘敬结和亲之约。

①【集解】徐广曰:"在雁门。"

②【正义】白登台在白登山上,朔州定襄县东三十里。定襄县,汉平城县也。

③【索隐】骓音武江反。按:青骓马,色青。　【正义】郑玄云:"骓,不纯也。"《说文》云:"骓,面颡皆白。"《尔雅》云黑马面白也。

④【索隐】《说文》云:"骊,黑色。"

⑤【索隐】案:《诗传》云"赤黄曰骍"。

⑥【索隐】音附。

　　是后韩王信为匈奴将,及赵利、王黄等数倍约,侵盗代、云中。居无几何,陈豨反,又与韩信合谋击代。汉使樊哙往击之,复拔代、雁门、云中郡县,不出塞。是时匈奴以汉将众往降,故冒顿常往来侵盗代地。于是汉患之,高帝乃使刘敬奉宗室女公主为单于阏氏,岁奉匈奴絮缯酒米食物各有数,约为昆弟以和亲,冒顿乃少止。后燕王卢绾反,率其党数千人降匈奴，往来苦上谷以东。

高祖崩，孝惠、吕太后时，汉初定，故匈奴以骄。冒顿乃为书遗高后，妄言。高后欲击之，① 诸将曰："以高帝贤武，然尚困于平城。"于是高后乃止，② 复与匈奴和亲。

①【索隐】案：《汉书》云"高后时，冒顿寝骄，乃使使遗高后书曰：'孤偾之君，生于沮泽之中，长于平野牛马之域，数至边境，愿游中国。陛下独立，孤偾独居，两主不乐，无以自娱，愿以所有，易其所无。'高后怒，欲击之"。

②【索隐】案《汉书》，季布谏，高后乃止。

至孝文帝初立，复修和亲之事。其三年五月，匈奴右贤王入居河南地，侵盗上郡葆塞蛮夷，杀略人民。于是孝文帝诏丞相灌婴发车骑八万五千，诣高奴，① 击右贤王。右贤王走出塞。文帝幸太原。是时济北王反，文帝归，罢丞相击胡之兵。

①【正义】延州城本汉高奴县旧都。

其明年，单于遗汉书曰："天所立匈奴大单于敬问皇帝无恙。前时皇帝言和亲事，称书意，合欢。汉边吏侵侮右贤王，右贤王不请，听后义卢侯难氏① 等计，与汉吏相距，绝二主之约，离兄弟之亲。皇帝让书再至，发使以书报，不来，汉使不至，汉以其故不和，邻国不附。今以小吏之败约故，罚右贤王，使之西求月氏击之。以天之福，吏卒良，马强力，以夷灭月氏，尽斩杀降下之。定楼兰、② 乌孙、呼揭③ 及其旁二十六国，皆以为匈奴。④ 诸引弓之民，并为一家。北州已定，愿寝兵休士卒养马，除前事，复故约，以安边民，以应始古，使少者得成其长，老者安其处，世世平乐。未得皇帝之志也，故使郎中系雩浅奉书⑤ 请，献橐他一匹，骑马二匹，驾二驷。⑥ 皇帝即不欲匈奴近塞，则且诏吏民远舍。使者至，即遣之。"以六月中来至薪望之地。⑦ 书至，汉议击与和亲孰便。公卿皆曰："单于新破月氏，乘胜，不可击。且得匈奴地，泽卤，⑧ 非可居也。和亲甚便。"汉许之。

①【集解】徐广曰："音支。"【索隐】匈奴将名也。氏音支。

②【集解】徐广曰："一云'楼湟'。"【正义】《汉书》云鄯善国名楼兰，去长安一

千六百里也。

③【集解】音桀。　【索隐】音杰,又音丘列反。　【正义】揭音桀,又其例反。二
　国皆在瓜州西北。乌孙,战国时居瓜州。

④【索隐】案:谓皆入匈奴一国。

⑤【集解】雽音火胡反。　【索隐】系,胡计反。雽,火胡反。

⑥【正义】颜师古云:"驾,可驾车也。二驷,八匹马也。"

⑦【集解】《汉书音义》曰:"塞下地名。"　【索隐】望薪之地。服虔云:"汉界上塞
　下地名,今匈奴使至于此也。"

⑧【正义】上音乌。

　　孝文皇帝前六年,汉遗匈奴书曰:"皇帝敬问匈奴大单于无恙。使
郎中系雽浅遗朕书曰:'右贤王不请,听后义卢侯难氏等计,绝二主之
约,离兄弟之亲,汉以故不和,邻国不附。今以小吏败约,故罚右贤王使
西击月氏,尽定之。愿寝兵休士卒养马,除前事,复故约,以安边民,使
少者得成其长,老者安其处,世世平乐。'朕甚嘉之,此古圣主之意也。
汉与匈奴约为兄弟,所以遗单于甚厚。倍约离兄弟之亲者,常在匈奴。
然右贤王事已在赦前,单于勿深诛。单于若称书意,明告诸吏,使无负
约,有信,敬如单于书。使者言单于自将伐国有功,甚苦兵事。服绣袷
绮衣、①绣袷长襦、②锦袷袍各一,比余一,③黄金饰具带一,④黄金胥纰
一,⑤绣十匹,锦三十匹,赤绨、⑥绿缯各四十匹,使中大夫意、谒者令肩
遗单于。"

①【索隐】案:小颜云"服者,天子所服也,以绣为表,绮为里"。以赐冒顿。《字
　林》云"袷衣无絮也。音公洽反"。

②【集解】徐广曰:"一本无'袷'字。"

③【集解】徐广曰:"或作'疏比'也。"　【索隐】案:《汉书》作"比疏一"。比音鼻。
　小颜云"辫发之饰也,以金为之"。《广雅》云"比,枇也"。《苍颉篇》云"靡者
　为比,麤者为梳"。按苏林说,今亦谓之"梳比",或亦带饰者也。

④【集解】《汉书音义》曰:"要中大带。"　【索隐】按:谓要中大带。

⑤【集解】徐广曰:"或作'犀毗',而无'一'字。"　【索隐】《汉书》见作"犀毗",或

无下"一"字。此作"胥"者，犀声相近，或误。张晏云"鲜卑郭落带，瑞兽名也，东胡好服之"。按：《战国策》云"赵武灵王赐周绍具带黄金师比"。延笃云"胡革带钩也"。则此带钩亦名"师比"，则"胥""犀"与"师"并相近，而说各异耳。班固与窦宪笺云"赐犀比金头带"是也。

⑥【正义】音啼。　【索隐】案：《说文》云"绨，厚缯也"。

后顷之，冒顿死，子稽粥立，①号曰老上单于。

①【索隐】稽音鸡。粥音育。

老上稽粥单于初立，①孝文皇帝复遣宗室女公主为单于阏氏，使宦者燕人中行说②傅公主。说不欲行，汉强使之。说曰："必我行也，为汉患者。"中行说既至，因降单于，单于甚亲幸之。

①【集解】徐广曰："一云'稽粥第二单于'，自后皆以弟别之。"

②【正义】行音胡郎反。中行，姓；说，名也。

初，匈奴好汉缯絮食物，中行说曰："匈奴人众不能当汉之一郡，然所以强者，以衣食异，无仰于汉也。今单于变俗好汉物，汉物不过什二，则匈奴尽归于汉矣。①其得汉缯絮，以驰草棘中，衣裤皆裂敝，以示不如旃裘之完善也。得汉食物皆去之，以示不如湩酪②之便美也。"于是说教单于左右疏记，以计课其人众畜物。③

①【集解】韦昭曰："言汉物什中之二入匈奴，匈奴则动心归汉矣。"

②【集解】湩，乳汁也。音都奉反。　【索隐】重骆。音湩酪二音。按：《三苍》云"湩，乳汁也"。《字林》云"竹用反"。《穆天子传》云"牛马之湩，臣菟人所具"。

③【正义】上许又反。

汉遗单于书，牍以尺一寸，辞曰"皇帝敬问匈奴大单于无恙"，所遗物及言语云云。中行说令单于遗汉书以尺二寸牍，及印封皆令广大长，倨傲其辞曰"天地所生日月所置匈奴大单于敬问汉皇帝无恙"，所以遗物言语亦云云。

汉使或言曰："匈奴俗贱老。"中行说穷汉使曰："而汉俗屯戍从军当发者,其老亲岂有不自脱温厚肥美以赍送饮食行戍乎?"汉使曰:"然。"
中行说曰:"匈奴明以战攻为事,其老弱不能斗,故以其肥美饮食壮健
者,盖以自为守卫,如此父子各得久相保,何以言匈奴轻老也?"汉使曰:
"匈奴父子乃同穹庐而卧。①父死,妻其后母;兄弟死,尽取其妻妻之。
无冠带之饰,阙庭之礼。"中行说曰:"匈奴之俗,人食畜肉,饮其汁,衣其
皮;畜食草饮水,随时转移。故其急则人习骑射,宽则人乐无事,其约束
轻,易行也。君臣简易,一国之政犹一身也。父子兄弟死,取其妻妻之,
恶种姓之失也。故匈奴虽乱,必立宗种。今中国虽详②不取其父兄之
妻,亲属益疏则相杀,至乃易姓,皆从此类。且礼义之敝,上下交怨望,
而室屋之极,生力必屈。③夫力耕桑以求衣食,筑城郭以自备,故其民急
则不习战功,缓则罢于作业。嗟土室之人,顾无多辞,令喋喋④而佔
佔,⑤冠固何当?"⑥

①【集解】《汉书音义》曰:"穹庐,旃帐。"

②【索隐】《汉书》作"阳",此亦音羊。

③【索隐】以言栋宇室屋之作,人尽极以营其生,至于气力屈竭也。屈音其
　　勿反。

④【集解】音谍,利口也。

⑤【集解】音昌占反,衣裳貌。

⑥【集解】言虽复著冠,固何当所益。　【索隐】邓展曰:"喋音牒。佔,嗫耳语。"
　　服虔曰:"口舌喋喋。"如淳曰:"言汝汉人多居室中,固自宜著冠,且不足贵
　　也。"小颜云:"喋喋,利口也。佔佔,衣裳貌。喋音昌涉反,佔音占。言当思
　　念,无为喋喋佔佔耳。虽自谓著冠,何所当益也。"

　　自是之后,汉使欲辩论者,中行说辄曰:"汉使无多言,顾汉所输匈
奴缯絮米蘗,令其量中,必善美而已矣,何以为言乎?且所给备善则已;
不备,苦恶,①则候秋孰,以骑驰蹂而稼穑耳。"②日夜教单于候利害处。

①【集解】韦昭曰:"苦,麤也。音若'靡盬'之'盬'。"

②【集解】徐广曰:"蹂音而九反。"

　　汉孝文皇帝十四年,匈奴单于十四万骑入朝郍、萧关,杀北地都尉

印，①虏人民畜产甚多，遂至彭阳。②使奇兵入烧回中宫，③候骑④至雍甘泉。⑤于是文帝以中尉周舍、郎中令张武为将军，发车千乘，骑十万，军长安旁以备胡寇。而拜昌侯卢卿⑥为上郡将军，宁侯魏遫为北地将军，隆虑侯周灶为陇西将军，东阳侯张相如为大将军，成侯董赤⑦为前将军，大发车骑往击胡。⑧单于留塞内月馀乃去，汉逐出塞即还，不能有所杀。匈奴日已骄，岁入边，杀略人民畜产甚多，云中、辽东最甚，至代郡万馀人。汉患之，乃使使遗匈奴书。单于亦使当户报谢，复言和亲事。

①【集解】徐广曰："姓孙。其子单，封为饼侯。白丁反。"【索隐】印音五郎反。徐广云："姓孙，其后子单封为瓶侯。音白丁反。"

②【集解】徐广曰："在安定。"【索隐】出彭阳。韦昭云："安定县。"【正义】"城"字误也。《括地志》云："彭城故城在泾州临城县东二十里。"按：彭城在妫州，与北地郡甚远，明非彭城也。

③【索隐】服虔云"在北地，武帝作宫"。《始皇本纪》二十七年，"登鸡头山，过回中"。武帝元封四年，通回中道。【正义】《括地志》云："秦回中宫在岐州雍县西四十里，即匈奴所烧者也。"

④【索隐】崔浩云："候，逻骑。"

⑤【正义】《括地志》云："云阳也。秦之林光宫，汉之甘泉，在雍州云阳西北八十里。秦始皇作甘泉宫，去长安三百里，望见长安。秦皇帝以来祭天圜丘处。"

⑥【索隐】按：表"卢"作"旅"，古今字耳。

⑦【正义】音赫。

⑧【集解】徐广曰："内史栾布亦为将军。"

孝文帝后二年，使使遗匈奴书曰："皇帝敬问匈奴大单于无恙。使当户且居①雕渠难、②郎中韩辽遗朕马二匹，已至，敬受。先帝制：长城以北，引弓之国，受命单于；长城以内，冠带之室，朕亦制之。使万民耕织射猎衣食，父子无离，臣主相安，俱无暴逆。今闻渫恶民贪降其进取之利，倍义绝约，忘万民之命，离两主之欢，然其事已在前矣。书曰：'二国已和亲，两主欢说，寝兵休卒养马，世世昌乐，阖然更始。'③朕甚嘉之。圣人者日新，改作更始，使老者得息，幼者得长，各保其首领而终其

天年。朕与单于俱由此道，顺天恤民，世世相传，施之无穷，天下莫不咸
便。汉与匈奴邻国之敌，匈奴处北地，寒，杀气早降，故诏吏遗单于秫糵
金帛丝絮佗物岁有数。今天下大安，万民熙熙，朕与单于为之父母。朕
追念前事，薄物细故，谋臣计失，皆不足以离兄弟之欢。朕闻天不颇覆，
地不偏载。朕与单于皆捐往细故，俱蹈大道，堕坏前恶，以图长久，使两
国之民若一家子。元元万民，下及鱼鳖，上及飞鸟，跂行喙息④蠕动之
类，⑤莫不就安利而辟危殆。故来者不止，天之道也。俱去前事：朕释
逃虏民，单于无言章尼等。⑥朕闻古之帝王，约分明而无食言。单于留
志，天下大安，和亲之后，汉过不先。单于其察之。”

①【索隐】《汉书》作“且渠”，匈奴官号。

②【索隐】按：乐彦云“当户、且渠各自一官。雕渠难为此官也”。　【正义】雕渠
难者，其姓名也。且，子余反。

③【集解】徐广曰：“阑音揽，安定意也。”

④【索隐】按：跂音岐，又音企。言虫豸之类，或企踵而行，或以喙而息，皆得其
安也。

⑤【索隐】按：《三苍》云“蠕蠕，动貌，音软”。《淮南子》云“昆虫蠕动”。

⑥【索隐】按：文帝云我今日并释放彼国逃亡虏，遣之归本国，汝单于无得更以
言词诉于章尼等，责其逃也。

单于既约和亲，于是制诏御史曰：“匈奴大单于遗朕书，言和亲已
定，亡人不足以益众广地，匈奴无入塞，汉无出塞，犯〈令〉〔今〕约者杀之，
可以久亲，后无咎，俱便。朕已许之。其布告天下，使明知之。”

后四岁，老上稽粥单于死，子军臣立为单于。既立，①孝文皇帝复
与匈奴和亲。而中行说复事之。

①【集解】徐广曰：“后元三年立。”

军臣单于立四岁，①匈奴复绝和亲，大入上郡、云中各三万骑，所杀
略甚众而去。于是汉使三将军军屯北地，代屯句注，赵屯飞狐口，缘边
亦各坚守以备胡寇。又置三将军，军长安西细柳、渭北棘门、霸上以备

胡。胡骑入代句注边,烽火通于甘泉、长安。数月,汉兵至边,匈奴亦去远塞,汉兵亦罢。后岁馀,孝文帝崩,孝景帝立,而赵王遂乃阴使人于匈奴。吴楚反,欲与赵合谋入边。汉围破赵,匈奴亦止。自是之后,孝景帝复与匈奴和亲,通关市,给遗匈奴,遣公主,如故约。终孝景时,时小入盗边,无大寇。

①【集解】徐广曰:"孝文后元七年崩,而二年答单于书,其间五年。而此云'后四年',又'立四岁',数不容尔也。孝文后六年冬,匈奴入上郡、云中也。"

今帝即位,明和亲约束,厚遇,通关市,饶给之。匈奴自单于以下皆亲汉,往来长城下。

汉使马邑下人聂翁壹①奸兰②出物③与匈奴交,④详为卖马邑城以诱单于。单于信之,而贪马邑财物,乃以十万骑入武州塞。⑤汉伏兵三十馀万马邑旁,御史大夫韩安国为护军,护四将军以伏单于。单于既入汉塞,未至马邑百馀里,见畜布野而无人牧者,怪之,乃攻亭。是时雁门尉史⑥行徼,见寇,葆此亭,知汉兵谋,单于得,欲杀之,⑦尉史乃告单于汉兵所居。单于大惊曰:"吾固疑之。"乃引兵还。出曰:"吾得尉史,天也,天使若言。"以尉史为"天王"。汉兵约单于入马邑而纵,单于不至,以故汉兵无所得。汉将军王恢部出代击胡辎重,闻单于还,兵多,不敢出。汉以恢本造兵谋而不进,斩恢。⑧自是之后,匈奴绝和亲,攻当路塞,⑨往往入盗于汉边,不可胜数。然匈奴贪,尚乐关市,嗜汉财物,汉亦尚关市不绝以中之。⑩

①【索隐】按:《卫青传》唯称"聂壹"。顾氏云"壹,名也。老,故称翁",义或然也。

②【集解】奸音干。干兰,犯禁私出物也。

③【索隐】上音干。干兰谓犯禁私出物也。

④【集解】《汉书音义》曰:"私出塞与匈奴交市。"

⑤【索隐】苏林云在雁门也。

⑥【索隐】如淳云:"律,近塞郡皆置尉,百里一人,士史、尉史各二人也。"

⑦【集解】徐广曰:"一云'乃下,具告单于'。"

⑧【集解】《韩长孺传》曰:"恢自杀。"

⑨【索隐】苏林云:"直当道之塞。"

⑩【正义】如淳云:"得具以利中伤之。"

　　自马邑军后五年之秋,汉使四将军各万骑击胡关市下。将军卫青出上谷,至茏城,得胡首虏七百人。公孙贺出云中,无所得。公孙敖出代郡,为胡所败七千馀人。李广出雁门,为胡所败,而匈奴生得广,广后得亡归。汉囚敖、广,敖、广赎为庶人。其冬,匈奴数入盗边,渔阳尤甚。汉使将军韩安国屯渔阳备胡。其明年秋,匈奴二万骑入汉,杀辽西太守,略二千馀人。胡又入败渔阳太守军千馀人,围汉将军安国,安国时千馀骑亦且尽,会燕救至,匈奴乃去。匈奴又入雁门,杀略千馀人。于是汉使将军卫青将三万骑出雁门,李息出代郡,击胡。得首虏数千人。其明年,卫青复出云中以西至陇西,击胡之楼烦、白羊王于河南,得胡首虏数千,牛羊百馀万。于是汉遂取河南地,筑朔方,复缮故秦时蒙恬所为塞,因河为固。汉亦弃上谷之什辟县造阳地以予胡。①是岁,汉之元朔二年也。

　　①【集解】什音斗。《汉书音义》曰:"言县斗辟,(西)〔曲〕近胡。"　【索隐】按:孟
　　　康云"县斗辟,(西)〔曲〕近胡"也。什音斗。辟音僻。造阳即斗辟县中地。
　　【正义】按:曲幽辟县入匈奴界者造阳地弃与胡也。

　　其后冬,匈奴军臣单于死。军臣单于弟左谷蠡王伊稚斜①自立为单于,攻破军臣单于太子于单。②于单亡降汉,汉封于单为涉安侯,数月而死。

　　①【索隐】伊稚斜。稚音持利反。斜音士嗟反,邹诞生音直牙反。盖稚斜,胡人
　　　语,近得其实。

　　②【索隐】音丹。

　　伊稚斜单于既立,其夏,匈奴数万骑入杀代郡太守恭友,略千馀人。其秋,匈奴又入雁门,杀略千馀人。其明年,匈奴又复入代郡、定襄、①

上郡,各三万骑,杀略数千人。匈奴右贤王怨汉夺之河南地而筑朔方,数为寇,盗边,及入河南,侵扰朔方,杀略吏民甚众。

①【正义】《括地志》云:"定襄故城在朔州善阳县北三百八十里。《地理志》定襄郡,高帝置也。"

其明年春,汉以卫青为大将军,将六将军,十馀万人,出朔方、高阙击胡。右贤王以为汉兵不能至,饮酒醉,汉兵出塞六七百里,夜围右贤王。右贤王大惊,脱身逃走,诸精骑往往随后去。汉得右贤王众男女万五千人,裨小王十馀人。其秋,匈奴万骑入杀代郡都尉朱英,略千馀人。

其明年春,汉复遣大将军卫青将六将军,兵十馀万骑,乃再出定襄数百里击匈奴,得首虏前后凡万九千馀级,而汉亦亡两将军,军三千馀骑。①右将军建得以身脱,②而前将军翕侯赵信兵不利,降匈奴。赵信者,故胡小王,降汉,汉封为翕侯,以前将军与右将军并军分行,③独遇单于兵,故尽没。单于既得翕侯,以为自次王,④用其姊妻之,与谋汉。信教单于益北绝幕,⑤以诱罢汉兵,徼极而取之,⑥无近塞。单于从其计。其明年,胡骑万人入上谷,杀数百人。

①【集解】徐广曰:"合有三千耳。"
②【正义】建,苏武父也。
③【正义】与大军别行也。
④【正义】自次者,尊重次于单于。
⑤【集解】应劭曰:"幕,沙幕,匈奴之南界。"瓒曰:"沙土曰幕,直度曰绝。"
⑥【索隐】按:徼,要也。谓要其疲极而取之。 【正义】徼音古尧反。徼,要也。要汉兵疲极则取之,无近塞居止。

其明年春,汉使骠骑将军去病将万骑出陇西,过焉支山①千馀里,击匈奴,得胡首虏(骑)万八千馀级,破得休屠王祭天金人。②其夏,骠骑将军复与合骑侯数万骑出陇西、北地二千里,击匈奴。过居延,③攻祁连山,④得胡首虏三万馀人,裨小王以下七十馀人。是时匈奴亦来入代郡、雁门,杀略数百人。汉使博望侯及李将军广出右北平,击匈奴左贤王。左贤王围李将军,卒可四千人,且尽,杀虏亦过当。会博望侯军救至,李将军得脱。汉失亡数千人,合骑侯后骠骑将军期,及与博望侯皆当死,赎为庶人。

①【正义】焉音烟。《括地志》云:"焉支山一名删丹山,在甘州删丹县东南五十里。《西河故事》云'匈奴失祁连、焉支二山,乃歌曰:"亡我祁连山,使我六畜不蕃息;失我焉支山,使我妇女无颜色。"其慜惜乃如此'。"

②【集解】《汉书音义》曰:"匈奴祭天处本在云阳甘泉山下,秦夺其地,后徙之休屠王右地,故休屠有祭天金人,象祭天人也。"【索隐】韦昭云:"作金人以为祭天主。"崔浩云:"胡祭以金人为主,今浮图金人是也。"又《汉书音义》称"金人祭天,本在云阳甘泉山下,秦夺其地,徙之于休屠王右地,故休屠有祭天金人,象祭天人也"。事恐不然。按:得休屠金人,后置之于甘泉也。【正义】《括地志》云:"径路神祠在雍州云阳县西北九十里甘泉山下,本匈奴祭天处,秦夺其地,后徙休屠右地。"按:金人即今佛像,是其遗法,立以为祭天主也。

③【索隐】韦昭曰:"张掖县。"

④【索隐】按:《西河旧事》云"山在张掖、酒泉二界上,东西二百馀里,南北百里,有松柏五木,美水草,冬温夏凉,宜畜牧。匈奴失二山,乃歌云:'亡我祁连山,使我六畜不蕃息;失我燕支山,使我嫁妇无颜色'"。祁连一名天山,亦曰白山也。

其秋,单于怒浑邪王、休屠王居西方为汉所杀虏数万人,欲召诛之。浑邪王与休屠王恐,谋降汉,①汉使骠骑将军往迎之。浑邪王杀休屠王,并将其众降汉。凡四万馀人,号十万。于是汉已得浑邪王,则陇西、北地、河西益少胡寇,徙关东贫民处所夺匈奴河南、新秦中②以实之,而减北地以西戍卒半。其明年,匈奴入右北平、定襄各数万骑,杀略千馀人而去。

①【集解】徐广曰:"元狩二年也。"

②【索隐】如淳云"在长安以北,朔方以南"。《汉书·食货志》云"徙贫人充朔方以南新秦中"是也。　【正义】服虔云:"地名,在北地,广六七百里,长安北,朔方南。《史记》以为秦始皇遣蒙恬斥逐北胡,得肥饶之地七百里,徙内郡人民皆往充实之,号曰新秦中也。"

其明年春,汉谋曰"翕侯信为单于计,居幕北,以为汉兵不能至"。

乃粟马，发十万骑，(负)私〔负〕从①马凡十四万匹，粮重不与焉。令大将
军青、骠骑将军去病中分军，大将军出定襄，骠骑将军出代，咸约绝幕击
匈奴。单于闻之，远其辎重，以精兵待于幕北。与汉大将军接战一日，
会暮，大风起，汉兵纵左右翼围单于。单于自度战不能如汉兵，单于遂
独身与壮骑数百溃汉围西北遁走。汉兵夜追不得。行斩捕匈奴首虏万
九千级，北至阗颜山赵信城②而还。

> ①【正义】谓负担衣粮，私募从者，凡十四万匹。
> ②【集解】如淳曰："信前降匈奴，匈奴筑城居之。"

　　单于之遁走，其兵往往与汉兵相乱而随单于。单于久不与其大众
相得，其右谷蠡王以为单于死，乃自立为单于。真单于复得其众，而右
谷蠡王乃去其单于号，复为右谷蠡王。

　　汉骠骑将军之出代二千馀里，与左贤王接战，汉兵得胡首虏凡七万
馀级，左贤王将皆遁走。骠骑封于狼居胥山，禅姑衍，临翰海①而还。

> ①【集解】如淳曰："翰海，北海名。"【正义】按：翰海自一大海名，群鸟解羽伏
> 乳于此，因名也。

　　是后匈奴远遁，而幕南无王庭。汉度河自朔方以西至令居，①往往
通渠置田，官吏卒五六万人，稍蚕食，地接匈奴以北。②

> ①【集解】徐广曰："在金城。"【索隐】徐广云在金城。《地理志》云张掖令居
> 县。姚氏令音连。小颜云音零。
> ②【正义】匈奴旧以幕为王庭。今远徙幕北，更蚕食之，汉境连接匈奴旧地以
> 北也。

　　初，汉两将军大出围单于，所杀虏八九万，而汉士卒物故①亦数万，
汉马死者十馀万。匈奴虽病，远去，而汉亦马少，无以复往。匈奴用赵
信之计，遣使于汉，好辞请和亲。天子下其议，或言和亲，或言遂臣之。
丞相长史任敞曰："匈奴新破，困，宜可使为外臣，朝请于边。"汉使任敞
于单于。单于闻敞计，大怒，留之不遣。先是汉亦有所降匈奴使者，单
于亦辄留汉使相当。汉方复收士马，会骠骑将军去病死，于是汉久不北

击胡。①

> ①【索隐】汉士物故。按:《释名》云"汉以来谓死为'物故',物就朽故也"。又
> 《魏台访议》高堂崇对曰"闻之先师:物,无也;故,事也。言无复所能于事者
> 也"。

数岁,伊稚斜单于立十三年死,子乌维立为单于。是岁,汉元鼎三年也。乌维单于立,而汉天子始出巡郡县。其后汉方南诛两越,①不击匈奴,匈奴亦不侵入边。

> ①【正义】南越、东越。

乌维单于立三年,汉已灭南越,遣故太仆贺将万五千骑出九原二千餘里,至浮苴井①而还,不见匈奴一人。汉又遣故从骠侯赵破奴万餘骑出令居数千里,至匈河水②而还,亦不见匈奴一人。

> ①【索隐】苴音子餘反。臣瓒云:"去九原二千里,见《汉舆地图》。"
> ②【索隐】臣瓒云:"水名,去令居千里。"

是时天子巡边,至朔方,勒兵十八万骑以见武节,而使郭吉风告单于。郭吉既至匈奴,匈奴主客①问所使,郭吉礼卑言好,曰:"吾见单于而口言。"单于见吉,吉曰:"南越王头已悬于汉北阙。今单于(能)即〔能〕前与汉战,天子自将兵待边;单于即不能,即南面而臣于汉。何徒远走,亡匿于幕北寒苦无水草之地,毋为也。"语卒而单于大怒,立斩主客见者,而留郭吉不归,迁之北海上。②而单于终不肯为寇于汉边,休养息士马,习射猎,数使使于汉,好辞甘言求请和亲。

> ①【集解】韦昭曰:"主使来客官也。"【正义】官名,若鸿胪卿。
> ②【正义】北海即上海也,苏武亦迁也。

汉使王乌等窥匈奴。匈奴法,汉使非去节而以墨黥其面者不得入穹庐。王乌,北地人,习胡俗,去其节,黥面,得入穹庐。单于爱之,详许甘言,为遣其太子入汉为质,①以求和亲。

> ①【正义】音致。

汉使杨信于匈奴。是时汉东拔秽貉、朝鲜以为郡,①而西置酒泉

郡②以鬲绝胡与羌通之路。汉又西通月氏、大夏,③又以公主妻乌孙王,以分匈奴西方之援国。又北益广田至眩雷为塞,④而匈奴终不敢以为言。是岁,翕侯信死,汉用事者以匈奴为已弱,可臣从也。杨信为人刚直屈强,素非贵臣,单于不亲。单于欲召入,不肯去节,单于乃坐穹庐外见杨信。杨信既见单于,说曰:"即欲和亲,以单于太子为质于汉。"单于曰:"非故约。故约,汉常遣翁主,给缯絮食物有品,以和亲,而匈奴亦不扰边。今乃欲反古,令吾太子为质,无几矣。"⑤匈奴俗,见汉使非中贵人,其儒先,⑥以为欲说,折其辩;其少年,以为欲刺,折其气。每汉使入匈奴,匈奴辄报偿。汉留匈奴使,匈奴亦留汉使,必得当乃肯止。

①【正义】即玄菟、乐浪二郡。

②【正义】今肃州。

③【正义】《汉书·西域传》云:"大月氏国去长安城万一千六百里,本居敦煌、祁连间,冒顿单于破月氏,而老上单于杀月氏王,以头为饮器,月氏乃远去,过大宛西,击大夏而臣之,都妫水北,为王庭也。"

④【集解】《汉书音义》曰:"眩雷,地名,在乌孙北。"

⑤【正义】几音记。言反古无所冀望也。

⑥【集解】先,先生也。《汉书》作"儒生"也。

杨信既归,汉使王乌,而单于复诏以甘言,欲多得汉财物,绐谓王乌曰:"吾欲入汉见天子,面相约为兄弟。"王乌归报汉,汉为单于筑邸于长安。匈奴曰:"非得汉贵人使,吾不与诚语。"匈奴使其贵人至汉,病,汉予药,欲愈之,不幸而死。而汉使路充国佩二千石印绶往使,因送其丧,厚葬直数千金,曰"此汉贵人也"。单于以为汉杀吾贵使者,乃留路充国不归。诸所言者,单于特空绐王乌,殊无意入汉及遣太子来质。于是匈奴数使奇兵侵犯边。汉乃拜郭昌为拔胡将军,及浞野侯①屯朔方以东,备胡。路充国留匈奴三岁,单于死。

①【集解】徐广曰赵破奴。

乌维单于立十岁而死,子乌师庐立为单于。①年少,号为儿单于。是岁元封六年也。自此之后,单于益西北,左方兵直云中,右方直酒泉、敦煌郡。②

①【集解】徐广曰："乌，一作'詹'。"

②【正义】《括地志》云："铁勒国，匈奴冒顿之后，在突厥国北。乐胜州经秦长城、太羹长路正北，经沙碛，十三日行至其国。"

儿单于立，汉使两使者，一吊单于，一吊右贤王，欲以乖其国。使者入匈奴，匈奴悉将致单于。单于怒而尽留汉使。汉使留匈奴者前后十馀辈，而匈奴使来，汉亦辄留相当。

是岁，汉使贰师将军广利西伐大宛，而令因杅①将军敖筑受降城。其冬，匈奴大雨雪，畜多饥寒死。儿单于年少，好杀伐，国人多不安。左大都尉欲杀单于，使人间告汉曰："我欲杀单于降汉，汉远，即兵来迎我，我即发。"初，汉闻此言，故筑受降城，犹以为远。

①【正义】音于。

其明年春，汉使浞野侯破奴将二万馀骑出朔方西北二千馀里，期至浚稽山①而还。浞野侯既至期而还，左大都尉欲发而觉，单于诛之，发左方兵击浞野。浞野侯行捕首虏得数千人。还，未至受降城四百里，匈奴兵八万骑围之。浞野侯夜自出求水，匈奴间捕，生得浞野侯，因急击其军。军中郭纵为护，维王为渠，②相与谋曰："及诸校尉畏亡将军而诛之，莫相劝归。"军遂没于匈奴。匈奴儿单于大喜，遂遣奇兵攻受降城。不能下，乃寇入边而去。其明年，单于欲自攻受降城，未至，病死。

①【索隐】应劭云："在武威县北。"

②【正义】为渠帅也。

儿单于立三岁而死。子年少，匈奴乃立其季父乌维单于弟右贤王呴①犁湖为单于。是岁太初三年也。

①【集解】音钩，又音吁。　【索隐】音钩，又音吁。

呴犁湖单于立，汉使光禄徐自为出五原塞①数百里，远者千馀里，筑城鄣列亭②至庐朐，③而使游击将军韩说、长平侯卫伉屯其旁，使强弩都尉路博德筑居延泽上。④

①【正义】即五原郡榆林塞也。在胜州榆林县四十里也。

②【正义】顾胤云："鄣，山中小城。亭，候望所居也。"

③【集解】音衢，匈奴地名，又山名。　【索隐】服虔云："匈奴地名。"张晏云："山名。"　【正义】《地理志》云五原郡稒阳县北出石门鄣，得光禄城，又西北得支就城，又西北得头曼城，又西北得虖河城，又西北得宿虏城。按：即筑城鄣列亭至庐朐也。服虔云："庐朐，匈奴地名也。"张晏云："山名也。"

④【正义】《括地志》云："汉居延县故城在甘州张掖县东北一千五百三十里，有汉遮虏鄣，强弩都尉路博德之所筑。李陵败，与士众期至遮虏鄣，即此也。长老传云鄣北百八十里，直居延之西北，是李陵战地也。"

其秋，匈奴大入定襄、云中，杀略数千人，败数二千石而去，行破坏光禄所筑城列亭鄣。又使右贤王入酒泉、张掖，略数千人。会任文①击救，尽复失所得而去。是岁，贰师将军破大宛，斩其王而还。匈奴欲遮之，不能至。其冬，欲攻受降城，会单于病死。

①【集解】《汉书音义》曰："汉将也。"

呴犁湖单于立一岁死。匈奴乃立其弟左大都尉且鞮①侯为单于。

①【索隐】上音子馀反，下音低。

汉既诛大宛，威震外国。天子意欲遂困胡，乃下诏曰："高皇帝遗朕平城之忧，高后时单于书绝悖逆。昔齐襄公复九世之雠，《春秋》大之。"①是岁太初四年也。

①【集解】《公羊传》曰："九世犹可以复雠乎？曰虽百世可也。"

且鞮侯单于既立，尽归汉使之不降者。路充国等得归。单于初立，恐汉袭之，乃自谓"我儿子，安敢望汉天子！汉天子，我丈人行①也"。汉遣中郎将苏武厚币赂遗单于。单于益骄，礼甚倨，非汉所望也。其明年，浞野侯破奴得亡归汉。

①【正义】胡朗反。

其明年，汉使贰师将军广利以三万骑出酒泉，击右贤王于天山，①得胡首虏万馀级而还。匈奴大围贰师将军，几不脱。汉兵物故什六七。汉复使因杆将军敖出西河，与强弩都尉会涿涂山，②毋所得。又使骑都尉李陵将步骑五千人，出居延北千馀里，与单于会，合战，陵所杀伤万馀人，兵及食尽，欲解归，匈奴围陵，陵降匈奴，其兵遂没，得还者四百人。单于乃贵陵，以其女妻之。

①【正义】在伊州。

②【集解】徐广曰："涂音邪"。　【索隐】涿音卓。涂音以奢反。　【正义】匈奴中山也。

　　后二岁，复使贰师将军将六万骑，步兵十万，出朔方。强弩都尉路博德将万馀人，与贰师会。游击将军说将步骑三万人，出五原。因杆将军敖将万骑步兵三万人，出雁门。匈奴闻，悉远其累重于余吾水北，①而单于以十万骑待水南，与贰师将军接战。贰师乃解而引归，与单于连战十馀日。贰师闻其家以巫蛊族灭，因并众降匈奴，②得来还千人一两人耳。游击说无所得。因杆敖与左贤王战，不利，引归。是岁③汉兵之出击匈奴者不得言功多少，功不得御。④有诏捕太医令随但，言贰师将军家室族灭，使广利得降匈奴。⑤

①【集解】徐广曰："余，一作'斜'，音邪。"　【索隐】徐广云："一作'斜'，音邪。"《山海经》云："北鲜之山，鲜水出焉，北流注余吾。"　【正义】累，力为反。重，丈用反。

②【集解】徐广曰："案《史记·将相年表》及《汉书》，征和二年，巫蛊始起。三年，广利与商丘成出击胡军，败，乃降。"

③【集解】徐广曰："天汉四年。"　【正义】自此以下，上至贰师闻其家，非天汉四年事，似错误，人所知。

④【正义】御音语。其功不得相御当也。

⑤【索隐】《汉书》云："明年，且鞮死，长子狐鹿姑单于立。"张晏云："自狐鹿姑单于巳下，皆刘向、褚先生所录，班彪又撰而次之，所以《汉书·匈奴传》有上下两卷。"

太史公曰:孔氏著《春秋》,隐桓之间则章,至定哀之际则微,①为其切当世之文而罔褒,忌讳之辞也。②世俗之言匈奴者,患其徼一时之权,③而务谄纳其说,④以便偏指,不参⑤彼己;将率⑥席中国广大,气奋,人主因以决策,是以建功不深。尧虽贤,兴事业不成,得禹而九州宁。⑦且欲兴圣统,唯在择任将相哉!唯在择任将相哉!

①【索隐】按:讳国恶,礼也。仲尼仕于定哀,故其著《春秋》,不切论当世而微其词也。

②【索隐】按:罔者,无也。谓其无实而褒之是也,忌讳当代故也。

③【集解】徐广曰:"徼音皎。"【索隐】按:徐音皎,刘伯庄音叫,皆非也。按其字宜音侥。徼者,求也,言求一时权宠。

④【索隐】音税。

⑤【索隐】按:谓说者谋匈奴,皆患其直徼求一时权幸,但务谄进其说,以自便其偏指,不参详终始利害也。

⑥【集解】《诗》云:"彼己之子。"【索隐】彼己者,犹诗人讥词云"彼己之子"是也。将率则指樊哙、卫、霍等也。

⑦【正义】言尧虽贤圣,不能独理,得禹而九州安宁。以刺武帝不能择贤将相,而务谄纳小人浮说,多伐匈奴,故坏齐民。故太史公引禹圣成其太平,以攻当代之罪。

【索隐述赞】猃狁、薰粥,居于北边。既称夏裔,式憬周篇。颇随畜牧,屡扰尘烟。爰自冒顿,尤聚控弦,虽空帑藏,未尽中权。

史记卷一百一十一

卫将军骠骑列传第五十一

大将军卫青者,平阳人也。① 其父郑季,为吏,给事平阳侯家,与侯妾卫媪通,② 生青。青同母兄卫长子,而姊卫子夫自平阳公主家得幸天子,③ 故冒姓为卫氏。字仲卿。长子更字长君。长君母号为卫媪。媪长女卫孺,④ 次女少兒,次女即子夫。后子夫男弟步广⑤ 皆冒卫氏。

①【正义】《汉书》云"其父郑季,河东平阳人,以县吏给事平阳侯之家"也。

②【索隐】卫,姓也。媪,妇人老少通称。《汉书》曰与主家僮卫媪通。案:即云家僮,故非老。或者媪是老称,后追称媪耳。又《外戚传》云"薄姬父与魏王宗女魏媪通",则亦魏是媪姓。而小颜云"卫者,举其夫姓也"。然案此云"侯妾卫媪",似更无别夫也。下云"同母兄卫长子及姊子夫皆冒卫姓",又似有夫。其所冒之姓为父与母,皆未明也。

③【集解】徐广曰:"曹参曾孙平阳夷侯,时尚武帝姊平阳公主,生子襄。"【索隐】案:如淳云"本阳信长公主,为平阳侯所尚,故称平阳公主"。案徐广云"夷侯,曹参曾孙,名襄"。又按系家及《功臣表》"时"或作"畴",《汉书》作"寿",并文字残缺,故不同也。

④【索隐】《汉书》云"君孺"。

⑤【集解】徐广曰:"步,一作'少'。"

青为侯家人,少时归其父,其父使牧羊。先母之子① 皆奴畜之,不以为兄弟数。② 青尝从入至甘泉居室,③ 有一钳徒④ 相青曰:"贵人也,官至封侯。"青笑曰:"人奴之生,得毋笞骂即足矣,安得封侯事乎!"

①【集解】服虔曰:"先母,嫡妻也。青之嫡母。"【索隐】《汉书》作"民母"。服虔云"母,嫡妻也。青之嫡母"。顾氏云"郑季本妻编于民户之间,故曰民母"。今本亦或作"民母"也。

②【索隐】音去声。

③【正义】按：居室，署名，武帝改曰保宫。灌夫系居室是也。

④【集解】张晏曰："甘泉中徒所居也。"

青壮，为侯家骑，从平阳主。建元二年春，青姊子夫得入宫幸上。皇后，堂邑大长公主女也，①无子，妒。大长公主闻卫子夫幸，有身，妒之，乃使人捕青。青时给事建章，②未知名。大长公主执囚青，欲杀之。其友骑郎公孙敖与壮士往篡取之，③以故得不死。上闻，乃召青为建章监，侍中，及同母昆弟贵，赏赐数日间累千金。孺为太仆公孙贺妻。少儿故与陈掌通，④上召贵掌。公孙敖由此益贵。子夫为夫人。青为大中大夫。

①【集解】徐广曰："堂邑安侯陈婴之孙夷侯午，尚景帝姊长公主，子季须。元鼎元年，季须坐奸自杀。"【正义】文颖云："陈皇后，武帝姑女也。"

②【索隐】案：晋灼云"上林中宫名也"。

③【索隐】篡犹劫也，夺也。

④【集解】徐广曰："陈平曾孙，名掌也。"

元光五年，青为车骑将军，击匈奴，出上谷；太仆公孙贺为轻车将军，出云中；大中大夫公孙敖为骑将军，出代郡；卫尉李广为骁骑将军，出雁门：军各万骑。青至茏城，斩首虏数百。骑将军敖亡七千骑；卫尉李广为虏所得，得脱归：皆当斩，赎为庶人。贺亦无功。

元朔元年春，卫夫人有男，①立为皇后。其秋，青为车骑将军，出雁门，三万骑击匈奴，斩首虏数千人。明年，匈奴入杀辽西太守，虏略渔阳二千馀人，败韩将军军。汉令将军李息击之，出代；令车骑将军青出云中以西至高阙。②遂略河南地，至于陇西，捕首虏数千，畜数十万，走白羊、楼烦王。遂以河南地为朔方郡。③以三千八百户封青为长平侯。青校尉苏建有功，以千一百户封建为平陵侯。使建筑朔方城。④青校尉张次公有功，封为岸头侯。⑤天子曰："匈奴逆天理，乱人伦，暴长虐老，以盗窃为务，行诈诸蛮夷，造谋藉兵，数为边害，⑥故兴师遣将，以征厥罪。

《诗》不云乎,'薄伐狎狁,⑦至于太原','出车彭彭,城彼朔方'。⑧今车骑将军青度西河⑨至高阙,获首虏二千三百级,车辎畜产毕收为卤,已封为列侯,遂西定河南地,按榆谿旧塞,⑩绝梓领,梁北河,⑪讨蒲泥,破符离,⑫斩轻锐之卒,捕伏听者三千七十一级,⑬执讯获丑,⑭驱马牛羊百有馀万,全甲兵而还,益封青三千户。"其明年,匈奴入杀代郡太守友,⑮入略雁门千馀人。其明年,匈奴大入代、定襄、上郡,杀略汉数千人。

①【索隐】即卫太子据也。

②【索隐】按:山名也。小颜云"一曰塞名,在朔方之北"。

③【索隐】按:谓北地郡之北,黄河之南。　【正义】今夏州也。

④【正义】《括地志》云:"夏州朔方县北什贲故城是。"案:苏建筑,什贲之号盖出蕃语也。

⑤【索隐】案:晋灼云"河东皮氏县之亭名也"。　【正义】服虔云:"乡名也。"

⑥【集解】张晏曰:"从蛮夷借兵钞边也。"

⑦【索隐】薄伐猃狁。此《小雅·六月》诗,美宣王北伐也。薄伐者,言逐出之也。

⑧【索隐】《小雅·出车》之诗也。

⑨【正义】即云中郡之西河,今胜州东河也。

⑩【集解】如淳曰:"案,行也。榆谿,旧塞名。"或曰按,寻也。　【索隐】按榆谷旧塞。如淳云:"按,行也,寻也。榆谷,旧塞名也。"案:《水经》云"上郡之北有诸次水,东经榆林塞为榆谿",是榆谷旧塞也。

⑪【集解】如淳曰:"绝,度也。为北河作桥梁。"　【正义】《括地志》云:"梁北河在灵州界也。"

⑫【集解】晋灼曰:"二王号。"　【索隐】晋灼云:"二王号。"崔浩云:"漠北塞名。"

⑬【集解】张晏曰:"伏于隐处,听军虚实。"

⑭【正义】讯,问也。丑,众。言执其生口问之,知虏处,获得众类也。

⑮【集解】徐广曰:"友者,太守名也。姓共也。"

其明年,元朔之五年春,汉令车骑将军青将三万骑,出高阙;卫尉苏建为游击将军,左内史李沮①为强弩将军,太仆公孙贺为骑将军,代相李蔡为轻车将军,皆领属车骑将军,俱出朔方;大行李息、岸头侯张次公为将军,出右北平:咸击匈奴。匈奴右贤王当卫青等兵,以为汉兵不能至此,饮醉。汉兵夜至,围右贤王,右贤王惊,夜逃,独与其爱妾一人壮骑数百驰,溃围北去。汉轻骑校尉郭成等逐数百里,不及,得右贤裨王十馀人,[2]众男女万五千馀人,畜数千百万,于是引兵而还。至塞,天子使使者持大将军印,即军中拜车骑将军青为大将军,诸将皆以兵属大将军,大将军立号而归。[3]天子曰:“大将军青躬率戎士,师大捷,获匈奴王十有馀人,益封青六千户。”而封青子伉为宜春侯,[4]青子不疑为阴安侯,青子登为发干侯。青固谢曰:“臣幸得待罪行间,赖陛下神灵,军大捷,皆诸校尉力战之功也。陛下幸已益封臣青。臣青子在襁褓中,[5]未有勤劳,上幸列地封为三侯,非臣待罪行间所以劝士力战之意也。伉等三人何敢受封!”天子曰:“我非忘诸校尉功也,今固且图之。”乃诏御史曰:“护军都尉公孙敖三从大将军击匈奴,常护军,傅校获王,[6]以千五百户封敖为合骑侯。[7]都尉韩说从大将军出窳浑,[8]至匈奴右贤王庭,为麾下搏战获王,[9]以千三百户封说为龙额侯。骑将军公孙贺从大将军获王,以千三百户封贺为南窌侯。[10]轻车将军李蔡再从大将军获王,以千六百户封蔡为乐安侯。校尉李朔,校尉赵不虞,校尉公孙戎奴,各三从大将军获王,以千三百户封朔为涉轵侯,以千三百户封不虞为随成侯,以千三百户封戎奴为从平侯。将军李沮、李息及校尉豆如意有功,赐爵关内侯,食邑各三百户。”其秋,匈奴入代,杀都尉朱英。

①【集解】文颖曰:“音俎。”

②【索隐】裨王十人。贾逵云:“裨,益也。”小颜云:“裨王,小王也,若裨将然。音频移反。”

③【索隐】案:谓立大将军之号令而归。

④【正义】伉音口浪反。

⑤【正义】襁长尺二寸,阔八寸,以约小儿于背。褓,小儿被也。

⑥【索隐】顾秘监云:“傅,领也。五百人谓之校。”小颜云:“傅音附。言敖总护诸军,每附部校,以致克捷而获王也。”

⑦【索隐】案:非邑地,而以战功为号。谓以军合骠骑,故云“合骑”,若“冠军”、

"从骠"然也。

⑧【集解】徐广曰："窳浑在朔方,音庾。"　【索隐】音庾。服虔云"塞名"。徐广云"在朔方"。《汉书》作"寘浑",寘音田也。

⑨【索隐】搏音博。搏,击也。小颜同。今《史》、《汉》本多作"传",传犹转也。

⑩【集解】徐广曰："窳宜作'奅',音匹孝反。"　【索隐】徐音匹教反。韦昭云县名。或作"窖",音干校反。《字林》云"大"下"卯"与"穴"下"卯"并音匹孝反。

其明年春,大将军青出定襄,合骑侯敖为中将军,太仆贺为左将军,翕侯赵信为前将军,卫尉苏建为后将军,郎中令李广为后将军,右内史李沮为强弩将军,咸属大将军,斩首数千级而还。月馀,悉复出定襄击匈奴,斩首虏万馀人。右将军建、前将军信并军三千馀骑,独逢单于兵,与战一日馀,汉兵且尽。前将军故胡人,降为翕侯,见急,匈奴诱之,遂将其馀骑可八百,奔降单于。右将军苏建尽亡其军,独以身得亡去,自归大将军。大将军问其罪正闳、①长史安、②议郎周霸等:③"建当云何?"霸曰:"自大将军出,未尝斩裨将。今建弃军,可斩以明将军之威。"闳、安曰:"不然。兵法'小敌之坚,大敌之禽也'。今建以数千当单于数万,力战一日馀,士尽,不敢有二心,自归。自归而斩之,是示后无反意也。不当斩。"大将军曰:"青幸得以肺腑待罪行间,不患无威,而霸说我以明威,甚失臣意。且使臣职虽当斩将,以臣之尊宠而不敢自擅专诛于境外,而具归天子,天子自裁之,于是以见为人臣不敢专权,不亦可乎?"军吏皆曰"善"。遂囚建诣行在所。④入塞罢兵。

①【集解】张晏曰："正,军正也。闳,名也。"

②【正义】律,都军官长史一人也。

③【集解】徐广曰："儒生。"　【索隐】徐广云儒生也。案:《郊祀志》议封禅有周霸,故知也。

④【集解】蔡邕曰："天子自谓所居曰'行在所',言今虽在京师,行所至耳。巡狩天下,所奏事处皆为宫。在长安则曰奏长安宫,在泰山,则曰奏高宫,唯当时所在。"

是岁也,大将军姊子霍去病①年十八,幸,为天子侍中。善骑射,再从大将军,受诏与壮士,为剽姚②校尉,与轻勇骑八百直弃大军数百里赴利,斩捕首虏过当。③于是天子曰:“剽姚校尉去病斩首虏二千二十八级,及相国、当户,斩单于大父行④籍若侯产,⑤生捕季父罗姑比,⑥再冠军,以千六百户封去病为冠军侯。上谷太守郝贤四从大将军,捕斩首虏二千馀人,以千一百户封贤为众利侯。”是岁,失两将军军,亡翕侯,军功不多,故大将军不益封。右将军建至,天子不诛,赦其罪,赎为庶人。

①【集解】徐广曰:“姊即少儿也。”

②【索隐】上音匹遥反,下音遥。大颜案荀悦《汉纪》作“票鹞”。票鹞,劲疾之貌也。上音频妙反,下音弋召反。

③【索隐】案:小颜云“计其所将之人数,则捕首虏为多,过于所当也。一云汉军亡失者少,而杀获匈奴数多,故曰过当也”。

④【索隐】行音胡浪反。谓籍若侯是匈奴祖之行也。《汉书》云“籍若侯产,产即大父之名”。

⑤【集解】张晏曰:“籍若,胡侯。”

⑥【索隐】按:颜氏云“罗姑比,单于季父名也”。小颜云“比,频也”。案:下文既云“再冠军”,无容更言频也。

大将军既还,赐千金。是时王夫人方幸于上,宁乘说大将军曰:“将军所以功未甚多,身食万户,三子皆为侯者,徒以皇后故也。今王夫人幸而宗族未富贵,愿将军奉所赐千金为王夫人亲寿。”大将军乃以五百金为寿。天子闻之,问大将军,大将军以实言,上乃拜宁乘为东海都尉。

张骞从大将军,以尝使大夏,①留匈奴中久,导军,知善水草处,军得以无饥渴,因前使绝国功,封骞博望侯。

①【正义】大夏国在大宛西。

冠军侯去病既侯三岁,元狩二年春,以冠军侯去病为骠骑将军,①将万骑出陇西,有功。天子曰:“骠骑将军率戎士逾乌盭,②讨遫濮,③涉狐奴,④历五王国,辎重人众慑慑⑤者弗取,冀获单于子。⑥转战六日,过焉支山千有馀里,合短兵,杀折兰王,斩卢胡王,⑦诛全甲,⑧执浑邪王子及相国、都尉,首虏八千馀级,收休屠祭天金人,⑨益封去病二千户。"

①【集解】徐广曰:"骠,一亦作'剽'。"　【正义】《汉书》云霍去病征匈奴有绝幕
　之勋,始置骠骑将军,位在三司,品秩同大将军。《说文》云:"骠,黄马髦白
　色。一曰白髦尾。"

②【集解】《汉书音义》曰:"音戾,山名也。"

③【索隐】音速卜二音。崔浩云"匈奴部落名"。按:下有"遬濮王",是国名也。

④【集解】晋灼曰:"水名也。"

⑤【集解】文颖曰:"恐惧也。"　【索隐】案:《说文》云"聱,失气也"。刘氏云"上
　式涉反,下之涉反"。

⑥【集解】徐广曰:"一作'与'。"

⑦【集解】张晏曰:"折兰,卢胡,国名也。杀者,杀之而已。斩者,获其首。"
　【正义】颜师古云:"折兰,匈奴中姓也。今鲜卑有是兰姓者,即其种。"

⑧【集解】徐广曰:"全,一作'金'。"　【正义】全甲谓具足不失落也。

⑨【集解】如淳曰:"祭天为主。"　【索隐】案:张婴云"佛徒祠金人也"。如淳云
　"祭天以金人为主也"。屠音储。

其夏,骠骑将军与合骑侯敖俱出北地,异道;博望侯张骞、郎中令李
广俱出右北平,异道:皆击匈奴。郎中令将四千骑先至,博望侯将万骑
在后至。匈奴左贤王将数万骑围郎中令,郎中令与战二日,死者过半,
所杀亦过当。博望侯至,匈奴兵引去。博望侯坐行留,当斩,赎为庶人。
而骠骑将军出北地,已遂深入,与合骑侯失道,不相得,骠骑将军逾居延
至祁连山,捕首虏甚多。天子曰:"骠骑将军逾居延,①遂过小月氏,②攻
祁连山,③得酋涂王,④以众降者二千五百人,斩首虏三万二百级,获五
王,五王母,单于阏氏、王子五十九人,相国、将军、当户、都尉六十三人,
师大率⑤减什三,⑥益封去病五千户。赐校尉从至小月氏爵左庶长。鹰
击司马破奴再从骠骑将军斩遬濮⑦王,捕稽沮王,⑧千骑将得王、王母各
一人,⑨王子以下四十一人,捕虏三千三百三十人,前行捕虏千四百人,
以千五百户封破奴为从骠侯。⑩校尉句王高不识,⑪从骠骑将军捕呼于
屠王⑫王子以下十一人,捕虏千七百六十八人,以千一百户封不识为宜
冠侯。⑬校尉仆多⑭有功,封为辉渠侯。"⑮合骑侯敖坐行留不与骠骑会,

当斩,赎为庶人。诸宿将所将士马兵亦不如骠骑,骠骑所将常选,⑯然亦敢深入,常与壮骑先其大(将)军,军亦有天幸,未尝困绝也。然而诸宿将常坐留落不遇。⑰由此骠骑日以亲贵,比大将军。

①【集解】张晏曰:"水名也。"

②【索隐】韦昭云:"音支。"《西域传》:"大月氏本居敦煌、祁连间,馀众保南山,遂号小月氏。"

③【索隐】小颜云:"即天山也。匈奴谓天〔为〕祁连。"《西河旧事》谓白山,天山。祁连恐非即天山也。

④【集解】张晏曰:"胡王也。"　【索隐】菑音才由反。涂音徒。《汉书》云"扬武乎鉥得,得单于单桓、菑涂王",此文省也。

⑤【正义】率音律也。

⑥【索隐】案:《汉书》云"减什七",不同也。小颜云"破匈奴之师,十减其七。一云汉兵亡失之数,下皆类此"。案:后说为是也。

⑦【正义】速卜二音。

⑧【索隐】沮音子余反。

⑨【索隐】案:《汉书》云"右千骑将王",然则此千骑将汉之将,属赵破奴,得匈奴五王及王母也。或云右千骑将即匈奴王之名。

⑩【集解】张晏曰:"从骠骑将军有功,因以为号。"

⑪【集解】徐广曰:"句音钩。匈奴以为号。"　【索隐】按:二人并匈奴人也。

⑫【索隐】案:三字共为王号。

⑬【正义】孔文祥云:"从冠军将军战故。宜冠,从骠之类也。"

⑭【索隐】案:《汉·百官表》作"仆朋",疑多是误。

⑮【索隐】浑音晖。

⑯【索隐】音宣变反。谓骠骑常选择取精兵。

⑰【索隐】按:谓迟留零落,不偶合也。

其秋,单于怒浑邪王居西方数为汉所破,亡数万人,以骠骑之兵也。单于怒,欲召诛浑邪王。浑邪王与休屠王等谋欲降汉,使人先要边。①是时大行李息将城河上,得浑邪王使,即驰传以闻。天子闻之,于是恐其以诈降而袭边,乃令骠骑将军将兵往迎之。骠骑既渡河,与浑邪王众

相望。浑邪王裨将见汉军而多欲不降者,颇遁去。骠骑乃驰入与浑邪
王相见,斩其欲亡者八千人,遂独遣浑邪王乘传先诣行在所,尽将其众
渡河,降者数万,号称十万。既至长安,天子所以赏赐者数十巨万。封
浑邪王万户,为漯阴侯。② 封其裨王呼毒尼③ 为下摩侯,鹰庇为辉渠
侯,④ 禽黎⑤ 为河綦侯,大当户铜离⑥ 为常乐侯。于是天子嘉骠骑之功
曰:"骠骑将军去病率师攻匈奴西域王浑邪,王及厥众萌咸相奔,率以军
粮接食,并将控弦万有馀人,诛猇驲,⑦ 获首虏八千馀级,降异国之王三
十二人,战士不离伤,十万之众咸怀集服,仍与之劳,爰及河塞,庶几无
患,⑧ 幸既永绥矣。以千七百户益封骠骑将军。"减陇西、北地、上郡戍
卒之半,以宽天下之繇。

　①【索隐】按:谓先于边境要候汉人,言其欲降。
　②【索隐】漯音他合反。案《地理志》,县名,在平原郡。
　③【集解】文颖曰:"胡王名。"
　④【集解】徐广曰:"一云'篇訾'。"【索隐】《汉书》鹰作"雁"。庇音必二反,又
　　音圧履反。按:《汉书·功臣表》云元狩二年以辉渠封仆朋,至三年又封鹰
　　庇。其地俱属鲁阳,未详所以。 【正义】辉渠,表作"顺梁"。
　⑤【集解】徐广曰:"禽,一作'鸟'。"【索隐】按:表作"鸟黎"。
　⑥【集解】徐广曰:"一作'稠离'也。"【索隐】徐广一作"稠离",与《汉书·功
　　臣表》同。此文云"铜离",文异也。
　⑦【集解】晋灼曰:"猇音欺谯反。"【索隐】上音丘昭反。《说文》作"趬",行遮
　　貌。遮,一作"疾"。驲音胡旦反。
　⑧【正义】言匈奴右地浑邪王降,而塞外并河诸郡之民无忧患也。

居顷之,乃分徙降者边五郡故塞外,① 而皆在河南,因其故俗,为属
国。② 其明年,匈奴入右北平、定襄,杀略汉千馀人。

　①【正义】五郡谓陇西、北地、上郡、朔方、云中,并是故塞外,又在北海西南。
　②【正义】以降来之民徙置五郡,各依本国之俗而属于汉,故言"属国"也。

其明年,天子与诸将议曰:"翕侯赵信为单于画计,常以为汉兵不能
度幕轻留,① 今大发士卒,其势必得所欲。"是岁元狩四年也。

①【索隐】按：幕即沙漠，古字少耳。轻留者，谓匈奴以汉军不能至，故轻易留而不去也。

元狩四年春，上令大将军青、骠骑将军去病将各五万骑，步兵转者踵军数十万，①而敢力战深入之士皆属骠骑。骠骑始为出定襄，当单于。捕虏言单于东，乃更令骠骑出代郡，令大将军出定襄。郎中令为前将军，太仆为左将军，主爵赵食其为右将军，平阳侯襄为后将军，皆属大将军。兵即度幕，人马凡五万骑，与骠骑等咸击匈奴单于。赵信为单于谋曰："汉兵既度幕，人马罢，匈奴可坐收虏耳。"乃悉远北其辎重，皆以精兵待幕北。而适值大将军军出塞千馀里，见单于兵陈而待，于是大将军令武刚车②自环为营，而纵五千骑往当匈奴。匈奴亦纵可万骑。会日且入，大风起，沙砾击面，两军不相见，汉益纵左右翼绕单于。单于视汉兵多，而士马尚强，战而匈奴不利，薄莫，单于遂乘六骡，壮骑可数百，直冒汉围西北驰去。时已昏，汉匈奴相纷挐，③杀伤大当。④汉军左校捕虏言单于未昏而去，汉军因发轻骑夜追之，大将军军因随其后。匈奴兵亦散走。迟明，⑤行二百馀里，不得单于，颇捕斩首虏万馀级，遂至寘颜山赵信城，⑥得匈奴积粟食军。军留一日而还，悉烧其城馀粟以归。

①【正义】言转运之士及步兵接后又数十万人。
②【集解】《孙吴兵法》曰："有巾有盖，谓之武刚车也。"
③【正义】《三苍解诂》云："纷挐，相牵也。"
④【索隐】以言所杀伤大略相当。
⑤【集解】徐广曰："迟，一作'黎'。"【索隐】上音值，待也。待天欲明，谓平明也。诸本多作"黎明"。邹氏云"黎，迟也"。然黎，黑也，候天将明犹黑也。【正义】迟音值。
⑥【集解】徐广曰："寘音田。"

大将军之与单于会也，而前将军广、右将军食其军别从东道，或失道，后击单于。大将军引还过幕南，乃得前将军、右将军。大将军欲使使归报，令长史簿责前将军广，广自杀。右将军至，下吏，赎为庶人。大将军军入塞，凡斩捕首虏万九千级。

是时匈奴众失单于十馀日,右谷蠡①王闻之,自立为单于。单于后得其众,右王乃去单于之号。

①【索隐】上音禄;下音黎,又音离。

骠骑将军亦将五万骑,车重与大将军军等,而无裨将。悉以李敢等为大校,当裨将,出代、右北平千馀里,直左方兵,所斩捕功已多大将军。军既还,天子曰:"骠骑将军去病率师,躬将所获荤粥之士,①约轻赍,绝大幕,涉获章渠,②以诛比车耆,③转击左大将,④斩获旗鼓,历涉离侯。⑤济弓间,⑥获屯头王、⑦韩王等三人,⑧将军、相国、当户、都尉八十三人,封狼居胥山,禅于姑衍,⑨登临翰海。⑩执卤获丑七万有四百四十三级,师率减什三,取食于敌,逴⑪行殊远而粮不绝,以五千八百户益封骠骑将军。"右北平太守路博德属骠骑将军,会与城,⑫不失期,从至梼余⑬山,斩首捕虏二千七百级,以千六百户封博德为符离侯。北地都尉邢山⑭从骠骑将军获王,以千二百户封山为义阳侯。故归义因淳王复陆支、⑮楼专王⑯伊即轩⑰皆从骠骑将军有功,以千三百户封复陆支为壮侯,以千八百户封伊即轩为众利侯。从骠侯破奴、昌武侯安稽⑱从骠骑有功,益封各三百户。校尉敢得旗鼓,为关内侯,食邑二百户。校尉自为⑳爵大庶长。军吏卒为官,赏赐甚多。而大将军不得益封,军吏卒皆无封侯者。

①【集解】徐广曰:"粥,一作'允'。"骃按:应劭曰"所降士有材力者"。

②【集解】徐广曰:"获,一作'护'。" 【索隐】小颜云:"涉谓涉水也。章渠,单于之近臣,谓涉水而破获之。"《汉书》云"涉获单于章渠"也。

③【集解】晋灼曰:"王号也。" 【索隐】比,必耳反。

④【索隐】按:《汉书》名双。

⑤【索隐】《汉书》作"度难侯"。小颜云"山名"。历,度也。

⑥【集解】晋灼曰:"水名也。" 【索隐】弓,包恺音穹,亦如字读。

⑦【集解】《汉书音义》曰:"胡王号也。"

⑧【集解】徐广曰:"王,一作'藉'。" 【索隐】按:《汉书》云"屯头韩王等三人"。李奇曰"皆匈奴王号"。

⑨【正义】积土为坛于山上,封以祭天也。祭地曰禅。

⑩【集解】张晏曰:"登海边山以望海也。"【索隐】按:崔浩云"北海名,群鸟之
　　所解羽,故云翰海"。《广异志》云"在沙漠北"。

⑪【索隐】音与"卓"同。卓,远也。

⑫【正义】与音余。

⑬【索隐】音桃徒二音。

⑭【集解】徐广曰:"一作'卫山'。"

⑮【索隐】复,刘氏音伏,小颜音福。

⑯【索隐】《汉书》作"刬",并音专。小颜音之兖反也。

⑰【索隐】九言反。

⑱【集解】徐广曰:"姓赵,故匈奴王。"【索隐】故匈奴王,姓赵也。

⑲【索隐】李广子也。

⑳【索隐】按:徐自为也。

　　两军之出塞,塞阅官及私马凡十四万匹,而复入塞者不满三万匹。
乃益置大司马位,大将军、骠骑将军皆为大司马。①定令,令骠骑将军秩
禄与大将军等。自是之后,大将军青日退,而骠骑日益贵。举大将军故
人门下多去事骠骑,辄得官爵,唯任安不肯。

①【集解】如淳曰:"大将军、骠骑将军皆有大司马之号也。"【索隐】按:如淳
　　云"本无大司马,今新置耳"。按:前谓太尉,其官又省,今武帝始置此位,卫
　　将军、霍骠骑皆加此官。

　　骠骑将军为人少言不泄,①有气敢任。②天子尝欲教之孙吴兵法,对
曰:"顾方略何如耳,不至学古兵法。"天子为治第,令骠骑视之,对曰:
"匈奴未灭,无以家为也。"由此上益重爱之。然少而侍中,贵,不省士。
其从军,天子为遣太官赍数十乘,既还,重车馀弃粱肉,而士有饥者。其
在塞外,卒乏粮,或不能自振,而骠骑尚穿域蹋鞠。③事多此类。大将军
为人仁善退让,以和柔自媚于上,然天下未有称也。

①【索隐】按:孔文祥云"谓质重少言,胆气在中也。周仁'阴重不泄',其行亦
　　同也"。

②【索隐】谓果敢任气也。《汉书》作"往",亦作"任"也。

③【集解】徐广曰:"穿地为营域。" 【索隐】穿域蹴鞠。徐氏云"穿地为营域"。《蹴鞠书》有《域说篇》,又以杖打,亦有限域也。今之鞠戏,以皮为之,中实以毛,蹴蹋为戏。刘向《别录》云"蹴鞠,兵势,所以陈武事,知有材力也"。《汉书》作"蹹鞠"。《三仓》云"鞠毛可蹋以为戏"。鞠音巨六反。 【正义】按:《蹴鞠书》有《域说篇》,即今之打毬也。黄帝所作,起战国时。程武士,知其材力也,若讲武。

骠骑将军自四年军后三年,元狩六年而卒。天子悼之,发属国玄甲①军,陈自长安至茂陵,为冢象祁连山。②谥之,并武与广地曰景桓侯。③子嬗④代侯。嬗少,字子侯,上爱之,幸其壮而将之。居六岁,元封元年,嬗卒,谥哀侯。无子,绝,国除。

①【正义】属国即上分置边五郡者也。玄甲,铁甲也。

②【索隐】按:崔浩云"去病破昆邪于此山,故令为冢象之以旌功也"。姚氏案:冢在茂陵东北,与卫青冢并。西者是青,东者是去病冢。上有竖石,前有石马相对,又有石人也。

③【集解】苏林曰:"景,武谥也;桓,广地谥也。"张晏曰:"《谥法》'布义行刚曰景,辟土服远曰桓'。" 【索隐】按:景,桓,两谥也。《谥法》"布义行刚曰景",是武谥也;又曰"辟土服远曰桓",是广地之谥也。以去病平生有武艺及广边地之功,故云"谥之并武与广地曰景桓侯"。

④【索隐】音市战反。

自骠骑将军死后,大将军长子宜春侯伉坐法失侯。后五岁,伉弟二人,阴安侯不疑及发干侯登皆坐酎金失侯。失侯后二岁,冠军侯国除。其后四年,大将军青卒,①谥为列侯。子伉代为长平侯。

①【集解】徐广曰:"元封五年。"

自大将军围单于之后,十四年而卒。竟不复击匈奴者,以汉马少,而方南诛两越,东伐朝鲜,击羌、西南夷,以故久不伐胡。

大将军以其得尚平阳长公主①故,长平侯伉代侯。六岁,坐法失侯。

①【正义】《汉书》云:"平阳侯曹寿有恶疾,就国,乃诏青尚平阳公主。"如淳云:

"本阳信长公主,为平阳侯所尚,故称平阳公主云。"

　　左方两大将军及诸裨将名:

　　最①大将军青,凡七出击匈奴,斩捕首虏五万馀级。一与单于战,收河南地,遂置朔方郡,再益封,凡万一千八百户。封三子为侯,侯千三百户。并之,万五千七百户。其校尉裨将以从大将军侯者九人。其裨将及校尉已为将者十四人。②为裨将者曰李广,自有传。无传者曰:

①【索隐】谓凡计也。

②【索隐】案:《汉书》云"为特将者十五人",盖通李广也。此李广一人自有传,若《汉书》则七人自有传,八人附见。七人谓李广、张骞、公孙贺、李蔡、曹襄、韩说、苏建也。

　　将军公孙贺。贺,义渠人,①其先胡种。贺父浑邪,景帝时为平曲侯,②坐法失侯。贺,武帝为太子时舍人。武帝立八岁,以太仆为轻车将军,军马邑。后四岁,以轻车将军出云中。后五岁,以骑将军从大将军有功,封为南窌侯。后一岁,以左将军再从大将军出定襄,无功。后四岁,以坐酎金失侯。后八岁,③以浮沮④将军出五原二千馀里,无功。后八岁,⑤以太仆为丞相,封葛绎侯。贺七为将军,出击匈奴无大功,而再侯,为丞相。坐子敬声与阳石公主奸,⑥为巫蛊,族灭,无后。

①【正义】今庆州,本义渠戎国也。《地理志》云北义渠道也。

②【集解】徐广曰:"为陇西太守。"

③【集解】徐广曰:"元鼎六年。"

④【索隐】沮音子馀反。

⑤【集解】徐广曰:"太初二年。"

⑥【集解】徐广曰:"阳石,一云'德邑'。"

　　将军李息,郁郅人。①事景帝。至武帝立八岁,为材官将军,军马邑;后六岁,为将军,出代;后三岁,为将军,从大将军出朔方:皆无功。凡三为将军,其后常为大行。

①【集解】服虔曰:"郅音窒。"　【索隐】服虔音窒,小颜音质。按:北地县名也。
　【正义】之栗反。今庆州弘化县是。

　　将军公孙敖,义渠人。以郎事武帝。武帝立十二岁,为⟨骠⟩骑将军,出代,亡卒七千人,当斩,赎为庶人。后五岁,以校尉从大将军有功,封为合骑侯。后一岁,以中将军从大将军,再出定襄,无功。后二岁,以将军出北地,后骠骑期,当斩,赎为庶人。后二岁,以校尉从大将军,无功。后十四岁,以因杅①将军筑受降城。七岁,复以因杅将军再出击匈奴,至余吾,②亡士卒多,下吏,当斩,诈死,亡居民间五六岁。后发觉,复系。坐妻为巫蛊,族。凡四为将军,出击匈奴,一侯。

①【索隐】音于。
②【索隐】余音馀,又音徐。按:水名,在朔方。

　　将军李沮,①云中人。②事景帝。武帝立十七岁,以左内史为强弩将军。后一岁,复为强弩将军。

①【索隐】音"俎豆"之"俎"。
②【正义】今岚、胜州也。

　　将军李蔡,成纪人也。①事孝文帝、景帝、武帝。以轻车将军从大将军有功,封为乐安侯。已为丞相,坐法死。

①【正义】秦州县也。

　　将军张次公,河东人。以校尉从卫将军青有功,封为岸头侯。其后太后崩,为将军,军北军。后一岁,为将军,从大将军,再为将军,坐法失侯。次公父隆,轻车武射也。以善射,景帝幸近之也。

　　将军苏建,杜陵人。以校尉从卫将军青,有功,为平陵侯,以将军筑朔方。后四岁,为游击将军,从大将军出朔方。后一岁,以右将军再从大将军出定襄,亡翕侯,失军,当斩,赎为庶人。其后为代郡太守,卒,冢在大犹乡。

　　将军赵信，以匈奴相国降，为翕侯。武帝立十七岁，为前将军，与单于战，败，降匈奴。

　　将军张骞，以使通大夏，还，为校尉。从大将军有功，封为博望侯。后三岁，为将军，出右北平，失期，当斩，赎为庶人。其后使通乌孙，为大行而卒，冢在汉中。

　　将军赵食其，祋祤人也。①武帝立二十二岁，以主爵为右将军，从大将军出定襄，迷失道，当斩，赎为庶人。

①【索隐】县名，在冯翊。祋音都活反，又音丁外反。祤音诩。　【正义】上都海反。雍州同官县，本汉祋祤县也。

　　将军曹襄，以平阳侯为后将军，从大将军出定襄。襄，曹参孙也。

　　将军韩说，弓高侯庶孙也。以校尉从大将军有功，为龙额侯，坐酎金失侯。元鼎六年，以待诏为横海将军，击东越有功，为按道侯。以太初三年为游击将军，屯于五原外列城。为光禄勋，掘蛊太子宫，卫太子杀之。

　　将军郭昌，云中人也。以校尉从大将军。元封四年，以太中大夫为拔胡将军，屯朔方。还击昆明，毋功，夺印。

　　将军荀彘，太原广武人。以御见，①侍中，为校尉，数从大将军。以元封三年为左将军击朝鲜，毋功。以捕楼船将军坐法死。

①【正义】以善御求见也。

　　最骠骑将军去病，凡六出击匈奴，其四出以将军，①斩捕首虏十一万馀级。及浑邪王以众降数万，遂开河西酒泉之地，②西方益少胡寇。四益封，凡万五千一百户。其校吏有功为侯者凡六人，而后为将军二人。

①【集解】徐广曰："再出以剽姚校尉也。"

②【正义】河谓陇右兰州之西河也。〔酒泉〕谓凉、肃等州。《汉书·西域传》云骠骑将军击破匈奴右地，置酒泉郡，后分置武威、张掖、敦煌等郡。

　　将军路博德，平州人。① 以右北平太守从骠骑将军有功，为符
离侯。骠骑死后，博德以卫尉为伏波将军，伐破南越，益封。其后
坐法失侯。为强弩都尉，屯居延，卒。

①【正义】《汉书》云西河平州。按：西河郡今汾州。

　　将军赵破奴，故九原人。① 尝亡入匈奴，已而归汉，为骠骑将军
司马。出北地时有功，封为从骠侯。坐酎金失侯。后一岁，为匈河
将军，攻胡至匈河水，无功。后二岁，② 击虏楼兰王，复封为浞野
侯。后六岁，③ 为浚稽将军，将二万骑击匈奴左贤王，左贤王与战，
兵八万骑围破奴，破奴生为虏所得，遂没其军。居匈奴中十岁，复
与其太子安国亡入汉。④ 后坐巫蛊，族。

①【正义】今胜州。
②【集解】徐广曰："元封二年。"
③【集解】徐广曰："太初二年。"
④【集解】徐广曰："以太初二年入匈奴，天汉元年亡归，涉四年。"

　　自卫氏兴，大将军青首封，其后枝属为五侯。凡二十四岁而五
侯尽夺，卫氏无为侯者。

太史公曰：苏建语余曰："吾尝责大将军至尊重，而天下之贤大夫毋
称焉，① 愿将军观古名将所招选择贤者，勉之哉。大将军谢曰：'自魏
其、武安之厚宾客，天子常切齿。彼亲附士大夫，招贤绌不肖者，人主之
柄也。人臣奉法遵职而已，何与② 招士！'"骠骑亦放此意，其为将如此。

①【索隐】谓不为贤士大夫所称誉。
②【索隐】音预。

【索隐述赞】君子豹变，贵贱何常。青本奴虏，忽升戎行。姊配皇极，身尚平
阳。宠荣斯僭，取乱彝章。嫖姚继踵，再静边方。

史记卷一百一十二

平津侯主父列传第五十二

丞相公孙弘者，齐菑川国薛县人也，①字季。少时为薛狱吏，有罪，免。家贫，牧豕海上。年四十馀，乃学《春秋》杂说。养后母孝谨。

①【索隐】按：薛县属鲁国，汉置菑川国，后割入齐也。　【正义】表云菑川国，文帝分齐置，都剧。《括地志》云："故剧城在青州寿光县南三十一里。故薛城在徐州滕县界。《地理志》云薛县属鲁国。"按：薛与剧隔兖州及太山，未详。公孙弘墓又在青州北鲁县西二十里也。

建元元年，天子初即位，招贤良文学之士。是时弘年六十，征以贤良为博士。使匈奴，还报，不合上意，上怒，以为不能，弘乃病免归。

元光五年，有诏征文学，菑川国复推上公孙弘。弘让谢国人曰："臣已尝西应命，以不能罢归，愿更推选。"国人固推弘，弘至太常。太常令所征儒士各对策，百馀人，弘第居下。策奏，天子擢弘对为第一。召入见，状貌甚丽，拜为博士。是时通西南夷道，置郡，巴蜀民苦之，诏使弘视之。还奏事，盛毁西南夷无所用，上不听。

弘为人恢奇多闻，常称以为人主病不广大，人臣病不俭节。弘为布被，食不重肉。后母死，服丧三年。每朝会议，开陈其端，令人主自择，不肯面折庭争。于是天子察其行敦厚，辩论有馀，习文法吏事，而又缘饰以儒术，①上大说之。二岁中，②至左内史。弘奏事，有不可，不庭辩之。尝与主爵都尉汲黯请间，汲黯先发之，弘推其后，天子常说，所言皆听，以此日益亲贵。尝与公卿约议，至上前，皆倍其约以顺上旨。汲黯庭诘弘曰："齐人多诈而无情实，始与臣等建此议，今皆倍之，不忠。"上问弘。弘谢曰："夫知臣者以臣为忠，不知臣者以臣为不忠。"上然弘言。

左右幸臣每毁弘,上益厚遇之。

①【索隐】谓以儒术饰文法,如衣服之有领缘以为饰也。

②【集解】徐广曰:"一云一岁。"

元朔三年,张欧免,以弘为御史大夫。是时通西南夷,东置沧海,北筑朔方之郡。弘数谏,以为罢敝中国以奉无用之地,愿罢之。于是天子乃使朱买臣等难弘置朔方之便。发十策,弘不得一。①弘乃谢曰:"山东鄙人,不知其便若是,愿罢西南夷、沧海而专奉朔方。"上乃许之。

①【集解】韦昭曰:"以弘之才,非不能得一也,以为不可,不敢逆上耳。"【索隐】按:韦昭以弘之才非不能得一,以为不可,不敢逆上故耳。【正义】颜师古曰:"言其利害十条,弘无以应。"

汲黯曰:"弘位在三公,奉禄甚多,然为布被,此诈也。"上问弘。弘谢曰:"有之。夫九卿与臣善者无过黯,然今日庭诘弘,诚中弘之病。夫以三公为布被,诚饰诈欲以钓名。且臣闻管仲相齐,有三归,侈拟于君,桓公以霸,亦上僭于君 。晏婴相景公,食不重肉,妾不衣丝,齐国亦治,此下比于民。①今臣弘位为御史大夫,而为布被,自九卿以下至于小吏,无差,诚如汲黯言。且无汲黯忠,陛下安得闻此言。"天子以为谦让,愈益厚之。卒以弘为丞相,封平津侯。②

①【索隐】比音鼻。比者,近也。小颜音"比方"之"比"。

②【集解】徐广曰:"《大臣表》曰元朔五年十一月乙丑,公孙弘为丞相。《功臣表》曰元朔(三)〔五〕年十一月乙丑,封平津侯。"骃按《汉书》,高成之平津乡也。【索隐】案:《汉书》曰"汉兴,皆以列侯为丞相,弘本无爵,乃诏封弘高成之平津乡六百五十户为平津侯。丞相封侯,自弘始也"。

弘为人意忌,外宽内深。①诸尝与弘有郤者,虽详与善,阴报其祸。杀主父偃,徙董仲舒于胶西,皆弘之力也。食一肉脱粟之饭。②故人所善宾客,仰衣食,弘奉禄皆以给之,家无所馀。士亦以此贤之。

①【索隐】谓弘外宽内深,意多有忌害也。

②【索隐】案:一肉,言不兼味也。脱粟,才脱谷而已,言不精凿也。

淮南、衡山谋反，治党与方急。弘病甚，自以为无功而封，位至丞相，宜佐明主填抚国家，使人由臣子之道。今诸侯有畔逆之计，此皆宰相奉职不称，恐窃病死，①无以塞责。乃上书曰："臣闻天下之通道五，所以行之者三。②曰君臣，父子，兄弟，夫妇，长幼之序，此五者天下之通道也。智，仁，勇，此三者天下之通德，所以行之者也。故曰'力行近乎仁，好问近乎智，知耻近乎勇'。知此三者，则知所以自治；知所以自治，然后知所以治人。天下未有不能自治而能治人者也，此百世不易之道也。今陛下躬行大孝，鉴三王，建周道，兼文武，厉贤予禄，③量能授官。今臣弘罢驽之质，无汗马之劳，陛下过意擢臣弘卒伍之中，封为列侯，致位三公。臣弘行能不足以称，素有负薪之病，恐先狗马填沟壑，终无以报德塞责。愿归侯印，乞骸骨，避贤者路。"天子报曰："古者赏有功，褒有德，守成尚文，遭遇右武，④未有易此者也。朕宿昔庶几获承尊位，惧不能宁，惟所与共为治者，君宜知之。盖君子善善恶恶，（君宜知之）君若谨行，常在朕躬。君不幸罹霜露之病，何恙不已，⑤乃上书归侯，乞骸骨，是章朕之不德也。今事少闲，君其省思虑，一精神，辅以医药。"因赐告牛酒杂帛。居数月，病有瘳，视事。

①【索隐】案：人臣委质于君，死生由君。今若一朝病死，是窃死也。

②【索隐】案：此语出《子思子》，今见《礼记·中庸》篇。

③【集解】徐广曰："厉，一作'广'也。"

④【索隐】小颜云："右亦上也。言遭遇乱时则上武也。"

⑤【集解】《汉书音义》曰："何恙，喻小疾不以时愈。"【索隐】恙，忧也。言罹霜露寒凉之疾，轻，何忧于病不止。《礼》曰"疾止复初"也。

元狩二年，弘病，竟以丞相终。①子度嗣为平津侯。度为山阳太守十余岁，坐法失侯。②

①【集解】《汉书》曰："年八十。"【索隐】《汉书》云凡为御史、丞相六岁，年八十终。

②【索隐】《汉书》云坐不遣钜野令史成诣公车，论为城旦。元始中诏复弘后为关内侯也。

　　主父偃者,齐临菑人也。学长短纵横之术,晚乃学《易》、《春秋》、百家言。游齐诸生间,莫能厚遇也。齐诸儒生相与排摈,不容于齐。家贫,假贷无所得,乃北游燕、赵、中山,皆莫能厚遇,为客甚困。孝武元光元年中,以为诸侯莫足游者,乃西入关见卫将军。卫将军数言上,上不召。资用乏,留久,诸公宾客多厌之,乃上书阙下。朝奏,暮召入见。所言九事,其八事为律令,一事谏伐匈奴。其辞曰:

　　　　臣闻明主不恶切谏以博观,忠臣不敢避重诛以直谏,是故事无遗策而功流万世。今臣不敢隐忠避死以效愚计,愿陛下幸赦而少察之。

　　　　《司马法》曰:"国虽大,好战必亡;天下虽平,忘战必危。"天下既平,天子大凯,[1]春搜秋狝,诸侯春振旅,秋治兵,所以不忘战也。[2]且夫怒者逆德也,兵者凶器也,争者末节也。古之人君一怒必伏尸流血,故圣王重行之。夫务战胜穷武事者,未有不悔者也。昔秦皇帝任战胜之威,蚕食天下,并吞战国,海内为一,功齐三代。务胜不休,欲攻匈奴,李斯谏曰:"不可。夫匈奴无城郭之居,委积之守,迁徙鸟举,难得而制也。轻兵深入,粮食必绝;踵粮以行,重不及事。得其地不足以为利也,遇其民不可役而守也。胜必杀之,非民父母也。靡獘[3]中国,快心匈奴,非长策也。"秦皇帝不听,遂使蒙恬将兵攻胡,辟地千里,以河为境。地固泽(咸)卤,[4]不生五谷。然后发天下丁男以守北河。暴兵露师十有馀年,死者不可胜数,终不能逾河而北。是岂人众不足,兵革不备哉?其势不可也。又使天下蜚刍挽粟,[5]起于黄、腄、[6]琅邪负海之郡,转输北河,率三十钟而致一石。男子疾耕不足于粮饷,女子纺绩不足于帷幕。百姓靡敝,孤寡老弱不能相养,道路死者相望,盖天下始畔秦也。

[1]【集解】应劭曰:"大凯,周礼还师振旅之乐。"

[2]【集解】宋均曰:"春秋少阳少阴,气弱未全,须人功而后用,士庶法之,教而后成,宗仁本义。天子诸侯必春秋讲武,简阅车徒,以顺时气,不忘战也。"

　　【索隐】按:宋均云"宗本仁义,助少阴少阳之气,因而教以简阅车徒"。

③【索隐】靡音糜。獒犹凋敝也。

④【集解】徐广曰:"泽,一作'斥'。"瓒曰:"其地多水泽,又有卤。"

⑤【集解】文颖曰:"转刍谷就战是也。"

⑥【集解】徐广曰:"腄在东莱,音缒。"　【索隐】县名,在东莱,音逐瑞反,注音缒。

　　及至高皇帝定天下,略地于边,闻匈奴聚于代谷之外而欲击之。御史成进谏曰:"不可。夫匈奴之性,兽聚而鸟散,从之知搏影。今以陛下盛德攻匈奴,臣窃危之。"高帝不听,遂北至于代谷,果有平城之围。高皇帝盖悔之甚,乃使刘敬往结和亲之约,然后天下忘干戈之事。故兵法曰"兴师十万,日费千金"。夫秦常积众暴兵数十万人,虽有覆军杀将系虏单于之功,亦适足以结怨深雠,不足以偿天下之费。夫上虚府库,下敝百姓,甘心于外国,非完事也。夫匈奴难得而制,非一世也。行盗侵驱,所以为业也,天性固然。上及虞夏殷周,固弗程督,禽兽畜之,不属为人。夫上不观虞夏殷周之统,而下〔修〕〔循〕近世之失,此臣之所大忧,百姓之所疾苦也。且夫兵久则变生,事苦则虑易。乃使边境之民獒靡愁苦而有离心,将吏相疑而外市,①故尉佗、章邯得以成其私也。夫秦政之所以不行者,权分乎二子,此得失之效也。故《周书》曰"安危在出令,存亡在所用"。愿陛下详察之,少加意而熟虑焉。

①【集解】张晏曰:"与外国交求利己,若章邯之比。"

是时赵人徐乐、①齐人严安②俱上书言世务,各一事。徐乐曰:

①【索隐】乐音岳。

②【索隐】按:本姓庄,避明帝讳,后并改"严"也。安及徐乐并拜郎中。乐后为中大夫。

　　臣闻天下之患在于土崩,不在于瓦解,古今一也。何谓土崩?秦之末世是也。陈涉无千乘之尊,尺土之地,身非王公大人名族之后,无乡曲之誉,非有孔、墨、曾子之贤,陶朱、猗顿之富也,然起穷巷,奋棘矜,①偏袒大呼而天下从风,此其故何也? 由民困而主不恤,下怨而上不知⟨也⟩,俗已乱而政不修,此三者陈涉之所以为资也。是之谓土崩。故曰天下之患在于土崩。何谓瓦解?吴、楚、齐、赵之兵是也。七国谋为大逆,号皆称万乘之君,带甲数十万,威足以严其境内,财足以劝其士民,然不能西攘尺寸之地而身为禽于中原者,此其故何也?非权轻于匹夫而兵弱于陈涉也,当是之时,先帝之德泽未衰而安土乐俗之民众,故诸侯无境外之助。此之谓瓦解,故曰天下之患不在瓦解。由是观之,天下诚有土崩之势,虽布衣穷处之士或首恶而危海内,陈涉是也。况三晋之君或存乎!天下虽未有大治也,诚能无土崩之势,虽有强国劲兵不得旋踵而身为禽矣,吴、楚、齐、赵是也。况群臣百姓能为乱乎哉!此二体者,安危之明要也,贤主所留意而深察也。

①【集解】矜音勤。　【索隐】下音勤。矜,今戟柄。棘,戟也。

间者关东五谷不登,年岁未复,民多穷困,重之以边境之事,推数循理而观之,则民且有不安其处者矣。不安故易动。易动者,土崩之势也。故贤主独观万化之原,明于安危之机,修之庙堂之上,而销未形之患。其要,期使天下无土崩之势而已矣。故虽有强国劲兵,陛下逐走兽,射蜚鸟,弘游燕之囿,淫纵恣之观,极驰骋之乐,自若也。金石丝竹之声不绝于耳,帷帐之私俳优侏儒之笑不乏于前,而天下无宿忧。名何必汤武,俗何必成康!虽然,臣窃以为陛下天然之圣,宽仁之资,而诚以天下为务,则汤武之名不难侔,而成康之俗可复兴也。此二体者立,然后处尊安之实,扬名广誉于当世,亲天下而服四夷,馀恩遗德为数世隆,南面负扆摄袂而揖王公,此陛下之所服也。臣闻图王不成,其敝足以安。安则陛下何求而不得,何为而不成,何征而不服乎哉!

严安上书曰:

臣闻周有天下,其治三百馀岁,成康其隆也,刑错四十馀年而不用。及其衰也,亦三百馀岁,故五伯更起。五伯者,常佐天子兴利除害,诛暴禁邪,匡正海内,以尊天子。五伯既没,贤圣莫续,天子孤弱,号令不行。诸侯恣行,强陵弱,众暴寡,田常篡齐,六卿分晋,并为战国,此民之始苦也。于是强国务攻,弱国备守,合从连横,驰车击毂,介胄生虮虱,民无所告诉。

及至秦王,蚕食天下,并吞战国,称号曰皇帝,主海内之政,坏诸侯之城,销其兵,铸以为钟虡,①示不复用。元元黎民得免于战国,逢明天子,人人自以为更生。向使秦缓其刑罚,薄赋敛,省繇役,贵仁义,贱权利,上笃厚,②下智巧,③变风易俗,化于海内,则世世必安矣。秦不行是风而(修)〔循〕其故俗,为智巧权利者进,笃厚忠信者退;法严政峻,谄谀者众,日闻其美,意广心轶。欲肆威海外,乃使蒙恬将兵以北攻胡,辟地进境,戍于北河,蜚刍挽粟以随其后。又使尉(佗)屠睢④将楼船之士南攻百越,使监禄⑤凿渠运粮,深入越,越人遁逃。旷日持久,粮食绝乏,越人击之,秦兵大败。秦乃使尉佗将卒以戍越。当是时,秦祸北构于胡,南挂于越,宿兵无用之地,进而不得退。行十馀年,丁男被甲,丁女转输,苦不聊生,自经于道树,死者相望。及秦皇帝崩,天下大叛。陈胜、吴广举陈,⑥武臣、张耳举赵,项梁举吴,田儋举齐,景驹举郢,周市举魏,韩广举燕,穷山通谷豪士并起,不可胜载也。然皆非公侯之后,非长官之吏也。无尺寸之势,起闾巷,杖棘矜,应时而皆动,不谋而俱起,不约而同会,壤长地进,⑦至于霸王,时教使然也。秦贵为天子,富有天下,灭世绝祀者,穷兵之祸也。故周失之弱,秦失之强,不变之患也。

①【索隐】下音巨。邹氏本作"镰",音同。

②【索隐】上犹尚也,贵也。

③【索隐】谓智巧为下也。

④【索隐】案:尉,官也。他,赵他也,音徒何反。屠睢,人姓名。睢音虽。

⑤【集解】韦昭曰:"监御史名禄也。"

⑥【索隐】谓胜、广举兵于陈。举音如字。或音据,恐疏也。下同。

⑦【集解】张晏曰:"长,进益也。"

今欲招南夷，朝夜郎，降羌僰，①略濊州②建城邑，深入匈奴，燔其茏城，③议者美之。此人臣之利也，非天下之长策也。今中国无狗吠之惊，而外累于远方之备，靡敝国家，非所以子民也。行无穷之欲，甘心快意，结怨于匈奴，非所以安边也。祸结而不解，兵休而复起，近者愁苦，远者惊骇，非所以持久也。今天下锻甲砥剑，桥箭累弦，转输运粮，未见休时，此天下之所共忧也。夫兵久而变起，事烦而虑生。今外郡之地或几千里，列城数十，形束壤制，④旁胁诸侯，非公室之利也。上观齐晋之所以亡者，公室卑削，六卿大盛也；下观秦之所以灭者，严法刻深，欲大无穷也。今郡守之权，非特六卿之重也；地几千里，非特闾巷之资也；甲兵器械，非特棘矜之用也；以遭万世之变，则不可称讳也。

①【索隐】棘，白北反，又皮逼反。

②【集解】如淳曰："东夷也。"　【索隐】濊州，地名，即古濊貊国也。音纤废反。

③【索隐】匈奴城名，音龙。燔音烦。燔，烧也。

④【集解】服虔曰："言所束在郡守，土壤足以专民制。"苏林曰："言其土地形势足以束制其民也。"　【索隐】案：谓地形及土壤皆束制在诸侯也。

书奏天子，天子召见三人，谓曰："公等皆安在？何相见之晚也！"①于是上乃拜主父偃、徐乐、严安为郎中。〔偃〕数见，上疏言事，诏拜偃为谒者，迁（乐）为中大夫。一岁中四迁偃。

①【集解】徐广曰："它《史记》本皆不见严安，此旁所篡者，皆取《汉书》耳。然《汉书》不宜乃容大异，或写《史记》相承阙脱也。"　【索隐】篡音撰。

偃说上曰："古者诸侯不过百里，强弱之形易制。今诸侯或连城数十，地方千里，缓则骄奢易为淫乱，急则阻其强而合从以逆京师。今以法割削之，则逆节萌起，前日晁错是也。今诸侯子弟或十数，而适嗣代立，馀虽骨肉，无尺寸地封，则仁孝之道不宣。愿陛下令诸侯得推恩分子弟，以地侯之。彼人人喜得所愿，上以德施，实分其国，不削而稍弱矣。"于是上从其计。①又说上曰："茂陵初立，天下豪桀并兼之家，乱众

之民，皆可徙茂陵，内实京师，外销奸猾，此所谓不诛而害除。”上又从
其计。

①【集解】徐广曰：“元朔二年，始令诸侯王分封子弟也。”

尊立卫皇后，及发燕王定国阴事，盖偃有功焉。大臣皆畏其口，赂
遗累千金。人或说偃曰：“太横矣。”主父曰：“臣结发游学四十馀年，身
不得遂，亲不以为子，昆弟不收，宾客弃我，我阸日久矣。且丈夫生不五
鼎食，死即五鼎烹耳。吾日暮途远，故倒行暴施之。”①

①【索隐】按：偃言吾日暮途远，恐赴前途不跌，故须倒行而逆施，乃可及耳。
今此本作“暴”。暴者，言已困久得申，须急暴行事以快意也。暴者，卒也，
急也。

偃盛言朔方地肥饶，外阻河，蒙恬城之以逐匈奴，内省转输戍漕，广
中国，灭胡之本也。上览其说，下公卿议，皆言不便。公孙弘曰：“秦时
常发三十万众筑北河，终不可就，已而弃之。”主父偃盛言其便，上竟用
主父计，立朔方郡。

元朔二年，主父言齐王内淫佚行僻，上拜主父为齐相。至齐，遍召
昆弟宾客，散五百金予之，数之曰：“始吾贫时，昆弟不我衣食，宾客不我
内门；今吾相齐，诸君迎我或千里。吾与诸君绝矣，毋复入偃之门！”乃
使人以王与姊奸事动王，王以为终不得脱罪，恐效燕王论死，乃自杀。
有司以闻。

主父始为布衣时，尝游燕、赵，及其贵，发燕事。赵王恐其为国患，
欲上书言其阴事，为偃居中，不敢发。及为齐相，出关，即使人上书，告
言主父偃受诸侯金，以故诸侯子弟多以得封者。及齐王自杀，上闻大
怒，以为主父劫其王令自杀，乃征下吏治。主父服受诸侯金，实不劫王
令自杀。上欲勿诛，是时公孙弘为御史大夫，乃言曰：“齐王自杀无后，
国除为郡，入汉，主父偃本首恶，陛下不诛主父偃，无以谢天下。”乃遂族
主父偃。

主父方贵幸时，宾客以千数，及其族死，无一人收者，唯独洨孔车①

收葬之。天子后闻之,以为孔车长者也。

①【集解】徐广曰:"孔车,浈人也。沛有浈县。"【索隐】浈,户交反。按:县名,在沛。车,尺奢反。

太史公曰:公孙弘行义虽修,然亦遇时。汉兴八十馀年矣,①上方向文学,招俊乂,以广儒墨,弘为举首。主父偃当路,诸公皆誉之,及名败身诛,士争言其恶。悲夫!

①【集解】徐广曰:"汉初至元朔二年八十年也。"

太皇太后诏大司徒大司空:①"盖闻治国之道,富民为始;富民之要,在于节俭。《孝经》曰'安上治民,莫善于礼'。'礼,与奢也宁俭'。昔者管仲相齐桓,霸诸侯,有九合一匡之功,而仲尼谓之不知礼,以其奢泰侈拟于君故也。夏禹卑宫室,恶衣服,后圣不循。由此言之,治之盛也,德优矣,莫高于俭。俭化俗民,则尊卑之序得,而骨肉之恩亲,争讼之原息。斯乃家给人足,刑错之本也欤?可不务哉!夫三公者,百寮之率,万民之表也。未有树直表而得曲影者也。孔子不云乎,'子率而正,孰敢不正'。'举善而教不能则劝'。维汉兴以来,股肱宰臣身行俭约,轻财重义,较然著明,②未有若故丞相平津侯公孙弘者也。位在丞相而为布被,脱粟之饭,不过一肉。故人所善宾客皆分奉禄以给之,无有所馀。诚内自克约而外从制。汲黯诘之,乃闻于朝,此可谓减于制度③而可施行者也。德优则行,否则止,与内奢泰而外为诡服以钓虚誉者殊科。以病乞骸骨,孝武皇帝即制曰'赏有功,褒有德,善善恶恶,君宜知之。其省思虑,存精神,辅以医药'。赐告治病,牛酒杂帛。居数月,有瘳,视事。至元狩二年,竟以善终于相位。夫知臣莫若君,此其效也。弘子度嗣爵,后为山阳太守,坐法失侯。夫表德章义,所以率俗厉化,圣王之制,不易之道也。其赐弘后子孙之次当为后者爵关内侯,食邑三百户,征诣公车,上名尚书,朕亲临拜焉。"

①【集解】徐广曰："此诏是平帝元始中王元后诏,后人写此及班固所称,以续
　卷后。"【索隐】按:徐广云"此是平帝元始中诏,以续卷后",则又非褚先生
　所录也。

②【索隐】较音角。较,明也。

③【集解】应劭曰："礼,贵有常尊,衣服有常品。"

　　班固称曰:公孙弘、卜式、兒宽皆以鸿渐之翼困于燕雀,①远迹
羊豕之间,②非遇其时,焉能致此位乎? 是时汉兴六十馀载,海内
乂安,③府库充实,而四夷未宾,制度多阙,上方欲用文武,求之如
弗及。始以蒲轮迎枚生,④见主父而叹息。⑤群臣慕向,异人并出。
卜式试于刍牧,弘羊擢于贾竖,卫青奋于奴仆,日䃅出于降虏,斯亦
曩时版筑饭牛之朋矣。汉之得人,于兹为盛。儒雅则公孙弘、董仲
舒、兒宽,笃行则石建、石庆,质直则汲黯、卜式,推贤则韩安国、郑
当时,定令则赵禹、张汤,文章则司马迁、相如,滑稽则东方朔、枚
皋,应对则严助、朱买臣,历数则唐都、落下闳,协律则李延年,运筹
则桑弘羊,奉使则张骞、苏武,将帅则卫青、霍去病,受遗则霍光、金
日䃅。其馀不可胜纪。是以兴造功业,制度遗文,后世莫及。孝宣
承统,纂修洪业,亦讲论六蓺,招选茂异,而萧望之、梁丘贺、夏侯
胜、韦玄成、严彭祖、尹更始以儒术进,刘向、王褒以文章显。将相
则张安世、赵充国、魏相、邴吉、于定国、杜延年,治民则黄霸、王成、
龚遂、郑弘、邵信臣、韩延寿、尹翁归、赵广汉之属,皆有功迹见述于
后。累其名臣,亦其次也。

①【集解】李奇曰："渐,进也。鸿一举而进千里者,羽翼之材也。弘等皆以大
　材,初为俗所薄,若燕雀不知鸿鹄之志也。"【索隐】按:谓公孙弘等未遇,
　为时所轻,若飞鸿之未渐,受困于燕雀也。是燕雀安知鸿鹄之志也?

②【集解】韦昭曰："远迹谓耕牧在于远方。"【索隐】按:公孙弘牧豕,卜式牧
　羊也。

③【索隐】乂,理也。

④【索隐】按:谓枚乘也。汉始迎申公,亦以蒲轮。谓以蒲裹车轮,恐伤草木

也。且蒲是草之美者,故《礼》有"蒲璧",盖画蒲于轮以为荣饰也。

⑤【索隐】案:上文严安等上书,上曰"公等安在,何相见之晚"是也。

【索隐述赞】平津巨儒,晚年始遇。外示宽俭,内怀嫉妒。宠备荣爵,身受肺腑。主父推恩,观时设度。生食五鼎,死非时蠹。

史记卷一百一十三

南越列传第五十三

南越王①尉佗者,②真定人也,③姓赵氏。秦时已并天下,略定杨越,④置桂林、⑤南海、象郡,⑥以谪⑦徙民,与越杂处十三岁。⑧佗,秦时用为南海龙川令。⑨至二世时,南海尉⑩任嚣⑪病且死,召龙川令赵佗语曰:"闻陈胜等作乱,秦为无道,天下苦之,项羽、刘季、陈胜、吴广等州郡各共兴军聚众,虎争天下,中国扰乱,未知所安,豪杰畔秦相立。南海僻远,吾恐盗兵侵地至此,吾欲兴兵绝新道,⑫自备,待诸侯变,会病甚。且番禺负山险,阻南海,东西数千里,颇有中国人相辅,此亦一州之主也,可以立国。郡中长吏无足与言者,故召公告之。"即被佗书,⑬行南海尉事。⑭嚣死,佗即移檄告横浦、⑮阳山、⑯湟溪⑰关曰:"盗兵且至,急绝道聚兵自守!"因稍以法诛秦所置长吏,以其党为假守。⑱秦已破灭,佗即击并桂林、象郡,自立为南越武王。⑲高帝已定天下,为中国劳苦,故释佗弗诛。汉十一年,遣陆贾因立佗为南越王,与剖符通使,和集百越,毋为南边患害,与长沙接境。

①【正义】都广州南海县。

②【索隐】尉他。尉,官也;他,名也;姓赵。他音徒河反。又《十三州记》云"大郡曰守,小郡曰尉"。

③【索隐】韦昭曰:"故郡名,后更为县,在常山。"

④【集解】张晏曰:"杨州之南越也。"【索隐】案:《战国策》云吴起为楚收杨越。【正义】夏禹九州本属杨州,故云杨越。

⑤【索隐】按:《地理志》武帝更名郁林。

⑥【索隐】案:本纪始皇三十三年略陆梁地,以为南海、桂林、象郡。《地理志》

云"武帝更名日南"。

⑦【索隐】音直革反。

⑧【集解】徐广曰："秦并天下,至二世元年十三年。并天下八岁,乃平越地,至二世元年六年耳。"

⑨【索隐】《地理志》县名,属南海也。　【正义】颜师古云："龙川南海县也,即今之循州也。"裴氏《广州记》云："本博罗县之东乡,有龙穿地而出,即穴流泉,因以为号也。"

⑩【集解】徐广曰："尔时未言都尉也。"

⑪【索隐】五刀反。

⑫【索隐】案:苏林云"秦所通越道。"

⑬【集解】韦昭曰："被之以书。音'光被'之'被'。"　【索隐】韦昭云"被之以书",音皮义反。

⑭【索隐】服虔云："嚣诈作诏书,使为南海尉。"

⑮【索隐】案:《南康记》云"南野县大庾岭三十里至横浦,有秦时关,其下谓为'塞上'。"

⑯【索隐】姚氏案:《地理志》云揭阳有阳山县。今此县上流百馀里有骑田岭,当是阳山关。

⑰【集解】徐广曰："在桂阳,通四会也。"　【索隐】湟谿。邹氏、刘氏本并作"湟",音年结反。《汉书》作"湟谿",音皇。又(卫青传)〔《南粤传》〕云"出桂阳,下湟水"是也。而姚察云《史记》作"湟",今本作"湟",湟及湟不同,良由随闻则辄改故也。《水经》云含汇县南有汇浦关,未知孰是。然邹诞作"湟",《汉书》作"湟",盖近于古。

⑱【索隐】案:谓他立其所亲党为郡县之职或假守。

⑲【集解】韦昭曰："生以'武'为号,不稽于古也。"

高后时,有司请禁南越关市铁器。佗曰："高帝立我,通使物,今高后听谗臣,别异蛮夷,隔绝器物,此必长沙王计也,欲倚中国,击灭南越而并王之,自为功也。"于是佗乃自尊号为南越武帝,发兵攻长沙边邑,败数县而去焉。高后遣将军隆虑侯灶①往击之。会暑湿,士卒大疫,兵不能逾岭。②岁馀,高后崩,即罢兵。佗因此以兵威边,财物赂遗闽越、西瓯、骆,役属焉,③东西万馀里。乃乘黄屋左纛,称制,与中国侔。

①【索隐】韦昭云："姓周。隆虑，县名，属河内。音林闾二音。"

②【索隐】案：此岭即阳山岭。

③【集解】《汉书音义》曰："骆越也。"　【索隐】邹氏云"又有骆越"。姚氏案：

《广州记》云"交趾有骆田，仰潮水上下，人食其田，名为'骆人'。有骆王、骆

侯。诸县自名为'骆将'，铜印青绶，即今之令长也。后蜀王子将兵讨骆侯，

自称为安阳王，治封溪县。后南越王尉他攻破安阳王，令二使典主交趾、九

真二郡人"。寻此骆即瓯骆也。

　　及孝文帝元年，初镇抚天下，使告诸侯四夷从代来即位意，喻盛德
焉。乃为佗亲冢在真定，置守邑，岁时奉祀。召其从昆弟，尊官厚赐宠
之。诏丞相陈平等举可使南越者，平言好畤陆贾，先帝时习使南越。乃
召贾以为太中大夫，往使。因让佗自立为帝，曾无一介之使报者。陆贾
至南越，王甚恐，为书谢，称曰："蛮夷大长老夫臣佗，前日高后隔异南
越，窃疑长沙王谗臣，又遥闻高后尽诛佗宗族，掘烧先人冢，以故自弃，
犯长沙边境。且南方卑湿，蛮夷中间，其东闽越千人众号称王，其西瓯
骆裸国①亦称王。老臣妄窃帝号，聊以自娱，岂敢以闻天王哉！"乃顿首
谢，愿长为藩臣，奉贡职。于是乃下令国中曰："吾闻两雄不俱立，两贤
不并世。皇帝，贤天子也。自今以后，去帝制黄屋左纛。"陆贾还报，孝
文帝大悦。遂至孝景时，称臣，使人朝请。然南越其居国窃如故号名，
其使天子，称王朝命如诸侯。至建元四年卒。

①【索隐】裸国。音和寡反。裸，露形也。

　　佗孙胡为南越王。①此时闽越王郢兴兵击南越边邑，胡使人上书
曰："两越俱为藩臣，毋得擅兴兵相攻击。今闽越兴兵侵臣，臣不敢兴
兵，唯天子诏之。"于是天子多南越义，守职约，为兴师，遣两将军②往讨
闽越。兵未逾岭，闽越王弟馀善杀郢以降，于是罢兵。

①【集解】徐广曰："皇甫谧曰越王赵佗以建元四年卒，尔时汉兴七十年，佗盖

百岁矣。"

②【索隐】王恢、韩安国。

天子使庄助往谕意南越王，胡顿首曰："天子乃为臣兴兵讨闽越，死无以报德！"遣太子婴齐入宿卫。谓助曰："国新被寇，使者行矣。胡方日夜装入见天子。"助去后，其大臣谏胡曰："汉兴兵诛郢，亦行以惊动南越。且先王昔言，事天子期无失礼，要之不可以悦好语入见。①入见则不得复归，亡国之势也。"于是胡称病，竟不入见。后十馀岁，胡实病甚，太子婴齐请归。胡薨，谥为文王。

　　①【索隐】悦好语入见。悦，《汉书》作"怵"。韦昭云"诱怵好语"。

　　婴齐代立，即藏其先武帝玺。①婴齐其入宿卫在长安时，取邯郸樛氏女，②生子兴。③及即位，上书请立樛氏女为后，兴为嗣。汉数使使者风谕婴齐，婴齐尚乐擅杀生自恣，惧入见要用汉法，比内诸侯，固称病，遂不入见。遣子次公入宿卫。婴齐薨，谥为明王。

　　①【索隐】李奇云"去其僭号"。
　　②【索隐】樛氏女。樛，纪虬反。樛姓出邯郸。
　　③【集解】徐广曰："一作'典'。"

　　太子兴代立，其母为太后。太后自未为婴齐姬时，尝与霸陵人安国少季①通。及婴齐薨后，元鼎四年，汉使安国少季往谕王、王太后以入朝，比内诸侯；令辩士谏大夫终军等宣其辞，勇士魏臣等辅其缺，②卫尉路博德将兵屯桂阳，待使者。王年少，太后中国人也，尝与安国少季通，其使复私焉。国人颇知之，多不附太后。太后恐乱起，亦欲倚汉威，数劝王及群臣求内属。即因使者上书，请比内诸侯，三岁一朝，除边关。于是天子许之，赐其丞相吕嘉银印，及内史、中尉、大傅印，馀得自置。除其故黥劓刑，用汉法，比内诸侯。使者皆留填抚之。王、王太后饬治行装重赍，为入朝具。

　　①【索隐】安国，姓也；少季名也。
　　②【集解】徐广曰："一作'决'。"

　　其相吕嘉年长矣，相三王，宗族官仕为长吏者七十馀人，男尽尚王女,女尽嫁王子兄弟宗室,及苍梧秦王有连。①其居国中甚重,越人信之,多为耳目者,得众心愈于王。王之上书,数谏止王,王弗听。有畔心,数称病不见汉使者。使者皆注意嘉,势未能诛。王、王太后亦恐嘉等先事发,乃置酒,介汉使者权,②谋诛嘉等。使者皆东向,太后南向,王北向,相嘉、大臣皆西向,侍坐饮。嘉弟为将,将卒居宫外。酒行,太后谓嘉曰:“南越内属,国之利也,而相君苦不便者,何也?”以激怒使者。使者狐疑相杖,遂莫敢发。嘉见耳目非是,即起而出。太后怒,欲鏦嘉③以矛,王止太后。嘉遂出,分其弟兵就舍,④称病,不肯见王及使者。乃阴与大臣作乱。王素无意诛嘉,嘉知之,以故数月不发。太后有淫行,国人不附,欲独诛嘉等,力又不能。

①【集解】《汉书音义》曰:“苍梧越中王自名为秦王,连亲婚也。”【索隐】案:苍梧越中王自名为秦王,即下赵光是也,故云“有连”。连者,连姻也。赵与秦同姓,故称秦王。

②【集解】韦昭曰:“恃使者为介胄也。”【索隐】韦昭曰“恃使者为介胄,《志林》云“介者因也,欲因使者权诛吕嘉”,然二家之说皆通。韦昭以介为恃。介者间也,以言间恃汉使者之权,意即得;云恃为介胄,则非也。虞喜以介为因,亦有所由。案:介者,宾主所由也。

③【集解】韦昭曰:“鏦,撞也。”【索隐】韦昭云:“鏦,撞也。”案:《字林》七凶反。又《吴王濞传》“鏦杀吴王”,与此同。

④【索隐】分弟兵就舍。案:谓分取其兵也。《汉书》作“介”。介,被也,恃也。

天子闻嘉不听王,王、王太后弱孤不能制,使者怯无决。又以为王、王太后已附汉,独吕嘉为乱,不足以兴兵,欲使庄参以二千人往使。参曰:“以好往,数人足矣;以武往,二千人无足以为也。”辞不可,天子罢参也。郏①壮士故济北相韩千秋奋曰:“以区区之越,又有王、太后应,独相吕嘉为害,愿得勇士二百人,必斩嘉以报。”于是天子遣千秋②与王太后弟樛乐将二千人往,入越境。吕嘉等乃遂反,下令国中曰:“王年少。太后,中国人也,又与使者乱,专欲内属,尽持先王宝器入献天子以自媚,多从人,行至长安,虏卖以为僮仆。取自脱一时之利,无顾赵氏社

稷,为万世虑计之意。"乃与其弟将卒攻杀王、太后及汉使者。遣人告苍
梧秦王及其诸郡县,立明王长男越妻子术阳侯③建德为王。而韩千秋
兵入,破数小邑。其后越直开道给食,未至番禺四十里,越以兵击千秋
等,遂灭之。使人函封汉使者节置塞上,④好为谩辞谢罪,发兵守要害
处。于是天子曰:"韩千秋虽无成功,亦军锋之冠。"封其子延年为成安
侯。⑤樛乐,其姊为王太后,首愿属汉,封其子广德为龙亢侯。⑥乃下赦
曰:"天子微,诸侯力政,讥臣不讨贼。今吕嘉、建德等反,自立晏如,令
罪人及江淮以南⑦楼船十万师⑧往讨之。"

①【集解】徐广曰:"县属颍川,音古洽反。"　【索隐】如淳云:"郏,县名,在颍
　　川。"　【正义】今汝州郏城县。

②【集解】徐广曰:"为校尉。"

③【集解】徐广曰:"元鼎四年,以南越王兄越封高昌侯。"　【索隐】韦昭云汉所
　　封。案《功臣表》,术阳属下邳。

④【索隐】函封汉使节置塞上。案:《南康记》以为大庾名"塞上"也。

⑤【索隐】案《功臣表》,成安属郏。

⑥【索隐】案:龙亢属谯国。《汉书》作"絫侯",服虔音邠,晋灼云古"龙"字。

⑦【集解】徐广曰:"淮,一作'汇'也。"

⑧【集解】应劭曰:"时欲击越,非水不至,故作大船。船上施楼,故号曰'楼
　　船'也。"

元鼎五年秋,卫尉路博德为伏波将军,出桂阳,下汇水;①主爵都尉
杨仆为楼船将军,出豫章,下横浦;故归义越侯二人②为戈船、下厉将
军,③出零陵,或下离水,④或抵苍梧;使驰义侯⑤因巴蜀罪人,发夜郎
兵,⑥下牂柯江:⑦咸会番禺。

①【集解】徐广曰:"一作'湟'。"骃案:《地理志》曰桂阳有汇水,通四会。或作
　　"淮"字。　【索隐】刘氏云"汇当作'湟'"。《汉书》云"下湟水"。或本作
　　"洭"。

②【集解】张晏曰:"故越人,降为侯。"

③【集解】徐广曰:"厉,一作'濑'。"骃案:张晏曰"越人于水中负人船,又有蛟
　　龙之害,故置戈于船下,因以为名也。"应劭曰"濑,水流涉上也"。瓒曰"《伍

子胥书》有戈船,以载干戈,因谓之'戈船'也"。

④【集解】徐广曰:"在零陵,通广信。"　【正义】《地理志》云零陵县有离水,东
　　至广信入郁林,九百八十里。

⑤【集解】徐广曰:"越人也,名遗。"

⑥【正义】曲州、协州以南是夜郎国。

⑦【正义】江出南徼外,东通四会,至番禺入海也。

　　元鼎六年冬,楼船将军将精卒先陷寻陕,①破石门,②得越船粟,因
推而前,挫越锋,以数万人待伏波。伏波将军将罪人,道远,会期后,与
楼船会乃有千馀人,遂俱进。楼船居前,至番禺。建德、嘉皆城守。楼
船自择便处,居东南面;伏波居西北面。会暮,楼船攻败越人,纵火烧
城。越素闻伏波名,日暮,不知其兵多少。伏波乃为营,遣使者招降者,
赐印,复纵令相招。楼船力攻烧敌,反驱而入伏波营中。犁旦,③城中
皆降伏波。吕嘉、建德已夜与其属数百人亡入海,以船西去。伏波又因
问所得降者贵人,以知吕嘉所之,遣人追之。以其故校尉司马苏弘得建
德,封为海常侯;④越郎⑤都稽⑥得嘉,封为临蔡侯。⑦

①【索隐】姚氏云:"寻陕在始兴西三百里,近连口也。"

②【索隐】按:《广州记》"在番禺县北三十里。昔吕嘉拒汉,积石镇江,名曰石
　　门。又俗云石门水名曰'贪泉',饮之则令人变。故吴隐之至石门,酌水饮,
　　乃为之歌云也"。

③【集解】徐广曰:"吕静云犁,结也,音力奚反。结,犹连及、逮至也。"《汉书》
　　"犁旦"为"迟旦",谓待明也。　【索隐】邹氏云"犁,一作'比',比音必至
　　反"。然犁即比义。又解犁,黑也,天未明尚黑时也。《汉书》亦作"迟明"。
　　迟音稚。迟,待也,亦犁之义也。

④【集解】徐广曰:"在东莱。"

⑤【集解】徐广曰:"南越之郎官。"

⑥【集解】徐广曰:"表曰孙都。"

⑦【索隐】案:表属河内。

　　苍梧王赵光者,越王同姓,闻汉兵至,及越揭阳令定①自定属汉;越
桂林监居翁②谕瓯骆属汉:③皆得为侯。④戈船、下厉将军兵及驰义侯所

发夜郎兵未下,南越已平矣。遂为九郡。⑤伏波将军益封。楼船将军兵
以陷坚为将梁侯。

①【集解】韦昭曰:"揭音其逝反。"　【索隐】《地理志》揭阳县属南海。揭音桀。
韦昭音其逝反,刘氏音求例反。定者,令之名也。案:《汉·功臣表》云"定
揭阳令",意又别也。

②【集解】《汉书音义》曰:"桂林郡中监,姓居名翁也。"

③【索隐】案《汉书》,瓯骆三十馀万口降汉。

④【索隐】案:《汉书》云"光闻汉兵至,降,封为随桃侯。揭阳令史定为安道侯,
越将毕取为膫侯,桂林监居翁为湘城侯"。韦昭云"湘城属堵阳。随桃、安
道、膫三县皆属南阳。膫音辽也"。

⑤【集解】徐广曰:"儋耳,珠崖,南海,苍梧,九真,郁林,日南,合浦,交趾。"
【索隐】徐广皆据《汉书》为说。

自尉佗初王后,五世九十三岁而国亡焉。

太史公曰:尉佗之王,本由任嚣。遭汉初定,列为诸侯。隆虑离湿
疫,佗得以益骄。瓯骆相攻,南越动摇。汉兵临境,婴齐入朝。其后亡
国,徵自樛女;吕嘉小忠,令佗无后。楼船从欲,怠傲失惑;伏波困穷,智
虑愈殖,因祸为福。成败之转,譬若纠墨。

【索隐述赞】中原鹿走,群雄莫制。汉事西驱,越权南裔。陆贾骋说,尉他去
帝。樛后内朝,吕嘉狼戾。君臣不协,卒从剿弃。

史记卷一百一十四

东越列传第五十四

闽越①王无诸及越东海王摇者，其先皆越王句践之后也，姓驺氏。②秦已并天下，皆废为君长，以其地为闽中郡。③及诸侯畔秦，无诸、摇率越归鄱阳令吴芮，所谓鄱君者也，从诸侯灭秦。当是之时，项籍主命，弗王，④以故不附楚。汉击项籍，无诸、摇率越人佐汉。汉五年，复立无诸为闽越王，王闽中故地，都东冶。孝惠三年，举高帝时越功，曰闽君摇功多，其民便附，乃立摇为东海王，⑤都东瓯，⑥世俗号为东瓯王。

①【集解】韦昭曰："闽音武巾反。东越之别名。"【索隐】案：《说文》云"闽，东越蛇种也"，故字从"虫"。闽音旻。

②【集解】徐广曰："驺，一作'骆'。"【索隐】徐广云一作"骆"，是上云"欧骆"，不姓驺。

③【集解】徐广曰："今建安侯官是。"【索隐】徐广云"本建安侯官是"。案：为闽州。案：下文"都东冶"，韦昭以为在侯官。【正义】今闽州又改为福也。

④【集解】《汉书音义》曰："主号令诸侯，不王无诸、摇等。"

⑤【集解】应劭曰："在吴郡东南滨海云。"

⑥【集解】徐广曰："今之永宁也。"【索隐】韦昭曰："今永宁。"姚氏云："瓯，水名。"《永嘉记》："水出永宁山，行三十馀里，去郡城五里入江。昔有东瓯王都城，有亭，积石为道，今犹在也。"

后数世，至孝景三年，吴王濞反，欲从闽越，闽越未肯行，独东瓯从吴。及吴破，东瓯受汉购，杀吴王丹徒，以故皆得不诛，归国。

吴王子子驹亡走闽越，怨东瓯杀其父，常劝闽越击东瓯。至建元三年，闽越发兵围东瓯。东瓯食尽，困，且降，乃使人告急天子。天子问太尉田蚡，蚡对曰："越人相攻击，固其常，又数反覆，不足以烦中国往救也。自秦时弃弗属。"于是中大夫庄助诘蚡曰："特患力弗能救，德弗能覆；诚能，何故弃之？且秦举咸阳而弃之，何乃越也！今小国以穷困来告急天子，天子弗振，彼当安所告诉？又何以子万国乎？"上曰："太尉未足与计。吾初即位，不欲出虎符发兵郡国。"乃遣庄助以节发兵会稽。会稽太守欲距不为发兵，助乃斩一司马，谕意指，遂发兵浮海救东瓯。未至，闽越引兵而去。东瓯请举国徙中国，乃悉举众来，处江淮之间。①

①【集解】徐广曰："年表云东瓯王广武侯望，率其众四万馀人来降，家庐江郡。"【索隐】徐广据年表而为说。

至建元六年，闽越击南越。南越守天子约，不敢擅发兵击而以闻。上遣大行王恢出豫章，大农韩安国出会稽，皆为将军。兵未逾岭，闽越王郢发兵距险。其弟馀善乃与相、宗族谋曰："王以擅发兵击南越，不请，故天子兵来诛。今汉兵众强，今即幸胜之，后来益多，终灭国而止。今杀王以谢天子。天子听，罢兵，固一国完；不听，乃力战；不胜，即亡入海。"皆曰"善"。即鏦①杀王，使使奉其头致大行。大行曰："所为来者诛王。今王头至，谢罪，不战而耘，②利莫大焉。"乃以便宜案兵告大农军，而使使奉王头驰报天子。诏罢两将兵，曰："郢等首恶，独无诸孙繇君丑③不与谋焉。"乃使郎中将立丑为越繇王，奉闽越先祭祀。

①【索隐】刘氏又音窗。鏦，撞也。

②【集解】徐广曰："《汉书》作'殒'。耘义当取'耘除'。或言耘音于粉反，此楚人声重耳。陨耘当同音，但字有假借，声有轻重。"【索隐】耘音云。耘，除也。《汉书》作"陨"，音于粉反。

③【索隐】繇音摇，邑号也。丑，名。

馀善已杀郢，威行于国，国民多属，窃自立为王。繇王不能矫其众持正。天子闻之，为馀善不足复兴师，曰："馀善数与郢谋乱，而后首诛郢，师得不劳。"因立馀善为东越王，与繇王并处。

至元鼎五年,南越反,东越王馀善上书,请以卒八千人从楼船将军击吕嘉等。兵至揭扬,以海风波为解,不行,持两端,阴使南越。及汉破番禺,不至。是时楼船将军杨仆使使上书,愿便引兵击东越。上曰士卒劳倦,不许,罢兵,令诸校屯豫章梅岭待命。①

①【集解】徐广曰:"在会稽界。"　【索隐】案:徐广云"在会稽",非也。今案:豫章三十里有梅岭,在洪崖山足,当古驿道。此文云"豫章梅岭",知非会稽也。　【正义】《括地志》云:"梅岭在虔化县东北百二十八里。"虔州汉亦属豫章郡,二所未详。

元鼎六年秋,馀善闻楼船请诛之,汉兵临境,且往,乃遂反,发兵距汉道。号将军驺力等为"吞汉将军",入白沙、武林、①梅岭,杀汉三校尉。是时汉使大农张成、故山州侯齿②将屯,弗敢击,却就便处,皆坐畏懦诛。

①【集解】徐广曰:"在豫章界。"　【索隐】徐广云在豫章界。案:今豫章北二百里,接鄱阳界,地名白沙,有小水入湖,名曰白沙阬。东南八十里有武阳亭,亭东南三十里地名武林。此白沙、武林,今当闽越入京道。

②【集解】徐广曰:"成阳共王子。"

馀善刻"武帝"玺自立,诈其民,为妄言。天子遣横海将军韩说出句章,①浮海从东方往;楼船将军杨仆出武林;中尉王温舒出海岭;越侯为戈船、下濑将军,出若邪、②白沙。③元封元年冬,咸入东越。东越素发兵距险,使徇北将军守武林,败楼船军数校尉,杀长吏,楼船将军率钱唐辕终古④斩徇北将军,为御儿侯。⑤自兵未往。

①【索隐】郑氏音句,会稽县也。　【正义】句章故城在越州鄮县西一百里,汉县。

②【索隐】案:姚氏云"地名,今阙"。

③【正义】越州有若耶山、若耶溪。"若""如"一。预州有白沙山。盖从如此邪。白沙东故闽州。

④【正义】钱唐,杭州县。辕,姓;终古,名。

⑤【集解】《汉书音义》曰:"今吴南亭是也。"　【正义】"御"字今作"语"。语儿乡在苏州嘉兴县南七十里,临官道也。

　　故越衍侯吴阳前在汉,汉使归谕馀善,馀善弗听。及横海将军先至,越衍侯吴阳以其邑七百人反,攻越军于汉阳。从建成侯敖,①与其率,从繇王居股谋曰:"馀善首恶,劫守吾属。今汉兵至,众强,计杀馀善,自归诸将,傥幸得脱。"乃遂俱杀馀善,以其众降横海将军,故封繇王居股为东成侯,②万户;封建成侯敖为开陵侯;③封越衍侯吴阳为北石侯;封横海将军说为案道侯;封横海校尉福为缭嫈侯。④福者,成阳共王子,故为海常侯,坐法失侯。旧从军无功,以宗室故侯。诸将皆无成功,莫封。东越将多军,⑤汉兵至,弃其军降,封为无锡侯。

　①【集解】徐广曰:"亦东越臣。"
　②【索隐】韦昭曰:"在九江。"
　③【索隐】徐广云:"敖,东越臣。"韦昭云:"开陵属临淮。"
　④【集解】《汉书音义》曰:"音辽嫈。"　【索隐】服虔云:"嫈音荣,县名。"刘伯庄
　　云:"缭音辽,下音纡营反。成阳王子也。"
　⑤【集解】《汉书音义》曰:"多军,名也。"　【索隐】李奇云:"多军,名。"韦昭云:
　　"多,姓;军,名也。"

　　于是天子曰东越狭多阻,闽越悍,数反覆,诏军吏皆将其民徙处江淮间。东越地遂虚。

　　太史公曰:越虽蛮夷,其先岂尝有大功德于民哉,何其久也! 历数代常为君王,句践一称伯。然馀善至大逆,灭国迁众,其先苗裔繇王居股等犹尚封为万户侯,由此知越世世为公侯矣。盖禹之馀烈也。

　【索隐述赞】句践之裔,是曰无诸。既席汉宠,实因秦馀。驺、骆为姓,闽中是居。王摇之立,爰处东隅。后嗣不道,自相诛锄。

史记卷一百一十五

朝鲜列传第五十五

【集解】张晏曰："朝鲜有湿水、洌水、汕水，三水合为洌水，疑乐浪、朝鲜取名于此也。"　【索隐】案：朝音潮，直骄反。鲜首仙。以有汕水，故名也。汕一音讪。

朝鲜①王满者，故燕人也。②自始全燕时③尝略属真番、④朝鲜，⑤为置吏，筑鄣塞。秦灭燕，属辽东外徼。汉兴，为其远难守，复修辽东故塞，至浿水为界，⑥属燕。燕王卢绾反，入匈奴，满亡命，⑦聚党千馀人，魋结蛮夷服而东走出塞，渡浿水，居秦故空地上下鄣，⑧稍役属真番、朝鲜蛮夷及故燕、齐亡命者王之，都王险。⑨

①【正义】湖仙二音。《括地志》云："高骊都平壤城，本汉乐浪郡王险城，又古云朝鲜地也。"

②【索隐】案《汉书》，满，燕人，姓卫，击破朝鲜而自王之。

③【索隐】始全燕时，谓六国燕方全盛之时。

④【集解】徐广曰："一作'莫'。辽东有番汗县。番音普寒反。"　【索隐】徐氏据《地理志》而知也。番音潘，又音盘。汗音寒。

⑤【索隐】如淳云："燕尝略二国以属己也。"应劭云："玄菟本真番国。"

⑥【集解】《汉书音义》曰："浿音傍沛反。"　【索隐】浿音旁沛反。　【正义】《地理志》云浿水出辽东塞外，西南至乐浪县西入海。浿普大反。

⑦【正义】命谓教令。

⑧【索隐】案：《地理志》乐浪有云鄣。

⑨【集解】徐广曰："昌黎有险渎县也。"　【索隐】韦昭云"古邑名"。徐广曰"昌黎有险渎县"。应劭注《地理志》辽东险渎县，朝鲜王旧都"。臣瓒云"王险城在乐浪郡浿水之东"也。

　　会孝惠、高后时天下初定,辽东太守即约满为外臣,保塞外蛮夷,无使盗边;诸蛮夷君长欲入见天子,勿得禁止。以闻,上许之,以故满得兵威财物侵降其旁小邑,真番、临屯①皆来服属,方数千里。②

①【索隐】东夷小国,后以为郡。

②【正义】《括地志》云:"朝鲜、高骊、貊、东沃沮五国之地,国东西千三百里,南北二千里,在京师东,东至大海四百里,北至营州界九百二十里,南至新罗国六百里,北至靺鞨国千四百里。"

　　传子至孙右渠,①所诱汉亡人滋多,又未尝入见;真番旁众国欲上书见天子,又拥阏不通。元封二年,汉使涉何谯谕②右渠,终不肯奉诏。何去至界上,临浿水,使御刺杀送何者③朝鲜裨王长,④即渡,驰入塞,⑤遂归报天子曰"杀朝鲜将"。上为其名美,⑥即不诘,拜何为辽东东部都尉。⑦朝鲜怨何,发兵袭攻杀何。

①【正义】其孙名也。

②【索隐】《说文》云:"谯,让也。"谕,晓也。谯音才笑反。

③【索隐】即送何之御也。

④【正义】颜师古云:"长者,裨王名也。送何至浿水,何因刺杀也。"按:裨王及将士长,恐颜非也。

⑤【正义】入平州榆林关也。

⑥【索隐】有杀将之美名。

⑦【正义】《地理志》云辽东郡武次县,东部都尉所理也。

　　天子募罪人击朝鲜。其秋,遣楼船将军杨仆从齐浮渤海;兵五万人,左将军荀彘出辽东:讨右渠。右渠发兵距险。左将军卒正多率辽东兵先纵,败散,多还走,坐法斩。楼船将军将齐兵七千人先至王险。右渠城守,窥知楼船军少,即出城击楼船,楼船军败散走。将军杨仆失其众,遁山中十馀日,稍求收散卒,复聚。左将军击朝鲜浿水西军,未能破自前。

　　天子为两将未有利,乃使卫山因兵威往谕右渠。右渠见使者顿首谢:"愿降,恐两将诈杀臣;今见信节,请服降。"遣太子入谢,献马五千匹，及馈军粮。人众万馀，持兵，方渡浿水，使者及左将军疑其为变，谓太子已服降，宜命人毋持兵。太子亦疑使者左将军诈杀之，遂不渡浿水，复引归。山还报天子，天子诛山。

左将军破浿水上军，乃前，至城下，围其西北。楼船亦往会，居城南。右渠遂坚守城，数月未能下。

左将军素侍中，幸，将燕代卒，悍，乘胜，军多骄。楼船将齐卒，入海，固已多败亡；其先与右渠战，困辱亡卒，卒皆恐，将心惭，其围右渠，常持和节。左将军急击之，朝鲜大臣乃阴间使人私约降楼船，往来言，尚未肯决。左将军数与楼船期战，楼船欲急就其约，不会；左将军亦使人求间郤降下朝鲜，朝鲜不肯，心附楼船：以故两将不相能。左将军心意楼船前有失军罪，今与朝鲜私善而又不降，疑其有反计，未敢发。天子曰将率不能，前（及）〔乃〕使卫山谕降右渠，右渠遣太子，山使不能刬决，与左将军计相误，卒沮约。今两将围城，又乖异，以故久不决。使济南太守公孙遂往（征）〔正〕之，有便宜得以从事。遂至，左将军曰："朝鲜当下久矣，不下者有状。"言楼船数朝不会，具以素所意告遂，曰："今如此不取，恐为大害，非独楼船，又且与朝鲜共灭吾军。"遂亦以为然，而以节召楼船将军入左将军营计事，即命左将军麾下执捕楼船将军，并其军，以报天子。天子诛遂。

左将军已并两军，即急击朝鲜。朝鲜相路人、相韩阴、尼谿相参、将军王唊①相与谋曰："始欲降楼船，楼船今执，独左将军并将，战益急，恐不能与，（战）王又不肯降。"阴、唊、路人皆亡降汉。路人道死。元封三年夏，尼谿相参乃使人杀朝鲜王右渠来降。王险城未下，故右渠之大臣成巳又反，复攻吏。左将军使右渠子长降、②相路人之子最③告谕其民，诛成巳，以故遂定朝鲜，为四郡。④封参为涓清侯，⑤阴为狄苴侯，⑥唊为平州侯⑦，长〔降〕为几侯。⑧最以父死颇有功，为温阳侯。⑨

①【集解】《汉书音义》曰："凡五人也。戎狄不知官纪，故皆称相。唊音颊。"
【索隐】应劭云："凡五人。戎狄不知官纪，故皆称相也。路人，渔阳县人。"

如淳云:"相,其国宰相。路人,名也。唊音颊,一音协。"

②【集解】徐广曰:"表云'长路'。《汉书》表云'长骆',音各。" 【索隐】案:《汉书》表云"长骆",音各。

③【索隐】路人子也,名最。

④【集解】真番、临屯、乐浪、玄菟也。

⑤【集解】韦昭曰:"属齐。" 【索隐】参,涵清侯。韦昭云"县名,属齐"。顾氏涵音获。

⑥【集解】韦昭曰:"属勃海。" 【索隐】阴,狄苴侯。晋灼云"属勃海"。获音狄,苴音子馀反。

⑦【集解】韦昭曰:"属梁父。" 【索隐】唊,平州侯。韦昭云"属梁父"。

⑧【集解】韦昭曰:"属河东。" 【索隐】长,几侯。韦昭云"县名,属河东"。

⑨【集解】韦昭曰:"属齐。" 【索隐】最,涅阳侯。韦昭云"属齐"也。

左将军征至,坐争功相嫉,乖计,弃市。楼船将军亦坐兵至洌口,①当待左将军,擅先纵,失亡多,当诛,赎为庶人。

①【索隐】苏林曰:"县名。度海先得之。"

太史公曰:右渠负固,国以绝祀。涉何诬功,为兵发首。楼船将狭,①及难离咎。悔失番禺,乃反见疑。荀彘争劳,与遂皆诛。两军俱辱,将率莫侯矣。

①【集解】徐广曰:"言其所将卒狭少。"

【索隐述赞】卫满燕人,朝鲜是王。王险置都,路人作相。右渠首差,涉何罔上。兆祸自斯,狐疑二将。山、遂伏法,纷纭无状。

史记卷一百一十六

西南夷列传第五十六

西南夷君长①以什数,②夜郎最大;③其西靡莫④之属⑤以什数,滇最大;⑥自滇以北君长以什数,邛都最大:此皆魋结,⑦耕田,有邑聚。其外西自同师以东,⑧北至楪榆,⑨名为嶲、昆明,⑩皆编发,随畜迁徙,⑪毋常处,毋君长,地方可数千里。自嶲以东北,君长以什数,徙、笮都⑫最大;自笮以东北,君长以什数,冉、駹最大。⑬其俗或土箸,或移徙,在蜀之西。自冉、駹以东北,君长以什数,白马最大,⑭皆氐类也。此皆巴蜀西南外蛮夷也。

①【正义】在蜀之南。

②【索隐】刘氏音所具反。邹氏音所主反。

③【索隐】荀悦云:"犍为属国也。"韦昭云:"汉为县,属牂柯。"按:《后汉书》云"夜郎东接交阯,其地在胡南,其君长本出于竹,以竹为姓也。"【正义】今泸州南大江南岸协州、曲州,本夜郎国。

④【索隐】夷邑名,滇与同姓。

⑤【正义】在蜀南以下及西也。靡非在姚州北,去京西南四千九百三十五里,即靡莫之夷。

⑥【集解】如淳曰:"滇音颠。颠马出其国也。"【索隐】崔浩云:"后为县,越嶲太守所理也。"【正义】昆州、郎州等本滇国,去京西五千三百七十里也。

⑦【索隐】魋,《汉书》作"椎",音直追反。结音计。

⑧【集解】韦昭曰:"邑名也。"【索隐】韦昭云邑名。《汉书》作"桐师"。

⑨【集解】韦昭曰:"在益州。楪音叶。"【索隐】韦昭曰:"益州县。楪音叶。"【正义】上音叶。楪泽在靡北百馀里。汉楪榆县在泽西益都。靡非,本叶榆王属国也。

⑩【集解】徐广曰："永昌有巂唐县。"　【索隐】崔浩云："二国名。"韦昭云："巂，益州县。"　【正义】巂音髓。今巂州也。昆明，巂州县，盖南接昆明之地，因名也。

⑪【正义】编，步典反。畜，许又反。皆巂、昆明之俗也。

⑫【集解】徐广曰："徙在汉嘉。筰音昨，在越巂。"　【索隐】服虔云："二国名。"韦昭云："徙县属蜀。筰县在越巂。徐广云：'筰音昨。'"　【正义】徙音斯。《括地志》云："筰州本西蜀徼外，曰猫羌巂。《地理志》云徙县也。《华阳国志》雅州邛郲山本名邛筰山，故邛人、筰人界。"

⑬【索隐】案：应劭云"汶江郡本冉駹。音亡江反"。　【正义】《括地志》云："蜀西徼外羌，茂州、冉州本冉駹国地也。《后汉书》云冉駹其山有六夷、七羌、九氐，各有部落也。"

⑭【索隐】案：夷邑名，即白马氐。　【正义】《括地志》云："陇右成州、武州皆白马氐，其豪族杨氏居成州仇池山上。"

　　始楚威王时，使将军庄蹻①将兵循江上，略巴、（蜀）黔中以西。庄蹻者，故楚庄王苗裔也。蹻至滇池，（地）方三百里，②旁平地，肥饶数千里，以兵威定属楚。欲归报，会秦击夺楚巴、黔中郡，道塞不通，因还，以其众王滇，变服，从其俗，以长之。秦时常頞③略通五尺道，④诸此国颇置吏焉。十馀岁，秦灭。及汉兴，皆弃此国而开蜀故徼。巴蜀民或窃出商贾，取其筰马、僰僮、⑤髦牛，以此巴蜀殷富。

①【索隐】音炬灼反。楚庄王弟，为盗者。　【正义】其略反。郎州、昆州即庄蹻所王。

②【索隐】滇池方三百里。《地理志》益州滇池县，泽在西北。《后汉书》云："其池水源深广，而〔末〕更浅狭，有似倒流，故谓滇池。"　【正义】《括地志》云："滇池泽在昆州晋宁县西南三十里。其水源深广而〔末〕更浅狭，有似倒流，故谓滇池。"

③【集解】音案。

④【索隐】谓栈道广五尺。　【正义】《括地志》云："五尺道在郎州。颜师古云其处险阨，故道才广五尺。如淳云道广五尺。"

⑤【索隐】韦昭云："僰蜀犍为，音蒲北反。"服虔云："旧京师有僰婢。"　【正义】今益州南戎州北临大江，古僰国。

　　建元六年,大行王恢击东越,东越杀王郢以报。恢因兵威使番阳令①唐蒙风指晓南越。南越食蒙蜀枸酱,②蒙问所从来,曰"道西北牂柯,牂柯江③广数里,出番禺城下"。蒙归至长安,问蜀贾人,贾人曰:"独蜀出枸酱,多持窃出市夜郎。夜郎者,临牂柯江,江广百餘步,足以行船。南越以财物役属夜郎,西至同师,然亦不能臣使也。"蒙乃上书说上曰:"南越王黄屋左纛,地东西万餘里,名为外臣,实一州主也。今以长沙、豫章往,水道多绝,难行。窃闻夜郎所有精兵,可得十餘万,浮船牂柯江,出其不意,此制越一奇也。诚以汉之强,巴蜀之饶,通夜郎道,为置吏,易甚。"上许之。乃拜蒙为郎中将,将千人,食重万餘人,④从巴蜀筰关入,遂见夜郎侯多同。蒙厚赐,喻以威德,约为置吏,使其子为令。夜郎旁小邑皆贪汉缯帛,以为汉道险,终不能有也,乃且听蒙约。还报,乃以为犍为郡。发巴蜀卒治道,自僰道指牂柯江。⑤蜀人司马相如亦言西夷邛、筰可置郡。使相如以郎中将往喻,皆如南夷,为置一都尉,十餘县,属蜀。

　　①【正义】番音婆。

　　②【集解】徐广曰:"枸,一作'蒟',音窭。"骃案:《汉书音义》曰"枸木似穀树,其叶如桑叶。用其叶作酱酢,美,蜀人以为珍味"。　【索隐】蒟。案:晋灼音矩。刘德云"蒟树如桑,其椹长二三寸,味酢;取其实以为酱,美"。又云"蒟缘树而生,非木也。今蜀土家出蒟,实似桑椹,味辛似姜,不酢"。又云"取叶"。此注又云叶似桑叶,非也。《广志》云"色黑,味辛,下气消谷"。窭,求羽反。

　　③【正义】崔浩云:"牂柯,系船杙也。"常氏《华阳国志》云:"楚顷襄王时,遣庄蹻伐夜郎,军至且兰,椓船于岸而步战。既灭夜郎,以且兰有椓船柯处,乃改其名为牂柯。"

　　④【索隐】案:食货辎重车也。音持用反。

　　⑤【索隐】道牂柯江。崔浩云:"牂柯,系船杙也,以为地名。"道犹从也。《地理志》夜郎又有豚水,东至南海四会入海,此牂柯江。

　　当是时,巴蜀四郡①通西南夷道,戍转相饷。数岁,道不通,士罢饿离湿,死者甚众;西南夷又数反,发兵兴击,耗费无功。上患之,使公孙弘往视问焉。还对，言其不便。及弘为御史大夫，是时方筑朔方以据河逐胡，弘因数言西南夷害，可且罢，专力事匈奴。上罢西夷，独置南夷夜郎两县一都尉，②稍令犍为自葆就。③

①【集解】徐广曰："汉中，巴郡，广汉，蜀郡。"

②【集解】徐广曰："元光六年，南夷始置邮亭。"

③【正义】令犍为自葆守，而渐修成其郡县也。

及元狩元年，博望侯张骞使大夏来，言居大夏时见蜀布、邛竹杖，①使问所从来，曰"从东南身毒国，②可数千里，得蜀贾人市"。或闻邛西可二千里有身毒国。骞因盛言大夏在汉西南，慕中国，患匈奴隔其道，诚通蜀，身毒国道便近，有利无害。于是天子乃令王然于、柏始昌、吕越人等，使间出西夷西，指求身毒国。至滇，滇王尝羌③乃留，为求道西十余辈。岁余，皆闭昆明，④莫能通身毒国。

①【集解】韦昭曰："邛县之竹，属蜀。"瓒曰："邛，山名。此竹节高实中，可作杖。"

②【集解】徐广曰："字或作'竺'。《汉书》直云'身毒'，《史记》一本作'乾毒'。"骃案：《汉书音义》曰"一名'天竺'，则浮屠胡是也"。　【索隐】身音捐，毒音笃。一本作"乾毒"。《汉书音义》一名"天竺"也。

③【集解】徐广曰："尝，一作'赏'。"

④【集解】如淳曰："为昆明所闭道。"　【正义】昆明在今巂州南，昆县是也。

滇王与汉使者言曰："汉孰与我大？"及夜郎侯亦然。以道不通故，各自以为一州主，不知汉广大。使者还，因盛言滇大国，足事亲附。天子注意焉。

及至南越反，上使驰义侯因犍为发南夷兵。且兰①君恐远行，旁国虏其老弱，乃与其众反，杀使者及犍为太守。汉乃发巴蜀罪人尝击南越者八校尉击破之。会越已破，汉八校尉不下，即引兵还，行诛头兰。②头兰，常隔滇道者也。已平头兰，遂平南夷为牂柯郡。夜郎侯始倚南越，南越已灭,会还诛反者,夜郎遂入朝。上以为夜郎王。

　　①【索隐】上音子馀反。小国名也。后县,属牂柯。

　　②【索隐】即且兰也。

　　南越破后,及汉诛且兰、邛君,并杀筰侯,冉駹皆振恐,诸臣置吏。乃以邛都为越嶲郡,筰都为沈犁郡,冉駹为汶山郡,①广汉西白马为武都郡。

　　①【集解】应劭曰:"今蜀郡岷江。"

　　上使王然于以越破及诛南夷兵威风喻滇王入朝。滇王者,其众数万人,其旁东北有劳浸、靡莫,①皆同姓相扶,未肯听。劳浸、靡莫数侵犯使者吏卒。元封二年,天子发巴蜀兵击灭劳浸、靡莫,以兵临滇。滇王始首善,以故弗诛。滇王离难西南夷,举国降,诸置吏入朝。于是以为益州郡,赐滇王王印,复长其民。

　　①【索隐】劳浸、靡莫。二国与滇王同姓。

　　西南夷君长以百数,独夜郎、滇受王印。滇小邑,最宠焉。

　　太史公曰:楚之先岂有天禄哉? 在周为文王师,封楚。及周之衰,地称五千里。秦灭诸侯,唯楚苗裔尚有滇王。汉诛西南夷,国多灭矣,唯滇复为宠王。然南夷之端,见枸酱番禺,大夏杖邛竹。西夷后揃,①剿分二方,②卒为七郡。③

　　①【集解】《汉书音义》曰:"音翦。"【索隐】音剪。揃谓被分割也。

　　②【索隐】剿音匹妙反。言西夷后被揃迫逐,遂剿居西南二方,各属郡县。剿亦分义。

　　③【集解】徐广曰:"犍为、牂柯、越嶲、益州、武都、沈犁、汶山地也。"

　　【索隐述赞】西南外徼,庄蹻首通。汉因大夏,乃命唐蒙。劳浸、靡莫,异俗殊风。夜郎最大,邛、筰称雄。及置郡县,万代推功。

史记卷一百一十七

司马相如列传第五十七

司马相如者,蜀郡成都人也,字长卿。少时好读书,学击剑,①故其亲名之曰犬子。②相如既学,③慕蔺相如之为人,更名相如。以赀为郎,事孝景帝,为武骑常侍,④非其好也。会景帝不好辞赋,是时梁孝王来朝,从游说之士齐人邹阳、淮阴枚乘、吴庄忌夫子⑤之徒,相如见而说之,因病免,客游梁。梁孝王令与诸生同舍,相如得与诸生游士居数岁,乃著《子虚之赋》。

① 【索隐】《吕氏春秋》剑伎云"持短入长,倏忽纵横之术也"。魏文《典论》云"余好击剑,善以短乘长"是也。

② 【索隐】孟康云:"爱而字之也。"

③ 【索隐】案:秦密云:文翁遣相如受七经"。

④ 【索隐】张揖曰:"秩六百石,常侍从格猛兽。"

⑤ 【集解】徐广曰:"名忌,字夫子。"【索隐】徐广、郭璞皆云名忌字夫子。案:《邹阳传》云枚先生、严夫子,此则夫子是美称,时人以为号。《汉书》作"严忌"者,案忌本姓庄,避明帝讳改姓严也。

会梁孝王卒,相如归,而家贫,无以自业。素与临邛令王吉相善,吉曰:"长卿久宦游不遂,而来过我。"于是相如往,舍都亭。①临邛令缪为恭敬,日往朝相如。相如初尚见之,后称病,使从者谢吉,吉愈益谨肃。临邛中多富人,而卓王孙家僮八百人,程郑亦数百人,二人乃相谓曰:"令有贵客,为具召之。"并召令。令既至,卓氏客以百数。至日中,谒司马长卿,长卿谢病不能往,临邛令不敢尝食,自往迎相如。相如不得已,强往,一坐尽倾。酒酣,临邛令前奏琴曰:"窃闻长卿好之,愿以自娱。"

相如辞谢，为鼓一再行。②是时卓王孙有女文君新寡，好音，故相如缪与令相重，而以琴心挑之。③相如之临邛，从车骑，雍容闲雅甚都；④及饮卓氏，弄琴，文君窃从户窥之，心悦而好之，恐不得当也。既罢，相如乃使人重赐文君侍者通殷勤。文君夜亡奔相如，⑤相如乃与驰归成都。家居徒四壁立。⑥卓王孙大怒曰："女至不材，我不忍杀，不分一钱也。"人或谓王孙，王孙终不听。文君久之不乐，曰："长卿第俱如临邛，⑦从昆弟假贷犹足为生，何至自苦如此！"相如与俱之临邛，尽卖其车骑，买一酒舍酤酒，而令文君当炉。⑧相如身自著犊鼻裈，⑨与保庸杂作，⑩涤器于市中。⑪卓王孙闻而耻之，为杜门不出。昆弟诸公⑫更谓王孙曰："有一男两女，所不足者非财也。今文君已失身于司马长卿，长卿故倦游，⑬虽贫，其人材足依也，且又令客，独奈何相辱如此！"卓王孙不得已，分予文君僮百人，钱百万，及其嫁时衣被财物。文君乃与相如归成都，买田宅，为富人。

①【索隐】案：临邛郭下之亭也。

②【索隐】案：乐府长歌行、短歌行，行者曲也。此言"鼓一再行"，谓一两曲。

③【集解】郭璞曰："以琴中音挑动之。"【索隐】张揖云："挑，娆也。以琴中娆之。"挑音徒了反。娆音奴了反。其诗曰"凤兮凤兮归故乡，游遨四海求其皇，有一艳女在此堂，室迩人遐毒我肠，何由交接为鸳鸯"也。又曰"凤兮凤兮从皇栖，得托子尾永为妃。交情通体必和谐，中夜相从别有谁"。

④【集解】韦昭曰："闲，读曰'闲'，甚得都邑之容也。"郭璞曰："都犹姣也。《诗》曰'恂美且都'。"

⑤【索隐】郭璞云："婚不以礼为亡也。"

⑥【集解】郭璞曰："言贫穷也。"【索隐】案：孔文祥云"徒，空也。家空无资储，但有四壁而已，云就此中以安立也"。

⑦【集解】弟如临邛。文颖云："弟，且也。"郭璞云："弟，语辞。如，往也。"

⑧【集解】韦昭曰："炉，酒肆也。以土为堕，边高似炉。"

⑨【集解】韦昭曰："今三尺布作形如犊鼻矣。称此者，言其无耻也。今铜印言犊组，此其类矣。"

⑩【集解】《方言》曰："保庸谓之甬，奴婢贱称也。"

⑪【集解】韦昭曰:"瓦器也。每食必涤溉者。"

⑫【集解】郭璞曰:"诸公,父行也。"

⑬【集解】郭璞曰:"厌游宦也。"

　　居久之,蜀人杨得意为狗监,①侍上。上读《子虚赋》而善之,曰:"朕独不得与此人同时哉!"得意曰:"臣邑人司马相如自言为此赋。"上惊,乃召问相如。相如曰:"有是。然此乃诸侯之事,未足观也。请为天子游猎赋,赋成奏之。"上许,令尚书给笔札。相如以"子虚",虚言也,为楚称;②"乌有先生"者,③乌有此事也,为齐难;④"无是公"者,无是人也,明天子之义。⑤故空藉⑥此三人为辞,以推天子诸侯之苑囿。其卒章归之于节俭,因以风谏。奏之天子,天子大说。其辞曰:

①【集解】郭璞曰:"主猎犬也。"

②【集解】郭璞曰:"称说楚之美。"

③【集解】徐广曰:"乌,一作恶。"

④【集解】郭璞曰:"诘难楚事也。"

⑤【集解】郭璞曰:"以为折中之谈也。"

⑥【索隐】音假借,与积同音。

　　楚使子虚使于齐,齐王悉发境内之士,备车骑之众,与使者出田。田罢,子虚过诧①乌有先生,而无是公在焉。坐定,乌有先生问曰:"今日田乐乎?"子虚曰:"乐。""获多乎?"曰:"少。""然则何乐?"曰:"仆乐齐王之欲夸仆以车骑之众,而仆对以云梦之事也。"曰:"可得闻乎?"

①【集解】郭璞曰:"诧,夸也。音托夏反。"【索隐】上音戈,下音敕亚反。夸诧是也。

　　子虚曰:"可。王驾车千乘,选徒万骑,田于海滨。列卒满泽,罘罔弥山,①掩兔辚鹿,射麋脚麟。②骛于盐浦,割鲜染轮。③射中获多,矜而自功。顾谓仆曰:'楚亦有平原广泽游猎之地饶乐若此者乎? 楚王之猎何与寡人?'④仆下车对曰:'臣,楚国之鄙人也,幸得宿卫十有馀年，时从出游，游于后园，览于有无，然犹未能遍睹也，又恶足以言其外泽者乎！'齐王曰：'虽然，略以子之所闻见而言之。'

①【集解】郭璞曰："罘，罝也。音浮。"【正义】《说文》云"罘，兔罝也"。今幡车罝也。弥，竟也。

②【集解】徐广曰："躏音吝。"骃案：郭璞曰"脚，掎足。躏，车轹"。【索隐】脚躏，韦昭云"谓持其一脚也"。司马彪曰"脚，掎也"。《说文》云"掎，偏引一脚也"。

③【集解】郭璞曰："盐浦，海边地多盐卤。鲜，生肉也。染，擩也。音而沿反，又音而悦反。擩之于轮，盐而食之。鹜，驰也。音务。"【索隐】李奇云："鲜，生肉也。染，濡也。切生肉濡盐而食之。"染或为"淬"，与下文"胹割轮淬"意同也。

④【集解】郭璞曰："与犹如也。"

"仆对曰：'唯唯。臣闻楚有七泽，尝见其一，未睹其馀也。臣之所见，盖特其小小者耳，①名曰云梦。②云梦者，方九百里，其中有山焉。其山则盘纡岪郁，隆崇嵂崒；岑岩参差，日月蔽亏；③交错纠纷，上干青云；罢池陂陁，下属江河。其土则丹青赭垩，④雌黄⑤白坿，⑥锡碧⑦金银，众色炫耀，照烂龙鳞。⑧其石则赤玉玫瑰，⑨琳瑉琨珸，⑩瑊玏玄厉，⑪瑌石武夫。⑫其东则有蕙圃⑬衡兰，芷若⑭射干，⑮穹穷⑯昌蒲，江离麋芜，诸蔗猼且。⑰其南则有平原广泽，登降陁靡，⑱案衍坛曼，⑲缘以大江，限以巫山。⑳其高燥则生葳菥苞荔，㉑薛莎青薠。㉒其卑湿㉓则生藏莨蒹葭，东蔷㉔雕胡，㉕莲藕菰芦，㉖庵䕠轩芋，㉗众物居之，不可胜图。㉘其西则有涌泉清池，激水推移；外发芙蓉菱华，内隐钜石白沙。其中则有神龟蛟鼍，㉙玳瑁㉚鳖鼋。其北则有阴林㉛巨树，楩楠豫章，㉜桂椒㉝木兰，㉞蘖离朱杨，㉟楂梸梬栗，㊱橘柚芬芳。㊲其上则有赤猿蠼蝚，㊳鹓雏孔鸾，腾远射干。㊴其下则有白虎玄豹，蟃蜒貙犴，㊵兕象野犀，㊶穷奇獌狿。

①【索隐】郭璞云："特，独也。"

②【索隐】褚诠音亡栋反，又音莫凤反。裴骃云"孙叔敖激沮水作此泽"。张揖

云"楚薮也,在南郡华容县"。郭璞曰"江夏安陆有云梦城,南郡枝江亦有云梦城。华容县又有巴丘湖,俗云即古云梦泽也"。则张揖云在华容者,指巴湖也。今安陆东见有云梦城、云梦县,而枝江亦有者,盖县名远取此泽,故有城也。

③【集解】《汉书音义》曰:"高山壅蔽,日月亏缺半见。"　【索隐】案:《汉书》注此卷多不题注者姓名,解者云是张揖,亦兼有馀人也。

④【集解】徐广曰:"一作'瑕'。"　【索隐】张揖云:"赭,赤土,出少室山。垩,白垩,《本草》云一名白墡也。"

⑤【正义】《药对》曰:"雌黄出武都山谷,与雄黄同山。"

⑥【集解】徐广曰:"音符。"骃案:《汉书音义》曰"白坿,白石英也"。　【索隐】张揖曰:"白石英也,出鲁阳山。"苏林音附,郭璞音符也。

⑦【正义】颜云:"锡,青金也。碧谓玉之青白色者也。"

⑧【集解】郭璞曰:"如龙之鳞采。"

⑨【集解】郭璞曰:"赤玉,赤瑾也。见《楚辞》。玫瑰,石珠也。"

⑩【集解】《汉书音义》曰:"琳,球也。珉,石次玉者,琨珸,山名也,出善金,《尸子》曰'昆吾之金'者。"　【索隐】琨珸,司马彪云"石之次玉者"。按:《河图》云"流州多积石,名昆吾石,炼之成铁,以作剑,光明昭如水精"。案:字或作"昆吾"。

⑪【集解】徐广曰:"瑊音古咸反,玏音勒,皆次玉者。"骃案:《汉书音义》曰"玄厉,黑石可用磨者"。

⑫【集解】徐广曰:"石似玉。"骃案:《汉书音义》曰"瓀石出雁门,武夫出长沙也"。

⑬【索隐】司马彪云:"蕙,香草也。"《本草》云:"薰草一名蕙。"《广志》云:"蕙草绿叶紫茎,魏武帝以此烧香,今东下田有此草,茎叶似麻,其华正紫也。"

⑭【集解】《汉书音义》曰:"衡,杜衡也。其状若葵,其臭如蘪芜。芷,白芷。若,杜若。"　【索隐】张揖云"衡,杜衡,生下田山"。案:《山海经》云"天帝之山有草,叶如葵,臭如蘪芜,可以走马"。《博物志》云"一名土杏,其根一似细辛,叶似葵"。故《药对》亦为似细辛是也。兰,张揖云"秋兰"。芷若,张揖云"若,杜若;芷,白芷也"。《本草》云"一名茝"。《埤苍》云"齐曰茝,晋曰虈"。《字林》曰"茝音昌亥反,又音昌里反。虈音火娇反"。《本草》又曰"杜若,一名杜衡"。今杜若叶似姜而有文理,茎叶皆有长毛。古今名号不同,

故其所呼别也。

⑮【索隐】《广雅》云"乌蓬,射干"。《本草》名乌扇。

⑯【索隐】芎𦯃。司马彪云:"芎𦯃似藁本。"郭璞云:"今历阳呼为江离。"《淮南子》云:"夫乱人者,若芎藭之与藁本。"

⑰【集解】徐广曰:"猼音匹沃反。"骃案:《汉书音义》曰"江离,香草。蘪芜,蕲芷也,似蛇床而香。诸蔗,甘柘也。猼且,襄荷也"。 【索隐】《吴录》曰"临海县海水中生江离,正青似乱发,即《离骚》所云者是也"。《广志》云"赤叶红华",则与张勃所说又别。案:今芎藭苗曰江离,绿叶白华,又不同。孟康云"蘪芜,蕲芷也,似蛇床而香"。樊光曰"藁本一名蘪芜,根名蕲芷"。又《药对》以为蘪芜一名江离,芎藭苗也。则芎藭、藁本、江离、蘪芜并相似,非是一物也。诸柘,张揖云"诸柘,甘柘也"。猼且,上音并卜反,下音子余反。《汉书》作"巴且",文颖云"巴蕉也"。郭璞云"猼且,襄荷属"。未知孰是也。

⑱【集解】音移糜。

⑲【索隐】司马彪云:"案衍,窊下;坛曼,平博也。"衍音弋战反。

⑳【集解】郭璞曰:"巫山今在建平巫县也。"

㉑【集解】徐广曰:"葴音针,马蓝也。蒛,或曰草,生水中,华可食。荔音力诣反。草,似蒲。"骃案:《汉书音义》曰"苞,蔗也"。 【索隐】葴析。音针斯二音。孟康曰"葴,马蓝也"。郭璞曰"葴,酸浆,江东名乌葴"。析,《汉书》作"斯",孟康云"斯,禾,似燕麦"。《埤苍》又云"生水中,华可食"。《广志》云"凉州地生析草,皆如中国燕麦"是也。

㉒【集解】徐广曰:"薛音先结反。"骃案:《汉书音义》曰"薛,赖蒿也。莎,镐侯也。青薠,似莎而大也。音烦"。

㉓【索隐】其庳湿。庳音婢。庳,下也。

㉔【集解】徐广曰:"乌桓国有蔷,似蓬草,实如葵子,十月熟。"骃案:《汉书音义》曰"藏,似戴而叶大。莨,莨尾草也。蒹,薕也。葭,芦也"。 【索隐】藏莨,郭璞云"狼尾,似茅"。蒹葭音兼加。孟康云"蒹葭似芦也"。郭璞云"蒹,薕也。似萑而细小,高数尺,江东人呼为蒹蒿"。又云"葭,芦也。似苇而细小,江东人呼为乌芡"。萑音五患反。薕音敌。东蔷,案《续汉书》云"东蔷似蓬草,实如葵子,十一月熟"。《广志》云"子色青黑,河西语云'贷我东蔷,偿我白粱'也"。

㉕【索隐】雕胡。案谓菰米。

㉖【集解】徐广曰："生水中。" 【索隐】郭璞云："菰，蒋也。芦，苇也。"

㉗【集解】《汉书音义》曰："奄闾，蒿也。轩芋，莸草也。" 【索隐】郭璞云："庵闾，蒿，子可疗病也。轩芋生水中，今杨州有也。"

㉘【集解】郭璞曰："图，画也。"

㉙【正义】郭注《山海经》云："蛟，似蛇而四脚，小头细颈，有白婴，大者数十围，卵生，子如一二斛瓮，吞人。鼍，似蜥蜴而大，身有甲，皮可以冒鼓。"

㉚【正义】似觜觿，甲有文，出南海，可以饰器物也。

㉛【集解】郭璞曰："林在山北阴地。"

㉜【集解】郭璞曰："楩，杞也，似梓。楠，叶似桑，豫章，大木也，生七年乃可知也。" 【正义】案：(温)《活人》云"豫，今之枕木也。章，今之樟木也。二木生至七年，枕樟乃可分别"。

㉝【正义】郭璞云："桂，似枇杷叶而大，白花，花而不著子，藂生岩岭间，无杂木，冬夏常青。"案：今诸寺有桂树，叶若枇杷而小，光静，冬夏常青，其皮不中食，盖二色桂树。

㉞【集解】骃案：郭璞曰"木兰，树，皮辛香可食"。 【正义】《广雅》云："似桂，皮辛可食，叶冬夏荣，常以冬华，其实如小(甘)柿，辛美，南人以为梅也。"

㉟【集解】徐广曰："蘖音扶戾反。"《汉书音义》曰："离，山梨。朱杨，赤杨也。" 【索隐】朱杨，郭璞云"赤茎柳，生水边"，《尔雅》云柽河柳是也。

㊱【集解】徐广曰："梬音郢。"骃案：《汉书音义》曰"梬，梬枣也"。

㊲【正义】小曰橘，大曰柚。树有刺，冬不凋，叶青，花白，子黄赤。二树相似，非橙也。

㊳【集解】徐广曰："音劬柔。" 【正义】玃音劬，猱音柔，皆猿猴类。

㊴【集解】郭璞曰："鹓雏，凤属也。孔，孔雀；鸾，鸾鸟也。"《汉书音义》曰："腾远，鸟名。射干，似狐，能缘木。" 【索隐】孟康云"腾远，鸟名"，非也。司马彪云："腾远，蛇也。"郭璞云："腾蛇，龙属，能兴云雾。"张揖云："射干，似狐，能缘木。"

㊵【集解】郭璞曰："蟃蜒，大兽，长百寻。貙，似狸而大。"《汉书音义》曰："豻，胡地野犬，似狐而小也。" 【索隐】郭璞云："蟃蜒，大兽，长百寻。"张揖云："貙，似狸而大。豻，胡地野犬，似狐而小，黑喙。"应劭音颜，韦昭一音岸。邹诞生音苦奸反，协音，是。

㊶【正义】兕，状如水牛。象，大兽，长鼻，牙长一丈，俗呼为江猿。犀，头似猿，

一角在额。《汉书》无此一句。

　　"'于是乃使专诸之伦,手格此兽。楚王乃驾驯驳之驷,①乘雕玉之舆,靡鱼须之桡旃,②曳明月之珠旗,③建干将之雄戟,④左乌嗥之雕弓,⑤右夏服之劲箭:⑥阳子骖乘,纤阿为御;⑦案节未舒,⑧即陵狡兽,轥邛邛,蹴距虚,⑨轶野马而辀骐骥,⑩乘遗风而射游骐;⑪儵眴凄浰,⑫雷动熛至,星流霆击,弓不虚发,中必决眦,⑬洞胸达腋,绝乎心系,获若雨兽,掩草蔽地。于是楚王乃弭节裴回,⑭翺翔容与,⑮览乎阴林,观壮士之暴怒,与猛兽之恐惧,徼㕙受诎,⑯殚睹众物之变态。

①【集解】《汉书音义》曰:"驯,扰也。驳,如马,白身,黑尾,一角,锯牙,食虎豹。扰而驾之,以当驷马也。"

②【集解】郭璞曰:"以海鱼须为旒旌,言桡弱也。通帛为旃也。"

③【集解】《汉书音义》曰:"以明月珠缀饰旗。"

④【集解】《汉书音义》曰:"干将,韩王剑师。雄戟,胡中有鐏,干将所造也。"　【索隐】应劭曰:"干将,吴善冶者姓。"如淳曰:"干将,铁所出。"晋灼曰:"阖闾铸干将剑。"应劭说是。《方言》云:"戟中小子刺者,所谓雄戟也。"周处《风土记》云:"戟为五兵雄也。"鐏音巨。案:《周礼》"冶氏为戈,胡三之"。注云"胡其子"也。又《礼图》谓"戟支曲下为胡"也。

⑤【索隐】乌号之雕弓。黄帝上仙,群臣举弓抱之而号,见《封禅书》及《郊祀志》文。《韩诗外传》云弓工之妻曰"此弓大山南乌号之柘"。按:《淮南子》云"乌号,柘桑,其材坚劲,乌栖其上,将飞,枝劲复起,号呼其上。伐取其材为弓,因曰'乌号'。"《古史考》、《风俗通》皆同此说也。

⑥【集解】徐广曰:"韦昭云夏,夏羿也。矢室名曰服。"吕静曰:"步叉谓之服也。"　【索隐】案:夏羿,善射者。又服,箭室之名,故云"夏服"。又夏后氏有良弓名"繁弱",其矢亦良,即"繁弱箭服"是也。

⑦【集解】《汉书音义》曰:"阳子,仙人陵阳子。纤阿,月御也。"韦昭曰:"阳子,古贤也。"　【索隐】服虔云:"阳子,仙人陵阳子也。"张揖云:"阳子,伯乐也。孙阳字伯乐,秦缪公臣,善御者也。"服虔云:"纤阿为月御。或曰美女姣好貌。"又乐产曰:"纤阿,山名,有女子处其岩,月历岩度,跃入月中,因名月

御也。”

⑧【索隐】郭璞曰:“言顿辔也。”司马彪云“案辔徐行得节,故曰案节,马足未展,故曰未舒之也”,亦(曰未)〔为〕得也。

⑨【集解】郭璞曰:“邛邛,似马而色青。距虚即邛邛,变文互言之。《穆天子传》曰‘邛邛距虚,日走五百里’也。”

⑩【集解】徐广曰:“辖音锐。”骃案:郭璞曰“野马,如马而小。骃骋,似马。辖,车轴头”。　【索隐】辖骃骋。上音卫。辖,车轴头也。谓车轴冲杀之。骃骋,野马。

⑪【集解】《汉书音义》曰:“遗风,千里马。《尔雅》曰驔,如马,一角。不角者,骐也。”　【索隐】《吕氏春秋》云:“遗风之乘。”《古今注》云:“秦始皇马名。”韦昭云:“驔如马,一角。”《尔雅》云:“驔无角曰骐。”非麒麟之骐。驔音携。

⑫【集解】徐广曰:“凄音七见反。浰音力诣反。”骃案:《汉书音义》曰“皆疾貌”。

⑬【集解】韦昭曰:“在目所指,中必决于眼眦也。”

⑭【集解】郭璞曰:“或云节,今之所杖信节也。”　【索隐】司马彪云:“弭犹低也。或云节,今之所言杖(节)信〔节〕也。”

⑮【索隐】郭璞曰:“言自得。”

⑯【集解】徐广曰:“忛音剧。”骃案:郭璞曰“忛,疲极也。诎,尽也。言兽有倦游者,则徼而取之”。　【索隐】徼忛受诎。司马彪云:“徼,遮也。忛,倦也。谓遮其倦者。”忛音剧。诎音屈。《说文》云:“忛,劳也。燕人谓劳为忛。”徼音古尧反。

　　“‘于是郑女曼姬,①被阿锡,②揄纻缟,③杂纤罗,垂雾縠;④襞积褰绉,纡徐委曲,郁桡谿谷;⑤衯衯裶裶,⑥扬袘恤削,⑦蜚纤垂髾;⑧扶与猗靡,⑨噏呷萃蔡,⑩下摩兰蕙,上拂羽盖,错翡翠之威蕤,⑪缪绕玉绥;⑫缥乎忽忽,若神仙之仿佛。⑬

①【集解】郭璞曰:“曼姬谓邓曼。姬,妇人之总称。”　【正义】文颖云:“邓国出好女。曼者,其色理曼泽也。”如淳云:“郑女,夏姬也。曼姬,楚武王夫人邓曼。”

②【集解】《汉书音义》曰:“阿,细缯也。锡,布也。”　【正义】按:东阿出缯也。

③【集解】徐广曰:“揄音臾。”　【正义】揄,曳也。韦昭云:“纻之色若缟也。”颜

云：“纴，织纴也。缟，鲜支也。”

④【集解】郭璞曰：“言细如雾，垂以覆头。”

⑤【集解】《汉书音义》曰：“襞积，简蜡也。褰，缩也。绉，栽也。其绉中文理，蒹郁迟曲，有似于豀谷也。”　【索隐】小颜云：“襞积，今之裙褶，古谓之素积。”苏林曰“褰绉，缩蘖之”是也。绉音侧救反。蜡音叉革反。栽音在代反。郁桡豀谷，孟康曰“其绉中文理，蒹郁迟曲，有似于豀谷也”。迟，《字林》音丘亦反。

⑥【索隐】郭璞云：“衣长貌。”　【正义】上芳云反，下方非反。

⑦【集解】徐广曰：“袘音迤，衣袖也。”骃案：《汉书音义》曰“恤削，裁制貌也”。　【索隐】扬袘戌削。张晏曰：“扬，举也。袘，衣袖也。戌削，裁制貌也。”

⑧【集解】徐广曰：“纤音芰。”骃案：郭璞云“纤，袿衣饰；髾，髻髾也”。

⑨【集解】郭璞曰：“《淮南》所谓‘曾折摩地，扶与猗委’也。”　【正义】舆音馀。猗，于绮反。谓郑女曼姬侍从王者，扶其车舆而猗靡。

⑩【集解】《汉书音义》曰：“嚼呷，衣裳张起也。萃蔡，衣声也。”　【索隐】孟康曰：“嚼呷，衣起张也。”韦昭云：“呷音呼甲反。”萃桑，孟康云“萃桑，衣声也”。郭璞“萃桑犹璀璨也”。　【正义】呷，火甲反。萃音翠。蔡，千贿反。

⑪【集解】徐广曰：“错音措。或作‘错粉翠蕤’。”

⑫【集解】郭璞曰：“绥，所执以登车。”　【正义】颜云：“下摩兰蕙，谓垂髾也。上拂羽盖，谓飞襳也。玉绥，以玉饰绥也。”言飞襳垂髾，错杂翡翠之旌幡，或绕玉绥也。张揖云：“翡翠大小一如雀，雄赤曰翡，雌青曰翠。”《博物志》云：“翡身通黑，唯胸前背上翼后有赤毛。翠身通青黄，唯六翮上毛长寸馀青。其飞则羽鸣翠翡翠翡然，因以为名也。”

⑬【正义】仿佛，言似神仙也。《战国策》云：“郑之美女粉白黛黑而立于衢，不知者谓之神仙。”

　　“‘于是乃相与獠于蕙圃，①嫯珊勃窣②上金堤，掩翡翠，射骏鸃，③微矰出，纤缴施，④弋白鹄，连驾鹅，⑤双鸧下，玄鹤加。⑥怠而后发，游于清池；浮文鹢，⑦扬桂枻，⑧张翠帷，建羽盖，罔瑇瑁，钓紫贝；⑨摐金鼓，吹鸣籁，⑩榜人歌，⑪声流喝，⑫水虫骇，波鸿沸，涌泉起，奔扬会，礧石相击，硠硠礚礚，若雷霆之声，闻乎数百里之外。

①【集解】郭璞曰：“獠，猎也。音辽。”　【索隐】《尔雅》云：“宵猎曰獠。”郭璞

曰："獠,猎也。又音辽也。"

② 【索隐】婴狮勃猝。韦昭曰："盘狮,匍匐上下也。"猝音素忽反。

③ 【集解】《汉书音义》曰："鵔鸃,鸟,似凤也。" 【索隐】司马彪云："鵔鸃,山鸡也。"许慎云："鷩鸟也。"郭璞曰："似凤,有光彩。音浚宜。"李彤云："鵔鸃,神鸟,飞光竟天也。"

④ 【集解】徐广曰："缴音斫。"

⑤ 【集解】郭璞曰："野鹅也。驾音加。" 【索隐】驾鹅。《尔雅》云："舒雁,鹅也。"郭璞曰："野鹅也。" 【正义】鹔,水鸟也。驾鹅连谓兼护也。《抱朴子》云："千岁之鹅纯白,能登于木。"

⑥ 【集解】郭璞曰："《诗》云'弋言加之'是也。" 【正义】司马彪云："鸧似雁而黑,亦呼为鸧括。《韩诗外传》云胎生也。"《相鹤经》云："鹤寿二百六十岁则色纯黑。"案:弋双鸧既下,又加玄鹤之上也。

⑦ 【集解】《汉书音义》曰："鹢,水鸟也。画其象于船首。《淮南子》曰'龙舟鹢首,天子之乘也'。"

⑧ 【集解】徐广曰："音曳。"骃案:韦昭曰"枻,楫也"。

⑨ 【集解】郭璞曰："紫质黑文也。" 【正义】《毛诗虫鱼疏》云："贝,水之介虫。大者魧,音下郎反。小者为贝,其白质如玉,紫点为文,皆成行列。当大者径一尺,小者七八寸。今九真、交趾以为杯盘实物也。"《货殖传》云"贝宝龟"是也。

⑩ 【集解】《汉书音义》曰："挠,撞也。籁,箫也。"

⑪ 【集解】郭璞曰："唱棹歌也。榜,船也,音谤。"

⑫ 【集解】徐广曰："乌迈反。"

　　"'将息獠者,击灵鼓,①起烽燧,车案行,骑就队,纚乎淫淫,班乎裔裔。②于是楚王乃登阳云之台,③泊乎无为,澹乎自持,勺药之和具而后御之。④不若大王终日驰骋而不下舆,朌割轮淬,自以为娱。⑤臣窃观之,齐殆不如。'于是王默然无以应仆也。"

① 【集解】郭璞曰："灵鼓,六面也。"

② 【集解】郭璞曰："皆群行貌也。"

③ 【集解】徐广曰："宋玉云楚王游于阳云之台。"骃案:郭璞曰"在云梦之中"。

④ 【集解】郭璞曰："勺药,五味也。"

⑤【集解】徐广曰:"淬,千内反。"骃案:郭璞曰"胳,膊;淬,染也。胳音脔也"。

　　乌有先生曰:"是何言之过也!足下不远千里,来况齐国,①王悉发境内之士,而备车骑之众,以出田,乃欲戮力致获,以娱左右也,何名为夸哉!问楚地之有无者,愿闻大国之风烈,先生之馀论也。今足下不称楚王之德厚,而盛推云梦以为高,奢言淫乐而显侈靡,窃为足下不取也。必若所言,固非楚国之美也。有而言之,是章君之恶;无而言之,是害足下之信。章君之恶而伤私义,二者无一可,而先生行之,必且轻于齐而累于楚矣。且齐东陼巨海,②南有琅邪,③观乎成山,④射乎之罘,⑤浮勃澥,⑥游孟诸,⑦邪与肃慎为邻,⑧右以汤谷为界,⑨秋田乎青丘,⑩傍偟乎海外,吞若云梦者八九,其于胸中曾不蒂芥。⑪若乃俶傥瑰伟,异方殊类,珍怪鸟兽,万端鳞萃,充仞其中者,不可胜记,禹不能名,契不能计。⑫然在诸侯之位,不敢言游戏之乐,苑囿之大;先生⑬又见客,⑭是以王辞而不复,⑮何为无用应哉!"

①【集解】郭璞曰:"言有惠况也。"

②【索隐】陼,苏林音渚,小洲曰陼。谓东有大海之陼也。

③【集解】郭璞曰:"山名,在琅邪县界。"【正义】山名,在密州东南百三十里。琅邪台在山上。

④【集解】徐广曰:"在东莱不夜县。"【索隐】张揖云:"观,阙也。于山上筑宫阙。"郭璞云:"言在山下游观,音馆也。"【正义】《封禅书》云"成山斗入海",言上山观也。《括地志》云:"成山在莱州文登县东北百八十里也。"

⑤【集解】《汉书音义》曰:"之罘山在牟平县。射猎其上也。"【正义】《括地志》云:"罘山在莱州文登县西北百九十里。"言射猎其上也。罘音浮。

⑥【集解】《汉书音义》曰:"海别枝名也。"【索隐】案:《齐都赋》云"海傍曰勃,断水曰澥"也。

⑦【集解】郭璞曰:"宋之薮泽名。"【正义】《周礼·职方氏》"青州薮曰望诸",郑玄云"望诸,孟潴也"。

⑧【正义】邪谓东北接之。《括地志》云:"靺鞨国,古肃慎也,亦曰挹娄,在京东北八千四百里,南去扶馀千五百里,东及北各抵大海也。"

⑨【正义】言右者,北向天子也。《海外经》云:"汤谷在黑齿北,上有扶桑木,水中十日所浴。"张揖云:"日所出也。"许慎云:"热如汤。"

⑩【集解】郭璞曰:"青丘,山名。亦有田,出九尾狐,在海外矣。"【索隐】郭璞云:"山名。出九尾狐也。"【正义】服虔云:"青丘国在海东三百里。"郭璞云:"青丘,山名。上有田,亦有国,出九尾狐,在海外。"

⑪【索隐】张揖曰:"刺鲠也。"郭璞云:"言不觉有也。"

⑫【正义】禹为尧司空,辨九州土地山川草木禽兽。契为司徒,敷五教,主四方会计。言二人犹不能名计其数。

⑬【索隐】指子虚也。

⑭【索隐】如淳曰:"见宾客礼待故也。"李善曰:"言见先生是(宾)客(之)也。"

⑮【索隐】郭璞曰:"复,答也。"

　　无是公听然而笑①曰:"楚则失矣,齐亦未为得也。夫使诸侯纳贡者,非为财币,所以述职也;②封疆画界者,非为守御,所以禁淫也。③今齐列为东藩,而外私肃慎,捐国逾限,越海而田,其于义故未可也。且二君之论,不务明君臣之义而正诸侯之礼,徒事争游猎之乐,苑囿之大,欲以奢侈相胜,荒淫相越,此不可以扬名发誉,而适足以贬君自损也。且夫齐楚之事又焉足道邪!君未睹夫巨丽也,独不闻天子之上林乎?

①【集解】郭璞曰:"听,笑貌也。"【索隐】《说文》云:"听,笑皃。"
②【集解】郭璞曰:"诸侯朝于天子曰述职,言述所职。见《孟子》。"
③【集解】郭璞曰:"禁绝淫放也。"

　　"左苍梧,右西极,①丹水更其南,②紫渊径其北;③终始霸浐,出入泾渭;④酆鄗⑤潦潏,⑥纡馀委蛇,经营乎其内。荡荡兮八川分流,相背而异态。⑦东西南北,驰骛往来,出乎椒丘之阙,行乎洲淤之浦,⑧径乎桂林之中,⑨过乎泱莽之野。⑩汨乎浑流,顺阿而下,⑪赴隘陕之口。触穹石,激堆埼,⑫沸乎暴怒,汹涌澎湃,⑬滭浡滵汩,⑭湢测泌瀄,⑮横流逆折,转腾潎洌,⑯澎濞沆瀣,⑰穹隆云挠,⑱蜿灗胶戾,⑲逾波趋浥,⑳莅莅下濑,㉑批壧冲壅,㉒奔扬滞沛，㉓临坻注壑，㉔瀺灂㉕霣坠，㉖湛湛㉗隐隐，砰磅訇礚，㉘潏潏淈淈，湁潗鼎沸，㉙驰波跳沫，㉚汩漶漂疾，㉛悠远长怀，㉜寂漻无声，肆乎永归。然后灝溔潢漾，㉝安翔徐徊，翯乎滈滈，㉞东注大湖，㉟衍溢陂池。于是乎蛟龙赤螭，㊱𩷁鳣鰬䱹，㊲鰅鳙鰬魠，㊳禺禺鱋魶，㊴揵鳍㊵擢尾，振鳞奋翼，潜处于深岩；鱼鳖欢声，万物众夥，明月珠子，玓瓅江靡，㊶蜀石黄碝，㊷水玉磊砢，㊸磷磷烂烂，采色澔旰，丛积乎其中。鸿鹄鹔鸨，鴐鹅鸀鳿，㊹鵁鸬㊺䴋目，㊻烦鹜鷛渠，㊼箴疵鵁鸬，㊽群浮乎其上。汎淫泛滥，㊾随风澹淡，与波摇荡，掩薄草渚，㊿唼喋51青藻，52咀嚼菱藕。

①【集解】郭璞曰："西极，邠国也。见《尔雅》。"【正义】文颖云："苍梧郡属交州，在长安东南，故言左。《尔雅》云西至于豳国为极。在长安西，故言右。"

②【集解】《汉书音义》曰："丹水出上洛冢领山。"

③【集解】郭璞曰："紫渊所未详。"【正义】《山海经》云："紫渊水出根耆之山，西流注河。"文颖云："西河穀罗县有紫泽，（其水紫色注亦紫）在县北，于长安为北。"

④【索隐】张揖云："灞出蓝田西北而入渭。"浐亦出蓝田谷，北至霸陵入灞。灞浐二水尽于苑中不出，故云终始也。泾渭二水从苑外来，又出苑去也。泾水出安定泾阳县开头山，东至阳陵入渭。渭水出陇西首阳县鸟鼠同穴山，东北至华阴入河。"

⑤【索隐】丰镐。张揖云："丰水出鄠县南山丰谷，北入渭。镐在昆明池北。"郭璞云："镐水，丰水下流也。"

⑥【集解】郭璞曰："皆水流貌，音决。"【索隐】应劭云："潦，流也。潏，涌出声也。"张揖云："又有潏水，出南山。"姚氏云："潦，或作'涝'也。涝水出鄠县，北注渭。潏水出杜陵，今名沈水，自南山皇子陂西北流注昆明池入渭。"案：此下文"八川分流"，则从泾、渭、灞、浐、丰、镐、潦、潏为八。晋灼曰："从丹水下则有九，从灞以下则七。"案：今潏既是水名，除丹紫二川，自泾渭以下适足八川，是经营乎其内也。又潘岳《关中记》曰"泾、渭、灞、浐、丰、镐、涝、潏，《上林赋》所谓'八川分流'。"

⑦【集解】郭璞曰："八川名在上。"

⑧【集解】郭璞曰："椒丘，丘名，言有岩阙也，见《楚辞》。淤亦洲名，蜀人云，见

《方言》。”【索隐】服虔云：“丘名，《楚词》曰‘驰椒丘且焉止息’也。”案：两
　山俱起，象双阙。如淳云“丘多椒也”。

⑨【集解】郭璞曰：“桂林，林名也，见《南海经》也。”

⑩【集解】《汉书音义》曰：“《山海经》所谓大荒之野。”

⑪【集解】郭璞曰：“阿，大陵。”

⑫【集解】郭璞曰：“穹隆，大石貌。堆，沙堆。埼，曲岸头，音祁。”【索隐】郭
　璞曰：“堆，沙堆；埼，曲岸头也。”

⑬【集解】汹音许勇反。涌音勇。滂音浦横反。溃音浦拜反。　【索隐】汹涌
　澎湃。司马彪云：“汹涌，跳起貌。澎湃，相戾也。”涌，或作“容”。澎，或作
　“滂”。

⑭【索隐】司马彪云：“泙沸，盛貌。滭㳽，去疾也。”　【正义】毕渤密三音。㳽，
　于笔反。

⑮【集解】郭璞曰：“逼侧笔柿四音。”　【索隐】司马彪云：“湢测，相迫也。泌
　㳻，相楔也。”郭璞云：“逼侧笔柿四音。”

⑯【索隐】苏林曰：“流轻疾也。”

⑰【索隐】滂濞沆溉。溉，亦作“溠”。司马彪云：“滂濞，水流声也。沆溉，徐
　流。”郭璞云：“鼓怒郁鲠之㒵也。”　【正义】澎，普彭反。濞，普秘反。沆，胡
　朗反。溉，胡代反。

⑱【索隐】穹崇云桡。服虔云：“水旋还作泉也。”郭璞云：“水陇起回㿜也。”

⑲【索隐】司马彪云：“蜿灗，展转也。胶戾，邪屈也。”音婉善交戾四音也。
　【正义】蜿音婉。灗音善。

⑳【集解】徐广曰：“乌狭反。”　【索隐】隃波趋浥。司马彪云：“隃波，后陵前
　也。趋浥，输于深泉也。”浥音焉浃反。

㉑【索隐】司马彪云：“荔荔，水声也。”音利。

㉒【正义】批，白结反。壤，岩。司马彪云：“批，反击也。壅，曲隈也。”

㉓【索隐】滞沛，郭璞云“水洒散㒵”。滞音丑制反。

㉔【正义】坻音迟。坻，水中沙微起出水者也。《尔雅》云“小沚曰坻”。墼，
　墟也。

㉕【索隐】上音士湛反，下音士卓反。《说文》云“水小声也。”

㉖【正义】蕢音陨，隧，直类反。

㉗【集解】徐广曰：“湛音沈。”

㉘【正义】砰,披萌反。磅,蒲黄反。訇,呼宏反。磕,苦盖反。皆水流鼓怒之
　　声也。

㉙【集解】郭璞曰:"潏音敕立反。濞音绯。"　【索隐】潏濞潏濞。郭璞云,皆水
　　微转细涌貌。潏濞音决骨。潏音敕力反。濞音绯。《广雅》云"濞濞,决流
　　也"。周成《杂字》云"潏濞,水沸之皃也"。

㉚【集解】徐广曰:"一云'吸呷'。"

㉛【索隐】㳌,晋灼曰"华给反",郭璞云"许立反"。汩㳌,急转皃也。

㉜【正义】放散貌也。

㉝【正义】晃养二音。郭云"皆水无涯际也"。

㉞【索隐】矞音鹤。淲音镐。《诗》曰"白鸟矞矞"。郭璞云"水白光皃"。矞音
　　晶,淲音昊也。

㉟【正义】太湖在苏州西南。

㊱【索隐】文颖曰:"龙子曰螭。"张揖云:"雌龙也。"　【正义】螭,丑知反。文颖
　　云"龙子为螭",张揖曰"雌龙也",二说皆非。《广雅》云:"有角曰虬,无角曰
　　螭。"案:虬螭皆龙类而非龙。

㊲【集解】徐广曰:"蝛音渐。"骃案:郭璞曰"鳡鳝,鲔也。"音亘鄫。蝛离未闻。
　　【正义】鳡,古邓反。鳝,末邓反。李奇云:"周洛曰鲔,蜀曰鳡鳝。出巩山穴
　　中,三月溯河上,能度龙门之限,则为龙矣。"

㊳【集解】徐广曰:"鰅音娱匈反。皮有文,出乐浪。鳢音虔。鮀音托,哆口鱼。"
　　骃案:郭璞曰"鳙似鲢而黑"。《汉书音义》曰"鳢似鲤而大"也。

㊴【集解】徐广曰:"禺禺,鱼牛也。鲢,一作'鮥',音稠。魶音纳,一作'鰯'。"
　　骃案:《汉书音义》曰"鮥,比目鱼也。魶,鲵鱼"。

㊵【正义】捷音乾,鳍音祁。捷,举也。鳍者,鱼背上鬣也。

㊶【集解】郭璞曰:"靡,崖也。"　【索隐】旳皪江靡。应劭曰:"靡,边也。明月
　　珠子生于江中,其光耀乃照于江边。"张揖曰:"靡,涯也。"郭璞曰:"旳皪,
　　照也。"

㊷【集解】郭璞曰:"硬石黄色也。"

㊸【集解】郭璞曰:"水玉,水精也。"

㊹【集解】郭璞曰:"鹔,鹔霜。鸀鳿,似鸭而大,长颈赤目,紫绀色也。"　【索
　　隐】鸀音保。郭璞云:"鸀似雁,无后指。"《毛诗鸟兽疏》云:"鸀似雁而虎文
　　也。"　【正义】鸀鳿,烛玉二音。郭云:"似鸭而大,长颈赤目,紫绀色。辟水

毒,生子在深谷涧中。若时有雨,鸣。雌者生子,善斗。江东呼为烛玉。"

㊺【正义】郭云:"鸡鵙似鬼而脚高,有毛冠,辟火灾。"

㊻【集解】徐广曰:"鹮音环。" 【索隐】鹮目。郭璞云未详。小颜云:"荆郢间有水鸟,大如鹭而短尾,其色红白,深目,目旁毛长而旋,此其旋目乎?"鹮音旋。

㊼【集解】徐广曰:"烦鹜,一作'番鹜'。鹞音容。"骃案:《汉书音义》曰"烦鹜,凫也。鹞鹝似鹜,灰色而鸡足"。 【索隐】烦鹜鹞渠。郭璞云:"烦鹜,鸭属。鹞渠,一名章渠也。"

㊽【集解】徐广曰:"鳛音斟。水鸟也。鸱音斯。鸡音火交反。"骃案:《汉书音义》曰"鳛鸱,苍黑色"。郭璞曰"鸡,鱼鸡也,脚近尾。鸱,鸱鹕也"。 【索隐】蔵鸱。张揖云"蔵鸱似鱼虎而苍黑"。邹诞本作"鸥鸱"也。

㊾【索隐】郭璞曰:"皆鸟任风波自纵漂凫。"泛音冯。泛音芳剑反。《广雅》云:"汎汎,泛泛,浮也。"

㊿【索隐】张揖云:"掩,覆也。草丛生曰薄也。" 【正义】掩,覆也。薄,依也。言或依草渚而游戏也。

(51)【正义】唼,疏甲反。喋,丈甲反。鸟食之声也。

(52)【集解】郭璞云:"菁,水草。《吕氏春秋》曰'太湖之菁'也。" 【索隐】郭璞曰:"菁,水草;藻,聚也。《吕氏春秋》曰'太湖之菁'。《左传》云'蘋蘩蕴藻'。蕴即聚。"

"于是乎崇山龙嵸,崔巍嵯峨,① 深林钜木,崭岩参嵳,② 九嵕、巀嶭、南山峨峨,③ 岩陀④ 甗锜,⑤ 摧崣崛崎,振谿通谷,⑥ 蹇产沟渎,⑦ 谽呀豁閜,⑧ 阜陵别岛,⑨ 崴磈嵔瘣,⑩ 丘虚崛嵂,⑪ 隐辚郁㠑,⑫ 登降施靡,⑬ 陂池貏豸,⑭ 沇溶淫鬻,⑮ 散涣夷陆,⑯ 亭皋千里,靡不被筑。掩以绿蕙,⑱ 被以江离,糅以蘪芜,⑲ 杂以流夷。⑳ 尃结缕,㉑ 欑戾莎,㉒ 揭车衡兰,稿本射干,㉓ 茈姜㉔ 襄荷,㉕ 蔵橙若荪,㉖ 鲜枝黄砾,㉗ 蒋芋青𬞟,㉘ 布濩闳泽,延曼太原,丽靡广衍,应风披靡,吐芳扬烈,㉙ 郁郁斐斐,众香发越,肸蚃布写,晻暧苾勃。㉚

① 【正义】龙,力孔反。嵸,子孔反。崔,在回反。巍,五回反。郭云:"皆峻貌。"

②【正义】嶃音咸,又仕衔反。嵾音楚林反。嵯楚宜反。颜云:"嶃岩,尖锐貌。嵾嵯,不齐也。"

③【集解】《汉书音义》曰:"九嵏山在左冯翊谷口县西。嶻薜山在池阳县北。"【正义】嵏,子公反。嶻,才切反。薜,五结反。

④【集解】音迟。

⑤【集解】郭璞曰:"陁,崖际。巘音鱼晚反。锜音蚁。摧音作罪反。"【索隐】摧婴崛崎,郭璞云:"皆崇屈嵫折皃。摧音作罪反。婴音委。崛音掘。崎音倚。"

⑥【索隐】张揖云:"振,拔也。水注川曰溪,注溪曰谷。"郭璞曰:"振犹洒也。"

⑦【集解】《汉书音义》曰:"寋产,屈折也。"

⑧【集解】郭璞曰:"皆涧谷之形容也。谽音呼含反。呀音呼加反。豁音呼下反。"【索隐】谽呀豁閜。司马彪云:"谽呀,大皃。豁閜,空也。"

⑨【正义】高平曰陆,大陆曰阜,大阜曰陵,水中山曰岛。

⑩【正义】巍,于鬼反。魂,鱼鬼反。崴,乌罪反。瘣,胡罪反。皆高峻貌。

⑪【正义】虚音墟。崫,口忽反,又口罪反。礨,力罪反。皆堆垒不平貌。

⑫【正义】崵音律。郭云:"皆其形势也。"

⑬【正义】郭云:"施靡犹连延。"

⑭【集解】郭璞曰:"犅音衣被。豸音虫豸也。"【索隐】郭璞曰:"陂池,旁颓皃。陂音皮。犅音'衣被'之'被'。"

⑮【索隐】郭璞:"游激淖衍皃。"【正义】溶音容。灟音育。张云:"水流谿谷之间。"

⑯【索隐】司马彪曰:"平地。"

⑰【集解】郭璞曰:"言为亭候于皋隰,皆筑地令平,贾山所谓'隐以金椎'也。"

⑱【正义】张云:"绿,王芻也。蕙,薰草也。"颜云:"绿蕙,言蕙草色绿耳,非王芻也。"《尔雅》云菉一名王芻。

⑲【正义】糅,女又反。

⑳【集解】《汉书音义》曰:"流夷,新夷也。"

㉑【集解】徐广曰:"尃,古'布'字,一作'布'。"骃案:《汉书音义》曰"结缕似白茅,蔓联而生,布种之者"。

㉒【集解】徐广曰:"草,可染紫。"

㉓【集解】徐广曰:"揭音桀。"骃案:郭璞曰"揭车,一名乞舆。稿本,稿芨;射

干,十月生:皆香草”。　【索隐】稿本,按桐君《药录》云“苗似穹穷也”。

㉔【索隐】张揖云:“子姜也。”案:《四人月令》云“生姜谓之茈姜,音紫”。

㉕【正义】蘘,人羊反。柯根旁生笋,若芙蓉,可以为菹,又治蛊毒也。

㉖【集解】郭璞曰:“箴,未详。橙,柚。若荪,香草也。”　【索隐】张揖云:“箴,持阙。”郭璞云:“橙,柚也。”姚氏以为此前后皆草,非橙也。小颜云:“箴,寒浆也。持当为‘符’,符,鬼目也。”案:今读者亦呼为登,谓金登草也。张揖云:“荪,香草。”姚氏云:“荪草似昌蒲而无脊也,生溪涧中。荪音孙。”

㉗【集解】郭璞曰:“皆未详。”　【索隐】鲜支黄砾。张揖云:“皆草也,未详。”司马彪云:“鲜支,支子,或云鲜支亦香草也。”小颜云“黄砾,黄屑木”,恐非也。

㉘【集解】徐广曰:“芧音仁。”骃案:《汉书音义》曰“蒋,菰也。芧,三棱”。　【索隐】蒋,菰也。郭璞芧音仁。又云三棱芧。蘋音烦。

㉙【集解】郭璞曰:“香酷烈也。”

㉚【正义】晻暧,奄爱二音。皆芳香之盛也。《诗》云“苾苾芬芬”,气也。

　　“于是乎周览泛观,瞋盼轧沕,①芒芒恍忽,视之无端,察之无崖。日出东沼,入于西陂。②其南则隆冬生长,踊水跃波;兽则墉旄獏犛,③沈牛麈麋,④赤首圜题,⑤穷奇象犀。⑥其北则盛夏含冻裂地,涉冰揭河;⑦兽则麒麟⑧角𬸚,⑨騊駼橐驼,蛩蛩驒騱,駃騠驴骡。⑩

①【集解】徐广曰:“瞋音丑人反。盼,一作‘缗’。”骃案:郭璞曰“皆不可分貌”。

②【索隐】张揖云:“日朝出苑之东池,暮入于苑西陂中也。”

③【集解】徐广曰:“墉音容,兽类也。旄音狸,一音茅。”骃案:郭璞曰“旄,旄牛。獏似熊,庳脚锐头。犛牛,黑色,出西南徼外也”。　【索隐】郭璞云:“墉,墉牛,领有肉堆,音容。”案:今之犁牛也。张揖云“旄,旄牛,状如牛而四节生毛。獏,白豹也,似熊,庳脚锐头,骨无髓,食铜铁。音陌。犛音狸,又音茅,或以为猫牛。犛牛黑色,出西南徼外,毛可为拂是也。”

④【集解】《汉书音义》曰:“沈牛,水牛也。”　【正义】麈似鹿而大。案:麋似水牛。

⑤【集解】郭璞曰:“题,额也,所未详。”

⑥【集解】《汉书音义》曰:“穷奇状如牛而猬毛,其音如嗥狗,食人也。”　【索隐】张揖云:“穷奇状如牛而猬毛,其音如嗥狗,食人。”郭璞云:“象,大兽,长

鼻,牙长一丈。犀,头似猪,庳脚,一角在头也。"

⑦【集解】郭璞曰:"言水漫冻不解,地圻裂也。揭,褰衣。"

⑧【索隐】张揖曰:"雄曰麒,雌曰麟。其状麋身,牛尾,狼蹄,一角。"郭璞云:"麒似麟而无解。"《毛诗疏》云:"麟黄色,角端有肉。"京房《传》云:"有五采,腹下黄色也。"

⑨【集解】郭璞曰:"角䚡,音端,似猪,角在鼻上,堪作弓。李陵尝以此弓十张遗苏武也。"【索隐】张揖云:"音端。角䚡似牛。"郭璞云:"似猪,角在鼻上。《毛诗疏》云可以为弓。李陵曾以此弓遗苏武。"

⑩【正义】騊駼,桃徒二音。橐音托。驼,徒河反。蛩音其恭反。驒骡,颠奚二音。驶骡音决啼。

　　"于是乎离宫别馆,弥山跨谷,①高廊四注,重坐曲阁,②华榱璧珰,③辇道绵属,步橺周流,长途中宿。④夷嵕筑堂,累台增成,岩突洞房,⑤俯杳眇而无见,仰攀橑而扪天,奔星更于闺闼,宛虹拖于楯轩。⑥青虬蚴蟉于东箱,⑦象舆婉蝉于西清,⑧灵圉⑨燕于闲观,偓佺⑩之伦暴于南荣,⑪醴泉涌于清室,通川过乎中庭。磐石裖崖,⑫嶔岩倚倾,嵯峨礁磼,⑬刻削峥嵘,⑭玫瑰碧琳,珊瑚丛生,⑮瑉玉旁唐,⑯瑉煸文鳞,⑰赤瑕驳荦,⑱杂臿其间,⑲垂绥琬琰,和氏出焉。⑳

①【正义】弥,满也。跨犹骑也。言宫馆满山,又跨谿谷也。

②【集解】郭璞曰:"重坐,重轩也。曲阁,阁道曲也。"

③【索隐】韦昭曰:"裁玉为璧,以当榱头。"司马彪曰:"以璧为瓦当。"

④【集解】郭璞曰:"途,楼阁间陛道。中宿言长远也。"

⑤【集解】郭璞曰:"嵕,山名。平之以安堂其上。成亦重也。《周礼》曰'为坛三成'。在岩穴底为室,潜通台上者。"【索隐】服虔云:"平此山以为堂。"如淳云:"嵕,山名也。"张揖云:"重累而成之,故曰增成。《礼》曰'为坛三成'也。"郭璞曰:"言在岩突底为室,潜通台上。"突音一吊反,《释名》以为突,幽也。《楚辞》云"冬有突厦夏屋寒",王逸以为复室也。

⑥【集解】徐广曰:"楯音食尹反。"【正义】拖音徒我反。颜云:"宛虹,屈曲之虹。拖谓中加于上也。楯,轩之阑板也。言室宇之高,故星虹得经加之。"

⑦【正义】蚴,一纠反。蟉,力纠反。

⑧【集解】《汉书音义》曰:"山出象舆,瑞应车也。"郭璞曰:"西清,西箱清净地也。"【正义】婉蝉,宛善二音。颜云:"蚴蟉婉蝉,皆行动之貌也。"

⑨【集解】郭璞曰:"灵圉,淳圉,仙人名也。"【索隐】张揖云:"众仙号。"《淮南子》云"骑飞龙,从淳圉",许慎曰"淳圉,仙人也。"

⑩【集解】《汉书音义》曰:"偓佺,仙人名也。"【索隐】韦昭曰:"古仙人,姓偓。"《列仙传》云:"槐里采药父也,食松,形体生毛数寸,方眼,能行追走马也。"

⑪【索隐】应劭云"屋檐两头如翼也"。故郑玄云"荣,屋翼也"。《七诱》云"飞荣似鸟舒翼"是也。暴,偃卧日中也。

⑫【集解】徐广曰:"裖音振。"【索隐】盘石裖崖。如淳曰:"裖音振,盛多也。"李奇曰:"裖,整也,整顿池外之崖,音之忍反也。"

⑬【集解】徐广曰:"峨,一作'池'。磜音杂。磜音五合反。"【索隐】磜磜,《埤苍》云"高皃也"。上士劫反,下鱼揖反。又《字林》音磜,才币反。磜,五币反。

⑭【正义】郭云:"言自然若雕刻也。"

⑮【正义】郭云:"珊瑚生水底石边,大者树高三尺馀,枝格交错,无有叶。"

⑯【索隐】郭璞云:"旁唐言盘薄。"

⑰【集解】徐广曰:"璘音彬。蝙音班。"

⑱【索隐】赤瑕驳荦。《说文》云:"瑕,玉之小赤色。"张揖曰:"赤玉也。"司马彪曰:"驳荦,采点也。荦音洛角反。"

⑲【集解】徐广曰:"杂,一云'插'。舀,一云'遥'。"

⑳【集解】徐广曰:"垂绥,一作'朝采'。"骃案:郭璞曰《汲冢竹书》曰'桀伐岷山,得女二人,曰琬曰琰。桀爱二女,斲其名于苕华之玉'。苕是琬,华是琰也"。

　　"于是乎卢橘夏孰,①黄甘橙楱,②枇杷橪柿,③楟奈厚朴,④梬枣⑤杨梅,⑥樱桃⑦蒲陶,⑧隐夫郁棣,楉樱荔枝,⑨罗乎后宫,列乎北园。陁丘陵,⑩下平原,扬翠叶,杌紫茎,⑪发红华,秀朱荣,煌煌扈扈,照曜钜野。沙棠栎槠,⑫华泛檗栌,⑬留落胥馀,仁频并间,⑭欀檀木兰,豫章女贞,⑮长千仞,大连抱,夸条直畅,实叶葰茂,攒立丛倚,连卷累佹,崔错癹骫,⑯阬衡闾砢,⑰垂条扶於,落英幡纚,⑱纷容萧蔘,旖旎从风,⑲浏莅苀吸,⑳盖象金石之声,㉑管籥之音。㉒柴池茈虒,㉓旋环后宫,杂遝累辑,㉔被山缘谷,循阪下隰,视之无端,究之无穷。

① 【集解】郭璞曰:"今蜀中有给客橙,似橘而非,若柚而芬香,冬夏华实相继,或如弹丸,或如拳,通岁食之,即卢橘也。" 【索隐】应劭曰:"《伊尹书》'果之美者,箕山之东,青鸟之所,有卢橘,夏孰'。"晋灼曰:"此虽赋上林,博引异方珍奇,不系于一也。"案:《广州记》云"卢橘皮厚,大小如甘,酢多,九月结实,正赤,明年二月更青黑,夏孰"。《吴录》云"建安有橘,冬月树上覆裹,明年夏色变青黑,其味甚甘美"。卢即黑是也。

② 【集解】徐广曰:"音凑,橘属。"

③ 【集解】徐广曰:"橪音而善反,果也。" 【索隐】张揖曰:"橪,橪支,香草也。"韦昭曰:"橪音汝萧反。"郭璞云:"橪支,木也。橪音烟。"徐广曰:"橪,枣也,而善反。"《说文》曰:"橪,酸小枣也。"《淮南子》云:"伐橪枣以为矜。"音勤也。

④ 【集解】徐广曰:"樗音亭,山梨。" 【索隐】张揖云:"樗柰,山梨也。"司马彪曰:"上党谓之樗柰。"《齐都赋》云"樗柰椊熟"也。厚朴,药名。

⑤ 【集解】徐广曰:"楟音弋井反。楟枣似柿。" 【索隐】上音弋井反。楟枣似柿也。

⑥ 【索隐】张揖云:"其大小似谷子而有核,其味酢。出江南。"《荆杨异物志》:"其实外肉著核,熟时正赤,味甘酸。"

⑦ 【索隐】张揖曰:"一名含桃。"《吕氏春秋》"为莺鸟所含,故曰含桃"。《尔雅》云为荆桃也。

⑧ 【集解】郭璞曰:"蒲陶似燕薁,可作酒也。"

⑨ 【集解】徐广曰:"郁,一作'薁'。楂音苔。"骃案:郭璞曰"郁,车下李也。棣,实似樱桃。楂棣似李。棣音逮。楂音沓。隐夫未闻"。 【索隐】苔遝离支。郭璞云:"苔遝似李,出蜀。"晋灼曰:"离支大如鸡子,皮粗,剥去皮,肌如鸡子中黄,其味甘多酢少。"《广异志》云:"树高五六丈,如桂树,绿叶,冬夏青茂,有华朱色。"离字或作"荔",音力致反。

⑩ 【集解】郭璞曰:"陁犹延也,音施。" 【索隐】陁丘陵。郭璞曰:"陁,延也。"

⑪【集解】郭璞曰:"机,摇也。"

⑫【集解】《汉书音义》曰:"沙棠似棠,黄华赤实,其味如李。《吕氏春秋》曰'果之美者沙棠之实'。栎,果名。楮似枰,叶冬不落也。"

⑬【集解】徐广曰:"泛,一作'枫'。"骃案:《汉书音义》曰"华,木,皮可以为索也"。　【索隐】华枫枰栌。张揖曰:"华皮可以为索。"《古今字林》云:"栌,合桦之木。枫,木,厚叶弱支,善摇。"郭璞云:"似白杨,叶圆而岐,有脂而香。犍为舍人曰'枫为树厚叶弱茎,大风则鸣,故曰枫'。"《尔雅》云一名欇。欇枰即平仲木也。栌,今黄栌木也。一云玉精,食其子得仙也。

⑭【集解】徐广曰:"频,一作'宾'。"骃案:郭璞曰"落,欀也。胥馀似并闾,并闾,棕也,皮可作索。馀未详"。　【索隐】留落胥邪。晋灼云:"留落,未详。"郭璞曰:"落,欀也,中作器索。胥邪似并闾。"司马彪云:"胥邪,树高十寻,叶在其末。"《异物志》:"实大如瓠,系在颠,若挂物。实外有皮,中有核,如胡桃。核里有肤,厚半寸,如猪膏。里有汁斗馀,清如水,味美于蜜。"孟康曰:"仁频,棕也。"张揖云:"并闾皮可为索。"姚氏云:"槟,一名棕,即仁频也。"《林邑记》云:"树叶似甘蕉。"频音宾。

⑮【集解】《汉书音义》曰:"欙檀,檀别名也。女贞,木,叶冬不落。"　【索隐】欙音谀,檀别名也。《皇览》云"孔子墓后有欙檀树"也。《荆州记》云:"宜都有乔木,丛生,名为女贞,叶冬不落。"

⑯【集解】古"委"字。

⑰【集解】徐广曰:"蓵音拔。"骃案:郭璞曰"魃音委。阿音恶可反。砢音鲁可反"。　【索隐】崔错蓵魃,郭璞云"蟠戾相摎"。《楚词》云林木。蓵音跋。魃音委。阮衡阿砢,郭璞云"揭孽倾敧皃"。

⑱【集解】郭璞曰:"扶於犹扶疏也。幡缅,偏幡也,音洒。"　【索隐】张晏云:"飞扬皃。"缅音所绮反。

⑲【索隐】张揖云:"旖旎,阿邪也。"

⑳【集解】徐广曰:"萡音栗。"　【索隐】刘萡崪歒。郭璞云:"皆林木鼓动之声。浏音留。萡如字,又音栗也。"

㉑【正义】金,钟。石,磬。

㉒【正义】《广雅》云:"象籥,长一尺,围一寸,有六孔,无底。篪谓之笛,有七孔。"《说文》云:"篪,三孔籥也。"

㉓【集解】徐广曰:"柴音差。虒音夥。"　【索隐】张揖曰:"柴池,参差也。茈

虎，不齐也。柴音差。虎音侧氏反。”

㉔【集解】徐广曰：“杂，一作‘插’。”

　　“于是玄猿素雌，蜼玃飞鼺，① 蛭蜩蠷蝚，② 螹胡縠蛫，③ 栖息乎其间；长啸哀鸣，翩幡互经，④ 夭蟜枝格，偃蹇杪颠。⑤ 于是乎踰绝梁，⑥ 腾殊榛，⑦ 捷垂条，⑧ 踔稀间，⑨ 牢落陆离，烂曼远迁。⑩

①【集解】徐广曰：“蜼音于季反。”骃案：《汉书音义》曰“蜼似猕猴，仰鼻而长尾。玃似猕猴而大。飞鼺，飞鼠也。其状如兔而鼠首，以其髯飞也”。　【索隐】张揖曰：“蜼似猕猴，印鼻而长尾。玃似猕猴而大。飞蠝，飞鼠也。其状如兔而鼠首，以其髯飞。”郭璞曰：“蠝，飞鼠也。毛紫赤色。飞且生，一名飞生。蜼音遗。蠝音诔。玄猿，猿之雄者色也。素雌，猿之雌者色也。”玃音钁。蜼似猴，尾端为两岐，天雨便以尾窒鼻两孔。郭璞云：“玃色苍黑，能攫搏人，故云玃也。”

②【集解】徐广曰：“蛭音质。”骃案：《汉书音义》曰《山海经》曰‘不咸之山有飞蛭，四翼’。郭璞曰“蠷蝚似猕猴而黄。蜩未闻’。”　【索隐】蛭蜩蠷蝚。司马彪云：“《山海经》云‘不咸之山有飞蛭，四翼’。”蜩，蝉也。蠷蝚，猕猴也。郭璞云：“蛭蜩未闻。”如淳曰：“蛭音质。”顾氏云：“蠷音涂卓反。《山海经》曰‘皋涂山下有兽，似鹿，马足人首，四角，名为蠷’。蠷猱即此也。字作‘獶’。郭璞云玃，非也。上已有蜼玃，此不应重见。又《神异经》云‘西方深山有兽，毛色如猴，能缘高木，其名曰蜩’。《字林》蠷音狄，蛭音质，蛭蜩二兽名。”

③【集解】徐广曰：“螹音在廉反，似猿，黑身。縠音呼谷反。蛫音诡。”骃案：《汉书音义》曰“縠，白狐子也”。　【索隐】螹胡縠蛫。张揖曰：“螹胡似猕猴，头上有髦，腰以后黑。”郭璞曰：“縠似鼯而大，腰以后黄，一名黄腰，食猕猴。縠，白狐子也。蛫未闻。”姚氏案：《山海经》“即山有兽，状如龟，白身赤首，其名曰蛫”。又《说文》云“螹胡黑身，白腰若带，手有长白毛，似握板也”。

④【正义】郭云：“互经，互相经过。”

⑤【正义】夭音妖。蟜音矫。杪音弭沼反。郭云：“皆猿猴在树共戏恣态也。夭蟜，频申也。”

⑥【正义】张云：“绝梁，断桥也。”郭云：“梁，厚石绝水也。”

⑦【正义】榛,仕斤反。(尔)《〔广〕雅》云“木丛生为榛”也。殊,异也。

⑧【正义】捷音才业反。张云:“捷持悬垂之条。”

⑨【集解】郭璞曰:“踔,县蹢也,托钓反。”　【索隐】踔,悬蹢也。

⑩【正义】郭云:“奔走崩腾状也。”颜云:“言其聚散不常,杂乱移徙。”

　　“若此辈者,数千百处。嬉游往来,宫宿馆舍,庖厨不徙,后宫不移,①百官备具。

①【正义】《说文》云:“庖,厨屋。”郑玄注《周礼》云:“庖之言苞也。苞裹肉曰苞苴也。”后宫,内人也。言宫馆各自有。

　　“于是乎背秋涉冬,天子校猎。乘镂象,六玉虬,①拖霓旌,②靡云旗,③前皮轩,后道游;④孙叔奉辔,卫公骖乘,⑤扈从横行,出乎四校之中。⑥鼓严簿,纵獠者,⑦江河为阹,泰山为橹,⑧车骑雷起,隐天动地,先后陆离,离散别追,淫淫裔裔,缘陵流泽,云布雨施。

①【集解】徐广曰:“以玉为饰。”骃案:郭璞曰“镂象山所出舆,言有雕镂。虬,龙属也。《韩子》曰‘黄帝驾象车六交龙’是也。”

②【正义】拖音徒可反。张云:“析毛羽,染以五采,缀以缕为旌,有似虹蜺气。”

③【正义】张云:“画熊虎于旌似云气也。”

④【集解】郭璞曰:“皮轩,革车也。或曰即《曲礼》‘产有士师,则载虎皮’者也。道,道车;游,游车:皆见《周礼》也。”

⑤【集解】《汉书音义》曰:“孙叔者,太仆公孙贺也。卫公者,卫青也。太仆御,大将军骖乘也。”　【索隐】孙叔,郑氏云太仆公孙贺。卫公,大将军卫青也。案:大驾出,太仆御,大将军骖乘也。

⑥【集解】郭璞曰:“言跋扈纵恣,不安卤簿矣。”　【索隐】晋灼曰:“扈,大也。”张揖曰:“跋扈纵横,不案卤簿也。”文颖曰:“凡五校,今言四者,一校随天子乘舆也。”

⑦【集解】《汉书音义》曰:“鼓严,严鼓也。簿,卤簿也。”骃谓鼓严于林薄之中,然后纵獠也。　【索隐】张揖曰:“鼓,严鼓也。簿,卤簿也。谓击严鼓于卤簿中也。”

⑧【集解】郭璞曰:“橹,望楼也。因山谷遮禽兽为阹,音去车反。”　【索隐】郭璞曰:“因山谷遮禽兽为阹。橹,望楼也。”

"生貔豹,①搏豺狼,②手熊罴,③足野羊,④蒙鹖苏,⑤绔白虎,⑥被豳文,⑦跨壄马。⑧陵三嵏之危,⑨下碛历之坻;⑩佂陵赴险,越壑厉水。推蜚廉,⑪弄解豸,⑫格瑕蛤,铤猛氏,⑬胃騕褭,射封豕。⑭箭不苟害,解脰陷脑;⑮弓不虚发,应声而倒。于是乎乘舆弥节裴回,翶翔往来,睨部曲之进退,览将率之变态。然后浸潭促节,⑯儵夐远去,⑰流离轻禽,蹵履狡兽,辖白鹿,捷狡兔,⑱轶赤电,遗光耀,⑲追怪物,出宇宙,⑳弯繁弱,㉑满白羽,㉒射游枭,栎蜚虡,㉓择肉后发,先中命处,弦矢分,艺殪仆。㉔

①【集解】郭璞曰:"貔,执夷,虎属也,音毗。"

②【正义】搏,击也。杜林云:"豺似狗,白色。"《说文》云:"狼爪。"

③【正义】张云:"熊,犬身人足,黑色。罴大于熊,黄白色。皆能攀沿上高树。冬至入穴而蛰,始春而出也。"

④【集解】郭璞曰:"野羊如羊,千斤。手足,谓拍蹹杀之。"

⑤【集解】徐广曰:"苏,尾也。"【索隐】孟康曰:"鹖尾也。苏,析羽也。"张揖曰:"鹖似雉,斗死不却。"案:蒙谓覆而取之。鹖以苏为奇,故特言之以成文耳。鹖音曷。《决疑注》云"鸟尾为苏"也。

⑥【集解】徐广曰:"绔音袴。"骃案:郭璞曰"绔谓绊络之"。【索隐】张揖曰:"著白虎文绔。"郭璞曰:"绔谓绊络也。"

⑦【集解】郭璞曰:"著斑衣。"【索隐】被斑文。文颖曰:"著斑文之衣。《舆服志》云'虎贲骑被虎文单衣',单衣即此斑文也。"

⑧【索隐】跨壄马。案:骃音野。跨,乘之也。

⑨【集解】《汉书音义》曰:"三嵏,三成之山。"

⑩【集解】郭璞曰:"碛历,阪名也。"【正义】坻音迟。碛历,浅水中沙石也。坻,水中高处。言猎人下此也。

⑪【集解】郭璞曰:"飞廉,龙雀也,鸟身鹿头者。"【索隐】椎蜚廉。郭璞曰:"飞廉,龙雀也,鸟身鹿头,象在平乐观。"椎音直追反。

⑫【集解】《汉书音义》曰:"解豸似鹿而一角。人君刑罚得中则生于朝廷,主触不直者。可得而弄也。"【索隐】张揖曰:"解豸似鹿而一角。人君刑罚中则生于朝,主触不直者。言今可得而弄也。"解音蟹。豸音丈姊反,又音丈介反。

⑬【集解】《汉书音义》曰："瑕蛤、猛氏皆兽名。"　【索隐】格虾蛤，铤猛氏。孟康曰："虾蛤、猛氏皆兽名。"晋灼曰："虾蛤阙。"郭璞曰："今蜀中有兽，状如熊而小，毛浅有光泽，名猛氏。"《说文》云"铤，小矛也"，音蝉。

⑭【集解】郭璞曰："要袅，神马，日行万里。两音窈袅。封豕，大猪。"

⑮【索隐】张揖云："胒，颈也。"陷音苦念反，亦依字读也。

⑯【索隐】浸潭犹渐苒也。《汉书》作"浸淫"。或作"乘舆案节"也。潭音寻。

⑰【集解】郭璞曰："夐音诩盛反。"

⑱【集解】徐广曰："辖音锐。一作'惠'也。"　【正义】辖音卫。《抱朴子》云："白鹿寿千岁，满五百岁色纯白也。"《晋征祥记》云："白鹿色若霜，不与他鹿为群。"

⑲【集解】徐广曰："超陵赤电，电光不及，言去速也。"

⑳【正义】怪物，谓游枭飞虡也。张揖云："天地四方曰宇，往古来今曰宙。"许慎云："宙，舟舆所极也。"案：许说宙是也。

㉑【正义】上乌繁反。文颖云："弯，牵也。繁弱，夏后氏良弓名。《左传》云'分鲁公以夏后之璜，封父之繁弱'。"

㉒【正义】文颖云："引弓尽箭镝为满。以白羽羽箭，故云白羽也。"

㉓【集解】郭璞曰："枭，枭羊也。似人，长唇，反踵，被发，食人。蜚虡，鹿头龙身，神兽。栎，梢也。"

㉔【集解】徐广曰："射准的曰艺。仆音赴。"

　　"然后扬节而上浮，陵惊风，历骇飙，①乘虚无，与神俱，②轥玄鹤，③乱昆鸡，遒孔鸾，促鵔鸡，拂鹥鸟，捎凤皇，④捷鸳雏，俺焦明。⑤

①【正义】飙音必遥反。《尔雅》云扶摇暴风，从下升上，故曰飙。

②【正义】张揖云："虚无寥廓，与天通灵，言其所乘气之高，故能出飞鸟之上而与神俱也。"

③【集解】徐广曰："轥音躏。"　【正义】轥音客。鹤二百六十岁则浅黑色也。

④【集解】《汉书音义》曰："遒，秦由反。鹥，乌鸡反。张云'《山海经》云九疑之山有五采之鸟，名曰鹥鸟'也。"　【正义】捎，山交反。京房《易传》云："凤皇，雁前麟后，鸡喙燕颔，蛇颈龟背，鱼尾骈翼，高丈二尺。"《东山经》云："其状如鹤，五采，而首文曰经，翼文曰顺，背文曰义，膺文曰仁，股文曰信。是

鸟自歌自舞,雄曰凤,雌曰皇。"

⑤【集解】焦明似凤。　【索隐】张揖曰:"焦明似凤,西方鸟。"《乐叶图徵》曰:
　"焦明状似凤皇。"宋衷曰水鸟。　【正义】案:长喙,疏翼,员尾,非幽闲不
　集,非珍物不食。

　　"道尽涂殚,回车而还。招摇乎襄羊,①降集乎北纮,②率乎直
指,暗乎反乡。蹶石〔阙〕〔关〕,历封峦,过鳷鹊,望露寒,③下棠梨,④
息宜春,⑤西驰宣曲,濯鹢牛首,⑥登龙台,⑦掩细柳,⑧观士大夫之
勤略,钧猎者之所得获。⑨徒车之所辚轹,⑩乘骑之所蹂若,⑪人民
之所蹈躤,与其穷极倦𧿒,⑫惊惮慑伏,不被创刃而死者,佗佗籍
籍,填阬满谷,掩平弥泽。

①【索隐】消摇乎襄羊。郭璞曰:"襄羊犹仿佯。"

②【集解】郭璞曰:"纮,维也。北方之纮曰委羽。"

③【集解】徐广曰:"鳷音支。"骃案:《汉书音义》曰"皆甘泉宫左右观名也"。

④【集解】《汉书音义》曰:"宫名也,在云阳县东南三十里。"

⑤【正义】《括地志》云:"宜春宫在雍州万年县西南三十里。"

⑥【集解】《汉书音义》曰:"宣曲,宫名,在昆明池西。牛首,池名,在上林苑
　西头。"

⑦【集解】《汉书音义》曰:"观名,在丰水西北近渭。"

⑧【正义】郭云:"观名,在昆明南柳市。"

⑨【集解】徐广曰:"钧,一作'诊'也。"

⑩【正义】辚,践也。轹,辗也。

⑪【集解】徐广曰:"蹂音人久反。"

⑫【集解】徐广曰:"音剧。"

　　"于是乎游戏懈怠,置酒乎昊天之台,①张乐乎轇輵之宇;②撞
千石之钟,立万石之钜;建翠华之旗,树灵鼍之鼓。③奏陶唐氏之
舞,听葛天氏之歌,④千人唱,万人和,山陵为之震动,⑤川谷为之荡
波。巴俞宋蔡,淮南于遮,⑥文成颠歌,⑦族举递奏,⑧金鼓迭起,铿
鎗铛鼛,洞心骇耳。⑨荆吴郑卫之声,《韶》《濩》《武》《象》之乐,阴淫
案衍之音,鄢郢缤纷,《激楚》结风,⑩俳优侏儒,狄鞮之倡,⑪所以娱

耳目而乐心意者,丽靡烂漫于前,⑫靡曼美色于后。⑬

①【索隐】张揖云:"台高上干晧天也。"

②【集解】徐广曰:"辒音葛。"　【索隐】郭璞云:"言旷远深貌也。"

③【集解】郭璞曰:"木贯鼓中,加羽葆其上,所谓树鼓。"

④【集解】《汉书音义》曰:"葛天氏,古帝王号也。《吕氏春秋》曰'葛天氏之乐,三人操牛尾,投足以歌'。"　【索隐】张揖曰:"葛天氏,三皇时君号也。《吕氏春秋》云'其乐三人持牛尾,投足以歌。八阕:一曰《载人》,二曰《玄鸟》,三曰《遂草木》,四曰《奋五谷》,五曰《敬天常》,六曰《建帝功》,七曰《依地德》,八曰《总禽兽之极》'。"

⑤【集解】徐广曰:"一作'勋'。"

⑥【集解】郭璞曰:"巴西阆中有俞水,獠人居其上,皆刚勇好舞。汉高募取以平三秦。后使乐府习之,因名《巴俞舞》也。"《汉书音义》曰:"《于遮》,歌曲名。"　【索隐】郭璞曰:"巴西阆中有俞水,獠人居其上,好舞。初,高祖募取以平三秦,后使乐人习之,因名《巴俞舞》也。"张揖曰:"《礼·乐记》曰'宋音宴女溺志'。蔡人讴,员三人。《楚词》云'吴谣蔡讴'。淮南鼓,员四人,《于遮曲》是其意也。"

⑦【集解】郭璞曰:"未闻也。"　【索隐】郭璞云:"未闻。"文颖曰:"文成,辽西县名,其县人善歌。颠,益州颠县,其人能作西南夷歌。颠即滇也。"

⑧【集解】徐广曰:"举,一作'居'。"

⑨【集解】郭璞曰:"铠鼙,鼓音。"

⑩【集解】郭璞曰:"《激楚》,歌曲也。《列女传》曰'听《激楚》之遗风'也。"　【索隐】文颖曰:"激,冲激,急风也。结风,回风,回亦急风也。楚地风气既自漂疾,然歌乐者犹复依激结之急风以为节,其乐促迅哀切也。"

⑪【集解】徐广曰:"韦昭云狄鞮,地名,在河内,出善倡者。"

⑫【索隐】郭璞云:"言恣其观也。《列女传》曰'桀造烂漫之乐'。"

⑬【索隐】张揖曰:"靡,细;曼,泽也。《韩子》'曼服晧齿'也。"

　　"若夫青琴宓妃之徒,①绝殊离俗,②姣冶娴都,③靓庄刻饬,便嬛绰约,④柔桡嬛嬛,⑤斌媚姌嫋;⑥扰独茧之褕袘,⑦眇阎易以戍削,⑧媥姺徶徦,⑨与世殊服;芬香沤郁,酷烈淑郁;晧齿粲烂,宜笑旳皪;⑩长眉连娟,微睇绵邈;⑪色授魂与,心愉于侧。⑫

①【集解】《汉书音义》曰：“皆古神女名。”　【索隐】伏俨曰：“青琴，古神女也。”
　如淳曰：“宓妃，伏羲女，溺死洛水，遂为洛水之神。”宓音伏。

②【索隐】郭璞云：“俗无双。”

③【索隐】姣冶闲都。郭璞云：“姣，好也。都，雅也。”《诗》云：“姣人嫽兮。”《方
　言》云：“自关而东，河济之间，凡好或谓之姣。”音绞。《说文》曰：“娴，雅
　也。”或作“闲”。《小雅》曰都，盛也。

④【集解】郭璞曰：“靓庄，粉白黛黑也。”

⑤【集解】徐广曰：“音娟。”　【索隐】郭璞曰：“柔桡嬛嬛，皆骨体奦弱长艳皃
　也。”《广雅》云：“嬛嬛，容也。”张揖曰：“嬛嬛犹婉婉也。”

⑥【集解】徐广曰：“姌音乃冉反。袅音弱。”　【索隐】妩媚孅弱。《埤苍》云：
　“妩媚，悦也。”《通俗文》云：“频辅谓之妩媚。”郭璞云：“孅弱，弱皃。”《埤苍》
　曰：“孅弱，谓容体纤细柔弱也。”

⑦【集解】徐广曰：“扯音曳。襜褕。”　【索隐】褕袣。张揖云：“褕，襜褕也。
　袣，袖也。”郭璞曰：“独茧，一茧丝也。”《埤苍》云：“袣，衣长皃也。”

⑧【集解】徐广曰：“阎易，衣长貌。戌削，言如刻画作之。”　【索隐】眇阎易以
　恤削。郭璞曰：“阎易，衣长皃。恤削，言如刻画作也。”

⑨【集解】郭璞曰：“衣服婆娑貌。”　【正义】媥，白眠反。姺音先。微音白结
　反。徊音眉。

⑩【索隐】郭璞曰：“鲜明皃也。”《楚词》曰：“美人晧齿〔嫭〕以姱。”又曰：“娥眉
　笑以旳砾。”砾音砾也。

⑪【索隐】郭璞曰：“连娟，眉曲细也。绵藐，远视皃也。”娟音一全反。睩，大计
　反。藐音邈。

⑫【索隐】张揖曰：“彼色来授我，我魂往与接也。”愉音逾，往也。愉，悦也。二
　义并通也。

　　“于是酒中乐酣，天子芒然而思，似若有亡。曰：‘嗟乎，此泰奢
侈！朕以览听馀闲，无事弃日，顺天道以杀伐，时休息于此，恐后世
靡丽，遂往而不反，非所以为继嗣创业垂统也。’于是乃解酒罢猎，
而命有司曰：‘地可以垦辟，悉为农郊，以赡萌隶；隤墙填堑，使山泽
之民得至焉。实陂池而勿禁，①虚宫观而勿仞。②发仓廪以振贫穷，
补不足，恤鳏寡，存孤独。出德号，省刑罚，改制度，易服色，更正

朔,与天下为始。'

①【正义】实,满也。言人满陂池,任采捕所取也。

②【正义】仞音刃,亦满也。言离宫别馆勿令人居止,并废罢也。

　　"于是历吉日以斋戒,袭朝衣,乘法驾,建华旗,鸣玉鸾,游乎六艺之囿,① 骛乎仁义之涂,览观《春秋》之林,② 射《貍首》,兼《驺虞》,③ 弋玄鹤,建干戚,载云罕,④ 掩群《雅》,⑤ 悲《伐檀》,⑥ 乐乐胥,⑦ 修容乎《礼》园,⑧ 翱翔乎《书》圃,⑨ 述《易》道,⑩ 放怪兽,⑪ 登明堂,坐清庙,⑫ 恣群臣,奏得失,四海之内,靡不受获。⑬ 于斯之时,天下大说,向风而听,随流而化,喟然⑭兴道而迁义,刑错而不用,德隆乎三皇,功羡于五帝。⑮若此,故猎乃可喜也。

①【正义】六艺,云言田猎讫,则遍游六艺,而疾驱于仁义之道也。

②【集解】郭璞曰:"《春秋》所以观成败,明善恶者。"

③【集解】《礼·射义》曰:"天子以《驺虞》为节,诸侯以《貍首》为节。《驺虞》者,乐官备也。《貍首》者,乐会时也。"

④【索隐】张揖云:"罕,毕也。"文颖曰:"即天毕,星名。前有九斿云罕之车。"案:说者以云罕为旌旗,非也。且案《中朝卤簿图》云"云罕驾驷",不兼言九斿,罕车与九斿车别。

⑤【集解】《汉书音义》曰:"《大雅》、《小雅》也。"　【索隐】掩,捕也。张揖曰:"《诗·小雅》之材七十四人,《大雅》之材三十一人,故曰群雅也。言云罕载之于车,以捕群雅之士。"

⑥【索隐】张揖曰:"其诗刺贤者不遇明主也。"

⑦【索隐】《毛诗》云"君子乐胥,受天之祜"。言王者乐得贤材之人,使之在位,故天与之福禄也。胥音先吕反。

⑧【正义】《礼》所以自修饰整威仪也。

⑨【正义】《尚书》所以明帝王君臣之道也。

⑩【正义】《易》所以絜静微妙,上辨二仪阴阳,中知人事,下明地理也。言田猎乃射讫,又历涉《六经》之要也。

⑪【正义】张揖云:"苑中奇怪之兽,不复猎也。"

⑫【正义】明堂有五帝庙,故言"清庙",王者朝诸侯之处。

⑬【正义】言天下之人无不受恩惠。

⑭【索隐】喟,《汉书》作"呬",音许贵反。

⑮【索隐】司马彪云:"美,溢也。"音怡战反。

　　"若夫终日暴露驰骋,劳神苦形,罢车马之用,抚士卒之精,①费府库之财,而无德厚之恩,务在独乐,不顾众庶,忘国家之政,而贪雉兔之获,则仁者不由也。从此观之,齐楚之事,岂不哀哉! 地方不过千里,而囿居九百,是草木不得垦辟,而民无所食也。夫以诸侯之细,而乐万乘之所侈,仆恐百姓之被其尤也。"

①【索隐】抚音五官反。

　　于是二子愀然①改容,超若自失,逡巡避席曰:"鄙人固陋,不知忌讳,乃今日见教,谨闻命矣。"

①【索隐】郭璞云:"变色皃。"音作酉反。

　　赋奏,天子以为郎。无是公言天子上林广大,山谷水泉万物,及子虚言楚云梦所有甚众,侈靡过其实,且非义理所尚,故删取其要,归正道而论之。①

①【索隐】大颜云:"不取其夸奢靡丽之论,唯取终篇归于正道耳。"小颜云:"删要,非谓削除其词,而说者谓此赋已经史家刊剟,失之也。"

　　相如为郎数岁,会唐蒙使略通①夜郎西僰中,②发巴蜀③吏卒千人,郡又多为发转漕万馀人,用兴法④诛其渠帅,巴蜀民大惊恐。上闻之,乃使相如责唐蒙,因喻告巴蜀民以非上意。檄曰:

①【索隐】张揖曰:"蒙,故鄱阳令,今为郎中,使行略取之。"

②【集解】徐广曰:"羌之别种也。音扶逼反。"　【索隐】夜郎、僰中,文颖曰皆西〔南〕夷。后以为夜郎属牂柯,僰属犍为。音步北反。

③【索隐】案:巴、蜀,二郡名。

④【集解】《汉书》曰"用军兴法"也。

　　告巴蜀太守:蛮夷自擅不讨之日久矣,时侵犯边境,劳士大夫。陛下即位,存抚天下,辑安中国。然后兴师出兵,北征匈奴,单于怖骇,交臂受事,诎膝请和。康居西域,重译请朝,稽首来享。移师东指,闽越相诛。右吊番禺,太子入朝。①南夷之君,西僰之长,常效贡职,不敢怠堕,延颈举踵,喁喁然②皆争归义,欲为臣妾,道里辽远,山川阻深,不能自致。夫不顺者已诛,而为善者未赏,故遣中郎将往宾之,③发巴蜀士民各五百人,以奉币帛,卫使者不然,靡有兵革之事,战斗之患。今闻其乃发军兴制,④惊惧子弟,忧患长老,郡又擅为转粟运输,皆非陛下之意也。当行者或亡逃自贼杀,亦非人臣之节也。

①【索隐】文颖曰:"番禺,南海郡理也。吊,至也。东伐闽越,后至番禺,故言右至也。"案:姚氏吊读如字。小颜云"两国相伐,汉发兵救之,今吊番禺,故遣太子入朝,吊非至也"。

②【正义】喁,五恭反,口向上也。

③【索隐】贾逵云:"宾,伏也。"

④【索隐】张揖曰:"发三军之众也。兴制,谓起军法制也。"按:唐蒙为使,而用军兴法制也。

　　夫边郡之士,闻烽举燧燔,①皆摄弓②而驰,荷兵而走,流汗相属,唯恐居后,触白刃,冒流矢,义不反顾,计不旋踵,人怀怒心,如报私仇。彼岂乐死恶生,非编列之民,而与巴蜀异主哉?计深虑远,急国家之难,而乐尽人臣之道也。故有剖符之封,析珪③而爵,位为通侯,居列东第,④终则遗显号于后世,传土地于子孙,行事甚忠敬,居位甚安佚,名声施于无穷,功烈著而不灭。是以贤人君子,肝脑涂中原,膏液润野草而不辞也。今奉币役至南夷,即自贼杀,或亡逃抵诛,身死无名,谥为至愚,耻及父母,为天下笑。人之度量相越,岂不远哉!然此非独行者之罪也,父兄之教不先,子弟之率不谨也;寡廉鲜耻,而俗不长厚也。其被刑戮,不亦宜乎!

①【集解】《汉书音义》曰:"烽如覆米䉛,县著桔槔头,有寇则举之。燧,积薪,有寇则燔然之。"【索隐】燧燧。韦昭曰:"燧,束草置之长木之端,如挈皋,见敌则烧举之。燧者,积薪,有难则焚之。烽主昼,燧主夜。"《字林》云:

"籔，漉米籔也，音一六反。"又《纂要》云："籔，浙箕也。"此注是孟康说。

②【索隐】上音奴颊反。

③【索隐】如淳曰："析，中分也。白藏天子，青在诸侯也。"

④【索隐】列甲第在帝城东，故云东第也。

陛下患使者有司之若彼，悼不肖愚民之如此，故遣信使晓喻百姓以发卒之事，因数之以不忠死亡之罪，让三老孝弟以不教诲之过。方今田时，重烦百姓，①已亲见近县，恐远所谿谷山泽之民不遍闻，檄到，亟下县道，②使咸知陛下之意，唯毋忽也。

①【索隐】重犹难也。

②【集解】《汉书·百官表》曰："县有蛮夷曰道。"【索隐】亟音纪力反。亟，急也。

相如还报。唐蒙已略通夜郎，因通西南夷道，发巴、蜀、广汉卒，作者数万人。治道二岁，道不成，士卒多物故，费以巨万计。①蜀民及汉用事者②多言其不便。是时邛筰之君长③闻南夷与汉通，得赏赐多，多欲愿为内臣妾，请吏，比南夷。④天子问相如，相如曰："邛、筰、冉、駹者近蜀，道亦易通，秦时尝通为郡县，至汉兴而罢。今诚复通，为置郡县，愈于南夷。"⑤天子以为然，乃拜相如为中郎将，⑥建节往使。副使王然于、壶充国、⑦吕越人驰四乘之传，因巴蜀吏币物以赂西夷。至蜀，蜀太守以下郊迎，县令负弩矢先驱，⑧蜀人以为宠。⑨于是卓王孙、临邛诸公皆因门下献牛酒以交欢。卓王孙喟然而叹，自以得使女尚司马长卿晚，⑩而厚分与其女财，与男等同。司马长卿便略定西夷，邛、筰、冉、駹、斯榆⑪之君皆请为内臣。除边关，关益斥，⑫西至沫、若水，⑬南至牂柯为徼，⑭通零关道，⑮桥孙水⑯以通邛都。⑰还报天子，天子大说。

①【索隐】按：巨万犹万万也。按：数有大小二法。张揖曰"算法万万为亿"，是大数也。《黄子》曰"十万为亿"，是小数也。

②【索隐】案：谓公孙弘也。

③【索隐】邛筰之君长。文颖曰："邛者，今为邛都县；筰者，今为定筰县：皆属越巂郡。"

④【索隐】谓请置汉吏,与南夷为比例也。

⑤【索隐】张揖曰:"愈,差也。"又云:"愈犹胜也。"晋灼曰:"南夷谓犍为、牂柯也。西夷谓越嶲、益州。"

⑥【索隐】张揖曰:"秩四百石,五岁迁补大县令。"

⑦【索隐】案:《汉书·公卿表》太初元年为鸿胪卿也。

⑧【索隐】案:亭吏二人,弩矢合是亭长负之;今县令自负矢,则亭长当负弩也。且负弩亦守宰无定,或随轻重耳。案:霍去病出击匈奴,河东太守郊迎负弩。又魏公子救赵击秦,秦军解去,平原君负韝矢迎公子于界上。

⑨【索隐】蜀以为宠。《华阳国志》云:"蜀大城北十里有升仙桥,有送客观也。相如初入长安,题其门云'不乘赤车驷马,不过汝下'也。"

⑩【索隐】小颜云:"尚犹配也。"本或作"当"也。

⑪【索隐】斯,郑氏音曳。张揖云"斯俞,国也"。按:今斯读如字,《益部耆旧传》谓之"斯臾"。《华阳国志》邛都县有四部,斯臾一也。

⑫【索隐】张揖曰:"斥,广也。"

⑬【索隐】张揖曰:"沫水出蜀广平徼外,与青衣水合也。若水出旄牛徼外,至僰道入江。"《华阳国志》汉嘉县有沫水。音妹,又音末。

⑭【索隐】张揖曰:"徼,塞也,以木栅水为蛮夷界。"

⑮【集解】徐广曰:"越嶲有零关县。"

⑯【集解】韦昭曰:"为孙水作桥。"

⑰【索隐】桥孙水通笮。韦昭曰:"为孙水作桥也。"按:《华阳国志》云"相如卒开僰道通南夷,置越嶲郡。韩说开益州,唐蒙开牂柯,斩筰王首,置牂柯郡"也。

相如使时,蜀长老多言通西南夷不为用,唯大臣亦以为然。相如欲谏,业已建之,①不敢,乃著书,籍以蜀父老为辞,而己诘难之,以风天子,且因宣其使指,令百姓知天子之意。其辞曰:

①【索隐】案:业者,本也。谓本由相如立此事也。

　　汉兴七十有八载,①德茂存乎六世,②威武纷纭,湛恩③汪濊,群生澍濡,洋溢乎方外。于是乃命使西征,随流而攘,④风之所被,罔不披靡。因朝冉从驹,定筰存邛,略斯榆,举苞满,⑤结轶⑥还辕,东乡将报，至于蜀都。

①【集解】徐广曰："元光六年也。"

②【正义】高祖、惠帝、高后、孝文、孝景、孝武。

③【索隐】韦昭云："上音沈。"

④【索隐】攘，却也，汝羊反。

⑤【索隐】服虔云："夷种也。""满"字或作"蒲"也。

⑥【索隐】下音辙。《汉书》作"轨"。张揖云"结，屈也"。

耆老大夫荐绅先生之徒二十有七人，俨然造焉。辞毕，因进曰："盖闻天子之于夷狄也，其义羁縻①勿绝而已。今罢三郡之士，通夜郎之涂，三年于兹，而功不竟，士卒劳倦，万民不赡，今又接以西夷，百姓力屈，恐不能卒业，此亦使者之累也，窃为左右患之。且夫邛、筰、西僰之与中国并也，历年兹多，不可记已。仁者不以德来，强者不以力并，意者其殆不可乎！今割齐民以附夷狄，弊所恃以事无用，鄙人固陋，不识所谓。"

①【索隐】案：羁，马络头也。縻，牛缰也。《汉官仪》"马云羁，牛云縻"。言制四夷如牛马之受羁縻也。

使者曰："乌谓此邪？必若所云，则是蜀不变服而巴不化俗也。余尚恶闻若说？①然斯事体大，固非观者之所覯也。余之行急，其详不可得闻已，请为大夫粗陈其略。

①【索隐】张揖曰："恶闻若曹之言也。"包恺音一故反。又音乌，乌者，安也。

"盖世必有非常之人，然后有非常之事；有非常之事，然后有非常之功。非常者，固常〔人〕之所异也。①故曰非常之原，黎民惧焉；②及臻厥成，天下晏如也。

①【索隐】案：常人见之以为异。

②【索隐】张揖曰："非常之事，其本难知，众人惧也。"

"昔者鸿水浡出，泛滥衍溢，民人登降移徙，陭陁而不安。夏后氏戚之，乃堙鸿水，决江疏河，漉沈赡菑，①东归之于海，而天下永宁。当斯之勤，岂唯民哉。②心烦于虑而身亲其劳，躬胝无胈，肤不生毛。③故休烈显乎无穷,声称浃乎于兹。

①【集解】徐广曰:"漉,一作'洒'。"　【索隐】漉沈澹菑。漉音鹿。菑音灾。
《汉书》作"渐沈澹菑",解者云"渐作'洒',洒,分也,音所绮反。澹,安;沈,
深也。澹音徒暂反"。

②【索隐】案:谓非独人勤,禹亦亲其劳也。

③【集解】徐广曰:"胝音竹移反。胈,踵也。一作'膝',音凑。肤,理也。胈音
魃。"　【索隐】躬奏胝无胈。张揖曰:"奏,作'戚'。躬,体也。戚,膝理也。"
韦昭曰:"胈,其中小毛也。"胝音丁私反。《庄子》云"禹腓无胈,胫不生毛"。
李颐云"胈,白肉也,音蒲末反"。

　　"且夫贤君之践位也。岂特委琐握龊,①拘文牵俗,循诵习传,
当世取说云尔哉! 必将崇论闳议,创业垂统,为万世规。故驰骛乎
兼容并包,而勤思乎参天贰地。②且《诗》不云乎:'普天之下,莫非
王土;率土之滨,莫非王臣。'③是以六合之内,八方之外,浸浔④衍
溢,怀生之物有不浸润于泽者,贤君耻之。今封疆之内,冠带之伦,
咸获嘉祉,靡有阙遗矣。而夷狄殊俗之国,辽绝异党之地,舟舆不
通,人迹罕至,政教未加,流风犹微。内之则犯义侵礼于边境,外之
则邪行横作,放弑其上。君臣易位,尊卑失序,父兄不辜,幼孤为
奴,系累号泣,内向而怨,曰'盖闻中国有至仁焉,德洋而恩普,物靡
不得其所,今独曷为遗己'。举踵思慕,若枯旱之望雨。鸷夫为之
垂涕,⑤况乎上圣,又恶能已? 故北出师以讨强胡,南驰使以诮劲
越。四面风德,二方之君⑥鳞集仰流,愿得受号者以亿计。故乃关
沫、若,⑦徼牂柯,镂零山,梁孙原。创道德之涂,垂仁义之统。将
博恩广施,远抚长驾,使疏逖不闭,⑧阻深暗昧⑨得耀乎光明,以偃
甲兵于此,而息诛伐于彼。遐迩一体,中外提福,⑩不亦康乎? 夫
拯民于沈溺,奉至尊之休德,反衰世之陵迟,继周氏之绝业,斯乃天
子之急务也。百姓虽劳,又恶可以已哉?

①【索隐】孔文祥云:"委璅,细碎。握龊,局促也。"

②【索隐】案:天子比德于地,是贰地也。与己并天为三,是参天也。故《礼》曰

"天子与天地参"是也。

③【集解】《毛诗传》曰:"滨,涯也。"

④【索隐】浸淫。案:浸淫犹渐浸。

⑤【集解】徐广曰:"鳌音戾。"　【索隐】张揖曰:"很戾之夫也。"字或作"戾"。鳌,古"戾"字。

⑥【索隐】谓西夷邛、僰,南夷牂柯、夜郎也。

⑦【集解】《汉书音义》曰:"以沫、若水为关。"

⑧【索隐】遾,远。言其疏远者不被闭绝也。

⑨【索隐】曶爽暗昧。《三苍》云:"曶爽,早朝也。曶音昧。"案:《字林》又音忽。

⑩【集解】徐广曰:"提,一作'褆',音支。"　【索隐】褆福。《说文》云:"褆,安也。"市支反。

　　"且夫王事固未有不始于忧勤,而终于佚乐者也。然则受命之符,合在于此矣。①方将增泰山之封,加梁父之事,鸣和鸾,扬乐颂,上咸五,下登三。②观者未睹指,听者未闻音,犹鹪明已翔乎寥廓,而罗者犹视乎薮泽。悲夫!"

①【索隐】张揖云:"在于忧勤佚乐之中也。"

②【集解】徐广曰:"咸,一作'函'。"骃案:韦昭曰"咸同于五帝,登三王之上"。　【索隐】上减五,下登三。李奇曰:"五帝之德,汉比为减;三王之德,汉出其上;故云'减五登三'也。"虞熹《志林》云:"相如欲减五帝之一,以汉盈之。然以汉为五帝之数,自然是登于三王之上也。"今本"减"或作"咸",是韦昭之说也。

　　于是诸大夫芒然丧其所怀来而失厥所以进,喟然并称曰:"允哉汉德,此鄙人之所愿闻也。百姓虽怠,请以身先之。"敞罔靡徙,①因迁延而辞避。

①【索隐】案:敞罔,失容也。靡徙,失正也。

其后人有上书言相如使时受金,失官。居岁馀,复召为郎。

相如口吃而善著书。常有消渴疾。与卓氏婚,饶于财。其进仕宦,未尝肯与公卿国家之事,称病闲居,不慕官爵。常从上至长杨猎,①是时天子方好自击熊豕，[①]驰逐野兽，相如上疏谏之。其辞曰：

①【正义】《括地志》云："秦长杨宫在雍州盩厔县东南三里。上起以宫，内有长
　杨树，以为名。"

　　臣闻物有同类而殊能者，故力称乌获，[①]捷言庆忌，[②]勇期贲、
育。[③]臣之愚，窃以为人诚有之，兽亦宜然。今陛下好陵阻险，射猛
兽，卒然[④]遇轶材之兽，骇不存之地，[⑤]犯属车之清尘，[⑥]舆不及还
辕，人不暇施巧，虽有乌获、逢蒙之伎，力不得用，[⑦]枯木朽株尽为
害矣。是胡越起于毂下，而羌夷接轸也，岂不殆哉！虽万全无患，
然本非天子之所宜近也。

①【索隐】张揖曰："秦武王力士，举龙文鼎者也。"
②【索隐】张揖曰："吴王僚之子。"
③【正义】贲音奔。孟贲，古之勇士，水行不避蛟龙，陆行不避豺狼，发怒吐气，
　声音动天。夏育，亦古之猛士也。
④【正义】猝然。《广雅》云："猝，暴也，音仓兀反。"
⑤【索隐】谓所不虑而猛兽骇发也。
⑥【集解】蔡邕曰："古者诸侯贰车九乘，秦灭九国，兼其车服，故大驾属车八十
　一乘。"
⑦【集解】《吴越春秋》曰："羿传射于逢蒙。"　【索隐】《孟子》云"逢蒙学射于
　羿，尽羿之道"也。

　　且夫清道而后行，中路而后驰，犹时有衔橛之变，[①]而况涉乎
蓬蒿，驰乎丘坟，前有利兽之乐而内无存变之意，其为祸也不亦难
矣！夫轻万乘之重不以为安而乐，出于万有一危之涂以为娱，臣窃
为陛下不取也。

①【集解】徐广曰："橛音巨月反。钩逆者谓之橛矣。"　【索隐】衔橛之变。张
　揖曰："衔，马勒衔也。橛，騑马口长衔也。"周迁《舆服志》云："钩逆上者为
　橛。橛在衔中，以铁为之，大如鸡子。"《盐铁论》云："无衔橛而御捍马。"橛
　音巨月反。

　　盖明者远见于未萌而智者避危于无形，祸固多藏于隐微而发

于人之所忽者也。故鄙谚曰"家累千金，坐不垂堂"。①此言虽小，可以喻大。臣愿陛下之留意幸察。

①【索隐】张揖云："畏檐瓦堕中人。"乐产云："垂，边也。恐堕坠（之）也。"

上善之。还过宜春宫，①相如奏赋以哀二世行失也。其辞曰：

①【正义】《括地志》云："秦宜春宫在雍州万年县西南三十里。宜春苑在宫之东，杜之南。《始皇本纪》云葬二世杜南宜春苑中。"案：今宜春宫见二世陵，故作赋以哀也。

登陂陁①之长岩阪兮，坌入②曾宫之嵯峨。临曲江之隑州兮，③望南山之参差。岩岩深山之谾谾兮，④通谷豀兮谷嵲。⑤汩减㘎⑥习以永逝兮，注平皋之广衍。观众树之塕薆兮，⑦览竹林之榛榛。东驰土山兮，北揭石濑。⑧弥节容与兮，⑨历吊二世。持身不谨兮，亡国失埶。信谗不寤兮，宗庙灭绝。呜呼哀哉！操行之不得兮，坟墓芜秽而不修兮，魂无归而不食。夐邈绝而不齐兮，弥久远而愈休。精罔阆而飞扬兮，拾九天而永逝。⑩呜呼哀哉！

①【索隐】登陂陁。陂音普何反。陁音徒何反。

②【集解】《汉书音义》曰："坌，并也。"【索隐】上音步寸反。

③【集解】《汉书音义》曰："隑，长也。苑中有曲江之象，泉中有长洲也。"【索隐】案：隑音祈。隑即碕，谓曲岸头也。张揖曰："隑，长也。苑中有曲江之象，中有长州，又有宫阁路，谓之曲江，在杜陵西北五里。"又《三辅旧事》云"乐游原在北"是也。

④【集解】徐广曰："谾音力工反。"【索隐】谾音苦江反。晋灼曰："音笼，古'谾'字。"萧该云："谾，或作'谾'，长大皃也。"

⑤【索隐】呼含呼加二反。

⑥【索隐】上音于笔反。减音域，疾皃也。㘎音许及反。《汉书》作"靸"，靸，轻举意也。

⑦【索隐】薆音薆，谓隐也。

⑧【索隐】《说文》云："濑，水流沙上也。"

⑨【索隐】容与，游戏貌也。

⑩【正义】《太玄经》云："九天谓一为中天，二为羡天，三为从天，四为更天，五

为晬天,六为廓天,七为减天,八为沈天,九为成天。"

　　相如拜为孝文园令。①天子既美子虚之事,相如见上好仙道,因曰:
"上林之事未足美也,尚有靡者。臣尝为《大人赋》,未就,请具而奏之。"
相如以为列仙之传居山泽间,②形容甚臞,③此非帝王之仙意也,乃遂就
《大人赋》。其辞曰:

①【索隐】《百官志》云"陵园令,六百石,掌案行扫除"也。

②【索隐】列仙之传居山泽。案:传者,谓相传以列仙居山泽间,音持全反。小
　　颜及刘氏并作"儒"。儒,柔也,术士之称,非。

③【集解】徐广曰:"臞,瘦也。"　【索隐】韦昭曰:"臞,癠也。"舍人云:"臞,瘦
　　也。"《文子》云:"尧臞瘦。"音巨俱反。

　　世有大人①兮,在于中州。宅弥万里兮,曾不足以少留。悲世
俗之迫隘兮,②竭轻举而远游。垂绛幡之素蜺兮,载云气而上浮。
建格泽之长竿兮,总光耀之采旄。③垂旬始以为幓兮,抴彗星而为
髾。④掉指桥以偃蹇兮,⑤又旖旎以招摇。揽欃枪以为旌兮,⑥靡屈
虹而为绸。⑦红杳渺以眩湣兮,⑧猋风涌而云浮。驾应龙象舆之蠖
略逶丽兮,骖赤螭青虬之蚴蟉蜿蜒。低卬夭蟜据以骄骜兮,⑨诎折
隆穷蠼以连卷。⑩沛艾赳螑仡以佁拟兮,⑪放散畔岸骧以孱颜。⑫蛭
踱輵辖容以委丽兮,绸缪偃蹇怵㷅以梁倚。⑬纠蓼叫奡蹋以艘路
兮,⑭蔑蒙踊跃腾而狂趡。⑮莅飒卉翕熛至电过兮,焕然雾除,霍然
云消。

①【索隐】张揖云:"喻天子。"向秀云:"圣人在位,谓之大人。"张华云:"相如作
　　《远游》之体,以大人赋之也。"

②【索隐】如淳曰:"武帝云'诚得如黄帝,去妻子如脱屣',是悲世俗迫隘也。"

③【集解】《汉书音义》曰:"格泽之气如炎火状,黄白色,起地上至天,以此气为
　　竿。旄,葆也。总,系也。系光耀之气于长竿,以为葆者。"

④【集解】《汉书音义》曰:"旬始气如雄鸡,县于葆下以为旒也。髾,燕尾也。
　　抴慧星,缀著旒以为燕尾。"

⑤【集解】《汉书音义》曰:"指桥,随风指靡。"　【索隐】掉音徒吊反。指音居桀
　　反。桥音矫。张揖曰:"指矫,随风指靡。偃蹇,高皃。"应劭云:"旌旗屈挠

之兒。"

⑥【集解】《天官书》云:"天欃长四丈,末锐。天枪长数丈,两头锐,其形类彗也。"

⑦【集解】《汉书音义》曰:"绸,韬也。以断虹为旌杠之韬。"【索隐】绸音筹,或音韬。屈虹,断虹也。

⑧【集解】《汉书音义》曰:"旬始,屈虹,气色。红杳渺,眩湣,暗冥无光也。"【索隐】红杳眇以泫湣。苏林曰:"泫音炫。湣音面。"晋灼曰:"红,赤色兒。杳眇,深远;泫湣,混合也。"红,或作"虹"也。

⑨【索隐】张揖曰:"据,直项也。骄骜,纵恣也。"据音据。骄音居召反。骜音五到反。

⑩【索隐】蹻以连卷。韦昭曰:"龙之形兒也。"蹻音起碧反。连卷音辇卷也。

⑪【集解】《汉书音义》曰:"赴蝝,申颈低卬也。佁拟,不前也。"【索隐】孟康曰:"赴蝝,申颈低头。"张揖曰:"赴蝝,牙跳也。"赴音居幼反。蝝音许救反。张揖曰:"仡,举头也。佁拟,不前也。"佁音敕吏反。拟音鱼吏反也。

⑫【索隐】服虔曰:"马仰头,其口开,正屛颜也。"韦昭曰:"颜音吾板反。"《诗》云"两服上骧",注云"骧,马"是也。

⑬【集解】徐广曰:"跮踱,乍前乍却也。跮音丑栗反。踱音敕略反。辌,乌葛反。礏音曷。绸,一作'雕'。鼋音他略反。"骃案:《汉书音义》曰"怵鼋,走也。梁倚,相著也。"【索隐】跮踱辌礏。张揖曰:"跮踱,疾行兒。辌礏,前却也。"跮音褚栗反。踱音褚略反。辌音乌葛反。礏音曷。蜩蟉偃寋。蜩音徒吊反。蟉音敕吊反。张揖曰:"偃寋,却距也。"《广雅》曰:"偃寋,天矫之兒。"张揖曰:"怵鼋,奔走。梁倚,相著。"韦昭曰:"鼋音答略反。《相如传》云'偨鼋远去',鼋,视也。"

⑭【集解】徐广曰:"艐音介,至也。"【索隐】蓼音了。蓂音五到反。小颜云:"叫蓂,高举兒。"蹋音徒答反。艐音届。《三仓》云:"蹋,著地。"《孙炎》云:"艐,古'界'字也。"

⑮【集解】《汉书音义》曰:"蔑蒙,飞扬也。趡,走。"【索隐】篾蒙。张揖曰:"篾蒙,飞扬也。趡,走兒。"

邪绝少阳而登太阴兮,与真人乎相求。①互折窈窕以右转兮,横厉飞泉以正东。②悉征灵圉而选之兮,部乘众神于瑶光。③使五帝

先导兮,④反太一而后陵阳。⑤左玄冥而右含雷兮,⑥前陆离而后潏
湟。⑦厮征伯侨⑧而役羡门兮,⑨属岐伯使尚方。⑩祝融惊而跸御
兮,⑪清雾气而后行。屯余车其万乘兮,綷云盖而树华旗。⑫使句芒
其将行兮,⑬吾欲往乎南嬉。

①【集解】《汉书音义》曰:"少阳,东极;太阴,北极。邪度,东极而升北极
　　者也。"

②【正义】厉,渡也。张云:"飞泉,谷也,在昆仑山西南。"

③【集解】《汉书音义》曰:"摇光,北斗杓头第一星。"

④【正义】遵,导。应云"五帝,五畤,帝太昊之属也。"

⑤【集解】《汉书音义》曰:"仙人陵阳子明也。"　【正义】《天官书》云:"中官天
　　极星,其一明者,太一常居也。"《列仙传》云:"子明于沛钰县旋溪钓得白龙,
　　放之,后白龙来迎子明去,止陵阳山上百馀年,遂得仙也。"

⑥【集解】《汉书音义》曰:"含雷,黔嬴也,天上造化神名也。或曰水神。"

⑦【集解】《汉书音义》曰:"皆神名。"

⑧【集解】徐广曰:"燕人也,形解而仙也。"　【索隐】应劭曰:"厮,役也。"张揖
　　曰:"王子乔也。"《汉书·郊祀志》作"正伯侨",此当别人,恐非王子乔也。

⑨【正义】张云:"羡门,碣石山上仙人羡门高也。"

⑩【集解】徐广曰:"歧伯,黄帝臣。"骃案:《汉书音义》曰"尚,主也。岐伯,黄帝
　　太医,属使主方药"。

⑪【正义】张云:"祝融,南方炎帝之佐也。兽身人面,乘两龙,应火正也。火正
　　祝融警跸清氛气也。"

⑫【索隐】綷音祖内反。如淳曰:"綷,合也。合五彩云为盖也。"

⑬【正义】张云:"句芒,东方青帝之佐也。鸟身人面,乘两龙。"颜云:"将行,领
　　从者也。"

历唐尧于崇山兮,过虞舜于九疑。①纷湛湛②其差错兮,杂遝胶
葛③以方驰。骚扰冲苁④其相纷挐兮,滂濞泱轧洒以林离。钻罗列
聚丛以茏茸兮,衍曼流烂坛以陆离。⑤径入雷室之砰磷郁律兮,洞
出鬼谷之崛礨嵬磙。⑥遍览八纮而观四荒兮,朅渡九江而越五河。⑦
经营炎火而浮弱水兮,⑧杭绝浮渚而涉流沙。⑨奄息总极泛滥水嬉

兮,⑩使灵娲鼓瑟而舞冯夷。⑪时若薆薆将混浊兮,召屏翳⑫诛风
伯⑬而刑雨师。⑭西望昆仑⑮之轧沕洸忽兮,直径驰乎三危。⑯排阊
阖而入帝宫兮,⑰载玉女而与之归。⑱舒阆风而摇集兮,⑲亢乌腾而
一止。⑳低回阴山翔以纡曲兮,㉑吾乃今目睹西王母暠然白首。㉒载
胜而穴处兮,㉓亦幸有三足乌为之使。㉔必长生若此而不死兮,虽济
万世不足以喜。

① 【正义】张云:"崇山,狄山也。《海外经》云'狄山,帝尧葬其阳'。九疑山,零
　　陵营道县,舜所葬处。"

② 【索隐】音徒感反。

③ 【索隐】胶辀。《广雅》云:"胶辀,驱驰也。"

④ 【索隐】上昌勇反,下息宂反。

⑤ 【集解】徐广曰:"坛音坦。"

⑥ 【集解】《汉书音义》曰:"鬼谷在北辰下,众鬼之所聚也。《楚辞》曰'赘鬼谷
　　于北辰'也。"　【正义】崟,口骨反。礨音力罪反。嵬音乌回反。磈音回。
　　张云:"崟礨嵬磈,不平也。"

⑦ 【正义】颜云:"五色之河也。《仙经》云紫、碧、绛、青、黄之河也。"

⑧ 【正义】姚丞云:"《大荒西经》云昆仑之丘,其外有炎火之山,投物辄然。"《括
　　地志》云:"弱水有二原,俱出女国北阿傉达山,南流会于国北,又南历国北,
　　东去一里,深丈馀,阔六十步,非乘舟不可济,流入海。"阿傉达山一名昆仑
　　山,其山为天柱,在雍州西南一万五千三百七十里。"又云:"弱水在甘州张
　　掖县南山下也。"

⑨ 【集解】《汉书音义》曰:"杭,船也。绝,渡也。浮渚,流沙中渚也。"

⑩ 【集解】《汉书音义》曰:"总极,葱领山也,在西域中也。"

⑪ 【集解】徐广曰:"娲,一作'贻'。"骃案:《汉书音义》曰"灵娲,女娲也。冯夷,
　　河伯字也。《淮南子》曰'冯夷得道,以潜大川'"。　【正义】姓冯名夷,以庚
　　日溺死。河常以庚日好溺死人。

⑫ 【正义】应云:"屏翳,天神使也。"韦云:"雷师也。"

⑬ 【正义】张云:"风伯字飞廉。"

⑭ 【正义】沙州有雨师祠。

⑮ 【正义】张云:"《海内经》云昆仑去中国五万里,天帝之下都也。其山广袤百

里,高八万仞,增城九重,面九井,以玉为槛,旁有五门,开明兽守之。"《括地志》云:"昆仑在肃州酒泉县南八十里。《十六国春秋》后魏昭成帝建国十年,凉张骏酒泉太守马岌上言:'酒泉南山即昆仑之体,周穆王见西王母,乐而忘归,即谓此山。有石室,王母堂,珠玑镂饰,焕若神宫。'又删丹西河名云弱水,《禹贡》昆仑在临羌之西,即此明矣。"《括地志》云:"又阿傉达山亦名建末达山,亦名昆仑山。恒河出其南吐师子口,经天竺入达山。妫水今名为浒海,出于昆仑西北隅吐马口,经安息、大夏国入西海。黄河出东北隅吐牛口,东北流经滥泽,潜出大积石山,至华山北,东入海。其三河去山入海各三万里。此谓大昆仑,肃州谓小昆仑也。《禹本纪》云'河出昆仑二千五里餘里,日月所相隐避为光明也'。"

⑯【集解】三危,山名也。 【正义】《括地志》云:"三危山在沙州东南三十里。"

⑰【正义】韦昭云:"阊阖,天门也。《淮南子》曰'西方曰西极之山,阊阖之门'。"

⑱【正义】张云:"玉女,青要、乘弋等也。"

⑲【正义】张云:"阆风在昆仑阊阖之中。《楚辞》云'登阆风而绁马'也。"

⑳【集解】《汉书音义》曰:"亢然高飞,如乌之腾也。"

㉑【正义】张云:"阴山在大昆仑西二千七百里。"

㉒【集解】徐广曰:"矔音下沃反。" 【索隐】矔音鹤也。 【正义】张云:"西王母,其状如人,豹尾,虎齿,蓬鬓,矔然白首。石城金穴,居其中。"

㉓【集解】郭璞曰:"胜,玉胜也。" 【正义】颜云:"胜(代),妇人首饰也,汉代谓之华胜也。"

㉔【正义】张云:"三足乌,青乌也。主为西王母取食,在昆墟之北。"

　　回车揭来兮,绝道不周,①会食幽都。呼吸沆瀣〔兮〕餐朝霞(兮),噍咀芝英兮叽琼华。②嫭侵浔③而高纵兮,纷鸿涌而上厉。贯列缺之倒景兮,④涉丰隆之滂沛。⑤驰游道而修降兮,⑥骛遗雾而远逝。迫区中之隘陕兮,舒节出乎北垠,遗屯骑于玄阙兮,轶先驱于寒门。⑦下峥嵘而无地兮,上寥廓而无天。视眩眠而无见兮,听惝恍而无闻。乘虚无而上假兮,超无友而独存。⑧

①【集解】《汉书音义》曰:"不周山在昆仑东南。"

②【集解】徐广曰:"叽音祈,小食也。"骃案:韦昭曰"琼华,玉英"。

③【集解】徐广曰："焓音䗶。"　【索隐】《汉书》"焓"作"僷"。僷，仰也，音襟。
　　焓音鱼锦反。

④【集解】《汉书音义》曰："列缺，天闪也。倒景，日在下。"

⑤【正义】张云："丰崇，云师也。《淮南子》云'季春三月，丰崇乃出以将雨'。"
　　案：丰崇将云雨，故云"滂沛"。

⑥【正义】游，游车也。道，道车也。修，长也。降，下也。

⑦【集解】《汉书音义》曰："玄阙，北极之山。寒门，天北门。"

⑧【集解】徐广曰："假音古下反，至也。"

相如既奏《大人之颂》，天子大说，飘飘有凌云之气，似游天地之
间意。

相如既病免，家居茂陵。天子曰："司马相如病甚，可往从悉取其
书；若不然，后失之矣。"使所忠①往，而相如已死，家无书。问其妻，对
曰："长卿固未尝有书也，时时著书，人又取去，即空居。长卿未死时，为
一卷书，曰有使者来求书，奏之。无他书。"其遗札书言封禅事，奏所忠。
忠奏其书，天子异之。其书曰：

①【索隐】张揖曰："使者姓名，见《食货志》。"　【正义】姓所，名忠也。《风俗
　　通·姓氏》云："《汉书》有谏大夫所忠氏。"

　　伊上古之初肇，自昊穹兮生民，历撰①列辟，以迄于秦。率迩
者踵武，②遥听者风声。③纷纶葳蕤，④堙灭而不称者，不可胜数也。
续《昭》、《夏》，崇号谥，略可道者七十有二君。⑤罔若淑而不昌，畴
逆失而能存？⑥

①【集解】徐广曰："撰，一作'选'。"　【索隐】历选。文颖曰："选，数之也。"

②【集解】徐广曰："率，循也。迩，近也。武，迹也。循省近世之遗迹。"　【索
　　隐】案：率，循也。迩，近也。言循览近代之事，则继迹可知也。

③【集解】徐广曰："遥，远也。听察远古之风声。"　【索隐】风声，《风》、《雅》之
　　声。以言听远古之事，则著在《风》、《雅》之声也。

④【集解】纷纶葳蕤。胡广曰："纷，乱也。纶，没也。葳蕤，委顿也。"张揖云：
　　"乱兒。"

⑤【集解】《汉书音义》曰:"昭,明也。夏,大也。德明大,相继封禅于泰山者七十有二人。"【索隐】七十有二君,《韩诗外传》及《封禅书》皆然。

⑥【集解】徐广曰:"若,顺也。"骃案:韦昭曰"畴,谁也。言顺善必昌,逆失必亡"。

　　轩辕之前,邈哉邈乎,其详不可得闻也。五三《六经》①载籍之传,维见可观也。《书》曰"元首明哉,股肱良哉"。因斯以谈,君莫盛于唐尧,臣莫贤于后稷。后稷创业于唐,公刘发迹于西戎,文王改制,爰周郅隆,②大行越成,③而后陵夷衰微,千载无声,④岂不善始善终哉。然无异端,慎所由于前,谨遗教于后耳。故轨迹夷易,易遵也;湛恩蒙涌,易丰也;宪度著明,易则也;垂统理顺,易继也。是以业隆于襁褓而崇冠于二后。⑤揆厥所元,终都攸卒,⑥未有殊尤绝迹可考于今者也。然犹蹑梁父,登泰山,建显号,施尊名。大汉之德,逢涌原泉,⑦沕潏漫衍,旁魄四塞,云尃雾散,⑧上畅九垓,下溯八埏。⑨怀生之类沾濡浸润,协气横流,武节飘逝,迩陕游原,迥阔泳沫,⑩首恶湮没,暗昧昭哲,⑪昆虫凯泽,回首面内。⑫然后囿驺虞之珍群,徼麋鹿之怪兽,⑬导一茎六穗于庖,⑭牺双觡共抵之兽,⑮获周馀珍收龟于岐,⑯招翠黄乘龙于沼。⑰鬼神接灵圉,宾于闲馆。⑱奇物谲诡,俶傥穷变。钦哉,符瑞臻兹,犹以为薄,不敢道封禅。盖周跃鱼陨杭,休之以燎,⑲微夫斯之为符也,以登介丘,不亦恧乎!⑳进让之道,其何爽与?㉑

①【索隐】胡广云:"五,五帝也。三,三王也。六,《六经》也。"案:《六经》,《诗》、《书》、《礼》、《乐》、《易》、《春秋》也。

②【集解】徐广曰:"'郅'盖字误。皇甫谧曰'王季徙郢',故《周书》曰'维王季宅郢'。《孟子》称'文王(生)〔卒〕于毕郢'。或者'郅'字宜为'郢'乎?或为'胝',北地有郁郅县。胝,大也,音质。"骃案:《汉书音义》云"郅,至也"。
【索隐】爰,于,及也。郅,大也。隆,盛也。应劭曰"郅,至也"。樊光云"郅,可见之大也"。徐及皇甫之说皆非也。以言文王改制,及周而大盛也。

③【集解】《汉书音义》曰:"行,道也。文王始开王业,改正朔,易服色,太平之道于是成矣。"【索隐】案:行,道也。越,于也。以言道德大行,于是而成

之也。

④【集解】徐广曰："周之王四海,千载之后声教乃绝。"骃案:韦昭曰"无恶声"。

⑤【集解】《汉书音义》曰:"禔祺谓成王也。二后谓文、武也。周公负成王致太平,功德冠于文武者,道成法易故也。"

⑥【集解】《汉书音义》曰:"都,于;卒,终也。"

⑦【集解】韦昭曰:"汉德逢涌如泉原也。"　【索隐】逢源泉。张揖曰:"逢,遇也。喻其德盛若遇泉源之流也。"又作"烽",读曰烽。胡广曰:"自此已下,论汉家之德也。"

⑧【集解】徐广曰:"尊音布。"

⑨【集解】徐广曰:"音衍。"骃案:《汉书音义》曰"畅,达;垓,重也。溯,流也。埏音延,地之际也。言其德上达于九重之天,下流于地之八际也"。

⑩【集解】《汉书音义》曰:"迩,近;原,本也。迥,远;阔,广也。泳,浮也。恩德比之于水,近者游其原,远者浮其沫。"

⑪【集解】《汉书音义》曰:"始为恶者皆湮灭。暗昧,喻夷狄皆化。"

⑫【集解】韦昭曰:"面,向也。"

⑬【集解】《汉书音义》曰:"徼,遮也。麋鹿得其奇怪者,谓获白麟也。"

⑭【集解】徐广曰:"𦼬,瑞禾也。"骃案:《汉书音义》曰"谓嘉禾之米,于庖厨以供祭祀"。　【索隐】𦼬一茎六穗。郑玄云:"𦼬,择也。"《说文》云:"嘉禾一名𦼬。"《字林》云:"禾一茎六穗谓之𦼬也。"

⑮【集解】徐广曰:"抵音底。"骃案:《汉书音义》曰"牺,牲也。骼,角也。底,本也。武帝获白麟,两角共一本,因以为牲也"。

⑯【集解】徐广曰:"一作'放龟'。"骃案:《汉书音义》曰"馀珍,得周鼎也。岐,水名也"。　【索隐】馀珍,案谓得周鼎也。

⑰【集解】《汉书音义》曰:"翠黄,乘黄也。龙翼马身,黄帝乘之而登仙。言见乘黄而招呼之。《礼乐志》曰'訾黄其何不来下'。馀吾渥洼水中出神马,故曰乘龙于沼。"　【索隐】服虔云"龙翠色"。又云"即乘黄也。乘四龙也"。《周书》云"乘黄似狐,背上有两角"也。

⑱【集解】徐广曰:"言至德与神明通接,故灵圉为宾旅于闲馆矣。"郭璞曰:"灵圉,仙人名也。"

⑲【索隐】杭,舟也。胡广云:"武王渡河,白鱼入于王舟,俯取以燎。陨,坠之于舟中也。"

⑳【集解】《汉书音义》曰："介，大；丘，山也。言周以白鱼为瑞，登太山封禅，不亦惭乎！"

㉑【集解】徐广曰："爽，差异也。"骃案：《汉书音义》曰"进，周也。让，汉也。言周未可封禅而封禅为进，汉可封禅而不封禅为让也"。　【索隐】何其爽与。爽犹差也。言周未可封而封，汉可封而不封，为进让之道皆差之也。

　　于是大司马进曰："陛下仁育群生，义征不憓，①诸夏乐贡，百蛮执贽，德侔往初，功无与二，休烈浃洽，符瑞众变，期应绍至，不特创见。②意者泰山、梁父设坛场望幸，③盖号以况荣，④上帝垂恩储祉，将以荐成，⑤陛下谦让而弗发也。挈三神之欢，⑥缺王道之仪，群臣恧焉。或谓且天为质暗，珍符固不可辞；⑦若然辞之，是泰山靡记而梁父靡几也。⑧亦各并时而荣，咸济世而屈，⑨说者尚何称于后，⑩而云七十二君乎？夫修德以锡符，奉符以行事，不为进越。⑪故圣王弗替，而修礼地祇，谒款天神，⑫勒功中岳，以彰至尊，舒盛德，发号荣，受厚福，以浸黎民也。皇皇哉斯事！天下之壮观，王者之丕业，不可贬也。愿陛下全之。而后因杂荐绅先生之略术，使获耀日月之末光绝炎，以展采错事，⑬犹兼正列其义，校饬厥文，作《春秋》一艺，⑭将袭旧六为七，⑮摅之无穷，⑯俾万世得激清流，扬微波，蜚英声，腾茂实。⑰前圣之所以永保鸿名而常为称首者用此，⑱宜命掌故悉奏其义而览焉。"⑲

①【集解】《汉书音义》曰："大司马，上公也，故先进议。憓音惠，顺也。"

②【集解】徐广曰："不但初显符瑞而已，盖将终以封禅之事。"　【索隐】文颖曰："不独一物，造次见之。"胡广云："符瑞众多，应期相继而至也。"

③【索隐】设坛场望幸华。案：诸本或作"望华盖"。华盖，星名，在紫微太帝之上。今言望华盖、太帝耳。且言设坛场望幸者，望圣帝之临幸也，义亦两通。而孟康、服虔注本皆云"望幸"下有"华"字，而挚虞《流别集》则唯云"望幸"，当是也，于义易通。直以后人见"幸"下有"盖"字，又"幸"字似"华"字，因疑惑，遂定"华"字，使之误也。

④【集解】徐广曰："以况受上天之荣为名号。"　【索隐】案：文颖曰"盖，合也。言考合前代之君，揆其荣而相比况而为号也。"大颜云"盖，语辞也。言盖欲

纪功立号,受天之况赐荣名也"。于义为惬。然其文云"盖",词义典质,又
上与"幸"字连文,致令有'华盖"之谬也。

⑤【集解】徐广曰:"以众瑞物初至封禅处,荐之上天,告成功也。"【索隐】荐,
案《汉书》作"庆",义亦通也。

⑥【集解】徐广曰:"挈犹言垂也。"骃案:韦昭曰"挈,缺也。三神,上帝、泰山、
梁父也"。　【索隐】案:徐氏云"挈犹垂",非也。应劭作"绝",李奇、韦昭作
"阙",意亦不远。三神,韦昭以为上帝、太山、梁父,如淳谓地祇、天神、山
岳也。

⑦【集解】《汉书音义》曰:"言天道质昧,以符瑞见意,不可辞让也。"【索隐】
孟康曰:"言天道质昧,以符瑞见意,不可辞让也。"

⑧【集解】《汉书音义》曰:"太山之上无所表记,梁父坛场无所庶几。"【索隐】
案:几音冀。

⑨【集解】《汉书音义》曰:"屈,绝之也。言古帝王但作一时之荣,毕代而绝
也。"【索隐】言自古封禅之帝王,是各并时而荣贵,咸有济代之勋;而屈
者,谓言抑屈总不封禅,使说者尚何称述于后代也,如上文云"七十二君"
者哉?

⑩【集解】徐广曰:"若无封禅之遗迹,则荣尽于当时,至于历世之后,人何
所述?"

⑪【索隐】文颖曰:"越,逾也。不为苟进逾礼也。"

⑫【集解】《汉书音义》曰:"款,诚也。谒告之报诚也。"

⑬【集解】徐广曰:"错音厝。"骃案:《汉书音义》曰"采,官也。使诸儒记功著
业,得睹日月末光殊绝之用,以展其官职,设厝其事业者也"。

⑭【集解】徐广曰:"校,一作'被'。被犹拂也,音废也。"骃按:《汉书音义》曰
"《春秋》者,正天时,列人事,诸儒既得展事业,因兼正天时,列人事,叙述大
义为一经"。

⑮【集解】韦昭曰:"今汉书增一,仍旧六为七也。"

⑯【集解】徐广曰:"摅,一作'胪'。胪,叙也。"　【索隐】《广雅》云:"摅,张
舒也。"

⑰【索隐】胡广曰:"飞扬英华之声,腾驰茂盛之实也。"

⑱【索隐】案:谓用此封禅。

⑲【集解】《汉书音义》曰:"掌故,太史官属,主故事也。"

　　于是天子沛然改容,曰:"愉乎,朕其试哉!"乃迁思回虑,总公卿之议,询封禅之事,诗大泽之博,广符瑞之富。①乃作颂曰:

①【集解】《汉书音义》曰:"诗,歌咏功德也,下四章之颂也。大泽之博,谓'自我天覆,云之油油'。广符瑞之富,谓'斑斑之兽'以下三章,言符瑞广大富饶也。"

　　　　自我天覆,云之油油。①甘露时雨,厥壤可游。滋液渗漉,②何生不育;嘉谷六穗,我穑曷蓄。③

①【集解】《汉书音义》曰:"油油,云行貌。《孟子》曰'油然作云,沛然下雨'。"

②【集解】徐广曰:"渗音色荫反。"　【索隐】案:《说文》云"渗漉,水下流之皃也"。

③【集解】徐广曰:"何所畜邪? 畜嘉谷。"

　　　　非唯雨之,又润泽之;非唯濡之,泛尃濩之。①万物熙熙,怀而慕思。名山显位,望君之来。②君乎君乎,侯不迈哉!③

①【集解】徐广曰:"古'布'字作'尃'。"　【索隐】胡广曰:"泛,普也。言雨泽非偏于我,普遍布散,无所不濩之也。"

②【集解】韦昭曰:"名山,大山也。显位,封禅也。"

③【索隐】李奇云:"侯,何也。言君何不行封禅之事也。"案:迈训行也。如淳云"侯,维也"。

　　　　般般之兽,①乐我君囿;白质黑章,其仪可(嘉)〔喜〕;旼旼睦睦,君子之能。②盖闻其声,今观其来。厥涂靡踪,天瑞之征。③兹亦于舜,虞氏以兴。④

①【索隐】案:般般,文彩之皃也,音班。胡广曰"谓驺虞也"。

②【集解】徐广曰:"旼音旻,和貌也。能,一作'态'。"骃案:《汉书音义》曰"旻和穆敬,言和且敬,有似君子"。　【索隐】旼音旻。

③【集解】徐广曰:"其所来路非有迹,盖自天降瑞,不行而至也。"

④【索隐】文颖曰:"舜百兽率舞,则驺虞亦在其中者已。"

　　　　濯濯之麟,①游彼灵畤。②孟冬十月,君徂郊祀。驰我君舆,帝以享祉。三代之前,盖未尝有。

①【索隐】诗人云"麀鹿濯濯"，注云"濯濯，嬉游皃"也。

②【集解】《汉书音义》曰："武帝祠五畤，获白麟，故言游灵畤。"

　　　　宛宛黄龙，①兴德而升；采色炫耀，熿炳辉煌。②正阳显
见，③觉寤黎烝。于传载之，云受命所乘。④

①【索隐】胡广曰："屈伸也。"

②【集解】徐广曰："熿音晃。辉音魂。"

③【索隐】文颖曰："阳，明也。谓南面受朝也。"

④【索隐】如淳云："书传所载，揆其比类，以为汉土德，黄龙为之应，见之于成
　　纪，故云受命所乘也。"

　　　　厥之有章，不必谆谆。①依类托寓，谕以封峦。②

①【集解】徐广曰："谆，止纯反。告之丁宁。"骃案：《汉书音义》曰"天之所命，
　　表以符瑞，章明其德，不必谆谆然有语言也"。

②【集解】《汉书音义》曰："寓，寄也。峦，山也。言依事类托寄，以喻封禅者。"

　　　披艺观之，天人之际已交，上下相发允答。圣王之德，兢兢翼
翼也。故曰"兴必虑衰，安必思危"。是以汤武至尊严，不失肃祗；
舜在假典，①顾省厥遗：此之谓也。

①【集解】徐广曰："假，大也。"

司马相如既卒①五岁，天子始祭后土，八年而遂先礼中岳，②封于太
山，③至梁父禅肃然。④

①【集解】徐广曰："元狩五年也。"

②【正义】嵩高也，在洛州阳城县西北二十二里。

③【正义】在兖州博城县西北三十里。

④【集解】徐广曰："小山，在泰山下趾东北。"

　　相如他所著，若《遗平陵侯①书》、《与五公子相难》、《草本书》篇不
采，采其尤著公卿者云。

①【集解】徐广曰："苏建也。"

太史公曰:"《春秋》推见至隐,①《易》本隐之以显,②《大雅》言王公大人而德逮黎庶,③《小雅》讥小己之得失,其流及上。④所以言虽外殊,其合德一也。相如虽多虚辞滥说,然其要归引之节俭,此与《诗》之风谏何异。杨雄以为靡丽之赋,劝百风一,犹驰骋郑卫之声,曲终而奏雅,不已亏乎? 余采其语可论者著于篇。

①【集解】韦昭曰:"推见事至于隐讳,谓若晋文召天子,经言'狩河阳'之属。"
　　【索隐】李奇曰:"隐犹微也。言其义彰而文微,若隐公见弑,而经不书,讳之。"韦昭曰:"推见事至于隐讳,谓若晋文召天子,经言'狩河阳'之属。"

②【集解】韦昭曰:"《易》本隐微妙,出为人事乃显著也。"　【索隐】韦昭曰:"《易》本阴阳之微妙,出为人事乃更昭著也。"虞喜《志林》曰:"《春秋》以人事通天道,是推见以至隐也。《易》以天道接人事,是本隐以之明显也。"

③【集解】韦昭曰:"先言王公大人之德,乃后及众庶也。"　【索隐】文颖曰:"《大雅》先言大人王公之德,后及众庶。"

④【集解】韦昭曰:"《小雅》之人志狭小,先道己之忧苦,其流乃及上政之得失者。"　【索隐】文颖曰:"《小雅》之人材志狭小,先道己之忧苦,其末流及上政之得失也。故《礼纬》云《小雅》讥己得失,及之于上也。"

【索隐述赞】相如纵诞,窃赀卓氏。其学无言,其才足倚。《子虚》过吒,《上林》非侈。四马还邛,百金献伎。惜哉封禅,遗文卓尔。

史记卷一百一十八

淮南衡山列传第五十八

淮南厉王长者,高祖少子也,其母故赵王张敖美人。高祖八年,从东垣过赵,①赵王献之美人。厉王母得幸焉,有身。赵王敖弗敢内宫,为筑外宫而舍之。及贯高等谋反柏人事发觉,并逮治王,尽收捕王母兄弟美人,系之河内。厉王母亦系,告吏曰:“得幸上,有身。”吏以闻上,上方怒赵王,未理厉王母。厉王母弟赵兼因辟阳侯言吕后,吕后妒,弗肯白,辟阳侯不强争。及厉王母已生厉王,恚,即自杀。吏奉厉王诣上,上悔,②令吕后母之,而葬厉王母真定。真定,厉王母之家在焉,父世县也。③

①【正义】赵,张耳所都,今邢州也。

②【正义】悔不理厉王母。

③【索隐】案:《汉书》曰“母家县”。案:谓父祖代居真定也。

高祖十一年(十)〔七〕月,淮南王黥布反,立子长为淮南王,王黥布故地,凡四郡。①上自将兵击灭布,厉王遂即位。厉王蚤失母,常附吕后,孝惠、吕后时以故得幸无患害,而常心怨辟阳侯,弗敢发。及孝文帝初即位,淮南王自以为最亲,骄蹇,数不奉法。上以亲故,常宽赦之。三年,入朝。甚横。从上入苑囿猎,与上同车,常谓上“大兄”。厉王有材力,力能扛鼎,乃往请辟阳侯。辟阳侯出见之,即自袖铁椎椎辟阳侯,②令从者魏敬刭之。③厉王乃驰走阙下,肉袒谢曰:“臣母不当坐赵事,其时辟阳侯力能得之吕后,弗争,罪一也。赵王如意子母无罪,吕后杀之,辟阳侯弗争,罪二也。吕后王诸吕,欲以危刘氏,辟阳侯弗争,罪三也。臣谨为天下诛贼臣辟阳侯,报母之仇,谨伏阙下请罪。”孝文伤其志,为

亲故，弗治，赦厉王。当是时，薄太后及太子诸大臣皆惮厉王，厉王以此
归国益骄恣，不用汉法，出入称警跸，称制，自为法令，拟于天子。

①【集解】徐广曰："九江、庐江、衡山、豫章也。"

②【索隐】案：《汉书》作"袖金椎椎之"。案：魏公子无忌使朱亥袖四十斤铁椎
　　槌之也。

③【正义】到，古鼎反。到谓刺颈。

六年，令男子但等七十人与棘蒲侯柴武太子奇谋，以辇车四十乘①
反谷口，②令人使闽越、匈奴。事觉，治之，使使召淮南王。淮南王至
长安。

①【集解】徐广曰："大车驾马曰辇。音己足反。"

②【集解】《汉书音义》曰："谷口在长安北，故县也，处多险阻。"【正义】《括地
　　志》云："谷口故城在雍州醴泉县东北四十里，汉谷口县也。"

"丞相臣张仓、典客臣冯敬、行御史大夫事宗正臣逸、廷尉臣贺、备
盗贼中尉臣福昧死言：淮南王长废先帝法，不听天子诏，居处无度，为黄
屋盖乘舆，出入拟于天子，擅为法令，不用汉法。及所置吏，以其郎中春
为丞相，聚收汉诸侯人及有罪亡者，匿与居，为治家室，赐其财物爵禄田
宅，爵或至关内侯，奉以二千石，①所不当得，②欲以有为。大夫但、③士
五开章等七十人④与棘蒲侯太子奇谋反，⑤欲以危宗庙社稷。使开章阴
告长，与谋使闽越及匈奴发其兵。开章之淮南见长，长数与坐语饮食，
为家室娶妇，以二千石俸奉之。开章使人告但，已言之王。春使使报但
等。吏觉知，使长安尉奇等往捕开章。长匿不予，与故中尉简忌⑥谋，
杀以闭口。⑦为棺椁衣衾，葬之肥陵邑，⑧谩吏曰⑨'不知安在'。⑩又详
聚土，树表其上，曰'开章死，埋此下'。及长身自贼杀无罪者一人；令吏
论杀无罪者六人；为亡命弃市罪诈捕命者以除罪；⑪擅罪人，罪人无告
劾，系治城旦舂以上十四人；赦免罪人，死罪十八人，城旦舂以下五十八
人；赐人爵关内侯以下九十四人。前日长病，陛下忧苦之，使使者赐书、
枣脯。长不欲受赐，不肯见拜使者。南海民处庐江界中者反，淮南吏卒
击之。陛下以淮南民贫苦，遣使者赐长帛五千匹，以赐吏卒劳苦者。长

不欲受赐，谩言曰'无劳苦者'。南海民王织上书献璧皇帝，忌擅燔其
书，不以闻。⑫吏请召治忌，长不遣，谩言曰'忌病'。春又请长，愿入见，
长怒曰'女欲离我自附汉'。长当弃市，臣请论如法。"

①【集解】如淳曰："赐亡畔来者如赐其国二千石也。"瓒曰："奉以二千石之
　　秩禄。"

②【索隐】案：谓有罪之人不得关内侯及二千石。

③【集解】张晏曰："大夫，姓也。上云'男子但'，明其姓大夫也。"瓒曰："官为
　　大夫，名但者也。"　【索隐】张揖曰大夫姓，非也。案：上云"男子但"，此云
　　"大夫但"及"士伍开章"，则知大夫是官也。

④【集解】如淳曰："律'有罪失官爵称士五'者也。开章，名。"

⑤【集解】徐广曰："棘蒲侯柴武以文帝后元年卒，谥刚。嗣子谋反，不得置后，
　　国除。"

⑥【索隐】简，姓也，音奸。《严助传》则作"间忌"，亦同音奸。

⑦【正义】谋杀开章，以闭绝谋反之口也。

⑧【正义】《括地志》云："肥陵故县在寿州安丰县东六十里，在故六城东北百
　　馀里。"

⑨【索隐】上音慢。慢，诳也。

⑩【索隐】按：实葬肥陵，诳云不知处。肥陵，地名，在肥水之上也。

⑪【集解】晋灼曰："亡命者当弃市，而王藏之，诈捕不命者而言命，以脱命者
　　之罪。"

⑫【集解】文颖曰："忌，简忌。"

　制曰："朕不忍致法于王，其与列侯二千石议。"

　"臣仓、臣敬、臣逸、臣福、臣贺昧死言：臣谨与列侯吏二千石臣婴等
四十三人议，皆曰'长不奉法度，不听天子诏，乃阴聚徒党及谋反者，厚
养亡命，欲以有为'。臣等议论如法。"

　制曰："朕不忍致法于王，其赦长死罪，废勿王。"

　"臣仓等昧死言：长有大死罪，陛下不忍致法，幸赦，废勿王。臣请
处蜀郡严道邛邮，①遣其子母从居，②县为筑盖家室，皆廪食给薪菜盐豉
炊食器席蓐。臣等昧死请，请布告天下。"

①【集解】徐广曰："严道有邛僰九折阪,又有邮置。"骃案:张晏曰"严道,蜀郡
　　县"。　【索隐】按:严道,蜀郡之县也。县有蛮夷曰道。严道有邛莱山,有
　　邮置,故曰"严道邛邮"也。

②【索隐】案:乐产云"妾媵之有子者从去也"。

制曰:"计食长给肉日五斤,酒二斗。令故美人才人得幸者十人从
居。他可。"①

①【索隐】按:谓他事可其制也。

尽诛所与谋者。于是乃遣淮南王,载以辒车,令县以次传。是时袁
盎谏上曰:"上素骄淮南王,弗为置严傅相,以故至此。且淮南王为人
刚,今暴摧折之,臣恐卒逢雾露病死,陛下为有杀弟之名,奈何!"上曰:
"吾特苦之耳,今复之。"县传淮南王者皆不敢发车封。①淮南王乃谓侍
者曰:"谁谓乃公勇者?②吾安能勇! 吾以骄故不闻吾过至此。人生一
世间,安能邑邑如此!"乃不食死。至雍,③雍令发封,以死闻。上哭甚
悲,谓袁盎曰:"吾不听公言,卒亡淮南王。"盎曰:"不可奈何,愿陛下自
宽。"上曰:"为之奈何?"盎曰:"独斩丞相、御史以谢天下乃可。"④上即
令丞相、御史逮考诸县传送淮南王不发封馈侍者,皆弃市。乃以列侯葬
淮南王于雍,守冢三十户。

①【集解】《汉书音义》曰:"槛车有槛封也。"

②【索隐】乃,汝也。汝公,淮南王自谓也。

③【正义】今岐州雍县也。

④【索隐】案:刘氏云"袁盎此言亦大过也"。

孝文八年,上怜淮南王,淮南王有子四人,皆七八岁,乃封子安为阜
陵侯,子勃为安阳侯,子赐为阳周侯,子良为东成侯。

孝文十二年,民有作歌歌淮南厉王曰:"一尺布,尚可缝;一斗粟,尚
可春。兄弟二人不能相容。"①上闻之,乃叹曰:"尧舜放逐骨肉,②周公
杀管蔡,天下称圣。何者? 不以私害公。天下岂以我为贪淮南王地
邪?"乃徙城阳王王淮南故地,③而追尊谥淮南王为厉王,④置园复如诸

侯仪。

①【集解】《汉书音义》曰："尺布斗粟犹尚不弃,况于兄弟而更相逐乎。"瓒曰："一尺布尚可缝而共衣,一斗粟尚可舂而共食也,况以天下之广而不能相容。"

②【正义】《帝系》云尧,黄帝之后;舜,颛顼之后。四凶之内,有承黄帝、颛顼者,而尧舜窜之,故放逐骨肉耳。四凶者,共工、三苗、伯鲧及驩兜,皆尧舜之同姓,故云骨肉也。

③【集解】徐广曰:"景王章之子。"

④【正义】《谥法》云:"暴慢无亲曰厉。"

孝文十六年,徙淮南王喜①复故城阳。上怜淮南厉王废法不轨,自使失国蚤死,乃立其三子:阜陵侯安为淮南王,安阳侯勃为衡山王,阳周侯赐为庐江王,皆复得厉王时地,参分之。东城侯良前薨,无后也。

①【索隐】故城阳景王之子也。

孝景三年,吴楚七国反,吴使者至淮南,淮南王欲发兵应之。其相曰:"大王必欲发兵应吴,臣愿为将。"王乃属相兵。淮南相已将兵,因城守,不听王而为汉;汉亦使曲城侯①将兵救淮南:淮南以故得完。吴使者至庐江,庐江王弗应,而往来使越。吴使者至衡山,衡山王坚守无二心。孝景四年,吴楚已破,衡山王朝,上以为贞信,乃劳苦之曰:"南方卑湿。"徙衡山王王济北,所以褒之。及薨,遂赐谥为贞王。庐江王边越,数使使相交,故徙为衡山王,王江北。淮南王如故。

①【集解】徐广曰:"曲城侯姓虫名捷,其父名逢,高祖功臣。"

淮南王安为人好读书鼓琴,不喜弋猎狗马驰骋,亦欲以行阴德拊循百姓,流誉天下。时时怨望厉王死,时欲畔逆,未有因也。及建元二年,淮南王入朝。素善武安侯,武安侯时为太尉,乃逆王霸上,与王语曰:"方今上无太子,大王亲高皇帝孙,①行仁义,天下莫不闻。即宫车一日晏驾,非大王当谁立者!"淮南王大喜,厚遗武安侯金财物。阴结宾客,②拊循百姓,为畔逆事。建元六年,彗星见,淮南王心怪之。或说王

曰:"先吴军起时,彗星出长数尺,然尚流血千里。今彗星长竟天,天下
兵当大起。"王心以为上无太子,天下有变,诸侯并争,愈益治器械攻战
具,积金钱赂遗郡国诸侯游士奇材。诸辨士为方略者,妄作妖言,谄谀
王,王喜,多赐金钱,而谋反滋甚。

①【正义】《汉书》云:"武帝以安属为诸父。"

②【索隐】《淮南要略》云安养士数千,高才者八人,苏非、李尚、左吴、陈由、伍
　　被、毛周、雷被、晋昌,号曰"八公"也。

淮南王有女陵,慧,有口辩。王爱陵,常多予金钱,为中诇①长安,
约结上左右。元朔三年,上赐淮南王几杖,不朝。淮南王王后荼,王爱
幸之。王后生太子迁,迁取王皇太后外孙修成君女为妃。②王谋为反
具,畏太子妃知而内泄事,乃与太子谋,令诈弗爱,三月不同席。王乃详
为怒太子,闭太子使与妃同内三月,太子终不近妃。妃求去,王乃上书
谢归去之。王后荼、太子迁及女陵得爱幸王,擅国权,侵夺民田宅,妄致
系人。③

①【集解】徐广曰:"诇,伺候采察之名也。音空政反。安平侯鄂千秋玄孙伯与
　　淮南王女陵通而中绝,又遗淮南王书称臣尽力,故弃市。"【索隐】邓展曰:
　　"诇,捕也。"徐广曰:"伺候探察之名。"孟康曰:"诇音侦。西方人以反间为
　　侦。"刘氏及包恺并音丑政反。服虔云:"侦,候也。"

②【集解】应劭曰:"王太后先适金氏女也。"

③【集解】徐广曰:"一云'殴击'。"

元朔五年,太子学用剑,自以为人莫及,闻郎中雷被巧,①乃召与
戏。被一再辞让,②误中太子。太子怒,被恐。此时有欲从军者辄诣京
师,被即愿奋击匈奴。太子迁数恶被于王,王使郎中令斥免,欲以禁
后,③被遂亡至长安,上书自明。诏下其事廷尉、河南。④河南治,逮淮南
太子,⑤王、王后计欲无遣太子,遂发兵反,计犹豫,十馀日未定。会有
诏,即讯太子。⑥当是时,淮南相怒寿春丞留太子逮不遣,⑦劾不敬。王
以请相,相弗听。王使人上书告相,事下廷尉治。踪迹连王,王使人候
伺汉公卿,公卿请逮捕治王。王恐事发,太子迁谋曰:"汉使即逮王,王

令人衣卫士衣,持戟居庭中,王旁有非是,则刺杀之,臣亦使人刺杀淮南中尉,乃举兵,未晚。"是时上不许公卿请,而遣汉中尉宏⑧即讯验王。王闻汉使来,即如太子谋计。汉中尉至,王视其颜色和,讯王以斥雷被事耳,王自度无何,⑨不发。中尉还,以闻。公卿治者曰:"淮南王安拥阏奋击匈奴者雷被等,废格明诏,⑩当弃市。"诏弗许。公卿请废勿王,诏弗许。公卿请削五县,诏削二县。使中尉宏赦淮南王罪,罚以削地。中尉入淮南界,宣言赦王。王初闻汉公卿请诛之,未知得削地,闻汉使来,恐其捕之,乃与太子谋刺之如前计。及中尉至,即贺王,王以故不发。其后自伤曰:"吾行仁义见削,甚耻之。"然淮南王削地之后,其为反谋益甚。诸使道从长安来,⑪为妄妖言,言上无男,汉不治,即喜;即言汉廷治,有男,王怒,以为妄言,非也。

①【索隐】案:巧,言善用剑也。

②【索隐】乐产云:"初一让,至二让,后遂不让,故云一再让而误中。"

③【正义】言屏斥免郎中令官,而令后人不敢效也。

④【正义】雷被告章下廷尉及河南共治之。

⑤【正义】逮谓追赴河南也。

⑥【索隐】案:乐产云"即,就也。讯,问也。就淮南案之,不逮诣河南也"。

⑦【集解】如淳曰:"丞主刑狱囚徒,丞顺王意,不遣太子应逮书。"

⑧【索隐】案:《百官表》姓殷也。

⑨【集解】如淳曰:"无何罪。"

⑩【索隐】崔浩云:"诏书募击匈奴,而雍遏应募者,汉律所谓废格。"案:如淳注《梁孝王传》云"跂阁,不行也。音各也"。

⑪【索隐】道长安来。如淳曰:"道犹言路。由长安来。"姚承云:"道,或作'从'。"

　　王日夜与伍被、①左吴等案舆地图,②部署兵所从入。王曰:"上无太子,宫车即晏驾,廷臣必征胶东王,不即常山王,③诸侯并争,吾可以无备乎!且吾高祖孙,亲行仁义,陛下遇我厚,吾能忍之;万世之后,吾宁能北面臣事竖子乎!"

①【集解】《汉书》曰:"伍被,楚人。或言其先伍子胥后。"

②【集解】苏林曰:"舆犹尽载之意。"　【索隐】按:《志林》云"舆地图汉家所画,非出远古也"。

③【集解】徐广曰:"皆景帝子也。"

　　王坐东宫,召伍被与谋,曰:"将军上。"被怅然曰:"上宽赦大王,王复安得此亡国之语乎!臣闻子胥谏吴王,吴王不用,乃曰'臣今见麋鹿游姑苏之台也'。今臣亦见宫中生荆棘,露沾衣也。"王怒,系伍被父母,囚之三月。复召曰:"将军许寡人乎?"被曰:"不,直来为大王画耳。臣闻聪者听于无声,明者见于未形,故圣人万举万全。昔文王一动而功显于千世,列为三代,此所谓因天心以动作者也,故海内不期而随。此千岁之可见者。夫百年之秦,近世之吴楚,亦足以喻国家之存亡矣。臣不敢避子胥之诛,愿大王毋为吴王之听。昔秦绝圣人之道,杀术士,燔《诗》、《书》,弃礼义,尚诈力,任刑罚,转负海之粟致之西河。当是之时,男子疾耕不足于糟糠,女子纺绩不足于盖形。遣蒙恬筑长城,东西数千里,暴兵露师常数十万,死者不可胜数,僵尸千里,流血顷亩,百姓力竭,欲为乱者十家而五。又使徐福入海求神异物,还为伪辞曰:'臣见海中大神,言曰:"汝西皇之使邪?"臣答曰:"然。""汝何求?"曰:"愿请延年益寿药。"神曰:"汝秦王之礼薄,得观而不得取。"即从臣东南至蓬莱山,见芝成宫阙,有使者铜色而龙形,光上照天。于是臣再拜问曰:"宜何资以献?"海神曰:"以令名男子若振女①与百工之事,即得之矣。"'秦皇帝大说,遣振男女三千人,资之五谷种种百工而行。徐福得平原广泽,止王不来。②于是百姓悲痛相思,欲为乱者十家而六。又使尉佗逾五岭攻百越。尉佗知中国劳极,止王不来,使人上书,求女无夫家者三万人,以为士卒衣补。秦皇帝可其万五千人。于是百姓离心瓦解,欲为乱者十家而七。客谓高皇帝曰:'时可矣。'高皇帝曰:'待之,圣人当起东南间。'不一年,陈胜吴广发矣。高皇始于丰沛,一倡天下不期而响应者不可胜数也。此所谓蹈瑕候间,因秦之亡而动者也。百姓愿之,若旱之望雨,故起于行陈之中而立为天子,功高三王,德传无穷。今大王见高皇帝得天下之易也,独不观近世之吴楚乎? 夫吴王赐号为刘氏祭酒,③复不朝,王四郡之众,地方数千里,内铸消铜以为钱,东煮海水以为盐,上取江陵木以为船,一船之载当中国数十两车,国富民众。行珠玉金帛赂诸侯宗室大臣,独窦氏不与。计定谋成,举兵而西。破于大梁,败于狐父,④奔走而东,至于丹徒,越人禽之,身死绝祀,为天下笑。夫以吴越之众不能成功者何? 诚逆天道而不知时也。方今大王之兵众不能十分吴楚之一,天下安宁有万倍于秦之时,愿大王从臣之计。大王不从臣之计,今见大王事必不成而语先泄也。臣闻微子过故国而悲,于是作《麦秀之歌》,是痛纣之不用王子比干也。故《孟子》曰'纣贵为天子,死曾不若匹夫'。是纣先自绝于天下久矣,非死之日而天下去之。今臣亦窃悲大王弃千乘之君,必且赐绝命之书,为群臣先,死于东宫也。⑤于是(王)气怨结而不扬,涕满匡而横流,即起,历阶而去。

①【集解】徐广曰:"《西京赋》曰'振子万童'。"骃案:薛综曰"振子,童男女"。

②【正义】《括地志》云:"亶州在东海中,秦始皇遣徐福将童男女,遂止此州。其后复有数洲万家,其上人有至会稽市易者。"阙文。

③【集解】应劭曰:"礼'饮酒必祭,示有先也',故称祭酒,尊也。"

④【集解】徐广曰:"在梁砀之间。"

⑤【集解】如淳曰:"王时所居也。"

王有孽子不害,最长,王弗爱,王、王后、太子皆不以为子兄数。①不害有子建,材高有气,常怨望太子不省其父;②又怨时诸侯皆得分子弟为侯,而淮南独二子,一为太子,建父独不得为侯。建阴结交,欲告败太子,以其父代之。太子知之,数捕系而榜笞建。建具知太子之谋欲杀汉中尉,即使所善寿春庄芷③以元朔六年上书于天子曰:"毒药苦于口利于病,忠言逆于耳利于行。今淮南王孙建,材能高,淮南王王后荼、荼子太子迁常疾害建。建父不害无罪,擅数捕系,欲杀之。今建在,可征问,具知淮南阴事。"书闻,上以其事下廷尉,廷尉下河南治。是时故辟阳侯孙审卿善丞相公孙弘,怨淮南厉王杀其大父,乃深购淮南事于弘,弘乃疑淮南有畔逆计谋,深穷治其狱。河南治建,辞引淮南太子及党与。淮南王患之,欲发,问伍被曰:"汉廷治乱?"伍被曰:"天下治。"王意不说,谓伍被曰:"公何以言天下治也?"被曰:"被窃观朝廷之政,君臣之义,父子之亲,夫妇之别,长幼之序,皆得其理,上之举错遵古之道,风俗纪纲未有所缺也。重装富贾,周流天下,道无不通,故交易之道行。南越宾服,羌僰入献,东瓯入降,广长榆,④开朔方,匈奴折翅伤翼,失援不振。虽未及古太平之时,然犹为治也。"王怒,被谢死罪。王又谓被曰:"山东即有兵,汉必使大将军将而制山东,公以为大将军何如人也?"被曰:"被所善者黄义,从大将军击匈奴,还,告被曰:'大将军遇士大夫有礼,于士卒有恩,众皆乐为之用。骑上下山若蜚,材干绝人。'被以为材能如此,数将习兵,未易当也。及谒者曹梁使长安来,言大将军号令明,当敌勇敢,常为士卒先。休舍,穿井未通,须士卒尽得水,乃敢饮。军罢,卒尽已度河,乃度。皇太后所赐金帛,尽以赐军吏。虽古名将弗过也。"王默然。

①【集解】如淳曰:"不以为子兄秩数。"
②【集解】服虔曰:"不省录著兄弟数中。"
③【索隐】《汉书》作"严正"也。
④【集解】如淳曰:"广谓拓大之也。长榆,塞名,王恢所谓'树榆为塞'。"

淮南王见建已征治,恐国阴事且觉,欲发,被又以为难,乃复问被曰:"公以为吴兴兵是邪非也?"被曰:"以为非也。吴王至富贵也,举事不当,身死丹徒,头足异处,子孙无遗①类。臣闻吴王悔之甚。愿王孰虑之,无为吴王之所悔。"王曰:"男子之所死者一言耳。②且吴何知反,③汉将一日过成皋者四十馀人。④今我令楼缓⑤先要成皋之口,⑥周被下颍川兵塞辍辕、伊阙之道,⑦陈定发南阳兵守武关。⑧河南太守独有雒阳耳,何足忧。然此北尚有临晋关、河东、上党与河内、赵国。人言曰'绝成皋之口,天下不通'。据三川之险,⑨招山东之兵,举事如此,公以为何如?"被曰:"臣见其祸,未见其福也。"王曰:"左吴、赵贤、朱骄如皆以为有福,什事九成,公独以为有祸无福,何也?"被曰:"大王之群臣近幸素能使众者,皆前系诏狱,馀无可用者。”王曰:“陈胜、吴广无立锥之地,千人之聚,起于大泽,奋臂大呼而天下响应,西至于戏而兵百二十万。今吾国虽小,然而胜兵者可得十馀万,非直適戍之众,钘凿⑩棘矜也,公何以言有祸无福?”被曰:“往者秦为无道,残贼天下。兴万乘之驾,作阿房之宫,收太半之赋,发闾左之戍,⑪父不宁子,兄不便弟,政苛刑峻,天下熬然若焦,⑫民皆引领而望,倾耳而听,悲号仰天,叩心而怨上,故陈胜大呼,天下响应。当今陛下临制天下,一齐海内,泛爱蒸庶,布德施惠。口虽未言,声疾雷霆,令虽未出,化驰如神,心有所怀,威动万里,下之应上,犹影响也。而大将军材能不特章邯、杨熊也。大王以陈胜、吴广谕之,被以为过矣。”王曰:“苟如公言,不可徼幸邪?”被曰:“被有愚计。”王曰:“奈何?”被曰:“当今诸侯无异心,百姓无怨气。朔方之郡田地广,水草美,民徙者不足以实其地。臣之愚计,可伪为丞相御史请书,徙郡国豪桀任侠及有耐罪以上,⑬赦令除其罪,产五十万以上者,皆徙其家属朔方之郡,益发甲卒,急其会日。又伪为左右都司空上林中都官诏狱(逮)〔逮〕书,〔逮〕诸侯太子幸臣。⑭如此则民怨,诸侯惧,即使辩武⑮随而说之,傥可徼幸什得一乎?”王曰:“此可也。虽然,吾以为不至若此。”于是王乃令官奴入宫,作皇帝玺,丞相、御史、大将军、军吏、中二千石、都官令、丞印,及旁近郡太守、都尉印,汉使节法冠,⑯欲如伍被计。使人伪得罪而西,⑰事大将军、丞相;一日发兵,⑱使人即刺杀大将军青,而说丞相下之,如发蒙耳。⑲

①【集解】徐广曰:“一作‘噍’,音寂笑反。”

②【集解】徐广曰:“一本无此‘言’字。”骃案:张晏曰“不成则死,一计耳”。瓒曰“或有一言之交,以死报之矣”。

③【集解】瓒曰:“言吴王不知举兵反。”【索隐】案:知犹解。

④【集解】如淳曰:“言吴不塞成皋口,而令汉将得出之。”

⑤【集解】《汉书》直云“缓”,无“楼”字。楼缓乃六国时人,疑此后人所益也。李奇曰:“缓,似人姓名。”韦昭曰:“淮南臣名。”

⑥【正义】成皋故城在河南(湿)〔氾〕水县东南二里。

⑦【正义】轘辕故关在河南缑氏县南四十里。伊阙故关在河南县南十九里。

⑧【正义】故武关在商州商洛县东九十里。春秋时。阙文。

⑨【正义】即成皋关也。

⑩【集解】徐广曰："大镰谓之剀,音五哀反。或是钆乎?"【索隐】刘氏音上吾里反,下自洛反。又钆,邹音机也。注"大镰谓之剀",镰音廉,剀音五哀反。

⑪【正义】闾左边不役之民,秦则役之也。

⑫【索隐】若焦。音即消反。

⑬【集解】应劭曰："轻罪不至于髡,完其耏鬓,故曰耏。古'耏'字从'彡',发肤之意。杜林以为法度之字皆从'寸',后改如是。耏音若能。"如淳曰:"律'耏为司寇,耏为鬼薪、白粲'。耏犹任也。"苏林曰:"一岁为罚作,二岁刑已上为耏。耏,能任其罪。"

⑭【集解】晋灼曰："《百官表》宗正有左右都司空,上林有水司空,皆主囚徒官也。"

⑮【集解】徐广曰："淮南人名士曰武。"

⑯【集解】蔡邕曰："法冠,楚王冠也。秦灭楚,以其君冠赐御史。"【索隐】崔浩云:"一名獬豸冠。"按:蔡邕云"楚王冠也。秦灭楚,以其君冠赐御史"者也。

⑰【集解】苏林曰："诈作罪人而西也。"

⑱【集解】如淳曰："发淮南兵也。"【索隐】崔浩云:"一日犹一朝,卒然无定时也。"

⑲【集解】如淳曰："以物蒙覆其头,而为发去,其人欲之耳。"韦昭曰:"如蒙巾,发之甚易。"

王欲发国中兵,恐其相、二千石不听。王乃与伍被谋,先杀相、二千石;伪失火宫中,相、二千石救火,至即杀之。计未决,又欲令人衣求盗衣,①持羽檄,从东方来,呼曰"南越兵入界",欲因以发兵。乃使人至庐江、会稽为求盗,未发。王问伍被曰:"吾举兵西乡,诸侯必有应我者;即无应,奈何?"被曰:"南收衡山以击庐江,有寻阳之船,守下雉之城,②结九江之浦,绝豫章之口,③强弩临江而守,以禁南郡之下,东收江都、会稽,④南通劲越,屈强江淮间,犹可得延岁月之寿。"王曰:"善,无以易此。急则走越耳。"

①【集解】《汉书音义》曰:"卒衣也。"

②【集解】徐广曰:"在江夏。"骃案:苏林曰"下雉,县名"。 【索隐】雉音徐尔

反。案:县名,在江夏。

③【正义】即彭蠡湖口,北流出大江者。

④【正义】江都,扬州也。会稽,苏州也。

于是廷尉以王孙建辞连淮南王太子迁闻。上遣廷尉监因拜淮南中尉,逮捕太子。至淮南,淮南王闻,与太子谋召相、二千石,欲杀而发兵。召相,相至;内史以出为解。中尉曰:"臣受诏使,不得见王。"王念独杀相而内史中尉不来,无益也,即罢相。王犹豫,计未决。太子念所坐者谋刺汉中尉,所与谋者已死,以为口绝,乃谓王曰:"群臣可用者皆前系,今无足与举事者。王以非时发,恐无功,臣愿会逮。"王亦偷欲休,①即许太子。太子即自刭,不殊。②伍被自诣吏,因告与淮南王谋反,反踪迹具如此。

①【集解】徐广曰:"偷,苟且也。"

②【集解】晋灼曰:"不殊,不死。"

吏因捕太子、王后,围王宫,尽求捕王所与谋反宾客在国中者,索得反具以闻。上下公卿治,所连引与淮南王谋反列侯二千石豪杰数千人,皆以罪轻重受诛。衡山王赐,淮南王弟也,当坐收,有司请逮捕衡山王。天子曰:"诸侯各以其国为本,不当相坐。与诸侯王列侯会肆丞相诸侯议。"①赵王彭祖、列侯臣让等四十三人议,皆曰:"淮南王安甚大逆无道,谋反明白,当伏诛。"胶西王臣端议曰:"淮南王安废法行邪,怀诈伪心,以乱天下,荧惑百姓,倍畔宗庙,妄作妖言。《春秋》曰'臣无将,将而诛'。安罪重于将,谋反形已定。臣端所见其书节印图及他逆无道事验明白,甚大逆无道,当伏其法。而论国吏二百石以上及比者,②宗室近幸臣不在法中者,不能相教,当皆免官削爵为士伍,毋得宦为吏。其非吏,他赎死金二斤八两。③以章臣安之罪,使天下明知臣子之道,毋敢复有邪僻倍畔之意。"丞相弘、廷尉汤等以闻,天子使宗正以符节治王。未至,淮南王安自刭杀。④王后荼、太子迁诸所与谋反者皆族。天子以伍

被雅辞多引汉之美,欲勿诛。廷尉汤曰:"被首为王画反谋,被罪无赦。"
遂诛被。国除为九江郡。⑤

> ①【集解】徐广曰:"诣都座就丞相共议也。"　【索隐】会肆丞相者。案:肆,习
> 　也,音异。
> ②【集解】徐广曰:"比吏而非真。"
> ③【集解】苏林曰:"非吏,故曰他。"
> ④【集解】徐广曰:"即位凡四十二年,元狩元年十月死。"
> ⑤【集解】徐广曰:"又为六安国,以陈县为都。"

衡山王赐,王后乘舒①生子三人,长男爽为太子,次男孝,次女无
采。又姬徐来生子男女四人,美人厥姬生子二人。衡山王、淮南王兄弟
相责望礼节,间不相能。衡山王闻淮南王作为畔逆反具,亦心结宾客以
应之,恐为所并。

> ①【正义】衡山王后名也。

元光六年,衡山王入朝,其谒者卫庆有方术,欲上书事天子,王怒,
故劾庆死罪,强榜服之。衡山内史以为非是,却其狱。王使人上书告内
史,内史治,言王不直。王又数侵夺人田,坏人冢以为田。有司请逮治
衡山王。天子不许,为置吏二百石以上。①衡山王以此恚,与奚慈、张广
昌谋,求能为兵法候星气者,日夜从容王密谋反事。②

> ①【集解】如淳曰:"《汉仪注》吏四百石以下,自调除国中。今王恶,天子皆为
> 　置之。"
> ②【集解】徐广曰:"密,豫作计校。"

王后乘舒死,立徐来为王后。厥姬俱幸。两人相妒,厥姬乃恶王后
徐来于太子曰:"徐来使婢蛊道杀太子母。"太子心怨徐来。徐来兄至衡
山,太子与饮,以刃刺伤王后兄。王后怨怒,数毁恶太子于王。太子女
弟无采,嫁弃归,与奴奸,又与客奸。太子数让无采,无采怒,不与太子
通。王后闻之,即善遇无采。无采及中兄孝少失母,附王后,王后以计

爱之，与共毁太子，王以故数击笞太子。元朔四年中，人有贼伤王后假
母者，①王疑太子使人伤之，笞太子。后王病，太子时称病不侍。孝、王
后、无采恶太子："太子实不病，自言病，有喜色。"王大怒，欲废太子，立
其弟孝。王后知王决废太子，又欲并废孝。王后有侍者，善舞，王幸之，
王后欲令侍者与孝乱以汙之，欲并废兄弟而立其子广代太子。太子爽
知之，念后数恶己无已时，欲与乱以止其口。王后饮，太子前为寿，因据
王后股，求与王后卧。王后怒，以告王。王乃召，欲缚而笞之。太子知
王常欲废己立其弟孝，乃谓王曰："孝与王御者奸，无采与奴奸，王强食，
请上书。"即倍王去。王使人止之，莫能禁，乃自驾追捕太子。太子妄恶
言，王械系太子宫中。孝日益亲幸。王奇孝材能，乃佩之王印，号曰将
军，令居外宅，多给金钱，招致宾客。宾客来者，微知淮南、衡山有逆计，
日夜从容劝之。王乃使孝客江都人救赫、②陈喜作辌车镞矢，③刻天子
玺，将相军吏印。王日夜求壮士如周丘等，数称引吴楚反时计画，以约
束。衡山王非敢效淮南王求即天子位，畏淮南起并其国，以为淮南已
西，发兵定江淮之间而有之，望如是。

①【集解】《汉书音义》曰："傅母属。"
②【索隐】救，《汉书》作"枚"。刘向《别录》云"《易》家有救氏注"也。
③【集解】徐广曰："辌车，战车也，音扶萌反。"

　　元朔五年秋，衡山王当朝，（六年）过淮南，淮南王乃昆弟语，除前郤，
约束反具。衡山王即上书谢病，上赐书不朝。

　　元朔六年中，衡山王使人上书请废太子爽，立孝为太子。爽闻，即
使所善白嬴①之长安上书，言孝作辌车镞矢，与王御者奸，欲以败孝。
白嬴至长安，未及上书，吏捕嬴，以淮南事系。王闻爽使白嬴上书，恐言
国阴事，即上书反告太子爽所为不道弃市罪事。事下沛郡治。元（朔七）
〔狩元〕年冬，有司公卿下沛郡求捕所与淮南谋反者未得，得陈喜于衡山
王子孝家。吏劾孝首匿喜。孝以为陈喜雅数与王计谋反，恐其发之，闻
律先自告除其罪，又疑太子使白嬴上书发其事，即先自告，告所与谋反
者救赫、陈喜等。廷尉治验，公卿请逮捕衡山王治之。天子曰："勿捕。"

遣中尉安、②大行息③即问王，王具以情实对。吏皆围王宫而守之。中尉大行还，以闻，公卿请遣宗正、大行与沛郡杂治王。王闻，即自刭杀。孝先自告反，除其罪；坐与王御婢奸，弃市。王后徐来亦坐蛊杀前王后乘舒，及太子爽坐王告不孝，皆弃市。诸与衡山王谋反者皆族。国除为衡山郡。

①【索隐】音盈，人姓名也。

②【索隐】案：《汉书》表司马安也。

③【索隐】案：《汉书》表李息也。

太史公曰：《诗》之所谓"戎狄是膺，荆舒是惩"，信哉是言也。淮南、衡山亲为骨肉，疆土千里，列为诸侯，不务遵蕃臣职以承辅天子，而专挟邪僻之计，谋为畔逆，仍父子再亡国，各不终其身，为天下笑。此非独王过也，亦其俗薄，臣下渐靡使然也。夫荆楚僄勇轻悍，好作乱，乃自古记之矣。

【索隐述赞】淮南多横，举事非正。天子宽仁，其过不更。辒车致祸，斗粟成咏。王安好学，女陵作讻。兄弟不和，倾国殒命。

史记卷一百一十九

循吏列传第五十九

【索隐】案：谓本法循理之吏也。

太史公曰：法令所以导民也，刑罚所以禁奸也。文武不备，良民惧然身修者，官未曾乱也。奉职循理，亦可以为治，何必威严哉？

孙叔敖者，①楚之处士也。虞丘相进之于楚庄王以自代也。三月为楚相，施教导民，上下和合，世俗盛美，政缓禁止，吏无奸邪，盗贼不起。秋冬则劝民山采，春夏以水，②各得其所便，民皆乐其生。

①【正义】《说苑》云："孙叔敖为令尹，一国吏民皆来贺。有一老父衣粗衣，冠白冠，后来，吊曰：'有身贵而骄人者，民亡之；位已高而擅权者，君恶之；禄已厚而不知足者，患处之。'叔敖再拜，敬受命，愿闻馀教。父曰：'位已高而意益下，官益大而心益小，禄已厚而慎不取。君谨守此三者，足以治楚。'"

②【集解】徐广曰："乘多水时而出材竹。"

庄王以为币轻，更以小为大，百姓不便，皆去其业。市令言之相曰："市乱，民莫安其处，次行不定。"相曰："如此几何顷乎？"市令曰："三月顷。"相曰："罢，吾今令之复矣。"后五日，朝，相言之王曰："前日更币，以为轻。今市令来言曰'市乱，民莫安其处，次行之不定'。臣请遂令复如故。"王许之，下令三日而市复如故。

楚民俗好庳车，①王以为庳车不便马，欲下令使高之。相曰："令数下，民不知所从，不可。王必欲高车，臣请教闾里使高其捆。②乘车者皆君子，君子不能数下车。"王许之。居半岁，民悉自高其车。

①【索隐】庳，下也，音埤。

②【索隐】音口本反。梱,门限也。

此不教而民从其化,近者视而效之,远者四面望而法之。故三得相而不喜,知其材自得之也;三去相而不悔,知非己之罪也。①

①【集解】《皇览》曰:"孙叔敖冢在南郡江陵故城中白土里。民传孙叔敖曰'葬我庐江陂,后当为万户邑'。去故楚都郢城北三十里所。或曰孙叔敖激沮水作云梦大泽之池也。"

子产者,郑之列大夫也。郑昭君之时,以所爱徐挚为相,①国乱,上下不亲,父子不和。大宫子期言之君,以子产为相。②为相一年,竖子不戏狎,斑白不提挈,僮子不犁畔。二年,市不豫贾。③三年,门不夜关,④道不拾遗。四年,田器不归。五年,士无尺籍,⑤丧期不令而治。治郑二十六年而死,丁壮号哭,老人儿啼,曰:"子产去我死乎!民将安归?"⑥

①【索隐】案:《郑系家》云子产,郑成公之少子。事简公、定公。简公封子产以六邑,子产受其半。子产不事昭君,亦无徐挚作相之事。盖别有所出,太史记异耳。

②【索隐】子期亦郑之公子也。《左传》、《国语》亦无其说。案:系家郑相子驷、子孔与子产同时,盖亦子期之兄弟也。

③【索隐】下音价。谓临时评其贵贱,不豫定也。

④【集解】徐广曰:"一作'闭'。"

⑤【正义】言士民无一尺方板之籍书。什伍,什伍相保也。

⑥【集解】《皇览》曰:"子产冢在河南新郑,城外大冢是也。"【索隐】案:《左传》及系家云子产死,孔子泣曰"子产,古之遗爱也"。又《韩诗》称子产卒,郑人耕者辍耒,妇人捐其佩玦也。

公仪休者,鲁博士也。以高弟为鲁相。奉法循理,无所变更,百官自正。使食禄者不得与下民争利,受大者不得取小。

客有遗相鱼者,相不受。客曰:"闻君嗜鱼,遗君鱼,何故不受也?"相曰:"以嗜鱼,故不受也。今为相,能自给鱼;今受鱼而免,谁复给我鱼者？吾故不受也。"

食茹而美,拔其园葵而弃之。见其家织布好,而疾出其家妇,燔其机,云"欲令农士工女安所雠①其货乎"?

①【索隐】音售。

石奢者,楚昭王相也。坚直廉正,无所阿避。行县,道有杀人者,相追之,乃其父也。纵其父而还自系焉。使人言之王曰:"杀人者,臣之父也。夫以父立政,不孝也;废法纵罪,非忠也:臣罪当死。"王曰:"追而不及,不当伏罪,子其治事矣。"石奢曰:"不私其父,非孝子也;不奉主法,非忠臣也。王赦其罪,上惠也;伏诛而死,臣职也。"遂不受令,自刎①而死。

①【索隐】音亡粉反。

李离者,晋文公之理也。①过听杀人,自拘当死。文公曰:"官有贵贱,罚有轻重。下吏有过,非子之罪也。"李离曰:"臣居官为长,不与吏让位;受禄为多,不与下分利。今过听杀人,傅其罪下吏,非所闻也。"辞不受令。文公曰:"子则自以为有罪,寡人亦有罪邪?"李离曰:"理有法,失刑则刑,失死则死。公以臣能听微决疑,②故使为理。今过听杀人,罪当死。"遂不受令,伏剑而死。

①【正义】理,狱官也。

②【索隐】言能听察微理,以决疑狱。故《周礼》司寇以五听察狱,词气色耳目也。又《尚书》曰"服念五六日,至于旬时"是也。

太史公曰:孙叔敖出一言,郢市复。子产病死,郑民号哭。公仪子见好布而家妇逐。石奢纵父而死,楚昭名立。李离过杀而伏剑,晋文以正国法。

【索隐述赞】奉职循理,为政之先。恤人体国,良史述焉。叔孙、郑产,自昔称贤。拔葵一利,赦父非偄。李离伏剑,为法而然。

史记卷一百二十

汲郑列传第六十

汲黯字长孺，濮阳人也。其先有宠于古之卫君。① 至黯七世，世为卿大夫。黯以父任，孝景时为太子洗马，以庄见惮。② 孝景帝崩，太子即位，黯为谒者。东越相攻，上使黯往视之。不至，至吴而还，报曰："越人相攻，固其俗然，不足以辱天子之使。"河内失火，延烧千馀家，上使黯往视之。还报曰："家人失火，屋比③ 延烧，不足忧也。臣过河南，河南贫人伤水旱万馀家，或父子相食，臣谨以便宜，持节发河南仓粟以振贫民。臣请归节，伏矫制之罪。"上贤而释之，迁为荥阳令。黯耻为令，病归田里。上闻，乃召拜为中大夫。以数切谏，不得久留内，迁为东海太守。黯学黄老之言，治官理民，好清静，择丞史而任之。④ 其治，责大指而已，不苛小。黯多病，卧闺阁内不出。岁馀，东海大治。称之。上闻，召以为主爵都尉，列于九卿。治务左无为而已，弘大体，不拘文法。

①【集解】文颖曰："六国时，卫但称君。"

②【索隐】按：庄者，严也，谓严威也。按：自汉明帝讳庄，故已后"庄"皆云"严"。

③【索隐】音鼻。

④【集解】如淳曰："律，太守、都尉、诸侯内史史各一人，卒史书佐各十人。今总言'丞史'，或以为择郡丞及史使任之。郑当时为大农，推官属丞史，亦是也。"

黯为人性倨，少礼，面折，不能容人之过。合己者善待之，不合己者不能忍见，士亦以此不附焉。然好学，游侠，任气节，内行修絜，好直谏，数犯主之颜色，常慕傅柏、袁盎之为人也。① 善灌夫、郑当时及宗正刘弃。②亦以数直谏，不得久居位。

> ①【集解】应劭曰："傅柏，梁人，为孝王将，素伉直。"【索隐】傅音付，人姓。
> 柏，名。为梁将也。
>
> ②【集解】徐广曰："一云名弃疾。"【索隐】《汉书》名弃疾。

当是时，太后弟武安侯蚡为丞相，中二千石来拜谒，蚡不为礼。然黯见蚡未尝拜，常揖之。天子方招文学儒者，上曰吾欲云云，①黯对曰："陛下内多欲而外施仁义，奈何欲效唐虞之治乎！"上默然，怒，变色而罢朝。公卿皆为黯惧。上退，谓左右曰："甚矣，汲黯之戆也！"②群臣或数黯，黯曰："天子置公卿辅弼之臣，宁令从谀承意，陷主于不义乎？且已在其位，纵爱身，奈辱朝廷何！"

> ①【集解】张晏曰："所言欲施仁义也。"
>
> ②【索隐】戆，愚也。音陟降反也。

黯多病，病且满三月，上常赐告者数，①终不愈。最后病，庄助为请告。②上曰："汲黯何如人哉？"助曰："使黯任职居官，无以逾人。③然至其辅少主，守城深坚，招之不来，麾之不去，虽自谓贲育亦不能夺之矣。"上曰："然。古有社稷之臣，至如黯，近之矣。"

> ①【集解】如淳曰："杜钦所谓'病满赐告诏恩'也。数者，非一也。或曰赐告，得去官归家；与告，居官不视事。"【索隐】数音所角反。按：注"赐告，得去官家居；予告，居官不视事"也。
>
> ②【集解】徐广曰："最，一作'其'也。"
>
> ③【索隐】逾音庾。案：《汉书》作"瘉"，瘉犹胜也。此作"逾"，逾谓越过人也。

大将军青侍中，上踞厕而视之。①丞相弘燕见，上或时不冠。至如黯见，上不冠不见也。上尝坐武帐中，②黯前奏事，上不冠，望见黯，避帐中，使人可其奏。其见敬礼如此。

> ①【集解】如淳曰："厕音侧，谓床边，踞床视之。一云溷厕也。厕，床边侧。"
>
> ②【集解】应劭曰："武帐，织成为武士象也。"孟康曰："今御武帐，置兵兰五兵于帐中。"韦昭曰："以武名之，示威。"

张汤方以更定律令为廷尉，黯数质责汤于上前，曰："公为正卿，上不能褒先帝之功业,下不能抑天下之邪心,安国富民,使囹圄空虚,二者无一焉。非苦就行,放析就功,何乃取高皇帝约束纷更之为?①公以此无种矣。"黯时与汤论议,汤辩常在文深小苛,黯伉厉守高不能屈,忿发骂曰:"天下谓刀笔吏不可以为公卿,果然。必汤也,令天下重足而立,侧目而视矣!"

①【集解】如淳曰:"纷,乱也。"

是时,汉方征匈奴,招怀四夷。黯务少事,乘上间,常言与胡和亲,无起兵。上方向儒术,尊公孙弘。及事益多,吏民巧弄。①上分别文法,汤等数奏决谳②以幸。而黯常毁儒,面触弘等徒怀诈饰智以阿人主取容,而刀笔吏专深文巧诋,③陷人于罪,使不得反其真,以胜为功。上愈益贵弘、汤,弘、汤深心疾黯,唯天子亦不说也,欲诛之以事。弘为丞相,乃言上曰:"右内史界部中多贵人宗室,难治,非素重臣不能任,请徙黯为右内史。"为右内史数岁,官事不废。

①【索隐】音路洞反。
②【索隐】音鱼列反。
③【索隐】音丁礼反。

大将军青既益尊,姊为皇后,然黯与亢礼。人或说黯曰:"自天子欲群臣下大将军,大将军尊重益贵,君不可以不拜。"黯曰:"夫以大将军有揖客,反不重邪?"大将军闻,愈贤黯,数请问国家朝廷所疑,遇黯过于平生。

淮南王谋反,惮黯,曰:"好直谏,守节死义,难惑以非。至如说丞相弘,如发蒙振落耳。"

天子既数征匈奴有功,黯之言益不用。

始黯列为九卿,而公孙弘、张汤为小吏。及弘、汤稍益贵,与黯同位,黯又非毁弘、汤等。已而弘至丞相,封为侯;汤至御史大夫;故黯时丞相史皆与黯同列,或尊用过之。黯褊心,不能无少望,见上,前言曰:"陛下用群臣如积薪耳,后来者居上。"上默然。有间黯罢,上曰:"人果不可以无学,观黯之言也日益甚。"

　　居无何，匈奴浑邪王率众来降，汉发车二万乘。县官无钱，从民贳马。①民或匿马，马不具。上怒，欲斩长安令。黯曰："长安令无罪，独斩黯，民乃肯出马。且匈奴畔其主而降汉，汉徐以县次传之，何至令天下骚动，罢弊中国而以事夷狄之人乎！"上默然。及浑邪至，贾人与市者，坐当死者五百馀人。黯请间，见高门，②曰："夫匈奴攻当路塞，绝和亲，中国兴兵诛之，死伤者不可胜计，而费以巨万百数。臣愚以为陛下得胡人，皆以为奴婢以赐从军死事者家；所卤获，因予之，以谢天下之苦，塞百姓之心。今纵不能，浑邪率数万之众来降，虚府库赏赐，发良民侍养，譬若奉骄子。愚民安知市买长安中物而文吏绳以为阑出财物于边关乎？③陛下纵不能得匈奴之资以谢天下，又以微文杀无知者五百馀人，是所谓'庇其叶而伤其枝'者也，臣窃为陛下不取也。"上默然，不许，曰："吾久不闻汲黯之言，今又复妄发矣。"后数月，黯坐小法，会赦免官。于是黯隐于田园。

　　①【索隐】贳音时夜反。贳，赊也。邹氏音势。
　　②【集解】如淳曰："《黄图》未央宫中有高门殿。"
　　③【集解】应劭曰："阑，妄也。律，胡市，吏民不得持兵器出关。虽于京师市买，其法一也。"瓒曰："无符传出入为阑。"

　　居数年，会更五铢钱，①民多盗铸钱，楚地尤甚。上以为淮阳，楚地之郊，乃召拜黯为淮阳太守。黯伏谢不受印，诏数强予，然后奉诏。诏召见黯，黯为上泣曰："臣自以为填沟壑，不复见陛下，不意陛下复收用之。臣常有狗马病，力不能任郡事，臣愿为中郎，出入禁闼，补过拾遗，臣之愿也。"上曰："君薄淮阳邪？吾今召君矣。②顾淮阳吏民不相得，吾徒得君之重，卧而治之。"黯既辞行，过大行李息，曰："黯弃居郡，不得与朝廷议也。然御史大夫张汤智足以拒谏，诈足以饰非，务巧佞之语，辩数之辞，非肯正为天下言，专阿主意。主意所不欲，因而毁之；主意所欲，因而誉之。好兴事，舞文法，③内怀诈以御主心，外挟贼吏以为威重。公列九卿，不早言之，公与之俱受其僇矣。"息畏汤，终不敢言。黯居郡如故治，淮阳政清。后张汤果败，上闻黯与息言，抵息罪。令黯以诸侯相秩居淮阳。④七岁而卒。⑤

①【集解】徐广曰:"元狩五年行五铢钱。"

②【索隐】今即今也。谓今日后即召君。

③【集解】如淳曰:"舞犹弄也。"

④【集解】如淳曰:"诸侯王相在郡守上,秩真二千石。律,真二千石俸月二万,二千石月万六千。"

⑤【集解】徐广曰:"元鼎五年。"

卒后,上以黯故,官其弟汲仁至九卿,子汲偃至诸侯相。黯姑姊子司马安亦少与黯为太子洗马。安文深巧善宦,官四至九卿,以河南太守卒。昆弟以安故,同时至二千石者十人。濮阳段宏①始事盖侯信,②信任宏,宏亦再至九卿。然卫人仕者皆严惮汲黯,出其下。

①【索隐】段客。案:《汉书》作"段宏"。

②【集解】徐广曰:"太后兄王信。"

郑当时者,字庄,陈人也。其先郑君①尝为项籍将;籍死,已而属汉。高祖令诸故项籍臣名籍,郑君独不奉诏。诏尽拜名籍者为大夫,而逐郑君。郑君死孝文时。

①【集解】《汉书音义》曰:"当时父。"

郑庄以任侠自喜,脱张羽于厄,①声闻梁楚之间。孝景时,为太子舍人。每五日洗沐,常置驿马长安诸郊,②存诸故人,请谢宾客,夜以继日,至其明旦,常恐不遍。庄好黄老之言,其慕长者如恐不见。年少官薄,然其游知交皆其大父行,天下有名之士也。武帝立,庄稍迁为鲁中尉、济南太守、江都相,至九卿为右内史。以武安侯、魏其时议,贬秩为詹事,迁为大农令。

①【集解】服虔曰:"梁孝王之将,楚相之弟。"

②【集解】如淳曰:"交道四通处也,请宾客便。"瓒曰:"诸郊谓长安四面郊祀之处,闲静,可以请宾客。"【索隐】按:置即驿,马谓于置著马也。四面郊。

庄为太史,诫门下:"客至,无贵贱无留门者。"执宾主之礼,以其贵下人。庄廉，又不治其产业，仰奉赐以给诸公。然其馈遗人，不过算器食。① 每朝，候上之间，说未尝不言天下之长者。其推毂士及官属丞史，诚有味其言之也，常引以为贤于己。未尝名吏，与官属言，若恐伤之。闻人之善言，进之上，唯恐后。山东士诸公以此翕然称郑庄。

> ①【集解】徐广曰："算音先管反，竹器。"【索隐】算音先管反。按：谓竹器，以言无铜漆也。《汉书》作"具器食"。

郑庄使视决河，自请治行五日。① 上曰："吾闻'郑庄行，千里不赍粮'，请治行者何也？"然郑庄在朝，常趋和承意，不敢甚引当否。及晚节，汉征匈奴，招四夷，天下费多，财用益匮。庄任人宾客为大农僦人，② 多逋负。司马安为淮阳太守，发其事，庄以此陷罪，赎为庶人。顷之，守长史。③ 上以为老，以庄为汝南太守。数岁，以官卒。

> ①【集解】如淳曰："治行谓庄严也。"
> ②【集解】徐广曰："一作'入'。一云宾客为大农僦人，僦人盖兴生财利，如今方宜矣。"骃案：晋灼曰"当时为大农，而任使其宾客辜较任僦也"。瓒曰"任人谓保任见举者"。【索隐】僦音即就反。辜较音姑角。按：谓当时作大农，任宾客就人取庸直也。或者赍物以应官取庸，故下云"多逋负"。"辜较"字亦作"酤榷"。榷者，独也。言国家独榷酤也。此云"辜较"，亦谓令宾客任人专其利，故云辜较也。
> ③【集解】如淳曰："丞相长史。"

郑庄、汲黯始列为九卿，廉，内行修絜。此两人中废，家贫，宾客益落。① 及居郡，卒后家无馀赍财。庄兄弟子孙以庄故，至二千石六七人焉。

> ①【索隐】按：落犹零落，谓散也。

太史公曰：夫以汲、郑之贤，有势则宾客十倍，无势则否，况众人乎！下邽① 翟公有言，始翟公为廷尉，宾客阗门；及废，门外可设雀罗。翟公复为廷尉，宾客欲往，翟公乃大署其门曰："一死一生，乃知交情。一贫一富，乃知交态。一贵一贱，交情乃见。"汲、郑亦云，悲夫！

①【集解】徐广曰："邽，一作'邳'。"　【索隐】邽音圭，县名，属京兆。徐广曰："下邽作'下邳'。"

【索隐述赞】河南矫制，自古称贤。淮南卧理，天子伏焉。积薪兴叹，伉直愈坚。郑庄推士，天下翕然。交道势利，翟公怆旃。

史记卷一百二十一

儒林列传第六十一

【正义】姚承云："儒谓博士，为儒雅之林，综理古文，宣明旧艺，咸劝儒者，以成王化者也。"

太史公曰：余读功令，①至于广厉学官之路，未尝不废书而叹也。曰：嗟乎！夫周室衰而《关雎》作，幽厉微而礼乐坏，诸侯恣行，政由强国。故孔子闵王路废而邪道兴，于是论次《诗》、《书》，修起礼乐。适齐闻《韶》，三月不知肉味。自卫返鲁，然后乐正，《雅》、《颂》各得其所。②世以混浊莫能用，是以仲尼干七十馀君③无所遇，曰"苟有用我者，期月而已矣"。西狩获麟，曰"吾道穷矣"。故因史记作《春秋》，以当王法，以辞微而指博，后世学者多录焉。④

①【索隐】案：谓学者课功著之于令，即今学令是也。

②【正义】郑玄云："鲁哀公十一年。是时道衰乐废，孔子还，修正之，故《雅·颂》各得其所也。"

③【索隐】案：后之记者失辞也。案《家语》等说，云孔子历聘诸国，莫能用，谓周、郑、齐、宋、曹、卫、陈、楚、杞、莒、匡等。纵历小国，亦无七十馀国也。

④【集解】徐广曰："录，一作'缪'。"

自孔子卒后，七十子之徒散游诸侯，大者为师傅卿相，①小者友教士大夫，或隐而不见。故子路居卫，②子张居陈，③澹台子羽居楚，④子夏居西河，⑤子贡终于齐。⑥如田子方、段干木、吴起、禽滑釐之属，皆受业于子夏之伦，为王者师。是时独魏文侯好学。后陵迟以至于始皇，天下并争于战国，儒术既绌焉，然齐鲁之间，学者独不废也。于威、宣之际，孟子、荀卿之列，咸遵夫子之业而润色之，以学显于当世。

①【索隐】案：子夏为魏文侯师。子贡为齐、鲁聘吴、越，盖亦卿也。而宰予亦
　　仕齐为卿。馀未闻也。

②【集解】案：《仲尼弟子列传》子路死于卫，时孔子尚存也。

③【正义】今陈州。

④【正义】今苏州城南五里有澹台湖，湖北有澹台。

⑤【正义】今汾州。

⑥【正义】今青州。

及至秦之季世，焚《诗》、《书》，坑术士，①六艺从此缺焉。陈涉之王
也，而鲁诸儒持孔氏之礼器往归陈王。于是孔甲为陈涉博士，②卒与涉
俱死。陈涉起匹夫，驱瓦合適戍，③旬月以王楚，不满半岁竟灭亡，其事
至微浅，然而缙绅先生之徒负孔子礼器往委质为臣者，何也？以秦焚其
业，积怨而发愤于陈王也。

①【正义】颜云："今新丰县温汤之处号愍儒乡。温汤西南三里有马谷，谷之西
　　岸有坑，古相传以为秦坑儒处也。卫宏《诏定古文尚书序》云'秦既焚书，恐
　　天下不从所改更法，而诸生到者拜为郎，前后七百人，乃密种瓜于骊山陵谷
　　中温处，瓜实成，诏博士诸生说之，人言不同，乃令就视。为伏机，诸生贤儒
　　皆至焉，方相难不决，因发机，从上填之以土，皆压，终乃无声'也。"

②【集解】徐广曰："孔子八世孙，名鲋字甲也。"

③【索隐】上音丁革反。

及高皇帝诛项籍，举兵围鲁，鲁中诸儒尚讲诵习礼乐，弦歌之音不
绝，岂非圣人之遗化，好礼乐之国哉？故孔子在陈，曰"归与归与！吾党
之小子狂简，斐然成章，不知所以裁之"。夫齐鲁之闲于文学，自古以
来，其天性也。故汉兴，然后诸儒始得修其经藝，讲习大射乡饮之礼。
叔孙通作汉礼仪，因为太常，诸生弟子共定者，咸为选首，于是喟然叹兴
于学。然尚有干戈，平定四海，①亦未暇遑庠序之事也。孝惠、吕后时，
公卿皆武力有功之臣。孝文时颇征用，②然孝文帝本好刑名之言。及
至孝景，不任儒者，而窦太后又好黄老之术，故诸博士具官待问，未有
进者。

①【正义】颜云："陈豨、卢绾、韩信、黥布之徒相次反叛，征讨也。"

②【正义】言孝文稍用文学之士居位。

及今上即位,越绾、王臧之属明儒学,而上亦向之,于是招方正贤良文学之士。自是之后,言《诗》于鲁则申培公,①于齐则辕固生,②于燕则韩太傅。③言《尚书》自济南伏生。④言《礼》自鲁高堂生。⑤言《易》自菑川田生。言《春秋》于齐鲁自胡毋生,⑥于赵自董仲舒。及窦太后崩,武安侯田蚡为丞相,绌黄老、刑名百家之言,延文学儒者数百人,而公孙弘以《春秋》白衣为天子三公,⑦封以平津侯。天下之学士靡然向风矣。

①【集解】徐广曰:"一作'陪'。"韦昭曰:"培,申公名,音扶尤反。"【索隐】徐广云"培,一作'陪',音裴"。韦昭曰"培,申公之名,音浮"。邹氏音普来反也。

②【正义】申,辕,姓;培,固,名;公,生,其处号也。

③【索隐】韩婴也。为常山王太傅也。

④【索隐】按:张华云名胜,《汉纪》云字子贱。

⑤【索隐】谢承云"秦氏季代有鲁人高堂伯",则"伯"是其字。云"生"者,自汉已来儒者皆号"生",亦"先生"省字呼之耳。

⑥【索隐】毋音无。胡毋,姓。字子都。

⑦【集解】徐广曰:"一云'自齐为天子三公'。"

公孙弘为学官,悼道之郁滞,乃请曰:"丞相御史言:①制曰'盖闻导民以礼,风之以乐。婚姻者,居室之大伦也。今礼废乐崩,朕甚愍焉。故详延天下方正博闻之士,咸登诸朝。其令礼官劝学,讲议洽闻兴礼,以为天下先。太常议,与博士弟子,崇乡里之化,以广贤材焉'。谨与太常臧、②博士平等议曰:闻三代之道,乡里有教,夏曰校,③殷曰序,④周曰庠。⑤其劝善也,显之朝廷;其惩恶也,加之刑罚。故教化之行也,建首善自京师始,由内及外。今陛下昭至德,开大明,配天地,本人伦,劝学修礼,崇化厉贤,以风四方,太平之原也。古者政教未洽,不备其礼,请因旧官而兴焉。为博士官置弟子五十人,复其身。太常择民年十八已上,仪状端正者,补博士弟子。郡国县道邑有好文学,敬长上,肃政教,顺乡里,出入不悖所闻者,令相长丞上属所二千石,⑥二千石谨察可者,当与计偕,诣太常,⑦得受业如弟子。一岁皆辄试,能通一蓺以上,补文学掌故缺;其高弟可以为郎中者,太常籍奏。即有秀才异等,辄以名闻。其不事学若下材及不能通一蓺,辄罢之,而请诸不称者罚。臣谨案诏书律令下者,明天人分际,通古今之义,文章尔雅,训辞深厚,⑧恩施甚美。小吏浅闻,不能究宣,无以明布谕下。治礼次治掌故,⑨以文学礼义为官,迁留滞。请选择其秩比二百石以上,及吏百石通一蓺以上,补左右内史、⑩大行卒史;比百石已下,补郡太守卒史:皆各二人,边郡一人。先用诵多者,若不足,乃择掌故补中二千石属,⑪文学掌故补郡属,⑫备员。请著功令。佗如律令。"制曰:"可。"自此以来,则公卿大夫士吏斌斌多文学之士矣。

①【正义】自此以下,皆弘奏请之辞。

②【集解】《汉书·百官表》孔臧也。

③【正义】校,教也。可教道蓺也。

④【正义】序,舒也。言舒礼教。

⑤【正义】庠,详也。言详审经典。

⑥【索隐】上时两反。属音烛。属,委也。所二千石,谓于所部之郡守相。

⑦【索隐】计,计吏也。偕,俱也。谓令与计吏俱诣太常也。

⑧【索隐】谓诏书文章雅正,训辞深厚也。

⑨【集解】徐广曰:"一云'次治礼学掌故'。"

⑩【正义】案:左右内史后改为左冯翊、右扶风。

⑪【索隐】苏林曰:"属亦曹吏,今县官文书解云'属某甲'。"

⑫【索隐】如淳云:"《汉仪》弟子射策,甲科百人补郎中,乙科二百人补太子舍人,皆秩比二百石;次郡国文学,秩百石也。"

申公者,鲁人也。高祖过鲁,申公以弟子从师入见①高祖于鲁南宫。②吕太后时,申公游学长安,与刘郢同师。③已而郢为楚王,令申公傅其太子戊。④戊不好学,疾申公。及王郢卒,戊立为楚王,胥靡申公。⑤申公耻之,归鲁,退居家教,终身不出门,复谢绝宾客,独王命召之乃往。⑥弟子自远方至受业者百馀人。申公独以《诗》经为训以教,无传(疑),疑者则阙不传。⑦

①【索隐】按:《汉书》云"申公少与楚元王俱事齐人浮丘伯,受《诗》"。

②【正义】《括地志》云:"泮宫在兖州曲阜县西南二百里鲁城内宫之内。郑云泮之言半也,其制半于天子之璧雍。"

③【索隐】案:《汉书》云"吕太后时,浮丘伯在长安,申公与元王郢客俱卒学"也。

④【集解】徐广曰:"楚元王刘交以文帝元年薨,子夷王郢立,四岁薨,子戊立。郢以吕后二年封上邳侯,文帝元年立为楚王。"

⑤【集解】徐广曰:"腐刑。"

⑥【集解】徐广曰:"鲁恭王也。"

⑦【索隐】谓申公不作《诗》传,但教授,有疑则阙耳。

兰陵王臧既受《诗》,以事孝景帝为太子少傅,免去。今上初即位,臧乃上书宿卫上,累迁,一岁中为郎中令。及代赵绾亦尝受《诗》申公,绾为御史大夫。绾、臧请天子,欲立明堂以朝诸侯,不能就其事,乃言师申公。于是天子使使束帛加璧安车驷马迎申公,弟子二人乘轺传从。①至,见天子。天子问治乱之事,申公时已八十馀,老,对曰:"为治者不在多言,顾力行何如耳。"是时天子方好文词,见申公对,默然。然已招致,则以为太中大夫,舍鲁邸,议明堂事。太皇窦太后好老子言,不说儒术,得赵绾、王臧之过以让上,上因废明堂事,尽下赵绾、王臧吏,后皆自杀。申公亦疾免以归,数年卒。

①【集解】徐广曰:"马车。"

弟子为博士者十馀人:孔安国至临淮太守,①周霸至胶西内史,夏宽至城阳内史,砀鲁赐至东海太守,兰陵缪生②至长沙内史,徐偃为胶西中尉,邹人阙门庆忌③为胶东内史。其治官民皆有廉节,称其好学。学官弟子行虽不备,而至于大夫、郎中、掌故以百数。言《诗》虽殊,多本于申公。

①【集解】徐广曰:"孔鲋之弟子襄为惠帝博士,迁为长沙太傅,生忠,忠生武及安国。安国为博士,临淮太守。"

②【索隐】缪音亡救反。缪氏出兰陵。一音穆。所谓穆生，为楚元王所礼也。

③【集解】《汉书音义》曰："姓阙门，名庆忌。"

清河王太傅辕固生者，齐人也。以治《诗》，孝景时为博士。与黄生争论景帝前。黄生曰："汤武非受命，乃弑也。"辕固生曰："不然。夫桀纣虐乱，天下之心皆归汤武，汤武与天下之心而诛桀纣，桀纣之民不为之使而归汤武，汤武不得已而立，非受命为何？"黄生曰："冠虽敝，必加于首；履虽新，必关于足。何者，上下之分也。今桀纣虽失道，然君上也；汤武虽圣，臣下也。夫主有失行，臣下不能正言匡过以尊天子，反因过而诛之，代立践南面，非弑而何也？"辕固生曰："必若所云，是高帝代秦即天子之位，非邪？"于是景帝曰："食肉不食马肝，①不为不知味；言学者无言汤武受命，不为愚。"遂罢。是后学者莫敢明受命放杀者。

①【正义】《论衡》云："气热而毒盛，故食马肝杀人。又盛夏马行多渴死，杀气为毒也。"

窦太后好《老子》书，召辕固生问《老子》书。固曰："此是家人言耳。"①太后怒曰："安得司空城旦书乎？"②乃使固入圈刺豕。景帝知太后怒而固直言无罪，乃假固利兵，下圈刺豕，正中其心，一刺，豕应手而倒。太后默然，无以复罪，罢之。居顷之，景帝以固为廉直，拜为清河王太傅。③久之，病免。

①【索隐】此家人言耳。服虔云："如家人言也。"案：《老子道德篇》近而观之，理国理身而已，故言此家人之言也。

②【集解】徐广曰："司空，主刑徒之官也。"骃案：《汉书音义》曰"道家以儒法为急，比之于律令"。

③【集解】徐广曰："哀王乘也。"

今上初即位，复以贤良征固。诸谀儒多疾毁固，曰"固老"，罢归之。时固已九十馀矣。固之征也，薛人公孙弘亦征，①侧目而视固。固曰："公孙子，务正学以言，无曲学以阿世！"自是之后，齐言《诗》皆本辕固生也。诸齐人以《诗》显贵，皆固之弟子也。

①【集解】徐广曰："薛县在鲁川。"

韩生者，①燕人也。孝文帝时为博士，景帝时为常山王太傅。②韩生推《诗》之意而为《内外传》数万言，其语颇与齐鲁间殊，然其归一也。淮南贲生③受之。自是之后，而燕赵间言《诗》者由韩生。韩生孙商为今上博士。

①【集解】《汉书》曰："名婴。"
②【集解】徐广曰："宪王舜也。"
③【索隐】贲音肥。

伏生者，①济南人也。故为秦博士。孝文帝时，欲求能治《尚书》者，天下无有，乃闻伏生能治，欲召之。是时伏生年九十余，老，不能行，于是乃诏太常使掌故朝错往受之。秦时焚书，伏生壁藏之。其后兵大起，流亡，汉定，伏生求其书，亡数十篇，独得二十九篇，即以教于齐鲁之间。学者由是颇能言《尚书》，诸山东大师无不涉《尚书》以教矣。

①【集解】张晏曰："伏生名胜，伏氏碑云。"

伏生教济南张生及欧阳生，①欧阳生教千乘儿宽。儿宽既通《尚书》，以文学应郡举，诣博士受业，受业孔安国。儿宽贫无资用，常为弟子都养，②及时时间行佣赁，以给衣食。行常带经，止息则诵习之。以试第次，补廷尉史。是时张汤方向学，以为奏谳掾，以古法议决疑大狱，而爱幸宽。宽为人温良，有廉智，自持，而善著书、书奏，敏于文，口不能发明也。汤以为长者，数称誉之。及汤为御史大夫，以儿宽为掾，荐之天子。天子见问，说之。张汤死后六年，儿宽位至御史大夫。③九年而以官卒。宽在三公位，以和良承意从容得久，然无有所匡谏；于官，官属易之，不为尽力。张生亦为博士。而伏生孙以治《尚书》征，不能明也。

①【集解】《汉书》曰："字和伯，千乘人。"
②【索隐】谓倪宽家贫，为弟子造食也。何休注《公羊》"灼烹为养"。案：有厮养卒，厮掌马，养造食。

③【集解】徐广曰:"元封元年。"

　　自此之后,鲁周霸、孔安国,雒阳贾嘉,颇能言《尚书》事。孔氏有古文《尚书》,而安国以今文读之,因以起其家。逸《书》①得十馀篇,盖《尚书》滋多于是矣。

①【索隐】案:孔臧与安国书云"旧《书》潜于壁室,歘尔复出,古训复申。唯闻《尚书》二十八篇取象二十八宿,何图乃有百篇。即知以今雠古,隶篆推科斗,以定五十馀篇,并为之传也"。《艺文志》曰二十九篇,得多十六篇。起者,谓起发以出也。

　　诸学者多言《礼》,而鲁高堂生最本。《礼》固自孔子时而其经不具,及至秦焚书,书散亡益多,于今独有《士礼》,高堂生能言之。

　　而鲁徐生善为容。①孝文帝时,徐生以容为礼官大夫。传子至孙徐延、徐襄。襄,其天姿善为容,不能通《礼经》;延颇能,未善也。襄以容为汉礼官大夫,至广陵内史。延及徐氏弟子公户满意、②桓生、单次,③皆尝为汉礼官大夫。而瑕丘萧奋④以《礼》为淮阳太守。是后能言《礼》为容者,由徐氏焉。

①【索隐】《汉书》作"颂",亦音容也。

②【索隐】公户,姓;满意,名也。案:邓展云二人姓字,非也。

③【索隐】上音善。单,姓;次,名也。

④【集解】徐广曰:"属山阳也。"

　　自鲁商瞿受《易》孔子,①孔子卒,商瞿传《易》,六世至齐人田何,字子庄,②而汉兴。田何传东武人王同子仲,子仲传菑川人杨何。③何以《易》,元光元年征,官至中大夫。齐人即墨成以《易》至城阳相。广川人孟但以《易》为太子门大夫。鲁人周霸,莒人衡胡,④临菑人主父偃,皆以《易》至二千石。然要言《易》者本于杨何之家。

①【索隐】案:商姓,瞿名,字子木。瞿音劬。

②【索隐】案:《汉书》云"商瞿授东鲁桥庇子庸,子庸授江东馯臂子弓,子弓授燕周醜子家,子家授东武孙虞子乘"。《仲尼弟子传》作"淳于人光羽子乘",

不同也。子乘授田何子装,是六代孙也。

③【索隐】案:田何传东武王同,同传菑川杨何。

④【集解】徐广曰:"莒,一作'吕'。"

董仲舒,广川人也。以治《春秋》,孝景时为博士。下帷讲诵,弟子传以久次相受业,或莫见其面,盖三年董仲舒不观于舍园,其精如此。进退容止,非礼不行,学士皆师尊之。今上即位,为江都相。①以《春秋》灾异之变推阴阳所以错行,故求雨闭诸阳,纵诸阴,其止雨反是。行之一国,未尝不得所欲。中废为中大夫,居舍,著《灾异之记》。是时辽东高庙灾,主父偃疾之,取其书奏之天子。②天子召诸生示其书,有刺讥。董仲舒弟子吕步舒③不知其师书,以为下愚。于是下董仲舒吏,当死,诏赦之。于是董仲舒竟不敢复言灾异。

①【索隐】案:仲舒事易王。王,武帝兄也。

②【集解】徐广曰:"建元六年。"　【索隐】案:《汉书》以为辽东高庙及长陵园殿灾也。仲舒为《灾异记》,草而未奏,主父偃窃而奏之。

③【集解】徐广曰:"一作'荼',亦音舒。"

董仲舒为人廉直。是时方外攘四夷,公孙弘治《春秋》不如董仲舒,而弘希世用事,位至公卿。董仲舒以弘为从谀。弘疾之,乃言上曰:"独董仲舒可使相胶西王。"胶西王素闻董仲舒有行,亦善待之。董仲舒恐久获罪,疾免居家。至卒,终不治产业,以修学著书为事。故汉兴至于五世之间,唯董仲舒名为明于《春秋》,其传公羊氏也。

胡毋生,①齐人也。孝景时为博士,以老归教授。齐之言《春秋》者多受胡毋生,公孙弘亦颇受焉。

①【集解】《汉书》曰:"字子都。"

瑕丘江生为穀梁《春秋》。自公孙弘得用,尝集比其义,卒用董仲舒。

仲舒弟子遂者:兰陵褚大,广川殷忠,①温吕步舒。褚大至梁相。

步舒至长史,持节使决淮南狱,于诸侯擅专断,不报,以《春秋》之义正之,天子皆以为是。弟子通者,至于命大夫;为郎、谒者、掌故者以百数。而董仲舒子及孙皆以学至大官。

①【集解】徐广曰:"殷,一作'段',又作'瑕'也。"

【索隐述赞】孔氏之衰,经书绪乱。言诸六学,始自炎汉。著令立官,四方扼腕。曲台坏壁,《书》、《礼》之冠。传《易》言《诗》,云蒸雾散。兴化致理,鸿猷克赞。

史记卷一百二十二

酷吏列传第六十二

孔子曰:"导之以政,齐之以刑,民免而无耻。① 导之以德,齐之以礼,有耻且格。"② 老氏称:"上德不德,是以有德;下德不失德,是以无德。法令滋章,盗贼多有。"太史公曰:信哉是言也! 法令者治之具,而非制治清浊之源也。昔天下之网尝密矣,③ 然奸伪萌起,其极也,上下相遁,至于不振。当是之时,吏治若救火扬沸,④ 非武健严酷,恶能胜其任而愉快乎! 言道德者,溺其职矣。故曰"听讼,吾犹人也,必也使无讼乎"。"下士闻道大笑之"。非虚言也。汉兴,破觚而为圜,⑤ 斲雕而为朴,⑥ 网漏于吞舟之鱼,而吏治烝烝,不至于奸,黎民艾安。由是观之,在彼不在此。⑦

①【集解】孔安国曰:"免,苟免也。"

②【集解】何晏曰:"格,正也。"

③【索隐】昔天下之网尝密矣。案:《盐铁论》云"秦法密于凝脂"。

④【索隐】言本弊不除,则其末难止。

⑤【集解】《汉书音义》曰:"觚,方。"【索隐】应劭云:"觚,八棱有隅者。高祖反秦之政,破觚为圜,谓除其严法,约三章耳。"

⑥【索隐】应劭云:"削琱为璞也。"晋灼云:"琱,弊也。斲理琱弊之俗,使反质朴。"

⑦【集解】韦昭曰:"在道德,不在严酷。"

高后时,酷吏独有侯封,刻轹宗室,侵辱功臣。吕氏已败,遂(禽)〔夷〕侯封之家。孝景时,晁错以刻深颇用术辅其资,而七国之乱,发怒于错,错卒以被戮。其后有郅都、宁成之属。

郅都者,①杨人也。②以郎事孝文帝。孝景时,都为中郎将,敢直谏,面折大臣于朝。尝从入上林,贾姬③如厕,野彘卒入厕。上目都,都不行。上欲自持兵救贾姬,都伏上前曰:"亡一姬复一姬进,天下所少宁贾姬等乎?陛下纵自轻,奈宗庙太后何!"上还,彘亦去。太后闻之,赐都金百斤,由此重郅都。

①【索隐】郅音质。

②【集解】徐广曰:"属河东。"　【索隐】《汉书》云"河东大阳人"。　【正义】《括地志》云:"故杨城本秦时杨国,汉杨县城也,今晋州洪洞县也。至隋为杨,唐初改为洪洞,以故洪洞镇为名也。秦及汉皆属河东郡。郅都墓在洪洞县东南二十里。"《汉书》云"郅都,河东大阳人",班固失之甚也。大阳,今陕州河北县是,亦属河东郡也。

③【索隐】案:姬生赵王彭祖也。

济南瞯氏①宗人三百馀家,豪猾,二千石莫能制,于是景帝乃拜都为济南太守。至则族灭瞯氏首恶,馀皆股栗。②居岁馀,郡中不拾遗。旁十馀郡守畏都如大府。

①【集解】《汉书音义》曰:"瞯音闲,小儿痫病也。"　【索隐】荀悦音闲,邹氏刘氏音并同也。

②【集解】徐广曰:"髀脚战摇也。"

都为人勇,有气力,公廉,不发私书,问遗无所受,请寄无所听。常自称曰:"已倍亲而仕,身固当奉职死节官下,终不顾妻子矣。"

郅都迁为中尉。丞相条侯至贵倨也,而都揖丞相。是时民朴,畏罪自重,而都独先严酷,致行法不避贵戚,列侯宗室见都侧目而视,号曰"苍鹰"。

临江王征诣中尉府对簿,临江王欲得刀笔为书谢上,而都禁吏不予。魏其侯使人以间与临江王。临江王既为书谢上,因自杀。窦太后闻之,怒,以危法中都,①都免归家。孝景帝乃使使持节拜都为雁门太

守,而便道之官,得以便宜从事。匈奴素闻郅都节,居边,为引兵去,竟
郅都死不近雁门。匈奴至为偶人象郅都,②令骑驰射莫能中,见惮如
此。匈奴患之。窦太后乃竟中都以汉法。景帝曰:"都忠臣。"欲释之。
窦太后曰:"临江王独非忠臣邪?"于是遂斩郅都。

①【索隐】案:中,如字。谓以法中伤之。

②【索隐】《汉书》作"寓人象"。案:寓即偶也,谓刻木偶类人形也。一云寄人
　　形于木也。

　　宁成者,①穰人也。②以郎谒者事景帝。好气,为人小吏,必陵其长
吏;为人上,操下③如束湿薪。④滑贼任威。稍迁至济南都尉,⑤而郅都
为守。始前数都尉⑥皆步入府,因吏谒守如县令,其畏郅都如此。及成
往,直陵都出其上。都素闻其声,于是善遇,与结欢。久之,郅都死,后
长安左右宗室多暴犯法,于是上召宁成为中尉。⑦其治效郅都,其廉弗
如,然宗室豪桀皆人人惴恐。

①【集解】徐广曰:"宁,一作'宵'。"

②【集解】徐广曰:"属南阳。"

③【索隐】操音七刀反。操,执也。

④【集解】徐广曰:"一无此字。"骃案:韦昭曰"言急也"。

⑤【正义】《百官表》云:"(都)〔郡〕尉,秦官,掌佐守典武职甲卒,秩比二千石,有
　　丞,秩皆六百石,景帝中二年更名都尉。"若周之司马。

⑥【索隐】数音所注反。

⑦【正义】《百官表》云:"中尉,秦官,掌徼循京师,武帝太初元年更名执金吾。"
　　颜云:"金吾,鸟名也,主辟不祥。天子出行,职主先道,以御非常,故执此鸟
　　之象,因以名官。"

　　武帝即位,徙为内史。外戚多毁成之短,抵罪髡钳。是时九卿罪死
即死,少被刑,而成极刑,自以为不复收,于是解脱,①诈刻传出关归家。
称曰:"仕不至二千石,贾不至千万,安可比人乎!"乃贳贷②买陂田千馀
顷,假贫民,役使数千家。数年,会赦。致产数千金,为任侠,持吏长短,
出从数十骑。其使民威重于郡守。

①【索隐】上音纪买反,下音他活反。谓脱钳钛。

②【索隐】上音食夜反。贳,赊也,又音势。下音天得反。

周阳由者,其父赵兼以淮南王舅父侯周阳,故因姓周阳氏。①由以宗家任为郎,②事孝文及景帝。景帝时,由为郡守。武帝即位,吏治尚循谨甚,然由居二千石中,最为暴酷骄恣。所爱者,挠法活之;所憎者,曲法诛灭之。所居郡,必夷其豪。为守,视都尉如令。为都尉,必陵太守,夺之治。与汲黯俱为忮,③司马安之文恶,④俱在二千石列,同车未尝敢均茵伏。⑤

①【集解】徐广曰:“侯五年,孝文六年国除。”【正义】周阳故城在绛州闻〔喜〕县东二十九里。

②【索隐】案:与国家有外戚姻属,比于宗室,故曰“宗家”也。

③【集解】《汉书音义》曰:“坚忮也。”

④【集解】《汉书音义》曰:“以文法伤害人。”

⑤【集解】徐广曰:“《汉书》作‘冯’。伏者,轼。”【索隐】案:均,等也。茵,车蓐也。伏,车轼也。言二人与由同载一车,尚不敢与之均茵轼也,谓下之也。《汉书》“伏”作“凭”也。

由后为河东都尉,时与其守胜屠公①争权,相告言罪。胜屠公当抵罪,义不受刑,自杀,而由弃市。

①【索隐】《风俗通》云:“胜屠即申屠。”

自宁成、周阳由之后,事益多,民巧法,大抵吏之治类多成、由等矣。

赵禹者,斄人。①以佐史补中都官,②用廉为令史,事太尉亚夫。亚夫为丞相,禹为丞相史,府中皆称其廉平。然亚夫弗任,曰:“极知禹无害,③然文深,④不可以居大府。”今上时,禹以刀笔吏积劳,稍迁为御史。上以为能,至太中大夫。与张汤论定诸律令,⑤作见知,吏传得相监司。用法益刻,盖自此始。

①【集解】徐广曰:“属扶风,音台。”【索隐】音胎。斄县属扶风。【正义】音

胎。故斄城在雍武功县西南二十二里。古邰国，后稷所封，汉斄县也。

②【索隐】案：谓京师诸官府吏。　【正义】若京都府史。

③【索隐】苏林云："言若无比也，盖云其公平也。"

④【集解】《汉书音义》曰："禹持文法深刻。"

⑤【集解】徐广曰："论，一作'编'。"

张汤者，杜人也。①其父为长安丞，出，汤为儿守舍。还而鼠盗肉，其父怒，笞汤。汤掘窟得盗鼠及馀肉，劾鼠掠治，传爰书，讯鞫论报，②并取鼠与肉，具狱磔堂下。③其父见之，视其文辞如老狱吏，大惊，遂使书狱。④父死后，汤为长安吏，久之。

①【集解】徐广曰："尔时未为陵。"

②【集解】苏林曰："谓传囚也。爰，易也。以此书易其辞处。鞫，穷也。"张晏
　　曰："传，考证验也。爰书，自证不如此言，反受其罪，讯考三日复问之，知与
　　前辞同不也。鞫，一吏为读状，论其报行也。"【索隐】韦昭云："爰，换也。
　　古者重刑，嫌有爱恶，故移换狱书，使他官考实之，故曰'传爰书'也。"

③【集解】邓展曰："罪备具。"

④【集解】如淳曰："决狱之书，谓律令也。"

周阳侯始为诸卿时，①尝系长安，汤倾身为之。②及出为侯，大与汤交，遍见汤贵人。汤给事内史，为宁成掾，以汤为无害，言大府，调为茂陵尉，治方中。③

①【集解】徐广曰："田胜也。武帝母王太后之同母弟也。武帝始立而封为周
　　阳侯。"

②【集解】韦昭曰："为之先后。"

③【集解】《汉书音义》曰："方中，陵上土作方也。汤主治之。"苏林曰："天子即
　　位，豫作陵，讳之，故言'方中'。"如淳曰："大府，幕府也。茂陵尉，主作陵之
　　尉也。"韦昭曰："太府，公府。"

武安侯为丞相，征汤为史，时荐言之天子，补御史，使案事。治陈皇后蛊狱，深竟党与。于是上以为能，稍迁至太中大夫。与赵禹共定诸律

令,务在深文,拘守职之吏。①已而赵禹迁为中尉,徙为少府,而张汤为
廷尉,两人交欢,而兄事禹。禹为人廉倨。为吏以来,舍毋食客。公卿
相造请禹,禹终不报谢,务在绝知友宾客之请,孤立行一意而已。见文
法辄取,亦不覆案,求官属阴罪。汤为人多诈,舞智以御人。②始为小
吏,乾没,③与长安富贾田甲、鱼翁叔之属交私。④及列九卿,收接天下名
士大夫,已心内虽不合,然阳浮慕之。

①【集解】苏林曰:"拘刻于守职之吏。"

②【集解】韦昭曰:"制御人。"

③【集解】徐广曰:"随势沈浮也。"骃案:服虔曰"射成败也"。如淳曰"得利为
　乾,失利为没"。　【索隐】如淳曰:"得利为乾,失利为没。"　【正义】此二说
　非也。按:乾没谓无润及之而取他人也。又云阳浮慕为乾,心内不合为
　没也。

④【集解】徐广曰:"姓鱼也。"

是时上方向文学,汤决大狱,欲傅古义,①乃请博士弟子治《尚书》、
《春秋》补廷尉史,亭疑法。②奏谳疑事,必豫先为上分别其原,上所是,
受而著谳决法廷尉絜令,③扬主之明。奏事即谴,汤应谢,④向上意所
便,必引正、监、掾史贤者,⑤曰:"固为臣议,如上责臣,臣弗用,愚抵于
此。"⑥罪常释。(闻)⑦〔间〕即奏事,上善之,曰:"臣非知为此奏,乃正、
监、掾史某为之。"其欲荐吏,扬人之善蔽人之过如此。所治即上意所欲
罪,予监史深祸者;即上意所欲释,与监史轻平者。所治即豪,必舞文巧
诋;即下户羸弱,时口言,虽文致法,上财察。⑧于是往往释汤所言。⑨汤
至于大吏,内行修也。通宾客饮食。于故人子弟为吏及贫昆弟,调护之
尤厚。其造请诸公,不避寒暑。是以汤虽文深意忌不专平,然得此声
誉。而刻深吏多为爪牙用者,依于文学之士。丞相弘数称其美。及治
淮南、衡山、江都反狱,皆穷根本。严助及伍被,上欲释之。汤争曰:"伍
被本画反谋,而助亲幸出入禁闼爪牙臣,乃交私诸侯如此,弗诛,后不可
治。"于是上可论之。其治狱所排大臣自为功,多此类。于是汤益尊任,
迁为御史大夫。⑩

①【索隐】傅音附。

②【集解】李奇曰：“亭，平也，均也。”　【索隐】廷史，廷尉之吏也。亭，平也。
使之平疑事也。

③【集解】韦昭曰：“在板絜。”　【正义】按：谓律令也。古以板书之。言上所
是，著之为正狱，以廷尉法令决平之，扬主之明监也。

④【集解】徐广曰：“应，一作‘权’。”

⑤【正义】《百官表》云：“廷尉，秦官。有正、左、右监，皆秩千石也。”按：上即
责，汤应对谢之如上意，必引正、监等贤者本为臣建议如上意，臣不用，愚昧
不从至此也。

⑥【集解】苏林曰：“主坐不用诸掾语，故至于此。”

⑦【集解】徐广曰：“诏，答闻也，如今制曰‘闻’矣。”　骃案：瓒曰“谓常见原”。

⑧【集解】李奇曰：“先见上，口言之，欲与轻平也。”

⑨【集解】李奇曰：“汤口所先言皆见原释。”

⑩【集解】徐广曰：“元狩二年。”

　　会浑邪等降，汉大兴兵伐匈奴，山东水旱，贫民流徙，皆仰给县官，
县官空虚。于是丞上指，请造白金及五铢钱，笼天下盐铁，排富商大贾，
出告缗令，①钼豪强并兼之家，舞文巧诋以辅法。汤每朝奏事，语国家
用，日晏，天子忘食。丞相取充位，②天下事皆决于汤。百姓不安其生，
骚动，县官所兴，未获其利，奸吏并侵渔，于是痛绳以罪。则自公卿以
下，至于庶人，咸指汤。汤尝病，天子至自视病，其隆贵如此。

①【正义】缗音岷，钱贯也。武帝伐四夷，国用不足，故税民田宅船乘畜产奴婢
等，皆平作钱数，每千钱一算，出一等，贾人倍之；若隐不税，有告之，半与告
人，馀半入官，谓缗。出此令，用锄筑豪强兼并富商大贾之家也。一算，百
二十文也。

②【集解】徐广曰：“时李蔡、庄青翟为丞相。”

　　匈奴来请和亲，群臣议上前。博士狄山曰：“和亲便。”上问其便，山
曰：“兵者凶器，未易数动。高帝欲伐匈奴，大困平城，乃遂结和亲。孝
惠、高后时，天下安乐。及孝文帝欲事匈奴，北边萧然苦兵矣。孝景时，

吴楚七国反,景帝往来两宫间,寒心者数月。吴楚已破,竟景帝不言兵,天下富实。今自陛下举兵击匈奴,中国以空虚,边民大困贫。由此观之,不如和亲。"上问汤,汤曰:"此愚儒,无知。"狄山曰:"臣固愚忠,若御史大夫汤乃诈忠。若汤之治淮南、江都,以深文痛诋诸侯,别疏骨肉,使蕃臣不自安。臣固知汤之为诈忠。"于是上作色曰:"吾使生居一郡,能无使虏入盗乎?"曰:"不能。"曰:"居一县?"对曰:"不能。"复曰:"居一障间?"①山自度辩穷且下吏,曰:"能。"于是上遣山乘鄣。至月馀,匈奴斩山头而去。自是以后,群臣震慑。

①【正义】障谓塞上要险之处别筑城,置吏士守之,以扞寇盗也。

汤之客田甲,虽贾人,有贤操。始汤为小吏时,与钱通,①及汤为大吏,甲所以责汤行义过失,亦有烈士风。

①【集解】徐广曰:"以利交。"

汤为御史大夫七岁,败。

河东人李文尝与汤有郤,已而为御史中丞,恚,数从中文书事有可以伤汤者,不能为地。汤有所爱史鲁谒居,知汤不平,使人上蜚变告文奸事,事下汤,汤治论杀文,而汤心知谒居为之。上问曰:"言变事纵迹安起?"汤详惊曰:"此殆文故人怨之。"谒居病卧闾里主人,汤自往视疾,为谒居摩足。赵国以冶铸为业,王数讼铁官事,汤常排赵王。赵王求汤阴事。谒居尝案赵王,赵王怨之,并上书告:"汤,大臣也,史谒居有病,汤至为摩足,疑与为大奸。"事下廷尉。谒居病死,事连其弟,弟系导官。①汤亦治他囚导官,见谒居弟,欲阴为之,而详不省。谒居弟弗知,怨汤,使人上书告汤与谒居谋,共变告李文。事下减宣。宣尝与汤有郤,及得此事,穷竟其事,未奏也。会人有盗发孝文园瘗钱,②丞相青翟朝,与汤约俱谢,至前,汤念独丞相以四时行园,当谢,汤无与也,不谢。丞相谢,上使御史案其事。汤欲致其文丞相见知,③丞相患之。三长史皆害汤,欲陷之。

①【集解】如淳曰:"太官之别也,主酒。"

②【集解】如淳曰:"瘗埋钱于园陵以送死。"

③【集解】张晏曰:"见知故纵,以其罪罪之。"

　　始长史朱买臣,会稽人也。①读《春秋》。庄助使人言买臣,买臣以《楚辞》与助俱幸,侍中,为太中大夫,用事;而汤乃为小吏,跪伏使买臣等前。已而汤为廷尉,治淮南狱,排挤庄助,买臣固心望。及汤为御史大夫,买臣以会稽守为主爵都尉,列于九卿。数年,坐法废,守长史,见汤,汤坐床上,丞史遇买臣弗为礼。买臣楚士,②深怨,常欲死之。王朝,齐人也。以术至右内史。边通,学长短,③刚暴强人也,官再至济南相。故皆居汤右,已而失官,守长史,诎体于汤。汤数行丞相事,知此三长史素贵,常凌折之。以故三长史合谋曰:"始汤约与君谢,已而卖君;今欲劾君以宗庙事,此欲代君耳。吾知汤阴事。"使吏捕案汤左田信等,④曰汤且欲奏请,信辄先知之,居物致富,与汤分之,及他奸事。事辞颇闻。上问汤曰:"吾所为,贾人辄先知之,益居其物,是类有以吾谋告之者。"汤不谢。汤又详惊曰:"固宜有。"减宣亦奏谒居等事。天子果以汤怀诈面欺,使使八辈簿责汤。⑤汤具自道无此,不服。于是上使赵禹责汤。禹至,让汤曰:"君何不知分也。君所治夷灭者几何人矣?今人言君皆有状,天子重致君狱,欲令君自为计,何多以对簿为?"汤乃为书谢曰:"汤无尺寸功,起刀笔吏,陛下幸致为三公,无以塞责。然谋陷汤罪者,三长史也。"遂自杀。

①【正义】朱买臣,吴人也,此时苏州为会稽郡也。

②【正义】周末越王句践灭吴,楚威王灭越,吴之地总属楚,故谓朱买臣为楚士。

③【集解】《汉书音义》曰:"长短术兴于六国时。行长入短,其语隐谬,用相激怒。"

④【集解】《汉书音义》曰:"左,证左也。"【正义】言汤与田信为左道之交,故言"左田信等"。

⑤【集解】苏林曰:"簿音'主簿'之'簿',悉责也。"

　　汤死,家产直不过五百金,皆所得奉赐,无他业。昆弟诸子欲厚葬汤，汤母曰：“汤为天子大臣，被汙恶言而死，何厚葬乎！”载以牛车，有棺无椁。天子闻之，曰：“非此母不能生此子。”乃尽案诛三长史。丞相青翟自杀。出田信。上惜汤，稍迁其子安世。

赵禹中废，已而为廷尉。始条侯以为禹贼深，弗任。及禹为少府，比九卿。禹酷急，至晚节，事益多，吏务为严峻，而禹治加缓，而名为平。王温舒等后起，治酷于禹。禹以老，徙为燕相。数岁，乱悖有罪，免归。后汤十馀年，以寿卒于家。

义纵者，河东人也。为少年时，尝与张次公俱攻剽①为群盗。纵有姊姁，②以医幸王太后。王太后问：“有子兄弟为官者乎？”姊曰：“有弟无行，不可。”太后乃告上，拜义姁弟纵为中郎，③补上党郡中令。④治敢行，少蕴藉，⑤县无逋事，举为第一。迁为长陵及长安令，直法行治，不避贵戚。以捕案太后外孙修成君子仲，⑥上以为能，迁为河内都尉。至则族灭其豪穰氏之属，河内道不拾遗。而张次公亦为郎，以勇悍从军，敢深入，有功，为岸头侯。⑦

①【集解】徐广曰：“剽音扶召反。”【索隐】《说文》云：“剽，刺也。”一云剽劫，又音敷妙反。

②【索隐】李奇音吁，孟康音诩也。

③【集解】《汉书音义》曰：“姁音煦，纵姊名也。”

④【索隐】案：谓补上党郡中之令，史失其县名。

⑤【集解】《汉书音义》曰：“敢行暴政而少蕴藉也。”【索隐】蕴音愠。藉音才夜反。张晏云：“为人无所避，故少所假借也。”

⑥【索隐】案：王太后之女号修成君，其子名仲。

⑦【集解】徐广曰：“受封五年，与淮南王女凌奸及受财物，国除。”

宁成家居，上欲以为郡守。御史大夫弘曰：“臣居山东为小吏时，宁成为济南都尉，其治如狼牧羊。成不可使治民。”上乃拜成为关都尉。岁馀，关东吏隶郡国出入关者，①号曰“宁见乳虎，无值宁成之怒”。义纵自河内迁为南阳太守，闻宁成家居南阳，及纵至关，宁成侧行送迎，然纵气盛,弗为礼。至郡,遂案宁氏,尽破碎其家。成坐有罪,及孔、暴之属皆奔亡,②南阳吏民重足一迹。而平氏朱彊、杜衍、杜周为纵牙爪之吏,任用,迁为廷史。军数出定襄,定襄吏民乱败,于是徙纵为定襄太守。纵至,掩定襄狱中重罪轻系二百馀人,及宾客昆弟私入相视亦二百馀人。纵一捕鞠,曰“为死罪解脱”。③是日皆报杀四百馀人。其后郡中不寒而栗,猾民佐吏为治。④

①【集解】《汉书音义》曰:“隶,阅也。”

②【集解】徐广曰:“孔、暴二姓,大族。”

③【集解】《汉书音义》曰:“一切皆捕之也。律,诸囚徒私解脱桎梏钳赭,加罪一等;为人解脱,与同罪。纵鞠相赡饷者二百人为解脱死罪,尽杀也。”

④【索隐】案:谓豪猾之人干豫吏政,故云“佐吏为理”也。

是时赵禹、张汤以深刻为九卿矣,然其治尚宽,辅法而行,而纵以鹰击毛挚为治。①后会五铢钱白金起,民为奸,京师尤甚,乃以纵为右内史,王温舒为中尉。温舒至恶,其所为不先言纵,纵必以气凌之,败坏其功。其治,所诛杀甚多,然取为小治,奸益不胜,直指始出矣。吏之治以斩杀缚束为务,阎奉以恶用矣。纵廉,其治放郅都。上幸鼎湖,病久,已而卒起幸甘泉,②道多不治。上怒曰:“纵以我为不复行此道乎?”嘛之。③至冬,杨可方受告缗,④纵以为此乱民,部吏捕其为可使者。⑤天子闻,使杜式治,以为废格沮事,⑥弃纵市。后一岁,张汤亦死。

①【集解】徐广曰:“鸷鸟将击,必张羽毛也。”

②【索隐】卒音七忽反。

③【集解】徐广曰:“嘛音衔。”

④【集解】韦昭曰:“人有告言不出缗者,可方受之。”　【索隐】缗,钱贯也。汉氏有告缗令,杨可主之。谓缗钱出入有不出算钱者,令得告之也。

⑤【索隐】谓求杨可之使。

⑥【集解】《汉书音义》曰:“武帝使杨可主告缗,没入其财物,纵捕为可使者,此为废格诏书,沮已成之事。”　【索隐】应劭云:“沮败已成之事。格音阁。”

王温舒者,阳陵人也。①少时椎埋为奸。②已而试补县亭长,数废。

为吏,以治狱至廷史。事张汤,迁为御史。督盗贼,杀伤甚多,稍迁至广平都尉。择郡中豪敢任吏十馀人,以为爪牙,皆把其阴重罪,而纵使督盗贼,快其意所欲得。此人虽有百罪,弗法;即有避,因其事夷之,亦灭宗。以其故齐赵之郊盗贼不敢近广平,广平声为道不拾遗。上闻,迁为河内太守。

①【集解】徐广曰:"属冯翊。"

②【集解】徐广曰:"椎杀人而埋之。或谓发冢。"

素居广平时,皆知河内豪奸之家,及往,九月而至。令郡具私马五十匹,为驿自河内至长安,部吏如居广平时方略,捕郡中豪猾,郡中豪猾相连坐千馀家。上书请,大者至族,小者乃死,家尽没入偿臧。奏行不过二三日,得可事。论报,至流血十馀里。河内皆怪其奏,以为神速。尽十二月,郡中毋声,毋敢夜行,野无犬吠之盗。其颇不得失,之旁郡国,黎来,①会春,温舒顿足叹曰:"嗟乎,令冬月益展一月,足吾事矣!"其好杀伐行威不爱人如此。天子闻之,以为能,迁为中尉。其治复放河内,徙诸名祸猾吏②与从事,河内则杨皆、麻戊,③关中杨赣、成信等。义纵为内史,惮未敢恣治。及纵死,张汤败后,徙为廷尉,而尹齐为中尉。

①【索隐】黎音犁。黎,比也。

②【集解】徐广曰:"有残刻之名。"　【索隐】徒请名祸猾吏。案:《汉书》作"徒请召猜祸吏"。服虔曰"徒,但也。猜,恶也"。应劭曰"猜,疑也。取吏名为好猜疑人作祸败者而使之"。

③【集解】徐广曰:"一云'麻成'。"

尹齐者,东郡茌平人。①以刀笔稍迁至御史。事张汤,张汤数称以为廉武,使督盗贼,所斩伐不避贵戚。迁为关内都尉,声甚于宁成。上以为能,迁为中尉,吏民益凋敝。尹齐木强少文,豪恶吏伏匿而善吏不能为治,以故事多废,抵罪。上复徙温舒为中尉,而杨仆以严酷为主爵都尉。

①【索隐】茌音仕疑反。

　　杨仆者,宜阳人也。以千夫为吏。①河南守案举以为能,迁为御史,使督盗贼关东。治放尹齐,以为敢挚行。稍迁至主爵都尉,列九卿。天子以为能。南越反,拜为楼船将军,有功,封将梁侯。为荀彘所缚。②居久之,病死。

①【集解】《汉书音义》曰:"千夫若五大夫。武帝军用不足,令民出钱谷为之。"

②【集解】徐广曰:"受封四年,征朝鲜还,赎为庶人。"　【索隐】案:《汉书》云"与左将军荀彘俱击朝鲜,为彘所缚。还,免为庶人,病死。"

　　而温舒复为中尉。为人少文,居廷惽惽①不辩,至于中尉则心开。督盗贼,素习关中俗,知豪恶吏,豪恶吏尽复为用,为方略。吏苛察,盗贼恶少年投缿②购告言奸,置伯格长③以牧司奸盗贼。温舒为人谄,善事有埶者;即无埶者,视之如奴。有埶家,虽有奸如山,弗犯;无埶者,贵戚必侵辱。舞文巧诋下户之猾,以焄大豪。④其治中尉如此。奸猾穷治,大抵尽靡烂狱中,行论无出者。其爪牙吏虎而冠。于是中尉部中中猾以下皆伏,有势者为游声誉,称治。治数岁,其吏多以权富。

①【索隐】音昏。

②【集解】徐广曰:"音项,器名也,如今之投书函中。"　【索隐】缿音项,器名。受投书之器,入不可出。《三仓》音胡江反。

③【集解】徐广曰:"一作'落'。古'村落'字亦作'格'。街陌屯落皆设督长也。"　【索隐】伯音阡陌,格音村落。言阡陌村落皆置长也。

④【集解】焄音熏。　【索隐】以熏大豪。案:熏犹熏炙之。谓下户之中有奸猾之人,令案之,以熏逐大奸。

　　温舒击东越还,①议有不中意者,坐小法抵罪免。是时天子方欲作通天台②而未有人,温舒请覆中尉脱卒,得数万人作。上说,拜为少府。徙为右内史,治如其故,奸邪少禁。坐法失官。复为右辅,行中尉事,如故操。

①【集解】徐广曰:"元鼎六年,出会稽破东越。"

②【正义】《汉书》元封三年。《三辅旧事》云:"起甘泉通天台,高五十丈。"

　　岁馀，会宛军发，①诏征豪吏，温舒匿其吏华成，及人有变告温舒受员骑钱，他奸利事，罪至族，自杀。其时两弟及两婚家亦各自坐他罪而族。光禄徐自为曰："悲夫，夫古有三族，而王温舒罪至同时而五族乎！"

　　①【集解】《汉书音义》曰："发兵伐大宛。"

　　温舒死，家直累千金。后数岁，尹齐亦以淮阳都尉病死，家直不满五十金。所诛灭淮阳甚多，及死，仇家欲烧其尸，尸亡去归葬。①

　　①【集解】徐广曰："尹齐死未及敛，恐怨家欲烧之，尸亦飞去。"

　　自温舒等以恶为治，而郡守、都尉、诸侯二千石欲为治者，其治大抵尽放温舒，而吏民益轻犯法，盗贼滋起。南阳有梅免、白政，楚有殷中、①杜少，齐有徐勃，燕赵之间有坚卢、范生之属。大群至数千人，擅自号，攻城邑，取库兵，释死罪，缚辱郡太守、都尉，杀二千石，为檄告县趣具食；小群（盗）以百数，掠卤乡里者，不可胜数也。于是天子始使御史中丞、丞相长史督之。犹弗能禁也，乃使光禄大夫范昆、诸辅都尉及故九卿张德等衣绣衣，持节，虎符发兵以兴击，斩首大部或至万馀级，及以法诛通饮食，坐连诸郡，甚者数千人。数岁，乃颇得其渠率。散卒失亡，复聚党阻山川者，往往而群居，无可奈何。于是作"沈命法"，②曰群盗起不发觉，发觉而捕弗满品者，二千石以下至小吏主者皆死。其后小吏畏诛，虽有盗不敢发，恐不能得，坐课累府，府亦使其不言。故盗贼寖多，上下相为匿，以文辞避法焉。③

　　①【集解】徐广曰："殷，一作'假'，人亦有姓假者也。"

　　②【集解】《汉书音义》曰："沈，藏匿也。命，亡逃也。"【索隐】服虔云："沈匿不发觉之法。"韦昭云："沈，没也。"

　　③【集解】徐广曰："诈为虚文，言无盗贼也。"

　　减宣者，杨人也。以佐史无害给事河东守府。卫将军青使买马河东，见宣无害，言上，征为大厩丞。①官事辨，稍迁至御史及中丞。使治主父偃及治淮南反狱，所以微文深诋，杀者甚众，称为敢决疑。数废数起，为御史及中丞者几二十岁。王温舒免中尉，而宣为左内史。其治米盐,事大小皆关其手,自部署县名曹实物,官吏令丞不得擅摇,痛以重法绳之。居官数年,一切郡中为小治辨,然独宣以小致大,能因力行之,难以为经。中废。为右扶风,坐怨成信,②信亡藏上林中,宣使郿令③格杀信,吏卒格信时,射中上林苑门,宣下吏诋罪,以为大逆,当族,自杀。而杜周任用。

①【正义】《百官表》云大仆属官有大厩,各五丞一尉也。

②【集解】《汉书》曰:"成信,宣吏。"

③【正义】郿令,今岐州岐县北,时属右扶风。

杜周者,①南阳杜衍人。义纵为南阳守,以为爪牙,举为廷尉史。事张汤,汤数言其无害,至御史。使案边失亡,②所论杀甚众。奏事中上意,任用,与减宣相编,更为中丞十馀岁。

①【索隐】地名也。 【正义】《杜氏谱》云字长孺。

②【集解】文颖曰:"边卒多亡也。或曰郡县主守有所亡失也。"

其治与宣相放,然重迟,外宽,内深次骨。①宣为左内史,周为廷尉,其治大放张汤而善候伺。上所欲挤者,因而陷之;上所欲释者,久系待问而微见其冤状。客有让周曰:"君为天子决平,不循三尺法,②专以人主意指为狱。狱者固如是乎?"周曰:"三尺安出哉? 前主所是著为律,后主所是疏为令,当时为是,何古之法乎!"

①【集解】李奇曰:"其用罪深刻至骨。" 【索隐】次,至也。李奇曰:"其用法刻至骨。"

②【集解】《汉书音义》曰:"以三尺竹简书法律也。"

至周为廷尉,诏狱亦益多矣。二千石系者新故相因,不减百馀人。郡吏大府举之廷尉,①一岁至千馀章。章大者连逮证案数百,小者数十人;远者数千,近者数百里。会狱,吏因责如章告劾,不服,以笞掠定之。于是闻有逮皆亡匿。狱久者至更数赦②十有馀岁而相告言,大抵尽诋以不道③以上。廷尉及中都官诏狱逮至六七万人,吏所增加十万馀人。

①【集解】如淳曰:"郡吏,郡太守也。"孟康曰:"举之廷尉,以章劾付廷尉

治之。"

②【集解】张晏曰："诏书赦，或有不从此令。"

③【索隐】大氐尽柢以不道。案：大氐犹大都也。氐音至。

　　周中废，后为执金吾，逐盗，捕治桑弘羊、卫皇后昆弟子刻深，天子以为尽力无私，迁为御史大夫。①家两子，夹河为守。其治暴酷皆甚于王温舒等矣。杜周初征为廷史，有一马，且不全；及身久任事，至三公列，子孙尊官，家訾累数巨万矣。

①【集解】徐广曰："天汉三年为御史大夫，四岁，太始三年卒。"

　　太史公曰：自郅都、杜周十人者，此皆以酷烈为声。然郅都伉直，引是非，争天下大体。张汤以知阴阳，人主与俱上下，时数辩当否，国家赖其便。赵禹时据法守正。杜周从谀，以少言为重。自张汤死后，网密，多诋严，官事寝以耗废。九卿碌碌奉其官，救过不赡，何暇论绳墨之外乎！然此十人中，其廉者足以为仪表，其污者足以为戒，①方略教导，禁奸止邪，一切亦皆彬彬质有其文武焉。虽惨酷，斯称其位矣。至若蜀守冯当暴挫，广汉李贞擅磔人，东郡弥仆②锯项，天水骆璧推咸，③河东褚广妄杀，京兆无忌、冯翊殷周蝮鸷，④水衡阎奉朴击卖请，何足数哉！何足数哉！

①【集解】徐广曰："一本无此四字。"

②【索隐】弥，姓；仆，名。

③【集解】徐广曰："一作'成'。"　【索隐】上音直追反，下音减。一作"成"，是
　　也。谓(推系)〔椎击〕之以成狱也。

④【索隐】上音蝮蛇，下音鸷鹰也。言其酷比之蝮毒鹰攫。

【索隐述赞】太上失德，法令滋起。破觚为圆，禁暴不止。奸伪斯炽，惨酷爰始。乳兽扬威，苍鹰侧视。舞文巧诋，怀生何恃！

史记卷一百二十三

大宛列传第六十三

　　大宛①之迹,②见自张骞。张骞,汉中人。③建元中为郎。是时天子问匈奴降者,皆言匈奴破月氏王,④以其头为饮器,⑤月氏遁逃而常怨仇匈奴,无与共击之。汉方欲事灭胡,闻此言,因欲通使。道必更匈奴中,⑥乃募能使者。骞以郎应募,使月氏,与堂邑氏(故)胡奴甘父⑦俱出陇西。经匈奴,⑧匈奴得之,传诣单于。单于留之,曰:"月氏在吾北,汉何以得往使? 吾欲使越,汉肯听我乎?"留骞十馀岁,与妻,有子,然骞持汉节不失。

①【索隐】音菀,又于袁反。

②【正义】《汉书》云:"大宛国去长安万二千五百五十里,东至都护治,西南至大月氏,南亦至大月氏,北至康居。"《括地志》云:"率都沙邢国亦名苏对沙邢国,本汉大宛国。

③【索隐】陈寿《益部耆旧传》云:"骞,汉中成固人。"

④【正义】氏音支。凉、甘、肃、瓜、沙等州,本月氏国之地。《汉书》云"本居敦煌、祈连间"是也。

⑤【集解】韦昭曰:"饮器,椑榼也。单于以月氏王头为饮器。"晋灼曰:"饮器,虎子之属也。或曰饮酒器也。"【索隐】椑音白迷反。榼音苦盍反。案:谓今之偏榼也。 【正义】《汉书·匈奴传》云:"元帝遣车骑都尉韩昌、光禄大夫张猛与匈奴盟,以老上单于所破月氏王头为饮器者,共饮血盟。"

⑥【索隐】更,经也。音羹。

⑦【集解】《汉书音义》曰:"堂邑氏,姓;胡奴甘父,字。" 【索隐】案:谓堂邑县人家胡奴名甘父也。下云"堂邑父"者,盖后史家从省,唯称"堂邑父"而略"甘"字。甘,或其姓号。

⑧【索隐】谓道经匈奴也。

居匈奴中,益宽,骞因与其属亡乡月氏,西走数十日至大宛。大宛闻汉之饶财,欲通不得,见骞,喜,问曰:"若欲何之?"骞曰:"为汉使月氏,而为匈奴所闭道。今亡,唯王使人导送我。诚得至,反汉,汉之赂遗王财物不可胜言。"大宛以为然,遣骞,① 为发导绎,抵康居,② 康居传致大月氏。③ 大月氏王已为胡所杀,立其太子为王。④ 既臣大夏而居,⑤ 地肥饶,少寇,志安乐,又自以远汉,殊无报胡之心。骞从月氏至大夏,竟不能得月氏要领。⑥

①【索隐】谓大宛发遣骞西也。

②【索隐】为发道驿抵康居。发道,谓发驿令人导引而至康居也。导音道。抵,至也。居音渠也。　【正义】抵,至也。居,其居反。《括地志》云:"康居国在京西一万六百里。其西北可二千里有奄蔡,酒国也。"

③【正义】此大月氏在大宛西南,于妫水北为王庭。《汉书》云去长安万一千六百里。

④【集解】徐广曰:"一云'夫人为王',夷狄亦或女主。"　【索隐】案:《汉书·张骞传》云"立其夫人为王"也。

⑤【索隐】既臣大夏而君之。谓月氏以大夏为臣,而为之作君也。　【正义】既,尽也。大夏国在妫水南。

⑥【集解】《汉书音义》曰:"要领,要契。"　【索隐】李奇云"要领,要契也"。小颜以为衣有要领。刘氏云"不得其要害",然颜是其意,于文字为疏者也。

留岁馀,还,并南山,① 欲从羌中归,② 复为匈奴所得。留岁馀,单于死,③ 左谷蠡王攻其太子自立,国内乱,骞与胡妻及堂邑父俱亡归汉。汉拜骞为太中大夫,堂邑父为奉使君。④

①【正义】并,白浪反。南山即连终南山,从京南东至华山过河,东北连延至海,即中条山也。从京南连接至葱岭万馀里,故云"并南山"也。《西域传》云"其南山东出金城,与汉南山属焉"。

②【正义】《说文》云:"羌,西方牧羊人也。南方蛮闽从虫,北方狄从犬,东方貊从豸,西方羌从羊。"

③【集解】徐广曰:"元朔三年。"

④【索隐】堂邑父之官号。

骞为人强力,宽大信人,蛮夷爱之。堂邑父故胡人,善射,穷急射禽兽给食。初,骞行时百馀人,去十三岁,唯二人得还。

骞身所至者大宛、大月氏、大夏、康居,而传闻其旁大国五六,具为天子言之。曰:

> 大宛在匈奴西南,在汉正西,去汉可万里。其俗土著,耕田,田稻麦。有蒲陶酒。多善马,①马汗血,其先天马子也。②有城郭屋室。其属邑大小七十馀城,众可数十万。其兵弓矛骑射。其北则康居,西则大月氏,西南则大夏,东北则乌孙,东则扞罙、③于窴。④于窴之西,则水皆西流,注西海;其东水东流,注盐泽。⑤盐泽潜行地下,其南则河源出焉。⑥多玉石,河注中国。而楼兰、姑师⑦邑有城郭,临盐泽。盐泽去长安可五千里。匈奴右方居盐泽以东,至陇西长城,南接羌,鬲汉道焉。

①【索隐】案:《外国传》云"外国称天下有三众:中国人众,大秦宝众,月氏马众"。

②【集解】《汉书音义》曰:"大宛国有高山,其上有马,不可得,因取五色母马置其下,与交,生驹汗血,因号曰天马子。"

③【集解】徐广曰:"《汉纪》曰拘弥国去于窴三百里。"【索隐】扞罙,国名也,音汗弥二音。《汉纪》谓荀悦所撰《汉纪》。拘音俱,弥即罙也,则拘弥与扞罙是一也。

④【索隐】音殿。

⑤【索隐】盐水也。《太康地记》云"河北得水为河,塞外得水为海"也。【正义】《汉书》云:"盐泽去玉门、阳关三百馀里,广袤三四百里。其水皆潜行地下,南出于积石山为中国河。"《括地志》云:"蒲昌海一名泑泽,一名盐泽,亦名辅日海,亦名穿兰,亦名临海,在沙州西南。玉门关在沙州寿昌县西六里。"

⑥【索隐】案:《汉书·西域传》云"河有两源,一出葱岭,一出于窴"。《山海经》云"河出昆仑东北隅"。郭璞云"河出昆仑,潜行地下,至葱岭山于窴国,复

分流岐出,合而东注泑泽,已而复行积石,为中国河"。泑泽即盐泽也,一名
蒲昌海。《西域传》云"一出于阗南山下",与郭璞注《山海经》不同。《广志》
云"蒲昌海在蒲类海东"也。

⑦【正义】二国名。姑师即车师也。

　　乌孙在大宛东北可二千里,行国,①随畜,与匈奴同俗。控弦
者数万,敢战。故服匈奴,及盛,取其羁属,不肯往朝会焉。

①【集解】徐广曰:"不土著。"

　　康居在大宛西北可二千里,行国,与月氏大同俗。控弦者八九
万人。与大宛邻国。国小,南羁事月氏,东羁事匈奴。

　　奄蔡①在康居西北可二千里,行国,与康居大同俗。控弦者十
馀万。临大泽,无崖,盖乃北海云。

①【正义】《汉书解诂》云:"奄蔡即阖苏也。"《魏略》云:"西与大秦通,东南与康
　　居接。其国多貂,畜牧水草,故时羁属康居也。"

　　大月氏①在大宛西可二三千里,居妫水北。其南则大夏,西则
安息,北则康居。行国也,随畜移徙,与匈奴同俗。控弦者可一二
十万。故时强,轻匈奴,及冒顿立,攻破月氏,至匈奴老上单于,杀
月氏王,以其头为饮器。始月氏居敦煌、祁连间,②及为匈奴所败,
乃远去,过宛,西击大夏而臣之,遂都妫水北,为王庭。其馀小众不
能去者,保南山羌,号小月氏。

①【正义】万震《南州志》云:"在天竺北可七千里,地高燥而远。国王称'天
　　子',国中骑乘常数十万匹,城郭宫殿与大秦国同。人民赤白色,便习弓马。
　　土地所出,及奇玮珍物,被服鲜好,天竺不及也。"康泰《外国传》云:"外国称
　　天下有三众:中国为人众,秦为宝众,月氏为马众也。"

②【正义】初,月氏居敦煌以东,祁连山以西。敦煌郡今沙州。祁连山在甘州
　　西南。

　　安息①在大月氏西可数千里。其俗土著,耕田,田稻麦,蒲陶
酒。城邑如大宛。其属小大数百城,地方数千里,最为大国。临妫
水,有市,民商贾用车及船,行旁国或数千里。以银为钱,钱如其王

面,②王死辄更钱,效王面焉。画革旁行以为书记。③其西则条枝,北有奄蔡、黎轩。④

①【正义】《地理志》云:"安息国京西万一千二百里。自西关西行三千四百里至阿蛮国,西行三千六百里至斯宾国,从斯宾南行度河,又西南行至于罗国九百六十里,安息西界极矣。自此南乘海乃通大秦国。"《汉书》云:"北康居,东乌弋山离,西条枝。国临妫水。土著。以银为钱,如其王面,王死辄更钱,效王面焉。"

②【索隐】《汉书》云:"文独为王面,幕为夫人面。"荀悦云:"幕音漫,无文面也。"张晏云:"钱之文面作人乘马,钱之幕作人面形。"韦昭云:"幕,钱背也,音漫。"包恺音慢。

③【集解】《汉书音义》曰:"横行为书记。" 【索隐】画音获。小颜云:"革,皮之不柔者。"韦昭云:"外夷书皆旁行,今扶南犹中国,直下也。"

④【索隐】《汉书》作"犁靬"。《续汉书》一名"大秦"。按:三国并临西海,《后汉书》云"西海环其国,惟西北通陆道"。然汉使自乌弋以还,莫有至条枝者。【正义】上力奚反。下巨言反,又巨连反。《后汉书》云:"大秦一名犁鞬,在西海之西,东西南北各数千里。有城四百馀所。土多金银奇宝,有夜光璧、明月珠、骇鸡犀、火浣布、珊瑚、琥珀、琉璃、琅玕、朱丹、青碧,珍怪之物,率出大秦。"康氏《外国传》云:"其国城郭皆青水精为〔础〕,及五色水精为璧。人民多巧,能化银为金。国土市买皆金银钱。"万震《南州志》云:"大家屋舍,以珊瑚为柱,琉璃为墙壁,水精为础舄。海中斯调(州)〔洲〕上有木,冬月往剥取其皮,绩以为布,极细,手巾齐数匹,与麻焦布无异,色小青黑,若垢污欲浣之,则入火中,便更精洁,世谓之火浣布。秦云定重参问门树皮也。"《括地志》云:"火山国在扶风南东大湖海中。其国中山皆火,然火中有白鼠皮及树皮,绩为火浣布。《魏略》云大秦在安息、条支西大海之西,胡俗谓之海西。从安息界乘船直载海西,遇风利时三月到,风迟或一二岁。其公私宫室为重屋,邮驿亭置如中国。从安息绕海北陆到其国,人民相属,十里一亭,三十里一置。无盗贼。其俗人长大平正,似中国人而胡服。宋膺《异物志》云秦之北附庸小邑,有羊羔自然生于土中,候其欲萌,筑墙绕之,恐兽所食。其脐与地连,割绝则死。击物惊之,乃惊鸣,脐遂绝,则逐水草为群。又大秦金二枚,皆大如瓜,植之滋息无极,观之如用则直金也。"《括地志》

云："小人国在大秦南，人才三尺。其耕稼之时，惧鹤所食，大秦卫助之。即焦侥国，其人穴居也。"

　　条枝在安息西数千里，临西海。暑湿。耕田，田稻。有大鸟，卵如瓮。①人众甚多，往往有小君长，而安息役属之，以为外国。国善眩。②安息长老传闻条枝有弱水、西王母，而未尝见。③

①【正义】《汉书》云："条支出师子、犀牛、孔雀、大雀，其卵如瓮。和帝永元十三年，安息王满屈献师子、大鸟，世谓之'安息雀'。"《广志》云："鸟，鹑鹰身，蹄骆，色苍，举头八九尺，张翅丈馀，食大麦，卵大如瓮。"

②【集解】应劭曰："眩，相诈惑。"　【正义】颜云："今吞刀、吐火、殖瓜、种树、屠人、截马之术皆是也。"

③【索隐】魏略云："弱水在大秦西。"《玄中记》云："天下之弱者，有昆仑之弱水，鸿毛不能载也。"《山海经》云："玉山，西王母所居。"《穆天子传》云："天子觞西王母瑶池之上。"《括地图》云："昆仑弱水非乘龙不至。有三足神乌，为王母取食。"　【正义】此弱水、西王母既是安息长老传闻而未曾见，《后汉书》云桓帝时大秦国王安敦遣使自日南徼外来献，或云其国西有弱水、流沙，近西王母处，几于日所入也。然先儒多引《大荒西经》云弱水云有二源，俱出女国北阿耨达山，南流会于女国东，去国一里，深丈馀，阔六十步，非毛舟不可济，南流入海。阿耨达山即昆仑山也，与《大荒西经》合矣。然大秦国在西海中岛上，从安息西界过海，好风用三月乃到，弱水又在其国之西。昆仑山弱水流在女国北，出昆仑山南。女国在于窴国南二千七百里。于窴去京凡九千六百七十里。计大秦与大昆仑山相去几四五万里，非所论及，而前贤误矣。此皆据汉括地论之，犹恐未审，然弱水二所说皆有也。

　　大夏在大宛西南二千馀里妫水南。其俗土著，有城屋，与大宛同俗。无大（王）〔君〕长，往往城邑置小长。其兵弱，畏战。善贾市。及大月氏西徙，攻败之，皆臣畜大夏。大夏民多，可百馀万。其都曰蓝市城，有市贩贾诸物。其东南有身毒国。①

①【集解】徐广曰："身，或作'乾'，又作'讫'。"　【索隐】身音乾，毒音笃。孟康云："即天竺也，所谓浮图胡也。"　【正义】一名身毒，在月氏东南数千里。俗与月氏同，而卑湿暑热。其国临大水，乘象以战。其民弱于月氏。修浮

图道,不杀伐,遂以成俗。土有象、犀、瑇瑁、金、银、铁、锡、铅。西与大秦通,有大秦珍物。明帝梦金人长大,顶有光明,以问群臣。或曰:"西方有神,名曰'佛',其形长丈六尺而黄金色。"帝于是遣使天竺问佛道法,遂至中国,画形像焉。万震《南州志》云:"地方三万里,佛道所出。其国王居城郭,殿皆雕文刻镂。街曲市里,各有行列。左右诸大国凡十六,皆共奉之,以天地之中也。"《浮屠经》云:"临兒国王生隐屠太子。父曰屠头邪,母曰莫邪屠。身色黄,发如青丝,乳有青色,爪赤如铜。始莫邪梦白象而孕,及生,从母右胁出。生有发,堕地能行七步。"又云:"太子生时,有二龙王夹左右吐水,一龙水暖,一龙水冷,遂成二池,今犹一冷一暖。初行七步处,琉璃上有太子脚迹见在。生处名祇洹精舍,在舍卫国南四里,是长者须达所起。又有阿输迦树,是夫人所攀生太子树也。"《括地志》云:"沙祇大国即舍卫国也,在月氏南万里,即波斯匿王治处。此国共九十种。知身后事。城有祇树给孤园。"又云:"天竺国有东、西、南、北、中央天竺国,国方三万里,去月氏七千里。大国隶属凡二十一。天竺在昆仑山南,大国也。治城临恒水。"又云:"阿耨达山亦名建末达山,亦名昆仑山。水出,一名拔扈利水,一名恒伽河,即经称〔恒〕河者也。自昆仑山以南,多是平地而下湿。土肥良,多种稻,岁四熟,留役驼马,米粒亦极大。"又云:"佛上忉利天,为母说法九十日。波斯匿王思欲见佛,即刻牛头旃檀象,置精舍内佛坐。此像是众像之始,后人所法也。佛上天青梯,今变为石,没入地,唯馀十二蹬,蹬间二尺馀。彼耆老言,梯入地尽,佛法灭。"又云:"王舍国,胡语曰罪悦祇国。其国灵鹫山,胡语曰耆阇崛山。山是青石,石头似鹫。鸟名耆阇,鹫也。崛,山石也。山周四十里,外周围水,佛于此坐禅,及诸阿难等俱在此坐。"又云:"小孤石,石上有石室者,佛坐其中,天帝释以四十二事问佛,佛一一以指画石,其迹尚存。又于山上起塔,佛昔将阿难在此上山四望,见福田疆畔,因制七条衣割截之法于此,今袈裟衣是也。"

骞曰:"臣在大夏时,见邛竹杖、蜀布。①问曰:'安得此?'大夏国人曰:'吾贾人往市之身毒。身毒在大夏东南可数千里。其俗土著,大与大夏同,而卑湿暑热云。其人民乘象以战。其国临大水焉。'②以骞度之,大夏去汉万二千里,居汉西南。今身毒国又居大夏东南数千里,有蜀物,此其去蜀不远矣。今使大夏,从羌中,险,羌人恶之;少北,则为匈奴所得;从蜀宜径,③又无寇。"天子既闻大宛及大夏、安息之属皆大国,多奇物,土著,颇与中国同业,而兵弱,贵汉财物;其北有大月氏、康居之属,兵强,可以赂遗设利朝也。且诚得而以义属之,则广地万里,重九译,④致殊俗,威德遍于四海。天子欣然,以骞言为然,乃令骞因蜀犍为⑤发间使,四道并出:出駹,出冉,⑥出徙,⑦出邛、僰,⑧皆各行一二千里。其北方闭氐、筰,⑨南方闭嶲、昆明。⑩昆明之属无君长,善寇盗,辄杀略汉使,终莫得通。然闻其西可千馀里有乘象国,名曰滇越,⑪而蜀贾奸出物者或至焉,于是汉以求大夏道始通滇国。初,汉欲通西南夷,费多,道不通,罢之。及张骞言可以通大夏,乃复事西南夷。

①【正义】邛都邛山出此竹,因名"邛竹"。节高实中,或寄生,可为杖。布,土芦布。

②【正义】大水,河也。

③【集解】如淳曰:"径,疾也。或曰径,直。"

④【正义】言重重九遍译语而致。

⑤【正义】犍,其连反。犍为郡今戎州也,在益州南一千馀里。

⑥【正义】茂州、向州等,冉、駹之地,在戎州西北也。

⑦【集解】徐广曰:"属汉嘉。"　【索隐】李奇云:"徙音斯。蜀郡有徙县也。"

⑧【正义】僰,蒲北反。徙在嘉州;邛,今邛州;僰,今雅州:皆在戎州西南也。

⑨【集解】服虔曰:"皆夷名,汉使见闭于夷也。"　【索隐】韦昭云:"筰县在越嶲,音昨。"案:南越破后杀筰侯,以筰都为沈黎郡,又有定筰县。　【正义】氐,今成州及武等州也。筰,白狗羌也。皆在戎州西北也。

⑩【正义】嶲州及南昆明夷也,皆在戎州西南。

⑪【集解】徐广曰:"一作'城'。"　【索隐】昆、郎等州皆滇国也。其西南滇越、越嶲则通号越,细分而有嶲、滇等名也。

骞以校尉从大将军击匈奴,知水草处,军得以不乏,乃封骞为博望侯。①是岁元朔六年也。其明年,骞为卫尉,与李将军俱出右北平击匈奴。匈奴围李将军,军失亡多;而骞后期当斩,赎为庶人。是岁汉遣骠骑破匈奴西(城)〔域〕数万人,至祁连山。其明年,浑邪王率其民降汉,而金城、河西西并南山至盐泽空无匈奴。匈奴时有候者到，而希矣。其后二年，汉击走单于幕北。

①【索隐】案：张骞封号耳，非地名。小颜云"取其能博广瞻望"也。寻武帝置博望苑，亦取斯义也。　　【正义】《地理志》南阳博望县。

是后天子数问骞大夏之属。骞既失侯，因言曰："臣居匈奴中，闻乌孙王号昆莫，昆莫之父，匈奴西边小国也。匈奴攻杀其父，①而昆莫生，弃于野。乌嗛肉蜚其上，②狼往乳之。单于怪以为神，而收长之。及壮，使将兵，数有功，单于复以其父之民予昆莫，令长守于西（城）〔域〕。昆莫收养其民，攻旁小邑，控弦数万，习攻战。单于死，昆莫乃率其众远徙，中立，不肯朝会匈奴。匈奴遣奇兵击，不胜，以为神而远之，因羁属之，不大攻。今单于新困于汉，而故浑邪地空无人。蛮夷俗贪汉财物，今诚以此时而厚币赂乌孙，招以益东，居故浑邪之地，与汉结昆弟，其势宜听，听则是断匈奴右臂也。既连乌孙，自其西大夏之属皆可招来而为外臣。"天子以为然，拜骞为中郎将，将三百人，马各二匹，牛羊以万数，赍金币帛直数千巨万，多持节副使，道可使，使遗之他旁国。

①【索隐】按《汉书》，父名难兜靡，为大月氏所杀。

②【集解】徐广曰："读'嗛'与'衔'同。《酷吏传》'义纵不治道，上怒衔之'，《史记》亦作'嗛'字。"　　【索隐】嗛音衔。蜚亦"飞"字。

骞既至乌孙，乌孙王昆莫见汉使如单于礼，骞大惭，知蛮夷贪，乃曰："天子致赐，王不拜则还赐。"昆莫起拜赐，其他如故。骞谕使指曰："乌孙能东居浑邪地，则汉遣翁主为昆莫夫人。"乌孙国分，王老，而远汉，未知其大小，素服属匈奴日久矣，且又近之，其大臣皆畏胡，不欲移徙，王不能专制。骞不得其要领。昆莫有十馀子，其中子曰大禄，强，善将众，将众别居万馀骑。大禄兄为太子，太子有子曰岑娶，而太子蚤死。临死谓其父昆莫曰："必以岑娶为太子，无令他人代之。"昆莫哀而许之，卒以岑娶为太子。大禄怒其不得代太子也，乃收其诸昆弟，将其众畔，谋攻岑娶及昆莫。昆莫老，常恐大禄杀岑娶，予岑娶万馀骑别居，而昆莫有万馀骑自备，国众分为三，而其大总取羁属昆莫，昆莫亦以此不敢专约于骞。

骞因分遣副使使大宛、康居、大月氏、大夏、安息、身毒、于窴、扜采及诸旁国。乌孙发导译送骞还，骞与乌孙遣使数十人，马数十匹报谢，因令窥汉，知其广大。

骞还到，拜为大行，列于九卿。岁馀，卒。

乌孙使既见汉人众富厚，归报其国，其国乃益重汉。其后岁馀，骞所遣使通大夏之属者皆颇与其人俱来，①于是西北国始通于汉矣。然张骞凿空，②其后使往者皆称博望侯，以为质于外国，③外国由此信之。

①【集解】晋灼曰："其国人。"

②【集解】苏林曰："凿，开；空，通也。骞开通西域道。" 【索隐】案：谓西域险厄，本无道路，今凿空而通之也。

③【集解】如淳曰："质，诚信也。博望侯有诚信，故后使称其意以喻外国。"李奇曰："质，信也。"

自博望侯骞死后，匈奴闻汉通乌孙，怒，欲击之。及汉使乌孙，若①出其南，抵大宛、大月氏相属，乌孙乃恐，使使献马，愿得尚汉女翁主为昆弟。天子问群臣议计，皆曰"必先纳聘，然后乃遣女"。初，天子发书《易》，②云"神马当从西北来"。得乌孙马好，名曰"天马"。及得大宛汗血马，益壮，更名乌孙马曰"西极"，名大宛马曰"天马"云。而汉始筑令居以西，③初置酒泉郡以通西北国。因益发使抵安息、奄蔡、黎轩、条枝、身毒国。而天子好宛马，使者相望于道。诸使外国一辈大者数百，少者百馀人，人所赍操大放博望侯时。其后益习而衰少焉。汉率一岁中使多者十馀，少者五六辈，远者八九岁，近者数岁而反。

①【集解】徐广曰："《汉书》作'及'，若意义亦及也。"

②【集解】《汉书音义》曰："发《易》书以卜。"

③【集解】徐广曰："属金城。"

是时汉既灭越，而蜀、西南夷皆震，请吏入朝。于是置益州、越巂、牂柯、沈黎、汶山郡，欲地接以前通大夏。①乃遣使柏始昌、吕越人等岁十馀辈,出此初郡②抵大夏,皆复闭昆明,为所杀,夺币财,终莫能通至大夏焉。于是汉发三辅罪人,因巴蜀士数万人,遣两将军郭昌、卫广等往击昆明之遮汉使者,③斩首虏数万人而去。其后遣使,昆明复为寇,竟莫能得通。而北道酒泉抵大夏,使者既多,而外国益厌汉币,不贵其物。

①【集解】李奇曰:"欲地界相接至大夏。"

②【索隐】按:谓越嶲、汶山等郡。谓之"初"者,后背叛而并废之也。

③【集解】徐广曰:"元封二年。"

自博望侯开外国道以尊贵,其后从吏卒皆争上书言外国奇怪利害,求使。天子为其绝远,非人所乐往,听其言,予节,募吏民毋问所从来,为具备人众遣之,以广其道。来还不能毋侵盗币物,及使失指,天子为其习之,辄覆案致重罪,以激怒令赎,复求使。使端无穷,而轻犯法。其吏卒亦辄复盛推外国所有,言大者予节,言小者为副,故妄言无行之徒皆争效之。其使皆贫人子,私县官赍物,欲贱市以私其利外国。外国亦厌汉使人人有言轻重,①度汉兵远不能至,而禁其食物以苦汉使。汉使乏绝积怨,至相攻击。而楼兰、姑师小国耳,②当空道,攻劫汉使王恢等尤甚。③而匈奴奇兵时时遮击使西国者。使者争遍言外国灾害,皆有城邑,兵弱易击。于是天子以故遣从骠侯破奴将属国骑及郡兵数万,至匈河水,欲以击胡,胡皆去。其明年,击姑师,破奴与轻骑七百馀先至,虏楼兰王,遂破姑师。因举兵威以困乌孙、大宛之属。还,封破奴为浞野侯。④王恢⑤数使,为楼兰所苦,言天子,天子发兵令恢佐破奴击破之,封恢为浩侯。⑥于是酒泉列亭鄣至玉门矣。⑦

①【集解】服虔曰:"汉使言于外国,人人轻重不实。"如淳曰:"外国人人自言数为汉使所侵易。"

②【集解】徐广曰:"即车师。"

③【集解】徐广曰:"恢,一作'怪'。"

④【集解】徐广曰:"元封三年。"

⑤【集解】徐广曰:"为中郎将。"

⑥【集解】徐广曰:"捕得车师王,元封四年封浩侯。"

⑦【集解】韦昭曰:"玉门关在龙勒界。"【索隐】韦昭云:"玉门,县名,在酒泉。又有玉关,在龙勒也。"【正义】《括地志》云:"沙州龙勒山在县南百六十五里。玉门关在县西北百一十八里。"

乌孙以千匹马聘汉女,汉遣宗室女江都翁主①往妻乌孙,乌孙王昆莫以为右夫人。匈奴亦遣女妻昆莫,昆莫以为左夫人。昆莫曰"我老",乃令其孙岑娶妻翁主。乌孙多马,其富人至有四五千匹马。

①【集解】《汉书》曰:"江都王建女。"

初,汉使至安息,安息王令将二万骑迎于东界。东界去王都数千里。行比至,过数十城,人民相属甚多。汉使还,而后发使随汉使来观汉广大,以大鸟卵及黎轩善眩人①献于汉。及宛西小国驩潜、大益,宛东姑师、扜采、苏薤之属,皆随汉使献见天子。天子大悦。

①【索隐】韦昭云:"变化惑人也。"按:"《魏略》云"犁靬多奇幻,口中吹火,自缚自解"。小颜亦以为植瓜等也。

而汉使穷河源,河源出于寘,其山多玉石,采来,①天子案古图书,名河所出山曰昆仑云。

①【集解】瓒曰:"汉使采取,将持来至汉。"

是时上方数巡狩海上,乃悉从外国客,大都多人则过之,散财帛以赏赐,厚具以饶给之,以览示汉富厚焉。于是大觳抵,出奇戏诸怪物,多聚观者,行赏赐,酒池肉林,令外国客遍观(名)〔各〕仓库府藏之积,见汉之广大,倾骇之。及加其眩者之工,而觳抵奇戏岁增变,甚盛益兴,自此始。

西北外国使,更来更去。宛以西,皆自以远,尚骄恣晏然,未可诎以礼羁縻而使也。自乌孙以西至安息,以近匈奴,匈奴困月氏也,匈奴使持单于一信,则国国传送食,不敢留苦;及至汉使,非出币帛不得食,不市畜不得骑用。所以然者,远汉,而汉多财物,故必市乃得所欲,然以畏匈奴于汉使焉。宛左右以蒲陶为酒,富人藏酒至万馀石,久者数十岁不

败。俗嗜酒，马嗜苜蓿。汉使取其实来，于是天子始种苜蓿、蒲陶肥饶
地。及天马多，外国使来众，则离宫别观旁尽种蒲萄、苜蓿极望。自大
宛以西至安息，国虽颇异言，然大同俗，相知言。其人皆深眼，多须髯，
善市贾，争分铢。俗贵女子，女子所言而丈夫乃决正。其地皆无丝漆，
不知铸钱器。①及汉使亡卒降，教铸作他兵器。得汉黄白金，辄以为器，
不用为币。

　　①【集解】徐广曰："多作‘钱’字，又或作‘铁’字。"

　　而汉使者往既多，其少从率多进熟于天子，①言曰："宛有善马在贰
师城，匿不肯与汉使。"天子既好宛马，闻之甘心，使壮士车令等持千金
及金马以请宛王贰师城善马。宛国饶汉物，相与谋曰："汉去我远，而盐
水中数败，②出其北有胡寇，出其南乏水草。又且往往而绝邑，乏食者
多。汉使数百人为辈来，而常乏食，死者过半，是安能致大军乎？无奈
我何。且贰师马，宛宝马也。"遂不肯予汉使。汉使怒，妄言，③椎金马
而去。宛贵人怒曰："汉使至轻我！"遣汉使去，令其东边郁成遮攻杀汉
使，取其财物。于是天子大怒。诸尝使宛姚定汉等言宛兵弱，诚以汉兵
不过三千人，强弩射之，即尽虏破宛矣。天子已尝使浞野侯攻楼兰，以
七百骑先至，虏其王，以定汉等言为然，而欲侯宠姬李氏，拜李广利为贰
师将军，发属国六千骑，及郡国恶少年数万人，以往伐宛。期至贰师城
取善马，故号"贰师将军"。赵始成为军正，故浩侯王恢使导军，④而李
哆⑤为校尉，制军事。是岁太初元年也。而关东蝗大起，蜚西至敦煌。

　　①【集解】《汉书音义》曰："少从，不如计也。或云从行之微者也。进熟，美语
　　　如成熟者也。"

　　②【集解】服虔曰："水名，道从外水中〔行〕。"如淳曰："道绝远，无谷草。"【正
　　　义】孔文祥云："盐，盐泽也。言水广远，或致风波，而数败也。"裴矩《西域
　　　记》云："在西州高昌县东，东南去瓜州一千三百里，并沙碛之地，水草难行，
　　　四面危，道路不可准记，行人唯以人畜骸骨及驼马粪为标验。以其地道路
　　　恶，人畜即不约行，曾有人于碛内时闻人唤声，不见形，亦有歌哭声，数失
　　　人，瞬息之间不知所在，由此数有死亡。盖魑魅魍魉也。"

③【集解】如淳曰:"骂詈。"

④【集解】徐广曰:"恢先受封,一年,坐使酒泉矫制,国除。"

⑤【索隐】音尺奢反,又尺者反。

贰师将军军既西过盐水,当道小国恐,各坚城守,不肯给食。攻之不能下。下者得食,不下者数日则去。比至郁成,士至者不过数千,皆饥罢。攻郁成,郁成大破之,所杀伤甚众。贰师将军与哆、始成等计:"至郁成尚不能举,况至其王都乎?"引兵而还。往来二岁。还至敦煌,士不过什一二。使使上书言:"道远多乏食;且士卒不患战,患饥。人少,不足以拔宛。愿且罢兵,益发而复往。"天子闻之,大怒,而使使遮玉门,曰军有敢入者辄斩之!贰师恐,因留敦煌。

其夏,汉亡浞野之兵二万馀于匈奴。①公卿及议者皆愿罢击宛军,专力攻胡,天子已业诛宛,宛小国而不能下,则大夏之属轻汉,而宛善马绝不来,乌孙、仑头易苦汉使矣,②为外国笑。乃案言伐宛尤不便者邓光等,赦囚徒材官,益发恶少年及边骑,岁馀而出敦煌者六万人,负私从者不与。牛十万,马三万馀匹,驴骡橐它以万数。多赍粮,兵弩甚设,天下骚动,传相奉伐宛,凡五十馀校尉。宛王城中无井,皆汲城外流水,于是乃遣水工徙其城下水空以空其城。③益发戍甲卒十八万酒泉、张掖北,置居延、休屠以卫酒泉,④而发天下七科適,⑤及载糒给贰师。转车人徒相连属至敦煌。而拜习马者二人为执驱校尉,备破宛择取其善马云。

①【集解】徐广曰:"太初二年,赵破奴为浚稽将军,二万骑击匈奴,不还也。"

②【集解】晋灼曰:"易,轻也。"

③【集解】徐广曰:"空,一作'穴'。盖以水荡败其城也。言'空'者,令城中渴乏。"

④【集解】如淳曰:"立二县以卫边也。或曰置二部都尉,以卫酒泉。"

⑤【正义】音讁。张晏云:"吏有罪一,亡命二,赘婿三,贾人四,故有市籍五,父母有市籍六,大父母有籍七:凡七科。武帝天汉四年,发天下七科讁出朔方也。"

于是贰师后复行，兵多，而所至小国莫不迎，出食给军。至仑头，仑头不下，攻数日，屠之。自此而西，平行至宛城，汉兵到者三万人。宛兵迎击汉兵，汉兵射败之，宛走入葆乘其城。贰师兵欲行攻郁成，恐留行而令宛益生诈，乃先至宛，决其水源，移之，则宛固已忧困。围其城，攻之四十余日，其外城坏，虏宛贵人勇将煎靡。宛大恐，走入中城。宛贵人相与谋曰："汉所为攻宛，以王毋寡匿善马而杀汉使。今杀王毋寡而出善马，汉兵宜解；即不解，乃力战而死，未晚也。"宛贵人皆以为然，共杀其王毋寡，持其头遣贵人使贰师，约曰："汉毋攻我。我尽出善马，恣所取，而给汉军食。即不听，我尽杀善马，而康居之救且至。至，我居内，康居居外，与汉军战。汉军熟计之，何从？"是时康居候视汉兵，汉兵尚盛，不敢进。贰师与赵始成、李哆等计："闻宛城中新得秦人，知穿井，而其内食尚多。所为来，诛首恶者毋寡。毋寡头已至，如此而不许解兵，则坚守，而康居候汉罢而来救宛，破汉军必矣。"军吏皆以为然，许宛之约。宛乃出其善马，令汉自择之，而多出食食给汉军。汉军取其善马数十匹，中马以下牡牝三千余匹，而立宛贵人之故待遇汉使善者名昧蔡①以为宛王，与盟而罢兵。终不得入中城。乃罢而引归。

①【索隐】本大宛将也。上音末，下音先葛反。

初，贰师起敦煌西，以为人多，道上国不能食，乃分为数军，从南北道。校尉王申生、故鸿胪壶充国等千余人，别到郁成。郁成城守，不肯给食其军。王申生去大军二百里，（侦）〔伺〕而轻之，责郁成。郁成食不肯出，窥知申生军日少，晨用三千人攻，戮杀申生等，军破，数人脱亡，走贰师。贰师令搜粟都尉上官桀往攻破郁成。郁成王亡走康居，桀追至康居。康居闻汉已破宛，乃出郁成王予桀，桀令四骑士缚守诣大将军。①四人相谓曰："郁成王汉国所毒，今生将去，卒失大事。"欲杀，莫敢先击。上邽骑士赵弟最少，拔剑击之，斩郁成王，赍头。弟、桀等逐及大将军。

①【集解】如淳曰："时多别将，故谓贰师为大将军。"

　　初,贰师后行,天子使使告乌孙,大发兵并力击宛。乌孙发二千骑往,持两端,不肯前。贰师将军之东,诸所过小国闻宛破,皆使其子弟从军入献,见天子,因以为质焉。贰师之伐宛也,而军正赵始成力战,功最多;及上官桀敢深入,李哆为谋计,军入玉门者万馀人,军马千馀匹。贰师后行,军非乏食,战死不能多,而将吏贪,多不爱士卒,侵牟之,以此物故众。天子为万里而伐宛,不录过,封广利为海西侯。又封身斩郁成王者骑士赵弟为新畤侯。军正赵始成为光禄大夫,上官桀为少府,李哆为上党太守。军官吏为九卿者三人,诸侯相、郡守、二千石者百馀人,千石以下千馀人。奋行者官过其望,①以適过行者皆绌其劳。②士卒赐直四万金。伐宛再反,凡四岁而得罢焉。

　　①【集解】《汉书音义》曰:"奋,迅。自乐入行者。"

　　②【集解】徐广曰:"奋行者及以適行者,虽俱有功劳,今行赏计其前有罪而减其赐,故曰'绌其劳'也。绌,抑退也。此本以適行,故功劳不足重,所以绌降之,不得与奋行者齐赏之。"

　　汉已伐宛,立昧蔡为宛王而去。岁馀,宛贵人以为昧蔡善谀,使我国遇屠,乃相与杀昧蔡,立毋寡昆弟曰蝉封为宛王,而遣其子入质于汉。汉因使使赂赐以镇抚之。

　　而汉发使十馀辈至宛西诸外国,求奇物,因风览以伐宛之威德。而敦煌置①酒泉都尉;②西至盐水,往往有亭。而仑头有田卒数百人,因置使者护田积粟,以给使外国者。

　　①【集解】徐广曰:"一本无'置'字。"

　　②【集解】徐广曰:"一云'置都尉'。又云敦煌有渊泉县,或者'酒'字当为'渊'字。"

　　太史公曰:《禹本纪》言"河出昆仑。昆仑其高二千五百馀里,日月所相避隐为光明也。其上有醴泉、瑶池"。今自张骞使大夏之后也,穷河源,恶睹本纪所谓昆仑者乎?①故言九州山川,《尚书》近之矣。至《禹本纪》、《山海经》所有怪物，余不敢言之也。②

①【集解】邓展曰："汉以穷河源，于何见昆仑乎？《尚书》曰'导河积石'，是为
河源出于积石，积石在金城河关，不言出于昆仑也。"【索隐】恶睹夫谓昆
仑者乎。恶音乌。乌，于何也。睹，见也。言张骞穷河源，至大夏、于寘，于
何而见昆仑为河所出？谓《禹本纪》及《山海经》为虚妄也。然案《山海经》
"河出昆仑东北隅"。《西域传》云"南出积石山为中国河"。积石本非河之
发源，犹《尚书》"导洛自熊耳"，然其实出于冢岭山，乃东经熊耳。今推此
义，河亦然矣。则河源本昆仑而潜流至于阗，又东流至积石始入中国，则
《山海经》及《禹贡》各互举耳。

②【索隐】余敢言也。案：《汉书》作"所有放哉"。如淳云"放荡迂阔，言不可信
也"。余敢言也，亦谓《山海经》难可信耳。而荀悦作"效"，失之素矣。

【索隐述赞】大宛之迹，元因博望。始究河源，旋窥海上。条枝西入，天马内
向。葱岭无尘，盐池息浪。旷哉绝域，往往亭障。

史记卷一百二十四

游侠列传第六十四

【集解】荀悦曰："立气齐，作威福，结私交，以立强于世者，谓之游侠。"

韩子曰："儒以文乱法，①而侠以武犯禁。"二者皆讥，②而学士多称于世云。至如以术取宰相卿大夫，辅翼其世主，功名俱著于春秋，③固无可言者。及若季次、原宪，间巷人也，④读书怀独行君子⑤之德，义不苟合当世，当世亦笑之。故季次、原宪终身空室蓬户，⑥褐衣疏食不厌。⑦死而已四百馀年，而弟子志之不倦。今游侠，其行虽不轨于正义，然其言必信，其行必果，已诺必诚，不爱其躯，赴士之阨困，⑧既已存亡死生矣，而不矜其能，羞伐其德，盖亦有足多者焉。

①【正义】言文之蔽，小人以僿。谓细碎苛法乱政。

②【正义】讥，非言也。儒敝乱法，侠盛犯禁，二道皆非，而学士多称于世者，故太史公引《韩子》，欲陈游侠之美。

③【索隐】功名俱著春秋。案：春秋谓国史也。以言人臣有功名则见记于其国之史，是俱著春秋者也。

④【集解】徐广曰："《仲尼弟子传》曰公晳哀字季次，未尝仕，孔子称之。"

⑤【索隐】行音下孟反。

⑥【正义】《庄子》云"原宪处居环堵之室，蓬户不完。以桑为枢而瓮牖，上漏下湿，独坐而弦歌"也。

⑦【索隐】不厌。厌，饱也，于艳反。

⑧【索隐】上音厄。

且缓急，人之所时有也。太史公曰：昔者虞舜窘于井廪，伊尹负于鼎俎，傅说匿于傅险，吕尚困于棘津，①夷吾桎梏，百里饭牛，仲尼畏匡，菜色陈、蔡。此皆学士所谓有道仁人也,犹然遭此灾,况以中材而涉乱世之末流乎? 其遇害何可胜道哉!

①【集解】徐广曰:"在广川。" 【正义】《尉缭子》云太公望行年七十,卖食棘津云。古亦谓之石济津,故南津。

鄙人有言曰:"何知仁义,已飨其利①者为有德。"故伯夷丑周,饿死首阳山,而文武不以其故贬王;跖、跻暴戾,其徒诵义无穷。由此观之,"窃钩者诛,②窃国者侯,侯之门仁义存",③非虚言也。

①【索隐】已音以。飨音享,受也。言已受其利则为有德,何知必仁义也。

②【索隐】以言小窃则为盗而受诛也。

③【索隐】言人臣委质于侯王门,则须存于仁义。若游侠轻健,亦何必肯存仁义也。

今拘学或抱咫尺之义,久孤于世,①岂若卑论侪俗,与世沈浮而取荣名哉! 而布衣之徒,设取予然诺,千里诵义,为死不顾世,此亦有所长,非苟而已也。故士穷窘而得委命,此岂非人之所谓贤豪间者邪? 诚使乡曲之侠,予季次、原宪比权量力,效功于当世,不同日而论矣。要以功见言信,侠客之义又曷可少哉!

①【索隐】言拘学守义之士或抱咫尺纤微之事,遂久以当代,孤负我志,而不若卑论侪俗以取荣宠也。

古布衣之侠,靡得而闻已。近世延陵、①孟尝、春申、平原、信陵之徒,皆因王者亲属,藉于有土卿相之富厚,招天下贤者,显名诸侯,不可谓不贤者矣。比如顺风而呼,声非加疾,其执激也。至如闾巷之侠,修行砥名,声施②于天下,莫不称贤,是为难耳。然儒、墨皆排摈不载。自秦以前,匹夫之侠,湮灭不见,余甚恨之。以余所闻,汉兴有朱家、田仲、王公、剧孟、郭解之徒,虽时扞当世之文罔,③然其私义廉洁退让,有足称者。名不虚立,士不虚附。至如朋党宗强比周,设财役贫,豪暴侵凌孤弱,恣欲自快,游侠亦丑之。余悲世俗不察其意,而猥以朱家、郭解等令与暴豪之徒同类而共笑之也。

①【集解】徐广曰:"代郡亦有延陵县。"骃案:《韩子》云"赵襄子召延陵生,令车

骑先至晋阳"。襄子时赵已并代,可有延陵之号,但未详是此人非耳。

②【索隐】施音以豉反。

③【索隐】扞即捍也。违扞当代之法网,谓犯于法禁也。

鲁朱家者,与高祖同时。鲁人皆以儒教,而朱家用侠闻。所藏活豪士以百数,其馀庸人不可胜言。然终不伐其能,歆其德,诸所尝施,唯恐见之。振人不赡,先从贫贱始。家无馀财,衣不完采,食不重味,乘不过轺牛。①专趋人之急,甚己之私。既阴脱季布将军之厄,②及布尊贵,终身不见也。自关以东,莫不延颈愿交焉。

①【集解】徐广曰:"音雏。"骃案:《汉书音义》曰"小牛"。　【索隐】上音古豆反。案:大牛当轭,小为轺牛。

②【索隐】阴脱季将军之厄。案:季布为汉所购求,朱家以布髡钳为奴,载以广柳车而出之,及尊贵而不见之,亦高介至义之士。然布竟不见报朱家之恩。

楚田仲以侠闻,喜剑,父事朱家,自以为行弗及。田仲已死,而雒阳有剧孟。周人以商贾为资,而剧孟以任侠显诸侯。吴楚反时,条侯为太尉,乘传车将至河南,得剧孟,喜曰:"吴楚举大事而不求孟,吾知其无能为已矣。"天下骚动,宰相得之若得一敌国云。剧孟行大类朱家,而好博,①多少年之戏。然剧孟母死,自远方送丧盖千乘。及剧孟死,家无馀十金之财。而符离人王孟亦以侠称江淮之间。

①【索隐】按:六博戏也。

是时济南瞷氏①陈周庸②亦以豪闻,景帝闻之,使使尽诛此属。其后代诸白、③梁韩无辟、④阳翟薛兄、⑤陕韩孺⑥纷纷复出焉。

①【索隐】瞷音间。案:为郅都所诛。

②【索隐】陈国人,姓周名庸。

③【索隐】代,代郡。人有白氏,豪侠非一,故言"诸"。

④【索隐】梁国人,韩姓,无辟名。辟音避。

⑤【索隐】音况。

⑥【集解】徐广曰:"陕,疑当作'郏'字,颍川有郏县。《南越传》曰'郏壮士韩千秋'也。"　【索隐】陕当为"郏"。陕音如冉反,郏音纪洽反。《汉书》作"寒

孺"。

　　郭解，轵人也，①字翁伯，善相人者许负外孙也。解父以任侠，孝文时诛死。解为人短小精悍，不饮酒。少时阴贼，②慨不快意，身所杀甚众。以躯借交报仇，藏命③作奸剽攻，（不）休（及）〔乃〕铸钱掘冢，固不可胜数。适有天幸，窘急常得脱，若遇赦。及解年长，更折节为俭，以德报怨，厚施而薄望。然其自喜为侠④益甚。既已振人之命，不矜其功，其阴贼著于心，卒发于睚眦如故云。而少年慕其行，亦辄为报仇，不使知也。解姊子负解之势，⑤与人饮，使之嚼。⑥非其任，强必灌之。人怒，拔刀刺杀解姊子，亡去。解姊怒曰："以翁伯之义，人杀吾子，贼不得。"弃其尸于道，弗葬，欲以辱解。解使人微知贼处。贼窘自归，具以实告解。解曰："公杀之固当，吾儿不直。"遂去其贼，⑦罪其姊子，乃收而葬之。诸公闻之，皆多解之义，益附焉。

　　①【索隐】《汉书》云河内轵人也。

　　②【索隐】以内心忍害。

　　③【索隐】案：谓亡命也。

　　④【索隐】苏林云："言性喜为侠也。"

　　⑤【索隐】负，恃也。

　　⑥【集解】徐广曰："音子妙反，尽酒也。"　【索隐】即妙反。谓酒尽。

　　⑦【集解】徐广曰："遣使去。"

　　解出入，人皆避之。有一人独箕倨视之，解遣人问其名姓。客欲杀之。解曰："居邑屋至不见敬，是吾德不修也，彼何罪！"乃阴属尉史曰："是人，吾所急也，①至践更时脱之。"每至践更，数过，吏弗求。②怪之，问其故，乃解使脱之。箕踞者乃肉袒谢罪。少年闻之，愈益慕解之行。

　　①【索隐】案：谓吾心中所急，言情切急之谓。《汉书》作"重"也。

　　②【集解】如淳曰："更有三品，有卒更，有践更，有过更。古有正卒无常人，皆当迭为之，一月一更，是为卒更也。贫者欲得顾更钱者，次直者出钱顾之，月二千，是为践更也。《律说》卒更、践更者，居县中五月乃更也。后从《尉律》，卒践更一月休十一月也。"　【索隐】数音朔，谓频免之也。又音色主

反,数亦频也。

雒阳人有相仇者,邑中贤豪居间者以十数,①终不听。客乃见郭解。解夜见仇家,仇家曲听解。②解乃谓仇家曰:"吾闻雒阳诸公在此间,多不听者。今子幸而听解,解奈何乃从他县夺人邑中贤大夫权乎!"乃夜去,不使人知,曰:"且无用,③（待我）待我去,令雒阳豪居其间,乃听之。"

①【索隐】色具反。

②【索隐】仇家曲听。谓屈曲听解也。

③【索隐】按:《汉书》作"无庸"。苏林曰"且无便用吾言,待我去,令洛阳豪居其间也"。

解执恭敬,不敢乘车人其县廷。之旁郡国,为人请求事,事可出,出之;不可者,各厌其意,然后乃敢尝酒食。诸公以故严重之,争为用。邑中少年及旁近县贤豪,夜半过门常十馀车,请得解客舍养之。①

①【索隐】如淳云:"解多藏亡命者,故喜事年少与解同志者,知亡命者多归解,故多将车来,欲为解迎亡者而藏之者也。"

及徙豪富茂陵也,解家贫,不中訾,①吏恐,不敢不徙。卫将军为言:"郭解家贫不中徙。"上曰:"布衣权至使将军为言,此其家不贫。"解家遂徙。诸公送者出千馀万。轵人杨季主子为县掾,举徙解。解兄子断杨掾头。由此杨氏与郭氏为仇。

①【索隐】不中訾。案:訾不满三百万已上为不中。

解入关,关中贤豪知与不知,闻其声,争交欢解。解为人短小,不饮酒,出未尝有骑。已又杀杨季主。杨季主家上书,人又杀之阙下。上闻,乃下吏捕解。解亡,置其母家室夏阳,①身至临晋。②临晋籍少公素不知解,解冒,因求出关。籍少公已出解,解转入太原,所过辄告主人家。吏逐之,迹至籍少公。少公自杀,口绝。久之,乃得解。穷治所犯,为解所杀,皆在赦前。轵有儒生侍使者坐,客誉郭解,生曰:"郭解专以奸犯公法,何谓贤!"解客闻,杀此生,断其舌。吏以此责解,解实不知杀者。杀者亦竟绝,莫知为谁。吏奏解无罪。御史大夫公孙弘议曰:"解布衣为任侠行权,以睚眦杀人,解虽弗知,此罪甚于解杀之。当大逆无道。"遂族郭解翁伯。

①【集解】徐广曰:"属冯翊。" 【正义】故城在同州韩城县南二十里,汉夏阳也。

②【正义】故城在同州冯翊县西南二里。

自是之后,为侠者极众,敖而无足数者。① 然关中长安樊仲子,槐里赵王孙,长陵高公子,西河郭公仲,太原卤公孺,② 临淮儿长卿,东阳田君孺,③ 虽为侠而逡逡有退让君子之风。至若北道姚氏,④ 西道诸杜,南道仇景,东道赵他、羽公子,⑤ 南阳赵调之徒,此盗跖居民间者耳,曷足道哉! 此乃乡者朱家之羞也。

①【集解】徐广曰:"敖,倨也。"

②【集解】徐广曰:"雁门有卤城也。" 【索隐】太原卤翁。《汉书》作"鲁公孺"。鲁,姓也,与徐广之说不同也。

③【索隐】《汉书》作"陈君孺"。然陈田声相近,亦本同姓。 【正义】其东阳盖贝州历亭县者,为近齐故也。

④【索隐】北道诸姚。苏林云:"道犹方也。"如淳云:"京师四出道也。"

⑤【索隐】旧解以赵他、羽公子为二人,今案:此姓赵,名他羽,字公子也。

太史公曰:吾视郭解,状貌不及中人,言语不足采者。然天下无贤与不肖,知与不知,皆慕其声,言侠者皆引以为名。谚曰:"人貌荣名,岂有既乎!"① 於戏,惜哉!

①【集解】徐广曰:"人以颜状为貌者,则貌有衰落矣;唯用荣名为饰表,则称誉无极也。既,尽也。"

【索隐述赞】游侠豪倨,藉藉有声。权行州里,力折公卿。朱家脱季,剧孟定倾。急人之难,免雠于更。伟哉翁伯,人貌荣名。

史记卷一百二十五

佞幸列传第六十五

谚曰"力田不如逢年,善仕不如遇合",①固无虚言。非独女以色媚,而士宦亦有之。

①【集解】徐广曰:"遇,一作'偶'。"

昔以色幸者多矣。至汉兴,高祖至暴抗也,①然籍孺以佞幸;孝惠时有闳孺。②此两人非有材能,徒以婉佞贵幸,与上卧起,公卿皆因关说。③故孝惠时郎侍中皆冠鵔鸃,贝带,④傅脂粉,⑤化闳、籍之属也。两人徙家安陵。⑥

①【索隐】暴忼。忼音苦浪反。言暴猛忼直。

②【正义】籍,闳,皆名也。孺,幼小也。

③【索隐】按:关训通也。谓公卿因之而通其词说。刘氏云"有所言说,皆关由之"。

④【集解】《汉书音义》曰:"鵔鸃,鸟名。以毛羽饰冠,以贝饰带。"【索隐】鵔鸃,应劭云:"鸟名,毛可以饰冠。"许慎云:"鳖鸟也。"《淮南子》云:"赵武灵王服贝带鵔鸃。"《汉官仪》云:"秦破赵,以其冠赐侍中。"《三仓》云:"鵔鸃,神鸟也,飞光映天者也。"

⑤【索隐】上音付。

⑥【正义】惠帝陵邑。

孝文时中宠臣,士人则邓通,宦者则赵同、①北宫伯子。②北宫伯子以爱人长者;而赵同以星气幸,常为文帝参乘;邓通无伎能。邓通,蜀郡南安人也,③以濯船④为黄头郎。⑤孝文帝梦欲上天,不能,有一黄头郎从后推之上天，顾见其衣裻⑥带后穿。觉⑦而之渐台，⑧以梦中阴目求推者郎，即见邓通，其衣后穿，梦中所见也。召问其名姓，姓邓氏，名通，文帝说焉，⑨尊幸之日异。通亦愿谨，不好外交，虽赐洗沐，不欲出。于是文帝赏赐通巨万以十数，⑩官至上大夫。文帝时时如邓通家游戏。然邓通无他能，不能有所荐士，独自谨其身以媚上而已。上使善相者相通，曰"当贫饿死"。文帝曰："能富通者在我也。何谓贫乎?"于是赐邓通蜀严道铜山，⑪得自铸钱，"邓氏钱"⑫布天下。其富如此。

①【索隐】案:《汉书》作"赵谈"，此云"同"者，避太史公父名也。

②【正义】颜云"姓北宫，名伯子"也。按:伯子，名。北宫之宦者也。

③【集解】徐广曰:"后属犍为。"

④【索隐】濯音棹，迟教反。

⑤【集解】徐广曰:"著黄帽也。"骃案:《汉书音义》曰"善濯船池中也。一说能持檋行船也。土，水之母，故施黄旄于船头，因以名其郎曰黄头郎"。

⑥【集解】徐广曰:"一无此字。"【索隐】音笃。裻者，衫襦之横腰者。

⑦【索隐】觉音教。

⑧【正义】《括地志》云:"渐台在长安故城中。《关中记》云未央宫西有苍池，池中有渐台，王莽死于此台。"

⑨【索隐】《汉书》云:"上曰'邓犹登也'，悦之。"

⑩【正义】言赐通巨万以至于十也。

⑪【正义】《括地志》云:"雅州荣经县北三里有铜山，即邓通得赐铜山铸钱者。"案:荣经即严道。

⑫【正义】《钱谱》云:"文字称两，同汉四铢文。"

文帝尝病痈，邓通常为帝唶吮之。①文帝不乐，从容问通曰："天下谁最爱我者乎?"通曰："宜莫如太子。"太子入问病，文帝使唶痈，唶痈而色难之。已而闻邓通常为帝唶吮之，心惭，由此怨通矣。及文帝崩，景帝立，邓通免，家居。居无何，人有告邓通盗出徼外铸钱。下吏验问，颇有之，遂竟案，尽没入邓通家，尚负责数巨万。长公主②赐邓通，吏辄随没入之，③一簪不得著身。于是长公主乃令假衣食。④竟不得名一钱，⑤寄死人家。

①【索隐】喈,仕格反。吮,仕兖反。

②【集解】韦昭曰:"景帝姊也。"　【索隐】案:即馆陶公主也。

③【索隐】吏辄没入。谓长公主别有物赐通,吏辄没入以充赃也。

④【索隐】谓公主令人假与衣食。

⑤【索隐】按:始天下名"邓氏钱",今皆没入,卒竟无一钱之名也。

　　孝景帝时,中无宠臣,然独郎中令周文仁,①仁宠最过庸,②乃不甚笃。

①【索隐】案:《汉书》称"周仁",此上称"周文",今兼"文"作,恐后人加耳。案:仁字文。

②【索隐】宠最过庸。案:庸,常也。言仁最被恩宠,过于常人,乃不甚笃,如韩嫣也。

　　今天子中宠臣,士人则韩王孙嫣,①宦者则李延年。嫣者,弓高侯②孽孙也。今上为胶东王时,嫣与上学书相爱。及上为太子,愈益亲嫣。嫣善骑射,善佞。上即位,欲事伐匈奴,而嫣先习胡兵,以故益尊贵,官至上大夫,赏赐拟于邓通。时嫣常与上卧起。江都王入朝,有诏得从入猎上林中。天子车驾跸道未行,而先使嫣乘副车,从数十百骑,骛驰视兽。江都王望见,以为天子,辟从者,伏谒道傍。嫣驱不见。既过,江都王怒,为皇太后泣曰:"请得归国入宿卫,③比韩嫣。"太后由此嗛嫣。④嫣侍上,出入永巷不禁,以奸闻皇太后。皇太后怒,使使赐嫣死。上为谢,终不能得,嫣遂死。而案道侯韩说,⑤其弟也,亦佞幸。

①【索隐】音偃,又音于建反。

②【集解】徐广曰:"韩王信之子颓当也。"

③【索隐】谓还爵封于天子,而请入宿卫。

④【集解】徐广曰:"嗛,读与'衔'同,《汉书》作'衔'字。"

⑤【索隐】音悦。嫣弟。

　　李延年,中山人也。父母及身兄弟及女,皆故倡也。延年坐法腐,给事狗中。①而平阳公主言延年女弟善舞,上见,心说之,及入永巷,而召贵延年。延年善歌，为变新声，而上方兴天地祠，欲造乐诗歌弦之。延年善承意，弦次初诗。②其女弟亦幸，有子男。延年佩二千石印，号协声律。与上卧起，甚贵幸，埒如韩嫣也。③久之，寝与中人乱，④出入骄恣。及其女弟李夫人卒后，爱弛，则禽诛延年昆弟也。

①【集解】徐广曰："主猎犬也。"　【索隐】或犬监也。

②【索隐】歌初诗。按：初诗，即所新造乐章。

③【集解】徐广曰："埒，等也。《蜀都赋》曰'卓郑埒名'。又云埒者，畴等
之名。"

④【集解】徐广曰："一云坐弟季与中人乱。"

自是之后，内宠嬖臣大底外戚之家，然不足数也。卫青、霍去病亦以外戚贵幸，然颇用材能自进。

太史公曰：甚哉爱憎之时！弥子瑕①之行，足以观后人佞幸矣。虽百世可知也。

①【索隐】卫灵公之臣，事见《说苑》也。

【索隐述赞】《传》称令色，《诗》刺巧言。冠鸡人侍，传粉承恩。黄头赐蜀，宦者
同轩。新声都尉，挟弹王孙。泣鱼窃驾，著自前论。

史记卷一百二十六

滑稽列传第六十六

【索隐】按：滑，乱也；稽，同也。言辨捷之人言非若是，说是若非，言能乱异同也。

孔子曰："六蓺于治一也。①《礼》以节人，《乐》以发和，《书》以道事，《诗》以达意，《易》以神化，《春秋》以义。"太史公曰：天道恢恢，岂不大哉！谈言微中，亦可以解纷。

①【正义】言六蓺之文虽异，《礼》节《乐》和，导民立政，天下平定，其归一揆。至于谈言微中，亦以解其纷乱，故治一也。

淳于髡①者，齐之赘婿②也。长不满七尺，滑稽多辩，数使诸侯，未尝屈辱。齐威王之时喜隐，③好为淫乐长夜之饮，沈湎不治，委政卿大夫。百官荒乱，诸侯并侵，国且危亡，在于旦暮，左右莫敢谏。淳于髡说之以隐曰："国中有大鸟，止王之庭，三年不蜚又不鸣，王知此鸟何也？"王曰："此鸟不飞则已，一飞冲天；不鸣则已，一鸣惊人。"于是乃朝诸县令长七十二人，赏一人，诛一人，奋兵而出。诸侯振惊，皆还齐侵地。威行三十六年。语在《田完世家》中。

①【索隐】苦魂反。

②【索隐】女之夫也，比于子，如人疣赘，是馀剩之物也。

③【索隐】上许既反。喜，好也。喜隐谓好隐语。

威王八年，楚大发兵加齐。齐王使淳于髡之赵请救兵，赍金百斤，车马十驷。淳于髡仰天大笑，冠缨索绝。①王曰："先生少之乎？"髡曰：

"何敢!"王曰:"笑岂有说乎?"髡曰:"今者臣从东方来,见道傍有穰田者,②操一豚蹄,酒一盂,祝曰:'瓯窭满篝,③汙邪满车,④五谷蕃熟,穰穰满家。'臣见其所持者狭而所欲者奢,故笑之。"于是齐威王乃益赍黄金千溢,白璧十双,车马百驷。髡辞而行,至赵。赵王与之精兵十万,革车千乘。楚闻之,夜引兵而去。

① 【索隐】案:索训尽,言冠缨尽绝也。孔衍《春秋后语》亦作"冠缨尽绝"也。

② 【索隐】案:谓为田求福禳。

③ 【集解】徐广曰:"篝,笼也。" 【索隐】案:瓯窭犹杯楼也。窭音如娄,古字少耳。言丰年收掇易,可满篝笼耳。 【正义】窭音楼。篝音沟,笼也。瓯楼谓高地狭小之区,得满篝笼也。

④ 【集解】司马彪曰:"汙邪,下地田也。" 【索隐】按:司马彪云"汙邪,下地田"。即下田之中有薪,可满车。 【正义】汙音乌。

威王大说,置酒后宫,召髡赐之酒。问曰:"先生能饮几何而醉?"对曰:"臣饮一斗亦醉,一石亦醉。"威王曰:"先生饮一斗而醉,恶能饮一石哉!其说可得闻乎?"髡曰:"赐酒大王之前,执法在傍,御史在后,髡恐惧俯伏而饮,不过一斗径醉矣。若亲有严客,髡卷䪐鞠䠆,①侍酒于前,时赐馀沥,奉觞上寿,数起,饮不过二斗径醉矣。若朋友交游,久不相见,卒然相睹,欢然道故,私情相语,饮可五六斗径醉矣。若乃州闾之会,男女杂坐,行酒稽留,六博投壶,相引为曹,握手无罚,目眙不禁,②前有堕珥,后有遗簪,髡窃乐此,饮可八斗而醉二参。③日暮酒阑,合尊促坐,男女同席,履舄交错,杯盘狼藉,堂上烛灭,主人留髡而送客,④罗襦襟解,微闻芳泽,当此之时,髡心最欢,能饮一石。故曰酒极则乱,乐极则悲;万事尽然。"言不可极,极之而衰。以讽谏焉。齐王曰:"善。"乃罢长夜之饮,以髡为诸侯主客。⑤宗室置酒,髡尝在侧。

① 【集解】徐广曰:"卷,收衣袖也。袖,袂也。䪐,臂捍也,音沟。鞠,曲也。䠆音其纪反,又与'跽'同,谓小跪也。" 【索隐】卷音卷,纪免反,谓收袖也。䪐音沟,臂扞也。鞠,曲躬也。䠆音其纪反,与"跽"同音,谓小跪。

② 【集解】徐广曰:"眙,吐甑反,直视貌。" 【索隐】眙音与"瞪"同,谓直视也,丑甑反,又音丑二反。

③【索隐】案：上云"五六斗径醉矣"，则此为乐亦甚，饮可八斗而未径醉，故云
　　"窃乐"。二参，言十有二参醉也。

④【集解】徐广曰："一本云'留髡坐，起送客'。"

⑤【正义】今鸿胪卿也。

其后百馀年，楚有优孟。

优孟，①故楚之乐人也。长八尺，多辩，常以谈笑讽谏。楚庄王之
时，有所爱马，衣以文绣，置之华屋之下，席以露床，啗以枣脯。马病肥
死，使群臣丧之，欲以棺椁大夫礼葬之。左右争之，以为不可。王下令
曰："有敢以马谏者，罪至死。"优孟闻之，入殿门，仰天大哭。王惊而问
其故。优孟曰："马者王之所爱也，以楚国堂堂之大，何求不得，而以大
夫礼葬之，薄，请以人君礼葬之。"王曰："何如？"对曰："臣请以雕玉为
棺，文梓为椁，楩枫豫章为题凑，②发甲卒为穿圹，老弱负土，齐赵陪位
于前，韩魏翼卫其后，③庙食太牢，奉以万户之邑。诸侯闻之，皆知大王
贱人而贵马也。"王曰："寡人之过一至此乎！为之奈何？"优孟曰："请为
大王六畜葬之。以垅灶为椁，④铜历为棺，⑤赍以姜枣，⑥荐以木兰，祭
以粮稻，衣以火光，葬之于人腹肠。"⑦于是王乃使以马属太官，无令天
下久闻也。

①【索隐】案：优者，倡优也。孟，字也。其优旃亦同，旃其字耳。优孟在楚，旃
　　在秦者也。

②【集解】苏林曰："以木累棺外，木头皆内向，故曰题凑。"【正义】楩，频
　　绵反。

③【集解】楚庄王时，未有赵、韩、魏三国。【索隐】案：此辨说者之词，后人所
　　增饰之矣。

④【索隐】按：《皇览》亦说此事，以"垅灶"为"荅突"也。

⑤【索隐】按：历即釜鬲也。

⑥【索隐】按：古者食肉用姜枣，《礼·内则》云"实枣于其腹中，屑桂与姜，以洒
　　诸其上而食之"是也。

⑦【索隐】《皇览》云："火送之箸端，葬之肠中。"

　　楚相孙叔敖知其贤人也,善待之。病且死,属其子曰:"我死,汝必贫困。若往见优孟,言我孙叔敖之子也。"居数年,其子穷困负薪,逢优孟,与言曰:"我,孙叔敖子也。父且死时,属我贫困往见优孟。"优孟曰:"若无远有所之。"①即为孙叔敖衣冠,抵掌谈语。②岁馀,像孙叔敖,楚王及左右不能别也。庄王置酒,优孟前为寿。庄王大惊,以为孙叔敖复生也,欲以为相。优孟曰:"请归与妇计之,三日而为相。"庄王许之。三日后,优孟复来。王曰:"妇言谓何?"孟曰:"妇言慎无为,楚相不足为也。如孙叔敖之为楚相,尽忠为廉以治楚,楚王得以霸。今死,其子无立锥之地,贫困负薪以自饮食。必如孙叔敖,不如自杀。"因歌曰:"山居耕田苦,难以得食。起而为吏,身贪鄙者馀财,不顾耻辱。身死家室富,又恐受赇枉法,为奸触大罪,身死而家灭。贪吏安可为也! 念为廉吏,奉法守职,竟死不敢为非。廉吏安可为也! 楚相孙叔敖持廉至死,方今妻子穷困负薪而食,不足为也!"于是庄王谢优孟,乃召孙叔敖子,封之寝丘③四百户,以奉其祀。后十世不绝。此知可以言时矣。

①【索隐】案:谓优孟语孙叔敖之子曰"汝无远有所之,适他境,恐王后求汝不得"者也。

②【集解】《战国策》曰:"苏秦说赵王华屋之下,抵掌而言。"张载曰:"谈说之容则也。"

③【集解】徐广曰:"在固始。"　【正义】今光州固始县,本寝丘邑也。《吕氏春秋》云:"楚孙叔敖有功于国,疾将死,戒其子曰:'王数欲封我,我辞不受。我死,必封汝。汝无受利地,荆楚间有寝丘者,其为地不利,而前有妒谷,后有戾丘,其名恶,可长有也。'其子从之。楚功臣封二世而收,唯寝丘不夺也。"

　　其后二百馀年,秦有优旃。

　　优旃者,秦倡侏儒也。善为笑言,然合于大道。秦始皇时,置酒而天雨,陛楯者皆沾寒。优旃见而哀之,谓之曰:"汝欲休乎?"陛楯者皆曰:"幸甚。"优旃曰:"我即呼汝,汝疾应曰诺。"居有顷,殿上上寿呼万岁。优旃临槛①大呼曰:"陛楯郎!"郎曰:"诺。"优旃曰:"汝虽长,何益,幸雨立。我虽短也,幸休居。"于是始皇使陛楯者得半相代。

①【正义】御览反。

始皇尝议欲大苑囿,东至函谷关,西至雍、陈仓。①优旃曰:"善。多纵禽兽于其中,寇从东方来,令麋鹿触之足矣。"始皇以故辍止。

①【正义】今岐州雍县及陈仓县也。

二世立,又欲漆其城。优旃曰:"善。主上虽无言,臣固将请之。漆城虽于百姓愁费,然佳哉! 漆城荡荡,寇来不能上。即欲就之,易为漆耳,顾难为荫室。"于是二世笑之,以其故止。居无何,二世杀死,优旃归汉,数年而卒。

太史公曰:淳于髡仰天大笑,齐威王横行。优孟摇头而歌,负薪者以封。优旃临槛疾呼,陛楯得以半更。岂不亦伟哉!

褚先生曰:臣幸得以经术为郎,而好读外家传语。①窃不逊让,复作故事滑稽②之语六章,编之于左。可以览观扬意,以示后世好事者读之,以游心骇耳,以附益上方太史公之三章。

①【索隐】按:东方朔亦多博观外家之语,则外家非正经,即史传杂说之书也。

②【索隐】《楚词》云:"将突梯滑稽,如脂如韦。"崔浩云:"滑音骨。滑稽,流酒器也。转注吐酒,终日不已。言出口成章,词不穷竭,若滑稽之吐酒。故杨雄《酒赋》云'鸱夷滑稽,腹大如壶,尽日盛酒,人复藉沽'是也。"又姚察云:"滑稽犹俳谐也。滑读如字,稽音计也。言谐语滑利,其知计疾出,故云滑稽。"

武帝时有所幸倡郭舍人者,发言陈辞虽不合大道,然令人主和说。武帝少时,东武侯母①常养帝,②帝壮时,号之曰"大乳母"。率一月再朝。朝奏入,有诏使幸臣马游卿以帛五十匹赐乳母,又奉饮糒飧养乳母。乳母上书曰:"某所有公田,愿得假倩之。"帝曰:"乳

母欲得之乎?"以赐乳母。乳母所言,未尝不听。有诏得令乳母乘
车行驰道中。当此之时,公卿大臣皆敬重乳母。乳母家子孙奴从
者横暴长安中,当道掣顿人车马,夺人衣服。闻于中,不忍致之法。
有司请徙乳母家室,处之于边。奏可。乳母当入至前,面见辞。乳
母先见郭舍人,为下泣。舍人曰:"即入见辞去,疾步数还顾。"乳母
如其言,谢去,疾步数还顾。郭舍人疾言骂之曰:"咄! 老女子! 何
不疾行! 陛下已壮矣,宁尚须汝乳而活邪? 尚何还顾!"于是人主
怜焉悲之,乃下诏止无徙乳母,罚谪谮之者。③

①【索隐】案:东武,县名;侯,乳母姓。
②【正义】《高祖功臣表》云东武侯郭家,高祖六年封。子他,孝景六年弃市,国
　除。盖他母常养武帝。
③【索隐】罚谪谮之者。谓武帝罚谪谮乳母之人也。

　　武帝时,齐人有东方生名朔,①以好古传书,爱经术,多所博观
外家之语。朔初入长安,至公车上书,②凡用三千奏牍。公车令两
人共持举其书,仅然能胜之。人主从上方读之,止,辄乙其处,读之
二月乃尽。诏拜以为郎,常在侧侍中。数召至前谈语,人主未尝不
说也。时诏赐之食于前。饭已,尽怀其馀肉持去,衣尽污。数赐缣
帛,檐揭而去。徒用所赐钱帛,取少妇于长安中好女。率取妇一岁
所者即弃去,更取妇。所赐钱财尽索之于女子。人主左右诸郎半
呼之"狂人"。人主闻之,曰:"令朔在事无为是行者,若等安能及之
哉!"朔任其子为郎,又为侍谒者,常持节出使。朔行殿中,郎谓之
曰:"人皆以先生为狂。"朔曰:"如朔等,所谓避世于朝廷间者也。
古之人,乃避世于深山中。"时坐席中,酒酣,据地歌曰:"陆沈于
俗,③避世金马门。宫殿中可以避世全身,何必深山之中,蒿庐之
下。"金马门者,宦〔者〕署门也,门傍有铜马,故谓之曰"金马门"。

①【索隐】案:仲长统云迁为《滑稽传》,序优旃事,不称东方朔,非也。朔之行
　事,岂直旃、孟之比哉。而桓谭亦以迁为是,又非也。　【正义】《汉书》云:

"平原厌次人也。"《舆地志》云:"厌次,宜是富平县之乡聚名也。"《括地
〔志〕》云:"富平故城在仓州阳信县东南四十里,汉县也。"

②【正义】《百官表》云卫尉属官有公车司马。《汉仪注》云:"公车司马掌殿司
马门,夜徼宫,天下上事及阙下,凡所征召皆总领之。秩六百石。"

③【索隐】司马彪云:"谓无水而沈也。"

时会聚宫下博士诸先生与论议,共难之①曰:"苏秦、张仪一当
万乘之主,而都卿相之位,泽及后世。今子大夫修先王之术,慕圣
人之义,讽诵《诗》、《书》百家之言,不可胜数。著于竹帛,自以为海
内无双,即可谓博闻辩智矣。然悉力尽忠以事圣帝,旷日持久,积
数十年,官不过侍郎,位不过执戟,意者尚有遗行邪? 其故何也?"
东方生曰:"是固非子所能备也。彼一时也,此一时也,岂可同哉!
夫张仪、苏秦之时,周室大坏,诸侯不朝,力政争权,相禽以兵,并为
十二国,未有雌雄,得士者强,失士者亡,故说听行通,身处尊位,泽
及后世,子孙长荣。今非然也。圣帝在上,德流天下,诸侯宾服,威
振四夷,连四海之外以为席,安于覆盂,天下平均,合为一家,动发
举事,犹如运之掌中。贤与不肖,何以异哉? 方今以天下之大,士
民之众,竭精驰说,并进辐凑者,不可胜数。悉力慕义,困于衣食,
或失门户。使张仪、苏秦与仆并生于今之世,曾不能得掌故,安敢
望常侍侍郎乎! 传曰:'天下无害菑,虽有圣人,无所施其才;上下
和同,虽有贤者,无所立功。'故曰时异则事异。虽然,安可以不务
修身乎?《诗》曰:'鼓钟于宫,声闻于外。''鹤鸣九皋,声闻于天。'
苟能修身,何患不荣! 太公躬行仁义七十二年,逢文王,得行其说,
封于齐,七百岁而不绝。此士之所以日夜孜孜,修学行道,不敢止
也。今世之处士,时虽不用,崛然独立,块然独处,上观许由,下察
接舆,策同范蠡,忠合子胥,天下和平,与义相扶,寡偶少徒,固其常
也。子何疑于余哉!"于是诸先生默然无以应也。

①【索隐】与议论,共难之。案:方朔设词对之,即下文是答对之难也。

建章宫①后阁重栎②中有物出焉,其状似麋。以闻,武帝往临

视之。问左右群臣习事通经术者,莫能知。诏东方朔视之。朔曰:"臣知之,愿赐美酒粱饭大飱臣,臣乃言。"诏曰:"可。"已又曰:"某所有公田鱼池蒲苇数顷,陛下以赐臣,臣朔乃言。"诏曰:"可。"于是朔乃肯言,曰:"所谓驺牙③者也。远方当来归义,而驺牙先见。其齿前后若一,齐等无牙,故谓之驺牙。"其后一岁所,匈奴混邪王果将十万众来降汉。乃复赐东方生钱财甚多。

①【正义】在长安县西北二十里故城中。

②【索隐】上逐龙反,下音历。重栎,栏楯之下有重栏处也。

③【索隐】驺音邹。按:方朔以意自立名而偶中也。以有九牙齐等,故谓之驺牙,犹驺骑然也。

　　至老,朔且死时,谏曰:"《诗》云'营营青蝇,止于蕃。恺悌君子,无信谗言。谗言罔极,交乱四国'。愿陛下远巧佞,退谗言。"帝曰:"今顾东方朔多善言?"怪之。居无几何,朔果病死。传曰:"鸟之将死,其鸣也哀;人之将死,其言也善。"此之谓也。

　　武帝时,大将军卫青者,卫后兄也,①封为长平侯。从军击匈奴,至余吾水上而还,斩首捕虏,有功来归,诏赐金千斤。将军出宫门,齐人东郭先生以方士待诏公车,当道遮卫将军车,拜谒曰:"愿白事。"②将军止车前,东郭先生旁车言曰:"王夫人新得幸于上,家贫。今将军得金千斤,诚以其半赐王夫人之亲,人主闻之必喜。此所谓奇策便计也。"卫将军谢之曰:"先生幸告之以便计,请奉教。"于是卫将军乃以五百金为王夫人之亲寿。王夫人以闻武帝。帝曰:"大将军不知为此。"问之安所受计策,对曰:"受之待诏者东郭先生。"诏召东郭先生,拜以为郡都尉。东郭先生久待诏公车,贫困饥寒,衣敝,履不完。行雪中,履有上无下,足尽践地。道中人笑之,东郭先生应之曰:"谁能履行雪中,令人视之,其上履也,其履下处乃似人足者乎?"及其拜为二千石,佩青绲③出宫门,行谢主人。故所以同官待诏者,等比祖道于都门外。荣华道路,立名当世。④

此所谓衣褐怀宝者也。⑤当其贫困时，人莫省视；至其贵也，乃争附之。谚曰："相马失之瘦，相士失之贫。"其此之谓邪？

①【集解】徐广曰："《卫青传》曰子夫之弟也。"

②【集解】徐广曰："《卫青传》云宵乘说青而拜为东海都尉。"

③【集解】徐广曰："音瓜，一音螺，青绶。"

④【集解】徐广曰："东郭先生也。"

⑤【索隐】此指东郭先生也，言其身衣褐而怀宝玉。

王夫人病甚，人主至自往问之曰："子当为王，欲安所置之？"对曰："愿居洛阳。"人主曰："不可。洛阳有武库、敖仓，当关口，天下咽喉。自先帝以来，传不为置王。然关东国莫大于齐，可以为齐王。"王夫人以手击头，呼"幸甚"。王夫人死，号曰"齐王太后薨"。

昔者，齐王使淳于髡献鹄于楚。①出邑门，道飞其鹄，徒揭空笼，造诈成辞，往见楚王曰："齐王使臣来献鹄，过于水上，不忍鹄之渴，出而饮之，去我飞亡。吾欲刺腹绞颈而死，恐人之议吾王以鸟兽之故令士自伤杀也。鹄，毛物，多相类者，吾欲买而代之，是不信而欺吾王也。欲赴佗国奔亡，痛吾两主使不通。故来服过，叩头受罪大王。"楚王曰："善，齐王有信士若此哉！"厚赐之，财倍鹄在也。

①【索隐】案：《韩诗外传》齐使人献鹄于楚，不言髡。又《说苑》云魏文侯使舍人无择献鸿于齐，皆略同而事异，殆相涉乱也。

武帝时，征北海太守①诣行在所。有文学卒史王先生者，自请与太守俱，"吾有益于君"，君许之。诸府掾功曹白云："王先生嗜酒，多言少实，恐不可与俱。"太守曰："先生意欲行，不可逆。"遂与俱。行至宫下，待诏宫府门。王先生徒怀钱沽酒，与卫卒仆射饮，日醉，不视其太守。太守入跪拜。王先生谓户郎曰："幸为我呼吾君至门内遥语。"户郎为呼太守。太守来，望见王先生。王先生曰："天子即问君何以治北海②令无盗贼，君对曰何哉？"对曰："选择贤材,各任之以其能,赏异等,罚不肖。”王先生曰:“对如是,是自誉自伐功,不可也。愿君对言,非臣之力,尽陛下神灵威武所变化也。”太守曰:“诺。”召入,至于殿下,有诏问之曰:“何于治北海,令盗贼不起?”叩头对言:“非臣之力,尽陛下神灵威武之所变化也。”武帝大笑,曰:“於呼! 安得长者之语而称之! 安所受之?”对曰:“受之文学卒史。”帝曰:“今安在?”对曰:“在宫府门外。”有诏召拜王先生为水衡丞,以北海太守为水衡都尉。传曰:“美言可以市,尊行可以加人。君子相送以言,小人相送以财。”

①【索隐】《汉书》宣帝征渤海太守龚遂,非武帝时,此褚先生记谬耳。
②【正义】今青州。

　　魏文侯时,西门豹为邺令。① 豹往到邺,会长老,问之民所疾苦。长老曰:“苦为河伯娶妇,② 以故贫。”豹问其故,对曰:“邺三老、廷掾常岁赋敛百姓,收取其钱得数百万,用其二三十万为河伯娶妇,与祝巫共分其馀钱持归。当其时,巫行视小家女好者,云是当为河伯妇,即聘取。洗沐之,为治新缯绮縠衣,间居斋戒;为治斋宫河上,张缇绛帷,③女居其中。为具牛酒饭食,(行)十馀日。共粉饰之,如嫁女床席,令女居其上,浮之河中。始浮,行数十里乃没。其人家有好女者,恐大巫祝为河伯取之,以故多持女远逃亡。以故城中益空无人,又困贫,所从来久远矣。民人俗语曰‘即不为河伯娶妇,水来漂没,溺其人民’云。”西门豹曰:“至为河伯娶妇时,愿三老、④巫祝、父老送女河上,幸来告语之,吾亦往送女。”皆曰:“诺。”

①【正义】今相州县也。
②【正义】河伯,华阴潼乡人,姓冯氏,名夷。浴于河中而溺死,遂为河伯也。
③【正义】缇,他礼反。顾野王云:“黄赤色也。又音啼,厚缯也。”
④【正义】亭三老。

　　至其时,西门豹往会之河上。三老、官属、豪长者、里父老皆会,以人民往观之者三二千人。其巫,老女子也,已年七十。从弟子女十人所,皆衣缯单衣,立大巫后。西门豹曰:"呼河伯妇来,视其好丑。"即将女出帷中,来至前。豹视之,顾谓三老、巫祝、父老曰:"是女子不好,烦大巫妪为入报河伯,得更求好女,后日送之。"即使吏卒共抱大巫妪投之河中。有顷,曰:"巫妪何久也?弟子趣之!"复以弟子一人投河中。有顷,曰:"弟子何久也?复使一人趣之!"复投一弟子河中。凡投三弟子。西门豹曰:"巫妪弟子是女子也,不能白事,烦三老为入白之。"复投三老河中。西门豹簪笔磬折,①向河立待良久。长老、吏傍观者皆惊恐。西门豹顾曰:"巫妪、三老不来还,奈之何?"欲复使廷掾与豪长者一人入趣之。皆叩头,叩头且破,额血流地,色如死灰。西门豹曰:"诺,且留待之须臾。"须臾,豹曰:"廷掾起矣。状河伯留客之久,若皆罢去归矣。"邺吏民大惊恐,从是以后,不敢复言为河伯娶妇。

①【正义】簪笔,谓以毛装簪头,长五寸,插在冠前,谓之为笔,言插笔备礼也。磬折,谓曲体揖之,若石磬之形曲折也。磬,一片黑石;凡十二片,树在虡上击之。其形皆中曲垂两头,言人腰侧似也。

　　西门豹即发民凿十二渠,引河水灌民田,①田皆溉。当其时,民治渠少烦苦,不欲也。豹曰:"民可以乐成,不可与虑始。今父老子弟虽患苦我,然百岁后期令父老子孙思我言。"至今皆得水利,民人以给足富。十二渠经绝驰道,到汉之立,而长吏以为十二渠桥绝驰道,相比近,不可。欲合渠水,且至驰道合三渠为一桥。邺民人父老不肯听长吏,以为西门君所为也,贤君之法式不可更也。长吏终听置之。故西门豹为邺令,名闻天下,泽流后世,无绝已时,几可谓非贤大夫哉!

①【正义】《括地志》云:"按:横渠首接漳水,盖西门豹、史起所凿之渠也。《沟洫志》云'魏文侯时,西门豹为邺令,有令名。至文侯曾孙襄王,与群臣饮,祝曰:"令吾臣皆如西门豹之为人臣也。"史起进曰:"魏氏之行田也以百亩,邺独二百亩,是田恶也。漳水在其傍,西门不知用,是不智;知而不兴,是不仁。仁智豹未之尽,何足法也!"于是史起为邺令,遂引漳水溉邺,以富魏之

河内'。左思《魏都赋》云'西门溉其前,史起濯其后'也。"

传曰:"子产治郑,民不能欺;子贱治单父,民不忍欺;西门豹治邺,民不敢欺。"三子之才能谁最贤哉？辨治者当能别之。①

①【集解】魏文帝问群臣:"三不欺,于君德孰优？"太尉钟繇、司徒华歆、司空王朗对曰:"臣以为君任德,则臣感义而不忍欺;君任察,则臣畏觉而不能欺;君任刑,则臣畏罪而不敢欺。任德感义,与夫导德齐礼有耻且格等趋者也。任察畏罪,与夫导政齐刑免而无耻同归者也。孔子曰:'为政以德,譬如北辰,居其所而众星共之。'考以斯言,论以斯义,臣等以为不忍欺不能欺,优劣之县在于权衡,非徒低卬之差,乃钧铢之觉也。且前志称'仁者安仁,智者利仁,畏罪者强仁'。校其仁者,功则无以殊;核其为仁者,则不得不异。安仁者,性善者也;利仁者,力行者也;强仁者,不得已者也。三仁相比,则安仁优矣。《易》称'神而化之,使民宜之'。若君化使民然也。然则安仁之化与夫强仁之化,优劣亦不得不相县绝也。然则三臣之不欺虽同,所以不欺异矣。则纯以恩义崇不欺,与以威察成不欺,既不可同概而比量,又不得错综而易处。"【索隐】案:此三不欺自古传记先达共所称述,今褚先生因记西门豹而称之以成说也。《循吏传》记子产相郑,仁而且明,故人不能欺之也。子贱为政清净,唯弹琴,三年不下堂而化,是人见思,故不忍欺之。豹以威化御俗,故人不敢欺。其德优劣,钟、华之评实为允当也。

【索隐述赞】滑稽鸱夷,如脂如韦。敏捷之变,学不失词。淳于索绝,赵国兴师。楚优拒相,寝丘获祠。伟哉方朔,三章纪之。

史记卷一百二十七

日者列传第六十七

【集解】《墨子》曰:"墨子北之齐,遇日者。日者曰:'帝以今日杀黑龙于北方,而先生之色黑,不可以北。'墨子不听,遂北,至淄水。墨子不遂而反焉。日者曰:'我谓先生不可以北。'"然则古人占候卜筮,通谓之"日者"。《墨子》亦云,非但《史记》也。 【索隐】案:名卜筮曰"日者"以墨,所以卜筮占候时日通名"日者"故也。

自古受命而王,王者之兴何尝不以卜筮决于天命哉!其于周尤甚,及秦可见。代王之入,任于卜者。太卜之起,由汉兴而有。①

①【索隐】案:《周礼》有太卜之官。此云由汉兴者,谓汉自文帝卜大横之后,其卜官更兴盛焉。

司马季主者,楚人也。①卜于长安东市。

①【索隐】按:云楚人而太史公不序其系,盖楚相司马子期、子反后,羋姓也。季主见《列仙传》。

宋忠为中大夫,贾谊为博士,同日俱出洗沐,①相从论议,诵易先王圣人之道术,究遍人情,相视而叹。贾谊曰:"吾闻古之圣人,不居朝廷,必在卜医之中。今吾已见三公九卿朝士大夫,皆可知矣。试之卜数中以观采。"②二人即同舆而之市,游于卜肆中。天新雨,道少人,司马季主闲坐,弟子三四人侍,方辩天地之道,日月之运,阴阳吉凶之本。二大夫再拜谒。司马季主视其状貌,如类有知者,即礼之,使弟子延之坐。坐定,司马季主复理前语,分别天地之终始,日月星辰之纪,差次仁义之际,列吉凶之符,语数千言,莫不顺理。

①【正义】汉官五日一假洗沐也。

②【索隐】卜数犹术数也。音所具反。刘氏云"数，筮也"，亦通。筮必〔用〕《易》(用)大衍之数者也。

宋忠、贾谊瞿然而悟，猎缨正襟①危坐，②曰："吾望先生之状，听先生之辞，小子窃观于世，未尝见也。今何居之卑，何行之污？"③

①【索隐】猎犹揽也。揽其冠缨而正其衣襟，谓变而自饰也。

②【索隐】免坐。谓俯俛为敬。

③【索隐】音乌故反。

司马季主捧腹大笑曰："观大夫类有道术者，今何言之陋也，何辞之野也！今夫子所贤者何也？所高者谁也？今何以卑污长者？"

二君曰："尊官厚禄，世之所高也，贤才处之。今所处非其地，故谓之卑。言不信，行不验，取不当，故谓之污。夫卜筮者，世俗之所贱简也。世皆言曰：'夫卜者多言夸严以得人情，①虚高人禄命以说人志，擅言祸灾以伤人心，矫言鬼神以尽人财，厚求拜谢以私于己。'此吾之所耻，故谓之卑污也。"

①【索隐】谓卜者自矜夸而庄严，说祸以诳人也。

司马季主曰："公且安坐。公见夫被发童子乎？日月照之则行，不照则止，问之日月疵瑕吉凶，则不能理。由是观之，能知别贤与不肖者寡矣。

"贤之行也，直道以正谏，三谏不听则退。其誉人也不望其报，恶人也不顾其怨，以便国家利众为务。故官非其任不处也，禄非其功不受也；见人不正，虽贵不敬也；见人有污，虽尊不下也；得不为喜，去不为恨；非其罪也，虽累辱而不愧也。

"今公所谓贤者，皆可为羞矣。卑疵①而前，嬛趋②而言；相引以势，相导以利；比周宾正，③以求尊誉，以受公奉；事私利，枉主法，猎农民；以官为威，以法为机，求利逆暴：譬无异于操白刃劫人者也。初试官时，倍力为巧诈，饰虚功执空文以罔主上，用居上为右；试官不让贤陈功，见伪增实，以无为有，以少为多，以求便势尊位；食饮驱驰，从姬歌儿，不顾于亲,犯法害民,虚公家:此夫为盗不操矛弧者也,攻而不用弦刃者也,欺父母未有罪而弑君未伐者也。何以为高贤才乎?

①【索隐】疵音赀。

②【索隐】蠘音纤。纤趋犹足恭也。

③【集解】徐广曰:"客旅谓之宾,人求长官谓之正。"

"盗贼发不能禁,夷貃不服不能摄,奸邪起不能塞,官耗乱不能治,四时不和不能调,岁谷不孰不能适。①才贤不为,是不忠也;才不贤而托官位,利上奉,妨贤者处,是窃位也;②有人者进,有财者礼,是伪也。子独不见鸱枭之与凤皇翔乎?兰芷芎𦭞弃于广野,蒿萧成林,使君子退而不显众,公等是也。

①【索隐】音释。适犹调也。

②【索隐】奉音扶用反。

"述而不作,君子义也。今夫卜者,必法天地,象四时,顺于仁义,分策定卦,旋式正棋,①然后言天地之利害,事之成败。昔先王之定国家,必先龟策日月,而后乃敢代;正时日,乃后入家;产子必先占吉凶,后乃有。②自伏羲作八卦,周文王演三百八十四爻而天下治。越王句践放文王八卦③以破敌国,霸天下。由是言之,卜筮有何负哉!

①【集解】徐广曰:"式音栻。"　【索隐】按:式即栻也。旋,转也。栻之形上圆象天,下方法地,用之则转天纲加地之辰,故云旋式。棋者,筮之状。正棋,盖谓卜以作卦也。

②【索隐】谓若卜之不祥,则式不收也。卜吉而后有,故云"有之"。

③【索隐】放音方往反。

"且夫卜筮者,埽除设坐,正其冠带,然后乃言事,此有礼也。言而鬼神或以飨,忠臣以事其上,孝子以养其亲,慈父以畜其子,此有德者也。而以义置数十百钱,病者或以愈,且死或以生,患或以免,事或以成,嫁子娶妇或以养生:此之为德,岂直数十百钱哉!此夫老子所谓'上德不德,是以有德'。今夫卜筮者利大而谢少,老子之云岂异于是乎?

"庄子曰:'君子内无饥寒之患,外无劫夺之忧,居上而敬,居下不为害,君子之道也。'今夫卜筮者之为业也,积之无委聚,藏之不用府库,徙之不用辎车,负装之不重,止而用之无尽索之时。持不尽索之物,游于无穷之世,虽庄氏之行未能增于是也,子何故而云不可卜哉? 天不足西北,星辰西北移;地不足东南,以海为池;日中必移,月满必亏;先王之道,乍存乍亡。公责卜者言必信,不亦惑乎!

"公见夫谈士辩人乎? 虑事定计,必是人也,然不能以一言说人主意,故言必称先王,语必道上古;虑事定计,饰先王之成功,语其败害,以恐喜人主之志,以求其欲。多言夸严,①莫大于此矣。然欲强国成功,尽忠于上,非此不立。今夫卜者,导惑教愚也。夫愚惑之人,岂能以一言而知之哉! 言不厌多。

①【集解】徐广曰:"一作'险'。"

"故骐骥不能与罢驴为驷,而凤皇不与燕雀为群,而贤者亦不与不肖者同列。故君子处卑隐以辟众,自匿以辟伦,微见德顺以除群害,以明天性,助上养下,多其功利,不求尊誉。公之等喁喁者也,何知长者之道乎!"

宋忠、贾谊忽而自失,芒乎无色,①怅然嗫②口不能言。于是摄衣而起,再拜而辞。行洋洋也,出门仅能自上车,伏轼低头,卒不能出气。

①【索隐】芒音莫郎反。

②【索隐】怅音畅。嗫音禁。刘氏音其锦反。

居三日,宋忠见贾谊于殿门外,乃相引屏语相谓自叹曰:"道高益安,势高益危。居赫赫之势,失身且有日矣。夫卜而有不审,不见夺糈;①为人主计而不审,身无所处。②此相去远矣,犹天冠地屦也。此老子之所谓'无名者万物之始'也。天地旷旷,物之熙熙,或安或危,莫知居之。我与若,何足预彼哉! 彼久而愈安,虽曾氏之义③未有以异也。"

①【集解】徐广曰:"音所。"骃案:《离骚经》曰"怀椒糈而要之",王逸云"糈,精米,所以享神"。【索隐】糈音所。糈者,卜求神之米也。

②【索隐】言卜之不中,乃不见夺其糈米。若为人主计不审,则身无所处也。

③【集解】徐广曰:"曾,一作'庄'。"

久之，宋忠使匈奴，不至而还，抵罪。而贾谊为梁怀王傅，王堕马薨，谊不食，毒恨而死。此务华绝根者也。①

①【索隐】言宋忠、贾谊皆务华而丧其身，是绝其根本也。

太史公曰：古者卜人所以不载者，多不见于篇。及至司马季主，余志而著之。

褚先生曰：臣为郎时，游观长安中，见卜筮之贤大夫，观其起居行步，坐起自动，誓正其衣冠而当乡人也，有君子之风。见性好解妇来卜，对之颜色严振，未尝见齿而笑也。从古以来，贤者避世，有居止舞泽者，有居民间闭口不言，有隐居卜筮间以全身者。夫司马季主者，楚贤大夫，游学长安，通《易经》，术黄帝、老子，博闻远见。观其对二大夫贵人之谈言，称引古明王圣人道，固非浅闻小数之能。及卜筮立名声千里者，各往往而在。传曰："富为上，贵次之；既贵各各学一伎能立其身。"黄直，大夫也；陈君夫，妇人也：以相马立名天下。齐张仲、曲成侯以善击刺学用剑，立名天下。留长孺以相彘立名。荥阳褚氏以相牛立名。能以伎能立名者甚多，皆有高世绝人之风，何可胜言。故曰："非其地，树之不生；非其意，教之不成。"夫家之教子孙，当视其所以好，好含苟生活之道，因而成之。故曰："制宅命子，足以观士；子有处所，可谓贤人。"

臣为郎时，与太卜待诏为郎者同署，言曰："孝武帝时，聚会占家问之，某日可取妇乎？五行家曰可，堪舆家曰不可，建除家曰不吉，丛辰家曰大凶，历家曰小凶，天人家曰小吉，太一家曰大吉。辩讼不决，以状闻。制曰：'避诸死忌，以五行为主。'"人取于五行者也。

【索隐述赞】日者之名，有自来矣。吉凶占候，著于《墨子》。齐楚异法，书亡罕纪。后人斯继，季主独美。取免暴秦，此焉终否。

史记卷一百二十八

龟策列传第六十八

【索隐】《龟策传》有录无书，褚先生所补。其叙事烦芜陋略，无可取。　【正义】《史记》至元成间十篇有录无书，而褚少孙补《景》、《武纪》、《将相年表》、《礼书》、《乐书》、《律书》、《三王世家》、《蒯成侯》、《日者》、《龟策列传》。《日者》、《龟策》言辞最鄙陋，非太史公之本意也。

太史公曰：自古圣王将建国受命，兴动事业，何尝不宝卜筮以助善！唐虞以上，不可记已。自三代之兴，各据祯祥。涂山之兆从而夏启世，飞燕之卜顺故殷兴，百谷之筮吉故周王。王者决定诸疑，参以卜筮，断以蓍龟，不易之道也。

蛮夷氐羌虽无君臣之序，亦有决疑之卜。或以金石，或以草①木，国不同俗。然皆可以战伐攻击，推兵求胜，各信其神，以知来事。

①【集解】徐广曰："一作'革'。"

略闻夏殷欲卜者，乃取蓍龟，已则弃去之，以为龟藏则不灵，蓍久则不神。至周室之卜官，常宝藏蓍龟；又其大小先后，各有所尚，要其归等耳。或以为圣王遭事无不定，决疑无不见，其设稽神求问之道者，以为后世衰微，愚不师智，人各自安，化分为百室，道散而无垠，故推归之至微，要絜于精神也。或以为昆虫之所长，圣人不能与争。其处吉凶，别然否，多中于人。至高祖时，因秦太卜官。天下始定，兵革未息。及孝惠享国日少，吕后女主，孝文、孝景因袭掌故，未遑讲试，虽父子畴官，世世相传，其精微深妙，多所遗失。至今上即位，博开艺能之路，悉延百端之学，通一伎之士咸得自效，绝伦超奇者为右，无所阿私，数年之间，太卜大集。会上欲击匈奴，西攘大宛，①南收百越，卜筮至预见表象，先图其利。及猛将推锋执节,获胜于彼,而蓍龟时日亦有力于此。上尤加意,赏赐至或数千万。如丘子明之属,富溢贵宠,倾于朝廷。至以卜筮射蛊道,巫蛊时或颇中。素有眦睚不快,因公行诛,恣意所伤,以破族灭门者,不可胜数。百僚荡恐,皆曰龟策能言。后事觉奸穷,亦诛三族。

①【集解】徐广曰:"攘,一作'儴'。儴,除也。"

夫摓策定数,①灼龟观兆,变化无穷,是以择贤而用占焉,可谓圣人重事者乎!周公卜三龟,而武王有瘳。纣为暴虐,而元龟不占。晋文将定襄王之位,卜得黄帝之兆,②卒受彤弓之命。献公贪骊姬之色,卜而兆有口象,其祸竟流五世。楚灵将背周室,卜而龟逆,③终被乾谿之败。兆应信诚于内,而时人明察见之于外,可不谓两合者哉!君子谓夫轻卜筮,无神明者,悖;背④人道,信祯祥者,鬼神不得其正。故《书》建稽疑,五谋而卜筮居其二,五占从其多,明有而不专之道也。

①【集解】徐广曰:"摓音逢。一作'达'。"　【索隐】按:徐广摓音逢。摓谓两手
　　执蓍分而扐之,故云摓策。
②【集解】《左传》曰遇黄帝战于阪泉之兆。
③【集解】《左传》曰:"灵王卜,曰'余尚得天下',不吉。投龟诟天而呼曰:'是
　　区区者而不余畀,余必自取之。'"　【索隐】诟音火候反。
④【索隐】上音倍,下音佩。

余至江南,观其行事,问其长老,云龟千岁乃游莲叶之上,①蓍百茎共一根。②又其所生,兽无虎狼,草无毒螫。江傍家人常畜龟饮食之,以为能导引致气,有益于助衰养老,岂不信哉!

①【集解】徐广曰:"莲,一作'领'。领与莲声相近,或假借字也。"
②【集解】徐广曰:"刘向云龟千岁而灵,蓍百年而一本生百茎。"

　　褚先生曰:臣以通经术,受业博士,治《春秋》,以高第为郎,幸得宿卫,出入宫殿中十有馀年。窃好《太史公传》。《太史公之传》曰:"三王不同龟,四夷各异卜,然各以决吉凶,略窥其要,故作《龟策列传》。"臣往来长安中,求《龟策列传》不能得,故之大卜官,问掌

故文学长老习事者，写取龟策卜事，编于下方。

闻古五帝、三王发动举事，必先决蓍龟。传曰：①"下有伏灵，上有兔丝；上有捣蓍，②下有神龟。"所谓伏灵者，在兔丝之下，状似飞鸟之形。新雨已，天清静无风，以夜捎兔丝去之，即以䉛烛此地，③烛之火灭，即记其处，以新布四丈环置之，明即掘取之，入四尺至七尺，得矣，过七尺不可得。伏灵者，千岁松根也，食之不死。闻蓍生满百茎者，其下必有神龟守之，其上常有青云覆之。传曰："天下和平，王道得，而蓍茎长丈，其丛生满百茎。"方今世取蓍者，不能中古法度，不能得满百茎长丈者，取八十茎已上，蓍长八尺，即难得也。人民好用卦者，取满六十茎已上，长满六尺者，即可用矣。记曰："能得名龟者，财物归之，家必大富至千万。"一曰"北斗龟"，二曰"南辰龟"，三曰"五星龟"，四曰"八风龟"，五曰"二十八宿龟"，六曰"日月龟"，七曰"九州龟"，八曰"玉龟"：凡八名龟。龟图各有文在腹下，文云云者，此某之龟也。略记其大指，不写其图。取此龟不必满尺二寸，民人得长七八寸，可宝矣。今夫珠玉宝器，虽有所深藏，必见其光，必出其神明，其此之谓乎！故玉处于山而木润，渊生珠而岸不枯者，④润泽之所加也。明月之珠出于江海，藏于蚌中，蛟龙伏之。⑤王者得之，长有天下，四夷宾服。能得百茎蓍，并得其下龟以卜者，百言百当，足以决吉凶。

①【索隐】此传即太卜所得古占龟之说也。

②【索隐】捣音逐留反。按：即稠也。捣蓍即䕭蓍，捣是古"稠"字也。

③【集解】徐广曰："䉛，笼也。盖然火而笼罩其上也。音沟。《陈涉世家》曰'夜䉛火'也。"

④【集解】徐广曰："一无'不'字。许氏说《淮南》以为滋润钟于明珠，致令岸枯也。"

⑤【集解】徐广曰："许氏说《淮南》云蛟龙，龙属也。音决。"　【索隐】蛟蛥伏之。按：蛥当为"蛟"。蛥音龙，注音决，误也。

神龟出于江水中,庐江郡常岁时生龟长尺二寸者二十枚输太卜官,太卜官因以吉日剔取其腹下甲。龟千岁乃满尺二寸。王者发军行将,必钻龟庙堂之上,以决吉凶。今高庙中有龟室,藏内以为神宝。

传曰:"取前足臑骨①穿佩之,取龟置室西北隅悬之,以入深山大林中,不惑。"臣为郎时,见《万毕·石朱方》,传曰:"有神龟在江南嘉林中。②嘉林者,兽无虎狼,鸟无鸱枭,草无毒螫,野火不及,斧斤不至,是为嘉林。龟在其中,常巢于芳莲之上。左胁书文曰'甲子重光,③得我者匹夫为人君,有土正,④诸侯得我为帝王。'求之于白蛇蟠杅⑤林中者,⑥斋戒以待,谹然,⑦状如有人来告之,因以醮酒佗发,⑧求之三宿而得。"由是观之,岂不伟哉! 故龟可不敬与?

①【集解】徐广曰:"臑音乃毛反。臑,臂。" 【索隐】臑音乃高反。臑,臂也。一音乃导反。

②【索隐】按:《万毕术》中有《石朱方》,方中说嘉林中,故云传曰。

③【集解】徐广曰:"子,一作'于'。"

④【集解】徐广曰:"正,长也。为有土之官长。"

⑤【集解】徐广曰:"一孤反。"

⑥【索隐】按:林名白蛇蟠杅林,龟藏其中。杅音乌。谓白蛇尝蟠杅此林中也。

⑦【索隐】音巍。言求龟者斋戒以待,常谹然也。

⑧【集解】徐广曰:"佗,一作'被'。" 【索隐】佗音徒我反。按:谓被发也。

南方老人用龟支床足,行二十馀岁,老人死,移床,龟尚生不死。龟能行气导引。问者曰:"龟至神若此,然太卜官得生龟,何为辄杀取其甲乎?"近世江上人有得名龟,畜置之,家因大富。与人议,欲遣去。人教杀之勿遣,遣之破人家。龟见梦曰:"送我水中,无杀吾也。"其家终杀之。杀之后,身死,家不利。人民与君王者异道。人民得名龟,其状类不宜杀也。以往古故事言之,古明王圣主皆杀而用之。

宋元王时得龟，亦杀而用之。谨连其事于左方，令好事者观择其中焉。

宋元王二年，江使神龟使于河，至于泉阳，渔者豫且①举网得而囚之，置之笼中。夜半，龟来见梦于宋元王曰："我为江使于河，而幕网当吾路。泉阳豫且得我，我不能去。身在患中，莫可告语。王有德义，故来告诉。"元王惕然而悟。乃召博士卫平②而问之曰："今寡人梦见一丈夫，延颈而长头，衣玄绣之衣而乘辎车，来见梦于寡人曰：'我为江使于河，而幕网当吾路。泉阳豫且得我，我不能去。身在患中，莫可告语。王有德义，故来告诉。'是何物也？"卫平乃援式而起，③仰天而视月之光，观斗所指，定日处乡。规矩为辅，副以权衡。四维已定，八卦相望。视其吉凶，介虫先见。乃对元王曰："今昔壬子，④宿在牵牛。河水大会，鬼神相谋。汉正南北，⑤江河固期，南风新至，江使先来。白云壅汉，万物尽留。斗柄指日，使者当囚。玄服而乘辎车，其名为龟。王急使人问而求之。"王曰："善。"

①【索隐】下音子余切。泉阳人，网元龟者。

②【索隐】宋元君之臣也。

③【集解】徐广曰："式音敕。"

④【索隐】今昔犹昨夜也。以今日言之，谓昨夜为今昔。

⑤【正义】汉，天河。

于是王乃使人驰而往问泉阳令曰："渔者几何家？名谁为豫且？豫且得龟，见梦于王，王故使我求之。"泉阳令乃使吏案籍视图，水上渔者五十五家，上流之庐，名为豫且。泉阳令曰："诺。"乃与使者驰而问豫且曰："今昔汝渔何得？"豫且曰："夜半时举网得龟。"①使者曰："今龟安在？"曰："在笼中。"使者曰："王知子得龟，故使我求之。"豫且曰："诺。"即系龟而出之笼中，献使者。

①【集解】《庄子》曰得白龟圆五尺。

使者载行，出于泉阳之门。正昼无见，风雨晦冥。云盖其上，五采青黄；雷雨并起，风将而行。入于端门，见于东箱。身如流水，润泽有光。望见元王，延颈而前，三步而止，缩颈而却，复其故处。元王见而怪之，问卫平曰：“龟见寡人，延颈而前，以何望也？缩颈而复，是何当也？”卫平对曰：“龟在患中，而终昔囚，王有德义，使人活之。今延颈而前，以当谢也，缩颈而却，欲亟去也。”元王曰：“善哉！神至如此乎，不可久留；趣驾送龟，勿令失期。”

卫平对曰：“龟者是天下之宝也，先得此龟者为天子，且十言十当，十战十胜。生于深渊，长于黄土。知天之道，明于上古。游三千岁，不出其域。安平静正，动不用力。寿蔽天地，莫知其极。与物变化，四时变色。居而自匿，伏而不食。春仓夏黄，秋白冬黑。明于阴阳，审于刑德。先知利害，察于祸福。以言而当，以战而胜，王能宝之，诸侯尽服。王勿遣也，以安社稷。”

元王曰：“龟甚神灵，降于上天，陷于深渊，在患难中。以我为贤，德厚而忠信，故来告寡人。寡人若不遣也，是渔者也。渔者利其肉，寡人贪其力，下为不仁，上为无德。君臣无礼，何从有福？寡人不忍，奈何勿遣！”

卫平对曰：“不然。臣闻盛德不报，重寄不归；天与不受，天夺之宝。今龟周流天下，还复其所，上至苍天，下薄泥涂。还遍九州，未尝愧辱，无所稽留。今至泉阳，渔者辱而囚之。王虽遣之，江河必怒，务求报仇。自以为侵，因神与谋。淫雨不霁，水不可治。若为枯旱，风而扬埃，蝗虫暴生，百姓失时。王行仁义，其罚必来。此无佗故，其祟在龟。后虽悔之，岂有及哉！王勿遣也。”

元王慨然而叹曰：“夫逆人之使，绝人之谋，是不暴乎？取人之有，以自为宝，是不强乎？寡人闻之，暴得者必暴亡，强取者必后无功。桀纣暴强，身死国亡。今我听子，是无仁义之名而有暴强之道。江河为汤武，我为桀纣。未见其利，恐离其咎。寡人狐疑，安事此宝，趣驾送龟，勿令久留。”

卫平对曰：“不然，王其无患。天地之间，累石为山。高而不坏,地得为安。故云物或危而顾安,或轻而不可迁;人或忠信而不如诞谩,①或丑恶而宜大官,或美好佳丽而为众人患。非神圣人,莫能尽言。春秋冬夏,或暑或寒。寒暑不和,贼气相奸。同岁异节,其时使然。故令春生夏长,秋收冬藏。或为仁义,或为暴强。暴强有乡,仁义有时。万物尽然,不可胜治。大王听臣,臣请悉言之。天出五色,以辨白黑。地生五谷,以知善恶。人民莫知辨也,与禽兽相若。谷居而穴处,不知田作。天下祸乱,阴阳相错。匆匆疾疾,②通而不相择。妖孽数见,③传为单薄。圣人别其生,使无相获。禽兽有牝牡,置之山原;鸟有雌雄,布之林泽;有介之虫,置之溪谷。故牧人民,为之城郭,内经闾术,外为阡陌。夫妻男女,赋之田宅,列其室屋。为之图籍,别其名族。立官置吏,劝以爵禄。衣以桑麻,养以五谷。耕之耰之,④锄之耨之。⑤口得所嗜,目得所美,身受其利。以是观之,非强不至。故曰田者不强,囷仓不盈;⑥商贾不强,不得其赢;妇女不强,布帛不精;官御不强,其势不成;大将不强,卒不使令;侯王不强,没世无名。故云强者,事之始也,分之理也,物之纪也。所求于强,无不有也。王以为不然,王独不闻玉椟只雊,⑦出于昆山;明月之珠,出于四海;镌石拌蚌,⑧传卖于市:圣人得之,以为大宝。大宝所在,乃为天子。今王自以为暴,不知拌蚌于海也;自以为强,不过镌石于昆山也。取者无咎,宝者无患。今龟使来抵网,而遭渔者得之,见梦自言,是国之宝也,王何忧焉。"

①【集解】徐广曰:"诞,一作'訑',音吐和反。"　【索隐】诞,田烂反;谩音漫,一音并如字。訑音吐禾反。

②【集解】徐广曰:"一作'病'。"

③【正义】《说文》云"衣服歌谣草木之怪谓之妖,禽兽虫蝗之怪谓之孽"也。

④【集解】徐广曰:"音忧。"　【正义】耰,覆种也。《说文》云:"耰,摩田器。"

⑤【集解】徐广曰:"耨,除草也。"

⑥【正义】《说文》云:"圆者谓之囷,方者谓之廪。"

⑦【集解】徐广曰:"只,一作'双'。"

⑧【集解】徐广曰:"镌音子旋反。拌音判。"　【索隐】拌音判。判,割也。

元王曰:"不然。寡人闻之,谏者福也,谀者贼也。人主听谀,是愚惑也。虽然,祸不妄至,福不徒来。天地合气,以生百财。阴阳有分,不离四时,十有二月,日至为期。圣人彻焉,身乃无灾。明王用之,人莫敢欺。故云福之至也,人自生之;祸之至也,人自成之。祸与福同,刑与德双。圣人察之,以知吉凶。桀纣之时,与天争功,拥遏鬼神,使不得通。是固已无道矣,谀臣有众。桀有谀臣,名曰赵梁。教为无道,劝以贪狼。系汤夏台,杀关龙逢。左右恐死,偷谀于傍。国危于累卵,皆曰无伤。称乐万岁,或曰未央。蔽其耳目,与之诈狂。汤卒伐桀,身死国亡。听其谀臣,身独受殃。《春秋》著之,至今不忘。纣有谀臣,名为左彊。夸而目巧,教为象郎。①将至于天,又有玉床。犀玉之器,象箸而羹。②圣人剖其心,壮士斩其胻。③箕子恐死,被发佯狂。杀周太子历,④囚文王昌。投之石室,将以昔至明。阴兢活之,⑤与之俱亡。入于周地,得太公望。兴卒聚兵,与纣相攻。文王病死,载尸以行。太子发代将,号为武王。战于牧野,破之华山之阳。纣不胜败而还走,围之象郎。自杀宣室,⑥身死不葬。头悬车轸,四马曳行。寡人念其如此,肠如涫汤。⑦是人皆富有天下而贵至天子,然而大傲。欲无餍时,举事而喜高,贪很而骄。不用忠信,听其谀臣,而为天下笑。今寡人之邦,居诸侯之间,曾不如秋毫。举事不当,又安亡逃!"

①【集解】《礼记》曰:"目巧之室。"郑玄曰:"但用目巧善意作室,不由法度。"许慎曰:"象牙郎。"

②【索隐】箸音持虑反,则箸是筯,为与羹连,则或非箸,樽也。《记》曰"羹之有菜者用梜"。梜者,箸也。

③【集解】胻音衡,脚胫也。 【索隐】胻音衡,即脚胫。

④【索隐】按:"杀周太子历"文在"囚文王昌"之上,则近是季历。季历不被纣诛,则其言近妄,无容周更别有太子名历也。

⑤【集解】徐广曰:"兢,一作'竟'。" 【索隐】阴,姓;兢,名。

⑥【集解】徐广曰:"天子之居,名曰宣室。"

⑦【集解】徐广曰:"涫音馆。一作'沸'。" 【索隐】上音馆。涫,沸也。

卫平对曰："不然。河虽神贤，不如昆仑之山；江之源理，不如四海，而人尚夺取其宝，诸侯争之，兵革为起。小国见亡，大国危殆，杀人父兄，虏人妻子，残国灭庙，以争此宝。战攻分争，是暴强也。故云取之以暴强而治以文理，无逆四时，必亲贤士；与阴阳化，鬼神为使；通于天地，与之为友。诸侯宾服，民众殷喜。邦家安宁，与世更始。汤武行之，乃取天子；《春秋》著之，以为经纪。王不自称汤武，而自比桀纣。桀纣为暴强也，固以为常。桀为瓦室，① 纣为象郎。征丝灼之，② 务以费（民）〔氓〕。赋敛无度，杀戮无方。杀人六畜，以韦为囊。囊盛其血，与人县而射之，与天帝争强。逆乱四时，先百鬼尝。谏者辄死，谀者在傍。圣人伏匿，百姓莫行。天数枯旱，国多妖祥。螟虫岁生，五谷不成。民不安其处，鬼神不享。飘风日起，正昼晦冥。日月并蚀，灭息无光。列星奔乱，皆绝纪纲。以是观之，安得久长！虽无汤武，时固当亡。故汤伐桀，武王克纣，其时使然。乃为天子，子孙续世；终身无咎，后世称之，至今不已。是皆当时而行，见事而强，乃能成其帝王。今龟，大宝也，为圣人使，传之贤（士）〔王〕。不用手足，雷电将之；风雨送之，流水行之。侯王有德，乃得当之。今王有德而当此宝，恐不敢受；王若遣之，宋必有咎。后虽悔之，亦无及已。"

① 【集解】《世本》曰："昆吾作陶。"张华《博物记》亦云"桀作瓦"。盖是昆吾为桀作也。

② 【索隐】按：灼谓燔也。烧丝以当薪，务费人也。

元王大悦而喜。于是元王向日而谢，① 再拜而受。择日斋戒，甲乙最良。乃刑白雉，及与骊羊；以血灌龟，于坛中央。以刀剥之，身全不伤。脯酒礼之，横其腹肠。荆支卜之，必制其创。② 理达于理，文相错迎。使工占之，所言尽当。邦福重宝，③ 闻于傍乡。杀牛取革，被郑之桐。④ 草木毕分，化为甲兵。战胜攻取，莫如元王。元王之时，卫平相宋，宋国最强，龟之力也。

① 【索隐】盖欲神之以谢天也。天之质暗，日者天之光明，著见者莫过也。

②【正义】音疮。

③【集解】徐广曰:"福音副,藏也。"

④【集解】徐广曰:"牛革桐为鼓也。"【索隐】徐氏云:"牛革桐为鼓。"

　　故云神至能见梦于元王,而不能自出渔者之笼。身能十言尽当,不能通使于河,还报于江。贤能令人战胜攻取,不能自解于刀锋,免剥刺之患。圣能先知亟见,而不能令卫平无言。言事百全,至身而挛;当时不利,又焉事贤! 贤者有恒常,士有适然。是故明有所不见,听有所不闻;人虽贤,不能左画方,右画圆;日月之明,而时蔽于浮云。羿名善射,不如雄渠、蠭门;①禹名为辩智,而不能胜鬼神。地柱折,天故毋㭬,又奈何责人于全? 孔子闻之曰:"神龟知吉凶,而骨直空枯。②日为德而君于天下,辱于三足之乌。月为刑而相佐,见食于虾蟆。蝟辱于鹊,③腾蛇之神而殆于即且。④竹外有节理,中直空虚;松柏为百木长,而守门闾。日辰不全,故有孤虚。⑤黄金有疵,白玉有瑕。事有所疾,亦有所徐。物有所拘,亦有所据。罔有所数,亦有所疏。人有所贵,亦有所不如。何可而适乎? 物安可全乎? 天尚不全,故世为屋,不成三瓦而陈之,⑥以应之天。天下有阶,物不全⑦乃生也。"

①【集解】《新序》曰:"楚雄渠子夜行,见伏石当道,以为虎而射之,应弦没羽。"《淮南子》曰:"射者重以逄门子之巧。"刘歆《七略》有《蠭门射法》也。

②【正义】凡龟其骨空中而枯也。直,语发声也,今河东亦然。

③【集解】郭璞曰:"蝟能制虎,见鹊仰地。"《淮南·万毕》曰:"鹊令蝟反腹者,蝟憎其意而心恶之也。"

④【集解】郭璞曰:"腾蛇,龙属也。蝍蛆,似蝗,大腹,食蛇脑也。"【正义】即,津日反。且,则馀反。即吴公也,状如蚰蜒而大,黑色。

⑤【集解】甲乙谓之日,子丑谓之辰。《六甲孤虚法》:甲子旬中无戌亥,戌亥即为孤,辰巳即为虚。甲戌旬中无申酉,申酉为孤,寅卯即为虚。甲申旬中无午未,午未为孤,子丑即为虚。甲午旬中无辰巳,辰巳为孤,戌亥即为虚。甲辰旬中无寅卯,寅卯为孤,申酉即为虚。甲寅旬中无子丑,子丑为孤,午未即为虚。刘歆《七略》有《风后孤虚》二十卷。　　【正义】按:岁月日时孤

虚,并得上法也。

⑥【集解】徐广曰:"一云为屋成,欠三瓦而栋之也。"　【索隐】刘氏云:"陈犹居也。"注作"栋",音都贡反。　【正义】言为屋不成,欠三瓦以应天,犹陈列而居之。

⑦【正义】言万物及日月天地皆不能全,喻龟之不全也。

褚先生曰:渔者举网而得神龟,龟自见梦宋元王,元王召博士卫平告以梦龟状,平运式,定日月,分衡度,视吉凶,占龟与物色同,平谏王留神龟以为国重宝,美矣。古者筮必称龟者,以其令名,所从来久矣。余述而为传。

三月	二月	正月①	十二月	十一月	中关内高外下②
四月首仰③	足开	胠开④	首俛大⑤	五月横吉	首俛大⑥
六月	七月	八月	九月	十月	

①【正义】言正月、二月、三月右转周环终十二月者,日月之龟,腹下十二黑点为十二月,若二十八宿龟也。

②【正义】此等下至"首俛大"者,皆卜兆之状也。

③【索隐】音鱼两反。　【正义】谓兆首仰起。

④【索隐】音琴。胠谓兆足敛也。

⑤【索隐】俛音免,兆首伏也。

⑥【正义】俛音免,谓兆首伏而大。

卜禁曰:子亥戌不可以卜及杀龟。日中如食已卜。暮昏龟之徼也,①不可以卜。庚辛可以杀,及以钻之。常以月旦祓龟,②先以清水澡之,以卵祓之,③乃持龟而遂之,若常以为祖。④人若已卜不中,皆祓之以卵,东向立,灼以荆若刚木,土⑤卵指之者三,⑥持龟以卵周环之,祝曰:"今日吉,谨以粱卵烯黄⑦祓去玉灵之不祥。"玉灵必信以诚,知万事之情,辩兆皆可占。不信不诚,则烧玉灵,扬其灰,以征后龟。其卜必北向,龟甲必尺二寸。

①【索隐】徼音叫。谓徼绕不明也。

②【索隐】上音废,又音拂。拂洗之以水,鸡卵摩之而呪。

③【正义】以常月朝清水洗之,以鸡卵摩而祝之。

④【集解】徐广曰:"一作'视'。"【索隐】祖,法也。言以为常法。

⑤【集解】徐广曰:"一作'十一'。"【索隐】按:古之灼龟,取生荆枝及生坚木
烧之,斩断以灼龟。按:"土"字合依刘氏说当连下句。

⑥【正义】言卜不中,以土为卵,三度指之,三周绕之,用厌不祥也。

⑦【索隐】梁,米也。卵,鸡子也。焺,灼龟木也,音"次第"之"第"。言烧荆枝
更递而灼,故有焺名。一音梯,言灼之以渐,如有阶梯也。黄者,以黄绢裹
梁卵以被龟也。必以黄者,中之色,主土而信,故用鸡也。　【正义】焺音
题。焺,焦也。言以梁米鸡卵被去龟之不祥,令灼之不焦不黄。若色焦及
黄,卜之不中也。

　　卜先以造①灼钻,钻中已,又灼龟首,各三;又复灼所钻中曰正
身,灼首曰正足,②各三。即以造三周龟,祝曰:"假之玉灵夫子。③
夫子玉灵,荆灼而心,令而先知。而上行于天,下行于渊,诸灵数
蓂,④莫如汝信。今日良日,行一良贞。⑤某欲卜某,即得而喜,不得
而悔。即得,发乡我身长大,首足收人皆上偶。不得,发乡我身挫
折,中外不相应,首足灭去。"

①【集解】徐广曰:"音灶也。"【索隐】造音灶,造谓烧荆之处。(荆若木)

②【集解】徐广曰:"一作'止'。"

③【索隐】尊神龟而为之作号。

④【集解】徐广曰:"音策。"【索隐】数蓂。数,所具反;蓂音近策,或蓂是策之
别名。此卜筮之书,其字亦无可核,皆放此。

⑤【集解】徐广曰:"行,一作'身'。"

　　灵龟卜祝曰:"假之灵龟,五巫五灵,不如神龟之灵,知人死,知
人生。某身良贞,某欲求某物。即得也,头见足发,内外相应;即不
得也,头仰足肣,内外自垂。可得占。"

　　卜占病者祝曰:"今某病困。死,首上开,内外交骇,身节折;不
死,首仰足肣。"卜病者祟曰:"今病有祟无呈,无祟有呈。兆有中祟
有内,外祟有外。"

　　卜系者出不出。不出,横吉安;若出,足开首仰有外。

　　卜求财物,其所当得。得,首仰足开,内外相应;即不得,呈兆

首仰足肐。

卜有卖若买臣妾马牛。得之，首仰足开，内外相应；不得，首仰足肐，呈兆若横吉安。

卜击盗聚若干人，在某所，今某将卒若干人，往击之。当胜，首仰足开身正，内自桥，外下；不胜，足肐首仰，身首①内下外高。

①【集解】徐广曰："一作'简'。"

卜求当行不行。行，首足开；不行，足肐首仰，若横吉安，安不行。

卜往击盗，当见不见。见，首仰足肐有外；不见，足开首仰。

卜往候盗，见不见。见，首仰足肐，肐胜有外；不见，足开首仰。

卜闻盗来不来。来，外高内下，足肐首仰；不来，足开首仰，若横吉安，期之自次。

卜迁徙去官不去。去，足开有肐外首仰；不去，自去，即足肐，呈兆若横吉安。

卜居官尚吉不。吉，呈兆身正，若横吉安；不吉，身节折，首仰足开。

卜居室家吉不吉。吉，呈兆身正，若横吉安；不吉，身节折，首仰足开。

卜岁中禾稼孰不孰。孰，首仰足开，内外自桥外自垂；不孰，足肐首仰有外。

卜岁中民疫不疫。疫，首仰足肐，身节有强外；不疫，身正首仰足开。

卜岁中有兵无兵。无兵，呈兆若横吉安；有兵，首仰足开，身作外强情。

卜见贵人吉不吉。吉，足开首仰，身正，内自桥；不吉，首仰，身节折，足肐有外，若无渔。

卜请谒于人得不得。得，首仰足开，内自桥；不得，首仰足肐有外。

卜追亡人当得不得。得，首仰足肣，内外相应；不得，首仰足开，若横吉安。

卜渔猎得不得。得，首仰足开，内外相应；不得，足肣首仰，若横吉安。

卜行遇盗不遇。遇，首仰足开，身节折，外高内下；不遇，呈兆。

卜天雨不雨。雨，首仰有外，外高内下；不雨，首仰足开，若横吉安。

卜天雨霁不霁。霁，呈兆足开首仰；不霁，横吉。

命曰横吉安。以占病，病甚者一日不死；不甚者卜日瘳，不死。系者重罪不出，轻罪环出；过一日不出，久毋伤也。求财物买臣妾马牛，一日环得；过一日不得。（不得）行者不行。来者环至；过食时不至，不来。击盗不行，行不遇；闻盗不来。徙官不徙，居官家室皆吉。岁稼不孰。民疾疫无疾。岁中无兵。见人行，不行不喜。请谒人不行不得。追亡人渔猎不得。行不遇盗。雨不雨。霁不霁。

命曰呈兆。病者不死。系者出。行者行。来者来。市买得。追亡人得，过一日不得。问行者不到。

命曰柱彻。卜病不死。系者出。行者行。来者来。（而）市买不得。忧者毋忧。追亡人不得。

命曰首仰足肣有内无外。占病，病甚不死。系者解。求财物买臣妾马牛不得。行者闻言不行。来者不来。闻盗不来。闻言不至。徙官闻言不徙。居官有忧。居家多灾。岁稼中孰。民疾疫多病。岁中有兵，闻言不开。见贵人吉。请谒不行，行不得善言。追亡人不得。渔猎不得。行不遇盗。雨不雨甚。霁不霁。故其莫字皆为首备。问之曰，备者仰也，故定以为仰。此私记也。

命曰首仰足肣有内无外。占病，病甚不死。系者不出。求财买臣妾不得。行者不行。来者不来。击盗不见。闻盗来，内自惊，不来。徙官不徙。居官家室吉。岁稼不孰。民疾疫有病甚。岁中无兵。见贵人吉。请谒追亡人不得。亡财物，财物不出得。渔猎不得。行不遇盗。雨不雨。霁不霁。凶。

命曰呈兆首仰足肦。以占病，不死。系者未出。求财物买臣妾马牛不得。行不行。来不来。击盗不相见。闻盗来不来。徙官不徙。居官久多忧。居家室不吉。岁稼不孰。民病疫。岁中毋兵。见贵人不吉。请谒不得。渔猎得少。行不遇盗。雨不雨。霁不霁。不吉。

命曰呈兆首仰足开。以占病，病笃死。系囚出。求财物买臣妾马牛不得。行者行。来者来。击盗不见盗。闻盗来不来。徙官徙。居官不久。居家室不吉。岁稼不孰。民疾疫有而少。岁中毋兵。见贵人不见吉。请谒追亡人渔猎不得。行遇盗。雨不雨。霁小吉。

命曰首仰足肦。以占病，不死。系者久，毋伤也。求财物买臣妾马牛不得。行者不行。击盗不行。来者来。闻盗来。徙官闻言不徙。居家室不吉。岁稼不孰。民疾疫少。岁中毋兵。见贵人得见。请谒追亡人渔猎不得。行遇盗。雨不雨。霁不霁。吉。

命曰首仰足开有内。以占病者，死。系者出。求财物买臣妾马牛不得。行者行。来者来。击盗行不见盗。闻盗来不来。徙官徙。居官不久。居家室不吉。岁孰。民疾疫有而少。岁中毋兵。见贵人不吉。请谒追亡人渔猎不得。行不遇盗。雨霁。霁小吉，不霁吉。

命曰横吉内外自桥。以占病，卜日毋瘳死。系者毋罪出。求财物买臣妾马牛得。行者行。来者来。击盗合交等。闻盗来来。徙官徙。居家室吉。岁孰。民疫无疾。岁中无兵。见贵人请谒追亡人渔猎得。行遇盗。雨霁，雨霁大吉。

命曰横吉内外自吉。以占病，病者死。系不出。求财物买臣妾马牛追亡人渔猎不得。行者不来。击盗不相见。闻盗不来。徙官徙。居官有忧。居家室见贵人请谒不吉。岁稼不孰。民疾疫。

岁中无兵。行不遇盗。雨不雨。霁不霁。不吉。

命曰渔人。以占病者,病者甚,不死。系者出。求财物买臣妾马牛击盗请谒追亡人渔猎得。行者行来。闻盗来不来。徙官不徙。居家室吉。岁稼不孰。民疾疫。岁中毋兵。见贵人吉。行不遇盗。雨不雨。霁不霁。吉。

命曰首仰足肣内高外下。以占病,病者甚,不死。系者不出。求财物买臣妾马牛追亡人渔猎得。行不行。来者来。击盗胜。徙官不徙。居官有忧,无伤也。居家室多忧病。岁大孰。民疾疫。岁中有兵不至。见贵人请谒不吉。行遇盗。雨不雨。霁不霁。吉。

命曰横吉上有仰下有柱。病久不死。系者不出。求财物买臣妾马牛追亡人渔猎不得。行不行。来不来。击盗不行,行不见。闻盗来不来。徙官不徙。居家室见贵人吉。岁大孰。民疾疫。岁中毋兵。行不遇盗。雨不雨。霁不霁。大吉。

命曰横吉榆仰。以占病,不死。系者不出。求财物买臣妾马牛至不得。行不行。来不来。击盗不行,行不见。闻盗来不来。徙官不徙。居官家室见贵人吉。岁孰。岁中有疾疫,毋兵。请谒追亡人不得。渔猎至不得。行不得。行不遇盗。雨霁不霁。小吉。

命曰横吉下有柱。以占病,病甚不环有瘳无死。系者出。求财物买臣妾马牛请谒追亡人渔猎不得。行来不来。击盗不合。闻盗来来。徙官居官吉,不久。居家室不吉。岁不孰。民毋疾疫。岁中毋兵。见贵人吉。行不遇盗。雨不雨。霁。小吉。

命曰载所。以占病,环有瘳无死。系者出。求财物买臣妾马牛请谒追亡人渔猎得。行者行。来者来。击盗相见不相合。闻盗来来。徙官徙。居家室忧。见贵人吉。岁孰。民毋疾疫。岁中毋兵。行不遇盗。雨不雨。霁霁。吉。

命曰根格。以占病者,不死。系久毋伤。求财物买臣妾马牛请谒追亡人渔猎不得。行不行。来不来。击盗盗行不合。闻盗不来。徙官不徙。居家室吉。岁稼中。民疾疫无死。见贵人不得见。行不遇盗。雨不雨。大吉。

命曰首仰足肦外高内下。卜有忧，无伤也。行者不来。病久死。求财物不得。见贵人者吉。

命曰外高内下。卜病不死，有祟。（而）市买不得。居官家室不吉。行者不行。来者不来。系者久毋伤。吉。

命曰头见足发有内外相应。以占病者，起。系者出。行者行。来者来。求财物得。吉。

命曰呈兆首仰足开。以占病，病甚死。系者出，有忧。求财物买臣妾马牛请谒追亡人渔猎不得。行（行）不行。来不来。击盗不合。闻盗来来。徙官居官家室不吉。岁恶。民疾疫无死。岁中毋兵。见贵人不吉。行不遇盗。雨不雨。霁。不吉。

命曰呈兆首仰足开外高内下。以占病，不死，有外祟。系者出，有忧。求财物买臣妾马牛，相见不会。行行。来闻言不来。击盗胜。闻盗来不来。徙官居官家室见贵人不吉。岁中。民疾疫有兵。请谒追亡人渔猎不得。闻盗遇盗。雨不雨。霁。凶。

命曰首仰足肦身折内外相应。以占病，病甚不死。击者久不出。求财物买臣妾马牛渔猎不得。行不行。来不来。击盗有用胜。闻盗来来。徙官不徙。居官家室不吉。岁不孰。民疾疫。岁中。有兵不至。见贵人喜。请谒追亡人不得。遇盗凶。

命曰内格外垂。行者不行。来者不来。病者死。系者不出。求财物不得。见人不见。大吉。

命曰横吉内外相应自桥榆仰上柱（上柱足）足肦。以占病，病甚不死。系久，不抵罪。求财物买臣妾马牛请谒追亡人渔猎不得。行不行。来不来。居官家室见贵人吉。徙官不徙。岁不大孰。民疾疫有兵。有兵不会。行遇盗。闻言不见。雨不雨。霁霁。大吉。

命曰头仰足肣内外自垂。卜忧病者甚，不死。居官不得居。行者行。来者不来。求财物不得。求人不得。吉。

命曰横吉下有柱。卜来者来。卜日即不至，未来。卜病者过一日毋瘳死。行者不行。求财物不得。系者出。

命曰横吉内外自举。以占病者，久不死。系者久不出。求财物得而少。行者不行。来者不来。见贵人见。吉。

命曰内高外下疾轻足发。求财物不得。行者行。病者有瘳。系者不出。来者来。见贵人不见。吉。

命曰外格。求财物不得。行者不行。来者不来。系者不出。不吉。病者死。求财物不得。见贵人见。吉。

命曰内自举外来正足发。〔行〕者行。来者来。求财物得。病者久不死。系者不出。见贵人见。吉。

此横吉上柱外内（内）自举足肣。以卜有求得。病不死。系者毋伤，未出。行不行。来不来。见人不见。百事尽吉。

此横吉上柱外内自举柱足以作。以卜有求得。病死环起。系留毋伤，环出。行不行。来不来。见人不见。百事吉。可以举兵。

此挺诈有外。以卜有求不得。病不死，数起。系祸罪。闻言毋伤。行不行。来不来。

此挺诈有内。以卜有求不得。病不死，数起。系留祸罪无伤出。行不行。来者不来。见人不见。

此挺诈内外自举。以卜有求得。病不死，系毋罪。行行。来来。田贾市渔猎尽喜。

此狐貉。以卜有求不得。病死，难起。系留毋罪难出。可居宅。可娶妇嫁女。行不行。来不来。见人不见。有忧不忧。

此狐彻。以卜有求不得。病者死。系留有抵罪。行不行。来不来。见人不见。言语定。百事尽不吉。

此首俯足肣身节折。以卜有求不得。病者死。系留有罪。望行者不来。行行。来不来。见人不见。

此挺内外自垂。以卜有求不晦。病不死,难起。系留毋罪,难出。行不行。来不来。见人不见。不吉。

此横吉榆仰首俯。以卜有求难得。病难起,不死。系难出,毋伤也。可居家室,以娶妇嫁女。

此横吉上柱载正身节折内外自举。以卜病者,卜日不死,其一日乃死。

此横吉上柱足肹内自举外自垂。以卜病者,卜日不死,其一日乃死。

(为人病)首俯足诈有外无内。病者占龟未已,急死。卜轻失大,一日不死。

首仰足肹。以卜有求不得。以系有罪。人言语恐之毋伤。行不行。见人不见。

大论曰:[①]外者人也,内者自我也;外者女也,内者男也。首俛者忧。大者身也,小者枝也。大法,病者,足肹者生,足开者死。行者,足开至,足肹者不至。行者,足肹不行,足开行。有求,足开得,足肹者不得。系者,足肹不出,开出。其卜病也,足开而死者,内高而外下也。

① 【索隐】按:褚先生所取太卜杂占卦体及命兆之辞,义芜,辞重沓,殆无足采,凡此六十七条别是也。

【索隐述赞】三王异龟,五帝殊卜。或长或短,若瓦若玉。其记已亡,其繇后续。江使触网,见留宋国。神能托梦,不卫其足。

史记卷一百二十九

货殖列传第六十九

【索隐】《论语》云:"赐不受命而货殖焉。"《广雅》云:"殖,立也。"孔安国注《尚书》云:"殖,生也。生资货财利。"

《老子》曰:"至治之极,邻国相望,①鸡狗之声相闻,民各甘其食,美其服,安其俗,乐其业,至老死不相往来。"必用此为务,挽近世涂民耳目,②则几无行矣。

①【正义】音亡。

②【索隐】挽音晚,古字通用。

太史公曰:夫神农以前,吾不知已。至若《诗》、《书》所述虞夏以来,耳目欲极声色之好,口欲穷刍豢之味,身安逸乐,而心夸矜埶能之荣。使俗之渐民久矣,虽户说以眇论,①终不能化。故善者因之,其次利道之,其次教诲之,其次整齐之,最下者与之争。

①【索隐】上音妙,下如字。

夫山西饶材、竹、穀、纑、①旄、玉石;山东多鱼、盐、漆、丝、声色;江南出枏、梓、②姜、桂、金、锡、连、③丹沙、犀、玳瑁、珠玑、齿革;龙门、碣石④北多马、牛、羊、旃裘、筋角;铜、铁则千里往往山出棋置:⑤此其大较⑥也。皆中国人民所喜好,谣俗被服饮食奉生送死之具也。故待农而食之,虞而出之,工而成之,商而通之。此宁有政教发征期会哉? 人各任其能,竭其力,以得所欲。故物贱之征贵,⑦贵之征贱,各劝其业,乐其事,若水之趋下,日夜无休时,不召而自来,不求而民出之。岂非道之所符,⑧而自然之验邪?

①【集解】徐广曰："纻属,可以为布。"【索隐】上音谷,又音雏。榖,木名,皮可
　　为纸。纑,山中纻,可以为布,音卢。纻音伫,今山间野纻,亦作"苎"。

②【索隐】南子二音。

③【集解】徐广曰："音莲,铅之未炼者。"【索隐】下音莲。

④【正义】龙门山在绛州龙门县。碣石山在平州卢龙县。

⑤【索隐】言如置棋子,往往有之。 【正义】言出铜铁之山方千里,如围棋之置
　　也。《管子》云："凡天下名山五千二百七十,出铜之山四百六十七,出铁之山
　　三千六百有九。山上有赭,其下有铁。山上有铅,其下有银。山上有银,其
　　下有丹。山上有磁石,其下有金也。"

⑥【索隐】音角。大较犹大略也。

⑦【索隐】征者,求也。谓此处物贱,求彼贵卖之。

⑧【索隐】道之符。符谓合于道也。

　　《周书》曰:"农不出则乏其食,工不出则乏其事,商不出则三宝绝,
虞不出则财匮少。"财匮少而山泽不辟①矣。此四者,民所衣食之原也。
原大则饶,原小则鲜。上则富国,下则富家。贫富之道,莫之夺予,②而
巧者有馀,拙者不足。故太公望封于营丘,地潟卤,③人民寡,于是太公
劝其女功,极技巧,通鱼盐,则人物归之,繦至而辐凑。故齐冠带衣履天
下,海岱之间敛袂而往朝焉。④其后齐中衰,管子修之,设轻重九府,⑤则
桓公以霸,九合诸侯,一匡天下;而管氏亦有三归,位在陪臣,富于列国
之君。是以齐富强至于威、宣也。

①【索隐】下音辟。辟,开也,通也。

②【索隐】音与。言贫富自由,无予夺。

③【集解】徐广曰:"潟音昔。潟卤,咸地也。"

④【索隐】言齐既富饶,能冠带天下,丰厚被于他邦,故海岱之间敛袵而朝齐,言
　　趋利者也。

⑤【正义】《管子》云"轻重"谓钱也。夫治民有轻重之法,周有大府、玉府、内府、
　　外府、泉府、天府、职内、职金、职币,皆掌财币之官,故云九府也。

　　故曰:"仓廪实而知礼节,衣食足而知荣辱。"礼生于有而废于无。
故君子富,好行其德;小人富,以适其力。渊深而鱼生之,山深而兽往

之,人富而仁义附焉。富者得埶益彰,失埶则客无所之,以而不乐。夷狄益甚。谚曰:"千金之子,不死于市。"此非空言也。故曰:"天下熙熙,皆为利来;天下壤壤,皆为利往。"夫千乘之王,万家之侯,百室之君,尚犹患贫,而况匹夫编户之民乎!

　　昔者越王句践困于会稽之上,乃用范蠡、计然。① 计然曰:"知斗则修备,时用则知物,② 二者形则万货之情可得而观已。故岁在金,穰;水,毁;木,饥;火,旱。③ 旱则资舟,水则资车,④ 物之理也。六岁穰,六岁旱,十二岁一大饥。夫粜,二十病农,九十病末。⑤ 末病则财不出,农病则草不辟矣。上不过八十,下不减三十,则农末俱利,平粜齐物,关市不乏,治国之道也。积著⑥之理,务完物,无息币。⑦ 以物相贸,易腐败而食之货勿留,无敢居贵。论其有馀不足,则知贵贱。贵上极则反贱,贱下极则反贵。贵出如粪土,贱取如珠玉。⑧ 财币欲其行如流水。"修之十年,国富,厚赂战士,士赴矢石,如渴得饮,遂报强吴,观兵中国,称号"五霸"。

①【集解】徐广曰:"计然者,范蠡之师也,名研,故谚曰'研、桑心筭'。"骃案:《范子》曰"计然者,葵丘濮上人,姓辛氏,字文子,其先晋国亡公子也。尝南游于越,范蠡师事之"。　【索隐】计然,韦昭云范蠡师也。蔡谟云蠡所著书名"计然",盖非也。徐广亦以为范蠡之师,名研,所谓"研、桑心计"也。《范子》曰"计然者,葵丘濮上人,姓辛氏,字文,其先晋之公子。南游越,范蠡事之"。《吴越春秋》谓之"计倪"。《汉书·古今人表》计然列在第四,则"倪"之与"研"是一人,声相近而相乱耳。

②【索隐】时用知物。案:言知时所用之物。

③【索隐】五行不说土者,土,穰也。

④【索隐】《国语》大夫种曰"贾人旱资舟,水资车以待"也。

⑤【索隐】言米贱则农夫病也。若米斗直九十,则商贾病,故云"病末"。末谓逐末,即商贾也。

⑥【索隐】音张吕反。

⑦【索隐】毋息弊。久停息货物则无利。

⑧【索隐】夫物极贵必贱,极贱必贵。贵出如粪土者,既极贵后,恐其必贱,故乘时出之如粪土。贱取如珠玉者,既极贱后,恐其必贵,故乘时取之如珠玉。此所以为货殖也。元注恐错。

范蠡既雪会稽之耻,乃喟然而叹曰:"计然之策七,越用其五而得意。既已施于国,吾欲用之家。"乃乘扁舟①浮于江湖,②变名易姓,适齐为鸱夷子皮,③之陶④为朱公。朱公以为陶天下之中,诸侯四通,货物所交易也。乃治产积居,与时逐⑤而不责于人。⑥故善治生者,能择人而任时。十九年之中三致千金,再分散与贫交疏昆弟。此所谓富好行其德者也。后年衰老而听子孙,子孙修业而息之,遂至巨万。⑦故言富者皆称陶朱公。

①【集解】《汉书音义》曰:"特舟也。"　【索隐】扁音篇,又音符殄反。服虔云:"特舟也。"《国语》云:"范蠡乘轻舟。"

②【正义】《国语》云句践灭吴,反至五湖,范蠡辞于王曰:"君王勉之,臣不复入国矣。"遂乘轻舟,以浮于五湖,莫知其所终极。

③【索隐】大颜曰:"若盛酒者鸱夷也,用之则多所容纳,不用则可卷而怀之,不忤于物也。"案:《韩子》云"鸱夷子皮事田成子,成子去齐之燕,子皮乃从之"也。盖范蠡也。

④【索隐】服虔云:"今定陶也。"　【正义】《括地志》云:"即陶山,在齐州平(阳)〔陵〕县东三十五里陶山之阳也。今南五里犹有朱公冢。"又云:"曹州济阳县东南三里有陶朱公冢,又云在南郡华容县西,未详也。"

⑤【集解】《汉书音义》曰:"逐时而居货。"　【索隐】韦昭云:"随时逐利也。"

⑥【索隐】案:谓择人而与人不负之,故云不责于人也。

⑦【集解】徐广曰:"万万也。"

子赣既学于仲尼,退而仕于卫,废著①鬻财于曹、鲁之间,七十子之徒,赐最为饶益。原宪不厌糟糠,②匿于穷巷。子贡结驷连骑,束帛之币以聘享诸侯,所至,国君无不分庭与之抗礼。夫使孔子名布扬于天下者,子贡先后之也。此所谓得埶而益彰者乎?

①【集解】徐广曰:"《子赣传》云'废居'。著犹居也。著读音如贮。"　【索隐】著音贮。《汉书》亦作"贮",贮犹居也。《说文》云:"贮,积也。"

②【索隐】餍,饱也。

白圭,周人也。当魏文侯时,李克①务尽地力,而白圭乐观时变,故人弃我取,人取我与。夫岁孰取谷,予之丝漆;茧出取帛絮,予之食。②太阴在卯,穰;③明岁衰恶。至午,旱;明岁美。至酉,穰;明岁衰恶。至子,大旱;明岁美,有水。至卯,积著率④岁倍。欲长钱,取下谷;长石斗,取上种。能薄饮食,忍嗜欲,节衣服,与用事僮仆同苦乐,趋时若猛兽挚鸟之发。故曰:"吾治生产,犹伊尹、吕尚之谋,孙吴用兵,商鞅行法是也。是故其智不足与权变,勇不足以决断,仁不能以取予,强不能有所守,虽欲学吾术,终不告之矣。"盖天下言治生祖白圭。白圭其有所试矣,能试有所长,非苟而已也。

①【索隐】案:《汉书·食货志》李悝为魏文侯作尽地力之教,国以富强。今此及《汉书》言"克",皆误也。刘向《别录》则云"李悝"也。

②【索隐】谓谷。

③【正义】太阴,岁后二辰为太阴。

④【正义】贮律二音。

猗顿用盬盐起。①而邯郸郭纵以铁冶成业,与王者埒富。

①【集解】《孔丛子》曰:"猗顿,鲁之穷士也。耕则常饥,桑则常寒。闻朱公富,往而问术焉。朱公告之曰:'子欲速富,当畜五牸。'于是乃适西河,大畜牛羊于猗氏之南,十年之间其息不可计,赀拟王公,驰名天下。以兴富于猗氏,故曰猗顿。"【索隐】盬音古。案:《周礼》盐人云"共苦盐",杜子春以为苦读如盬。盬谓出盐直用不炼也。一说云盬盐,河东大盐;散盐,东海煮水为盐也。

【正义】案:猗氏,蒲州县也。河东盐池是畦盐。作"畦",若种韭一畦。天雨下,池中咸淡得均,即畎池中水上畔中,深一尺许(坑)〔坑〕,日暴之五六日则成,盐若白矾石,大小如双陆及(暮)〔棋〕,则呼为畦盐。或有花盐,缘黄河盐池有八九所,而盐州有乌池,犹出三色盐,有井盐、畦盐、花盐。其池中凿井深一二尺,去泥即到盐,掘取若至一丈,则著平石无盐矣。其色或白或青黑,名曰井盐。畦盐若河东者。花盐,池中雨下,随而大小成盐,其下方微空,上头随雨下池中,其滴高起若塔子形处曰花盐,亦曰即成盐焉。池中心有泉井,水淡,所作池人马尽汲此井。其盐四分入官,一分入百姓也。池中又凿得盐块,阔一尺馀,高二尺,白色光明洞彻,年贡之也。

乌氏倮①畜牧,及众,②斥卖,求奇绘物,③间献遗戎王。④戎王什倍其偿,与之畜,⑤畜至用谷量马牛。⑥秦始皇帝令倮比封君,以时与列臣朝请。而巴(蜀)寡妇清,⑦其先得丹穴,⑧而擅其利数世,家亦不訾。⑨清,寡妇也,能守其业,用财自卫,不见侵犯。秦皇帝以为贞妇而客之,为筑女怀清台。夫倮鄙人牧长,清穷乡寡妇,礼抗万乘,名显天下,岂非以富邪?

①【集解】韦昭曰:"乌氏,县名,属安定。倮,名也。"　【索隐】《汉书》作"赢"。案:乌氏,县名。氏音支。名倮,音踝也。　【正义】县,古城在泾州安定县东四十里。倮,名也。

②【索隐】谓畜牧及至众多之时。

③【索隐】谓斥物卖之以求奇物也。

④【集解】徐广曰:"间,一作'奸'。不以公正谓之奸也。"　【索隐】案:间献犹私献也。

⑤【索隐】什倍其当,予之畜。谓戎王偿之牛羊十倍也。"当"字《汉书》作"偿"也。

⑥【集解】韦昭曰:"满谷则具不复数。"　【索隐】谷音欲。

⑦【索隐】《汉书》"巴寡妇清"。巴,寡妇之邑;清,其名也。

⑧【集解】徐广曰:"涪陵出丹。"　【正义】《括地志》云:"寡妇清台山俗名贞女山,在涪州永安县东北七十里也。"

⑨【索隐】案:谓其多,不可訾量。　【正义】音子兒反。言资财众多,不可訾量。一云清多以财饷遗四方,用卫其业,故财亦不多积聚。

汉兴,海内为一,开关梁,弛山泽之禁,是以富商大贾周流天下,交易之物莫不通,得其所欲,而徙豪杰诸侯强族于京师。

关中自汧、雍以东至河、华,膏壤沃野千里,自虞夏之贡以为上田,而公刘适邠,大王、王季在岐,文王作丰,武王治镐,故其民犹有先王之遗风,好稼穑,殖五谷,地重,①重为邪。②及秦文、(孝)〔德〕、缪居雍,隙③陇蜀之货物而多贾。④献(孝)公徙栎邑,⑤栎邑北却戎翟,东通三晋,亦多大贾。(武)〔孝〕、昭治咸阳,因以汉都,长安诸陵,四方辐凑并至而会,地小人众,故其民益玩巧而事末也。南则巴蜀。巴蜀亦沃野,地饶卮、⑥姜、丹沙、石、铜、铁、⑦竹、木之器。南御滇僰,僰僮。西近邛筰,筰马、旄牛。然四塞,栈道千里,无所不通,唯褒斜绾毂其口,⑧以所多易所鲜。⑨天水、陇西、北地、上郡与关中同俗,然西有羌中之利,北有戎翟之畜,畜牧为天下饶。然地亦穷险,唯京师要其道。⑩故关中之地,于天下三分之一,而人众不过什三;然量其富,什居其六。

①【索隐】言重耕稼也。

②【索隐】重音逐陇反。重者,难也。畏(言)〔罪〕不敢为奸邪。 【正义】重并逐拱反。言关中地重厚,民亦重难不为邪恶。

③【集解】徐广曰:"隙者,间孔也。地居陇蜀之间要路,故曰隙。" 【索隐】徐氏云隙,间孔也。隙者,陇雍之间闲隙之地,故云"雍隙"也。 【正义】雍,县。岐州雍县也。

④【索隐】音古。

⑤【集解】徐广曰:"在冯翊。" 【索隐】上音药,即栎阳。

⑥【集解】徐广曰:"音支。烟支也,紫赤色也。"

⑦【集解】徐广曰:"邛都出铜,临邛出铁。"

⑧【集解】徐广曰:"在汉中。" 【索隐】言褒斜道狭,绾其道口,有若车毂之凑,故云"绾毂"也。

⑨【索隐】易音亦。鲜音尟。言以所多易其所少。

⑩【正义】要音腰。言要束其路也。

　　昔唐人都河东,①殷人都河内,②周人都河南。③夫三河在天下之中,若鼎足,王者所更居也,建国各数百千岁,土地小狭,民人众,都国诸侯所聚会,故其俗纤俭习事。杨、平阳陈④西贾秦、翟,⑤北贾种、代。⑥种、代,石北也,⑦地边胡,数被寇。人民矜懻忮,⑧好气,任侠为奸,不事农商。然迫近北夷,师旅亟往,中国委输时有奇羡。⑨其民羯羠不均,⑩自全晋之时固已患其僄悍,而武灵王益厉之,其谣俗犹有赵之风也。故杨、平阳陈掾其间,⑪得所欲。温、轵⑫西贾上党,⑬北贾赵、中山。⑭中山地薄人众,犹有沙丘纣淫地馀民,⑮民俗懁急,⑯仰机利而食。丈夫相聚游戏,悲歌忼慨,起则相随椎剽,⑰休则掘冢作巧奸冶,⑱多美物,⑲为倡优。女子则鼓鸣瑟,跕屣,⑳游媚贵富,入后宫,遍诸侯。

①【集解】徐广曰:"尧都晋阳也。"

②【正义】盘庚都殷墟,地属河内也。

③【正义】周自平王巳下都洛阳。

④【索隐】杨,平阳,二邑名,在赵之西。"陈"盖衍字。以下有"杨平阳陈掾",此因衍也。言二邑之人皆西贾于秦、翟,北贾于种、代。种、代在石邑之北也。

⑤【正义】贾音古。秦,关内也。翟、隰、石等州部落稽也。延、绥、银三州皆白翟所居。

⑥【正义】上之勇反。种在恒州石邑县北,盖蔚州也。代,今代州。

⑦【集解】徐广曰:"石邑县也,在常山。"

⑧【集解】晋灼曰:"懻音慨。忮音坚忮。"瓒曰:"懻音慨。今北土名强直为'懻中'也。"【索隐】上音冀,下音寘。

⑨【索隐】上音羁,下音羊战反。奇美谓奇有馀衍也。

⑩【集解】徐广曰:"羠音兕,一音囚几反,皆健羊名。"【索隐】羯音己纪反。羠音慈纪反。徐广云羠音兕,皆健羊也。其方人性若羊,健捍而不均。

⑪【索隐】掾音逐缘反。陈掾犹经营驰逐也。

⑫【索隐】二县名,属河内。

⑬【正义】泽、潞等州也。

⑭【正义】洛州及定州。

⑮【集解】晋灼曰:"言地薄人众,犹复有沙丘纣淫地馀民,通系之于淫风而言也。"【正义】沙丘在邢州也。

⑯【集解】徐广曰:"儇,急也,音绢。一作'儇',一作'惠'也,音翾也。"【索隐】儇音绢。儇音翾。

⑰【索隐】椎,即追反。椎杀人而剽掠之。

⑱【集解】徐广曰:"一作'蛊'。"

⑲【集解】徐广曰:"美,一作'弄',一作'椎'。"

⑳【集解】徐广曰:"跕音帖。"张晏曰:"跕,屣也。"瓒曰:"躡跟为跕也。"【索隐】上音帖,下所绮反。

然邯郸亦漳、河之间①一都会也。北通燕、涿,南有郑、卫。郑、卫俗与赵相类,然近梁、鲁,微重而矜节。②濮上之邑徙野王,③野王好气任侠,卫之风也。

①【正义】洺水本名漳水,邯郸在其地。

②【集解】徐广曰:"矜,一作'务'。"

③【集解】徐广曰:"卫君角徙野王。"　【正义】秦拔卫濮阳,徙其君于怀州野王。

　　夫燕亦勃、碣之间①一都会也。南通齐、赵,东北边胡。上谷至辽东,地踔远,②人民希,数被寇,大与赵、代俗相类,而民雕捍③少虑,有鱼盐枣栗之饶。北邻乌桓、④夫馀,东绾秽貉、⑤朝鲜、真番之利。⑥

①【正义】勃海、碣石在西北。

②【索隐】刘氏上音卓,一音敕教反,亦远腾皃也。

③【索隐】人雕悍。言如雕性之捷捍也。

④【索隐】邻,一作"临"。临者,亦却背之义,他并类此也。

⑤【索隐】东绾秽貊。案:绾者,绾统其要津;则上云"临"者,谓却背之。

⑥【正义】番音潘。

　　洛阳东贾齐、鲁,南贾梁、楚。故泰山之阳则鲁,其阴则齐。

　　齐带山海,①膏壤千里,宜桑麻,人民多文彩布帛鱼盐。临菑亦海岱之间一都会也。其俗宽缓阔达,而足智,好议论,地重,难动摇,怯于众斗,勇于持刺,故多劫人者,大国之风也。其中具五民。②

①【集解】徐广曰:"《齐世家》曰齐自泰山属之琅邪,北被于海,膏壤二千里,其民阔达多匿智。"

②【集解】服虔曰:"士农商工贾也。"如淳曰:"游子乐其俗不复归,故有五方之民。"

　　而邹、鲁滨洙、泗,犹有周公遗风,俗好儒,备于礼,故其民龊龊。①颇有桑麻之业,无林泽之饶。地小人众,俭啬,畏罪远邪。及其衰,好贾趋利,甚于周人。

①【索隐】龊音侧角反,又音侧断反。

　　夫自鸿沟以东,①芒、砀以北,②属钜野,③此梁、宋也。④陶、⑤睢阳⑥亦一都会也。昔尧作(游)〔于〕成阳,⑦舜渔于雷泽,⑧汤止于亳。⑨

其俗犹有先王遗风,重厚多君子,好稼穑,虽无山川之饶,能恶衣食,致其蓄藏。

①【集解】徐广曰:"在荥阳。"

②【集解】徐广曰:"今为临淮。"

③【正义】郓州钜野县(在)〔有〕钜野泽也。

④【集解】徐广曰:"今之浚仪。"　【正义】鸿沟以东,芒、砀以北至钜野,梁宋二国之地。

⑤【集解】徐广曰:"今之定陶。"　【正义】今曹州。

⑥【正义】今宋州宋城也。

⑦【集解】如淳曰:"作,起也。成阳在定陶。"

⑧【集解】徐广曰:"在成阳。"　【正义】泽在雷泽县西北也。

⑨【集解】徐广曰:"今梁国薄县。"　【正义】宋州榖熟县西南四十五里南亳州故城是也。

越、楚则有三俗。①夫自淮北沛、陈、汝南、南郡,此西楚也。②其俗剽轻,易发怒,地薄,寡于积聚。江陵故郢都,③西通巫、巴,④东有云梦之饶。⑤陈在楚夏之交,⑥通鱼盐之货,其民多贾。徐、僮、取虑,⑦则清刻,矜己诺。⑧

①【正义】越灭吴则有江淮以北,楚灭越兼有吴越之地,故言"越楚"也。

②【正义】沛,徐州沛县也。陈,今陈州也。汝,汝州也。南郡,今荆州也。言从沛郡西至荆州,并西楚也。

③【正义】荆州江陵县故为郢,楚之都。

④【正义】巫郡、巴郡在江陵之西也。

⑤【集解】徐广曰:"在华容。"

⑥【正义】夏都阳城。言陈南则楚,西及北则夏,故云"楚夏之交"。

⑦【集解】徐广曰:"皆在下邳。"　【正义】取音秋,虑音闾。徐即徐城,故徐国也。僮、取虑二县并在下邳,今泗州。

⑧【正义】上音纪。

彭城以东,东海、吴、广陵,此东楚也。①其俗类徐、僮。朐、缯以北,俗则齐。②浙江南则越。夫吴自阖庐、春申、王濞三人招致天下之喜游子弟,东有海盐之饶,章山之铜,三江、五湖之利,亦江东一都会也。

① 【正义】彭城,徐州治县也。东海郡,今海州也。吴,苏州也。广陵,杨州也。
言从徐州彭城历杨州至苏州,并东楚之地。

② 【正义】朐,其俱反。县在海州。故缯县在沂州之承县。言二县之北,风俗同
于齐。

衡山、①九江、②江南、③豫章、④长沙,⑤是南楚也,其俗大类西楚。
郢之后徙寿春,⑥亦一都会也。而合肥受南北潮,⑦皮革、鲍、木输会也。
与闽中、干越杂俗,故南楚好辞,巧说少信。江南卑湿,丈夫早夭。多竹
木。豫章出黄金,⑧长沙出连、锡,然堇堇⑨物之所有,取之不足以更
费。⑩九疑、⑪苍梧以南至儋耳者,⑫与江南大同俗,而杨越多焉。番
禺⑬亦其一都会也,珠玑、犀、玳瑁、果、布之凑。⑭

① 【集解】徐广曰:"都邾。邾,县,属江夏。" 【正义】故邾城在(潭)〔黄〕州东南
百二十里。

② 【正义】九江,郡,都阴陵。阴陵故城在濠州定远县西六十五里。

③ 【集解】徐广曰:"高帝所置。江南者,丹阳也,秦置为鄣郡,武帝改名丹阳。"
【正义】案:徐说非。秦置鄣郡在湖州长城县西南八十里,鄣郡故城是也。汉
改为丹阳郡,徙郡宛陵,今宣州地也。上言吴有章山之铜,明是东楚之地。
此言大江之南豫章长沙二郡,南楚之地耳。徐、裴以为江南丹阳郡属南楚,
误之甚矣。

④ 【正义】今洪州也。

⑤ 【正义】今潭州也。《十三州志》云"有万里沙祠,而西自湘州至东莱万里,故
曰长沙也"。淮南衡山、九江二郡及江南豫章、长沙二郡,并为楚也。

⑥ 【正义】楚考烈王二十二年,自陈徙都寿春,号之曰郢,故言"郢之徙寿春"也。

⑦ 【集解】徐广曰:"在临淮。" 【正义】合肥,县,庐州治也。言江淮之潮,南北
俱至庐州也。

⑧ 【集解】徐广曰:"鄱阳有之。" 【正义】《括地志》云:"江州浔阳县有黄金山,
山出金。"

⑨ 【正义】音谨。

⑩ 【集解】应劭曰:"堇,少也。更,偿也。言金少少耳,取之不足用,顾费用也。"

⑪ 【集解】徐广曰:"山在营道县南。"

⑫【正义】今儋州在海中。广州南去京七千馀里。言岭南至儋耳之地,与江南大同俗,而杨州之南,越民多焉。

⑬【正义】潘虞二音。今广州。

⑭【集解】韦昭曰:"果谓龙眼、离支之属。布,葛布。"

颍川、南阳,夏人之居也。①夏人政尚忠朴,犹有先王之遗风。颍川敦愿。秦末世,迁不轨之民于南阳。南阳西通武关、郧关,②东南受汉、江、淮。宛亦一都会也。俗杂好事,业多贾。其任侠,交通颍川,故至今谓之"夏人"。

①【集解】徐广曰:"禹居阳翟。" 【正义】禹居阳城。颍川、南阳皆夏地也。

②【集解】徐广曰:"案汉中。一作'陨'字。" 【索隐】郧音云。 【正义】武关在商州。《地理志》云宛西通武关,而无郧关。盖"郧"当为"徇"。徇水上有关,在金州洵阳县。徐案汉中,是也。徇,亦作"郇",与郧相似也。

夫天下物所鲜所多,人民谣俗,山东食海盐,山西食盐卤,①领南、沙北②固往往出盐,大体如此矣。

①【正义】谓西方咸地也。坚且咸,即出石盐及池盐。

②【正义】谓池、汉之北也。

总之,楚越之地,地广人希,饭稻羹鱼,或火耕而水耨,①果隋②蠃蛤,不待贾而足,③地埶饶食,无饥馑之患,以故呰窳④偷生,无积聚⑤而多贫。是故江、淮以南,无冻饿之人,亦无千金之家。沂、泗水以北,宜五谷桑麻六畜,地小人众,数被水旱之害,民好畜藏,故秦、夏、梁、鲁好农而重民。三河、宛、陈亦然,加以商贾。齐、赵设智巧,仰机利。燕、代田畜而事蚕。

①【集解】徐广曰:"乃遘反。除草也。" 【正义】言风草下种,苗生大而草生小,以水灌之,则草死而苗无损也。耨,除草也。

②【集解】徐广曰:"《地理志》作'蓏'。" 【索隐】下音徒火反。注蓏音郎果反。 【正义】隋,今为"橢",音同,上古少字也。蠃,力和反。果橢犹橢叠包裹也,今楚越之俗尚有"裹橢"之语。楚越水乡,足螺鱼鳖,民多采捕积聚,橢叠包裹,煮而食之。班固不晓"裹橢"之方言,修《太史公书》述《地志》,乃改云"果

蓏蠃蛤”，非太史公意，班氏失之也。

③【正义】贾音古。言楚越地势饶食，不用他贾而自足，无饥馑之患。

④【集解】徐广曰：“音紫。呰窳，苟且堕懒之谓也。”骃案：应劭曰“呰，弱也”。晋灼曰“窳，病也”。　【索隐】上音紫，下音庾。苟且懒惰之谓。应劭云“呰，弱也”。晋灼曰“窳，病也”。　【正义】案：食螺蛤等物，故多蠃弱而足病也。《淮南子》云“古者民食蠃蚌之肉，多疹毒之患”也。

⑤【正义】言江淮以南有水族，民多食物，朝夕取给以偷生而已。不为积聚，乃多贫也。

　　由此观之，贤人深谋于廊庙，论议朝廷，守信死节隐居岩穴之士设为名高者安归乎？归于富厚也。是以廉吏久，久更富，廉贾归富。①富者，人之情性，所不学而俱欲者也。故壮士在军，攻城先登，陷阵却敌，斩将搴旗，前蒙矢石，不避汤火之难者，为重赏使也。其在闾巷少年，攻剽椎埋，劫人作奸，掘冢铸币，任侠并兼，借交报仇，篡逐幽隐，不避法禁，走死地如鹜者，②其实皆为财用耳。今夫赵女郑姬，设形容，揳鸣琴，揄长袂，蹑利屣，③目挑心招，④出不远千里，不择老少者，奔富厚也。游闲公子，饰冠剑，连车骑，亦为富贵容也。弋射渔猎，犯晨夜，冒霜雪，驰坑谷，不避猛兽之害，为得味也。博戏驰逐，斗鸡走狗，作色相矜，必争胜者，重失负也。医方诸食技术之人，焦神极能，为重糈也。吏士舞文弄法，刻章伪书，不避刀锯之诛者，没于赂遗也。农工商贾畜长，固求富益货也。此有知尽能索耳，终不馀力而让财矣。

①【集解】骃案：归者，取利而不停货也。

②【集解】徐广曰：“鹜，一作‘流’。”

③【集解】徐广曰：“揄音史。蹑，一作‘跕’。跕音吐协反。屣音山耳反，舞屣也。”

④【正义】挑音田鸟反。

　　谚曰：“百里不贩樵，千里不贩籴。”居之一岁，种之以谷；十岁，树之以木；百岁，来之以德。德者，人物之谓也。今有无秩禄之奉，爵邑之入，而乐与之比者，命曰“素封”。①封者食租税，岁率②户二百。千户之君③则二十万,朝觐聘享出其中。庶民农工商贾,率亦岁万④息二千(户),百万之家则二十万,而更徭租赋出其中。衣食之欲,恣所好美矣。故曰陆地牧马二百蹄,⑤牛蹄角千,⑥千足羊,泽中千足彘,⑦水居千石鱼陂,⑧山居千章之材。⑨安邑千树枣;燕、秦千树栗;蜀、汉、江陵千树橘;淮北、常山已南,河济之间千树萩;陈、夏千亩漆;齐、鲁千亩桑麻;渭川千亩竹;及名国万家之城,带郭千亩亩钟之田,⑩若千亩卮茜,⑪千畦姜韭:⑫此其人皆与千户侯等。然是富给之资也,不窥市井,不行异邑,坐而待收,身有处士之义而取给焉。若至家贫亲老,妻子软弱,岁时无以祭祀进醵,⑬饮食被服不足以自通,如此不惭耻,则无所比矣。是以无财作力,少有斗智,⑭既饶争时,⑮此其大经也。今治生不待危身取给,则贤人勉焉。是故本富为上,末富次之,奸富最下。无岩处奇士之行,而长贫贱,好语仁义,亦足羞也。

①【索隐】谓无爵邑之入,禄秩之奉,则曰"素封"。素,空也。　【正义】言不仕之人自有园田收养之给,其利比于封君,故曰"素封"也。

②【正义】音律。

③【索隐】千户之邑,户率二百,故千户二十万。

④【索隐】息二千,故百万之家亦二十万。

⑤【集解】《汉书音义》曰:"五十四。"　【索隐】案:马有四足,二百蹄有五十匹也。《汉书》则云"马蹄噭千",所记各异。

⑥【集解】《汉书音义》曰:"百六十七头也。马贵而牛贱,以此为率。"　【索隐】牛足角千。案:马贵而牛贱,以此为率,则牛有百六十六头有奇也。

⑦【集解】韦昭曰:"二百五十头。"　【索隐】韦昭云"二百五十头。"

⑧【集解】徐广曰:"鱼以斤两为计也。"　【索隐】陂音波。《汉书》作"皮",音披。【正义】言陂泽养鱼,一岁收得千石鱼卖也。

⑨【集解】徐广曰:"一作'楸'。"骃案:韦昭曰"楸木所以为辕,音秋"。　【索隐】《汉书》作"千章之萩",音秋。服虔云:"章,方也。"如淳云:"言任方章者千枚,谓章,大材也。"乐产云:"萩,梓木也,可以为辕。"

⑩【集解】徐广曰:"六斛四斗也。"

⑪【集解】徐广曰:"卮音支,鲜支也。茜音倩,一名红蓝,其花染缯赤黄也。"

【索隐】卮音支,鲜支也。茜音倩,一名红蓝花,染缯赤黄也。

⑫【集解】徐广曰:“千畦,二十五亩。”骃案:韦昭曰“畦犹陇”。　【索隐】韦昭云:“埒中畦犹陇也,谓五十亩也。”刘熙注《孟子》云:“今俗以二十五亩为小畦,五十亩为大畦。”王逸云:“畦犹区也。”

⑬【集解】徐广曰:“会聚食。”　【索隐】音渠略反。

⑭【正义】言少有钱财,则斗智巧而求胜也。

⑮【正义】既饶足钱财,乃逐时争利也。

凡编户之民,富相什则卑下之,伯则畏惮之,千则役,万则仆,物之理也。夫用贫求富农不如工,工不如商,刺绣文不如倚市门,此言末业,贫者之资也。通邑大都,酤一岁千酿,①醯酱千瓨,②浆千甔,③屠牛羊彘千皮,贩谷粜千钟,④薪稿千车,船长千丈,⑤木千章,⑥竹竿万个,⑦其轺车百乘,⑧牛车千两,⑨木器髤者千枚,⑩铜器千钧,⑪素木铁器若卮茜千石,⑫马蹄躈千,⑬牛千足,羊彘千双,僮手指千,⑭筋角丹沙千斤,其帛絮细布千钧,文采千匹,榻布皮革千石,⑮漆千斗,⑯糵曲盐豉千荅,⑰鲐鲅⑱千斤,鲰千石,鲍千钧,⑲枣栗千石者三之,⑳狐鼦㉑裘千皮,羔羊裘千石,㉒旃席千具,佗果菜千钟,㉓子贷金钱千贯,㉔节驵会,㉕贪贾三之,廉贾五之,㉖此亦比千乘之家,其大率也。㉗佗杂业不中什二,则非吾财也。㉘

①【正义】酿千瓮。酤醯醋(云)〔也〕。酒酤。

②【集解】徐广曰:“长颈罂。”　【索隐】醯醢千瓨。闲江反。

③【集解】徐广曰:“大罂缶。”　【索隐】酱千甔。下都甘反。《汉书》作“儋”。孟康曰“儋,石罂”。石罂受一石,故云儋石。一音都滥反。

④【集解】徐广曰:“出谷也。粜音掉也。”

⑤【索隐】按:积数长千丈。

⑥【集解】《汉书音义》曰:“洪洞方稿。章,材也。旧将作大匠掌材曰章曹掾。”　【索隐】案:将作大匠掌材曰章曹掾。洪,胡孔反;洞音动。又并如字也。

⑦【集解】徐广曰:“古贺反。”　【索隐】竹干万个。《释名》云:“竹曰箇,木曰枚。”《方言》曰:“个,枚也。”《仪礼》、《礼记》字为“个”。又《功臣表》“杨仆入竹三万箇”。箇个古今字也。　【正义】《释名》云:“竹曰个,木曰枚。”

⑧【集解】徐广曰:"马车也。"　【正义】轺音遥。《说文》云"轺,小车也。"

⑨【正义】车一乘为一两。《风俗通》云:"箱辕及轮,两两而偶之,称两也。"

⑩【集解】徐广曰:"髹音休,漆也。"　【索隐】髹者千。上音休,谓漆也。千谓千枚也。　【正义】颜云"以漆物谓之髹"。又音许昭反。今关东俗器物一再漆者谓之"稍漆",即髹声之转耳。今关西俗云黑髹盘,朱〔髹盘〕,两义并通。

⑪【集解】徐广曰:"三十斤。"

⑫【集解】徐广曰:"百二十斤为石。"骃案:《汉书音义》曰"素木,素器也"。

⑬【集解】徐广曰:"蹏音苦吊反,马八髎也,音料。"　【索隐】徐广音苦吊反,马八髎也,音料。《埤仓》云"尻骨谓八髎,一曰夜蹄"。小颜云"噭,口也。蹄与口共千,则为二百匹"。若顾胤则云"上文马二百蹄,比千乘之家,不容亦二百。则蹏谓九窍,通四蹄为十三而成一马,所谓'生之徒十有三'是也。凡七十六匹马"。案:亦多于千户侯比,则不知其所。

⑭【集解】《汉书音义》曰:"僮,奴婢也。古者无空手游日,皆有作务,作务须手指,故曰手指,以别马牛蹄角也。"

⑮【集解】徐广曰:"榻音吐合反。"骃案:《汉书音义》曰"榻布,白叠也"。　【索隐】荅布。注音吐合反,大颜音吐盍反。案:以为粗厚之布,与皮革同以石而秤,非白叠布也。《吴录》云"有九真郡布,名曰白叠"。《广志》云"叠,毛织也"。　【正义】颜师古曰:"粗厚之布也。其价贱,故与皮革同重耳,非白叠也。荅者,厚之貌也。"案:白叠,木绵所织,非中国有也。

⑯【索隐】《汉书》作"漆大斗"。案:谓大斗,大量也。言满量千斗,即今之千桶也。

⑰【集解】徐广曰:"或作'台',器名有瓵。孙叔然云瓵,瓦器,受斗六升合为瓵。音贻。"　【索隐】盐豉千盖。下音贻。〔孙〕炎(反)说(文)云"瓵,瓦器,受斗六合",以解此"盖",非也。案:《尚书大传》云"文皮千合",则数两谓之合也。《三仓》云"榼,盛盐豉器,音他果反",则盖或榼之异名耳。

⑱【集解】《汉书音义》曰:"音如楚人言荠,鲐鱼与鮐鱼也。"　【索隐】《说文》云:"鮐,海鱼。音胎。鲐鱼,饮而不食,刀鱼也。"《尔雅》谓之鮤鱼也。鲐音才尔反,又音荠。　【正义】鮐音台,又音贻。《说文》云"鮐,海鱼"也。鲐音齐礼反,刀鱼也。

⑲【集解】徐广曰:"鲰音辄,膊鱼也。"　【索隐】鲰音辄,一音昨苟反。鲰,小鱼也。鲍音抱,步饱反,今之鲰鱼也。膊音铺博反。案:破鲍不相离谓之膊,

(免)〔鱼〕渍云鲍。《声类》及《韵集》虽为此解,而"鲰生"之字见与此同。案:鲰者,小杂鱼也。 【正义】鲰音族苟反,谓杂小鱼也。鲍,白也。然鲐鮆以斤论,鲍鲰以千钧论,乃其九倍多,故知鲐是大好者,鲰鲍是杂者也。徐云鲰,脬鱼也。脬,并各反。谓破开中头尾不相离为鲍,谓之脬关者也,此亦大鱼为之也。

⑳【索隐】案:三之者,三千石也。必三之者,取类上文故也。以枣栗贱,故三之为三千石也。 【正义】谓三千石也。言枣栗三千石乃与上物相等。

㉑【索隐】下音雕也。 【正义】音彤。

㉒【索隐】羔羊千石。谓秤皮重千石。

㉓【索隐】果菜千种。千种者,言其多也。 【正义】钟,六斛四斗。果菜谓杂果菜,于山野采取之。

㉔【索隐】案:子谓利息也。贷音土代反。

㉕【集解】徐广曰:"驵音祖朗反,马侩也。"驵案:《汉书音义》曰"会亦是侩也。节,节物贵贱也。谓估侩其馀利比千乘之家"。 【索隐】案:节者,节贵贱也。驵,旧音祖朗反,今音鸯。驵者,度牛马市;云驵侩者,合市也,音古外反。《淮南子》云"段干木,晋国之大驵",注云"干木,度市之魁也"。

㉖【集解】《汉书音义》曰:"贪贾未当卖而卖,未可买而买,故得利少,而十得三。廉贾贵而卖,贱乃买,故十得五。"

㉗【正义】率音律。

㉘【正义】言杂恶业,而不在什分中得二分之利者,非世之美财也。

请略道当世千里之中,贤人所以富者,令后世得以观择焉。

蜀卓氏之先,①赵人也,用铁冶富。秦破赵,迁卓氏。卓氏见虏略,独夫妻推辇,行诣迁处。诸迁虏少有馀财,争与吏,求近处,处葭萌。②唯卓氏曰:"此地狭薄。吾闻汶山之下,③沃野,下有蹲鸱,④至死不饥。民工于市,易贾。"乃求远迁。致之临邛,大喜,即铁山鼓铸,运筹策,⑤倾滇蜀之民,⑥富至僮千人。⑦田池射猎之乐,拟于人君。

①【集解】徐广曰:"卓,一作'涿'。" 【索隐】注"卓,一作'涿'",并音断,一音闹。涿亦音泥涿,亦是姓,故齐有涿齿,汉有涿盖,与卓氏同出,或以同音涿也。

②【集解】徐广曰："属广汉。"　【正义】葭萌,今利州县也。

③【索隐】汶山下。上音岷也。　　【正义】汶音岷。

④【集解】徐广曰："古'蹲'字作'踆'。"骃案:《汉书音义》曰"水乡多鸱,其山下有沃野灌溉。一曰大芋"。　　【正义】蹲鸱,芋也。言邛州临邛县其地肥又沃,平野有大芋等也。《华阳国志》云汶山郡都安县有大芋如蹲鸱也。

⑤【索隐】《汉书》云"运筹以贾滇"。

⑥【正义】滇,一作"沮"。《汉书》亦作"滇〔池〕〔蜀〕"。今益州郡有蜀州,亦因旧名及汉江为名。江在益州,南入导江,非汉中之汉江也。

⑦【索隐】《汉书》及《相如列传》并云"八百人"也。

程郑,山东迁虏也,亦冶铸,贾椎髻之民,①富埒卓氏,②俱居临邛。

①【索隐】魋结之人。上音椎髻,谓通贾南越也。

②【索隐】埒者,邻畔,言邻相次。

宛孔氏之先,梁人也,用铁冶为业。秦伐魏,迁孔氏南阳。大鼓铸,规陂池,连车骑,游诸侯,因通商贾之利,有游闲公子之赐与名。①然其赢得过当,愈于纤啬,②家致富数千金,故南阳行贾尽法孔氏之雍容。

①【集解】韦昭曰："优游闲暇也。"　【索隐】谓通赐与于游闲公子,得其名。

②【索隐】谓孔氏以资给诸侯公子,既已得赐与之名,又蒙其所得之赢过于本资,故云"过当",乃胜于细碎俭啬之贾也。纤,细也。《方言》云"纤,小也。愈,胜也"。　【正义】音色。啬,吝也。言孔氏连车骑,游于诸侯,以资给之,兼通商贾之利,乃得游闲公子交名。然其通计赢利,过于所资给饷遗之当,犹有交游公子雍容,而胜于悭愫也。

鲁人俗俭啬,而曹邴氏①尤甚,以铁冶②起,富至巨万。然家自父兄子孙约,俯有拾,仰有取,贳贷行贾遍郡国。邹、鲁以其故多去文学而趋利者,以曹邴氏也。

①【索隐】邴音柄也。

②【集解】徐广曰："鲁县出铁。"

齐俗贱奴虏,而刀闲①独爱贵之。桀黠奴,人之所患也,唯刀闲收取,使之逐渔盐商贾之利,或连车骑,交守相,然愈益任之。终得其力,起富数千万。故曰"宁爵毋刀",②言其能使豪奴自饶而尽其力。

①【索隐】上音雕,姓也。閒,如字。　【正义】刀,丁遥反,姓名。

②【集解】《汉书音义》曰:"奴自相谓曰:'宁欲免去作民有爵邪?将止为刀氏作
　奴乎?'毋,发声语助。"　【索隐】案奴自相谓曰:"宁免去求官爵邪?"曰:"无
　刀。"无刀,相止之辞也,言不去,止为刀氏作奴也。

　　周人既纤,①而师史②尤甚,转毂以百数,贾郡国,无所不至。洛阳
街居在齐秦楚赵之中,③贫人学事富家,相矜以久贾,④数过邑不入门,
设任此等,故师史能致七千万。

①【集解】《汉书音义》曰:"俭,啬也。"

②【索隐】师,姓;史,名。　【正义】师史,人姓名。

③【正义】洛阳在齐秦楚赵之中,其街巷贫人,学于富家,相矜以久贾诸国,皆数
　历里邑不入其门,故前云"洛阳东贾齐、鲁,南贾梁、楚"是也。

④【集解】《汉书音义》曰:"谓街巷居民无田地,皆相矜久贾在此诸国也。"

　　宣曲①任氏之先,为督道仓吏。②秦之败也,豪杰皆争取金玉,而任
氏独窖仓粟。③楚汉相距荥阳也,民不得耕种,米石至万,而豪杰金玉尽
归任氏,任氏以此起富。富人争奢侈,而任氏折节为俭,力田畜。田畜
人争取贱贾,④任氏独取贵善。⑤富者数世。然任公家约,非田畜所出弗
衣食,公事不毕则身不得饮酒食肉。以此为闾里率,故富而主上重之。

①【集解】徐广曰:"高祖功臣有宣曲侯。"　【索隐】韦昭云:"地名。高祖功臣有
　宣曲侯。"《上林赋》云"西驰宣曲",当在京辅,今阙其地。　【正义】案:其地
　合在关内。张揖云"宣曲,宫名,在昆池西也"。

②【集解】《汉书音义》曰:"若今吏督租谷使上道输在所也。"韦昭曰:"督道,秦
　时边县名。"

③【集解】徐广曰:"窖音校,穿地以藏也。"

④【索隐】晋灼云:"争取贱贾金玉也。"　【正义】音价也。

⑤【索隐】谓买物必取贵而善者,不争贱价也。

　　塞之斥也,①唯桥姚②已致马千匹,③牛倍之,羊万头,粟以万钟计。
吴楚七国兵起时,长安中列侯封君行从军旅,赍贷子钱,④子钱家以为

侯邑国在关东，关东成败未决，莫肯与。唯无盐氏出捐千金贷，⑤其息什之。⑥三月，吴楚平。一岁之中，则无盐氏之息什倍，用此富埒关中。

①【集解】《汉书音义》曰："边塞主斥候卒也。唯此人能致富若此。"　【索隐】孟康云："边塞主斥候之卒也。"又案：斥，开也，《相如传》云"边塞益斥"是也。

【正义】孟康云："边塞主斥候卒也。唯此人能致富若此。"颜云："塞斥者，言国斥开边塞，更令宽广，故桥姚得恣其畜牧也。"

②【索隐】桥姓，姚名。　【正义】姓桥，名姚也。

③【索隐】言桥姚因斥塞而致此资。《风俗通》云："马称匹者，俗说云相马及君子与人相匹，故云匹。或说马夜行目照前四丈，故云一匹。或说度马纵横适得一匹。"又《韩诗外传》云："孔子与颜回登山，望见一匹练，前有蓝，视之果马，马光景一匹长也。"

④【索隐】赍音子稽反。贷，假也，音吐得反。与人物云赍。《周礼》注"赍所给与"也。

⑤【索隐】吐代反。

⑥【索隐】谓出一得十倍。

关中富商大贾，大抵尽诸田，田啬、田兰。韦家栗氏，安陵、杜杜氏，①亦巨万。

①【集解】徐广云："安陵及杜，二县名，各有杜姓也。宣帝以杜为杜陵。"

此其章章尤异者也。①皆非有爵邑奉禄弄法犯奸而富，尽椎埋去就，与时俯仰，获其赢利，以末致财，用本守之，以武一切，用文持之，变化有概，故足术也。若至力农畜，工虞商贾，为权利以成富，大者倾郡，中者倾县，下者倾乡里者，不可胜数。

①【集解】徐广曰："异，一作'淑'，又作'较'。"

夫纤啬筋力，治生之正道也，而富者必用奇胜。田农，掘业，①而秦扬以盖一州。②掘冢，奸事也，而田叔以起。博戏，恶业也，而桓发③用（之）富。行贾，丈夫贱行也，而雍乐成以饶。贩脂，④辱处也，而雍伯千金。⑤卖浆，小业也，而张氏千万。洒削，⑥薄技也，而郅氏鼎食。胃脯，⑦简微耳，浊氏连骑。马医，浅方，张里击钟。此皆诚壹之所致。

①【集解】徐广曰:"古'拙'字亦作'掘'也。"

②【索隐】《汉书》作"甲一州"。服虔云:"富为州之中第一。"

③【索隐】《汉书》作"稽发"。　【正义】桓发,人姓名。

④【正义】《说文》云"戴角者脂,无角者膏"也。

⑤【集解】徐广曰:"雍,一作'翁'。"　【索隐】雍,于恭反。《汉书》作"翁伯"也。

⑥【集解】徐广曰:"洒,或作'细'。"骃案:《汉书音义》曰"治刀剑名"。　【索隐】上音先礼反,削刀者名。洒削,谓摩刀以水洒之。又《方言》云"剑削,关东谓之削,音肖"。削,一依字读也。

⑦【索隐】晋灼云:"太官常以十月作沸汤焊羊胃,以末椒姜粉之讫,暴使燥,则谓之脯,故易售而致富。"　【正义】案:胃脯谓和五味而脯美,故易售。

由是观之,富无经业,则货无常主,能者辐凑,不肖者瓦解。千金之家比一都之君,巨万者乃与王者同乐。岂所谓"素封"者邪? 非也?

【索隐述赞】贷殖之利,工商是营。废居善积,倚市邪赢。白圭富国,计然强兵。倮参朝请,女筑怀清。素封千户,卓郑齐名。

史记卷一百三十

太史公自序第七十

昔在颛顼，命南正重以司天，北正黎以司地。①唐虞之际，绍重黎之后，使复典之，至于夏商，故重黎氏世序天地。其在周，程伯休甫其后也。②当周宣王时，失其守而为司马氏。③司马氏世典周史。④惠襄之间，司马氏去周适晋。⑤晋中军随会奔秦，⑥而司马氏入少梁。⑦

①【索隐】南正重以司天，火正黎以司地。案：张晏云"南方，阳也。火，水配也。水为阴，故命南正重司天，火正黎兼地职"。臣瓒以为重黎氏是司天地之官，司地者宜曰北正，古文作"北"字，非也。扬雄、谯周并以为然。案：《国语》"黎为火正，以淳耀敦大，光照四海"，又《幽通赋》云"黎淳耀于高辛"，则"火正"为是也。

②【集解】应劭曰："封为程国伯，休甫，字也。"【索隐】案：重司天而黎司地，是代序天地也。据《左氏》，重是少昊之子，黎乃颛顼之胤，二氏二正，所出各别，而史迁意欲合二氏为一，故总云"在周，程伯休甫其后"，非也。然（后）案〔后〕彪之序及干宝皆云司马氏，黎之后是也。今总称伯休甫是重黎之后者，凡言地即举天，称黎则兼重，自是相对之文，其实二官亦通职。然休甫则黎之后也，亦是太史公欲以史为己任，言先代天官，所以兼称重耳。　　【正义】《括地志》云："安陵故城在雍州咸阳东二十一里，周之程邑也。"

③【正义】司马彪序云："南正黎，后世为司马氏。"

④【索隐】案：司马，夏官卿，不掌国史，自是先代兼为史。卫宏云"司马氏，周史佚之后"，不知何据。

⑤【集解】张晏曰："周惠王、襄王有子颓、叔带之难，故司马氏奔晋。"

⑥【索隐】案《左氏》，随会自晋奔秦，后乃奔魏，自魏还晋，故《汉书》云会奔秦魏也。

⑦【索隐】古梁国也，秦灭之，改曰少梁，后名夏阳。　【正义】案《春秋》，随会奔
　秦，其后自秦入魏而还晋也。随会为晋中军将。少梁，古梁国也，嬴姓，在同
　州韩城县南二十二里，是时属晋。

　　自司马氏去周适晋，分散，或在卫，或在赵，或在秦。其在卫者，相
中山。①在赵者，②以传剑论显，③蒯聩④其后也。在秦者名错，与张仪
争论，于是惠王使错将伐蜀，遂拔，因而守之。⑤错孙靳，⑥事武安君白
起。而少梁更名曰夏阳。靳与武安君阬赵长平军，⑦还而与之俱赐死
杜邮，⑧葬于华池。⑨靳孙昌，昌为秦主铁官，当始皇之时。蒯聩玄孙
卬⑩为武信君将⑪而徇朝歌。诸侯之相王，王卬于殷。⑫汉之伐楚，卬归
汉，以其地为河内郡。昌生无泽，⑬无泽为汉市长。无泽生喜，喜为五
大夫，卒，皆葬高门。⑭喜生谈，谈为太史公。⑮

①【集解】徐广曰："名喜也。"

②【索隐】案：何法盛《晋书》及《司马氏系本》名凯。　【正义】何法盛《晋书》及
　晋谯王司马无忌《司马氏系本》皆云名凯。

③【集解】服虔曰："世善传剑也。"苏林曰："传手搏论而释之。"晋灼曰："《史记》
　吴起赞曰'非信仁廉勇，不能传剑论兵书'也。"　【索隐】服虔云："代善剑
　也。"按：解所以称传也。苏林云传作"搏"，言手搏论而释之，所以知名也。

④【正义】五怪反。如淳云："《刺客传》之蒯聩也。"

⑤【集解】苏林曰："守，郡守也。"

⑥【集解】徐广曰："一作'蕲'。"　【索隐】上音七各反，下音纪蕲反。《汉书》作
　"蕲"。

⑦【集解】文颖曰："赵孝成时。"

⑧【索隐】下音尤。李奇曰"地名，在咸阳西"。按《三秦记》，其地后改为李里
　者也。

⑨【集解】晋灼曰："地名，在鄠县。"　【索隐】晋灼云在鄠县，非也。案司马迁碑
　在夏阳西北四里。　【正义】《括地志》云："华池在同州韩城县西南七十里，
　在夏阳故城西北四里。"

⑩【索隐】案：晋谯国司马无忌作《司马氏系本》，云蒯聩生昭豫，昭豫生宪，宪
　生卬。

⑪【集解】徐广曰:"《张耳传》云武臣自号武信君。"　【索隐】案《汉书》,武臣号武信君。

⑫【索隐】《汉书》云项羽封卬为殷王。

⑬【索隐】《汉书》作"毋择",并音亦也。

⑭【集解】苏林曰:"长安北门也。"瓒曰:"长安城无高门。"　【索隐】案:苏说非也。案迁碑,在夏阳西北,去华池三里。　【正义】《括地志》云:"高门原俗名马门原,在同州韩城县西南十八里。汉司马迁墓在韩城县南二十二里。夏阳县故城东南有司马迁冢,在高门原上也。"

⑮【集解】如淳曰:"《汉仪注》太史公,武帝置,位在丞相上。天下计书先上太史公,副上丞相,序事如古《春秋》。迁死后,宣帝以其官为令,行太史公文书而已。"瓒曰:"《百官表》无太史公。《茂陵中书》司马谈以太史丞为太史令。"【索隐】案《茂陵书》,谈以太史丞为太史令,则"公"者,迁所著书尊其父云"公"也。然称"太史公"皆迁称述其父所作,其实亦迁之词,而如淳引卫宏《仪注》称"位在丞相上",谬矣。案《百官表》又无其官。且修史之官,国家别有著撰,则令郡县所上图书皆先上之,而后人不晓,误以为在丞相上耳。【正义】虞喜《志林》云:"古者主天官者皆上公,自周至汉,其职转卑,然朝会坐位犹居公上。尊天之道,其官属仍以旧名尊而称也。"案:下文"太史公既掌天官,不治民,有子曰迁",又云"卒三岁而迁为太史公",又云"太史公遭李陵之祸",又云"汝复为太史,则续吾祖矣",观此文,虞喜说为长。乃书谈及迁为"太史公"者,皆迁自书之。《汉旧仪》云"太史公秩二千石,卒史皆秩二百石"。然瓒及韦昭、桓谭之说皆非也。以桓谭之说释在《武本纪》也。

太史公学天官于唐都,①受《易》于杨何,②习道论于黄子。③太史公仕于建元元封之间,愍学者之不达其意而师悖,④乃论六家之要指曰:

①【正义】《天官书》云"星则唐都"也。

②【集解】徐广曰:"菑川人。"

③【集解】徐广曰:"《儒林传》曰黄生,好黄老之术。"

④【正义】布内反。颜云:"悖,惑也。各习师书,惑于所见也。"

《易大传》:①"天下一致而百虑,同归而殊涂。"夫阴阳、儒、墨、名、法、道德，此务为治者也，直所从言之异路，有省不省耳。②尝窃观阴阳之术，大祥③而众忌讳，使人拘而多所畏；④然其序四时之大顺，不可失也。儒者博而寡要，劳而少功，是以其事难尽从；然其序君臣父子之礼，列夫妇长幼之别，不可易也。墨者⑤俭而难遵，是以其事不可徧循；⑥然其强本节用，不可废也。法家严而少恩；然其正君臣上下之分，不可改矣。名家使人俭而善失真；⑦然其正名实，不可不察也。道家使人精神专一，动合无形，赡足万物。⑧其为术也，因阴阳之大顺，采儒墨之善，撮名法之要，与时迁移，应物变化，立俗施事，无所不宜，指约而易操，事少而功多。儒者则不然。以为人主天下之仪表也，主倡而臣和，主先而臣随。如此则主劳而臣逸。至于大道之要，去健羡，⑨绌聪明，⑩释此而任术。夫神大用则竭，形大劳则敝。形神骚动，欲与天地长久，非所闻也。

①【集解】张晏曰："谓《易·系辞》。" 【正义】张晏云"谓《易·系辞》"。案：下二句是《系辞》文也。

②【索隐】案：六家同归于正，然所从之道殊涂，学或有传习省察，或有不省者耳。

③【集解】徐广曰："一作'详'。"骃案：李奇曰"月令星官，是其枝叶也"。 【索隐】案：《汉书》作"大详"，言我观阴阳之术大详。而今此作"祥"，于义为疏也。 【正义】顾野王云："祥，善也，吉凶之先见也。"

④【正义】言拘束于日时，令人有所忌畏也。

⑤【正义】韦云："墨翟之术也，尚俭，后有随巢子传其术也。"

⑥【索隐】徧音遍。徧循，言难尽用也。

⑦【索隐】案：名家流出于礼官。古者名位不同，礼亦异数，孔子"必也正名乎"。案：名家知礼亦异数，是俭也，受命不受辞，或失其真也。

⑧【索隐】赡音市艳反。《汉书》作"澹"，古今字异也。

⑨【集解】如淳曰："'知雄守雌'，是去健也。'不见可欲，使心不乱'，是去羡也。"

⑩【索隐】如淳云："'不尚贤'，'绝圣弃智'也。"

　　夫阴阳四时、八位、十二度、二十四节①各有教令，顺之者昌，逆之者不死则亡。未必然也，故曰"使人拘而多畏"。夫春生夏长，秋收冬藏，此天道之大经也，弗顺则无以为天下纲纪，故曰"四时之大顺，不可失也"。

①【集解】张晏曰："八位，八卦位也。十二度，十二次也。二十四节，就中气也。各有禁忌，谓日月也。"

　　夫儒者以六蓺为法。六蓺经传以千万数，累世不能通其学，当年不能究其礼，故曰"博而寡要，劳而少功"。若夫列君臣父子之礼，序夫妇长幼之别，虽百家弗能易也。

　　墨者亦尚尧舜道，言其德行曰："堂高三尺，①土阶三等，茅茨不剪，②采椽不刮。③食土簋，④啜土刑，⑤粝粱之食，⑥藜藿之羹。⑦夏日葛衣，冬日鹿裘。"其送死，桐棺三寸，⑧举音不尽其哀。教丧礼，必以此为万民之率。使天下法若此，则尊卑无别也。夫世异时移，事业不必同，故曰"俭而难遵"。要曰强本节用，则人给家足之道也。此墨子之所长，虽百家弗能废也。

①【索隐】案：自此已下《韩子》之文，故称"曰"。

②【正义】屋盖曰茨，以茅覆屋。

③【索隐】韦昭云："采椽，栎榱也。"【正义】采取为椽，不刮削也。

④【集解】徐广曰："一作'增'。"骃案：服虔曰"土簋，用土作此器"。

⑤【正义】颜云："簋，所以盛饭也。刑，所以盛羹也。土谓烧土为之，即瓦器也。"

⑥【集解】张晏曰："一斛粟，七斗米，为粝。"瓒曰："五斗粟，三斗米，为粝。音刺。"韦昭曰："粝，砺也。"【索隐】服虔云："粝，粗米也。"《三仓》云："粱，好粟。"【正义】粝，粗米也，脱粟也。粱，粟也。谓食脱粟之粗饭也。

⑦【正义】藜，似藿而表赤。藿，豆叶也。

⑧【正义】以桐木为棺，厚三寸也。

　　法家不别亲疏，不殊贵贱，一断于法，则亲亲尊尊之恩绝矣。①可以行一时之计，而不可长用也，故曰"严而少恩"。若尊主卑臣，明分职不得相逾越，虽百家弗能改也。

①【索隐】案：礼，亲亲父为首，尊尊君为首也。

　　名家苛察缴绕，①使人不得反其意，专决于名而失人情，故曰"使人俭而善失真"。若夫控名责实，参伍不失，②此不可不察也。

①【集解】服虔曰："缴音近叫呼，谓烦也。"如淳曰："缴绕犹缠绕，不通大体也。"

②【集解】晋灼曰："引名责实，参错交互，明知事情。"

　　道家无为，又曰无不为，①其实易行，②其辞难知。③其术以虚无为本，以因循为用。④无成埶，无常形，故能究万物之情。不为物先，不为物后，⑤故能为万物主。有法无法，因时为业；⑥有度无度，因物与合。⑦故曰"圣人不朽，时变是守。⑧虚者道之常也，因者君之纲"也。⑨群臣并至，使各自明也。其实中其声者谓之端，实不中其声者谓之窾。⑩窾言不听，奸乃不生，贤不肖自分，白黑乃形。在所欲用耳，何事不成。乃合大道，混混冥冥。⑪光耀天下，复反无名。凡人所生者神也，所托者形也。神大用则竭，形大劳则敝，形神离则死。死者不可复生，离者不可复反，故圣人重之。由是观之，神者生之本也，形者生之具也。⑫不先定其神〔形〕，而曰"我有以治天下"，何由哉？

①【正义】无为者，守清净也。无不为者，生育万物也。

②【正义】各守其分，故易行也。

③【正义】幽深微妙，故难知也。

④【正义】任自然也。

⑤【集解】韦昭曰："因物为制。"

⑥【正义】因时之物，成法为业。

⑦【正义】因其万物之形成度与合也。

⑧【索隐】"故曰圣人不朽"至"因者君之纲"，此出《鬼谷子》，迁引之以成其章，故称"故曰"也。　【正义】言圣人教迹不朽灭者，顺时变化。

⑨【正义】言因百姓之心以教，唯执其纲而已。

⑩【集解】徐广曰："音款，空也。"骃案：李奇曰"声别名也"。　【索隐】窾音款。《汉书》作"款"。款，空也。故《申子》云"款言无成"是也。声音，名也。以言实不称名，则谓之空，空有声也。

⑪【正义】上胡本反。混混者,元气(神者)之兒也。

⑫【集解】韦昭曰:"声气者,神也。枝体者,形也。"

太史公既掌天官,不治民。有子曰迁。

迁生龙门,①耕牧河山之阳。②年十岁则诵古文。③二十而南游江、淮,上会稽,探禹穴,④窥九疑,⑤浮于沅、湘;⑥北涉汶、泗,⑦讲业齐、鲁之都,观孔子之遗风,乡射邹、峄;厄困鄱、薛、⑧彭城,过梁、楚以归。于是迁仕为郎中,奉使西征巴、蜀以南,南略邛、笮、昆明,还报命。⑨

①【集解】徐广曰:"在冯翊夏阳县。"駰案:苏林曰"禹所凿龙门也"。　【正义】《括地志》云:"龙门在同州韩城县北五十里。其山更黄河,夏禹所凿者也。龙门山在夏阳县,迁即汉夏阳县人也,至唐改曰韩城县。"

②【正义】河之北,山之南也。案:在龙门山南也。

③【索隐】案:迁及事伏生,是学诵《古文尚书》。刘氏以为《左传》、《国语》、《系本》等书,是亦名古文也。

④【集解】张晏曰:"禹巡狩至会稽而崩,因葬焉。上有孔穴,民间云禹入此穴。"　【索隐】《越绝书》云:"禹上茅山大会计,更名曰会稽。"张勃《吴录》云:"本名苗山,一名覆釜,禹会诸侯计功,改曰会稽。上有孔,号曰禹穴也。"　【正义】《括地志》云:"石箐山一名玉笥山,又名宛委山,即会稽山一峰也,在会稽县东南十八里。《吴越春秋》云'禹案《黄帝中经》九山,东南天柱,号曰宛委,赤帝左阙之填,承以文玉,覆以盘石,其书金简青玉为字,编以白银,皆琢其文。禹乃东巡,登衡山,血白马以祭。禹乃登山,仰天而笑,忽然而卧,梦见绣衣男子自称玄夷仓水使者,却倚覆釜之山,东顾谓禹曰:"欲得我山神书者,齐于黄帝之岳,岩(岩)〔岳〕之下,三月季庚,登山发石。"禹乃登宛委之山,发石,乃得金简玉字,以水泉之脉。山中又有一穴,深不见底,谓之禹穴'。史迁云'上会稽,探禹穴',即此穴也。"

⑤【索隐】《山海经》云:"南方苍梧之丘,苍梧之泉,在营道南,其山九峰皆相似,故曰九疑。"张晏云:"九疑舜葬,故窥之。"寻上探禹穴,盖以先圣所葬处有古册文,故探窥之,亦搜采远矣。　【正义】九疑山在道州。

⑥【正义】沅水出郎州。湘水出道州北,东北入海。

⑦【正义】两水出兖州东北而南历鲁。

⑧【集解】徐广曰："峄音亦，县名，有山也。郰音皮。邹、郰、薛三县属鲁。"

　　【索隐】郰本音蕃，今音皮。案：田襄《鲁记》云"灵帝末，有汝南陈子游为鲁相。子游，太尉陈蕃子也，国人讳而改焉"。若如其说，则"蕃"改"郰"，郰皮声相近，后渐讹耳。然《地理志》鲁国蕃县，应劭曰邦国也，音皮。　【正义】邹，县名。峄，山名。峄山在邹县北二十二里，地近曲阜，于此行乡射之礼。《括地志》云："徐州滕县，汉蕃县，音翻。汉末陈蕃子逸为鲁相，改音皮。田襄《鲁记》曰'灵帝末，汝南陈子游为鲁相，陈蕃子也，国人为讳而改焉'。"

⑨【集解】徐广曰："元鼎六年，平西南夷，以为五郡。其明年，元封元年是也。"

　　是岁天子始建汉家之封，而太史公留滞周南，①不得与从事，②故发愤且卒。而子迁适使反，见父于河洛之间。太史公执迁手而泣曰："余先周室之太史也。自上世尝显功名于虞夏，典天官事。后世中衰，绝于予乎？汝复为太史，则续吾祖矣。今天子接千岁之统，封泰山，而余不得从行，是命也夫，命也夫！余死，汝必为太史；为太史，无忘吾所欲论著矣。且夫孝始于事亲，中于事君，终于立身。扬名于后世，以显父母，此孝之大者。夫天下称诵周公，言其能论歌文武之德，宣周邵之风，达太王王季之思虑，爰及公刘，以尊后稷也。幽厉之后，王道缺，礼乐衰，孔子修旧起废，论《诗》、《书》，作《春秋》，则学者至今则之。自获麟以来四百有馀岁，③而诸侯相兼，史记放绝。今汉兴，海内一统，明主贤君忠臣死义之士，余为太史而弗论载，废天下之史文，余甚惧焉，汝其念哉！"迁俯首流涕曰："小子不敏，请悉论先人所次旧闻，弗敢阙。"

　　①【集解】徐广曰："挚虞曰古之周南，今之洛阳。"　【索隐】张晏云："自陕已东，皆周南之地也。"

　　②【正义】与音预。

　　③【集解】骃案：年表鲁哀公十四年获麟，至汉元封元年三百七十一年。

　　卒三岁而迁为太史令，①绁史记②石室金匮之书。③五年而当太初元年，④十一月甲子朔旦冬至，天历始改，建于明堂，诸神受纪。⑤

　　①【索隐】《博物志》："太史令茂陵显武里大夫司马迁，年二十八，三年六月乙卯除，六百石。"

　　②【集解】徐广曰："绁音抽。"　【索隐】如淳云："抽彻旧书故事而次述之。"徐广

音抽。小颜云："纴谓缀集之也。"

③【索隐】案：石室、金匮皆国家藏书之处。

④【集解】李奇曰："迁为太史后五年，适当于武帝太初元年，此时述《史记》。"

【正义】案：迁年四十二岁。

⑤【集解】徐广曰："《封禅序》曰'封禅则万灵罔不禋祀'。"骃案：韦昭曰"告于百神，与天下更始，著纪于是"。 【索隐】虞喜《志林》云："改历于明堂，班之于诸侯。诸侯群神之主，故曰'诸神受纪'。"孟康云："句芒、祝融之属皆受瑞纪。"

太史公曰："先人有言：①'自周公卒五百岁而有孔子。孔子卒后至于今五百岁，②有能绍明世，正《易传》，继《春秋》，本《诗》、《书》、《礼》、《乐》之际？'意在斯乎！意在斯乎！小子何敢让焉。"③

①【索隐】先人谓先代贤人也。 【正义】太史公，司马迁也。先人，司马谈也。

②【索隐】按：《孟子》称尧舜至汤五百馀岁，汤至文王五百馀岁，文王至孔子五百馀岁。按：太史公略取于《孟子》，而杨雄、孙盛深所不然，所谓多见不知量也。以为淳气育才，岂有常数，五百之期，何异瞬息。是以上皇相次，或有万龄为间，而唐尧、舜、禹比肩并列。降及周室，圣贤盈朝；孔子之没，千载莫嗣，安在于千年五百乎？具述作者，盖记注之志耳，岂圣人之伦哉。

③【索隐】让，《汉书》作"攘"。晋灼云："此古'让'字，言己当述先人之业，何敢自嫌值五百岁而让也。"

上大夫壶遂①曰："昔孔子何为而作《春秋》哉？"太史公曰："余闻董生曰：②'周道衰废，孔子为鲁司寇，诸侯害之，大夫壅之。孔子知言之不用，道之不行也，是非二百四十二年③之中，以为天下仪表，贬天子，退诸侯，讨大夫，以达王事而已矣。'子曰：'我欲载之空言，④不如见之于行事之深切著明也。'⑤夫《春秋》，上明三王之道，下辨人事之纪，别嫌疑，明是非，定犹豫，善善恶恶，⑥贤贤贱不肖，存亡国，继绝世，补敝起废，王道之大者也。《易》著天地阴阳四时五行，故长于变；《礼》经纪人伦，故长于行；《书》记先王之事，故长于政；《诗》记山川溪谷禽兽草木牝牡雌雄，故长于风；《乐》乐所以立，故长于和；《春秋》辩是非，故长于治人。是故《礼》以节人，《乐》以发和，《书》以道事，《诗》以达意，《易》以道化，《春秋》以道义。拨乱世反之正，莫近于《春秋》。《春秋》文成数万，其指数千。⑦万物之散聚皆在《春秋》。《春秋》之中，弑君三十六，亡国五十二，诸侯奔走不得保其社稷者不可胜数。察其所以，皆失其本已。⑧故《易》曰'失之豪厘，差以千里'。⑨故曰'臣弑君，子弑父，非一旦一夕之故也，其渐久矣'。故有国者不可以不知《春秋》，前有谗而弗见，后有贼而不知。为人臣者不可以不知《春秋》，守经事而不知其宜，遭变事而不知其权。为人君父而不通于《春秋》之义者，必蒙首恶之名。为人臣子而不通于《春秋》之义者，必陷篡弑之诛，死罪之名。其实皆以为善，为之不知其义，⑩被之空言而不敢辞。⑪夫不通礼义之旨，至于君不君，臣不臣，父不父，子不子。夫君不君则犯，⑫臣不臣则诛，父不父则无道，子不子则不孝。此四行者，天下之大过也。以天下之大过予之，则受而弗敢辞。故《春秋》者，礼义之大宗也。夫礼禁未然之前，法施已然之后；法之所为用者易见，而礼之所为禁者难知。"

①【索隐】案：遂为詹事，秩二千石，故为上大夫也。

②【集解】服虔曰："仲舒也。"

③【索隐】案：是非谓褒贬诸侯之得失也。

④【索隐】案：孔子之言见《春秋纬》，太史公引之以成说也。空言谓褒贬是非也。空立此文，而乱臣贼子惧也。

⑤【索隐】案：孔子言我徒欲立空言，设褒贬，则不如附见于当时所因之事。人臣有僭侈篡逆，因就此笔削以褒贬，深切著明而书之，以为将来之诫者也。

⑥【索隐】《公羊传》曰"善善及其子孙，恶恶止其身"也。

⑦【集解】张晏曰："《春秋》万八千字，当言'减'，而云'成数'，字误也。"骃谓太史公此辞是述董生之言。董仲舒自治《公羊春秋》，《公羊经》、《传》凡有四万四千馀字，故云"文成数万"也。不得如张议，但论经万八千字，便谓之误。

　　【索隐】案：张晏曰"《春秋》万八千字，此云'文成数万'，字误也"。裴骃以迁述仲舒所论《公羊经》、《传》，凡四万四千，故云"数万"，又非也。小颜云"史迁岂以《公羊传》为《春秋》乎"？又《春秋经》一万八千，亦足称数万，非字之误也。

⑧【索隐】案：弑君亡国及奔走者，皆是失仁义之道本耳。已者，语终之辞也。

⑨【集解】徐广曰："一云'差以毫厘'，一云'缪以千里'。"骃案：今《易》无此语，《易纬》有之。

⑩【正义】其心实善，为之不知其义理，则陷于罪咎。

⑪【集解】张晏曰："赵盾不知讨贼，而不敢辞其罪也。"

⑫【正义】颜云："为臣下所干犯也。一云违犯礼义。"

　　壶遂曰："孔子之时，上无明君，下不得任用，故作《春秋》，垂空文以断礼义，当一王之法。今夫子上遇明天子，下得守职，万事既具，咸各序其宜，夫子所论，欲以何明？"

　　太史公曰："唯唯，否否，①不然。余闻之先人曰：'伏羲至纯厚，作《易》八卦。尧舜之盛，《尚书》载之，礼乐作焉。汤武之隆，诗人歌之。《春秋》采善贬恶，推三代之德，褒周室，非独刺讥而已也。'汉兴以来，至明天子，获符瑞，封禅，改正朔，易服色，受命於穆清，②泽流罔极，海外殊俗，重译款塞，③请来献见者，不可胜道。臣下百官力诵圣德，犹不能宣尽其意。且士贤能而不用，有国者之耻；主上明圣而德不布闻，有司之过也。且余尝掌其官，废明圣盛德不载，灭功臣世家贤大夫之业不述，堕先人所言，罪莫大焉。余所谓述故事，整齐其世传，非所谓作也，而君比之于《春秋》，谬矣。"

①【集解】晋灼曰："唯唯，谦应也。否否，不通者也。"

②【集解】如淳曰："受天命清和之气。"【正义】於音乌。颜云："於，欢辞也。穆，美也。言天子有美德而教化清也。"

③【集解】应劭曰："款，叩也。皆叩塞门来服从也。"如淳曰："款，宽也。请除守塞者，自保不为寇害。"【正义】重译，更译其言也。

　　于是论次其文。七年①而太史公遭李陵之祸，②幽于缧绁。乃喟然而叹曰："是余之罪也夫？是余之罪也夫！身毁不用矣。"退而深惟曰："夫《诗》、《书》隐约者，③欲遂其志之思也。昔西伯拘羑里，④演《周易》；孔子厄陈蔡，作《春秋》；屈原放逐，著《离骚》；左丘失明，厥有《国语》；孙子膑脚，而论兵法；不韦迁蜀，世传《吕览》；⑤韩非囚秦，《说难》、《孤愤》;《诗》三百篇,大抵贤圣发愤之所为作也。此人皆意有所郁结,不得通其道也,故述往事,思来者。"于是卒述陶唐以来,至于麟止,⑥自黄帝始。

①【集解】徐广曰:"天汉三年。"　【正义】案:从太初元年至天汉三年,乃七年也。

②【正义】太史公举李陵,李陵降也。

③【索隐】案:谓其意隐微而言约也。　【正义】《诗》、《书》隐微而约省者,迁深惟欲依其隐约而成其志意也。

④【集解】徐广曰:"在汤阴。"

⑤【正义】即《吕氏春秋》也。

⑥【集解】张晏曰:"武帝获麟,迁以为述事之端。上纪黄帝,下至麟止,犹《春秋》止于获麟也。"　【索隐】服虔云:"武帝至雍获白麟,而铸金作麟足形,故云'麟止'。迁作《史记》止于此,犹《春秋》终于获麟然也。"《史记》以黄帝为首,而云"述陶唐者",案《五帝本纪》赞云"五帝尚矣,然《尚书》载尧以来。百家言黄帝,其文不雅驯",故述黄帝为本纪之首,而以《尚书》雅正,故称"起于陶唐"。

维昔黄帝,法天则地,四圣遵序,①各成法度;唐尧逊位,虞舜不台;②厥美帝功,万世载之。作《五帝本纪》③第一。

①【集解】徐广曰:"颛顼,帝喾,尧,舜。"

②【索隐】台音怡。悦也。或音胎,非也。

③【索隐】应劭云:"有本则纪,有家则代,有年则表,有名则传。"

维禹之功,九州攸同,光唐虞际,德流苗裔;夏桀淫骄,乃放鸣条。作《夏本纪》第二。

维契①作商,爰及成汤;太甲居桐,德盛阿衡;武丁得说,乃称高宗;帝辛湛湎,诸侯不享。作《殷本纪》第三。

①【正义】音薛也。

维弃作稷,德盛西伯;武王牧野,实抚天下;幽厉昏乱,既丧酆镐;陵迟至赧,洛邑不祀。作《周本纪》第四。

维秦之先，伯翳佐禹；穆公思义，悼豪之旅；① 以人为殉，诗歌《黄鸟》；昭襄业帝。作《秦本纪》第五。

①【索隐】案：豪即"崤"之异音。旅，师旅也。　【正义】穆公封崤山军旅之尸。

始皇既立，并兼六国，销锋铸镰，① 维偃干革，尊号称帝，矜武任力；二世受运，子婴降虏。作《始皇本纪》第六。

①【集解】徐广曰："严安上书，销其兵铸以为钟镰也。"【索隐】下音巨。镰，钟也。

秦失其道，豪桀并扰；项梁业之，子羽接之；杀庆救赵，① 诸侯立之；诛婴背怀，天下非之。作《项羽本纪》第七。

①【集解】徐广曰："宋义为上将，号庆子冠军。"

子羽暴虐，汉行功德；愤发蜀汉，还定三秦；诛籍业帝，天下惟宁，改制易俗。作《高祖本纪》第八。

惠之早霣，① 诸吕不台；② 崇强禄、产，诸侯谋之；杀隐幽友，③ 大臣洞疑，④ 遂及宗祸。作《吕太后本纪》第九。

①【正义】音殒。

②【集解】徐广曰："无台辅之德也。一曰怡，怿也，不为百姓所说。"【索隐】徐广音胎，非也。案：一音怡，此赞本韵，则怡怿为是。

③【集解】徐广曰："赵隐王如意，赵幽王友。"

④【索隐】案：洞是洞达为义，言所共疑也。

汉既初兴，继嗣不明，迎王践祚，天下归心；蠲除肉刑，开通关梁，广恩博施，厥称太宗。作《孝文本纪》第十。

诸侯骄恣，吴首为乱，京师行诛，七国伏辜，天下翕然，大安殷富。作《孝景本纪》第十一。

汉兴五世，隆在建元，外攘夷狄，内修法度，封禅，改正朔，易服色。作《今上本纪》第十二。

维三代尚矣，年纪不可考，盖取之谱牒旧闻，本于兹，于是略推，作《三代世表》第一。

　　幽厉之后，周室衰微，诸侯专政，《春秋》有所不纪；而谱牒经略，五霸更盛衰，欲睹周世相先后之意，作《十二诸侯年表》第二。

　　春秋之后，陪臣秉政，强国相王；以至于秦，卒并诸夏，灭封地，擅其号。作《六国年表》第三。

　　秦既暴虐，楚人发难，项氏遂乱，汉乃扶义征伐；八年之间，天下三嬗，事繁变众，故详著《秦楚之际月表》第四。

　　汉兴已来，至于太初百年，诸侯废立分削，谱纪不明，有司靡踵，强弱之原云以世。① 作《汉兴已来诸侯年表》第五。

①【集解】徐广曰："一作'云巳'也。（天）《汉序〔传〕》曰'敞、义依霍，庶几云巳'。"　【索隐】案：踵谓继也。"以"字当作"巳"，"世"当作"也"，并误耳。云，巳，也，皆语助之辞也。　【正义】言汉兴已来百年，诸侯废立分削，谱纪不能明其嗣，有司无所踵继其后，乃云强弱之原云以世相代，（相）不能有所录纪也。

　　维高祖元功，辅臣股肱，剖符而爵，泽流苗裔，忘其昭穆，或杀身陨国。作《高祖功臣侯者年表》第六。

　　惠景之间，维申功臣宗属爵邑，作《惠景间侯者年表》第七。

　　北讨强胡，南诛劲越，征伐夷蛮，武功爰列。作《建元以来侯者年表》第八。

　　诸侯既强，七国为从，子弟众多，无爵封邑，推恩行义，其埶销弱，德归京师。作《王子侯者年表》第九。

　　国有贤相良将，民之师表也。维见汉兴以来将相名臣年表，贤者记其治，不贤者彰其事。作《汉兴以来将相名臣年表》第十。

　　维三代之礼，所损益各殊务，然要以近性情，通王道，故礼因人质为之节文，略协古今之变。作《礼书》第一。

　　乐者，所以移风易俗也。自《雅》、《颂》声兴，则已好《郑》、《卫》之音，《郑》、《卫》之音所从来久矣。人情之所感，远俗则怀。① 比《乐书》以述来古，② 作《乐书》第二。

①【集解】徐广曰："乐者所以感和人情。人情既感，则远方殊俗莫不怀柔向

化也。"

②【索隐】案：来古即古来也。言比《乐书》以述自古已来乐之兴衰也。

非兵不强，①非德不昌，黄帝、汤、武以兴，②桀、纣、二世以崩，可不慎欤？《司马法》所从来尚矣，③太公、孙、吴、王子④能绍而明之，切近世，极人变。作《律书》第三。

①【索隐】案：此《律书》之赞而云"非兵不强"者，则此"律书"即"兵书"也。古者师出以律，则凡出军皆听律声，故云"闻声效胜负，望敌知吉凶"也。

②【索隐】黄帝有版泉之师，汤、武有鸣条、牧野之战而克桀、纣。

③【正义】古者师出以律，凡军出皆吹律听声。《律书》云"六律为万事根本，其于兵械尤所重。望敌知吉凶，闻声效胜负"。故云"《司马兵法》所从来尚矣"乎？

④【集解】徐广曰："王子成甫。"

律居阴而治阳，历居阳而治阴，律历更相治，间不容翲忽。①五家之文怫异，②维太初之元论。作《历书》第四。③

①【索隐】案：忽者，总文之微也。翲者，轻也。言律历穷阴阳之妙，其间不容丝忽也。言"翲"，恐衍字耳。　【正义】翲，匹遥反，今音匹沼反。字当作"秒"。秒，禾芒表也。忽，一蚕口出丝也。言律历相治之间，不容比微细之物也。

②【索隐】怫音悖，一音扶物反。怫亦悖也。言金木水火土五家之文，各相悖异不同也。　【正义】五家谓黄帝、颛顼、夏、殷、周之历，其文相戾，乖异不同，维太初之元论历律为是，故《历书》自太初之元论之也。

③【集解】徐广曰："论，一作'编'。"

星气之书，多杂礼祥，不经；推其文，考其应，不殊。比集论其行事，验于轨度以次，作《天官书》第五。

受命而王，封禅之符罕①用，用则万灵罔不禋祀。追本诸神名山大川礼，作《封禅书》第六。

①【集解】徐广曰："一云'答应'。"

维禹浚川，九州攸宁；爰及宣防，决渎通沟。作《河渠书》第七。

维币之行，①以通农商；其极则玩巧，②并兼兹殖，争于机利，去本趋末。作《平准书》以观事变,第八。

①【索隐】维樊之行。上樊音"币帛"之"币",钱也。

②【索隐】杭巧,上五官反;下苦孝反。

　　太伯避历,江蛮是适;文武攸兴,古公王迹。阖庐弑僚,宾服荆楚;夫差克齐,子胥鸱夷;信嚭亲越,吴国既灭。嘉伯之让,作《吴世家》第一。

　　申、吕肖矣,①尚父侧微,卒归西伯,文武是师;功冠群公,缪权于幽;②番番黄发,③爰飨营丘。不背柯盟,桓公以昌,九合诸侯,霸功显彰。田阚争宠,姜姓解亡。④嘉父之谋,作《齐太公世家》第二。

①【集解】徐广曰:"肖音痟。痟犹衰微。"【索隐】案:徐广注肖音痟,痟犹衰微,其音训不可知从出也。今案:肖谓微弱而省少,所谓"申吕虽衰"也。

【正义】肖音痟。吕尚之祖封于申。申、吕后痟微,故尚父微贱也。

②【集解】徐广曰:"缪,错也,犹云缠结也。权智潜谋,幽昧不显,所谓太公阴谋。"【索隐】案:缪谓绸缪也,音亡又反。又谓太公绸缪,为权谋于幽昧不明著,谓太公之阴谋也。【正义】缪音武彪反。言吕尚绸缪于幽权之策,谓《六韬》、《三略》、《阴符》、《七术》之属也。

③【集解】番音婆。毛苌云"番番,威勇武貌"也。案:黄发,言老人发白而更黄也。

④【集解】徐广曰:"阚,一云'监'。解,一作'迁'。"

　　依之违之,周公绥之;愤发文德,天下和之;辅翼成王,诸侯宗周。隐桓之际,是独何哉?三桓争强,鲁乃不昌。嘉旦《金縢》,作《周公世家》第三。

　　武王克纣,天下未协而崩。成王既幼,管蔡疑之,淮夷叛之,于是召公率德,安集王室,以宁东土。燕(易)〔哙〕之禅,①乃成祸乱。嘉《甘棠》之诗,作《燕世家》第四。

①【索隐】谓王哙禅其相子之,后卒危乱也。

　　管蔡相武庚,将宁旧商;及旦摄政,二叔不飨;杀鲜放度,①周公为盟;大任十子,②周以宗强。嘉仲悔过,③作《管蔡世家》第五。

①【索隐】案：系家云管叔名鲜，蔡叔名度，霍叔名处也。

②【索隐】太任，文王妃。十子，伯邑考、武王、管、蔡、霍、鲁、卫、毛、聃、曹是也。

③【正义】蔡叔度之子蔡仲也。

　　王后不绝，舜禹是说；维德休明，苗裔蒙烈。百世享祀，爰周陈杞，楚实灭之。齐田既起，舜何人哉？作《陈杞世家》第六。

　　收殷馀民，叔封始邑，申以商乱，《酒》、《材》是告，及朔之生，卫顷不宁；①南子恶蒯聩，子父易名。周德卑微，战国既强，卫以小弱，角独后亡。嘉彼《康诰》，作《卫世家》第七。

①【索隐】卫顷公也。

　　嗟箕子乎！嗟箕子乎！正言不用，乃反为奴。武庚既死，周封微子。襄公伤于泓，①君子孰称。景公谦德，荧惑退行。剔成暴虐，②宋乃灭亡。嘉微子问太师，作《宋世家》第八。

①【正义】泓，水名。《公羊传》云："宋与楚人期战于泓之阳，宋师大败，君子大其不鼓不成列，临大事而不忘礼，虽文王之战亦不过此也。"

②【集解】徐广曰："一云'偃'，宋剔成君生偃。"【索隐】上音遏成。

　　武王既崩，叔虞邑唐。君子讥名，①卒灭武公。骊姬之爱，乱者五世；重耳不得意，乃能成霸。六卿专权，②晋国以耗。嘉文公锡珪鬯，作《晋世家》第九。

①【正义】谓晋穆侯太子名仇，少子名成师也。

②【正义】智伯，范，中行，韩，魏，赵。

　　重黎业之，吴回接之；殷之季世，粥子牒之。周用熊绎，熊渠是续。庄王之贤，乃复国陈；①既赦郑伯，班师华元。怀王客死，兰咎屈原；好谀信谗，楚并于秦。嘉庄王之义，作《楚世家》第十。

①【正义】楚庄王都陈。

　　少康之子，实宾南海，①文身断发，鼋鳝②与处，既守封禺，③奉禹之祀。句践困彼，乃用种、蠡。嘉句践夷蛮能修其德，灭强吴以尊周室，作《越王句践世家》第十一。

①【正义】《吴越春秋》云:"启使岁时祭禹于越,立宗庙南山之上,封少康庶子无馀于越,使祠禹,至句践迁都山阴,立禹庙为始祖庙,越亡遂废也。"案:今禹庙在会稽山下。

②【索隐】蚖蝉、元鼋二音。

③【集解】徐广曰:"封禺山在武康县南。"

桓公之东,太史是庸。及侵周禾,王人是议。祭仲要盟,郑久不昌。子产之仁,绍世称贤。三晋侵伐,郑纳于韩。嘉厉公纳惠王,作《郑世家》第十二。

维骥騄耳,乃章造父。赵夙事献,衰续厥绪。①佐文尊王,卒为晋辅。襄子困辱,乃禽智伯。主父生缚,饿死探爵。王迁辟淫,良将是斥。嘉鞅讨周乱,作《赵世家》第十三。

①【正义】衰,楚为反。

毕万爵魏,卜人知之,及绛戮干,戎翟和之。文侯慕义,子夏师之。惠王自矜,齐秦攻之。既疑信陵,诸侯罢之。卒亡大梁,王假厮之。嘉武佐晋文申霸道,作《魏世家》第十四。

韩厥阴德,赵武攸兴。绍绝立废,晋人宗之。昭侯显列,申子庸之。疑非不信,秦人袭之。嘉厥辅晋匡周天子之赋,作《韩世家》第十五。

完子避难,适齐为援,阴施五世,齐人歌之。成子得政,田和为侯。王建动心,乃迁于共。嘉威、宣能拨浊世而独宗周,作《田敬仲完世家》第十六。

周室既衰,诸侯恣行。仲尼悼礼废乐崩,追修经术,以达王道,匡乱世反之于正,见其文辞,为天下制仪法,垂六蓺之统纪于后世。作《孔子世家》第十七。

桀、纣失其道而汤、武作,周失其道而《春秋》作。①秦失其政,而陈涉发迹。诸侯作难,风起云蒸,卒亡秦族。天下之端,自涉发难。作《陈涉世家》第十八。

①【正义】周失其道,至秦之时,诸侯力事乎争强。

成皋之台,薄氏始基。诎意适代,厥崇诸窦。栗姬偩贵,王氏乃遂。

陈后太骄,卒尊子夫。嘉夫德若斯,作《外戚世家》第十九。

汉既谲谋,禽信于陈;越荆剽轻,乃封弟交为楚王,爰都彭城,以强淮泗,为汉宗藩。戊溺于邪,礼复绍之。嘉游辅祖,①作《楚元王世家》第二十。

①【正义】游,楚王交字也。祖,高祖也。

维祖师旅,刘贾是与;为布所袭,丧其荆、吴。营陵激吕,乃王琅邪;怵午①信齐,往而不归,遂西入关,遭立孝文,获复王燕。天下未集,贾、泽以族,为汉藩辅。作《荆燕世家》第二十一。

①【正义】谓祝午也。

天下已平,亲属既寡;悼惠先壮,实镇东土。哀王擅兴,发怒诸吕,驷钧暴戾,京师弗许。厉之内淫,祸成主父。嘉肥股肱,作《齐悼惠王世家》第二十二。

楚人围我荥阳,相守三年;萧何填抚山西,①推计踵兵,给粮食不绝,使百姓爱汉,不乐为楚。作《萧相国世家》第二十三。

①【正义】谓华山之西也。

与信定魏,破赵拔齐,遂弱楚人。续何相国,不变不革,黎庶攸宁。嘉参不伐功矜能,作《曹相国世家》第二十四。

运筹帷幄之中,制胜于无形,子房计谋其事,无知名,无勇功,图难于易,为大于细。作《留侯世家》第二十五。

六奇既用,诸侯宾从于汉;吕氏之事,平为本谋,终安宗庙,定社稷。作《陈丞相世家》第二十六。

诸吕为从,谋弱京师,而勃反经合于权;吴楚之兵,亚夫驻于昌邑,以厄齐赵,而出委以梁。作《绛侯世家》第二十七。

七国叛逆,蕃屏京师,唯梁为扞;偾爱矜功,几获于祸。嘉其能距吴楚,作《梁孝王世家》第二十八。

五宗既王,亲属洽和,诸侯大小为藩,爰得其宜,僭拟之事稍衰贬矣。作《五宗世家》第二十九。

三子之王，文辞可观。作《三王世家》第三十。

末世争利，维彼奔义；让国饿死，天下称之。作《伯夷列传》第一。

晏子俭矣，夷吾则奢；齐桓以霸，景公以治。作《管晏列传》第二。

李耳无为自化，清净自正；韩非揣事情，循埶理。作《老子韩非列传》第三。

自古王者而有《司马法》，穰苴能申明之。作《司马穰苴列传》第四。

非信廉仁勇不能传兵论剑，与道同符，内可以治身，外可以应变，君子比德焉。作《孙子吴起列传》第五。

维建遇谗，爰及子奢，尚既匡父，伍员奔吴。作《伍子胥列传》第六。

孔氏述文，弟子兴业，咸为师傅，崇仁厉义。作《仲尼弟子列传》第七。

鞅去卫适秦，能明其术，强霸孝公，后世遵其法。作《商君列传》第八。

天下患衡秦毋餍，而苏子能存诸侯，约从以抑贪强。作《苏秦列传》第九。

六国既从亲，而张仪能明其说，复散解诸侯。作《张仪列传》第十。

秦所以东攘① 雄诸侯，樗里、甘茂之策。作《樗里甘茂列传》第十一。

①【集解】徐广曰："一作'襄'。"

苞河山，①围大梁，使诸侯敛手而事秦者，魏冉之功。作《穰侯列传》第十二。

①【集解】徐广曰："苞，一作'施'。"

南拔鄢郢，北摧长平，遂围邯郸，武安为率；破荆灭赵，王翦之计。作《白起王翦列传》第十三。

猎儒墨之遗文，明礼义之统纪，绝惠王利端，列往世兴衰。①作《孟子荀卿列传》第十四。

①【集解】徐广曰："一作'坏'。"

好客喜士，士归于薛，为齐扞楚魏。作《孟尝君列传》第十五。

争冯亭以权，^①如楚以救邯郸之围，使其君复称于诸侯。作《平原君虞卿列传》第十六。

①【集解】徐广曰："以，一作'反'。太史公讥平原曰'利令智昏'，故云争冯亭反权。"

能以富贵下贫贱，贤能诎于不肖，唯信陵君为能行之。作《魏公子列传》第十七。

以身徇君，遂脱强秦，使驰说之士南向走楚者，黄歇之义。作《春申君列传》第十八。

能忍诟于魏齐，^①而信威于强秦，推贤让位，二子有之。作《范睢蔡泽列传》第十九。

①【集解】徐广曰："诟音近。"【索隐】诟，火候反。诟，辱也。

率行其谋，连五国兵，为弱燕报强齐之雠，雪其先君之耻。作《乐毅列传》第二十。

能信意强秦，而屈体廉子，用徇其君，俱重于诸侯。作《廉颇蔺相如列传》第二十一。

湣王既失临淄而奔莒，唯田单用即墨破走骑劫，遂存齐社稷。作《田单列传》第二十二。

能设诡说解患于围城，轻爵禄，乐肆志。作《鲁仲连邹阳列传》第二十三。

作辞以讽谏，连类以争义，《离骚》有之。作《屈原贾生列传》第二十四。

结子楚亲，使诸侯之士斐然争入事秦。作《吕不韦列传》第二十五。

曹子匕首，鲁获其田，齐明其信；豫让义不为二心。作《刺客列传》第二十六。

能明其画，因时推秦，遂得意于海内，斯为谋首。作《李斯列传》第二十七。

为秦开地益众，北靡匈奴，据河为塞，因山为固，建榆中。作《蒙恬列传》第二十八。

填赵塞常山以广河内，弱楚权，明汉王之信于天下。作《张耳陈馀列传》第二十九。

收西河、上党之兵，从至彭城；越之侵掠梁地以苦项羽。作《魏豹彭越列传》第三十。

以淮南叛楚归汉，汉用得大司马殷，卒破子羽于垓下。①作《黥布列传》第三十一。

①【集解】徐广曰："堤塘之名也。"

楚人迫我京索，而信拔魏赵，定燕齐，使汉三分天下有其二，以灭项籍。作《淮阴侯列传》第三十二。

楚汉相距巩洛，而韩信为填颍川，卢绾绝籍粮饷。作《韩信卢绾列传》第三十三。

诸侯畔项王，唯齐连子羽城阳，汉得以间遂入彭城。作《田儋列传》第三十四。

攻城野战，获功归报，哙、商有力焉，非独鞭策，又与之脱难。作《樊郦列传》第三十五。

汉既初定，文理未明，苍为主计，整齐度量，序律历。作《张丞相列传》第三十六。

结言通使，约怀诸侯；诸侯咸亲，归汉为藩辅。作《郦生陆贾列传》第三十七。

欲详知秦楚之事，维周緤常从高祖，平定诸侯。作《傅靳蒯成①列传》第三十八。

①【索隐】蒯成，上音裴，其字音从崩邑，又音浮。

徙强族，都关中，和约匈奴；明朝廷礼，次宗庙仪法。作《刘敬叔孙通列传》第三十九。

能摧刚作柔，卒为列臣；栾公不劫于埶而倍死。作《季布栾布列传》第四十。

敢犯颜色以达主义，不顾其身，为国家树长画。作《袁盎朝错列传》第四十一。

守法不失大理，言古贤人，增主之明。作《张释之冯唐列传》第四十二。

敦厚慈孝，讷于言，敏于行，务在鞠躬，君子长者。作《万石张叔列传》第四十三。

守节切直，义足以言廉，行足以厉贤，任重权不可以非理挠。作《田叔列传》第四十四。

扁鹊言医，为方者宗，守数精明；后世（修）〔循〕序，弗能易也，而仓公可谓近之矣。作《扁鹊仓公列传》第四十五。

维仲之省，①厥濞王吴，遭汉初定，以填抚江淮之间。作《吴王濞列传》第四十六。

①【集解】徐广曰："吴王之王由父省。"

吴楚为乱，宗属唯婴贤而喜士，士向之，率师抗山东荥阳。作《魏其武安列传》第四十七。

智足以应近世之变，宽足用得人。作《韩长孺列传》第四十八。

勇于当敌，仁爱士卒，号令不烦，师徒向之。作《李将军列传》第四十九。

自三代以来，匈奴常为中国患害；欲知强弱之时，设备征讨，作《匈奴列传》第五十。

直曲塞，广河南，破祁连，通西国，靡北胡。作《卫将军骠骑列传》第五十一。

大臣宗室以侈靡相高，唯弘用节衣食为百吏先。作《平津侯列传》第五十二。

汉既平中国，而佗能集杨越以保南藩，给贡职。作《南越列传》第五十三。

吴之叛逆，瓯人斩濞，①葆守封禺②为臣。作《东越列传》第五十四。

①【集解】徐广曰："今之永宁，是东瓯也。"

②【索隐】上音保。言东瓯被越攻破之后，保封禺之山，今在武康县也。

燕丹散乱辽间，满收其亡民，厥聚海东，以集真藩，①葆塞为外臣。作《朝鲜列传》第五十五。

①【集解】徐广曰："一作'莫'。藩音普寒反。"

唐蒙使略通夜郎，而邛笮之君请为内臣受吏。作《西南夷列传》第五十六。

《子虚》之事，《大人》赋说，靡丽多夸，然其指风谏，归于无为。作《司马相如列传》第五十七。

黥布叛逆，子长国之，以填江淮之南，安剽楚庶民。作《淮南衡山列传》第五十八。

奉法循理之吏，不伐功矜能，百姓无称，亦无过行。作《循吏列传》第五十九。

正衣冠立于朝廷，而群臣莫敢言浮说，长孺矜焉；好荐人，称长者，壮有溉。①作《汲郑列传》第六十。

①【集解】徐广曰："一作'慨'。"

自孔子卒，京师莫崇庠序，唯建元元狩之间，文辞粲如也。作《儒林列传》第六十一。

民倍本多巧，奸轨弄法，善人不能化，唯一切严削为能齐之。作《酷吏列传》第六十二。

汉既通使大夏，而西极远蛮，引领内向，欲观中国。作《大宛列传》第六十三。

救人于厄，振人不赡，仁者有乎；不既信，①不倍言，义者有取焉。作《游侠列传》第六十四。

①【集解】徐广曰："一云'不慨信'。"

夫事人君能说主耳目，和主颜色，而获亲近，非独色爱，能亦各有所长。作《佞幸列传》第六十五。

不流世俗，不争埶利，上下无所凝滞，人莫之害，以道之用。作《滑稽列传》第六十六。

　　齐、楚、秦、赵为日者，各有俗①所用。欲循②观其大旨，作《日者列传》第六十七。

　　①【索隐】案：《日者传》云“无以知诸国之俗”，今褚先生唯记司马季主之事也。
　　②【集解】徐广曰：“一作‘总’。”

　　三王不同龟，四夷各异卜，然各以决吉凶。略窥其要，作《龟策列传》①第六十八。

　　①【索隐】三王不同龟，四夷各异卜，其书既亡，无以纪其异。今褚少孙唯取太卜占龟之杂说，词甚烦芜，不能裁剪，妄皆穿凿，此篇不才之甚也。

　　布衣匹夫之人，不害于政，不妨百姓，取与以时而息财富，智者有采焉。作《货殖列传》第六十九。

　　维我汉继五帝末流，接三代（统）〔绝〕业。周道废，秦拨去古文，焚灭《诗》、《书》，故明堂石室金匮玉版①图籍散乱。于是汉兴，萧何次律令，韩信申军法，张苍为章程，②叔孙通定礼仪，则文学彬彬稍进，《诗》、《书》往往间出矣。自曹参荐盖公③言黄老，而贾生、晁错明申、商，公孙弘以儒显，百年之间，天下遗文古事靡不毕集太史公。太史公仍父子相续纂其职。曰：“於戏！余维先人尝掌斯事，显于唐虞，至于周，复典之，故司马氏世主天官。④至于余乎，钦念哉！钦念哉！”罔罗天下放失旧闻，⑤王迹所兴，原始察终，见盛观衰，论考之行事，略推三代，录秦汉，上记轩辕，下至于兹，著十二本纪，既科条之矣。并时异世，年差不明，⑥作十表。礼乐损益，律历改易，兵权山川鬼神，⑦天人之际，承敝通变，作八书。二十八宿环北辰，三十辐共一毂，⑧运行无穷，辅拂股肱之臣配焉，忠信行道，以奉主上，作三十世家。扶义俶傥，不令己失时，⑨立功名于天下，作七十列传。凡百三十篇，五十二万六千五百字，为《太史公书》。⑩序略，以拾遗补蓺，⑪成一家之言，厥协《六经》异传，⑫整齐百家杂语，⑬藏之名山，副在京师，⑭俟后世圣人君子。⑮第七十。⑯

　　①【集解】如淳曰：“刻玉版以为文字。”
　　②【集解】如淳曰：“章，历数之章术也。程者，权衡丈尺斛斗之平法也。”瓒曰：

"《茂陵书》'丞相为工用程数其中',言百工用材多少之量及制度之程品者是也。"

③【索隐】盖,姓也,古合反。

④【索隐】案:此天官非《周礼》冢宰天官,乃谓知天文星历之事为天官。且迁实黎之后,而黎氏后亦总称重黎,以重本司天,故太史公代掌天官,盖天官统太史之职。言史是历代之职,恐非实事。然卫宏以为司马氏,周史佚之后,故太史谈云"予之先人,周之太史",盖或得其实也。

⑤【索隐】案:旧闻有遗失放逸者,网罗而考论之也。

⑥【索隐】案:并时则年历差殊,亦略言,难以明辩,故作表也。

⑦【索隐】案:兵权,即《律书》也。迁没之后,亡,褚少孙以《律书》补之,今《律书》亦略言兵也。山川,即《河渠书》也;鬼神,《封禅书》也,故云山川鬼神也。

⑧【集解】骃案:《汉书音义》曰"象黄帝以下三十世家,《老子》言车三十辐,运行无穷,以象王者如此也"。 【正义】颜云:"此说非也。言众星共绕北辰,诸辐咸归车,群臣尊辅天子也。"

⑨【索隐】已音纪。言扶义俶傥之士能立功名于当代,不后于时者也。

⑩【索隐】案:桓谭云"迁所著书成,以示东方朔,朔皆署曰'太史公',则谓'太史公'是朔称也。亦恐其说未尽。盖迁自尊其父著述,称之曰'公'。或云迁外孙杨恽所称,事或当尔也"。

⑪【集解】李奇曰:"六蓺也。" 【索隐】案:《汉书》作"补阙",此云"蓺",谓补六义之阙也。

⑫【索隐】迁言以所撰取协于《六经》异传诸家之说耳,谦不敢比经蓺也。异传者,如子夏《易传》、毛公《诗》及韩婴《外传》、伏生《尚书大传》之流者也。

⑬【正义】太史公撰《史记》,言其协于《六经》异文,整齐诸子百家杂说之语,谦不敢比经艺也。异传,谓如丘明《春秋外传国语》、子夏《易传》、毛公《诗传》、韩《诗外传》、伏生《尚书大传》之流也。

⑭【索隐】言正本藏之书府,副本留京师也。《穆天子传》云"天子北征,至于群玉之山,河平无险,四彻中绳,先王所谓策府"。郭璞云"古帝王藏策之府"。则此谓藏之名山是也。

⑮【索隐】以俟后圣君子。此语出《公羊传》。言夫子制《春秋》以俟后圣君子,亦有乐乎此也。

⑯【集解】骃案:卫宏《汉书旧仪注》曰"司马迁作《景帝本纪》,极言其短及武帝

过,武帝怒而削去之,后坐举李陵,陵降匈奴,故下迁蚕室。有怨言,下狱死"。

太史公曰:余述历黄帝以来至太初而讫,百三十篇。①

①【集解】骃案:《汉书音义》曰"十篇缺,有录无书"。张晏曰"迁没之后,亡《景纪》、《武纪》、《礼书》、《乐书》、《律书》、《汉兴已来将相年表》、《日者列传》、《三王世家》、《龟策列传》、《傅靳蒯列传》。元成之间,褚先生补阙,作《武帝纪》、《三王世家》,《龟策》、《日者列传》,言辞鄙陋,非迁本意也"。　【索隐】案:《汉书》曰"十篇有录无书"。张晏曰"迁没之后,亡《景纪》、《武纪》、《礼书》、《乐书》、《兵书》、《将相表》、《三王世家》、《日者》、《龟策传》、《傅靳》等列传也"。案:《景纪》取班书补之,《武纪》专取《封禅书》,《礼书》取荀卿《礼论》,《乐》取《礼·乐记》,《兵书》亡,不补,略述律而言兵,遂分历述以次之。《三王系家》空取其策文以缉此篇,何率略且重,非当也。《日者》不能记诸国之同异,而论司马季主。《龟策》直太卜所得占龟兆杂说,而无笔削之功,何芜鄙也。

【索隐述赞】太史良才,实纂先德。周游历览,东西南北。事核词简,是称实录。报任投书,申李下狱。惜哉残缺,非才妄续!

史记集解序 　裴骃①

　　班固有言曰：②"司马迁③据《左氏》、《国语》，④采《世本》、《战国策》，⑤述《楚汉春秋》，⑥接其后事，讫于天汉。⑦其言秦汉详矣。至于采经摭传，⑧分散数家之事，甚多疏略，或有抵捂。⑨亦其所涉猎者广博，贯穿经传，驰骋古今上下数千载间，斯已勤矣。⑩又其是非颇谬于圣人，⑪论大道则先黄老而后六经，⑫序游侠则退处士而进奸雄，⑬述货殖⑭则崇势利⑮而羞贫贱：此其所蔽也。⑯然自刘向、杨雄博极群书，皆称迁有良史之才，服其善序事理，辩而不华，质而不俚，⑰其文直，其事核，不虚美，不隐恶，故谓之实录。"骃以为固之所言，世称其当。⑱虽时有纰缪，⑲实勒成一家，⑳总其大较，㉑信命世之宏才也。㉒

①【索隐】骃字龙驹，河东人，宋中郎外兵参军。父松之，太中大夫。　【正义】裴骃采九经诸史并《汉书音义》及众书之目而解《史记》，故题《史记集解序》。序，绪也。孙炎云，谓端绪也。孔子作《易·序卦》，子夏作《诗序》，序之义其来尚矣。

②【索隐】固撰《汉书》，作《司马迁传》，评其作《史记》所采之书，兼论其得失，故裴骃此序先引之为说也。案：固字孟坚，扶风人，后汉明帝时仕至中护军。祖稚，广川太守。父彪，徐令，续《太史公书》也。

③【正义】字子长，左冯翊人也，汉武帝时为太史令，撰《史记》百三十篇。父谈，亦为太史令。

④【索隐】仲尼作《春秋经》，鲁史左丘明作《传》，合三十篇，故曰《左氏传》。《国语》亦丘明所撰。上起周穆王，下讫敬王。其诸侯之事，起鲁庄公迄春秋末，凡二十一篇。

⑤【索隐】刘向云："《世本》，古史官明于古事者之所记也。录黄帝已来帝王诸侯及卿大夫系谥名号，凡十五篇也。"《战国策》，高诱云六国时纵横之说也，一曰《短长书》，亦曰《国事》，刘向撰为三十三篇，名曰《战国策》。案：此是

班固取其后名而书之，非迁时已名《战国策》也。

⑥【索隐】汉太中大夫楚人陆贾所撰，记项氏与汉高祖初起及说惠文间事。

⑦【索隐】武帝年号。言太史公所记迄至武帝天汉之年也。

⑧【索隐】案字书，撦，拾也，音之赤反。

⑨【索隐】抵音丁礼反。捂音吾故反。抵者，触也。捂亦斜相抵触之名。案：今屋梁上斜柱曰"柱捂"是也。直属横触皆曰抵，斜触谓之捂，下触谓之抵。抵捂，言其参差也。以言彼此二文同出一家，而自相乖舛也。

⑩【正义】言作《史记》采经传百家之事上下二千馀年，此其甚勤于撰录也。

⑪【索隐】圣人谓周公、孔子也。言周孔之教皆宗儒尚德，今太史公乃先黄老，崇势利，是谬于圣人也。　【正义】太史公《史记》名显六家之宗，黄老道家之宗，六经儒家之首，序游侠则退处士，述货殖则崇势利，处士贱贫，原宪非病。夫作史之体，务涉多时，有国之规，备陈臧否，天人地理咸使该通，而迁天纵之才，述作无滞，故异周孔之道。班固诋之，裴骃引序，亦通人之蔽也。而固作《汉书》，与《史记》同者五十馀卷，谨写《史记》，少加异者，不弱即劣，何更非剥《史记》，乃是后士妄非前贤。又《史记》五十二万六千五百言，叙二千四百一十三年事，《汉书》八十一万言，叙二百二十五年事；司马迁引父致意，班固父修而蔽之，优劣可知矣。

⑫【正义】大道者，皆禀乎自然，不可称道也。道在天地之前，先天地生，不知其名，字之曰"道"。黄帝、老子遵崇斯道，故太史公论大道，须先黄老而后六经。

⑬【索隐】游侠，谓轻死重气，如荆轲、豫让之辈也。游，从也，行也。侠，挟也，持也。言能相从游行挟持之事。又曰，同是非曰侠也。　【正义】奸雄，奸猾雄豪之人。

⑭【正义】殖，生也。言货物滋生也。

⑮【正义】趋利之人。

⑯【正义】此三者是司马迁不达理也。

⑰【正义】俚音里。刘德曰"俚即鄙也"，崔浩云"世有鄙俚之语"，则俚亦野也，俗也。不俚，谓词不鄙朴也。

⑱【正义】骃音因。当音丁浪反。裴骃以班固所论司马迁《史记》是非，世人称班固之言。

⑲【索隐】纰音匹之反。纰犹错也。亦作"𦁋"。字书云织者两丝同齿曰𦁋。缪亦与"谬"同。

⑳【正义】虽有小纰缪，实编勒成一家之书矣。

㉑【索隐】较音角。较犹略也，则大较犹言大略也。　【正义】较犹明也。

㉒【索隐】案：《孟子》云"五百年之间必有名世者"。赵岐曰"名世，次圣之才，物来能名，正一世者，生于圣人之间也"。此言命者名也，言贤人有名于世也。宏才，大才，谓史迁也。

考较此书，文句不同，有多有少，莫辩其实，而世之惑者，定彼从此，是非相贸，真伪舛杂。①故中散大夫东莞徐广研核众本，为作《音义》，②具列异同，兼述训解，③粗有所发明，而殊恨省略。④聊以愚管，⑤增演徐氏。⑥采经传百家并先儒之说，⑦豫是有益，悉皆抄内。⑧删其游辞，取其要实，⑨或义在可疑，则数家兼列。⑩《汉书音义》称"臣瓒"者，莫知氏姓，⑪今直云"瓒曰"。又都无姓名者，但云"汉书音义"。⑫时见微意，有所裨补。⑬譬嚆星之继朝阳，⑭飞尘之集华岳。⑮以徐为本，⑯号曰《集解》。未详则阙，弗敢臆说。⑰人心不同，⑱闻见异辞，⑲班氏所谓"疏略抵捂"者，依违不悉辩也。⑳愧非胥臣之多闻，㉑子产之博物，㉒妄言末学，芜秽旧史，岂足以关诸畜德，庶贤无所用心而已。㉓

①【正义】贸音茂。舛音昌转反。言世之迷惑浅识之人，或定彼从此，本更相贸易，真伪杂乱，不能辩其是非。

②【正义】作《音义》十三卷，裴骃为注，散入百三十篇。

③【正义】徐作《音义》，具列异同之本，兼述训解释也。

④【索隐】殊，绝也。《左传》曰"斩其木不殊"，言绝恨其所撰大省略也。　【正义】省音山景反。

⑤【索隐】案：东方朔云"以管窥天，以蠡测海"，皆喻小也。然此语本出《庄子》文，今云"愚管"者，是骃谦言己愚陋管见，所识不能远大也。

⑥【正义】演音羊善反。增，益也。言裴骃更增益演徐氏之说。

⑦【正义】采，取也。或取传说，采诸子百家，兼取先儒之义。先儒谓孔安国、郑玄、服虔、贾逵等是也。言百家，广其非一。

⑧【正义】并采经传之说，有裨益《史记》，尽抄内其中。抄音楚交反。

⑨【正义】删音师颜反。删，除也。去经传诸家浮游之辞，取其精要之实。

⑩【正义】数家之说不同，各有道理，致生疑惑，不敢偏弃，故皆兼列。

⑪【索隐】案：即傅瓒，而刘孝标以为于瓒，非也。据何法盛《晋书》，于瓒以穆帝时为大将军，诛死，不言有注《汉书》之事。又其注《汉书》有引《禄秩令》及《茂陵书》，然彼二书亡于西晋，非于所见也。必知是傅瓒者，案：《穆天子传·目录》云傅瓒为校书郎，与荀勖同校定《穆天子传》，即当西晋之朝，在于之前，尚见《茂陵》等书。又称"臣"者，以其职典秘书故也。瓒音残岸反。

⑫【正义】《汉书音义》中有全无姓名者，裴氏注《史记》直云"汉书音义"。案：大颜以为无名义，今有六卷，题云孟康，或云服虔，盖后所加，皆非其实，未详指归也。

⑬【正义】见音贤见反。裨音卑，又音频移反。裨，益也。裴氏云时见己之微意，亦有所补益也。

⑭【索隐】嘒，微小貌也。《诗》云："嘒彼小星，三五在东。"言众无名微小之星，各随三心五噣出在东方，亦能继朝阳之光。嘒音火慧反。朝阳，日也。嘒星继朝阳，喻己浅薄而注《史记》也。

⑮【正义】西岳华山极高大。裴氏自喻才藻轻小，如飞尘之集华岳，亦能成其高大。《管子》云："海不辞水，故能成其大；山不辞土，故能成其高。"华音胡化反，又如字。

⑯【正义】徐广《音义》辨诸家异同，故以徐为本也。

⑰【正义】有未详审之处则阙而不论，不敢以胸臆之中而妄解说也。

⑱【正义】言人心既不同，所见亦殊别也。

⑲【正义】耳闻目见，心意既乖，其辞所以各异也。

⑳【索隐】裴氏言今或依违，不敢复更辨明之也。案：《周公世家·叙传》曰"依之违之，周公绥之"也。

㉑【索隐】晋大夫白季名曰胥臣。案：《国语》称晋文公使赵衰为卿，辞曰："栾枝贞慎，先轸有谋，胥臣多闻，皆可以为辅。"又胥臣对文公黄帝二十五子及《屯》、《豫》皆八等事，是多闻也。

㉒【索隐】郑卿公孙侨字子产。案：《左氏传》子产聘晋，言晋侯之疾非实沈、台骀之祟，乃说饮食哀乐及内官不及同姓，则能生疾。晋侯闻子产之言，曰"博物君子也"。

㉓【索隐】关，预也。畜德，谓积德多学之人也。裴氏谦言己今此《集解》岂足关预于积学多识之士乎！正是冀望圣贤，胜于饱食终日，无所用心，愈于《论语》"不有博弈者乎"之人耳。

史记索隐序　朝散大夫国子博士弘文馆学士河内司马贞

　　《史记》者，汉太史司马迁父子之所述也。迁自以承五百之运，继《春秋》而纂是史，其褒贬核实颇亚于丘明之书，于是上始轩辕，下讫天汉，作十二本纪，十表，八书，三十系家，七十列传，凡一百三十篇，始变《左氏》之体，而年载悠邈，简册阙遗，勒成一家，其勤至矣。又其属稿先据《左氏》、《国语》、《系本》、《战国策》、《楚汉春秋》及诸子百家之书，而后贯穿经传，驰骋古今，错综隐括，各使成一国一家之事，故其意难究详矣。比于班《书》，微为古质，故汉晋名贤未知见重，所以魏文侯听古乐则唯恐卧，良有以也。

　　逮至晋末，有中散大夫东莞徐广始考异同，作《音义》十三卷。宋外兵参军裴骃又取经传训释作《集解》，合为八十卷。虽粗见微意，而未穷讨论。南齐轻车录事邹诞生亦作《音义》三卷，音则微殊，义乃更略。尔后其学中废。贞观中，谏议大夫崇贤馆学士刘伯庄达学宏才，钩深探赜，又作《音议》二十卷，比于徐邹，音则具矣。残文错节，异音微义，虽知独善，不见旁通，欲使后人从何准的。

　　贞谞闻陋识，颇事钻研，而家传是书，不敢失坠。初欲改更舛错，裨补疏遗，义有未通，兼重注述。然以此书残缺虽多，实为古史，忽加穿凿，难允物情。今止探求异闻，采摭典故，解其所未解，申其所未申者，释文演注，又重为述赞，凡三十卷，号曰《史记索隐》。虽未敢藏之书府，亦欲以贻厥孙谋云。

史记索隐后序

夫太史公纪事，上始轩辕，下讫天汉，虽博采古文及传记诸子，其间残阙盖多，或旁搜异闻以成其说，然其人好奇而词省，故事核而文微，是以后之学者多所未究。其班氏之书，成于后汉。彪既后迁而述，所以条流更明，是兼采众贤，群理毕备，故其旨富，其词文，是以近代诸儒共行钻仰。其训诂盖亦多门，蔡谟集解之时已有二十四家之说，所以于文无所滞，于理无所遗。而太史公之书，既上序轩黄，中述战国，或得之于名山坏壁，或取之以旧俗风谣，故其残文断句难究详矣。

然古今为注解者绝省，音义亦希。始后汉延笃乃有《音义》一卷，又别有《章隐》五卷，不记作者何人，近代鲜有二家之本。宋中散大夫徐广作《音义》十三卷，唯记诸家本异同，于义少有解释。又中兵郎裴骃，亦名家之子也，作《集解》注本，合为八十卷，见行于代。仍云亦有《音义》，前代久已散亡。南齐轻车录事邹诞生亦撰《音义》三卷，音则尚奇，义则罕说。隋秘书监柳顾言尤善此史。刘伯庄云，其先人曾从彼公受业，或音解随而记录，凡三十卷。隋季丧乱，遂失此书。伯庄以贞观之初，奉敕于弘文馆讲授，遂采邹徐二说，兼记忆柳公音旨，遂作《音义》二十卷。音乃周备，义则更略，惜哉！古史微文遂由数贤秘宝，故其学殆绝。

前朝吏部侍郎许子儒亦作《注义》，不睹其书。崇文馆学士张嘉会独善此书，而无注义。贞少从张学，晚更研寻，初以残阙处多，兼鄙褚少孙诬谬，因愤发而补《史记》，遂兼注之，然其功殆半。乃自唯曰："千载古史，良难间然。"因退撰《音义》，重作赞述，盖欲以剖盘根之错节，遵北辕于司南也。凡为三十卷，号曰《史记索隐》云。

史记正义序 诸王侍读宣议郎守右清道率府长史张守节上

《史记》者，汉太史公司马迁作。迁生龙门，耕牧河山之阳，南游江淮，讲学齐鲁之郡，绍太史，继《春秋》，括文鲁史而包《左氏》、《国语》，采《世本》、《战国策》而摭《楚汉春秋》，贯紃经传，旁搜史子，上起轩辕，下既天汉。作十二本纪，帝王兴废悉详；三十世家，君国存亡毕著；八书，赞阴阳礼乐；十表，定代系年封；七十列传，忠臣孝子之诚备矣。笔削冠于史籍，题目足以经邦。裴骃服其善序事理，辩而不华，质而不俚，其文直，其事核，不虚美，不隐恶，故谓之实录。自刘向、杨雄皆称良史之才。况坟典湮灭，简册阙遗，比之《春秋》，言辞古质，方之《两汉》，文省理幽。

守节涉学三十馀年，六籍九流地里苍雅锐心观采，评《史》、《汉》诠众训释而作正义，郡国城邑委曲申明，古典幽微窃探其美，索理允陋，次旧书之旨，兼音解注，引致旁通，凡成三十卷，名曰《史记正义》。发挥膏肓之辞，思济沧溟之海，未敢侔诸秘府，冀训诂而齐流，庶贻阙子孙，世畴兹史。

于时岁次丙子，开元二十四年八月，杀青斯竟。

史记正义　诸王侍读宣议郎守右清道率府长史张守节上

论　史　例

古者帝王右史记言，左史记事，言为《尚书》，事为《春秋》。太史公兼之，故名曰《史记》。并采六家杂说以成一史，备论君臣父子夫妻长幼之序，天地山川国邑名号殊俗物类之品也。

太史公作《史记》，起黄帝、高阳、高辛、唐尧、虞舜、夏、殷、周、秦，讫于汉武帝天汉四年，合二千四百一十三年。作本纪十二，象岁十二月也。作表十，象天之刚柔十日，以记封建世代终始也。作书八，象一岁八节，以记天地日月山川礼乐也。作世家三十，象一月三十日，三十辐共一毂，以记世禄之家辅弼股肱之臣忠孝得失也。作列传七十，象一行七十二日，言七十者举全数也，馀二日象闰馀也，以记王侯将相英贤略立功名于天下，可序列也。合百三十篇，象一岁十二月及闰馀也。而太史公作此五品，废一不可，以统理天地，劝奖箴诫，为后之楷模也。

论　注　例

《史记》文与《古文尚书》同者，则取孔安国注。若与伏生《尚书》同者，则用郑玄、王肃、马融所释。与《三传》同者，取杜元凯、服虔、何休、贾逵、范宁等注。与《三礼》、《论语》、《孝经》同者，则取郑玄、马融、王肃之注。与《韩诗》同者，则取毛《传》、郑《笺》等释。与《周易》同者，则依王氏之注。与诸子诸史杂书及先儒解释善者，而裴骃并引为注。又徐中散作音训，校集诸本异同，或义理可通者，称"一本云""又一本云"，自是别记异文，裴氏亦引之为注。

论　字　例

《史》、《汉》文字相承已久，若"悦"字作"说"，"闲"字作"閒"，"智"字作"知"，"汝"字作"女"，"早"字作"蚤"，"後"字作"后"，"既"字作"溉"，"敕"字作"饬"，"制"字作"剬"，此之般流，缘古少字通共用之。《史》、《汉》本有此古字者，乃为好本。程邈变篆为隶，楷则有常，后代作文，随时改易。卫宏官书数体，吕忱或字多奇，钟王等家以能为法，致令楷文改变，非复一端，咸著秘书，传之历代。又字体乖日久，其"黼黻"之字法从"𣲍"，丁履反。今之史本则有从"耑"，音端。《秦本纪》云"天子赐孝公黼黻"，邹诞生音甫弗，而邹氏之前史本已从"耑"矣。如此之类，并即依行，不可更改。若其"鼋鼍"从"龟"，"辞乱"从"舌"，"覺學"从"與"，"泰恭"从"小"，"匡匠"从"走"，"巢藻"从"果"，"耕籍"从"禾"，"席"下为"带"，"美"下为"火"，"哀"下为"衣"，"極"下为"点"，"析"旁著"片"，"恶"上安"西"，"餐"侧出"头"，"離"边作"禹"，此之等类例，直是讹字。"寵"敕勇反字为"竉"，"锡"字为"锡"音阳，以"支"章移反代"文"问分反，将"无"混"无"，若兹之流，便成两失。

论 音 例

史文与传诸书同者，刘氏并依旧本为音。至如太史公改《五帝本纪》"便章百姓""便程东作""便程南讹""便程西成""便在伏物"，咸依见字读之。太史变《尚书》文者，义理特美，或训意改其古涩，何烦如刘氏依《尚书》旧音。斯例盖多，不可具录，著在《正义》，随文音之。君子宜详其理，庶明太史公之达学也。

然则先儒音字，比方为音。至魏秘书孙炎始作反音，又未甚切。今并依孙反音，以传后学。郑康成云："其始书之也，仓卒无字，或以音类比方，假借为之，趣于近之而已。受之者非一邦之人，其乡同言异，字同音异，于兹遂生轻重讹谬矣。"然方言差别固自不同，河北、江南最为巨异，或失在浮清，或滞于重浊。今之取舍，冀除兹弊。

夫质有精粗，谓之"好恶"，并如字；心有爱憎，称为"好恶"，并去声。当体则为"名誉"，音预；情乖则曰"毁誉"，音馀。自坏乎怪反；坏彻上音怪。自断徒缓反，自去离也；刀断端管反，以刀割令相去也。耶也奢反，未审之辞也；也亦且反，助句之语也。复音伏，又扶富反，重也。过古卧反，越度也。解核买反，自散也。间纪苋反，隙也。畜许又反；畜许六反，养也。先苏前反；仙屑然反。尤羽求反；侯胡沟反。治、持并音直之反。之止而反；脂、砥、祇并音旨夷反。惟、维、遗、唯并音以佳反；怡、贻、颐、诒并音与之反；夷、寅、彝、姨并音以脂反。私息脂反；绥、虽、睢、荽并音息遗反；偲、司、伺、丝并音巨支反。卮、枝、祇、肢并音章移反；祇、歧并音巨支反。其、期、旗、棋、跂并音渠之反；祈、颀、旂、几、畿并音渠希反。僖、熙、嬉、嘻并音许其反；希、晞、睎、稀并音虚几反。霏、妃、菲、騑并音芳非反；飞、非、扉并音匪肥反。尸、屍、蓍并音式脂反；诗书之反。巾居人反；斤、筋举欣反。篇、偏并音芳连反。穿详连反。里、李、裏并音良止反。至、贽并脂利反；志之吏反。利、痢并力至反；吏力置反。寺、嗣、饲并音辞吏反；字、牸并音疾置反；自疾二反。置、致、踬、鸷并陟利反。器去冀反；气去既反；咥去吏反。冀、概几利反；既居未反。覆敷救反，又敷福反；副敷救反；富、鍑并府副反。若斯清浊，实亦难分；博学硕材，乃有甄异。此例极广，不可具言。庶后学士，幸留意焉。

音 字 例

文或相似，音或有异。一字单录，乃恐致疑。两字连文，检寻稍易。若音上字，言"上"别之。所音下字，乃复书"下"。有长句在，文中须音，则题其字。

发 字 例

古书字少，假借盖多。字或数音，观义点发，皆依平上去入。若发平声，每从寅起。又一字三四音者，同声异唤，一处共发，恐难辩别。故略举四十二字，如字初音者皆为正字，不须点发。畜许六反，养也。又许救反，六畜也。又他六反，聚也。从讼容反，随也。又纵容反，南北长也。又但容反，又子勇反，相劝也。又从用反，侍从也。又足用反，恣也。数色具反，历数、术数也。又色五反，次第也。又色角反，频也。传逐恋反，书传也。又逐全反，相付也。又张恋反，驿也。卒子律反，卒终也。又苍忽反，急也。尊忽反，兵人也。字体各别不辩，故发之也。辟君也，征也。又频亦反，罪也，开也。疋亦反，邪也。又疋豉反，谕也。又音避，隐也。又普觅反，辟历也。施书移反,张也。又式豉反,与也。又羊豉反,延也。间纪闲反,隙也。又纪莫反,间也。又苋间反,静也。射蛇夜反,射也。又神亦反,音石。夏胡马反,禹号也。又胡嫁反,春夏也。又格雅反,阳夏县也。复符富反,重也。又音伏也。又音福,除役也。重直拱反,尊也。直龙反,叠也。又直用反,累也。適圣石反,宽也,之也。又丁历反,大也。又张革反,责也。又音敌,当也。汜音祀,水在成皋。又音凡,邑名,在襄城。又孚剑反,为水,在定陶,高帝即位处也。又音夷,楚人呼上为汜桥。乐音岳,谓音乐也。又音洛,欢也。又音五教反,好也,情愿也。覆敷富反,盖也。又敷福反,再也。恐曲用反,疑也。又丘拱反,惧也。恶乌各反,粗也。又乌路反,憎也。又音乌,谓于何也。断端管反,有物割截也。又段缓反,自相分也。又端乱反,断疑事也。解佳买反,除结缚也。又核买反,散也。又佳债反,怠堕也。又核诈反,缝解。几音机,庶几也。又音祈,近也。又音记,亦冀望字也。又音纪,录也。过光卧反,度也,罪过也。又音戈,经过也,度前也。率所律反,平例也,率伏也,又音类也。又音刷,徐广云率即锾也。又音色类反,将帅也。屈丘勿反,曲也。又君勿反,姓也。又群勿反,尽也,强也。上时让反,位也。元在物之上。又时掌反,自下而上。王于方反,人主也。又于放反,霸王也,又盛也。长直良反,久也。又张丈反,长上也。藉才昔反,名籍也,又荐藉也。又租夜反,即借也。培勃回反,补也。又蒲口反,冢也。胜音升,又式证反。难乃丹反,艰也。乃旦反,危也。使所里反,又所吏反。相息羊反,又息匠反。沈针甚反,又针禁反,又直今反,又沈禁反,厌没也。任人今反,又人禁反。棺音官,又古玩反,又古患反,敛之也。造曹早反,七到反,至也。妻七低反,切帝反。费非味反,用也。又音秘,邑也。扶味反,姓也。

谥 法 解

　　惟周公旦、太公望开嗣王业,建功于牧野,终将葬,乃制谥,遂叙谥法。谥者,行之迹;号者,功之表;古者有大功,则赐之善号以为称也。车服者,位之章也。是以大行受大名,细行受细名。行出于己,名生于人。名谓号谥。

　　民无能名曰神。不名一善。

　　靖民则法曰皇。靖安。

　　德象天地曰帝。同于天地。

　　仁义所往曰王。民往归之。

立志及众曰公。志无私也。

执应八方曰侯。所执行八方应之。

赏庆刑威曰君。能行四者。

从之成群曰君。民从之。

扬善赋简曰圣。所称得人，所善得实，所赋得简。

敬宾厚礼曰圣。厚于礼。

照临四方曰明。以明照之。

谮诉不行曰明。逆知之，故不行。

经纬天地曰文。成其道。

道德博闻曰文。无不知。

学勤好问曰文。不耻下问。

慈惠爱民曰文。惠以成政。

愍民惠礼曰文。惠而有礼。

赐民爵位曰文。与同升。

绥柔士民曰德。安民以居，安士以事。

谏争不威曰德。不以威拒谏。

刚强直理曰武。刚无欲，强不屈。怀忠恕，正曲直。

威强敌德曰武。与有德者敌。

克定祸乱曰武。以兵征，故能定。

刑民克服曰武。法以正民，能使服。

夸志多穷曰武。大志行兵，多所穷极。

安民立政曰成。政以安定。

渊源流通曰康。性无忌。

温柔好乐曰康。好丰年，勤民事。

安乐抚民曰康。无四方之虞。

合民安乐曰康。富而教之。

布德执义曰穆。故穆穆。

中情见貌曰穆。性公露。

容仪恭美曰昭。有仪可象，行恭可美。

昭德有劳曰昭。能劳谦。

圣闻周达曰昭。圣圣通合。

治而无眚曰平。无灾罪也。

执事有制曰平。不任意。

布纲治纪曰平。施之政事。

由义而济曰景。用义而成。

耆意大虑曰景。耆，强也。

布义行刚曰景。以刚行义。

清白守节曰贞。行清白执志固。

大虑克就曰贞。能大虑非正而何。

不隐无屈曰贞。坦然无私。

辟土服远曰桓。以武正定。

克敬动民曰桓。敬以使之。

辟土兼国曰桓。兼人故启土。

能思辩众曰元。别之，使各有次。

行义说民曰元。民说其义。

始建国都曰元。非善之长，何以始之。

主义行德曰元。以义为主，行德政。

圣善周闻曰宣。闻，谓所闻善事也。

兵甲亟作曰庄。以数征为严。

睿圉克服曰庄。通边圉，使能服。

胜敌志强曰庄。不挠，故胜。

死于原野曰庄。非严何以死难。

屡征杀伐曰庄。以严厘之。

武而不遂曰庄。武功不成。

柔质慈民曰惠。知其性。

爱民好与曰惠。与谓施。

夙夜警戒曰敬。敬身思戒。

合善典法曰敬。非敬何以善之。

刚德克就曰肃。成其敬使为终。

执心决断曰肃。言严果。

不生其国曰声。生于外家。

爱民好治曰戴。好民治。

典礼不愆曰戴。无过。

未家短折曰伤。未家，未娶。

短折不成曰殇。有知而夭殇。

隐拂不成曰隐。不以隐括改其性。

不显尸国曰隐。以间主国。

见美坚长曰隐。美过其令。

官人应实曰知。能官人。

肆行劳祀曰悼。放心劳于淫祀，言不修德。

年中早夭曰悼。年不称志。

恐惧从处曰悼。从处，言险圮。

凶年无谷曰荒。不务耕稼。

外内从乱曰荒。家不治，官不治。

好乐怠政曰荒。淫于声乐，怠于政事。

在国遭忧曰愍。仍多大丧。

在国逢艰曰愍。兵寇之事。

祸乱方作曰愍。国无政，动长乱。

使民悲伤曰愍。苛政贼害。

贞心大度曰匡。心正而用察少。

德正应和曰莫。正其德，应其和。

施勤无私曰类。无私，唯义所在。

思虑果远曰明。自任多，近于专。

啬于赐与曰爱。言贪恡。

危身奉上曰忠。险不辞难。

克威捷行曰魏。有威而敏行。

克威惠礼曰魏。虽威不逆礼。

教诲不倦曰长。以道教之。

肇敏行成曰直。始疾行成，言不深。

疏远继位曰绍。非其弟过得之。

好廉自克曰节。自胜其情欲。

好更改旧曰易。变故改常。

爱民在刑曰克。道之以政，齐之以法。

除残去虐曰汤。

一德不懈曰简。一不委曲。

平易不訾曰简。不信訾毁。

尊贤贵义曰恭。尊事贤人，宠贵义士。

敬事供上曰恭。供奉也。

尊贤敬让曰恭。敬有德，让有功。

既过能改曰恭。言自知。

执事坚固曰恭。守正不移。

爱民长弟曰恭。顺长接弟。

执礼御宾曰恭。迎待宾也。

芘亲之阙曰恭。修德以盖之。

尊贤让善曰恭。不专己善，推于人。

威仪悉备曰钦。威则可畏，仪则可象。

大虑静民曰定。思树惠。

纯行不爽曰定。行一不伤。

安民大虑曰定。以虑安民。

安民法古曰定。不失旧意。

辟地有德曰襄。取之以义。

甲胄有劳曰襄。亟征伐。

小心畏忌曰僖。思所当忌。

质渊受谏曰釐。深故能受。

有罚而还曰釐。知难而退。

温柔贤善曰懿。性纯淑。

心能制义曰度。制事得宜。

聪明睿哲曰献。有通知之聪。

知质有圣曰献。有所通而无蔽。

五宗安之曰孝。五世之宗。

慈惠爱亲曰孝。周爱族亲。

秉德不回曰孝。顺于德而不违。

协时肇享曰孝。协合肇始。

执心克庄曰齐。能自严。

资辅共就曰齐。资辅佐而共成。

甄心动惧曰顷。甄精。

敏以敬慎曰顷。疾于所慎敬。

柔德安众曰靖。成众使安。

恭己鲜言曰靖。恭己正身，少言而中。

宽乐令终曰靖。性宽乐义，以善自终。

威德刚武曰圉。御乱患。

弥年寿考曰胡。久也。

保民耆艾曰胡。六十曰耆，七十曰艾。

追补前过曰刚。勤善以补过。

猛以刚果曰威。猛则少宽。果，敢行。

猛以强果曰威。强甚于刚。

强义执正曰威。问正言无邪。

治典不杀曰祁。秉常不衰。

大虑行节曰考。言成其节。

治民克尽曰使。克尽无恩惠。

好和不争曰安。生而少断。

道德纯一曰思。道大而德一。

大省兆民曰思。大亲民而不杀。

外内思索曰思。言求善。

追悔前过曰思。思而能改。

行见中外曰悫。表里如一。

状古述今曰誉。立言之称。

昭功宁民曰商。明有功者。

克杀秉政曰夷。秉政不任贤。

安心好静曰夷。不爽政。

执义扬善曰怀。称人之善。

慈仁短折曰怀。短未六十,折未三十。

述义不克曰丁。不能成义。

有功安民曰烈。以武立功。

秉德尊业曰烈。

刚克为伐曰翼。伐功也。

思虑深远曰翼。小心翼翼。

外内贞复曰白。正而复,终始一。

不勤成名曰灵。任本性,不见贤思齐。

死而志成曰灵。志事不爽命。

死见神能曰灵。有鬼不为厉。

乱而不损曰灵。不能以治损乱。

好祭鬼怪曰灵。渎鬼神不致远。

极知鬼神曰灵。其智能聪彻。

杀戮无辜曰厉。

愎很遂过曰剌。去谏曰愎,反是曰很。

不思忘爱曰剌。忘其爱己者。

蚤孤短折曰哀。早未知人事。

恭仁短折曰哀。体恭质仁，功未施。

好变动民曰躁。数移徙。

不悔前过曰戾。知而不改。

怙威肆行曰丑。肆意行威。

壅遏不通曰幽。弱损不凌。

蚤孤铺位曰幽。铺位即位而卒。

动祭乱常曰幽。易神之班。

柔质受谏曰慧。以虚受人。

名实不爽曰质。不爽言相应。

温良好乐曰良。言其人可好可乐。

慈和遍服曰顺。能使人皆服其慈和。

博闻多能曰宪。虽多能，不至于大道。

满志多穷曰惑。自足者必不惑。

思虑不爽曰厚。不差所思而得。

好内远礼曰炀。朋淫于家，不奉礼。

去礼远众曰炀。不率礼，不亲长。

内外宾服曰正。言以正服之。

彰义掩过曰坚。明义以盖前过。

华言无实曰夸。恢诞。

逆天虐民曰抗。背尊大而逆之。

名与实爽曰缪。言名美而实伤。

择善而从曰比。比方善而从之。

隐，哀也。景，武也。施德为文。除恶为武。辟地为襄。服远为桓。刚克为僖。施而不成为宣。惠无内德为平。乱而不损为灵。由义而济为景。馀皆象也。以其所为谥象其事行。和，会也。勤，劳也。遵，循也。爽，伤也。肇，始也，怙，恃也。享，祀也。胡，大也。秉，顺也。就，会也。锡，与也。典，常也。肆，放也。康，虚也。睿，圣也。惠，爱也。绥，安也。坚，长也。耆，强也。考，成也。周，至也。怀，思也。式，法也。

布,施也。敏,疾也,速也。载,事也。弥,久也。

以前《周书·谥法》。周代君王并取作谥,故全写一篇,以传后学。

列国分野

《汉书·地理志》云:"本秦京师为内史。"颜师古云:"京师,天子所居畿内也。秦并天下,改立郡县,而京畿所统,时号内史,言其在内,以别于诸郡守也。"《百官表》云:"内史,周官,秦因之,掌治京师。景帝二年,分置左内史、右内史。武帝太初元年,更名京兆尹,左内史名冯翊。主爵中尉,秦官,掌列侯。景帝六年,更名都尉,武帝太初元年,更名右扶风,治内史,与左冯翊、京兆尹,是为三辅也。"

秦地于天官东井、舆鬼之分野。其界自弘农故关以西,京兆、扶风、冯翊、北地、上郡、西河、安定、天水、陇西;南有巴、蜀、广汉、犍为、武都;西有金城、武威、张掖、酒泉、敦煌;又西南有牂柯、越嶲、益州。

魏地觜觿、参之分野。其界自高陵以东,尽河东、河内;南有陈留及汝南之召陵、滩强、新汲、西华、长平,颍川之舞阳、郾陵,河南之开封、中牟、阳武、酸枣、卷。卷,去权反。

周地柳、七星、张之分野。今之河南洛阳、穀城、平阴、偃师、巩、缑氏。

韩地角、亢、氐之分野,韩分晋,得南阳郡及颍川之父城、定陵、襄城、颍阳、颍阴、长社、阳翟、郏;东接汝南,西接弘农,得新安、宜阳、郑,今河南之新郑及成皋、荥阳,颍川之崇高、阳城。

赵地昴、毕之分野。赵分晋得赵国,北有信都、真定、常山,又得涿郡之高阳莫州乡;东有广平、钜鹿、清河、河间,又得渤海郡之东平舒、中邑、文安、束州、成平、章武,河以北也;南至浮水、繁阳、内黄、斥丘;西有太原、定襄、云中、五原、上党。

燕在尾、箕之分野,召公封于燕,后三十六世与六国俱称王。东有渔阳、右北平、辽西、辽东;西有上谷、代郡、雁门;南有涿郡之易、容城、范阳;北有新城、故安、涿县、良乡、新昌及渤海之安次,乐浪、玄菟亦宜属焉。

齐地虚、危之分野,东有菑川、东莱、琅邪、高密、胶东;南有泰山、城阳;北有千乘、清河以南,渤海之高乐、高城、重合、阳信;西有济南、平原。

鲁地奎、娄之分野,东至东海;南有泗水,至淮得临淮之下相、睢陵、僮、取虑。

宋地房、心之分野,今之沛、梁、楚、山阳、济阴、东平及东郡之须昌、寿张,今之睢阳。

卫地营室、东壁之分野。今之东郡及魏郡之黎阳,河内之野王、朝歌。

楚地翼、轸之分野。今之南郡、江夏、零陵、桂阳、武陵、长沙及汉中、汝南郡,后陈、鲁属焉。

吴地斗、牛之分野。今之会稽、九江、丹阳、豫章、庐江、广陵、六安、临淮郡。

粤地牵牛、婺女之分野。今苍梧、郁林、合浦、交阯、九真、南海、日南。

以前是战国时诸国界域,及相侵伐,犬牙深入,然亦不能委细,故略记之,用知大略。